Blue Book on Brand Value of Chinese Listed Companies

2023 中国上市公司品牌价值蓝皮书

赵平 刘学东◎主编

清華大学出版社
北京

内容简介

清华大学经济管理学院中国企业研究中心与每日经济新闻每经品牌价值研究院深度合作，联合开发并发布中国上市公司品牌价值榜，同时每年出版中国上市公司品牌价值蓝皮书。本书收录了2023年品牌价值居前的3 000家中国上市公司的相关数据，进行了品牌价值的总体统计和分析，并按行业和区域的分类，单独进行了统计和分析。本书出版的宗旨是为中国企业更清晰地了解本企业和对标企业的品牌建设成果提供量化标准，为政府和行业协会制定和实施品牌建设规划提供量化参考，为学界开展品牌价值的应用研究提供量化数据。

图书在版编目(CIP)数据

2023中国上市公司品牌价值蓝皮书/赵平，刘学东主编．—北京：清华大学出版社，2023.8
ISBN 978-7-302-64503-0

Ⅰ．①2…　Ⅱ．①赵…　②刘…　Ⅲ．①上市公司－品牌战略－研究报告－中国－2023
Ⅳ．①F279.246

中国国家版本馆CIP数据核字(2023)第162995号

责任编辑：王　青
封面设计：李召霞
责任校对：宋玉莲
责任印制：沈　露

出版发行：清华大学出版社
网　　址：http://www.tup.com.cn，http://www.wqbook.com
地　　址：北京清华大学学研大厦A座　　邮　　编：100084
社 总 机：010-83470000　　邮　　购：010-62786544
投稿与读者服务：010-62776969，c-service@tup.tsinghua.edu.cn
质量反馈：010-62772015，zhiliang@tup.tsinghua.edu.cn
印 装 者：三河市龙大印装有限公司
经　　销：全国新华书店
开　　本：185mm×260mm　　印　　张：23　　字　　数：495千字
版　　次：2023年9月第1版　　印　　次：2023年9月第1次印刷
定　　价：125.00元

产品编号：101900-01

编 委 会

前　　言

首先，我要对中国上市公司取得的优异成绩表示祝贺！《2023 中国上市公司品牌价值蓝皮书》中统计的 3 000 家公司总计品牌价值达到了 280 822 亿元，比 2022 年增长了 3.8%，其中，品牌价值上升的公司有 1 752 家，占全部公司的比重为 58.4%。这两组数据表明，中国上市公司的整体品牌建设依然保持着正向发展态势。过去的一年，中国企业遭遇了巨大挑战，大量企业的正常经营受到了疫情的冲击，很多科技企业又遭到美国的打压。然而，就是在这种环境下，中国上市公司仍然能够直面困难，砥砺前行，在品牌建设上取得这样的成绩，确实难能可贵！

2023 年是后疫情时期的第一年，是中国必须努力消除疫情影响并恢复经济活力的一年，也是中国必须努力突破西方贸易壁垒和技术封锁的一年，更是考验中国经济体系是否具有持续发展韧性的一年。在这个关键时期，中共中央、国务院印发了《质量强国建设纲要》，为中国经济以及中国企业的健康发展指明了方向。《质量强国建设纲要》明确提出了质量强国的指导思想："着力提升产品、工程和服务质量，着力推动品牌建设，着力增强产业质量竞争力，着力提高经济发展质量效益，着力提高全民质量素养。"这里强调的核心内容就是质量提升与品牌建设。

质量提升与品牌建设是一个事物的两个方面，它们相互促进、相辅相成。质量提升是从供给侧强调，要为人们生产或提供更加符合需要的产品和服务；而品牌建设则是从需求侧强调，要让人们对产品或服务有更好的体验、更多的获得感。质量提升和品牌建设都是为了一个目的，就是让人们的生活更加美好。因此，为了在市场上培育出更加优秀的品牌，企业必须不断提升产品和服务的质量，这是创建优秀品牌的前提。同时，优秀的品牌必将为企业带来更大的收益，促使企业进一步提升产品和服务的质量。例如，从供给侧来看，"中国高铁"近年来在国际市场上声名鹊起，广受青睐，就是因为它不仅为人们提供了快速的交通工具，而且在运行的稳定性、可靠性及舒适性等重要质量指标上都达到了世界先进水平。从需求侧来看，"中国高铁"在国际上的品牌声誉将为相关企业带来更为广阔的市场前景和更高的财务收益，这会促使相关企业不断提升中国高铁的质量。

从企业层面来看，搞好品牌建设必须不断提升产品和服务的质量。但要塑造优秀的品牌，企业还需要实施下列战略举措：

第一，品牌建设需要持续打造企业的核心竞争力。企业的核心竞争力是指与同行业其他企业相比，企业生产或提供有竞争力的产品和服务所具有的核心优势。在大多数行业中，现代企业已不再是单纯的产品生产者和销售者，更是客户价值的提供者。因此，企业应该更多地关注客户对品牌的价值体验，为客户提供更全面、更贴心的产品和服务。这就需要企业不断提升自身的核心竞争力，打造更能体现企业价值与客户价值的品牌形象，通过明确、精准的品牌定位，让客户更好地认识和了解企业，从而在市场上建立起鲜明的企业品牌形象，同时确保企业品牌形象与企业实际发展相匹配。

第二，品牌建设需要持续提升客户的满意度和忠诚度。在激烈的市场竞争环境下，客户的满意度和忠诚度是企业可持续发展的基础。一个让客户满意和忠诚的品牌，可以为企业带来长期的商业价值和经济回报。企业可以通过加强品牌建设，提升产品和服务质量，推出更符合市场需要的产品和服务，来增强客户对企业的认知和情感。只有长期坚持一切从客户出发，才能长期在市场上占据优势地位，实现长期稳定的发展。

第三，品牌建设需要企业持续践行社会责任。品牌建设是企业文化建设的重要组成部分，也是向公众展现企业形象的重要窗口。一个成功的品牌形象不仅是由产品、服务和广告组成的，更要体现企业的文化内涵和价值观。因此，企业在品牌建设中，需要把品牌定位、文化理念、社会责任同时纳入品牌设计和传播的考虑范围之内，以便赢得公众对企业的尊敬和员工对企业的认同。

第四，品牌建设需要企业持续传播正能量。在互联网时代，积极的品牌宣传和推广已经成为企业进行品牌建设的必要途径。企业除了可以通过传统媒体进行品牌传播外，还可以选择线上广告、社交媒体、公益活动等多种渠道进行品牌宣传和推广。这些渠道能够更精准、更及时地到达目标人群，从而更好地实现品牌宣传效果，有效提升品牌的知名度、美誉度和影响力。

总之，中国企业在品牌建设方面已经取得了初步的成果，但距质量强国、品牌强国的目标仍然任重道远。从目前的情况来看，企业需要政府尽快建立健全品牌培育、发展和壮大的促进机制与支持政策，公众需要企业创建出更多可以更好地满足需求的优秀品牌，政府则需要企业实现高质量发展，以便公众有更强的获得感。这一切都为中国企业的品牌建设创造了有利条件。相信在不久的将来，中国企业的品牌建设一定会取得更大的进展。

目　　录

第1篇　2023年中国上市公司品牌价值总榜

第2篇　中国上市公司品牌价值行业榜

第3篇 中国上市公司品牌价值区域榜

第4篇　评估方法与应用

第1篇

2023年中国上市公司品牌价值总榜

1.1 品牌价值总榜榜单

2023 年中国上市公司品牌价值总榜是在对 2023 年 1 月 1 日以前在全球资本市场上市的所有中国内地公司进行全面评估的基础上编制的。该榜单汇集了品牌价值居前的 3 000 家公司的数据,品牌价值总计 280 822.13 亿元,比 2022 年增加了 10 278.54 亿元,增长了 3.8%。与 2022 年相比,有 319 家公司新进入榜单,有 1 752 家公司的品牌价值是增长的,有 2 家公司持平,有 927 家公司的品牌价值是下降的。

序号	证券简称	品牌价值/亿元	增长率/%	行业	地区	上市日期	证券代码
1	腾讯控股	17 708.19	−14.6	互联网	广东	2004-06-16	0700. HK
2	阿里巴巴-SW	13 463.31	−14.0	零售	浙江	2019-11-26	9988. HK
3	中国移动	6 622.78	23.6	电信	北京	2022-01-05	600941. SH
4	贵州茅台	5 297.72	−2.7	饮料	贵州	2001-08-27	600519. SH
5	京东集团-SW	5 088.47	13.4	零售	北京	2020-06-18	9618. HK
6	上汽集团	3 893.91	−2.6	汽车	上海	1997-11-25	600104. SH
7	工商银行	3 865.86	10.0	金融	北京	2006-10-27	601398. SH
8	建设银行	3 352.17	10.1	金融	北京	2007-09-25	601939. SH
9	中国平安	3 021.97	−6.8	金融	广东	2007-03-01	601318. SH
10	百度集团-SW	2 934.81	22.4	互联网	北京	2021-03-23	9888. HK
11	网易-S	2 790.06	11.3	互联网	浙江	2020-06-11	9999. HK
12	农业银行	2 769.59	13.5	金融	北京	2010-07-15	601288. SH
13	中国电信	2 742.14	50.4	电信	北京	2021-08-20	601728. SH
14	联想集团	2 716.54	10.0	电子	北京	1994-02-14	0992. HK
15	美的集团	2 688.32	−2.2	家电	广东	2013-09-18	000333. SZ
16	中国银行	2 566.66	17.6	金融	北京	2006-07-05	601988. SH
17	中国建筑	2 492.84	29.8	建筑	北京	2009-07v29	601668. SH
18	五粮液	2 357.27	−0.4	饮料	四川	1998-04-27	000858. SZ
19	小米集团-W	2 225.77	−7.4	通信	北京	2018-07-09	1810. HK
20	中国石油	2 186.89	37.6	石油	北京	2007-11-05	601857. SH
21	中国石化	2 099.03	23.0	石油	北京	2001-08-08	600028. SH
22	国药控股	1 935.36	36.9	医药	上海	2009-09-23	1099. HK
23	海尔智家	1 848.09	2.8	家电	山东	1993-11-19	600690. SH
24	伊利股份	1 839.63	6.6	饮料	内蒙古	1996-03-12	600887. SH
25	格力电器	1 674.45	2.5	家电	广东	1996-11-18	000651. SZ
26	中国联通	1 612.03	23.2	电信	北京	2002-10-09	600050. SH
27	中远海控	1 576.47	57.9	运输	天津	2007-06-26	601919. SH
28	万科 A	1 513.97	15.8	房地产	广东	1991-01-29	000002. SZ
29	比亚迪	1 507.17	39.7	汽车	广东	2011-06-30	002594. SZ
30	蒙牛乳业	1 401.40	1.9	饮料	香港	2004-06-10	2319. HK
31	招商银行	1 394.04	4.6	金融	广东	2002-04-09	600036. SH
32	中国人寿	1 386.52	−5.0	金融	北京	2007-01-09	601628. SH

续表

序号	证券简称	品牌价值/亿元	增长率/%	行业	地区	上市日期	证券代码
33	中国中铁	1 338.20	31.7	建筑	北京	2007-12-03	601390.SH
34	碧桂园	1 332.24	−18.8	房地产	广东	2007-04-20	2007.HK
35	中国中车	1 255.60	15.4	装备	北京	2008-08-18	601766.SH
36	北京汽车	1 195.15	23.4	汽车	北京	2014-12-19	1958.HK
37	金龙鱼	1 184.24	9.1	食品	上海	2020-10-15	300999.SZ
38	中国铁建	1 155.91	23.7	建筑	北京	2008-03-10	601186.SH
39	顺丰控股	1 130.88	34.9	运输	广东	2010-02-05	002352.SZ
40	美团-W	1 130.85	−57.0	零售	北京	2018-09-20	3690.HK
41	保利发展	1 106.36	5.0	房地产	广东	2006-07-31	600048.SH
42	交通银行	1 095.45	32.2	金融	上海	2007-05-15	601328.SH
43	中国海外发展	1 014.65	11.6	房地产	香港	1992-08-20	0688.HK
44	中国人保	998.34	12.6	金融	北京	2018-11-16	601319.SH
45	拼多多	970.56	−12.3	零售	上海	2018-07-26	PDD.O
46	邮储银行	968.78	9.9	金融	北京	2019-12-10	601658.SH
47	华润置地	961.94	0.6	房地产	香港	1996-11-08	1109.HK
48	洋河股份	932.65	10.6	饮料	江苏	2009-11-06	002304.SZ
49	兴业银行	919.43	18.2	金融	福建	2007-02-05	601166.SH
50	中国财险	918.24	24.6	金融	北京	2003-11-06	2328.HK
51	龙湖集团	895.10	7.6	房地产	北京	2009-11-19	0960.HK
52	中集集团	891.69	13.7	装备	广东	1994-04-08	000039.SZ
53	中国交建	878.33	26.0	建筑	北京	2012-03-09	601800.SH
54	泸州老窖	858.41	19.1	饮料	四川	1994-05-09	000568.SZ
55	建发股份	825.92	62.8	贸易	福建	1998-06-16	600153.SH
56	中国太保	813.59	2.3	金融	上海	2007-12-25	601601.SH
57	农夫山泉	802.16	34.3	饮料	浙江	2020-09-08	9633.HK
58	华润医药	791.94	45.9	医药	北京	2016-10-28	3320.HK
59	宁德时代	771.72	158.8	装备	福建	2018-06-11	300750.SZ
60	TCL 科技	771.42	13.9	通信	广东	2004-01-30	000100.SZ
61	上海医药	769.89	16.3	医药	上海	1994-03-24	601607.SH
62	华侨城 A	749.43	−14.7	房地产	广东	1997-09-10	000069.SZ
63	中信股份	741.21	32.5	金融	北京	1986-02-26	0267.HK
64	长城汽车	739.13	−12.7	汽车	河北	2011-09-28	601633.SH
65	隆基绿能	723.72	21.2	装备	陕西	2012-04-11	601012.SH
66	中信银行	713.12	14.0	金融	北京	2007-04-27	601998.SH
67	绿地控股	697.58	-3.4	房地产	上海	1992-03-27	600606.SH
68	山西汾酒	686.65	16.5	饮料	山西	1994-01-06	600809.SH
69	通威股份	663.94	94.1	装备	四川	2004-03-02	600438.SH
70	浦发银行	641.27	1.2	金融	上海	1999-11-10	600000.SH
71	三一重工	639.20	−34.6	装备	北京	2003-07-03	600031.SH
72	东方海外国际	631.97	149.3	运输	香港	1992-07-31	0316.HK
73	吉利汽车	625.15	−23.8	汽车	香港	1973-02-23	0175.HK
74	中国电建	624.41	9.9	建筑	北京	2011-10-18	601669.SH

续表

序号	证券简称	品牌价值/亿元	增长率/%	行业	地区	上市日期	证券代码
75	安踏体育	608.13	4.0	服饰	福建	2007-07-10	2020.HK
76	华润啤酒	607.90	−1.4	饮料	香港	1973-11-15	0291.HK
77	中国中冶	602.32	12.2	建筑	北京	2009-09-21	601618.SH
78	中国通信服务	599.97	11.1	通信	北京	2006-12-08	0552.HK
79	中国中免	586.30	−18.0	零售	北京	2009-10-15	601888.SH
80	四川长虹	583.76	5.9	家电	四川	1994-03-11	600839.SH
81	上海电气	567.96	−10.6	装备	上海	2008-12-05	601727.SH
82	青岛啤酒	560.18	7.1	饮料	山东	1993-08-27	600600.SH
83	中国外运	558.91	4.8	运输	北京	2019-01-18	601598.SH
84	中国建材	549.32	−2.6	建筑	北京	2006-03-23	3323.HK
85	招商蛇口	541.04	6.2	房地产	广东	2015-12-30	001979.SZ
86	宝钢股份	533.79	−13.7	钢铁	上海	2000-12-12	600019.SH
87	平安银行	521.74	15.6	金融	广东	1991-04-03	000001.SZ
88	光大银行	521.43	11.8	金融	北京	2010-08-18	601818.SH
89	徐工机械	503.57	11.6	装备	江苏	1996-08-28	000425.SZ
90	长安汽车	499.17	4.1	汽车	重庆	1997-06-10	000625.SZ
91	潍柴动力	486.80	−20.8	汽车	山东	2007-04-30	000338.SZ
92	中兴通讯	486.65	0.3	通信	广东	1997-11-18	000063.SZ
93	厦门象屿	486.60	26.8	贸易	福建	1997-06-04	600057.SH
94	物产中大	486.46	−0.6	贸易	浙江	1996-06-06	600704.SH
95	中国海油	478.80	75.5	石油	北京	2022-04-21	600938.SH
96	江西铜业	476.95	9.3	有色金属	江西	2002-01-11	600362.SH
97	民生银行	466.11	−4.9	金融	北京	2000-12-19	600016.SH
98	海信家电	455.65	24.2	家电	广东	1999-07-13	000921.SZ
99	广汽集团	452.92	−2.7	汽车	广东	2012-03-29	601238.SH
100	海康威视	449.56	3.4	电子	浙江	2010-05-28	002415.SZ
101	双汇发展	449.38	−4.9	食品	河南	1998-12-10	000895.SZ
102	中国太平	447.71	15.6	金融	香港	2000-06-29	0966.HK
103	京东方A	436.33	3.3	电子	北京	2001-01-12	000725.SZ
104	东风集团股份	435.84	−20.9	汽车	湖北	2005-12-07	0489.HK
105	牧原股份	435.32	6.4	农业	河南	2014-01-28	002714.SZ
106	广汇汽车	434.93	−3.8	汽车	辽宁	2000-11-16	600297.SH
107	新城控股	433.81	−16.8	房地产	江苏	2015-12-04	601155.SH
108	立讯精密	433.05	53.1	电子	广东	2010-09-15	002475.SZ
109	厦门国贸	408.87	19.5	贸易	福建	1996-10-03	600755.SH
110	老凤祥	407.65	8.1	服饰	上海	1992-08-14	600612.SH
111	大秦铁路	406.61	15.0	运输	山西	2006-08-01	601006.SH
112	中国能建	393.74	9.1	建筑	北京	2021-09-28	601868.SH
113	腾讯音乐	385.60	−18.4	休闲	广东	2018-12-12	TME.N
114	绿城中国	385.03	22.5	房地产	浙江	2006-07-13	3900.HK
115	中国重汽	384.06	−43.5	汽车	山东	2007-11-28	3808.HK
116	传音控股	382.79	−9.1	通信	广东	2019-09-30	688036.SH

续表

序号	证券简称	品牌价值/亿元	增长率/%	行业	地区	上市日期	证券代码
117	海螺水泥	377.19	−14.2	建筑	安徽	2002-02-07	600585.SH
118	华域汽车	373.63	−4.4	汽车	上海	1996-08-26	600741.SH
119	九州通	365.48	−0.7	医药	湖北	2010-11-02	600998.SH
120	金地集团	364.36	4.7	房地产	广东	2001-04-12	600383.SH
121	中联重科	364.26	−13.9	装备	湖南	2000-10-12	000157.SZ
122	紫金矿业	359.96	16.6	有色金属	福建	2008-04-25	601899.SH
123	古井贡酒	356.43	20.1	饮料	安徽	1996-09-27	000596.SZ
124	紫光股份	354.79	16.4	电子	北京	1999-11-04	000938.SZ
125	新华保险	353.95	6.5	金融	北京	2011-12-16	601336.SH
126	中国神华	349.45	27.0	煤炭	北京	2007-10-09	601088.SH
127	创维集团	343.78	2.9	家电	香港	2000-04-07	0751.HK
128	光明乳业	334.98	−7.6	饮料	上海	2002-08-28	600597.SH
129	天合光能	334.97	49.8	装备	江苏	2020-06-10	688599.SH
130	浪潮信息	333.70	1.8	电子	山东	2000-06-08	000977.SZ
131	TCL 电子	329.65	−0.9	家电	香港	1999-11-26	1070.HK
132	晶澳科技	328.97	61.9	装备	河北	2010-08-10	002459.SZ
133	豫园股份	320.92	7.5	服饰	上海	1992-09-02	600655.SH
134	海天味业	317.55	−6.5	食品	广东	2014-02-11	603288.SH
135	唯品会	317.50	36.3	零售	广东	2012-03-23	VIPS.N
136	华夏银行	315.49	17.4	金融	北京	2003-09-12	600015.SH
137	海大集团	312.93	20.8	农业	广东	2009-11-27	002311.SZ
138	中国再保险	312.25	17.5	金融	北京	2015-10-26	1508.HK
139	中银香港	311.15	9.7	金融	香港	2002-07-25	2388.HK
140	金风科技	303.00	5.5	装备	新疆	2007-12-26	002202.SZ
141	中国铝业	301.82	−3.4	有色金属	北京	2007-04-30	601600.SH
142	圆通速递	300.64	50.5	运输	辽宁	2000-06-08	600233.SH
143	中国飞鹤	295.58	0.1	食品	北京	2019-11-13	6186.HK
144	高鑫零售	295.40	−47.0	零售	上海	2011-07-27	6808.HK
145	海信视像	293.01	4.2	家电	山东	1997-04-22	600060.SH
146	白云山	292.10	30.8	医药	广东	2001-02-06	600332.SH
147	上海建工	289.25	13.4	建筑	上海	1998-06-23	600170.SH
148	新希望	287.39	−6.9	农业	四川	1998-03-11	000876.SZ
149	三六零	281.04	−31.9	互联网	天津	2012-01-16	601360.SH
150	JS 环球生活	280.79	8.3	家电	香港	2019-12-18	1691.HK
151	海底捞	272.54	−2.8	餐饮	北京	2018-09-26	6862.HK
152	中国黄金	270.58	0.9	服饰	北京	2021-02-05	600916.SH
153	东方电气	268.17	23.4	装备	四川	1995-10-10	600875.SH
154	建发国际集团	266.74	52.5	房地产	香港	2012-12-14	1908.HK
155	永辉超市	264.61	−26.4	零售	福建	2010-12-15	601933.SH
156	三七互娱	262.96	11.2	休闲	安徽	2011-03-02	002555.SZ
157	特变电工	261.76	46.8	装备	新疆	1997-06-18	600089.SH
158	申洲国际	259.90	−17.6	服饰	浙江	2005-11-24	2313.HK

续表

序号	证券简称	品牌价值/亿元	增长率/%	行业	地区	上市日期	证券代码
159	李宁	257.14	39.1	服饰	北京	2004-06-28	2331.HK
160	北京银行	256.52	13.1	金融	北京	2007-09-19	601169.SH
161	复星国际	256.11	9.3	金融	上海	2007-07-16	0656.HK
162	江苏银行	253.31	34.6	金融	江苏	2016-08-02	600919.SH
163	中通快递-SW	252.58	14.5	运输	上海	2020-09-29	2057.HK
164	越秀地产	250.23	1.9	房地产	香港	1992-12-15	0123.HK
165	旭辉控股集团	247.37	−4.5	房地产	上海	2012-11-23	0884.HK
166	韵达股份	246.35	45.6	运输	浙江	2007-03-06	002120.SZ
167	智飞生物	242.74	58.6	医药	重庆	2010-09-28	300122.SZ
168	瑞茂通	241.87	36.4	运输	山东	1998-07-03	600180.SH
169	光大环境	241.53	17.3	环保	广东	1997-02-28	0257.HK
170	重庆啤酒	240.27	23.0	饮料	重庆	1997-10-30	600132.SH
171	温氏股份	236.46	51.5	农业	广东	2015-11-02	300498.SZ
172	华菱钢铁	235.80	0.2	钢铁	湖南	1999-08-03	000932.SZ
173	中国船舶	232.94	61.4	装备	上海	1998-05-20	600150.SH
174	南方航空	232.35	−27.4	运输	广东	2003-07-25	600029.SH
175	洛阳钼业	232.34	16.4	有色金属	河南	2012-10-09	603993.SH
176	中天科技	232.07	23.0	通信	江苏	2002-10-24	600522.SH
177	达利食品	230.63	新上榜	食品	福建	2015-11-20	3799.HK
178	中信证券	227.49	11.4	金融	广东	2003-01-06	600030.SH
179	中国宏桥	226.66	−7.2	有色金属	山东	2011-03-24	1378.HK
180	今世缘	219.77	9.9	饮料	江苏	2014-07-03	603369.SH
181	上海银行	219.46	12.9	金融	上海	2016-11-16	601229.SH
182	TCL中环	218.44	72.4	电子	天津	2007-04-20	002129.SZ
183	一汽解放	218.27	−20.5	汽车	吉林	1997-06-18	000800.SZ
184	汽车之家	217.67	−21.5	互联网	北京	2013-12-11	ATHM.N
185	汇通达网络	216.56	新上榜	互联网	江苏	2022-02-18	9878.HK
186	恒力石化	216.17	9.9	化工	辽宁	2001-08-20	600346.SH
187	恒安国际	214.80	−7.4	日用	福建	1998-12-08	1044.HK
188	美的置业	214.54	−20.9	房地产	广东	2018-10-11	3990.HK
189	宁波银行	213.76	32.0	金融	浙江	2007-07-19	002142.SZ
190	新特能源	213.47	75.9	装备	新疆	2015-12-30	1799.HK
191	亨通光电	212.44	21.4	通信	江苏	2003-08-22	600487.SH
192	贝壳	211.79	−9.3	零售	北京	2020-08-13	BEKE.N
193	协鑫科技	210.75	23.2	装备	香港	2007-11-13	3800.HK
194	中国海外宏洋集团	208.49	25.9	房地产	香港	1984-04-26	0081.HK
195	阳光保险	207.88	新上榜	金融	广东	2022-12-09	6963.HK
196	荣盛石化	207.58	32.7	化工	浙江	2010-11-02	002493.SZ
197	挚文集团	207.00	28.6	休闲	北京	2014-12-11	MOMO.O
198	中国金茂	204.51	47.2	房地产	香港	2007-08-17	0817.HK
199	养元饮品	203.86	−2.8	饮料	河北	2018-02-12	603156.SH

续表

序号	证券简称	品牌价值/亿元	增长率/%	行业	地区	上市日期	证券代码
200	江淮汽车	200.25	−12.4	汽车	安徽	2001-08-24	600418.SH
201	歌尔股份	199.67	0.7	电子	山东	2008-05-22	002241.SZ
202	ST易购	199.53	−74.9	零售	江苏	2004-07-21	002024.SZ
203	闻泰科技	197.97	−8.3	通信	湖北	1996-08-28	600745.SH
204	国联股份	196.71	102.7	互联网	北京	2019-07-30	603613.SH
205	国药一致	195.14	20.0	医药	广东	1993-08-09	000028.SZ
206	九安医疗	194.79	新上榜	医药	天津	2010-06-10	002432.SZ
207	重药控股	193.80	47.5	医药	重庆	1999-09-16	000950.SZ
208	南京银行	192.45	28.2	金融	江苏	2007-07-19	601009.SH
209	中国化学	192.16	17.2	建筑	北京	2010-01-07	601117.SH
210	海澜之家	192.14	0.1	服饰	江苏	2000-12-28	600398.SH
211	明阳智能	192.10	61.8	装备	广东	2019-01-23	601615.SH
212	雅居乐集团	190.21	0.1	房地产	广东	2005-12-15	3383.HK
213	蓝色光标	187.37	17.0	媒体	北京	2010-02-26	300058.SZ
214	传化智联	186.84	19.6	运输	浙江	2004-06-29	002010.SZ
215	远洋集团	186.80	新上榜	房地产	北京	2007-09-28	3377.HK
216	河钢股份	185.92	19.3	钢铁	河北	1997-04-16	000709.SZ
217	百联股份	185.84	−17.4	零售	上海	1994-02-04	600827.SH
218	迈瑞医疗	185.56	23.8	医药	广东	2018-10-16	300760.SZ
219	华发股份	184.55	20.7	房地产	广东	2004-02-25	600325.SH
220	万华化学	184.18	−2.5	化工	山东	2001-01-05	600309.SH
221	鞍钢股份	183.58	−6.7	钢铁	辽宁	1997-12-25	000898.SZ
222	上港集团	183.56	36.8	运输	上海	2006-10-26	600018.SH
223	浙商银行	181.53	5.8	金融	浙江	2019-11-26	601916.SH
224	波司登	181.49	14.0	服饰	香港	2007-10-11	3998.HK
225	阿特斯太阳能	179.53	15.9	装备	江苏	2006-11-09	CSIQ.O
226	复星医药	178.11	1.9	医药	上海	1998-08-07	600196.SH
227	梅花生物	176.46	66.0	农业	西藏	1995-02-17	600873.SH
228	燕京啤酒	176.28	28.8	饮料	北京	1997-07-16	000729.SZ
229	石药集团	174.78	16.4	医药	香港	1994-06-21	1093.HK
230	天能动力	174.34	13.6	装备	香港	2007-06-11	0819.HK
231	金科股份	173.81	5.6	房地产	重庆	1996-11-28	000656.SZ
232	口子窖	173.33	5.0	饮料	安徽	2015-06-29	603589.SH
233	浙商中拓	173.25	32.0	贸易	浙江	1999-07-07	000906.SZ
234	中国医药	172.09	38.7	医药	北京	1997-05-15	600056.SH
235	福田汽车	170.60	−35.8	汽车	北京	1998-06-02	600166.SH
236	中煤能源	170.58	31.6	煤炭	北京	2008-02-01	601898.SH
237	苏泊尔	170.55	15.1	家电	浙江	2004-08-17	002032.SZ
238	金隅集团	169.96	12.2	建筑	北京	2011-03-01	601992.SH
239	欢聚	169.91	27.3	休闲	广东	2012-11-21	YY.O
240	郑煤机	169.88	12.4	装备	河南	2010-08-03	601717.SH
241	东航物流	169.37	28.4	运输	上海	2021-06-09	601156.SH

续表

序号	证券简称	品牌价值/亿元	增长率/%	行业	地区	上市日期	证券代码
242	雅迪控股	169.25	27.1	汽车	江苏	2016-05-19	1585.HK
243	雅戈尔	168.67	24.0	服饰	浙江	1998-11-19	600177.SH
244	国电南瑞	168.64	7.9	装备	江苏	2003-10-16	600406.SH
245	海航科技	168.59	−55.0	贸易	天津	1996-09-09	600751.SH
246	陕西煤业	168.53	36.4	煤炭	陕西	2014-01-28	601225.SH
247	世纪华通	166.94	3.4	休闲	浙江	2011-07-28	002602.SZ
248	天地科技	166.64	18.9	装备	北京	2002-05-15	600582.SH
249	舍得酒业	165.28	43.9	饮料	四川	1996-05-24	600702.SH
250	迎驾贡酒	164.84	19.2	饮料	安徽	2015-05-28	603198.SH
251	华东医药	164.13	11.2	医药	浙江	2000-01-27	000963.SZ
252	爱旭股份	163.14	119.7	装备	上海	1996-08-16	600732.SH
253	滨江集团	162.89	35.3	房地产	浙江	2008-05-29	002244.SZ
254	兖矿能源	162.24	37.6	煤炭	山东	1998-07-01	600188.SH
255	中梁控股	161.14	−14.1	房地产	上海	2019-07-16	2772.HK
256	中芯国际	160.28	55.7	电子	上海	2020-07-16	688981.SH
257	柳工	159.78	19.9	装备	广西	1993-11-18	000528.SZ
258	爱玛科技	159.41	58.0	日用	天津	2021-06-15	603529.SH
259	德邦股份	158.59	26.9	运输	上海	2018-01-16	603056.SH
260	龙光集团	158.55	−17.7	房地产	广东	2013-12-20	3380.HK
261	分众传媒	155.54	−13.2	媒体	广东	2004-08-04	002027.SZ
262	江铃汽车	155.42	6.3	汽车	江西	1993-12-01	000550.SZ
263	网龙	155.23	27.2	休闲	香港	2007-11-02	0777.HK
264	云南白药	154.92	−2.3	医药	云南	1993-12-15	000538.SZ
265	药明康德	154.07	23.2	医药	江苏	2018-05-08	603259.SH
266	京东健康	153.58	50.1	零售	北京	2020-12-08	6618.HK
267	南京医药	153.44	27.0	医药	江苏	1996-07-01	600713.SH
268	首钢股份	152.83	8.1	钢铁	北京	1999-12-16	000959.SZ
269	复星旅游文化	152.73	31.5	酒店	上海	2018-12-14	1992.HK
270	顺鑫农业	152.73	−13.6	饮料	北京	1998-11-04	000860.SZ
271	扬子江	151.65	3.1	装备	江苏	2007-04-18	BS6.SG
272	信义光能	151.54	−11.8	装备	安徽	2013-12-12	0968.HK
273	马钢股份	151.42	−8.8	钢铁	安徽	1994-01-06	600808.SH
274	公牛集团	150.95	11.6	日用	浙江	2020-02-06	603195.SH
275	国机汽车	150.50	12.4	汽车	天津	2001-03-05	600335.SH
276	锦江酒店	150.20	−13.8	酒店	上海	1996-10-11	600754.SH
277	中铁工业	148.17	66.6	装备	北京	2001-05-28	600528.SH
278	携程网	146.57	−6.9	零售	上海	2003-12-09	TCOM.O
279	金辉控股	145.78	−11.5	房地产	北京	2020-10-29	9993.HK
280	首开股份	145.38	−21.4	房地产	北京	2001-03-12	600376.SH
281	四川路桥	145.16	36.8	建筑	四川	2003-03-25	600039.SH
282	国泰君安	144.85	12.3	金融	上海	2015-06-26	601211.SH
283	苏美达	144.63	17.4	贸易	江苏	1996-07-01	600710.SH

续表

序号	证券简称	品牌价值/亿元	增长率/%	行业	地区	上市日期	证券代码
284	美凯龙	142.97	−26.8	零售	上海	2018-01-17	601828.SH
285	中国国航	142.18	−47.0	运输	北京	2006-08-18	601111.SH
286	欣旺达	142.14	22.4	电子	广东	2011-04-21	300207.SZ
287	国药股份	141.41	−5.3	医药	北京	2002-11-27	600511.SH
288	中航科工	141.29	12.0	装备	北京	2003-10-30	2357.HK
289	昆仑能源	141.00	26.9	公用	香港	1973-03-13	0135.HK
290	晨光股份	139.90	−1.4	日用	上海	2015-01-27	603899.SH
291	陆金所控股	139.49	−2.7	金融	上海	2020-10-30	LU.N
292	国电电力	138.79	49.0	公用	辽宁	1997-03-18	600795.SH
293	铜陵有色	138.76	9.5	有色金属	安徽	1996-11-20	000630.SZ
294	晶科能源	138.67	新上榜	电子	江西	2022-01-26	688223.SH
295	中信特钢	138.63	6.4	钢铁	湖北	1997-03-26	000708.SZ
296	华贸物流	137.77	44.9	运输	上海	2012-05-29	603128.SH
297	森马服饰	137.46	7.4	服饰	浙江	2011-03-11	002563.SZ
298	中集车辆	137.12	−9.2	装备	广东	2021-07-08	301039.SZ
299	正泰电器	136.53	−11.4	装备	浙江	2010-01-21	601877.SH
300	东鹏饮料	136.27	8.4	饮料	广东	2021-05-27	605499.SH
301	大华股份	136.22	0.8	电子	浙江	2008-05-20	002236.SZ
302	浙江建投	136.00	80.7	建筑	浙江	2015-06-10	002761.SZ
303	中国建筑国际	135.59	60.7	建筑	香港	2005-07-08	3311.HK
304	华能国际	134.85	5.4	公用	北京	2001-12-06	600011.SH
305	微博	134.81	17.9	媒体	北京	2014-04-17	WB.O
306	新钢股份	133.81	−2.2	钢铁	江西	1996-12-25	600782.SH
307	中国铁塔	133.80	8.5	建筑	北京	2018-08-08	0788.HK
308	陕西建工	133.61	80.0	建筑	陕西	2000-06-22	600248.SH
309	山东钢铁	132.79	9.0	钢铁	山东	2004-06-29	600022.SH
310	中国生物制药	132.31	−7.3	医药	香港	2000-09-29	1177.HK
311	水井坊	131.37	−10.9	饮料	四川	1996-12-06	600779.SH
312	保利置业集团	131.05	−10.3	房地产	上海	1973-08-30	0119.HK
313	太钢不锈	130.52	−13.0	钢铁	山西	1998-10-21	000825.SZ
314	振华重工	129.42	21.0	装备	上海	2000-12-21	600320.SH
315	上海机电	129.26	−7.2	装备	上海	1994-02-24	600835.SH
316	重庆百货	128.03	−4.8	零售	重庆	1996-07-02	600729.SH
317	舜宇光学科技	127.99	−20.7	电子	浙江	2007-06-15	2382.HK
318	科沃斯	127.22	25.7	家电	江苏	2018-05-28	603486.SH
319	徽商银行	126.27	28.3	金融	安徽	2013-11-12	3698.HK
320	深康佳A	126.06	−18.0	家电	广东	1992-03-27	000016.SZ
321	申通快递	125.99	75.5	运输	浙江	2010-09-08	002468.SZ
322	京沪高铁	125.39	−19.0	运输	北京	2020-01-16	601816.SH
323	广汇宝信	124.23	31.3	汽车	上海	2011-12-14	1293.HK
324	兆驰股份	124.22	−21.9	日用	广东	2010-06-10	002429.SZ
325	中国通号	122.26	4.9	装备	北京	2019-07-22	688009.SH

续表

序号	证券简称	品牌价值/亿元	增长率/%	行业	地区	上市日期	证券代码
326	快手-W	121.48	−23.0	休闲	北京	2021-02-05	1024.HK
327	天山股份	121.42	97.0	建筑	新疆	1999-01-07	000877.SZ
328	云南铜业	121.11	43.3	有色金属	云南	1998-06-02	000878.SZ
329	远东宏信	119.94	8.7	金融	上海	2011-03-30	3360.HK
330	吉比特	118.99	7.0	休闲	福建	2017-01-04	603444.SH
331	海天国际	118.28	−7.9	装备	浙江	2006-12-22	1882.HK
332	上机数控	117.54	109.9	装备	江苏	2018-12-28	603185.SH
333	酒鬼酒	117.12	35.0	饮料	湖南	1997-07-18	000799.SZ
334	杭州银行	116.95	21.1	金融	浙江	2016-10-27	600926.SH
335	中教控股	116.81	36.3	教育	香港	2017-12-15	0839.HK
336	安道麦A	116.51	43.7	化工	湖北	1993-12-03	000553.SZ
337	海通证券	116.01	−13.0	金融	上海	1994-02-24	600837.SH
338	中集安瑞科	115.72	11.2	装备	广东	2005-10-18	3899.HK
339	理想汽车-W	115.53	−70.1	汽车	北京	2021-08-12	2015.HK
340	长江电力	115.22	8.6	公用	北京	2003-11-18	600900.SH
341	亿纬锂能	115.13	50.8	电子	广东	2009-10-30	300014.SZ
342	华泰证券	114.95	4.1	金融	江苏	2010-02-26	601688.SH
343	合生创展集团	114.56	−38.7	房地产	香港	1998-05-27	0754.HK
344	恒瑞医药	114.25	−28.0	医药	江苏	2000-10-18	600276.SH
345	昆仑万维	114.24	−9.3	休闲	北京	2015-01-21	300418.SZ
346	东方日升	113.84	45.7	装备	浙江	2010-09-02	300118.SZ
347	海王生物	113.75	−11.2	医药	广东	1998-12-18	000078.SZ
348	华住	113.16	−6.8	酒店	上海	2010-03-26	HTHT.O
349	长虹美菱	112.18	17.0	家电	安徽	1993-10-18	000521.SZ
350	东方生物	111.89	73.1	医药	浙江	2020-02-05	688298.SH
351	广发证券	111.06	−1.7	金融	广东	1997-06-11	000776.SZ
352	中国银河	111.04	37.1	金融	北京	2017-01-23	601881.SH
353	中油资本	111.00	50.2	金融	新疆	1996-10-22	000617.SZ
354	上海实业控股	110.83	−23.7	房地产	香港	1996-05-30	0363.HK
355	特步国际	110.09	20.9	服饰	福建	2008-06-03	1368.HK
356	海丰国际	109.81	80.0	运输	香港	2010-10-06	1308.HK
357	新乳业	109.05	20.4	饮料	四川	2019-01-25	002946.SZ
358	三元股份	108.15	12.5	饮料	北京	2003-09-15	600429.SH
359	新和成	107.96	25.9	医药	浙江	2004-06-25	002001.SZ
360	居然之家	107.46	39.4	零售	湖北	1997-07-11	000785.SZ
361	南钢股份	107.00	4.2	钢铁	江苏	2000-09-19	600282.SH
362	完美世界	106.66	−12.1	休闲	浙江	2011-10-28	002624.SZ
363	招商轮船	105.66	162.9	运输	上海	2006-12-01	601872.SH
364	包钢股份	105.40	−22.0	钢铁	内蒙古	2001-03-09	600010.SH
365	沪农商行	105.30	55.1	金融	上海	2021-08-19	601825.SH
366	渝农商行	104.96	6.3	金融	重庆	2019-10-29	601077.SH
367	大全能源	104.13	60.0	电子	新疆	2021-07-22	688303.SH

续表

序号	证券简称	品牌价值/亿元	增长率/%	行业	地区	上市日期	证券代码
368	中国高速传动	103.83	7.1	装备	香港	2007-07-04	0658.HK
369	纳思达	103.65	88.0	电子	广东	2007-11-13	002180.SZ
370	恒逸石化	103.44	7.6	化工	广西	1997-03-28	000703.SZ
371	天能股份	103.12	31.5	装备	浙江	2021-01-18	688819.SH
372	中油工程	103.06	27.9	石油	新疆	2000-12-25	600339.SH
373	晶科能源	102.58	5.5	装备	江西	2010-05-14	JKS.N
374	中国核建	102.38	22.7	建筑	上海	2016-06-06	601611.SH
375	迪安诊断	101.92	56.9	保健	浙江	2011-07-19	300244.SZ
376	联华超市	101.87	−10.5	零售	上海	2003-06-27	0980.HK
377	美东汽车	101.74	6.3	汽车	广东	2013-12-05	1268.HK
378	宇通客车	101.44	−26.8	汽车	河南	1997-05-08	600066.SH
379	长电科技	101.34	−0.5	电子	江苏	2003-06-03	600584.SH
380	深圳控股	100.86	−10.1	房地产	广东	1997-03-07	0604.HK
381	中金公司	100.85	10.3	金融	北京	2020-11-02	601995.SH
382	均胜电子	100.69	−17.9	汽车	浙江	1993-12-06	600699.SH
383	凤凰传媒	100.65	25.2	媒体	江苏	2011-11-30	601928.SH
384	益丰药房	100.32	15.6	零售	湖南	2015-02-17	603939.SH
385	中国一重	100.18	19.7	装备	黑龙江	2010-02-09	601106.SH
386	安琪酵母	99.66	0.7	食品	湖北	2000-08-18	600298.SH
387	招商证券	98.96	−1.4	金融	广东	2009-11-17	600999.SH
388	安徽建工	98.81	57.1	建筑	安徽	2003-04-15	600502.SH
389	申万宏源	98.50	21.7	金融	新疆	2015-01-26	000166.SZ
390	柳钢股份	97.58	−5.4	钢铁	广西	2007-02-27	601003.SH
391	中远海发	97.38	33.9	运输	上海	2007-12-12	601866.SH
392	欧派家居	97.16	2.3	家居	广东	2017-03-28	603833.SH
393	碧桂园服务	96.98	−18.9	房地产	广东	2018-06-19	6098.HK
394	三一重能	96.82	新上榜	装备	北京	2022-06-22	688349.SH
395	中国广核	96.75	14.2	公用	广东	2019-08-26	003816.SZ
396	老板电器	96.54	−2.5	家电	浙江	2010-11-23	002508.SZ
397	大悦城	95.97	47.8	房地产	广东	1993-10-08	000031.SZ
398	荣盛发展	95.64	−40.5	房地产	河北	2007-08-08	002146.SZ
399	大参林	95.58	−0.7	零售	广东	2017-07-31	603233.SH
400	金域医学	95.41	25.6	保健	广东	2017-09-08	603882.SH
401	福耀玻璃	95.38	−4.8	汽车	福建	1993-06-10	600660.SH
402	先导智能	95.13	58.4	装备	江苏	2015-05-18	300450.SZ
403	香港置地	95.12	−18.4	房地产	香港	1990-10-01	H78.SG
404	张裕A	94.49	1.6	饮料	山东	2000-10-26	000869.SZ
405	神州数码	93.77	4.7	贸易	广东	1994-05-09	000034.SZ
406	周大生	93.34	23.8	服饰	广东	2017-04-27	002867.SZ
407	中信建投	92.82	7.1	金融	北京	2018-06-20	601066.SH
408	新奥能源	92.64	10.6	公用	河北	2002-06-03	2688.HK
409	创维数字	92.43	64.7	家电	四川	1998-06-02	000810.SZ

续表

序号	证券简称	品牌价值/亿元	增长率/%	行业	地区	上市日期	证券代码
410	中南建设	92.16	−18.7	房地产	江苏	2000-03-01	000961.SZ
411	新宝股份	92.04	−7.0	家电	广东	2014-01-21	002705.SZ
412	中国中药	91.99	13.8	医药	广东	1993-04-07	0570.HK
413	阳光电源	91.97	18.4	装备	安徽	2011-11-02	300274.SZ
414	华润三九	91.90	51.5	医药	广东	2000-03-09	000999.SZ
415	玉柴国际	91.73	−14.7	装备	广西	1994-12-16	CYD.N
416	嘉事堂	91.57	33.0	医药	北京	2010-08-18	002462.SZ
417	厦门信达	91.56	43.8	贸易	福建	1997-02-26	000701.SZ
418	三钢闽光	91.55	−1.7	钢铁	福建	2007-01-26	002110.SZ
419	烽火通信	91.47	−13.1	通信	湖北	2001-08-23	600498.SH
420	宝胜股份	91.47	4.4	装备	江苏	2004-08-02	600973.SH
421	成都银行	90.89	33.8	金融	四川	2018-01-31	601838.SH
422	石化油服	90.81	21.4	石油	北京	1995-04-11	600871.SH
423	中化化肥	90.63	0.9	化工	北京	1996-09-30	0297.HK
424	中国心连心化肥	89.70	31.8	化工	河南	2009-12-08	1866.HK
425	招商港口	89.62	−4.6	运输	广东	1993-05-05	001872.SZ
426	虎牙直播	89.05	−21.7	休闲	广东	2018-05-11	HUYA.N
427	中国东航	88.92	−58.9	运输	上海	1997-11-05	600115.SH
428	韦尔股份	88.88	−12.8	电子	上海	2017-05-04	603501.SH
429	三一国际	88.07	33.6	装备	辽宁	2009-11-25	0631.HK
430	一心堂	87.96	15.5	零售	云南	2014-07-02	002727.SZ
431	际华集团	87.63	−3.8	服饰	北京	2010-08-16	601718.SH
432	新安股份	87.14	71.6	化工	浙江	2001-09-06	600596.SH
433	老白干酒	86.86	24.4	饮料	河北	2002-10-29	600559.SH
434	航天信息	86.66	0.8	电子	北京	2003-07-11	600271.SH
435	绿地香港	86.49	3.0	房地产	香港	2006-10-10	0337.HK
436	老百姓	86.22	5.3	零售	湖南	2015-04-23	603883.SH
437	宁波港	86.20	18.0	运输	浙江	2010-09-28	601018.SH
438	大北农	86.06	0.3	农业	北京	2010-04-09	002385.SZ
439	新奥股份	85.94	39.8	公用	河北	1994-01-03	600803.SH
440	杭叉集团	85.24	4.0	装备	浙江	2016-12-27	603298.SH
441	珠江啤酒	85.21	9.4	饮料	广东	2010-08-18	002461.SZ
442	恒立液压	85.13	−25.6	装备	江苏	2011-10-28	601100.SH
443	安徽合力	84.91	6.3	装备	安徽	1996-10-09	600761.SH
444	中国龙工	84.83	−22.7	装备	上海	2005-11-17	3339.HK
445	巨星科技	84.80	19.5	装备	浙江	2010-07-13	002444.SZ
446	运达股份	84.64	41.2	装备	浙江	2019-04-26	300772.SZ
447	晶盛机电	84.51	75.4	装备	浙江	2012-05-11	300316.SZ
448	德赛电池	84.51	6.8	电子	广东	1995-03-20	000049.SZ
449	中泰化学	84.32	−12.8	贸易	新疆	2006-12-08	002092.SZ
450	金融街	84.16	2.2	房地产	北京	1996-06-26	000402.SZ
451	人福医药	83.94	−9.4	医药	湖北	1997-06-06	600079.SH

续表

序号	证券简称	品牌价值/亿元	增长率/%	行业	地区	上市日期	证券代码
452	中银航空租赁	83.92	18.6	运输	香港	2016-06-01	2588.HK
453	山东路桥	83.83	83.4	建筑	山东	1997-06-09	000498.SZ
454	广州农商银行	83.77	3.1	金融	广东	2017-06-20	1551.HK
455	爱施德	83.69	23.7	贸易	广东	2010-05-28	002416.SZ
456	中国软件国际	83.38	2.4	互联网	北京	2003-06-20	0354.HK
457	蓝思科技	83.33	−28.0	电子	湖南	2015-03-18	300433.SZ
458	九毛九	83.24	8.8	餐饮	广东	2020-01-15	9922.HK
459	禾丰股份	82.87	2.7	农业	辽宁	2014-08-08	603609.SH
460	万物云	82.57	新上榜	房地产	广东	2022-09-29	2602.HK
461	招商局置地	82.25	10.9	房地产	香港	1997-10-16	0978.HK
462	中航沈飞	82.21	6.7	装备	山东	1996-10-11	600760.SH
463	华润水泥控股	82.19	−3.6	建筑	香港	2009-10-06	1313.HK
464	云天化	81.96	10.8	贸易	云南	1997-07-09	600096.SH
465	中国核电	81.35	17.6	公用	北京	2015-06-10	601985.SH
466	太阳纸业	81.04	5.6	造纸	山东	2006-11-16	002078.SZ
467	天虹国际集团	80.62	3.3	纺织	香港	2004-12-09	2678.HK
468	本钢板材	80.61	−7.9	钢铁	辽宁	1998-01-15	000761.SZ
469	信达地产	80.60	19.3	房地产	北京	1993-05-24	600657.SH
470	达安基因	80.36	123.1	医药	广东	2004-08-09	002030.SZ
471	360数科	80.27	−31.6	金融	上海	2018-12-14	QFIN.O
472	陆家嘴	80.26	−5.7	房地产	上海	1993-06-28	600663.SH
473	石头科技	80.20	−24.0	家电	北京	2020-02-21	688169.SH
474	中国长城	80.11	38.1	电子	广东	1997-06-26	000066.SZ
475	中石化炼化工程	80.00	30.7	建筑	北京	2013-05-23	2386.HK
476	稳健医疗	79.81	7.2	纺织	广东	2020-09-17	300888.SZ
477	鄂尔多斯	79.31	18.2	钢铁	内蒙古	2001-04-26	600295.SH
478	利欧股份	78.94	−21.4	媒体	浙江	2007-04-27	002131.SZ
479	爱尔眼科	78.77	−0.5	医药	湖南	2009-10-30	300015.SZ
480	中国东方集团	78.73	12.8	钢铁	香港	2004-03-02	0581.HK
481	渤海银行	78.67	−3.2	金融	天津	2020-07-16	9668.HK
482	晨鸣纸业	78.52	−20.6	造纸	山东	2000-11-20	000488.SZ
483	同仁堂	78.48	10.4	医药	北京	1997-06-25	600085.SH
484	安井食品	78.48	0.7	食品	福建	2017-02-22	603345.SH
485	中骏集团控股	78.47	−2.8	房地产	上海	2010-02-05	1966.HK
486	中南传媒	78.26	17.0	媒体	湖南	2010-10-28	601098.SH
487	白银有色	77.92	37.0	有色金属	甘肃	2017-02-15	601212.SH
488	新兴铸管	77.89	36.8	钢铁	河北	1997-06-06	000778.SZ
489	山东出版	77.73	20.2	媒体	山东	2017-11-22	601019.SH
490	科达制造	77.31	30.9	装备	广东	2002-10-10	600499.SH
491	芒果超媒	77.31	14.6	媒体	湖南	2015-01-21	300413.SZ
492	中交地产	77.16	85.2	房地产	重庆	1997-04-25	000736.SZ

续表

序号	证券简称	品牌价值/亿元	增长率/%	行业	地区	上市日期	证券代码
493	电气风电	77.10	−42.5	装备	上海	2021-05-19	688660.SH
494	东山精密	76.68	13.7	电子	江苏	2010-04-09	002384.SZ
495	华友钴业	76.63	45.7	有色金属	浙江	2015-01-29	603799.SH
496	哈尔滨电气	76.45	−30.0	装备	黑龙江	1994-12-16	1133.HK
497	卓尔智联	76.38	70.3	贸易	湖北	2011-07-13	2098.HK
498	中国电影	76.35	−20.5	休闲	北京	2016-08-09	600977.SH
499	铁建重工	76.19	39.2	装备	湖南	2021-06-22	688425.SH
500	隧道股份	75.94	24.5	建筑	上海	1994-01-28	600820.SH
501	长沙银行	75.89	12.4	金融	湖南	2018-09-26	601577.SH
502	华润电力	75.68	−13.5	公用	广东	2003-11-12	0836.HK
503	中文传媒	75.63	0.8	媒体	江西	2002-03-04	600373.SH
504	中航西飞	75.06	4.7	装备	陕西	1997-06-26	000768.SZ
505	威高股份	74.87	7.6	医药	山东	2004-02-27	1066.HK
506	金田股份	74.78	35.8	有色金属	浙江	2020-04-22	601609.SH
507	科大讯飞	74.76	23.0	互联网	安徽	2008-05-12	002230.SZ
508	科伦药业	74.49	34.0	医药	四川	2010-06-03	002422.SZ
509	浙江沪杭甬	74.42	20.0	运输	浙江	1997-05-15	0576.HK
510	五矿发展	74.22	6.5	贸易	北京	1997-05-28	600058.SH
511	隆鑫通用	73.79	7.0	汽车	重庆	2012-08-10	603766.SH
512	海亮股份	73.79	28.3	有色金属	浙江	2008-01-16	002203.SZ
513	太平鸟	73.41	−26.7	服饰	浙江	2017-01-09	603877.SH
514	浙文互联	73.41	23.4	媒体	浙江	2004-04-26	600986.SH
515	陕鼓动力	73.17	12.2	装备	陕西	2010-04-28	601369.SH
516	健康元	72.88	−12.4	医药	广东	2001-06-08	600380.SH
517	航发动力	72.65	−1.1	装备	陕西	1996-04-08	600893.SH
518	京粮控股	72.61	33.5	食品	海南	1992-12-21	000505.SZ
519	顾家家居	72.60	1.9	家居	浙江	2016-10-14	603816.SH
520	国信证券	72.42	20.4	金融	广东	2014-12-29	002736.SZ
521	怡亚通	72.31	15.7	贸易	广东	2007-11-13	002183.SZ
522	冀东水泥	72.03	16.7	建筑	河北	1996-06-14	000401.SZ
523	ST 龙净	72.00	25.5	装备	福建	2000-12-29	600388.SH
524	中国动力	71.92	19.7	装备	河北	2004-07-14	600482.SH
525	中海石油化学	71.75	26.2	化工	海南	2006-09-29	3983.HK
526	友发集团	71.07	15.7	钢铁	天津	2020-12-04	601686.SH
527	中储股份	70.94	24.2	贸易	天津	1997-01-21	600787.SH
528	青岛港	70.74	29.3	运输	山东	2019-01-21	601298.SH
529	山鹰国际	70.67	3.4	造纸	安徽	2001-12-18	600567.SH
530	ATLAS	70.66	35.8	运输	香港	2005-08-09	ATCO.N
531	扬农化工	70.60	20.1	化工	江苏	2002-04-25	600486.SH
532	长虹华意	70.55	49.5	装备	江西	1996-06-19	000404.SZ
533	大唐发电	70.48	−4.1	公用	北京	2006-12-20	601991.SH
534	上海梅林	70.41	−12.1	农业	上海	1997-07-04	600073.SH

续表

序号	证券简称	品牌价值/亿元	增长率/%	行业	地区	上市日期	证券代码
535	中信国际电讯	70.35	22.0	电信	香港	2007-04-03	1883.HK
536	九阳股份	69.99	−14.5	家电	山东	2008-05-28	002242.SZ
537	浙版传媒	69.89	42.9	媒体	浙江	2021-07-23	601921.SH
538	华新水泥	69.83	−9.3	建筑	湖北	1994-01-03	600801.SH
539	锡业股份	69.78	14.4	有色金属	云南	2000-02-21	000960.SZ
540	步长制药	69.75	−3.5	医药	山东	2016-11-18	603858.SH
541	康哲药业	69.57	4.3	医药	广东	2010-09-28	0867.HK
542	立中集团	69.50	94.4	汽车	河北	2015-03-19	300428.SZ
543	深天马A	69.16	14.2	电子	广东	1995-03-15	000050.SZ
544	中化国际	69.14	−5.0	化工	上海	2000-03-01	600500.SH
545	汇川技术	69.03	16.5	装备	广东	2010-09-28	300124.SZ
546	圣农发展	68.93	20.4	农业	福建	2009-10-21	002299.SZ
547	新华文轩	68.61	20.0	媒体	四川	2016-08-08	601811.SH
548	远大控股	68.61	−13.9	贸易	江苏	1996-11-28	000626.SZ
549	天虹股份	68.59	11.4	零售	广东	2010-06-01	002419.SZ
550	软通动力	68.44	新上榜	互联网	北京	2022-03-15	301236.SZ
551	华鲁恒升	68.26	−1.0	化工	山东	2002-06-20	600426.SH
552	超威动力	68.18	−0.3	装备	浙江	2010-07-07	0951.HK
553	山东高速	68.06	28.9	运输	山东	2002-03-18	600350.SH
554	正通汽车	68.05	13.8	汽车	北京	2010-12-10	1728.HK
555	菜百股份	67.97	9.2	服饰	北京	2021-09-09	605599.SH
556	莱克电气	67.82	2.4	家电	江苏	2015-05-13	603355.SH
557	瑞康医药	67.76	−11.2	医药	山东	2011-06-10	002589.SZ
558	信义玻璃	67.73	22.7	建筑	香港	2005-02-03	0868.HK
559	东莞农商银行	67.61	6.2	金融	广东	2021-09-29	9889.HK
560	长春高新	67.57	−1.3	医药	吉林	1996-12-18	000661.SZ
561	正荣地产	67.52	−58.5	房地产	上海	2018-01-16	6158.HK
562	重庆建工	66.89	34.8	建筑	重庆	2017-02-21	600939.SH
563	天音控股	66.85	0.3	贸易	江西	1997-12-02	000829.SZ
564	大商股份	66.79	−12.6	零售	辽宁	1993-11-22	600694.SH
565	华电国际	66.45	−9.2	公用	山东	2005-02-03	600027.SH
566	中顺洁柔	66.41	−4.3	日用	广东	2010-11-25	002511.SZ
567	东方明珠	66.29	−12.5	媒体	上海	1993-03-16	600637.SH
568	欧普照明	66.20	−6.1	家电	上海	2016-08-19	603515.SH
569	云图控股	66.13	34.0	化工	四川	2011-01-18	002539.SZ
570	东风汽车	65.80	−17.9	汽车	湖北	1999-07-27	600006.SH
571	金龙汽车	65.45	0.8	汽车	福建	1993-11-08	600686.SH
572	万和电气	65.43	34.4	家电	广东	2011-01-28	002543.SZ
573	中科曙光	65.39	2.4	电子	天津	2014-11-06	603019.SH
574	天顺风能	65.34	3.8	装备	江苏	2010-12-31	002531.SZ
575	庞大集团	65.03	−31.6	汽车	河北	2011-04-28	601258.SH
576	长飞光纤	64.89	25.7	通信	湖北	2018-07-20	601869.SH

续表

序号	证券简称	品牌价值/亿元	增长率/%	行业	地区	上市日期	证券代码
577	天齐锂业	64.82	601.2	有色金属	四川	2010-08-31	002466.SZ
578	承德露露	64.81	18.8	饮料	河北	1997-11-13	000848.SZ
579	花房集团	64.59	新上榜	休闲	北京	2022-12-12	3611.HK
580	首旅酒店	64.53	−19.2	酒店	北京	2000-06-01	600258.SH
581	中原传媒	64.40	25.7	媒体	河南	1997-03-31	000719.SZ
582	361度	64.37	−3.6	服饰	福建	2009-06-30	1361.HK
583	中国航油	64.34	10.8	石油	陕西	2001-12-06	G92.SG
584	大明国际	64.05	−5.8	钢铁	江苏	2010-12-01	1090.HK
585	中国重工	63.56	19.5	装备	北京	2009-12-16	601989.SH
586	福日电子	63.11	−3.7	通信	福建	1999-05-14	600203.SH
587	鹭燕医药	63.05	38.9	医药	福建	2016-02-18	002788.SZ
588	星网锐捷	62.78	11.7	通信	福建	2010-06-23	002396.SZ
589	王府井	62.65	−29.5	零售	北京	1994-05-06	600859.SH
590	弘阳地产	62.42	−30.8	房地产	江苏	2018-07-12	1996.HK
591	阳光城	62.35	−40.6	房地产	福建	1996-12-18	000671.SZ
592	耐世特	62.23	−17.7	汽车	香港	2013-10-07	1316.HK
593	片仔癀	61.98	−3.1	医药	福建	2003-06-16	600436.SH
594	中国联塑	61.95	−13.1	建筑	广东	2010-06-23	2128.HK
595	唐人神	61.84	36.2	农业	湖南	2011-03-25	002567.SZ
596	华润燃气	61.58	17.6	公用	香港	1994-11-07	1193.HK
597	木林森	61.46	2.2	电子	广东	2015-02-17	002745.SZ
598	海立股份	61.31	−2.7	装备	上海	1992-11-16	600619.SH
599	洪九果品	61.28	新上榜	农业	重庆	2022-09-05	6689.HK
600	赣锋锂业	61.11	191.3	有色金属	江西	2010-08-10	002460.SZ
601	以岭药业	61.07	67.3	医药	河北	2011-07-28	002603.SZ
602	龙大美食	60.99	−5.9	农业	山东	2014-06-26	002726.SZ
603	海油发展	60.72	33.7	石油	北京	2019-06-26	600968.SH
604	海程邦达	60.68	25.4	运输	山东	2021-05-26	603836.SH
605	家家悦	60.61	−17.2	零售	山东	2016-12-13	603708.SH
606	汤臣倍健	60.36	27.5	保健	广东	2010-12-15	300146.SZ
607	融信中国	60.21	−68.0	房地产	上海	2016-01-13	3301.HK
608	赛轮轮胎	60.13	5.4	汽车	山东	2011-06-30	601058.SH
609	上海家化	60.06	−8.1	日用	上海	2001-03-15	600315.SH
610	万泰生物	60.05	170.6	医药	北京	2020-04-29	603392.SH
611	皖新传媒	59.97	13.8	媒体	安徽	2010-01-18	601801.SH
612	神火股份	59.94	63.2	有色金属	河南	1999-08-31	000933.SZ
613	迪马股份	59.90	−4.4	房地产	重庆	2002-07-23	600565.SH
614	东方财富	59.88	61.8	金融	上海	2010-03-19	300059.SZ
615	新洋丰	59.88	14.9	化工	湖北	1999-04-08	000902.SZ
616	上海石化	59.62	3.7	石油	上海	1993-11-08	600688.SH
617	华润双鹤	59.58	47.4	医药	北京	1997-05-22	600062.SH
618	洽洽食品	59.54	16.9	食品	安徽	2011-03-02	002557.SZ

续表

序号	证券简称	品牌价值/亿元	增长率/%	行业	地区	上市日期	证券代码
619	贵阳银行	59.36	4.6	金融	贵州	2016-08-16	601997.SH
620	浙江交科	59.32	65.2	建筑	浙江	2006-08-16	002061.SZ
621	中百集团	59.29	9.1	零售	湖北	1997-05-19	000759.SZ
622	移远通信	59.18	34.3	通信	上海	2019-07-16	603236.SH
623	时代电气	59.15	4.1	装备	湖南	2021-09-07	688187.SH
624	安迪苏	59.05	2.6	农业	北京	2000-04-20	600299.SH
625	润丰股份	59.03	93.1	化工	山东	2021-07-28	301035.SZ
626	德业股份	58.87	73.8	家电	浙江	2021-04-20	605117.SH
627	领益智造	58.80	5.9	电子	广东	2011-07-15	002600.SZ
628	视源股份	58.76	11.1	电子	广东	2017-01-19	002841.SZ
629	天茂集团	58.71	11.8	金融	湖北	1996-11-12	000627.SZ
630	宁沪高速	58.68	17.3	运输	江苏	2001-01-16	600377.SH
631	北方稀土	58.66	15.4	有色金属	内蒙古	1997-09-24	600111.SH
632	伊泰煤炭	58.63	62.6	煤炭	内蒙古	2012-07-12	3948.HK
633	山东黄金	58.45	10.3	有色金属	山东	2003-08-28	600547.SH
634	宝信软件	58.29	8.0	互联网	上海	1994-03-11	600845.SH
635	信利国际	58.29	−2.0	电子	香港	1991-07-29	0732.HK
636	大族激光	58.20	3.2	电子	广东	2004-06-25	002008.SZ
637	华邦健康	58.00	19.5	化工	重庆	2004-06-25	002004.SZ
638	中金黄金	58.00	17.5	有色金属	北京	2003-08-14	600489.SH
639	赛力斯	57.96	−45.3	汽车	重庆	2016-06-15	601127.SH
640	飞科电器	57.81	25.9	家电	上海	2016-04-18	603868.SH
641	步步高	57.51	−13.6	零售	湖南	2008-06-19	002251.SZ
642	新高教集团	57.28	102.0	教育	北京	2017-04-19	2001.HK
643	丽珠集团	57.11	−10.0	医药	广东	1993-10-28	000513.SZ
644	北方华创	57.01	54.1	电子	北京	2010-03-16	002371.SZ
645	深圳国际	56.99	−11.3	运输	香港	1972-09-25	0152.HK
646	航民股份	56.94	71.0	纺织	浙江	2004-08-09	600987.SH
647	酒钢宏兴	56.86	−15.0	钢铁	甘肃	2000-12-20	600307.SH
648	柳药集团	56.82	8.2	医药	广西	2014-12-04	603368.SH
649	澳柯玛	56.76	5.5	家电	山东	2000-12-29	600336.SH
650	国银金租	56.72	−38.1	金融	广东	2016-07-11	1606.HK
651	三花智控	56.68	27.4	家电	浙江	2005-06-07	002050.SZ
652	亿联网络	56.57	46.0	通信	福建	2017-03-17	300628.SZ
653	东方雨虹	56.53	−7.7	建筑	北京	2008-09-10	002271.SZ
654	绝味食品	56.47	−17.5	食品	湖南	2017-03-17	603517.SH
655	东方盛虹	56.29	66.2	化工	江苏	2000-05-29	000301.SZ
656	三安光电	56.20	−24.4	电子	湖北	1996-05-28	600703.SH
657	富力地产	55.98	−37.4	房地产	广东	2005-07-14	2777.HK
658	中海油服	55.94	18.7	石油	天津	2007-09-28	601808.SH
659	大悦城地产	55.87	−28.9	房地产	香港	1973-03-06	0207.HK
660	华虹半导体	55.83	33.1	电子	上海	2014-10-15	1347.HK

续表

序号	证券简称	品牌价值/亿元	增长率/%	行业	地区	上市日期	证券代码
661	中南股份	55.71	1.4	钢铁	广东	1997-05-08	000717.SZ
662	招商公路	55.70	29.1	运输	天津	2017-12-25	001965.SZ
663	中国铁物	55.69	−50.2	商业服务	天津	1999-07-27	000927.SZ
664	桐昆股份	55.26	−8.6	化工	浙江	2011-05-18	601233.SH
665	中航产融	55.25	10.2	金融	黑龙江	1996-05-16	600705.SH
666	中航光电	55.09	30.9	电子	河南	2007-11-01	002179.SZ
667	国投电力	55.00	7.0	公用	北京	1996-01-18	600886.SH
668	德信中国	54.83	−9.8	房地产	浙江	2019-02-26	2019.HK
669	山水水泥	54.62	25.0	建筑	山东	2008-07-04	0691.HK
670	三全食品	54.36	10.2	食品	河南	2008-02-20	002216.SZ
671	南京新百	54.33	2.0	零售	江苏	1993-10-18	600682.SH
672	荣安地产	54.28	18.8	房地产	浙江	1993-08-06	000517.SZ
673	中金岭南	54.13	48.7	有色金属	广东	1997-01-23	000060.SZ
674	中国巨石	54.12	22.7	建筑	浙江	1999-04-22	600176.SH
675	江苏国泰	53.99	11.9	贸易	江苏	2006-12-08	002091.SZ
676	中谷物流	53.82	18.3	运输	上海	2020-09-25	603565.SH
677	五菱汽车	53.74	−14.2	汽车	香港	1992-11-23	0305.HK
678	北京控股	53.73	31.2	公用	香港	1997-05-29	0392.HK
679	大连重工	53.70	66.5	装备	辽宁	2008-01-16	002204.SZ
680	光明地产	53.60	−1.2	房地产	上海	1996-06-06	600708.SH
681	国美零售	53.54	−81.7	零售	北京	1992-04-15	0493.HK
682	慕思股份	53.36	新上榜	日用	广东	2022-06-23	001323.SZ
683	国药现代	53.34	8.2	医药	上海	2004-06-16	600420.SH
684	云铝股份	53.20	11.9	有色金属	云南	1998-04-08	000807.SZ
685	英科医疗	53.18	−47.4	医药	山东	2017-07-21	300677.SZ
686	斗鱼	53.18	−31.0	休闲	湖北	2019-07-17	DOYU.O
687	阅文集团	53.04	−22.0	媒体	上海	2017-11-08	0772.HK
688	武商集团	52.91	−22.4	零售	湖北	1992-11-20	000501.SZ
689	安阳钢铁	52.88	−5.4	钢铁	河南	2001-08-20	600569.SH
690	锐捷网络	52.80	新上榜	通信	福建	2022-11-21	301165.SZ
691	仁恒置地	52.80	−60.5	房地产	上海	2006-06-22	Z25.SG
692	罗莱生活	52.80	4.1	纺织	江苏	2009-09-10	002293.SZ
693	珀莱雅	52.71	20.7	日用	浙江	2017-11-15	603605.SH
694	重庆银行	52.70	15.9	金融	重庆	2021-02-05	601963.SH
695	春风动力	52.68	36.5	汽车	浙江	2017-08-18	603129.SH
696	上海钢联	52.67	−13.7	贸易	上海	2011-06-08	300226.SZ
697	郑州银行	52.66	20.1	金融	河南	2018-09-19	002936.SZ
698	福然德	52.63	14.1	运输	上海	2020-09-24	605050.SH
699	山河智能	52.61	−9.0	装备	湖南	2006-12-22	002097.SZ
700	宇华教育	52.21	57.0	教育	河南	2017-02-28	6169.HK
701	宁波华翔	52.05	10.2	汽车	浙江	2005-06-03	002048.SZ
702	永安期货	51.95	−9.6	金融	浙江	2021-12-23	600927.SH

续表

序号	证券简称	品牌价值/亿元	增长率/%	行业	地区	上市日期	证券代码
703	杭氧股份	51.92	19.9	装备	浙江	2010-06-10	002430.SZ
704	立达信	51.88	40.8	家电	福建	2021-07-20	605365.SH
705	奥马电器	51.74	22.6	家电	广东	2012-04-16	002668.SZ
706	济川药业	51.70	42.8	医药	湖北	2001-08-22	600566.SH
707	华致酒行	51.65	41.2	零售	云南	2019-01-29	300755.SZ
708	巨人网络	51.63	0.1	休闲	重庆	2011-03-02	002558.SZ
709	欧亚集团	51.62	−11.3	零售	吉林	1993-12-06	600697.SH
710	密尔克卫	51.21	55.0	运输	上海	2018-07-13	603713.SH
711	民生教育	51.20	53.6	教育	北京	2017-03-22	1569.HK
712	新湖中宝	51.18	−14.7	房地产	浙江	1999-06-23	600208.SH
713	颐海国际	51.16	−25.3	食品	上海	2016-07-13	1579.HK
714	广电运通	51.05	11.8	电子	广东	2007-08-13	002152.SZ
715	佳源国际控股	51.03	−39.2	房地产	香港	2016-03-08	2768.HK
716	杭钢股份	50.95	−4.3	钢铁	浙江	1998-03-11	600126.SH
717	明发集团	50.89	新上榜	房地产	江苏	2009-11-13	0846.HK
718	天健集团	50.85	39.8	建筑	广东	1999-07-21	000090.SZ
719	五矿资源	50.79	−26.7	有色金属	香港	1994-12-15	1208.HK
720	泡泡玛特	50.76	14.5	日用	北京	2020-12-11	9992.HK
721	蓝月亮集团	50.65	13.1	日用	广东	2020-12-16	6993.HK
722	博纳影业	50.62	新上榜	休闲	新疆	2022-08-18	001330.SZ
723	一汽富维	50.61	2.5	汽车	吉林	1996-08-26	600742.SH
724	中创物流	50.58	56.4	运输	山东	2019-04-29	603967.SH
725	百润股份	50.49	−26.0	饮料	上海	2011-03-25	002568.SZ
726	中国宝安	50.38	39.9	金融	广东	1991-06-25	000009.SZ
727	甬金股份	50.19	34.1	钢铁	浙江	2019-12-24	603995.SH
728	城建发展	50.12	−4.8	房地产	北京	1999-02-03	600266.SH
729	雾芯科技	50.09	新上榜	食品	北京	2021-01-22	RLX.N
730	中原银行	50.05	−19.5	金融	河南	2017-07-19	1216.HK
731	生益科技	50.02	−8.8	电子	广东	1998-10-28	600183.SH
732	京运通	49.89	36.7	装备	北京	2011-09-08	601908.SH
733	桃李面包	49.82	−10.3	食品	辽宁	2015-12-22	603866.SH
734	兴业证券	49.53	−10.7	金融	福建	2010-10-13	601377.SH
735	合景泰富集团	49.51	−21.9	房地产	香港	2007-07-03	1813.HK
736	江南布衣	49.26	32.8	服饰	浙江	2016-10-31	3306.HK
737	西部矿业	49.25	3.6	有色金属	青海	2007-07-12	601168.SH
738	广宇发展	49.24	−54.3	房地产	天津	1993-12-10	000537.SZ
739	南极电商	49.18	−2.2	零售	江苏	2007-04-18	002127.SZ
740	北辰实业	49.10	−34.6	房地产	北京	2006-10-16	601588.SH
741	龙源电力	49.08	−12.2	公用	北京	2022-01-24	001289.SZ
742	伊力特	49.01	−15.1	饮料	新疆	1999-09-16	600197.SH
743	南山铝业	48.97	5.0	有色金属	山东	1999-12-23	600219.SH
744	紫光国微	48.96	76.2	电子	河北	2005-06-06	002049.SZ

续表

序号	证券简称	品牌价值/亿元	增长率/%	行业	地区	上市日期	证券代码
745	中炬高新	48.76	1.2	食品	广东	1995-01-24	600872.SH
746	康冠科技	48.69	新上榜	电子	广东	2022-03-18	001308.SZ
747	天禾股份	48.57	50.0	化工	广东	2020-09-03	002999.SZ
748	招商局港口	48.53	55.1	运输	香港	1992-07-15	0144.HK
749	世茂股份	48.47	−36.3	房地产	上海	1994-02-04	600823.SH
750	苏垦农发	48.26	32.2	农业	江苏	2017-05-15	601952.SH
751	东方证券	48.21	−11.3	金融	上海	2015-03-23	600958.SH
752	华润微	48.18	29.0	电子	江苏	2020-02-27	688396.SH
753	泰格医药	48.12	40.6	医药	浙江	2012-08-17	300347.SZ
754	经纬纺机	48.04	60.0	装备	北京	1996-12-10	000666.SZ
755	重庆钢铁	47.91	−8.9	钢铁	重庆	2007-02-28	601005.SH
756	百宏实业	47.84	101.0	纺织	福建	2011-05-18	2299.HK
757	中国淀粉	47.81	41.1	农业	香港	2007-09-27	3838.HK
758	威孚高科	47.69	−5.6	汽车	江苏	1998-09-24	000581.SZ
759	天山铝业	47.62	9.3	有色金属	浙江	2010-12-31	002532.SZ
760	思摩尔国际	47.61	−19.0	家电	广东	2020-07-10	6969.HK
761	浙能电力	47.46	−1.2	公用	浙江	2013-12-19	600023.SH
762	天士力	47.25	−6.0	医药	天津	2002-08-23	600535.SH
763	远东股份	47.13	11.7	装备	青海	1995-02-06	600869.SH
764	藏格矿业	47.01	90.5	化工	青海	1996-06-28	000408.SZ
765	雪天盐业	46.86	189.2	食品	湖南	2018-03-26	600929.SH
766	利尔化学	46.74	63.5	化工	四川	2008-07-08	002258.SZ
767	利群股份	46.61	−5.8	零售	山东	2017-04-12	601366.SH
768	乐普医疗	46.57	9.6	医药	北京	2009-10-30	300003.SZ
769	广汇能源	46.54	105.6	石油	新疆	2000-05-26	600256.SH
770	中国春来	46.50	54.7	教育	河南	2018-09-13	1969.HK
771	厦门钨业	46.46	20.2	有色金属	福建	2002-11-07	600549.SH
772	通富微电	46.36	20.8	电子	江苏	2007-08-16	002156.SZ
773	贝泰妮	46.29	26.2	日用	云南	2021-03-25	300957.SZ
774	中国有色矿业	46.23	−5.4	有色金属	香港	2012-06-29	1258.HK
775	瀚蓝环境	46.15	23.1	环保	广东	2000-12-25	600323.SH
776	热景生物	46.05	107.5	医药	北京	2019-09-30	688068.SH
777	浙江永强	45.94	21.7	日用	浙江	2010-10-21	002489.SZ
778	三只松鼠	45.91	−1.6	食品	安徽	2019-07-12	300783.SZ
779	创新新材	45.74	−11.4	零售	北京	2001-11-29	600361.SH
780	联影医疗	45.65	新上榜	医药	上海	2022-08-22	688271.SH
781	佛山照明	45.50	41.3	家电	广东	1993-11-23	000541.SZ
782	益客食品	45.36	新上榜	农业	江苏	2022-01-18	301116.SZ
783	西子洁能	45.25	−0.9	装备	浙江	2011-01-10	002534.SZ
784	同方股份	45.20	−25.6	电子	北京	1997-06-27	600100.SH
785	长江传媒	45.18	13.0	媒体	湖北	1996-10-03	600757.SH
786	省广集团	45.00	−8.2	媒体	广东	2010-05-06	002400.SZ

续表

序号	证券简称	品牌价值/亿元	增长率/%	行业	地区	上市日期	证券代码
787	安旭生物	44.88	203.6	医药	浙江	2021-11-18	688075.SH
788	盈峰环境	44.85	4.1	环保	浙江	2000-03-30	000967.SZ
789	贵州银行	44.78	−0.3	金融	贵州	2019-12-30	6199.HK
790	华宏科技	44.69	62.9	装备	江苏	2011-12-20	002645.SZ
791	方大特钢	44.68	0.7	钢铁	江西	2003-09-30	600507.SH
792	南方传媒	44.59	5.3	媒体	广东	2016-02-15	601900.SH
793	深高速	44.58	10.6	运输	广东	2001-12-25	600548.SH
794	玲珑轮胎	44.39	−33.5	汽车	山东	2016-07-06	601966.SH
795	九号公司-WD	44.29	1.0	日用	北京	2020-10-29	689009.SH
796	湖北宜化	44.28	8.8	化工	湖北	1996-08-15	000422.SZ
797	起帆电缆	44.17	32.2	装备	上海	2020-07-31	605222.SH
798	盛京银行	44.04	0.2	金融	辽宁	2014-12-29	2066.HK
799	广信股份	43.92	62.5	化工	安徽	2015-05-13	603599.SH
800	新大陆	43.88	19.6	电子	福建	2000-08-07	000997.SZ
801	同庆楼	43.87	17.8	餐饮	安徽	2020-07-16	605108.SH
802	齐翔腾达	43.77	−19.6	化工	山东	2010-05-18	002408.SZ
803	天康生物	43.72	10.2	农业	新疆	2006-12-26	002100.SZ
804	中材国际	43.70	17.1	建筑	江苏	2005-04-12	600970.SH
805	海通恒信	43.60	156.8	金融	上海	2019-06-03	1905.HK
806	浙农股份	43.59	25.0	贸易	浙江	2015-05-27	002758.SZ
807	淮北矿业	43.55	42.3	煤炭	安徽	2004-04-28	600985.SH
808	良品铺子	43.47	−1.2	食品	湖北	2020-02-24	603719.SH
809	丘钛科技	43.45	−69.5	电子	江苏	2014-12-02	1478.HK
810	福莱特	43.39	24.3	装备	浙江	2019-02-15	601865.SH
811	厦门港务	43.30	47.4	运输	福建	1999-04-29	000905.SZ
812	山推股份	43.13	25.3	装备	山东	1997-01-22	000680.SZ
813	双良节能	43.10	116.3	装备	江苏	2003-04-22	600481.SH
814	中国电力	43.05	−1.9	公用	香港	2004-10-15	2380.HK
815	立华股份	43.00	103.3	农业	江苏	2019-02-18	300761.SZ
816	圣湘生物	42.96	42.2	医药	湖南	2020-08-28	688289.SH
817	金徽酒	42.79	−9.3	饮料	甘肃	2016-03-10	603919.SH
818	香飘飘	42.71	−23.9	饮料	浙江	2017-11-30	603711.SH
819	上海实业环境	42.68	9.8	环保	香港	2018-03-23	0807.HK
820	恺英网络	42.68	38.9	休闲	福建	2010-12-07	002517.SZ
821	红旗连锁	42.48	0.5	零售	四川	2012-09-05	002697.SZ
822	精达股份	42.42	−13.3	装备	安徽	2002-09-11	600577.SH
823	盈趣科技	42.21	−20.7	日用	福建	2018-01-15	002925.SZ
824	广深铁路	42.15	−0.4	运输	广东	2006-12-22	601333.SH
825	中鼎股份	42.02	13.8	汽车	安徽	1998-12-03	000887.SZ
826	信也科技	42.00	−11.8	金融	上海	2017-11-10	FINV.N
827	华数传媒	41.99	14.2	媒体	浙江	2000-09-06	000156.SZ
828	凯莱英	41.95	73.6	医药	天津	2016-11-18	002821.SZ

续表

序号	证券简称	品牌价值/亿元	增长率/%	行业	地区	上市日期	证券代码
829	康龙化成	41.87	16.7	医药	北京	2019-01-28	300759.SZ
830	茂业商业	41.85	−22.6	零售	四川	1994-02-24	600828.SH
831	中国出版	41.84	1.6	媒体	北京	2017-08-21	601949.SH
832	盛泰集团	41.78	−9.4	服饰	浙江	2021-10-27	605138.SH
833	中材科技	41.77	−25.4	建筑	江苏	2006-11-20	002080.SZ
834	华天科技	41.67	5.2	电子	甘肃	2007-11-20	002185.SZ
835	太极集团	41.66	5.1	医药	重庆	1997-11-18	600129.SH
836	华扬联众	41.59	−16.9	媒体	北京	2017-08-02	603825.SH
837	浙富控股	41.54	53.3	环保	浙江	2008-08-06	002266.SZ
838	山西焦煤	41.53	42.3	煤炭	山西	2000-07-26	000983.SZ
839	索菲亚	41.51	−7.1	家居	广东	2011-04-12	002572.SZ
840	江山股份	41.46	58.5	化工	江苏	2001-01-10	600389.SH
841	卫星化学	41.45	47.3	化工	浙江	2011-12-28	002648.SZ
842	光大证券	41.44	−7.3	金融	上海	2009-08-18	601788.SH
843	动力新科	41.40	−22.6	装备	上海	1994-03-11	600841.SH
844	宝丰能源	41.40	13.4	化工	宁夏	2019-05-16	600989.SH
845	普洛药业	41.37	10.8	医药	浙江	1997-05-09	000739.SZ
846	雅生活服务	41.35	−39.5	房地产	广东	2018-02-09	3319.HK
847	傲农生物	41.33	43.6	农业	福建	2017-09-26	603363.SH
848	时代出版	41.24	25.3	媒体	安徽	2002-09-05	600551.SH
849	潞安环能	41.23	39.1	煤炭	山西	2006-09-22	601699.SH
850	H&H 国际控股	41.21	128.0	食品	香港	2010-12-17	1112.HK
851	兆易创新	41.19	19.1	电子	北京	2016-08-18	603986.SH
852	报喜鸟	41.19	22.1	服饰	浙江	2007-08-16	002154.SZ
853	明泰铝业	41.10	27.9	有色金属	河南	2011-09-19	601677.SH
854	北新建材	41.07	−3.4	建筑	北京	1997-06-06	000786.SZ
855	卧龙电驱	41.06	7.3	装备	浙江	2002-06-06	600580.SH
856	中国大冶有色金属	40.91	−13.1	有色金属	香港	1990-11-21	0661.HK
857	九江银行	40.80	−10.7	金融	江西	2018-07-10	6190.HK
858	魏桥纺织	40.77	−5.5	纺织	山东	2003-09-24	2698.HK
859	兖煤澳大利亚	40.66	190.2	煤炭	香港	2018-12-06	3668.HK
860	远大医药	40.65	16.6	医药	香港	1995-12-19	0512.HK
861	得邦照明	40.64	6.7	家电	浙江	2017-03-30	603303.SH
862	映宇宙	40.61	36.6	媒体	北京	2018-07-12	3700.HK
863	孩子王	40.52	3.1	零售	江苏	2021-10-14	301078.SZ
864	海南橡胶	40.36	−0.4	农业	海南	2011-01-07	601118.SH
865	中国天楹	40.24	2.1	环保	江苏	1994-04-08	000035.SZ
866	山煤国际	40.17	91.4	煤炭	山西	2003-07-31	600546.SH
867	贵研铂业	40.16	5.7	有色金属	云南	2003-05-16	600459.SH
868	江南集团	40.08	2.1	装备	江苏	2012-04-20	1366.HK
869	联邦制药	40.05	−3.6	医药	香港	2007-06-15	3933.HK

续表

序号	证券简称	品牌价值/亿元	增长率/%	行业	地区	上市日期	证券代码
870	中国利郎	40.00	17.6	服饰	福建	2009-09-25	1234.HK
871	合肥百货	39.88	3.6	零售	安徽	1996-08-12	000417.SZ
872	迪阿股份	39.82	0.6	服饰	广东	2021-12-15	301177.SZ
873	比音勒芬	39.79	53.1	服饰	广东	2016-12-23	002832.SZ
874	一拖股份	39.72	5.5	装备	河南	2012-08-08	601038.SH
875	美年健康	39.64	−3.3	保健	江苏	2005-05-18	002044.SZ
876	共进股份	39.61	−12.9	通信	广东	2015-02-25	603118.SH
877	联泰控股	39.58	73.9	服饰	香港	2004-07-15	0311.HK
878	国机重装	39.53	22.6	装备	四川	2020-06-08	601399.SH
879	华昌化工	39.52	20.2	化工	江苏	2008-09-25	002274.SZ
880	克劳斯	39.52	25.1	装备	山东	2002-08-09	600579.SH
881	楚江新材	39.37	33.9	有色金属	安徽	2007-09-21	002171.SZ
882	苏州银行	39.06	35.6	金融	江苏	2019-08-02	002966.SZ
883	裕同科技	38.95	24.9	包装	广东	2016-12-16	002831.SZ
884	大金重工	38.83	34.0	装备	辽宁	2010-10-15	002487.SZ
885	汇鸿集团	38.70	9.1	贸易	江苏	2004-06-30	600981.SH
886	中直股份	38.69	−3.1	装备	黑龙江	2000-12-18	600038.SH
887	安克创新	38.53	22.7	电子	湖南	2020-08-24	300866.SZ
888	广州酒家	38.52	15.7	食品	广东	2017-06-27	603043.SH
889	东富龙	38.39	50.9	装备	上海	2011-02-01	300171.SZ
890	润建股份	38.39	61.4	通信	广西	2018-03-01	002929.SZ
891	中国光大水务	38.35	18.3	环保	广东	2019-05-08	1857.HK
892	深南电路	38.21	15.1	电子	广东	2017-12-13	002916.SZ
893	电投能源	38.17	41.1	有色金属	内蒙古	2007-04-18	002128.SZ
894	恒邦股份	38.11	17.3	有色金属	山东	2008-05-20	002237.SZ
895	拓普集团	38.04	39.2	汽车	浙江	2015-03-19	601689.SH
896	孚日股份	38.00	16.3	纺织	山东	2006-11-24	002083.SZ
897	1药网	37.94	−18.2	零售	上海	2018-09-12	YI.O
898	阳光能源	37.92	8.7	装备	香港	2008-03-31	0757.HK
899	希望教育	37.83	56.8	教育	四川	2018-08-03	1765.HK
900	绿城服务	37.79	−13.8	房地产	浙江	2016-07-12	2869.HK
901	华润万象生活	37.78	18.3	房地产	广东	2020-12-09	1209.HK
902	鱼跃医疗	37.68	14.0	医药	江苏	2008-04-18	002223.SZ
903	兴发集团	37.63	52.8	化工	湖北	1999-06-16	600141.SH
904	渤海租赁	37.58	13.9	金融	新疆	1996-07-16	000415.SZ
905	迈为股份	37.52	41.9	装备	江苏	2018-11-09	300751.SZ
906	中信重工	37.47	21.5	装备	河南	2012-07-06	601608.SH
907	宏发股份	37.29	7.4	装备	湖北	1996-02-05	600885.SH
908	华工科技	37.17	28.8	电子	湖北	2000-06-08	000988.SZ
909	金发科技	37.17	−8.4	化工	广东	2004-06-23	600143.SH
910	凌云股份	37.14	−0.5	汽车	河北	2003-08-15	600480.SH
911	涪陵榨菜	37.11	10.7	食品	重庆	2010-11-23	002507.SZ

续表

序号	证券简称	品牌价值/亿元	增长率/%	行业	地区	上市日期	证券代码
912	新华医疗	37.02	−5.1	医药	山东	2002-09-27	600587.SH
913	味千(中国)	37.00	7.0	餐饮	香港	2007-03-30	0538.HK
914	奈雪的茶	36.80	10.2	饮料	广东	2021-06-30	2150.HK
915	上实城市开发	36.77	−1.7	房地产	香港	1993-09-10	0563.HK
916	天津银行	36.76	−21.8	金融	天津	2016-03-30	1578.HK
917	海正药业	36.70	−8.2	医药	浙江	2000-07-25	600267.SH
918	首创环境	36.58	10.6	环保	香港	2006-07-13	3989.HK
919	春秋航空	36.54	−27.8	运输	上海	2015-01-21	601021.SH
920	太原重工	36.54	−2.9	装备	山西	1998-09-04	600169.SH
921	天龙集团	36.48	−0.6	媒体	广东	2010-03-26	300063.SZ
922	江西银行	36.41	−10.3	金融	江西	2018-06-26	1916.HK
923	高能环境	36.21	14.5	环保	北京	2014-12-29	603588.SH
924	振德医疗	36.16	−2.2	医药	浙江	2018-04-12	603301.SH
925	阳光照明	36.14	−11.8	家电	浙江	2000-07-20	600261.SH
926	富安娜	36.04	16.7	纺织	广东	2009-12-30	002327.SZ
927	盛屯矿业	35.98	−29.4	贸易	福建	1996-05-31	600711.SH
928	中来股份	35.96	29.2	装备	江苏	2014-09-12	300393.SZ
929	友谊时光	35.87	−8.1	休闲	江苏	2019-10-08	6820.HK
930	天津港发展	35.74	10.7	运输	香港	2006-05-24	3382.HK
931	联络互动	35.73	−50.1	互联网	浙江	2009-08-21	002280.SZ
932	青岛银行	35.72	25.0	金融	山东	2019-01-16	002948.SZ
933	华能水电	35.66	12.8	公用	云南	2017-12-15	600025.SH
934	继峰股份	35.57	24.9	汽车	浙江	2015-03-02	603997.SH
935	八一钢铁	35.56	−19.8	钢铁	新疆	2002-08-16	600581.SH
936	新凤鸣	35.55	−17.8	化工	浙江	2017-04-18	603225.SH
937	浙江鼎力	35.53	0.7	装备	浙江	2015-03-25	603338.SH
938	喜临门	35.51	25.4	家居	浙江	2012-07-17	603008.SH
939	昆药集团	35.50	29.3	医药	云南	2000-12-06	600422.SH
940	南山控股	35.46	−2.6	房地产	广东	2009-12-03	002314.SZ
941	合盛硅业	35.46	34.2	化工	浙江	2017-10-30	603260.SH
942	兰花科创	35.43	47.1	煤炭	山西	1998-12-17	600123.SH
943	博汇纸业	35.40	−14.3	造纸	山东	2004-06-08	600966.SH
944	百富环球	35.33	15.5	电子	香港	2010-12-20	0327.HK
945	中国西电	35.32	−6.2	装备	陕西	2010-01-28	601179.SH
946	飞亚达	35.32	4.4	服饰	广东	1993-06-03	000026.SZ
947	健之佳	35.31	38.2	零售	云南	2020-12-01	605266.SH
948	维维股份	35.01	7.8	食品	江苏	2000-06-30	600300.SH
949	普天科技	34.94	17.0	通信	广东	2011-01-28	002544.SZ
950	搜狐	34.92	31.2	媒体	北京	2000-07-12	SOHU.O
951	润达医疗	34.90	−1.0	医药	上海	2015-05-27	603108.SH
952	华宝股份	34.86	−10.1	食品	西藏	2018-03-01	300741.SZ
953	华帝股份	34.86	−6.8	家电	广东	2004-09-01	002035.SZ

续表

序号	证券简称	品牌价值/亿元	增长率/%	行业	地区	上市日期	证券代码
954	环球医疗	34.81	9.7	金融	北京	2015-07-08	2666.HK
955	振东制药	34.81	128.6	医药	山西	2011-01-07	300158.SZ
956	东软教育	34.80	18.0	教育	辽宁	2020-09-29	9616.HK
957	国光电器	34.73	3.2	日用	广东	2005-05-23	002045.SZ
958	江苏有线	34.69	0.6	媒体	江苏	2015-04-28	600959.SH
959	华谊集团	34.64	−5.5	化工	上海	1992-12-04	600623.SH
960	云米科技	34.61	9.2	零售	广东	2018-09-25	VIOT.O
961	天润乳业	34.56	12.1	饮料	新疆	2001-06-28	600419.SH
962	天津港	34.49	6.0	运输	天津	1996-06-14	600717.SH
963	保利文化	34.41	−4.5	休闲	北京	2014-03-06	3636.HK
964	万向钱潮	34.38	26.3	汽车	浙江	1994-01-10	000559.SZ
965	嘉友国际	34.29	22.0	运输	北京	2018-02-06	603871.SH
966	许继电气	34.25	11.3	装备	河南	1997-04-18	000400.SZ
967	猫眼娱乐	34.22	−8.2	休闲	北京	2019-02-04	1896.HK
968	鲁商发展	34.14	−17.4	房地产	山东	2000-01-13	600223.SH
969	大唐集团控股	34.13	−8.1	房地产	上海	2020-12-11	2117.HK
970	阳煤化工	34.08	−24.9	化工	山西	1993-11-19	600691.SH
971	华光环能	33.96	15.4	装备	江苏	2003-07-21	600475.SH
972	冰轮环境	33.96	21.5	装备	山东	1998-05-28	000811.SZ
973	齐鲁银行	33.91	35.6	金融	山东	2021-06-18	601665.SH
974	深科技	33.90	−12.0	电子	广东	1994-02-02	000021.SZ
975	众安在线	33.90	2.9	金融	上海	2017-09-28	6060.HK
976	江波龙	33.87	新上榜	电子	广东	2022-08-05	301308.SZ
977	达仁堂	33.86	5.9	医药	天津	2001-06-06	600329.SH
978	地素时尚	33.86	−2.1	服饰	上海	2018-06-22	603587.SH
979	浙江医药	33.85	1.9	医药	浙江	1999-10-21	600216.SH
980	德赛西威	33.84	−3.0	汽车	广东	2017-12-26	002920.SZ
981	中公教育	33.82	173.2	教育	安徽	2011-08-10	002607.SZ
982	保利物业	33.79	15.2	房地产	广东	2019-12-19	6049.HK
983	现代投资	33.78	19.0	运输	湖南	1999-01-28	000900.SZ
984	长虹佳华	33.76	−3.3	贸易	香港	2000-01-24	3991.HK
985	潮宏基	33.73	25.1	服饰	广东	2010-01-28	002345.SZ
986	嘉宏教育	33.62	43.4	教育	浙江	2019-06-18	1935.HK
987	国投资本	33.61	−3.5	金融	上海	1997-05-19	600061.SH
988	跨境通	33.55	−32.3	零售	山西	2011-12-08	002640.SZ
989	鲁西化工	33.51	14.1	化工	山东	1998-08-07	000830.SZ
990	西王食品	33.51	−9.6	食品	山东	1996-11-26	000639.SZ
991	神州信息	33.48	1.8	互联网	广东	1994-04-08	000555.SZ
992	华泰股份	33.47	−5.9	造纸	山东	2000-09-28	600308.SH
993	伟明环保	33.42	14.1	环保	浙江	2015-05-28	603568.SH
994	海格通信	33.41	20.4	通信	广东	2010-08-31	002465.SZ
995	中烟香港	33.39	31.8	食品	香港	2019-06-12	6055.HK

续表

序号	证券简称	品牌价值/亿元	增长率/%	行业	地区	上市日期	证券代码
996	新华制药	33.38	53.9	医药	山东	1997-08-06	000756.SZ
997	万丰奥威	33.35	33.7	汽车	浙江	2006-11-28	002085.SZ
998	苏州高新	33.33	7.9	房地产	江苏	1996-08-15	600736.SH
999	游族网络	33.32	−17.0	休闲	福建	2007-09-25	002174.SZ
1000	杰克股份	33.28	6.0	装备	浙江	2017-01-19	603337.SH
1001	士兰微	33.23	53.1	电子	浙江	2003-03-11	600460.SH
1002	金山软件	33.18	0.8	互联网	北京	2007-10-09	3888.HK
1003	哈药股份	33.16	14.8	医药	黑龙江	1993-06-29	600664.SH
1004	时代中国控股	33.13	−16.9	房地产	广东	2013-12-11	1233.HK
1005	骆驼股份	33.02	−0.1	汽车	湖北	2011-06-02	601311.SH
1006	中国旭阳集团	32.94	11.8	煤炭	北京	2019-03-15	1907.HK
1007	华阳股份	32.89	12.8	煤炭	山西	2003-08-21	600348.SH
1008	姚记科技	32.87	−33.3	休闲	上海	2011-08-05	002605.SZ
1009	富奥股份	32.85	10.1	汽车	吉林	1993-09-29	000030.SZ
1010	用友网络	32.81	−26.4	互联网	北京	2001-05-18	600588.SH
1011	思源电气	32.81	39.9	装备	上海	2004-08-05	002028.SZ
1012	华孚时尚	32.80	19.9	纺织	安徽	2005-04-27	002042.SZ
1013	利亚德	32.74	26.1	电子	北京	2012-03-15	300296.SZ
1014	航天电子	32.71	5.2	装备	湖北	1995-11-15	600879.SH
1015	海螺创业	32.63	−14.4	环保	安徽	2013-12-19	0586.HK
1016	红日药业	32.60	64.7	医药	天津	2009-10-30	300026.SZ
1017	凌钢股份	32.58	−4.4	钢铁	辽宁	2000-05-11	600231.SH
1018	新蛋	32.58	新上榜	零售	北京	2010-04-22	NEGG.O
1019	华统股份	32.57	42.3	农业	浙江	2017-01-10	002840.SZ
1020	水羊股份	32.53	22.1	日用	湖南	2018-02-08	300740.SZ
1021	名创优品	32.51	−15.2	零售	广东	2020-10-15	MNSO.N
1022	欧菲光	32.50	−57.6	电子	广东	2010-08-03	002456.SZ
1023	广州港	32.49	29.4	运输	广东	2017-03-29	601228.SH
1024	太极股份	32.48	17.1	互联网	北京	2010-03-12	002368.SZ
1025	东方电缆	32.48	32.0	装备	浙江	2014-10-15	603606.SH
1026	光迅科技	32.47	11.6	通信	湖北	2009-08-21	002281.SZ
1027	西部建设	32.47	27.4	建筑	新疆	2009-11-03	002302.SZ
1028	银座股份	32.42	−14.5	零售	山东	1994-05-06	600858.SH
1029	黑牡丹	32.41	−2.8	房地产	江苏	2002-06-18	600510.SH
1030	箭牌家居	32.40	新上榜	家居	广东	2022-10-26	001322.SZ
1031	华大基因	32.37	12.1	医药	广东	2017-07-14	300676.SZ
1032	奥瑞金	32.34	26.0	包装	北京	2012-10-11	002701.SZ
1033	珠海冠宇	32.20	−13.3	电子	广东	2021-10-15	688772.SH
1034	雅士利国际	32.20	59.6	食品	广东	2010-11-01	1230.HK
1035	唐山港	32.03	5.9	运输	河北	2010-07-05	601000.SH
1036	力帆科技	32.01	16.3	汽车	重庆	2010-11-25	601777.SH
1037	会稽山	31.85	7.3	饮料	浙江	2014-08-25	601579.SH

续表

序号	证券简称	品牌价值/亿元	增长率/%	行业	地区	上市日期	证券代码
1038	电科数字	31.81	0.5	互联网	上海	1994-03-24	600850.SH
1039	三房巷	31.74	76.8	纺织	江苏	2003-03-06	600370.SH
1040	华峰化学	31.70	7.7	化工	浙江	2006-08-23	002064.SZ
1041	庆铃汽车股份	31.64	−9.6	汽车	重庆	1994-08-17	1122.HK
1042	飞力达	31.61	83.6	运输	江苏	2011-07-06	300240.SZ
1043	百世集团	31.52	−65.4	运输	浙江	2017-09-20	BEST.N
1044	华显光电	31.52	38.3	电子	香港	1997-06-18	0334.HK
1045	宝业集团	31.51	0.5	建筑	浙江	2003-06-30	2355.HK
1046	浙数文化	31.45	26.3	媒体	浙江	1993-03-04	600633.SH
1047	水星家纺	31.43	16.9	纺织	上海	2017-11-20	603365.SH
1048	硕世生物	31.28	93.1	医药	江苏	2019-12-05	688399.SH
1049	中远海能	31.24	−10.4	运输	上海	2002-05-23	600026.SH
1050	中海物业	31.22	3.3	房地产	香港	2015-10-23	2669.HK
1051	旗滨集团	31.01	−10.0	建筑	湖南	2011-08-12	601636.SH
1052	奥泰生物	30.98	183.0	医药	浙江	2021-03-25	688606.SH
1053	新华百货	30.98	10.4	零售	宁夏	1997-01-08	600785.SH
1054	华熙生物	30.95	33.0	医药	山东	2019-11-06	688363.SH
1055	鸿路钢构	30.93	29.5	建筑	安徽	2011-01-18	002541.SZ
1056	颖泰生物	30.91	新上榜	化工	北京	2020-07-27	833819.BJ
1057	浦东金桥	30.91	53.8	房地产	上海	1993-03-26	600639.SH
1058	华润医疗	30.90	15.5	保健	北京	2013-11-29	1515.HK
1059	翠微股份	30.89	19.8	零售	北京	2012-05-03	603123.SH
1060	广和通	30.89	44.6	通信	广东	2017-04-13	300638.SZ
1061	天能重工	30.83	51.3	装备	山东	2016-11-25	300569.SZ
1062	康恩贝	30.82	73.6	医药	浙江	2004-04-12	600572.SH
1063	楚天科技	30.80	51.3	装备	湖南	2014-01-21	300358.SZ
1064	神州控股	30.75	79.7	商业服务	香港	2001-06-01	0861.HK
1065	同仁堂科技	30.72	20.5	医药	北京	2000-10-31	1666.HK
1066	五矿地产	30.61	−8.2	房地产	香港	1991-12-20	0230.HK
1067	东软集团	30.52	36.1	互联网	辽宁	1996-06-18	600718.SH
1068	绿叶制药	30.49	−8.0	医药	山东	2014-07-09	2186.HK
1069	海力风电	30.45	−25.0	装备	江苏	2021-11-24	301155.SZ
1070	七匹狼	30.43	17.1	服饰	福建	2004-08-06	002029.SZ
1071	北大资源	30.40	新上榜	房地产	香港	1991-10-07	0618.HK
1072	诺力股份	30.30	26.7	装备	浙江	2015-01-28	603611.SH
1073	赢合科技	30.23	135.3	装备	广东	2015-05-14	300457.SZ
1074	内蒙一机	30.22	12.4	装备	内蒙古	2004-05-18	600967.SH
1075	华南城	30.18	−27.8	房地产	香港	2009-09-30	1668.HK
1076	国轩高科	30.15	49.9	装备	安徽	2006-10-18	002074.SZ
1077	浙商证券	30.15	10.2	金融	浙江	2017-06-26	601878.SH
1078	紫燕食品	30.12	新上榜	食品	上海	2022-09-26	603057.SH
1079	万年青	30.10	8.0	建筑	江西	1997-09-23	000789.SZ

续表

序号	证券简称	品牌价值/亿元	增长率/%	行业	地区	上市日期	证券代码
1080	华锦股份	30.07	27.4	石油	辽宁	1997-01-30	000059.SZ
1081	浙江美大	30.04	5.2	家电	浙江	2012-05-25	002677.SZ
1082	鹏辉能源	30.02	93.6	电子	广东	2015-04-24	300438.SZ
1083	福星股份	29.92	0.7	房地产	湖北	1999-06-18	000926.SZ
1084	碧水源	29.92	−23.0	环保	北京	2010-04-21	300070.SZ
1085	齐心集团	29.89	−27.7	日用	广东	2009-10-21	002301.SZ
1086	中远海运港口	29.85	46.5	运输	香港	1994-12-19	1199.HK
1087	青农商行	29.84	10.2	金融	山东	2019-03-26	002958.SZ
1088	万马股份	29.78	36.5	装备	浙江	2009-07-10	002276.SZ
1089	华北制药	29.69	−14.5	医药	河北	1994-01-14	600812.SH
1090	博腾股份	29.59	173.7	医药	重庆	2014-01-29	300363.SZ
1091	恒生电子	29.58	−8.6	互联网	浙江	2003-12-16	600570.SH
1092	华海药业	29.50	−3.9	医药	浙江	2003-03-04	600521.SH
1093	钒钛股份	29.48	67.0	有色金属	四川	1996-11-15	000629.SZ
1094	漱玉平民	29.45	18.7	零售	山东	2021-07-05	301017.SZ
1095	格林美	29.39	23.3	有色金属	广东	2010-01-22	002340.SZ
1096	力劲科技	29.36	4.4	装备	香港	2006-10-16	0558.HK
1097	东北制药	29.35	38.5	医药	辽宁	1996-05-23	000597.SZ
1098	中国民航信息网络	29.32	−21.9	互联网	北京	2001-02-07	0696.HK
1099	妙可蓝多	29.18	2.3	食品	上海	1995-12-06	600882.SH
1100	金杯电工	29.12	30.5	装备	湖南	2010-12-31	002533.SZ
1101	中通客车	29.07	67.0	汽车	山东	2000-01-13	000957.SZ
1102	北控水务集团	29.07	9.8	公用	香港	1993-04-19	0371.HK
1103	吉祥航空	29.03	−37.8	运输	上海	2015-05-27	603885.SH
1104	万达电影	29.03	−72.2	休闲	北京	2015-01-22	002739.SZ
1105	乐信	29.02	16.7	金融	广东	2017-12-21	LX.O
1106	华兰生物	29.01	−17.8	医药	河南	2004-06-25	002007.SZ
1107	金达威	29.00	−13.0	保健	福建	2011-10-28	002626.SZ
1108	格科微	28.89	−12.6	电子	上海	2021-08-18	688728.SH
1109	优矩控股	28.83	10.5	互联网	北京	2021-11-08	1948.HK
1110	大亚圣象	28.78	−5.4	家居	江苏	1999-06-30	000910.SZ
1111	城投控股	28.78	14.6	房地产	上海	1993-05-18	600649.SH
1112	宝通科技	28.75	8.3	休闲	江苏	2009-12-25	300031.SZ
1113	粤海投资	28.70	13.2	公用	香港	1993-01-08	0270.HK
1114	华策影视	28.66	−22.8	休闲	浙江	2010-10-26	300133.SZ
1115	嘉欣丝绸	28.65	32.8	服饰	浙江	2010-05-11	002404.SZ
1116	道道全	28.62	4.7	食品	湖南	2017-03-10	002852.SZ
1117	中国科培	28.58	1.1	教育	广东	2019-01-25	1890.HK
1118	古越龙山	28.51	−5.3	饮料	浙江	1997-05-16	600059.SH
1119	阜丰集团	28.47	78.7	化工	山东	2007-02-08	0546.HK
1120	港龙中国地产	28.45	18.5	房地产	上海	2020-07-15	6968.HK

续表

序号	证券简称	品牌价值/亿元	增长率/%	行业	地区	上市日期	证券代码
1121	杭州解百	28.45	−6.2	零售	浙江	1994-01-14	600814.SH
1122	易成新能	28.44	130.6	装备	河南	2010-06-25	300080.SZ
1123	合兴包装	28.41	24.6	包装	福建	2008-05-08	002228.SZ
1124	豫光金铅	28.39	12.9	有色金属	河南	2002-07-30	600531.SH
1125	常熟银行	28.37	27.8	金融	江苏	2016-09-30	601128.SH
1126	太阳电缆	28.36	50.5	装备	福建	2009-10-21	002300.SZ
1127	海油工程	28.36	53.5	石油	天津	2002-02-05	600583.SH
1128	史丹利	28.35	45.0	化工	山东	2011-06-10	002588.SZ
1129	中青旅	28.34	−0.4	休闲	北京	1997-12-03	600138.SH
1130	沃森生物	28.23	39.8	医药	云南	2010-11-12	300142.SZ
1131	我爱我家	28.18	3.6	房地产	云南	1994-02-02	000560.SZ
1132	彩虹股份	28.16	−27.7	电子	陕西	1996-05-20	600707.SH
1133	黑芝麻	28.14	21.9	食品	广西	1997-04-18	000716.SZ
1134	中铁特货	28.00	1.8	运输	北京	2021-09-08	001213.SZ
1135	百洋医药	28.00	75.9	医药	山东	2021-06-30	301015.SZ
1136	千方科技	27.95	−15.0	互联网	北京	2010-03-18	002373.SZ
1137	同花顺	27.92	30.5	互联网	浙江	2009-12-25	300033.SZ
1138	日出东方	27.87	29.0	家电	江苏	2012-05-21	603366.SH
1139	中国天瑞水泥	27.87	−5.2	建筑	河南	2011-12-23	1252.HK
1140	爱奇艺	27.83	−87.7	休闲	北京	2018-03-29	IQ.O
1141	招商积余	27.82	−8.0	房地产	广东	1994-09-28	001914.SZ
1142	东贝集团	27.78	0.6	装备	湖北	2020-12-25	601956.SH
1143	东方创业	27.78	26.0	贸易	上海	2000-07-12	600278.SH
1144	李子园	27.77	−8.6	饮料	浙江	2021-02-08	605337.SH
1145	浙江龙盛	27.74	5.9	化工	浙江	2003-08-01	600352.SH
1146	东方嘉盛	27.68	−11.5	运输	广东	2017-07-31	002889.SZ
1147	萃华珠宝	27.67	93.7	服饰	辽宁	2014-11-04	002731.SZ
1148	爱慕股份	27.62	0.7	服饰	北京	2021-05-31	603511.SH
1149	岭南控股	27.62	−4.5	休闲	广东	1993-11-18	000524.SZ
1150	华米科技	27.60	−14.2	电子	安徽	2018-02-08	ZEPP.N
1151	粤高速A	27.55	20.5	运输	广东	1998-02-20	000429.SZ
1152	宁波建工	27.53	33.2	建筑	浙江	2011-08-16	601789.SH
1153	理士国际	27.53	−18.9	装备	广东	2010-11-16	0842.HK
1154	三峡能源	27.53	35.5	公用	北京	2021-06-10	600905.SH
1155	人民同泰	27.52	5.1	医药	黑龙江	1994-02-24	600829.SH
1156	华建集团	27.50	27.1	商业服务	上海	1993-02-09	600629.SH
1157	驰宏锌锗	27.50	7.9	有色金属	云南	2004-04-20	600497.SH
1158	三星医疗	27.45	−9.6	装备	浙江	2011-06-15	601567.SH
1159	四川成渝	27.41	19.9	运输	四川	2009-07-27	601107.SH
1160	中华企业	27.35	−27.2	房地产	上海	1993-09-24	600675.SH
1161	先声药业	27.29	17.2	医药	江苏	2020-10-27	2096.HK
1162	越秀资本	27.28	5.5	金融	广东	2000-07-18	000987.SZ

续表

序号	证券简称	品牌价值/亿元	增长率/%	行业	地区	上市日期	证券代码
1163	鼎胜新材	27.26	37.1	有色金属	江苏	2018-04-18	603876.SH
1164	浙江东方	27.25	1.5	金融	浙江	1997-12-01	600120.SH
1165	众安集团	27.24	4.4	房地产	浙江	2007-11-13	0672.HK
1166	振华科技	27.19	41.7	电子	贵州	1997-07-03	000733.SZ
1167	康力电梯	27.17	14.5	装备	江苏	2010-03-12	002367.SZ
1168	平煤股份	27.13	38.5	煤炭	河南	2006-11-23	601666.SH
1169	钱江摩托	27.12	26.0	汽车	浙江	1999-05-14	000913.SZ
1170	中泰证券	27.11	9.6	金融	山东	2020-06-03	600918.SH
1171	小熊电器	27.06	−5.0	家电	广东	2019-08-23	002959.SZ
1172	葵花药业	27.04	43.6	医药	黑龙江	2014-12-30	002737.SZ
1173	朗新科技	27.01	73.2	互联网	江苏	2017-08-01	300682.SZ
1174	星宇股份	27.00	−15.3	汽车	江苏	2011-02-01	601799.SH
1175	中远海特	26.99	32.5	运输	广东	2002-04-18	600428.SH
1176	三维通信	26.97	−25.2	媒体	浙江	2007-02-15	002115.SZ
1177	卓胜微	26.92	−14.0	电子	江苏	2019-06-18	300782.SZ
1178	辽港股份	26.90	52.9	运输	辽宁	2010-12-06	601880.SH
1179	朗姿股份	26.88	−25.3	服饰	北京	2011-08-30	002612.SZ
1180	云内动力	26.85	−26.4	装备	云南	1999-04-15	000903.SZ
1181	龙佰集团	26.80	−11.5	化工	河南	2011-07-15	002601.SZ
1182	同力股份	26.79	新上榜	装备	陕西	2021-02-22	834599.BJ
1183	泸天化	26.77	64.8	化工	四川	1999-06-03	000912.SZ
1184	海普瑞	26.75	4.7	医药	广东	2010-05-06	002399.SZ
1185	深圳华强	26.73	29.4	贸易	广东	1997-01-30	000062.SZ
1186	四川九洲	26.72	36.1	日用	四川	1998-05-06	000801.SZ
1187	惠而浦	26.71	−17.4	家电	安徽	2004-07-27	600983.SH
1188	京东方精电	26.71	60.7	电子	香港	1991-07-01	0710.HK
1189	上坤地产	26.68	−37.3	房地产	上海	2020-11-17	6900.HK
1190	君正集团	26.66	2.8	化工	内蒙古	2011-02-22	601216.SH
1191	中航重机	26.64	34.2	装备	贵州	1996-11-06	600765.SH
1192	淮河能源	26.60	58.4	贸易	安徽	2003-03-28	600575.SH
1193	仁和药业	26.59	17.4	医药	江西	1996-12-10	000650.SZ
1194	劲嘉股份	26.56	28.9	商业服务	广东	2007-12-05	002191.SZ
1195	中国软件	26.52	6.6	互联网	北京	2002-05-17	600536.SH
1196	中国东方教育	26.41	32.6	教育	安徽	2019-06-12	0667.HK
1197	卓郎智能	26.40	10.1	装备	新疆	2003-12-03	600545.SH
1198	怪兽充电	26.39	新上榜	日用	上海	2021-04-01	EM.O
1199	石四药集团	26.38	24.5	医药	香港	2005-12-20	2005.HK
1200	北京京客隆	26.35	−8.5	零售	北京	2006-09-25	0814.HK
1201	大健云仓	26.26	新上榜	零售	江苏	2022-08-18	GCT.O
1202	好想你	26.14	−13.9	食品	河南	2011-05-20	002582.SZ
1203	三峰环境	26.07	13.1	环保	重庆	2020-06-05	601827.SH
1204	中国食品	26.04	43.4	贸易	香港	1988-10-07	0506.HK

续表

序号	证券简称	品牌价值/亿元	增长率/%	行业	地区	上市日期	证券代码
1205	大东方	26.03	−28.7	汽车	江苏	2002-06-25	600327.SH
1206	东华软件	26.02	−18.7	互联网	北京	2006-08-23	002065.SZ
1207	中国同辐	26.01	15.1	医药	北京	2018-07-06	1763.HK
1208	太极实业	25.99	6.2	建筑	江苏	1993-07-28	600667.SH
1209	东吴证券	25.99	33.9	金融	江苏	2011-12-12	601555.SH
1210	拉卡拉	25.97	9.5	互联网	北京	2019-04-25	300773.SZ
1211	电广传媒	25.94	9.9	媒体	湖南	1999-03-25	000917.SZ
1212	光线传媒	25.92	−48.4	休闲	北京	2011-08-03	300251.SZ
1213	景旺电子	25.89	10.8	电子	广东	2017-01-06	603228.SH
1214	捷佳伟创	25.85	6.4	电子	广东	2018-08-10	300724.SZ
1215	九牧王	25.64	−14.3	服饰	福建	2011-05-30	601566.SH
1216	百隆东方	25.62	28.9	纺织	浙江	2012-06-12	601339.SH
1217	天坛生物	25.61	−0.7	医药	北京	1998-06-16	600161.SH
1218	中铝国际	25.60	5.9	建筑	北京	2018-08-31	601068.SH
1219	绿色动力	25.59	111.4	环保	广东	2018-06-11	601330.SH
1220	扬杰科技	25.57	64.8	电子	江苏	2014-01-23	300373.SZ
1221	香港中旅	25.49	−9.1	休闲	香港	1992-11-11	0308.HK
1222	国邦医药	25.49	75.7	医药	浙江	2021-08-02	605507.SH
1223	西安银行	25.44	9.4	金融	陕西	2019-03-01	600928.SH
1224	克明食品	25.28	7.7	食品	湖南	2012-03-16	002661.SZ
1225	小商品城	25.25	−16.9	房地产	浙江	2002-05-09	600415.SH
1226	三人行	25.24	77.2	媒体	陕西	2020-05-28	605168.SH
1227	深圳能源	25.14	4.0	公用	广东	1993-09-03	000027.SZ
1228	兴达国际	25.14	6.7	汽车	上海	2006-12-21	1899.HK
1229	威海银行	25.12	21.2	金融	山东	2020-10-12	9677.HK
1230	奥佳华	25.12	−1.7	医药	福建	2011-09-09	002614.SZ
1231	新东方-S	25.10	−0.6	教育	北京	2020-11-09	9901.HK
1232	上美股份	25.08	新上榜	日用	上海	2022-12-22	2145.HK
1233	恒通股份	25.05	−17.4	运输	山东	2015-06-30	603223.SH
1234	华厦眼科	25.03	新上榜	保健	福建	2022-11-07	301267.SZ
1235	冀中能源	24.98	43.0	煤炭	河北	1999-09-09	000937.SZ
1236	全柴动力	24.85	20.3	装备	安徽	1998-12-03	600218.SH
1237	晶晨股份	24.85	48.2	电子	上海	2019-08-08	688099.SH
1238	汇洁股份	24.77	10.1	服饰	广东	2015-06-10	002763.SZ
1239	景津装备	24.75	30.6	环保	山东	2019-07-29	603279.SH
1240	北大荒	24.75	5.9	农业	黑龙江	2002-03-29	600598.SH
1241	通策医疗	24.70	−24.0	保健	浙江	1996-10-30	600763.SH
1242	华设集团	24.67	19.0	商业服务	江苏	2014-10-13	603018.SH
1243	常山北明	24.62	−1.4	互联网	河北	2000-07-24	000158.SZ
1244	杰瑞股份	24.61	45.9	石油	山东	2010-02-05	002353.SZ
1245	金圆股份	24.59	6.7	环保	吉林	1993-12-15	000546.SZ
1246	震裕科技	24.59	95.9	装备	浙江	2021-03-18	300953.SZ

续表

序号	证券简称	品牌价值/亿元	增长率/%	行业	地区	上市日期	证券代码
1247	中粮糖业	24.54	−0.3	贸易	新疆	1996-07-31	600737.SH
1248	智度股份	24.54	−29.4	媒体	广东	1996-12-24	000676.SZ
1249	锦泓集团	24.47	−38.7	服饰	江苏	2014-12-03	603518.SH
1250	上海环境	24.39	8.4	环保	上海	2017-03-31	601200.SH
1251	广联达	24.37	16.7	互联网	北京	2010-05-25	002410.SZ
1252	天奇股份	24.37	17.6	装备	江苏	2004-06-29	002009.SZ
1253	深桑达A	24.34	53.0	建筑	广东	1993-10-28	000032.SZ
1254	中新集团	24.33	20.3	房地产	江苏	2019-12-20	601512.SH
1255	粤电力A	24.33	9.7	公用	广东	1993-11-26	000539.SZ
1256	宋都股份	24.32	42.3	房地产	浙江	1997-05-20	600077.SH
1257	创世纪	24.30	3.5	装备	广东	2010-05-20	300083.SZ
1258	汉缆股份	24.30	30.1	装备	山东	2010-11-09	002498.SZ
1259	中航电子	24.27	16.2	装备	北京	2001-07-06	600372.SH
1260	冠城大通	24.27	−14.9	房地产	福建	1997-05-08	600067.SH
1261	湖南黄金	24.25	33.1	有色金属	湖南	2007-08-16	002155.SZ
1262	南京高科	24.25	−6.7	房地产	江苏	1997-05-06	600064.SH
1263	凯普生物	24.22	155.4	医药	广东	2017-04-12	300639.SZ
1264	辽宁成大	24.20	−16.1	贸易	辽宁	1996-08-19	600739.SH
1265	信维通信	24.19	−14.3	电子	广东	2010-11-05	300136.SZ
1266	三角轮胎	24.17	−4.7	汽车	山东	2016-09-09	601163.SH
1267	永兴材料	24.12	93.9	钢铁	浙江	2015-05-15	002756.SZ
1268	东华能源	24.10	−4.4	石油	江苏	2008-03-06	002221.SZ
1269	伊之密	24.10	7.8	装备	广东	2015-01-23	300415.SZ
1270	博彦科技	24.09	49.6	互联网	北京	2012-01-06	002649.SZ
1271	嘉楠科技	24.08	260.1	电子	北京	2019-11-21	CAN.O
1272	豪迈科技	24.03	17.5	装备	山东	2011-06-28	002595.SZ
1273	物产环能	24.02	22.3	煤炭	浙江	2021-12-16	603071.SH
1274	城发环境	24.00	86.5	环保	河南	1999-03-19	000885.SZ
1275	中粮包装	24.00	17.6	包装	浙江	2009-11-16	0906.HK
1276	皖通高速	23.99	27.6	运输	安徽	2003-01-07	600012.SH
1277	哈尔滨银行	23.94	−24.4	金融	黑龙江	2014-03-31	6138.HK
1278	广州发展	23.94	4.5	公用	广东	1997-07-18	600098.SH
1279	南天信息	23.90	91.4	互联网	云南	1999-10-14	000948.SZ
1280	中圣集团	23.86	−23.5	装备	湖南	2005-03-16	5GD.SG
1281	上实发展	23.85	−8.4	房地产	上海	1996-09-25	600748.SH
1282	软控股份	23.83	43.2	装备	山东	2006-10-18	002073.SZ
1283	甘肃银行	23.79	20.2	金融	甘肃	2018-01-18	2139.HK
1284	澜起科技	23.78	55.4	电子	上海	2019-07-22	688008.SH
1285	力勤资源	23.70	新上榜	有色金属	浙江	2022-12-01	2245.HK
1286	沙钢股份	23.60	−12.9	钢铁	江苏	2006-10-25	002075.SZ
1287	上海临港	23.59	18.1	房地产	上海	1994-03-24	600848.SH
1288	中洲控股	23.56	−12.8	房地产	广东	1994-09-21	000042.SZ

续表

序号	证券简称	品牌价值/亿元	增长率/%	行业	地区	上市日期	证券代码
1289	贝特瑞	23.56	新上榜	有色金属	广东	2020-07-27	835185.BJ
1290	中控技术	23.55	53.3	互联网	浙江	2020-11-24	688777.SH
1291	长久物流	23.51	10.7	运输	北京	2016-08-10	603569.SH
1292	东岳集团	23.36	9.7	化工	山东	2007-12-10	0189.HK
1293	华远地产	23.36	−23.1	房地产	北京	1996-09-09	600743.SH
1294	恩华药业	23.36	19.5	医药	江苏	2008-07-23	002262.SZ
1295	海光信息	23.33	新上榜	电子	天津	2022-08-12	688041.SH
1296	唐宫中国	23.31	−14.5	餐饮	香港	2011-04-19	1181.HK
1297	拓邦股份	23.29	7.6	电子	广东	2007-06-29	002139.SZ
1298	中科创达	23.28	54.2	互联网	北京	2015-12-10	300496.SZ
1299	海能达	23.28	3.7	通信	广东	2011-05-27	002583.SZ
1300	均瑶健康	23.24	−5.9	饮料	湖北	2020-08-18	605388.SH
1301	九洲药业	23.24	39.8	医药	浙江	2014-10-10	603456.SH
1302	平高电气	23.23	0.1	装备	河南	2001-02-21	600312.SH
1303	杭可科技	23.23	10.5	装备	浙江	2019-07-22	688006.SH
1304	璞泰来	23.21	44.7	有色金属	上海	2017-11-03	603659.SH
1305	英特集团	23.21	14.2	贸易	浙江	1996-07-16	000411.SZ
1306	天马科技	23.20	90.5	农业	福建	2017-01-17	603668.SH
1307	横店东磁	23.07	48.2	有色金属	浙江	2006-08-02	002056.SZ
1308	亚普股份	23.06	7.1	汽车	江苏	2018-05-09	603013.SH
1309	申能股份	23.06	−9.6	公用	上海	1993-04-16	600642.SH
1310	人人乐	23.05	7.1	零售	广东	2010-01-13	002336.SZ
1311	科锐国际	23.03	44.9	商业服务	北京	2017-06-08	300662.SZ
1312	悦康药业	23.02	16.3	医药	北京	2020-12-24	688658.SH
1313	青鸟消防	23.00	46.6	电子	河北	2019-08-09	002960.SZ
1314	银都股份	23.00	37.2	装备	浙江	2017-09-11	603277.SH
1315	盾安环境	22.99	3.5	装备	浙江	2004-07-05	002011.SZ
1316	京投发展	22.98	−40.9	房地产	浙江	1993-10-25	600683.SH
1317	江苏金租	22.97	30.8	金融	江苏	2018-03-01	600901.SH
1318	联创电子	22.91	17.3	电子	江西	2004-09-03	002036.SZ
1319	慧聪集团	22.90	−31.1	互联网	北京	2003-12-17	2280.HK
1320	清新环境	22.86	74.1	环保	北京	2011-04-22	002573.SZ
1321	天原股份	22.85	−1.8	贸易	四川	2010-04-09	002386.SZ
1322	兴发铝业	22.83	1.6	有色金属	广东	2008-03-31	0098.HK
1323	晋控煤业	22.82	68.8	煤炭	山西	2006-06-23	601001.SH
1324	博众精工	22.80	18.1	装备	江苏	2021-05-12	688097.SH
1325	亚朵	22.80	新上榜	酒店	上海	2022-11-11	ATAT.O
1326	三友化工	22.78	−11.7	化工	河北	2003-06-18	600409.SH
1327	海利尔	22.77	39.9	化工	山东	2017-01-12	603639.SH
1328	帝尔激光	22.77	46.6	装备	湖北	2019-05-17	300776.SZ
1329	杉杉股份	22.74	8.9	化工	浙江	1996-01-30	600884.SH
1330	巨化股份	22.72	17.8	化工	浙江	1998-06-26	600160.SH

续表

序号	证券简称	品牌价值/亿元	增长率/%	行业	地区	上市日期	证券代码
1331	上海电力	22.71	−3.7	公用	上海	2003-10-29	600021.SH
1332	健友股份	22.65	−8.0	医药	江苏	2017-07-19	603707.SH
1333	锌业股份	22.61	130.8	有色金属	辽宁	1997-06-26	000751.SZ
1334	吉林敖东	22.61	0.2	医药	吉林	1996-10-28	000623.SZ
1335	周黑鸭	22.59	−33.3	食品	湖北	2016-11-11	1458.HK
1336	北方国际	22.56	55.7	贸易	北京	1998-06-05	000065.SZ
1337	明牌珠宝	22.56	34.6	服饰	浙江	2011-04-22	002574.SZ
1338	南玻A	22.55	3.3	建筑	广东	1992-02-28	000012.SZ
1339	南侨食品	22.52	−11.0	食品	上海	2021-05-18	605339.SH
1340	天通股份	22.50	17.0	装备	浙江	2001-01-18	600330.SH
1341	申华控股	22.49	30.4	汽车	辽宁	1990-12-19	600653.SH
1342	紫江企业	22.47	−14.3	包装	上海	1999-08-24	600210.SH
1343	歌力思	22.46	−18.4	服饰	广东	2015-04-22	603808.SH
1344	新日股份	22.43	4.8	汽车	江苏	2017-04-27	603787.SH
1345	今创集团	22.40	−11.7	装备	江苏	2018-02-27	603680.SH
1346	中国卫通	22.35	−19.5	电信	北京	2019-06-28	601698.SH
1347	宗申动力	22.29	16.6	汽车	重庆	1997-03-06	001696.SZ
1348	国网英大	22.18	35.7	装备	上海	2003-10-10	600517.SH
1349	中际旭创	22.16	22.2	装备	山东	2012-04-10	300308.SZ
1350	金山办公	22.16	19.6	互联网	北京	2019-11-18	688111.SH
1351	绿景中国地产	22.16	5.5	房地产	江苏	2005-12-02	0095.HK
1352	通化东宝	22.15	4.9	医药	吉林	1994-08-24	600867.SH
1353	江河集团	22.08	−1.6	建筑	北京	2011-08-18	601886.SH
1354	龙元建设	22.08	0.7	建筑	浙江	2004-05-24	600491.SH
1355	丽人丽妆	22.06	−37.0	零售	上海	2020-09-29	605136.SH
1356	三环集团	22.04	5.1	电子	广东	2014-12-03	300408.SZ
1357	银城国际控股	22.03	−35.2	房地产	江苏	2019-03-06	1902.HK
1358	京山轻机	22.02	50.7	装备	湖北	1998-06-26	000821.SZ
1359	光环新网	21.96	−19.4	互联网	北京	2014-01-29	300383.SZ
1360	金螳螂	21.95	−36.3	建筑	江苏	2006-11-20	002081.SZ
1361	开山股份	21.94	36.9	装备	上海	2011-08-19	300257.SZ
1362	广弘控股	21.93	49.7	媒体	广东	1993-11-18	000529.SZ
1363	奥特维	21.89	70.7	装备	江苏	2020-05-21	688516.SH
1364	宋城演艺	21.89	−14.7	休闲	浙江	2010-12-09	300144.SZ
1365	中宠股份	21.87	16.6	食品	山东	2017-08-21	002891.SZ
1366	中钢国际	21.87	7.8	建筑	吉林	1999-03-12	000928.SZ
1367	中国新华教育	21.86	33.6	教育	安徽	2018-03-26	2779.HK
1368	南京熊猫	21.84	14.5	通信	江苏	1996-11-18	600775.SH
1369	中牧股份	21.80	5.7	农业	北京	1999-01-07	600195.SH
1370	深信服	21.77	−18.5	互联网	广东	2018-05-16	300454.SZ
1371	洲明科技	21.76	16.6	电子	广东	2011-06-22	300232.SZ
1372	国茂股份	21.75	−0.6	装备	江苏	2019-06-14	603915.SH

续表

序号	证券简称	品牌价值/亿元	增长率/%	行业	地区	上市日期	证券代码
1373	欢乐家	21.75	28.4	饮料	广东	2021-06-02	300997.SZ
1374	方正证券	21.73	10.5	金融	湖南	2011-08-10	601901.SH
1375	中科软	21.72	48.1	互联网	北京	2019-09-09	603927.SH
1376	广东鸿图	21.72	54.1	汽车	广东	2006-12-29	002101.SZ
1377	新华都	21.70	2.2	零售	福建	2008-07-31	002264.SZ
1378	阳光纸业	21.69	−7.2	包装	山东	2007-12-12	2002.HK
1379	志邦家居	21.67	4.9	家居	安徽	2017-06-30	603801.SH
1380	华荣股份	21.61	18.0	装备	上海	2017-05-24	603855.SH
1381	长城科技	21.58	−8.4	装备	浙江	2018-04-10	603897.SH
1382	辉隆股份	21.56	16.0	贸易	安徽	2011-03-02	002556.SZ
1383	德昌股份	21.52	−4.8	家电	浙江	2021-10-21	605555.SH
1384	秦港股份	21.51	18.9	运输	河北	2017-08-16	601326.SH
1385	远兴能源	21.49	31.5	化工	内蒙古	1997-01-31	000683.SZ
1386	晋商银行	21.49	14.6	金融	山西	2019-07-18	2558.HK
1387	嘉环科技	21.48	新上榜	通信	江苏	2022-05-06	603206.SH
1388	湖北能源	21.47	12.4	公用	湖北	1998-05-19	000883.SZ
1389	同兴达	21.46	−2.9	电子	广东	2017-01-25	002845.SZ
1390	秦川机床	21.45	−7.8	装备	陕西	1998-09-28	000837.SZ
1391	中红医疗	21.45	−45.8	医药	河北	2021-04-27	300981.SZ
1392	合力泰	21.45	−19.2	电子	福建	2008-02-20	002217.SZ
1393	江苏国信	21.43	28.0	公用	江苏	2011-08-10	002608.SZ
1394	蓝帆医疗	21.43	−46.0	医药	山东	2010-04-02	002382.SZ
1395	之江生物	21.42	23.2	医药	上海	2021-01-18	688317.SH
1396	粤水电	21.41	41.5	建筑	广东	2006-08-10	002060.SZ
1397	京能清洁能源	21.37	7.4	公用	北京	2011-12-22	0579.HK
1398	上峰水泥	21.36	−7.9	建筑	甘肃	1996-12-18	000672.SZ
1399	长江证券	21.34	0.0	金融	湖北	1997-07-31	000783.SZ
1400	富佳股份	21.33	13.9	家电	浙江	2021-11-22	603219.SH
1401	中国科传	21.32	21.8	媒体	北京	2017-01-18	601858.SH
1402	中兵红箭	21.30	29.0	装备	湖南	1993-10-08	000519.SZ
1403	金陵饭店	21.28	46.8	酒店	江苏	2007-04-06	601007.SH
1404	大唐环境	21.26	−21.6	环保	北京	2016-11-15	1272.HK
1405	博实股份	21.26	32.6	装备	黑龙江	2012-09-11	002698.SZ
1406	海伦司	21.26	−1.5	酒店	广东	2021-09-10	9869.HK
1407	恩捷股份	21.25	92.7	化工	云南	2016-09-14	002812.SZ
1408	中国国贸	21.25	−16.9	房地产	北京	1999-03-12	600007.SH
1409	京新药业	21.24	44.2	医药	浙江	2004-07-15	002020.SZ
1410	天华超净	21.22	83.6	有色金属	江苏	2014-07-31	300390.SZ
1411	晨光生物	21.21	44.0	农业	河北	2010-11-05	300138.SZ
1412	久祺股份	21.19	−5.1	日用	浙江	2021-08-12	300994.SZ
1413	上海莱士	21.18	46.8	医药	上海	2008-06-23	002252.SZ
1414	泰胜风能	21.15	19.3	装备	上海	2010-10-19	300129.SZ

续表

序号	证券简称	品牌价值/亿元	增长率/%	行业	地区	上市日期	证券代码
1415	健帆生物	21.12	28.3	医药	广东	2016-08-02	300529.SZ
1416	西王特钢	21.08	6.8	钢铁	山东	2012-02-23	1266.HK
1417	天赐材料	21.00	152.7	化工	广东	2014-01-23	002709.SZ
1418	建桥教育	20.99	38.1	教育	上海	2020-01-16	1525.HK
1419	华测检测	20.98	16.7	商业服务	广东	2009-10-30	300012.SZ
1420	安图生物	20.97	5.5	医药	河南	2016-09-01	603658.SH
1421	威胜控股	20.96	25.9	电子	香港	2005-12-19	3393.HK
1422	齐合环保	20.93	11.9	有色金属	香港	2010-07-12	0976.HK
1423	立高食品	20.91	1.4	食品	广东	2021-04-15	300973.SZ
1424	明德生物	20.87	68.8	医药	湖北	2018-07-10	002932.SZ
1425	安通控股	20.78	35.8	运输	黑龙江	1998-11-04	600179.SH
1426	重庆机电	20.75	−16.9	装备	重庆	2008-06-13	2722.HK
1427	爱仕达	20.75	10.2	日用	浙江	2010-05-11	002403.SZ
1428	润邦股份	20.74	50.6	装备	江苏	2010-09-29	002483.SZ
1429	梦百合	20.73	−11.8	家居	江苏	2016-10-13	603313.SH
1430	天邦食品	20.72	−15.4	农业	浙江	2007-04-03	002124.SZ
1431	振华新材	20.72	226.5	装备	贵州	2021-09-14	688707.SH
1432	永泰能源	20.71	1.7	公用	山西	1998-05-13	600157.SH
1433	中船防务	20.69	−24.6	装备	广东	1993-10-28	600685.SH
1434	东阳光	20.61	−19.3	有色金属	广东	1993-09-17	600673.SH
1435	东方精工	20.57	−2.2	装备	广东	2011-08-30	002611.SZ
1436	盐津铺子	20.49	15.2	食品	湖南	2017-02-08	002847.SZ
1437	六国化工	20.49	17.7	化工	安徽	2004-03-05	600470.SH
1438	万孚生物	20.46	37.8	医药	广东	2015-06-30	300482.SZ
1439	星空华文	20.46	新上榜	休闲	上海	2022-12-29	6698.HK
1440	柠萌影视	20.44	新上榜	休闲	上海	2022-08-10	9857.HK
1441	赣粤高速	20.41	30.0	运输	江西	2000-05-18	600269.SH
1442	红豆股份	20.39	5.1	服饰	江苏	2001-01-08	600400.SH
1443	恒林股份	20.37	12.8	家居	浙江	2017-11-21	603661.SH
1444	天地源	20.37	6.3	房地产	陕西	1993-07-09	600665.SH
1445	中盐化工	20.36	22.6	化工	内蒙古	2000-12-22	600328.SH
1446	首创环保	20.34	24.6	公用	北京	2000-04-27	600008.SH
1447	新易盛	20.33	39.5	通信	四川	2016-03-03	300502.SZ
1448	子不语	20.28	新上榜	零售	浙江	2022-11-11	2420.HK
1449	好未来	20.26	−26.4	教育	北京	2010-10-20	TAL.N
1450	中国职业教育	20.23	105.2	教育	广东	2019-11-25	1756.HK
1451	越秀交通基建	20.21	2.7	运输	香港	1997-01-30	1052.HK
1452	新产业	20.19	45.7	医药	广东	2020-05-12	300832.SZ
1453	新天绿能	20.17	5.5	公用	河北	2020-06-29	600956.SH
1454	招商南油	20.16	111.9	运输	江苏	2019-01-08	601975.SH
1455	四川美丰	20.16	47.0	化工	四川	1997-06-17	000731.SZ
1456	日照港	20.15	33.3	运输	山东	2006-10-17	600017.SH

续表

序号	证券简称	品牌价值/亿元	增长率/%	行业	地区	上市日期	证券代码
1457	九台农商银行	20.15	12.8	金融	吉林	2017-01-12	6122.HK
1458	贵州轮胎	20.15	5.4	汽车	贵州	1996-03-08	000589.SZ
1459	森麒麟	20.05	14.2	汽车	山东	2020-09-11	002984.SZ
1460	朗诗绿色管理	20.05	5.4	房地产	香港	1986-03-24	0106.HK
1461	司尔特	20.03	12.9	化工	安徽	2011-01-18	002538.SZ
1462	苏交科	19.94	31.8	商业服务	江苏	2012-01-10	300284.SZ
1463	朝云集团	19.93	37.1	日用	广东	2021-03-10	6601.HK
1464	银轮股份	19.92	22.8	汽车	浙江	2007-04-18	002126.SZ
1465	高鸿股份	19.90	−9.5	互联网	贵州	1998-06-09	000851.SZ
1466	蔚蓝锂芯	19.88	−2.8	运输	江苏	2008-06-05	002245.SZ
1467	特锐德	19.84	35.1	装备	山东	2009-10-30	300001.SZ
1468	万国数据-SW	19.83	−17.6	互联网	上海	2020-11-02	9698.HK
1469	西部水泥	19.78	0.7	建筑	陕西	2010-08-23	2233.HK
1470	南都电源	19.77	15.9	装备	浙江	2010-04-21	300068.SZ
1471	康缘药业	19.75	39.4	医药	江苏	2002-09-18	600557.SH
1472	豪悦护理	19.69	19.3	日用	浙江	2020-09-11	605009.SH
1473	五芳斋	19.68	新上榜	食品	浙江	2022-08-31	603237.SH
1474	富途控股	19.64	−22.9	金融	香港	2019-03-08	FUTU.O
1475	广日股份	19.63	10.3	装备	广东	1996-03-28	600894.SH
1476	青岛金王	19.63	5.8	日用	山东	2006-12-15	002094.SZ
1477	仙鹤股份	19.58	13.9	造纸	浙江	2018-04-20	603733.SH
1478	安正时尚	19.56	−24.4	服饰	浙江	2017-02-14	603839.SH
1479	浦林成山	19.55	−3.3	汽车	山东	2018-10-09	1809.HK
1480	文峰股份	19.55	−16.7	零售	江苏	2011-06-03	601010.SH
1481	华大智造	19.55	新上榜	医药	广东	2022-09-09	688114.SH
1482	中微公司	19.54	47.0	电子	上海	2019-07-22	688012.SH
1483	国金证券	19.54	2.4	金融	四川	1997-08-07	600109.SH
1484	仙琚制药	19.53	7.3	医药	浙江	2010-01-12	002332.SZ
1485	卓然股份	19.53	5.6	装备	上海	2021-09-06	688121.SH
1486	外服控股	19.52	30.1	商业服务	上海	1993-06-14	600662.SH
1487	大唐新能源	19.51	−8.8	公用	北京	2010-12-17	1798.HK
1488	中粮科技	19.50	24.0	化工	安徽	1999-07-12	000930.SZ
1489	航天电器	19.50	30.3	电子	贵州	2004-07-26	002025.SZ
1490	来伊份	19.48	4.0	零售	上海	2016-10-12	603777.SH
1491	财通证券	19.46	−7.1	金融	浙江	2017-10-24	601108.SH
1492	外高桥	19.45	34.2	贸易	上海	1993-05-04	600648.SH
1493	三江购物	19.45	5.7	零售	浙江	2011-03-02	601116.SH
1494	大丰实业	19.44	37.3	装备	浙江	2017-04-20	603081.SH
1495	宁波东力	19.43	20.4	装备	浙江	2007-08-23	002164.SZ
1496	江中药业	19.43	33.2	医药	江西	1996-09-23	600750.SH
1497	信立泰	19.38	−0.9	医药	广东	2009-09-10	002294.SZ
1498	ST金正	19.37	−19.1	化工	山东	2010-09-08	002470.SZ

续表

序号	证券简称	品牌价值/亿元	增长率/%	行业	地区	上市日期	证券代码
1499	桂东电力	19.29	5.4	贸易	广西	2001-02-28	600310.SH
1500	信邦制药	19.28	-4.7	医药	贵州	2010-04-16	002390.SZ
1501	天新药业	19.27	新上榜	医药	江西	2022-07-12	603235.SH
1502	神威药业	19.23	28.3	医药	河北	2004-12-02	2877.HK
1503	东阿阿胶	19.23	-10.7	医药	山东	1996-07-29	000423.SZ
1504	中国圣牧	19.19	18.9	农业	内蒙古	2014-07-15	1432.HK
1505	海容冷链	19.16	16.5	装备	山东	2018-11-29	603187.SH
1506	爱美客	19.16	75.8	医药	北京	2020-09-28	300896.SZ
1507	胜宏科技	19.15	8.2	电子	广东	2015-06-11	300476.SZ
1508	中央商场	19.12	-5.8	零售	江苏	2000-09-26	600280.SH
1509	中国飞机租赁	19.09	3.5	运输	香港	2014-07-11	1848.HK
1510	诺唯赞	19.05	5.1	医药	江苏	2021-11-15	688105.SH
1511	得利斯	19.02	26.0	食品	山东	2010-01-06	002330.SZ
1512	启明星辰	19.00	6.8	互联网	北京	2010-06-23	002439.SZ
1513	咸亨国际	19.00	0.4	日用	浙江	2021-07-20	605056.SH
1514	北部湾港	18.98	20.5	运输	广西	1995-11-02	000582.SZ
1515	科达利	18.98	78.8	装备	广东	2017-03-02	002850.SZ
1516	易点天下	18.94	新上榜	媒体	陕西	2022-08-19	301171.SZ
1517	大族数控	18.90	新上榜	电子	广东	2022-02-28	301200.SZ
1518	天源迪科	18.87	39.4	互联网	广东	2010-01-20	300047.SZ
1519	光大嘉宝	18.87	42.0	房地产	上海	1992-12-03	600622.SH
1520	大洋电机	18.86	-6.9	装备	广东	2008-06-19	002249.SZ
1521	长盈精密	18.86	-14.3	电子	广东	2010-09-02	300115.SZ
1522	海天精工	18.84	21.1	装备	浙江	2016-11-07	601882.SH
1523	凌霄泵业	18.84	23.5	装备	广东	2017-07-11	002884.SZ
1524	中伟股份	18.83	60.0	化工	贵州	2020-12-23	300919.SZ
1525	大名城	18.81	-22.5	房地产	上海	1997-07-03	600094.SH
1526	鲁泰A	18.81	46.5	纺织	山东	2000-12-25	000726.SZ
1527	连城数控	18.80	新上榜	装备	辽宁	2020-07-27	835368.BJ
1528	申达股份	18.78	-6.3	汽车	上海	1993-01-07	600626.SH
1529	华南职业教育	18.73	3.1	教育	广东	2021-07-13	6913.HK
1530	川仪股份	18.73	27.5	装备	重庆	2014-08-05	603100.SH
1531	黄山旅游	18.69	-15.4	休闲	安徽	1997-05-06	600054.SH
1532	电魂网络	18.69	-20.3	休闲	浙江	2016-10-26	603258.SH
1533	潍柴重机	18.67	27.1	装备	山东	1998-04-02	000880.SZ
1534	弘亚数控	18.65	-8.5	装备	广东	2016-12-28	002833.SZ
1535	盛和资源	18.63	19.2	有色金属	四川	2003-05-29	600392.SH
1536	天味食品	18.61	7.4	食品	四川	2019-04-16	603317.SH
1537	长信科技	18.61	-7.3	电子	安徽	2010-05-26	300088.SZ
1538	福斯特	18.58	18.8	化工	浙江	2014-09-05	603806.SH
1539	厦门银行	18.58	3.1	金融	福建	2020-10-27	601187.SH
1540	云南旅游	18.50	-26.1	休闲	云南	2006-08-10	002059.SZ

续表

序号	证券简称	品牌价值/亿元	增长率/%	行业	地区	上市日期	证券代码
1541	航天控股	18.48	4.5	电子	香港	1981-08-25	0031.HK
1542	塔牌集团	18.44	3.2	建筑	广东	2008-05-16	002233.SZ
1543	东风科技	18.43	1.4	汽车	上海	1997-07-03	600081.SH
1544	云赛智联	18.39	17.6	互联网	上海	1990-12-19	600602.SH
1545	丽尚国潮	18.39	14.7	零售	甘肃	1996-08-02	600738.SH
1546	江苏阳光	18.37	24.6	纺织	江苏	1999-09-27	600220.SH
1547	聚和材料	18.35	新上榜	电子	江苏	2022-12-09	688503.SH
1548	永泰运	18.34	新上榜	运输	浙江	2022-04-29	001228.SZ
1549	火星人	18.33	-2.5	家电	浙江	2020-12-31	300894.SZ
1550	拓斯达	18.32	17.6	装备	广东	2017-02-09	300607.SZ
1551	千金药业	18.31	18.0	医药	湖南	2004-03-12	600479.SH
1552	火炬电子	18.28	-0.2	电子	福建	2015-01-26	603678.SH
1553	横店影视	18.25	-31.1	休闲	浙江	2017-10-12	603103.SH
1554	兰州银行	18.25	新上榜	金融	甘肃	2022-01-17	001227.SZ
1555	索通发展	18.23	70.1	有色金属	山东	2017-07-18	603612.SH
1556	广百股份	18.20	-12.6	零售	广东	2007-11-22	002187.SZ
1557	航天晨光	18.16	13.4	装备	江苏	2001-06-15	600501.SH
1558	和而泰	18.15	18.2	电子	广东	2010-05-11	002402.SZ
1559	哈尔斯	18.14	64.9	日用	浙江	2011-09-09	002615.SZ
1560	容百科技	18.13	125.5	化工	浙江	2019-07-22	688005.SH
1561	世茂服务	18.12	-23.4	房地产	上海	2020-10-30	0873.HK
1562	电科网安	18.10	26.3	电子	四川	2008-08-11	002268.SZ
1563	仙坛股份	18.10	-20.1	农业	山东	2015-02-16	002746.SZ
1564	萤石网络	18.10	新上榜	互联网	浙江	2022-12-28	688475.SH
1565	风语筑	18.10	-13.5	媒体	上海	2017-10-20	603466.SH
1566	岳阳林纸	18.09	-21.7	造纸	湖南	2004-05-25	600963.SH
1567	汇量科技	18.08	24.4	互联网	广东	2018-12-12	1860.HK
1568	友阿股份	18.08	-18.6	零售	湖南	2009-07-17	002277.SZ
1569	永安行	18.08	-39.3	日用	江苏	2017-08-17	603776.SH
1570	深圳燃气	18.06	13.7	公用	广东	2009-12-25	601139.SH
1571	海新能科	18.03	-14.9	环保	北京	2010-04-27	300072.SZ
1572	珠光控股	18.02	-52.9	房地产	香港	1996-12-09	1176.HK
1573	粤海饲料	18.02	新上榜	农业	广东	2022-02-16	001313.SZ
1574	通程控股	18.01	20.5	零售	湖南	1996-08-16	000419.SZ
1575	亿帆医药	18.00	-27.8	医药	浙江	2004-07-13	002019.SZ
1576	双环传动	17.97	17.6	装备	浙江	2010-09-10	002472.SZ
1577	万邦德	17.96	68.1	医药	浙江	2006-11-20	002082.SZ
1578	有研新材	17.92	19.5	有色金属	北京	1999-03-19	600206.SH
1579	英唐智控	17.91	-8.5	电子	广东	2010-10-19	300131.SZ
1580	和邦生物	17.91	70.7	化工	四川	2012-07-31	603077.SH
1581	利民股份	17.90	22.8	化工	江苏	2015-01-27	002734.SZ
1582	伯特利	17.88	38.4	汽车	安徽	2018-04-27	603596.SH

续表

序号	证券简称	品牌价值/亿元	增长率/%	行业	地区	上市日期	证券代码
1583	高德红外	17.86	−5.0	电子	湖北	2010-07-16	002414.SZ
1584	博拓生物	17.84	32.9	医药	浙江	2021-09-08	688767.SH
1585	现代牧业	17.83	−22.9	农业	安徽	2010-11-26	1117.HK
1586	永创智能	17.83	21.3	装备	浙江	2015-05-29	603901.SH
1587	美亚光电	17.80	−4.4	装备	安徽	2012-07-31	002690.SZ
1588	珍宝岛	17.74	−4.3	医药	黑龙江	2015-04-24	603567.SH
1589	中国黄金国际	17.71	32.3	有色金属	香港	2010-12-01	2099.HK
1590	海尔生物	17.71	36.7	医药	山东	2019-10-25	688139.SH
1591	亿晶光电	17.69	7.2	装备	浙江	2003-01-23	600537.SH
1592	河北建设	17.69	−65.4	建筑	河北	2017-12-15	1727.HK
1593	高测股份	17.68	125.0	装备	山东	2020-08-07	688556.SH
1594	奥康国际	17.66	−10.7	服饰	浙江	2012-04-26	603001.SH
1595	创力集团	17.65	19.7	装备	上海	2015-03-20	603012.SH
1596	粤海置地	17.65	79.4	房地产	香港	1997-08-08	0124.HK
1597	恒顺醋业	17.63	−20.3	食品	江苏	2001-02-06	600305.SH
1598	楚天高速	17.61	21.1	运输	湖北	2004-03-10	600035.SH
1599	正邦科技	17.60	−84.2	农业	江西	2007-08-17	002157.SZ
1600	诺普信	17.59	29.6	化工	广东	2008-02-18	002215.SZ
1601	华兰疫苗	17.54	新上榜	医药	河南	2022-02-18	301207.SZ
1602	龙建股份	17.51	23.6	建筑	黑龙江	1994-04-04	600853.SH
1603	国元证券	17.50	34.3	金融	安徽	1997-06-16	000728.SZ
1604	铁龙物流	17.46	8.6	贸易	辽宁	1998-05-11	600125.SH
1605	中电光谷	17.41	15.9	房地产	湖北	2014-03-28	0798.HK
1606	华夏幸福	17.40	−19.6	房地产	河北	2003-12-30	600340.SH
1607	中原高速	17.40	3.9	运输	河南	2003-08-08	600020.SH
1608	新华联	17.36	20.0	房地产	北京	1996-10-29	000620.SZ
1609	五矿资本	17.36	−34.6	金融	湖南	2001-01-15	600390.SH
1610	利元亨	17.35	40.5	装备	广东	2021-07-01	688499.SH
1611	千禾味业	17.27	−5.6	食品	四川	2016-03-07	603027.SH
1612	交运股份	17.26	−22.6	汽车	上海	1993-09-28	600676.SH
1613	佳禾食品	17.24	−16.8	食品	江苏	2021-04-30	605300.SH
1614	美克家居	17.23	−12.7	家居	江西	2000-11-27	600337.SH
1615	东风股份	17.19	14.6	商业服务	广东	2012-02-16	601515.SH
1616	精工钢构	17.18	20.7	建筑	安徽	2002-06-05	600496.SH
1617	东北证券	17.18	6.3	金融	吉林	1997-02-27	000686.SZ
1618	宝立食品	17.14	新上榜	食品	上海	2022-07-15	603170.SH
1619	派能科技	17.11	200.1	装备	上海	2020-12-30	688063.SH
1620	银泰黄金	17.07	38.5	有色金属	内蒙古	2000-06-08	000975.SZ
1621	福龙马	17.06	−15.1	环保	福建	2015-01-26	603686.SH
1622	聚光科技	17.04	29.6	电子	浙江	2011-04-15	300203.SZ
1623	无锡银行	17.03	11.6	金融	江苏	2016-09-23	600908.SH
1624	甘咨询	17.03	57.9	商业服务	甘肃	1997-05-28	000779.SZ

续表

序号	证券简称	品牌价值/亿元	增长率/%	行业	地区	上市日期	证券代码
1625	建业地产	17.03	−20.8	房地产	河南	2008-06-06	0832. HK
1626	鸿合科技	17.02	41.9	电子	北京	2019-05-23	002955. SZ
1627	佳都科技	17.00	2.1	互联网	广东	1996-07-16	600728. SH
1628	天振股份	16.96	新上榜	家居	浙江	2022-11-14	301356. SZ
1629	法拉电子	16.93	23.6	电子	福建	2002-12-10	600563. SH
1630	马应龙	16.87	13.6	医药	湖北	2004-05-17	600993. SH
1631	南兴股份	16.87	17.4	装备	广东	2015-05-27	002757. SZ
1632	金科服务	16.87	18.3	房地产	重庆	2020-11-17	9666. HK
1633	曲美家居	16.86	2.2	家居	北京	2015-04-22	603818. SH
1634	三雄极光	16.79	−4.9	家电	广东	2017-03-17	300625. SZ
1635	东百集团	16.79	−14.2	零售	福建	1993-11-22	600693. SH
1636	迈克生物	16.78	−15.2	医药	四川	2015-05-28	300463. SZ
1637	广晟有色	16.78	52.0	有色金属	海南	2000-05-25	600259. SH
1638	新城悦服务	16.76	−20.5	房地产	上海	2018-11-06	1755. HK
1639	艾迪精密	16.68	−35.2	装备	山东	2017-01-20	603638. SH
1640	圣邦股份	16.65	89.5	电子	北京	2017-06-06	300661. SZ
1641	红蜻蜓	16.60	−15.1	服饰	浙江	2015-06-29	603116. SH
1642	锐信控股	16.58	38.0	电子	福建	2006-12-21	1399. HK
1643	好太太	16.53	15.5	日用	广东	2017-12-01	603848. SH
1644	金鹰重工	16.52	31.3	装备	湖北	2021-08-18	301048. SZ
1645	东湖高新	16.51	19.6	建筑	湖北	1998-02-12	600133. SH
1646	莱宝高科	16.46	0.9	电子	广东	2007-01-12	002106. SZ
1647	歌华有线	16.46	−9.7	媒体	北京	2001-02-08	600037. SH
1648	引力传媒	16.46	−26.0	媒体	北京	2015-05-27	603598. SH
1649	厦钨新能	16.45	84.9	化工	福建	2021-08-05	688778. SH
1650	金证股份	16.44	−3.1	互联网	广东	2003-12-24	600446. SH
1651	健盛集团	16.42	57.0	服饰	浙江	2015-01-27	603558. SH
1652	杭电股份	16.39	22.6	装备	浙江	2015-02-17	603618. SH
1653	科华数据	16.37	−2.1	装备	福建	2010-01-13	002335. SZ
1654	爱婴室	16.35	25.0	零售	上海	2018-03-30	603214. SH
1655	王力安防	16.35	−14.1	日用	浙江	2021-02-24	605268. SH
1656	华铁应急	16.32	31.5	商业服务	浙江	2015-05-29	603300. SH
1657	阿里影业	16.31	−56.5	休闲	北京	1994-05-12	1060. HK
1658	网宿科技	16.31	21.2	互联网	上海	2009-10-30	300017. SZ
1659	汇顶科技	16.29	−48.1	电子	广东	2016-10-17	603160. SH
1660	北巴传媒	16.28	5.2	汽车	北京	2001-02-16	600386. SH
1661	冠农股份	16.27	6.6	农业	新疆	2003-06-09	600251. SH
1662	尖峰集团	16.25	24.5	建筑	浙江	1993-07-28	600668. SH
1663	凯赛生物	16.24	5.8	医药	上海	2020-08-12	688065. SH
1664	伟星新材	16.22	23.4	建筑	浙江	2010-03-18	002372. SZ
1665	北京君正	16.22	53.2	电子	北京	2011-05-31	300223. SZ
1666	隆华科技	16.20	25.5	装备	河南	2011-09-16	300263. SZ

续表

序号	证券简称	品牌价值/亿元	增长率/%	行业	地区	上市日期	证券代码
1667	顺络电子	16.19	18.1	电子	广东	2007-06-13	002138.SZ
1668	东方时尚	16.18	2.3	教育	北京	2016-02-05	603377.SH
1669	智微智能	16.17	新上榜	通信	广东	2022-08-15	001339.SZ
1670	内蒙华电	16.16	13.6	公用	内蒙古	1994-05-20	600863.SH
1671	华特达因	16.14	38.8	医药	山东	1999-06-09	000915.SZ
1672	山东药玻	16.13	−6.9	医药	山东	2002-06-03	600529.SH
1673	宝尊电商-W	16.13	−37.6	互联网	上海	2020-09-29	9991.HK
1674	罗欣药业	16.09	−33.4	医药	浙江	2016-04-15	002793.SZ
1675	长城证券	15.98	8.1	金融	广东	2018-10-26	002939.SZ
1676	海思科	15.97	−3.3	医药	西藏	2012-01-17	002653.SZ
1677	传智教育	15.97	−2.2	教育	江苏	2021-01-12	003032.SZ
1678	锦浪科技	15.96	39.5	装备	浙江	2019-03-19	300763.SZ
1679	开润股份	15.96	23.2	服饰	安徽	2016-12-21	300577.SZ
1680	深物业 A	15.94	6.2	房地产	广东	1992-03-30	000011.SZ
1681	风华高科	15.91	−13.6	电子	广东	1996-11-29	000636.SZ
1682	中钨高新	15.90	5.4	有色金属	海南	1996-12-05	000657.SZ
1683	合富辉煌	15.88	−36.1	房地产	广东	2004-07-15	0733.HK
1684	普路通	15.87	2.7	运输	广东	2015-06-29	002769.SZ
1685	京基智农	15.87	−23.1	房地产	广东	1994-11-01	000048.SZ
1686	天元宠物	15.84	新上榜	日用	浙江	2022-11-18	301335.SZ
1687	沃尔核材	15.84	−8.4	装备	广东	2007-04-20	002130.SZ
1688	贵广网络	15.83	36.2	媒体	贵州	2016-12-26	600996.SH
1689	辰欣药业	15.81	−5.2	医药	山东	2017-09-29	603367.SH
1690	凤祥股份	15.79	6.8	农业	山东	2020-07-16	9977.HK
1691	航天科技	15.78	11.1	电子	黑龙江	1999-04-01	000901.SZ
1692	海兴电力	15.78	20.3	电子	浙江	2016-11-10	603556.SH
1693	福建高速	15.77	18.3	运输	福建	2001-02-09	600033.SH
1694	超声电子	15.77	7.5	电子	广东	1997-10-08	000823.SZ
1695	复旦微电	15.76	97.6	电子	上海	2021-08-04	688385.SH
1696	株冶集团	15.75	−1.8	有色金属	湖南	2004-08-30	600961.SH
1697	特发信息	15.75	−27.5	通信	广东	2000-05-11	000070.SZ
1698	东诚药业	15.71	−2.3	医药	山东	2012-05-25	002675.SZ
1699	浦东建设	15.69	52.3	建筑	上海	2004-03-16	600284.SH
1700	卡宾	15.68	−8.9	服饰	广东	2013-10-28	2030.HK
1701	中金环境	15.68	2.6	装备	浙江	2010-12-09	300145.SZ
1702	丸美股份	15.65	−10.7	日用	广东	2019-07-25	603983.SH
1703	鹏都农牧	15.64	10.8	贸易	湖南	2010-11-18	002505.SZ
1704	中广核新能源	15.63	21.6	公用	香港	2014-10-03	1811.HK
1705	通达集团	15.63	−13.4	电子	香港	2000-12-22	0698.HK
1706	方大炭素	15.62	−33.8	有色金属	甘肃	2002-08-30	600516.SH
1707	永鼎股份	15.60	9.6	通信	江苏	1997-09-29	600105.SH
1708	万凯新材	15.58	新上榜	化工	浙江	2022-03-29	301216.SZ

续表

序号	证券简称	品牌价值/亿元	增长率/%	行业	地区	上市日期	证券代码
1709	蓝光发展	15.58	−41.6	房地产	四川	2001-02-12	600466.SH
1710	玉禾田	15.57	29.8	环保	安徽	2020-01-23	300815.SZ
1711	威海广泰	15.57	−21.6	装备	山东	2007-01-26	002111.SZ
1712	中国波顿	15.57	−37.2	日用	香港	2005-12-09	3318.HK
1713	福田实业	15.55	12.7	纺织	香港	1988-04-20	0420.HK
1714	煌上煌	15.54	−20.4	食品	江西	2012-09-05	002695.SZ
1715	长青股份	15.54	30.1	化工	江苏	2010-04-16	002391.SZ
1716	广汇物流	15.54	−31.0	房地产	四川	1992-01-13	600603.SH
1717	同力日升	15.54	29.9	装备	江苏	2021-03-22	605286.SH
1718	漫步者	15.53	−7.5	日用	广东	2010-02-05	002351.SZ
1719	贝因美	15.51	34.9	食品	浙江	2011-04-12	002570.SZ
1720	城市传媒	15.48	4.4	媒体	山东	2000-03-09	600229.SH
1721	尚品宅配	15.43	−20.8	家居	广东	2017-03-07	300616.SZ
1722	中科微至	15.42	22.1	装备	江苏	2021-10-26	688211.SH
1723	航天机电	15.42	−2.2	装备	上海	1998-06-05	600151.SH
1724	康德莱	15.40	15.7	医药	上海	2016-11-21	603987.SH
1725	张家港行	15.39	44.8	金融	江苏	2017-01-24	002839.SZ
1726	康臣药业	15.39	20.7	医药	广东	2013-12-19	1681.HK
1727	祥生控股集团	15.38	11.3	房地产	上海	2020-11-18	2599.HK
1728	众合科技	15.37	21.4	装备	浙江	1999-06-11	000925.SZ
1729	汇森家居	15.34	−37.3	家居	江西	2020-12-29	2127.HK
1730	新泉股份	15.31	2.1	汽车	江苏	2017-03-17	603179.SH
1731	匠心家居	15.31	3.0	日用	江苏	2021-09-13	301061.SZ
1732	香江控股	15.30	−22.9	房地产	广东	1998-06-09	600162.SH
1733	日月股份	15.29	−18.9	装备	浙江	2016-12-28	603218.SH
1734	视觉中国	15.28	5.4	休闲	江苏	1997-01-21	000681.SZ
1735	新国都	15.27	91.8	电子	广东	2010-10-19	300130.SZ
1736	新点软件	15.26	22.8	互联网	江苏	2021-11-17	688232.SH
1737	康泰生物	15.26	−28.0	医药	广东	2017-02-07	300601.SZ
1738	四环医药	15.25	−42.4	医药	北京	2010-10-28	0460.HK
1739	格林酒店	15.23	−33.7	酒店	上海	2018-03-27	GHG.N
1740	北元集团	15.21	1.5	化工	陕西	2020-10-20	601568.SH
1741	雷士国际	15.20	−14.5	家电	广东	2010-05-20	2222.HK
1742	中孚实业	15.19	30.8	有色金属	河南	2002-06-26	600595.SH
1743	珠江钢琴	15.16	2.5	日用	广东	2012-05-30	002678.SZ
1744	苏宁环球	15.14	−48.8	房地产	吉林	1997-04-08	000718.SZ
1745	ST 冠福	15.09	25.0	贸易	福建	2006-12-29	002102.SZ
1746	大众交通	15.07	−7.8	运输	上海	1992-08-07	600611.SH
1747	中国汽研	15.05	−1.7	汽车	重庆	2012-06-11	601965.SH
1748	宝钢包装	15.04	12.2	包装	上海	2015-06-11	601968.SH
1749	宏润建设	15.03	30.1	建筑	浙江	2006-08-16	002062.SZ
1750	德方纳米	15.03	新上榜	化工	广东	2019-04-15	300769.SZ

续表

序号	证券简称	品牌价值/亿元	增长率/%	行业	地区	上市日期	证券代码
1751	崇达技术	14.99	13.3	电子	广东	2016-10-12	002815.SZ
1752	中国船舶租赁	14.98	13.5	金融	上海	2019-06-17	3877.HK
1753	开滦股份	14.96	5.8	煤炭	河北	2004-06-02	600997.SH
1754	国电南自	14.96	7.4	装备	江苏	1999-11-18	600268.SH
1755	祁连山	14.93	−6.4	建筑	甘肃	1996-07-16	600720.SH
1756	江海股份	14.92	36.6	电子	江苏	2010-09-29	002484.SZ
1757	东兴证券	14.91	−5.9	金融	北京	2015-02-26	601198.SH
1758	威胜信息	14.89	23.2	通信	湖南	2020-01-21	688100.SH
1759	卓朗科技	14.88	新上榜	互联网	天津	2000-01-27	600225.SH
1760	菲菱科思	14.87	新上榜	通信	广东	2022-05-26	301191.SZ
1761	九芝堂	14.85	1.6	医药	湖南	2000-06-28	000989.SZ
1762	国脉文化	14.83	−27.7	媒体	上海	1993-04-07	600640.SH
1763	申菱环境	14.82	49.8	装备	广东	2021-07-07	301018.SZ
1764	佳禾智能	14.78	8.8	日用	广东	2019-10-18	300793.SZ
1765	上工申贝	14.78	−1.3	装备	上海	1994-03-11	600843.SH
1766	旭辉永升服务	14.77	−30.0	房地产	上海	2018-12-17	1995.HK
1767	兴森科技	14.77	12.1	电子	广东	2010-06-18	002436.SZ
1768	南方锰业	14.73	58.6	有色金属	广西	2010-11-18	1091.HK
1769	羚锐制药	14.73	20.7	医药	河南	2000-10-18	600285.SH
1770	甘李药业	14.73	−27.9	医药	北京	2020-06-29	603087.SH
1771	飞马国际	14.72	−41.5	环保	广东	2008-01-30	002210.SZ
1772	先达股份	14.68	105.4	化工	山东	2017-05-11	603086.SH
1773	华西证券	14.65	−9.5	金融	四川	2018-02-05	002926.SZ
1774	SOHO中国	14.62	−30.0	房地产	北京	2007-10-08	0410.HK
1775	上海机场	14.62	−38.1	运输	上海	1998-02-18	600009.SH
1776	华达科技	14.60	3.3	汽车	江苏	2017-01-25	603358.SH
1777	中恒集团	14.58	−23.9	医药	广西	2000-11-30	600252.SH
1778	伟星股份	14.57	46.4	服饰	浙江	2004-06-25	002003.SZ
1779	汇嘉时代	14.55	−0.6	零售	新疆	2016-05-06	603101.SH
1780	钧达股份	14.54	新上榜	汽车	海南	2017-04-25	002865.SZ
1781	中国电研	14.54	−1.3	装备	广东	2019-11-05	688128.SH
1782	东莞控股	14.53	36.9	建筑	广东	1997-06-17	000828.SZ
1783	紫金银行	14.52	11.8	金融	江苏	2019-01-03	601860.SH
1784	鼎信通讯	14.51	66.2	通信	山东	2016-10-11	603421.SH
1785	节能国祯	14.49	12.9	环保	安徽	2014-08-01	300388.SZ
1786	春雪食品	14.48	−4.4	食品	山东	2021-10-13	605567.SH
1787	英维克	14.47	4.4	装备	广东	2016-12-29	002837.SZ
1788	海翔药业	14.47	19.9	医药	浙江	2006-12-26	002099.SZ
1789	西部证券	14.45	30.5	金融	陕西	2012-05-03	002673.SZ
1790	康耐特光学	14.44	29.6	服饰	上海	2021-12-16	2276.HK
1791	神马股份	14.44	28.4	化工	河南	1994-01-06	600810.SH
1792	东方电子	14.41	44.7	装备	山东	1997-01-21	000682.SZ

续表

序号	证券简称	品牌价值/亿元	增长率/%	行业	地区	上市日期	证券代码
1793	宇信科技	14.38	37.2	互联网	北京	2018-11-07	300674.SZ
1794	万达酒店发展	14.37	30.5	酒店	香港	2002-06-04	0169.HK
1795	滨海泰达物流	14.37	35.5	运输	天津	2008-04-30	8348.HK
1796	岱美股份	14.34	−3.1	汽车	上海	2017-07-28	603730.SH
1797	众业达	14.33	34.8	贸易	广东	2010-07-06	002441.SZ
1798	冀东装备	14.32	72.4	装备	河北	1998-08-13	000856.SZ
1799	桂冠电力	14.32	1.7	公用	广西	2000-03-23	600236.SH
1800	新媒股份	14.30	38.3	媒体	广东	2019-04-19	300770.SZ
1801	美锦能源	14.28	29.6	煤炭	山西	1997-05-15	000723.SZ
1802	出版传媒	14.28	−5.6	媒体	辽宁	2007-12-21	601999.SH
1803	神农集团	14.27	15.1	农业	云南	2021-05-28	605296.SH
1804	亿利洁能	14.26	2.0	化工	内蒙古	2000-07-25	600277.SH
1805	浙江震元	14.25	38.1	医药	浙江	1997-04-10	000705.SZ
1806	东阳光药	14.24	23.4	医药	湖北	2015-12-29	1558.HK
1807	四方股份	14.23	−4.1	装备	北京	2010-12-31	601126.SH
1808	巴比食品	14.23	18.7	食品	上海	2020-10-12	605338.SH
1809	凯盛科技	14.22	1.9	电子	安徽	2002-11-08	600552.SH
1810	天佑德酒	14.18	15.7	饮料	青海	2011-12-22	002646.SZ
1811	丰盛控股	14.16	85.8	公用	香港	2002-12-18	0607.HK
1812	京能电力	14.12	8.2	公用	北京	2002-05-10	600578.SH
1813	燕塘乳业	14.11	7.1	食品	广东	2014-12-05	002732.SZ
1814	开能健康	14.10	43.8	家电	上海	2011-11-02	300272.SZ
1815	安孚科技	14.09	37.4	零售	安徽	2016-08-22	603031.SH
1816	行动教育	14.08	−4.5	教育	上海	2021-04-21	605098.SH
1817	川宁生物	14.08	新上榜	医药	新疆	2022-12-27	301301.SZ
1818	科顺股份	14.07	16.4	建筑	广东	2018-01-25	300737.SZ
1819	新朋股份	14.06	34.8	汽车	上海	2009-12-30	002328.SZ
1820	新北洋	14.05	10.9	电子	山东	2010-03-23	002376.SZ
1821	珠海港	14.05	49.0	运输	广东	1993-03-26	000507.SZ
1822	泰豪科技	14.04	−8.0	装备	江西	2002-07-03	600590.SH
1823	卧龙地产	14.01	−3.1	房地产	浙江	1999-04-15	600173.SH
1824	海联金汇	14.01	29.4	汽车	山东	2011-01-10	002537.SZ
1825	药易购	13.99	−8.3	零售	四川	2021-01-27	300937.SZ
1826	麦格米特	13.94	34.0	装备	广东	2017-03-06	002851.SZ
1827	华检医疗	13.94	37.0	医药	上海	2019-07-12	1931.HK
1828	光弘科技	13.92	54.9	电子	广东	2017-12-29	300735.SZ
1829	中国卫星	13.91	−13.2	装备	北京	1997-09-08	600118.SH
1830	健民集团	13.91	0.1	医药	湖北	2004-04-19	600976.SH
1831	鸿远电子	13.91	19.7	电子	北京	2019-05-15	603267.SH
1832	固德威	13.87	53.2	电子	江苏	2020-09-04	688390.SH
1833	时计宝	13.86	−8.8	服饰	香港	2013-02-05	2033.HK
1834	极米科技	13.85	4.5	电子	四川	2021-03-03	688696.SH

续表

序号	证券简称	品牌价值/亿元	增长率/%	行业	地区	上市日期	证券代码
1835	威高骨科	13.85	26.8	医药	山东	2021-06-30	688161.SH
1836	旺能环境	13.85	34.0	环保	浙江	2004-08-26	002034.SZ
1837	新华锦	13.83	21.6	服饰	山东	1996-07-26	600735.SH
1838	平治信息	13.82	−54.2	通信	浙江	2016-12-13	300571.SZ
1839	云海金属	13.82	33.5	有色金属	江苏	2007-11-13	002182.SZ
1840	杭萧钢构	13.82	16.5	建筑	浙江	2003-11-10	600477.SH
1841	超盈国际控股	13.79	42.2	纺织	广东	2014-05-23	2111.HK
1842	天下秀	13.79	−11.5	互联网	广西	2001-08-07	600556.SH
1843	江阴银行	13.78	48.5	金融	江苏	2016-09-02	002807.SZ
1844	万咖壹联	13.78	74.9	媒体	北京	2018-12-21	1762.HK
1845	昭衍新药	13.77	46.0	医药	北京	2017-08-25	603127.SH
1846	双塔食品	13.77	−29.3	食品	山东	2010-09-21	002481.SZ
1847	建业新生活	13.76	12.0	房地产	河南	2020-05-15	9983.HK
1848	丰原药业	13.76	23.5	医药	安徽	2000-09-20	000153.SZ
1849	小牛电动	13.75	−23.3	汽车	北京	2018-10-19	NIU.O
1850	通裕重工	13.73	14.2	装备	山东	2011-03-08	300185.SZ
1851	冠豪高新	13.72	39.5	造纸	广东	2003-06-19	600433.SH
1852	三巽集团	13.70	−42.5	房地产	上海	2021-07-19	6611.HK
1853	和利时自动化	13.70	47.8	电子	北京	2008-08-01	HOLI.O
1854	漳州发展	13.70	52.5	汽车	福建	1997-06-26	000753.SZ
1855	久立特材	13.69	33.8	钢铁	浙江	2009-12-11	002318.SZ
1856	兔宝宝	13.69	14.3	建筑	浙江	2005-05-10	002043.SZ
1857	苏农银行	13.68	24.1	金融	江苏	2016-11-29	603323.SH
1858	吉宏股份	13.65	−21.1	互联网	福建	2016-07-12	002803.SZ
1859	景兴纸业	13.64	5.3	造纸	浙江	2006-09-15	002067.SZ
1860	山东矿机	13.63	33.8	装备	山东	2010-12-17	002526.SZ
1861	中超控股	13.62	14.0	装备	江苏	2010-09-10	002471.SZ
1862	城建设计	13.62	0.0	建筑	北京	2014-07-08	1599.HK
1863	乔治白	13.62	24.5	服饰	浙江	2012-07-13	002687.SZ
1864	奥美医疗	13.61	−5.0	医药	湖北	2019-03-11	002950.SZ
1865	佳沃食品	13.58	−52.2	农业	湖南	2011-09-27	300268.SZ
1866	东南网架	13.56	18.0	建筑	浙江	2007-05-30	002135.SZ
1867	贵州百灵	13.56	23.8	医药	贵州	2010-06-03	002424.SZ
1868	金杯汽车	13.55	−9.0	汽车	辽宁	1992-07-24	600609.SH
1869	锐科激光	13.53	−8.4	电子	湖北	2018-06-25	300747.SZ
1870	众生药业	13.53	83.0	医药	广东	2009-12-11	002317.SZ
1871	南山智尚	13.52	29.0	纺织	山东	2020-12-22	300918.SZ
1872	苏利股份	13.52	53.8	化工	江苏	2016-12-14	603585.SH
1873	富森美	13.52	−3.2	房地产	四川	2016-11-09	002818.SZ
1874	东光化工	13.51	38.7	化工	河北	2017-07-11	1702.HK
1875	隆平高科	13.51	−10.2	农业	湖南	2000-12-11	000998.SZ
1876	创美药业	13.43	13.6	医药	广东	2015-12-14	2289.HK

续表

序号	证券简称	品牌价值/亿元	增长率/%	行业	地区	上市日期	证券代码
1877	永艺股份	13.40	2.3	家居	浙江	2015-01-23	603600.SH
1878	睿创微纳	13.39	−6.9	电子	山东	2019-07-22	688002.SH
1879	京信通信	13.37	−38.3	通信	香港	2003-07-15	2342.HK
1880	众信旅游	13.37	−54.2	休闲	北京	2014-01-23	002707.SZ
1881	博威合金	13.36	17.5	有色金属	浙江	2011-01-27	601137.SH
1882	东方通信	13.35	27.8	通信	浙江	1996-11-26	600776.SH
1883	九丰能源	13.34	74.2	公用	江西	2021-05-25	605090.SH
1884	中再资环	13.29	1.1	环保	陕西	1999-12-16	600217.SH
1885	亚辉龙	13.26	新上榜	医药	广东	2021-05-17	688575.SH
1886	北新路桥	13.26	30.9	建筑	新疆	2009-11-11	002307.SZ
1887	华润材料	13.24	61.5	化工	江苏	2021-10-26	301090.SZ
1888	一鸣食品	13.23	−16.5	食品	浙江	2020-12-28	605179.SH
1889	泰达股份	13.22	−30.1	贸易	天津	1996-11-28	000652.SZ
1890	科瑞技术	13.22	−0.4	装备	广东	2019-07-26	002957.SZ
1891	德银天下	13.21	新上榜	运输	陕西	2022-07-15	2418.HK
1892	金晶科技	13.20	−4.4	建筑	山东	2002-08-15	600586.SH
1893	金川国际	13.20	6.4	有色金属	香港	2001-07-09	2362.HK
1894	仙乐健康	13.18	−13.7	保健	广东	2019-09-25	300791.SZ
1895	博雅生物	13.18	14.0	医药	江西	2012-03-08	300294.SZ
1896	金健米业	13.16	8.2	农业	湖南	1998-05-06	600127.SH
1897	曲江文旅	13.16	34.6	休闲	陕西	1996-05-16	600706.SH
1898	广州浪奇	13.16	14.1	日用	广东	1993-11-08	000523.SZ
1899	佳云科技	13.13	−43.6	媒体	广东	2011-07-12	300242.SZ
1900	金牌厨柜	13.09	6.7	家居	福建	2017-05-12	603180.SH
1901	人民网	13.08	−3.5	媒体	北京	2012-04-27	603000.SH
1902	金钼股份	13.07	22.6	有色金属	陕西	2008-04-17	601958.SH
1903	甘源食品	13.07	37.2	食品	江西	2020-07-31	002991.SZ
1904	苏试试验	13.06	61.3	装备	江苏	2015-01-22	300416.SZ
1905	光正教育	13.06	新上榜	教育	广东	2017-01-26	6068.HK
1906	创元科技	13.05	20.6	环保	江苏	1994-01-06	000551.SZ
1907	宁波远洋	13.04	新上榜	运输	浙江	2022-12-08	601022.SH
1908	海泰新能	13.04	新上榜	装备	河北	2022-08-08	835985.BJ
1909	福元医药	13.01	新上榜	医药	北京	2022-06-30	601089.SH
1910	雅化集团	13.01	118.5	化工	四川	2010-11-09	002497.SZ
1911	爱柯迪	13.00	10.8	汽车	浙江	2017-11-17	600933.SH
1912	南华期货	12.99	−9.2	金融	浙江	2019-08-30	603093.SH
1913	皖能电力	12.97	27.3	公用	安徽	1993-12-20	000543.SZ
1914	叶氏化工集团	12.96	0.2	化工	香港	1991-08-22	0408.HK
1915	宏达电子	12.95	32.7	电子	湖南	2017-11-21	300726.SZ
1916	雷神科技	12.95	新上榜	电子	山东	2022-12-23	872190.BJ
1917	华阳集团	12.92	11.8	汽车	广东	2017-10-13	002906.SZ
1918	保隆科技	12.91	20.3	汽车	上海	2017-05-19	603197.SH

续表

序号	证券简称	品牌价值/亿元	增长率/%	行业	地区	上市日期	证券代码
1919	坚朗五金	12.90	−18.2	建筑	广东	2016-03-29	002791.SZ
1920	中工国际	12.90	52.7	建筑	北京	2006-06-19	002051.SZ
1921	天邑股份	12.89	34.5	通信	四川	2018-03-30	300504.SZ
1922	天润工业	12.89	−21.1	汽车	山东	2009-08-21	002283.SZ
1923	海目星	12.85	76.8	电子	广东	2020-09-09	688559.SH
1924	张江高科	12.85	−7.6	房地产	上海	1996-04-22	600895.SH
1925	鲁抗医药	12.85	−8.6	医药	山东	1997-02-26	600789.SH
1926	上海贝岭	12.84	−5.9	电子	上海	1998-09-24	600171.SH
1927	粤运交通	12.81	−10.0	运输	广东	2005-10-26	3399.HK
1928	龙头股份	12.81	−31.3	纺织	上海	1993-02-09	600630.SH
1929	加加食品	12.80	−10.7	食品	湖南	2012-01-06	002650.SZ
1930	八方股份	12.78	24.4	装备	江苏	2019-11-11	603489.SH
1931	海晨股份	12.77	48.5	运输	江苏	2020-08-24	300873.SZ
1932	锦江在线	12.76	17.6	运输	上海	1993-06-07	600650.SH
1933	世纪互联	12.75	−25.2	互联网	北京	2011-04-21	VNET.O
1934	中矿资源	12.74	新上榜	有色金属	北京	2014-12-30	002738.SZ
1935	嘉士利集团	12.73	−1.1	食品	广东	2014-09-25	1285.HK
1936	航发控制	12.72	40.3	装备	江苏	1997-06-26	000738.SZ
1937	环球印务	12.72	45.9	媒体	陕西	2016-06-08	002799.SZ
1938	麒盛科技	12.71	0.4	家居	浙江	2019-10-29	603610.SH
1939	亿田智能	12.70	26.6	家电	浙江	2020-12-03	300911.SZ
1940	嘉化能源	12.69	45.0	化工	浙江	2003-06-27	600273.SH
1941	意华股份	12.69	75.1	电子	浙江	2017-09-07	002897.SZ
1942	立昂微	12.69	30.8	电子	浙江	2020-09-11	605358.SH
1943	水发燃气	12.68	新上榜	装备	辽宁	2015-04-24	603318.SH
1944	顺钠股份	12.68	−12.4	装备	广东	1994-01-03	000533.SZ
1945	龙版传媒	12.68	17.7	媒体	黑龙江	2021-08-24	605577.SH
1946	万顺新材	12.68	40.3	包装	广东	2010-02-26	300057.SZ
1947	远达环保	12.67	−8.0	环保	重庆	2000-11-01	600292.SH
1948	文灿股份	12.65	58.5	汽车	广东	2018-04-26	603348.SH
1949	赛腾股份	12.64	−5.0	装备	江苏	2017-12-25	603283.SH
1950	得润电子	12.63	−6.7	电子	广东	2006-07-25	002055.SZ
1951	同济科技	12.63	−18.3	房地产	上海	1994-03-11	600846.SH
1952	巨一科技	12.62	14.9	装备	安徽	2021-11-10	688162.SH
1953	国星光电	12.61	−6.3	电子	广东	2010-07-16	002449.SZ
1954	津药药业	12.61	11.2	医药	天津	2001-06-18	600488.SH
1955	长远锂科	12.60	114.8	有色金属	湖南	2021-08-11	688779.SH
1956	龙腾光电	12.60	−9.5	电子	江苏	2020-08-17	688055.SH
1957	科士达	12.59	9.7	装备	广东	2010-12-07	002518.SZ
1958	香农芯创	12.56	124.8	贸易	安徽	2015-06-10	300475.SZ
1959	易事特	12.56	4.5	装备	广东	2014-01-27	300376.SZ
1960	京北方	12.53	62.1	互联网	北京	2020-05-07	002987.SZ

续表

序号	证券简称	品牌价值/亿元	增长率/%	行业	地区	上市日期	证券代码
1961	先进数通	12.52	32.5	互联网	北京	2016-09-13	300541.SZ
1962	家联科技	12.52	65.7	日用	浙江	2021-12-09	301193.SZ
1963	大同机械	12.52	9.7	装备	香港	1988-12-12	0118.HK
1964	合肥城建	12.52	−3.4	房地产	安徽	2008-01-28	002208.SZ
1965	宁夏建材	12.52	15.5	建筑	宁夏	2003-08-29	600449.SH
1966	中贝通信	12.51	42.3	电信	湖北	2018-11-15	603220.SH
1967	云集	12.51	−26.4	零售	浙江	2019-05-03	YJ.O
1968	天融信	12.47	−0.9	互联网	广东	2008-02-01	002212.SZ
1969	扬子江金融控股	12.44	新上榜	金融	江苏	2022-04-28	YF8.SG
1970	东江环保	12.43	0.5	环保	广东	2012-04-26	002672.SZ
1971	恒盛地产	12.43	−9.3	房地产	香港	2009-10-02	0845.HK
1972	成大生物	12.42	−30.3	医药	辽宁	2021-10-28	688739.SH
1973	金盘科技	12.42	56.4	装备	海南	2021-03-09	688676.SH
1974	设计总院	12.41	32.1	商业服务	安徽	2017-08-01	603357.SH
1975	水晶光电	12.39	13.7	电子	浙江	2008-09-19	002273.SZ
1976	长江健康	12.37	−31.0	医药	江苏	2010-06-18	002435.SZ
1977	华电重工	12.36	37.1	建筑	北京	2014-12-11	601226.SH
1978	嘉曼服饰	12.32	新上榜	服饰	北京	2022-09-09	301276.SZ
1979	奥士康	12.32	20.1	电子	湖南	2017-12-01	002913.SZ
1980	学大教育	12.31	新上榜	教育	福建	1993-11-01	000526.SZ
1981	汉马科技	12.31	−64.5	装备	安徽	2003-04-01	600375.SH
1982	美格智能	12.29	83.1	通信	广东	2017-06-22	002881.SZ
1983	胜利精密	12.27	−35.9	电子	江苏	2010-06-08	002426.SZ
1984	同仁堂国药	12.26	14.1	医药	香港	2013-05-07	3613.HK
1985	勘设股份	12.26	−3.7	商业服务	贵州	2017-08-09	603458.SH
1986	四方科技	12.26	31.1	装备	江苏	2016-05-19	603339.SH
1987	天地在线	12.25	12.4	互联网	北京	2020-08-05	002995.SZ
1988	比依股份	12.25	新上榜	家电	浙江	2022-02-18	603215.SH
1989	中航高科	12.24	4.0	装备	江苏	1994-05-20	600862.SH
1990	洪都航空	12.22	7.5	装备	江西	2000-12-15	600316.SH
1991	福能股份	12.21	−10.0	公用	福建	2004-05-31	600483.SH
1992	百奥家庭互动	12.20	−26.8	休闲	广东	2014-04-10	2100.HK
1993	松霖科技	12.20	23.5	家居	福建	2019-08-26	603992.SH
1994	兰石重装	12.18	−1.8	装备	甘肃	2014-10-09	603169.SH
1995	永顺泰	12.17	新上榜	农业	广东	2022-11-16	001338.SZ
1996	海洋王	12.17	19.7	电子	广东	2014-11-04	002724.SZ
1997	华安证券	12.16	0.7	金融	安徽	2016-12-06	600909.SH
1998	安泰集团	12.16	−5.6	煤炭	山西	2003-02-12	600408.SH
1999	奇正藏药	12.12	26.7	医药	西藏	2009-08-28	002287.SZ
2000	拓维信息	12.11	−21.2	教育	湖南	2008-07-23	002261.SZ
2001	中科三环	12.09	86.2	有色金属	北京	2000-04-20	000970.SZ

续表

序号	证券简称	品牌价值/亿元	增长率/%	行业	地区	上市日期	证券代码
2002	齐鲁高速	12.09	−6.5	运输	山东	2018-07-19	1576.HK
2003	依依股份	12.09	35.5	日用	天津	2021-05-18	001206.SZ
2004	佛燃能源	12.08	76.9	公用	广东	2017-11-22	002911.SZ
2005	金龙羽	12.05	17.5	装备	广东	2017-07-17	002882.SZ
2006	航天工程	12.04	2.3	装备	北京	2015-01-28	603698.SH
2007	世荣兆业	12.03	−11.2	房地产	广东	2004-07-08	002016.SZ
2008	奥海科技	12.03	46.1	电子	广东	2020-08-17	002993.SZ
2009	湘电股份	12.03	−53.5	装备	湖南	2002-07-18	600416.SH
2010	思美传媒	12.03	−11.9	媒体	浙江	2014-01-23	002712.SZ
2011	恒玄科技	12.02	16.6	通信	上海	2020-12-16	688608.SH
2012	亨鑫科技	12.02	37.1	通信	江苏	2010-12-23	1085.HK
2013	鲍斯股份	12.01	19.1	装备	浙江	2015-04-23	300441.SZ
2014	彩虹集团	12.01	26.0	家电	四川	2020-12-11	003023.SZ
2015	国光连锁	11.99	−3.1	零售	江西	2020-07-28	605188.SH
2016	金安国纪	11.99	−17.4	电子	上海	2011-11-25	002636.SZ
2017	友好集团	11.98	−6.0	零售	新疆	1996-12-03	600778.SH
2018	格力地产	11.98	−19.5	房地产	广东	1999-06-11	600185.SH
2019	联赢激光	11.96	33.4	装备	广东	2020-06-22	688518.SH
2020	惠达卫浴	11.94	−18.6	家居	河北	2017-04-05	603385.SH
2021	深振业A	11.93	−8.7	房地产	广东	1992-04-27	000006.SZ
2022	川发龙蟒	11.92	86.9	化工	四川	2009-12-03	002312.SZ
2023	招金矿业	11.90	2.2	有色金属	山东	2006-12-08	1818.HK
2024	中粮资本	11.89	8.8	金融	河南	2010-06-03	002423.SZ
2025	俊知集团	11.88	−36.7	通信	江苏	2012-03-19	1300.HK
2026	旭升集团	11.87	55.4	汽车	浙江	2017-07-10	603305.SH
2027	中粮家佳康	11.87	−22.3	贸易	北京	2016-11-01	1610.HK
2028	康弘药业	11.81	30.9	医药	四川	2015-06-26	002773.SZ
2029	浪潮国际	11.80	53.9	互联网	香港	2004-04-29	0596.HK
2030	瑞芯微	11.77	−6.9	电子	福建	2020-02-07	603893.SH
2031	税友股份	11.77	−5.3	电信	浙江	2021-06-30	603171.SH
2032	白云机场	11.76	−19.5	运输	广东	2003-04-28	600004.SH
2033	瑞丰银行	11.73	−2.4	金融	浙江	2021-06-25	601528.SH
2034	爱建集团	11.72	−13.5	金融	上海	1993-04-26	600643.SH
2035	舒华体育	11.71	−21.3	日用	福建	2020-12-15	605299.SH
2036	抚顺特钢	11.70	8.1	钢铁	辽宁	2000-12-29	600399.SH
2037	越剑智能	11.70	56.4	装备	浙江	2020-04-15	603095.SH
2038	天宇股份	11.68	−10.0	医药	浙江	2017-09-19	300702.SZ
2039	良信股份	11.65	2.5	装备	上海	2014-01-21	002706.SZ
2040	益生股份	11.65	17.0	农业	山东	2010-08-10	002458.SZ
2041	天沃科技	11.65	−29.3	建筑	江苏	2011-03-10	002564.SZ
2042	甬矽电子	11.65	新上榜	电子	浙江	2022-11-16	688362.SH
2043	纽威数控	11.63	76.4	装备	江苏	2021-09-17	688697.SH

续表

序号	证券简称	品牌价值/亿元	增长率/%	行业	地区	上市日期	证券代码
2044	华夏航空	11.63	−43.2	运输	贵州	2018-03-02	002928.SZ
2045	金城医药	11.62	55.0	医药	山东	2011-06-22	300233.SZ
2046	奥赛康	11.62	−32.0	医药	北京	2015-05-15	002755.SZ
2047	盛新锂能	11.61	新上榜	有色金属	四川	2008-05-23	002240.SZ
2048	中旗股份	11.61	58.9	化工	江苏	2016-12-20	300575.SZ
2049	冰川网络	11.60	118.2	休闲	广东	2016-08-18	300533.SZ
2050	栖霞建设	11.60	23.1	房地产	江苏	2002-03-28	600533.SH
2051	法本信息	11.58	32.1	互联网	广东	2020-12-30	300925.SZ
2052	中农立华	11.57	59.8	贸易	北京	2017-11-16	603970.SH
2053	可孚医疗	11.56	7.2	医药	湖南	2021-10-25	301087.SZ
2054	华宇软件	11.54	3.8	互联网	北京	2011-10-26	300271.SZ
2055	大博医疗	11.54	−9.7	医药	福建	2017-09-22	002901.SZ
2056	吉电股份	11.52	29.5	公用	吉林	2002-09-26	000875.SZ
2057	华联控股	11.51	−30.7	房地产	广东	1994-06-17	000036.SZ
2058	义翘神州	11.51	−45.3	医药	北京	2021-08-16	301047.SZ
2059	吉峰科技	11.51	30.2	零售	四川	2009-10-30	300022.SZ
2060	剑桥科技	11.51	3.6	通信	上海	2017-11-10	603083.SH
2061	奥普家居	11.50	−16.7	日用	浙江	2020-01-15	603551.SH
2062	时代新材	11.50	7.2	化工	湖南	2002-12-19	600458.SH
2063	东方园林	11.50	−56.9	环保	北京	2009-11-27	002310.SZ
2064	中国通才教育	11.50	4.4	教育	山西	2021-07-16	2175.HK
2065	万润科技	11.48	−20.9	媒体	广东	2012-02-17	002654.SZ
2066	雍禾医疗	11.48	−11.2	保健	北京	2021-12-13	2279.HK
2067	生益电子	11.46	43.0	电子	广东	2021-02-25	688183.SH
2068	瑞普生物	11.46	17.3	医药	天津	2010-09-17	300119.SZ
2069	大元泵业	11.46	6.8	装备	浙江	2017-07-11	603757.SH
2070	帅丰电器	11.43	3.9	家电	浙江	2020-10-19	605336.SH
2071	元道通信	11.41	新上榜	通信	新疆	2022-07-08	301139.SZ
2072	林洋能源	11.39	−20.0	装备	江苏	2011-08-08	601222.SH
2073	当升科技	11.39	新上榜	化工	北京	2010-04-27	300073.SZ
2074	法兰泰克	11.38	27.5	装备	江苏	2017-01-25	603966.SH
2075	联创光电	11.37	−13.0	电子	江西	2001-03-29	600363.SH
2076	瑞贝卡	11.36	−7.6	日用	河南	2003-07-10	600439.SH
2077	铁建装备	11.36	52.5	装备	云南	2015-12-16	1786.HK
2078	至纯科技	11.35	22.7	电子	上海	2017-01-13	603690.SH
2079	科博达	11.34	−0.8	汽车	上海	2019-10-15	603786.SH
2080	金信诺	11.34	32.6	通信	广东	2011-08-18	300252.SZ
2081	风神股份	11.31	−1.4	汽车	河南	2003-10-21	600469.SH
2082	天工国际	11.31	−4.1	钢铁	江苏	2007-07-26	0826.HK
2083	梦天家居	11.30	−12.5	日用	浙江	2021-12-15	603216.SH
2084	亿嘉和	11.28	−15.5	装备	江苏	2018-06-12	603666.SH
2085	润和软件	11.26	28.6	互联网	江苏	2012-07-18	300339.SZ

续表

序号	证券简称	品牌价值/亿元	增长率/%	行业	地区	上市日期	证券代码
2086	ST 中利	11.25	−48.8	装备	江苏	2009-11-27	002309.SZ
2087	燕东微	11.25	新上榜	电子	北京	2022-12-16	688172.SH
2088	金辰股份	11.23	10.0	装备	辽宁	2017-10-18	603396.SH
2089	原生态牧业	11.22	32.6	农业	黑龙江	2013-11-26	1431.HK
2090	金陵药业	11.22	24.0	医药	江苏	1999-11-18	000919.SZ
2091	纽威股份	11.21	5.5	装备	江苏	2014-01-17	603699.SH
2092	中油燃气	11.20	16.2	公用	香港	1993-05-28	0603.HK
2093	亚威股份	11.20	2.0	装备	江苏	2011-03-03	002559.SZ
2094	光峰科技	11.20	−4.1	电子	广东	2019-07-22	688007.SH
2095	新疆众和	11.20	18.9	有色金属	新疆	1996-02-15	600888.SH
2096	瑞慈医疗	11.19	33.2	保健	上海	2016-10-06	1526.HK
2097	公元股份	11.18	3.2	建筑	浙江	2011-12-08	002641.SZ
2098	中体产业	11.17	18.5	休闲	天津	1998-03-27	600158.SH
2099	桂林三金	11.16	21.3	医药	广西	2009-07-10	002275.SZ
2100	华宝新能	11.15	新上榜	装备	广东	2022-09-19	301327.SZ
2101	梦洁股份	11.11	−19.3	纺织	湖南	2010-04-29	002397.SZ
2102	高新发展	11.11	新上榜	建筑	四川	1996-11-18	000628.SZ
2103	牧高笛	11.10	77.4	服饰	浙江	2017-03-07	603908.SH
2104	广电网络	11.09	−0.8	媒体	陕西	1994-02-24	600831.SH
2105	畅联股份	11.09	48.2	运输	上海	2017-09-13	603648.SH
2106	协鑫能科	11.09	4.7	公用	江苏	2004-07-08	002015.SZ
2107	诺亚财富	11.08	0.4	金融	上海	2010-11-10	NOAH.N
2108	深粮控股	11.07	24.6	贸易	广东	1992-10-12	000019.SZ
2109	百亚股份	11.06	−9.7	日用	重庆	2020-09-21	003006.SZ
2110	龙宇股份	11.04	8.1	贸易	上海	2012-08-17	603003.SH
2111	掌阅科技	11.04	−20.1	媒体	北京	2017-09-21	603533.SH
2112	苏常柴 A	11.03	2.8	装备	江苏	1994-07-01	000570.SZ
2113	卓越商企服务	11.02	−6.6	房地产	广东	2020-10-19	6989.HK
2114	中国恒天立信国际	11.02	26.5	装备	香港	1990-10-12	0641.HK
2115	英洛华	11.02	50.2	有色金属	浙江	1997-08-08	000795.SZ
2116	花园生物	11.01	新上榜	医药	浙江	2014-10-09	300401.SZ
2117	军信股份	11.00	新上榜	环保	湖南	2022-04-13	301109.SZ
2118	汉得信息	11.00	70.6	互联网	上海	2011-02-01	300170.SZ
2119	江山欧派	11.00	−31.4	家居	浙江	2017-02-10	603208.SH
2120	北方股份	10.97	49.9	装备	内蒙古	2000-06-30	600262.SH
2121	亚宝药业	10.97	−2.0	医药	山西	2002-09-26	600351.SH
2122	金洲管道	10.96	31.2	钢铁	浙江	2010-07-06	002443.SZ
2123	艾华集团	10.96	6.4	电子	湖南	2015-05-15	603989.SH
2124	祖名股份	10.95	5.3	食品	浙江	2021-01-06	003030.SZ
2125	顺博合金	10.94	33.0	有色金属	重庆	2020-08-28	002996.SZ
2126	东方集团	10.92	−27.9	贸易	黑龙江	1994-01-06	600811.SH

续表

序号	证券简称	品牌价值/亿元	增长率/%	行业	地区	上市日期	证券代码
2127	爱康科技	10.92	−44.7	装备	江苏	2011-08-15	002610.SZ
2128	常山药业	10.92	19.7	医药	河北	2011-08-19	300255.SZ
2129	华软科技	10.91	0.3	互联网	江苏	2010-07-20	002453.SZ
2130	欧普康视	10.91	−2.7	医药	安徽	2017-01-17	300595.SZ
2131	家乡互动	10.91	−3.1	互联网	福建	2019-07-04	3798.HK
2132	亿和控股	10.87	0.7	装备	香港	2005-05-11	0838.HK
2133	秦淮数据	10.86	0.8	互联网	北京	2020-09-30	CD.O
2134	模塑科技	10.84	−13.6	汽车	江苏	1997-02-28	000700.SZ
2135	财信发展	10.84	−31.7	房地产	重庆	1997-06-26	000838.SZ
2136	中国武夷	10.84	29.3	建筑	福建	1997-07-15	000797.SZ
2137	巨匠建设	10.83	19.1	建筑	浙江	2016-01-12	1459.HK
2138	神州泰岳	10.81	53.9	互联网	北京	2009-10-30	300002.SZ
2139	东安动力	10.78	39.9	汽车	黑龙江	1998-10-14	600178.SH
2140	新强联	10.77	10.3	装备	河南	2020-07-13	300850.SZ
2141	新野纺织	10.75	−10.0	纺织	河南	2006-11-30	002087.SZ
2142	顺丰同城	10.72	−56.1	运输	广东	2021-12-14	9699.HK
2143	西藏水资源	10.69	−11.8	饮料	香港	2011-06-30	1115.HK
2144	千味央厨	10.69	11.9	食品	河南	2021-09-06	001215.SZ
2145	华创阳安	10.66	新上榜	金融	北京	1998-09-18	600155.SH
2146	中电兴发	10.65	3.9	互联网	安徽	2009-09-29	002298.SZ
2147	浙江正特	10.64	新上榜	日用	浙江	2022-09-19	001238.SZ
2148	常熟汽饰	10.63	39.1	汽车	江苏	2017-01-05	603035.SH
2149	柏楚电子	10.63	3.8	电子	上海	2019-08-08	688188.SH
2150	有友食品	10.62	−17.5	食品	重庆	2019-05-08	603697.SH
2151	成都高速	10.59	5.7	运输	四川	2019-01-15	1785.HK
2152	ST红太阳	10.58	−6.0	化工	江苏	1993-10-28	000525.SZ
2153	电连技术	10.57	26.8	电子	广东	2017-07-31	300679.SZ
2154	河钢资源	10.56	−20.4	有色金属	河北	1999-07-14	000923.SZ
2155	广宇集团	10.54	88.8	贸易	浙江	2007-04-27	002133.SZ
2156	益佰制药	10.54	−12.6	医药	贵州	2004-03-23	600594.SH
2157	设研院	10.52	53.0	商业服务	河南	2017-12-12	300732.SZ
2158	山东章鼓	10.50	14.9	装备	山东	2011-07-07	002598.SZ
2159	华峰铝业	10.50	46.5	有色金属	上海	2020-09-07	601702.SH
2160	佳电股份	10.49	29.8	装备	黑龙江	1999-06-18	000922.SZ
2161	天威视讯	10.49	10.1	媒体	广东	2008-05-26	002238.SZ
2162	紫天科技	10.48	−10.1	媒体	福建	2011-12-29	300280.SZ
2163	世运电路	10.48	15.8	电子	广东	2017-04-26	603920.SH
2164	国博电子	10.47	新上榜	电子	江苏	2022-07-22	688375.SH
2165	长园集团	10.46	−25.8	装备	广东	2002-12-02	600525.SH
2166	普瑞眼科	10.44	新上榜	保健	四川	2022-07-05	301239.SZ
2167	三诺生物	10.44	13.6	医药	湖南	2012-03-19	300298.SZ
2168	新集能源	10.44	0.7	煤炭	安徽	2007-12-19	601918.SH

续表

序号	证券简称	品牌价值/亿元	增长率/%	行业	地区	上市日期	证券代码
2169	洪兴股份	10.43	34.0	服饰	广东	2021-07-23	001209.SZ
2170	松芝股份	10.43	−0.3	汽车	上海	2010-07-20	002454.SZ
2171	亚太卫星	10.43	4.2	电信	香港	1996-12-18	1045.HK
2172	安科生物	10.43	12.9	医药	安徽	2009-10-30	300009.SZ
2173	艾为电子	10.42	−4.2	通信	上海	2021-08-16	688798.SH
2174	中国鹏飞集团	10.42	17.5	装备	江苏	2019-11-15	3348.HK
2175	重庆港	10.41	−12.2	运输	重庆	2000-07-31	600279.SH
2176	世联行	10.41	−61.2	房地产	广东	2009-08-28	002285.SZ
2177	思瑞浦	10.40	85.1	电子	江苏	2020-09-21	688536.SH
2178	电投产融	10.39	22.5	公用	河北	1999-12-23	000958.SZ
2179	皖维高新	10.38	16.1	化工	安徽	1997-05-28	600063.SH
2180	渤海汽车	10.38	−4.2	汽车	山东	2004-04-07	600960.SH
2181	基蛋生物	10.37	21.3	医药	江苏	2017-07-17	603387.SH
2182	千百度	10.35	−8.1	服饰	香港	2011-09-23	1028.HK
2183	斯莱克	10.35	38.2	装备	江苏	2014-01-29	300382.SZ
2184	昆船智能	10.35	新上榜	装备	云南	2022-11-30	301311.SZ
2185	东方国信	10.32	12.4	互联网	北京	2011-01-25	300166.SZ
2186	新澳股份	10.31	30.6	纺织	浙江	2014-12-31	603889.SH
2187	新柴股份	10.30	−17.8	装备	浙江	2021-07-22	301032.SZ
2188	滨化股份	10.30	−8.4	化工	山东	2010-02-23	601678.SH
2189	丰乐种业	10.29	27.6	农业	安徽	1997-04-22	000713.SZ
2190	泸州银行	10.29	16.6	金融	四川	2018-12-17	1983.HK
2191	新疆交建	10.28	54.2	建筑	新疆	2018-11-28	002941.SZ
2192	七一二	10.28	14.5	装备	天津	2018-02-26	603712.SH
2193	好莱客	10.28	−12.1	家居	广东	2015-02-17	603898.SH
2194	汉威科技	10.27	31.1	电子	河南	2009-10-30	300007.SZ
2195	新宙邦	10.26	73.4	化工	广东	2010-01-08	300037.SZ
2196	盛美上海	10.26	46.9	电子	上海	2021-11-18	688082.SH
2197	长安民生物流	10.23	12.1	运输	重庆	2006-02-23	1292.HK
2198	联发股份	10.22	−7.8	纺织	江苏	2010-04-23	002394.SZ
2199	聚飞光电	10.21	7.7	电子	广东	2012-03-19	300303.SZ
2200	昂立教育	10.19	−22.3	教育	上海	1993-06-14	600661.SH
2201	亚钾国际	10.19	新上榜	化工	广东	1998-12-24	000893.SZ
2202	新能泰山	10.18	−17.6	装备	山东	1997-05-09	000720.SZ
2203	精测电子	10.16	3.4	电子	湖北	2016-11-22	300567.SZ
2204	中无人机	10.15	新上榜	装备	四川	2022-06-29	688297.SH
2205	金卡智能	10.15	23.0	电子	浙江	2012-08-17	300349.SZ
2206	粤港湾控股	10.14	−28.7	房地产	广东	2013-10-31	1396.HK
2207	铜冠铜箔	10.14	新上榜	电子	安徽	2022-01-27	301217.SZ
2208	中国海防	10.13	18.7	装备	北京	1996-11-04	600764.SH
2209	吉视传媒	10.13	4.4	媒体	吉林	2012-02-23	601929.SH
2210	山西证券	10.11	1.6	金融	山西	2010-11-15	002500.SZ

续表

序号	证券简称	品牌价值/亿元	增长率/%	行业	地区	上市日期	证券代码
2211	新华网	10.09	−7.6	媒体	北京	2016-10-28	603888.SH
2212	鼎泰高科	10.08	新上榜	装备	广东	2022-11-22	301377.SZ
2213	万里扬	10.07	−42.9	汽车	浙江	2010-06-18	002434.SZ
2214	远洋服务	10.07	新上榜	房地产	北京	2020-12-17	6677.HK
2215	昊海生科	10.06	−22.3	医药	上海	2019-10-30	688366.SH
2216	建溢集团	10.06	−39.6	日用	香港	1997-05-01	0638.HK
2217	中材节能	10.06	−13.6	环保	天津	2014-07-31	603126.SH
2218	浙江自然	10.06	13.1	日用	浙江	2021-05-06	605080.SH
2219	国联水产	10.06	39.8	农业	广东	2010-07-08	300094.SZ
2220	恒达集团控股	10.03	−18.8	房地产	河南	2018-11-12	3616.HK
2221	千红制药	10.02	74.1	医药	江苏	2011-02-18	002550.SZ
2222	全聚德	10.02	−34.5	餐饮	北京	2007-11-20	002186.SZ
2223	新疆天业	10.02	11.8	化工	新疆	1997-06-17	600075.SH
2224	中国三江化工	10.01	−27.7	化工	浙江	2010-09-16	2198.HK
2225	星辉娱乐	10.01	−23.7	休闲	广东	2010-01-20	300043.SZ
2226	亚泰集团	10.00	−53.5	贸易	吉林	1995-11-15	600881.SH
2227	天桥起重	9.99	56.8	装备	湖南	2010-12-10	002523.SZ
2228	锦州港	9.97	−26.6	运输	辽宁	1999-06-09	600190.SH
2229	胜华新材	9.97	26.4	化工	山东	2015-05-29	603026.SH
2230	联泓新科	9.96	9.3	化工	山东	2020-12-08	003022.SZ
2231	航天发展	9.96	−24.8	装备	福建	1993-11-30	000547.SZ
2232	立方制药	9.93	17.4	医药	安徽	2020-12-15	003020.SZ
2233	普利制药	9.93	19.4	医药	海南	2017-03-28	300630.SZ
2234	国海证券	9.93	19.8	金融	广西	1997-07-09	000750.SZ
2235	赞宇科技	9.91	20.2	化工	浙江	2011-11-25	002637.SZ
2236	华通线缆	9.91	4.9	装备	河北	2021-05-11	605196.SH
2237	迅雷	9.91	−21.8	休闲	广东	2014-06-24	XNET.O
2238	戎美股份	9.91	7.2	服饰	江苏	2021-10-28	301088.SZ
2239	晋控电力	9.89	30.5	公用	山西	1997-06-09	000767.SZ
2240	精功科技	9.89	23.6	装备	浙江	2004-06-25	002006.SZ
2241	五洲特纸	9.88	37.7	造纸	浙江	2020-11-10	605007.SH
2242	首钢资源	9.87	82.6	煤炭	香港	1990-10-02	0639.HK
2243	苏州固锝	9.87	9.6	电子	江苏	2006-11-16	002079.SZ
2244	国检集团	9.86	15.5	商业服务	北京	2016-11-09	603060.SH
2245	凌云光	9.86	新上榜	电子	北京	2022-07-06	688400.SH
2246	美亚柏科	9.85	2.9	互联网	福建	2011-03-16	300188.SZ
2247	东旭光电	9.85	−33.5	电子	河北	1996-09-25	000413.SZ
2248	捷捷微电	9.84	18.0	电子	江苏	2017-03-14	300623.SZ
2249	美迪西	9.84	76.5	医药	上海	2019-11-05	688202.SH
2250	中光学	9.83	31.9	电子	河南	2007-12-03	002189.SZ
2251	三和管桩	9.83	−12.3	建筑	广东	2021-02-04	003037.SZ
2252	诚志股份	9.83	11.7	化工	江西	2000-07-06	000990.SZ

续表

序号	证券简称	品牌价值/亿元	增长率/%	行业	地区	上市日期	证券代码
2253	拱东医疗	9.80	52.9	医药	浙江	2020-09-16	605369.SH
2254	中国动向	9.79	−15.9	服饰	北京	2007-10-10	3818.HK
2255	三木集团	9.78	51.1	贸易	福建	1996-11-21	000632.SZ
2256	徐家汇	9.77	18.5	零售	上海	2011-03-03	002561.SZ
2257	中信出版	9.75	−4.0	媒体	北京	2019-07-05	300788.SZ
2258	鸣志电器	9.75	32.0	装备	上海	2017-05-09	603728.SH
2259	东瑞制药	9.74	23.9	医药	香港	2003-07-11	2348.HK
2260	石基信息	9.73	−19.3	互联网	北京	2007-08-13	002153.SZ
2261	万物新生	9.73	21.3	零售	上海	2021-06-18	RERE.N
2262	谱尼测试	9.72	50.2	商业服务	北京	2020-09-16	300887.SZ
2263	远光软件	9.72	27.7	互联网	广东	2006-08-23	002063.SZ
2264	卫宁健康	9.71	−15.3	互联网	上海	2011-08-18	300253.SZ
2265	大恒科技	9.69	−0.3	电子	北京	2000-11-29	600288.SH
2266	元隆雅图	9.69	63.7	商业服务	北京	2017-06-06	002878.SZ
2267	华达新材	9.68	5.7	钢铁	浙江	2020-08-05	605158.SH
2268	石化机械	9.68	46.4	石油	湖北	1998-11-26	000852.SZ
2269	江苏雷利	9.67	18.7	装备	江苏	2017-06-02	300660.SZ
2270	顺风清洁能源	9.66	−47.9	装备	香港	2011-07-13	1165.HK
2271	多氟多	9.66	67.6	化工	河南	2010-05-18	002407.SZ
2272	海欣食品	9.65	10.4	食品	福建	2012-10-11	002702.SZ
2273	北京控股环境集团	9.64	11.2	环保	北京	1980-04-29	0154.HK
2274	川投能源	9.63	2.3	公用	四川	1993-09-24	600674.SH
2275	信质集团	9.63	2.4	汽车	浙江	2012-03-16	002664.SZ
2276	宇通重工	9.63	−25.7	装备	河南	1994-01-28	600817.SH
2277	冰山冷热	9.62	11.1	装备	辽宁	1993-12-08	000530.SZ
2278	天准科技	9.59	37.3	装备	江苏	2019-07-22	688003.SH
2279	侨银股份	9.59	13.8	环保	广东	2020-01-06	002973.SZ
2280	国际医学	9.58	−51.4	保健	陕西	1993-08-09	000516.SZ
2281	双星新材	9.58	30.2	化工	江苏	2011-06-02	002585.SZ
2282	芭田股份	9.58	34.3	化工	广东	2007-09-19	002170.SZ
2283	尚太科技	9.57	新上榜	有色金属	河北	2022-12-28	001301.SZ
2284	安莉芳控股	9.56	−8.3	服饰	香港	2006-12-18	1388.HK
2285	广博股份	9.55	−22.8	日用	浙江	2007-01-10	002103.SZ
2286	中国建筑兴业	9.55	36.4	建筑	香港	2010-03-30	0830.HK
2287	金种子酒	9.54	−18.1	饮料	安徽	1998-08-12	600199.SH
2288	春秋电子	9.54	0.5	电子	江苏	2017-12-12	603890.SH
2289	常宝股份	9.52	78.8	钢铁	江苏	2010-09-21	002478.SZ
2290	重庆水务	9.50	5.6	公用	重庆	2010-03-29	601158.SH
2291	荃银高科	9.50	40.6	农业	安徽	2010-05-26	300087.SZ
2292	华媒控股	9.49	54.9	媒体	浙江	1996-08-30	000607.SZ
2293	荣泰健康	9.48	−11.0	医药	上海	2017-01-11	603579.SH

续表

序号	证券简称	品牌价值/亿元	增长率/%	行业	地区	上市日期	证券代码
2294	曼卡龙	9.47	18.5	服饰	浙江	2021-02-10	300945.SZ
2295	盛讯达	9.47	54.0	休闲	广东	2016-06-24	300518.SZ
2296	陕西黑猫	9.46	−3.9	煤炭	陕西	2014-11-05	601015.SH
2297	中国三迪	9.45	−16.8	房地产	香港	1998-12-01	0910.HK
2298	机器人	9.44	7.6	装备	辽宁	2009-10-30	300024.SZ
2299	快意电梯	9.42	42.9	装备	广东	2017-03-24	002774.SZ
2300	佳士科技	9.41	4.4	装备	广东	2011-03-22	300193.SZ
2301	科力远	9.41	13.7	汽车	湖南	2003-09-18	600478.SH
2302	昊华科技	9.41	35.0	化工	四川	2001-01-11	600378.SH
2303	亚厦股份	9.40	−22.9	建筑	浙江	2010-03-23	002375.SZ
2304	维尔利	9.40	−3.6	环保	江苏	2011-03-16	300190.SZ
2305	华茂股份	9.40	25.5	纺织	安徽	1998-10-07	000850.SZ
2306	中兴商业	9.39	13.5	零售	辽宁	1997-05-08	000715.SZ
2307	嘉益股份	9.37	新上榜	日用	浙江	2021-06-25	301004.SZ
2308	轻纺城	9.37	13.1	房地产	浙江	1997-02-28	600790.SH
2309	电子城	9.36	7.9	房地产	北京	1993-05-24	600658.SH
2310	第一医药	9.36	33.3	零售	上海	1994-02-24	600833.SH
2311	昇辉科技	9.35	24.5	装备	山东	2015-02-17	300423.SZ
2312	亚盛集团	9.35	12.3	农业	甘肃	1997-08-18	600108.SH
2313	华翔股份	9.33	24.9	装备	山西	2020-09-17	603112.SH
2314	建投能源	9.33	6.8	公用	河北	1996-06-06	000600.SZ
2315	新诺威	9.31	47.8	医药	河北	2019-03-22	300765.SZ
2316	庄臣控股	9.30	16.7	商业服务	香港	2019-10-16	1955.HK
2317	南微医学	9.29	−6.7	医药	江苏	2019-07-22	688029.SH
2318	南亚新材	9.29	4.4	电子	上海	2020-08-18	688519.SH
2319	莲花健康	9.29	−16.2	食品	河南	1998-08-25	600186.SH
2320	红塔证券	9.28	−43.7	金融	云南	2019-07-05	601236.SH
2321	豪鹏科技	9.28	新上榜	装备	广东	2022-09-05	001283.SZ
2322	丽江股份	9.27	−6.0	休闲	云南	2004-08-25	002033.SZ
2323	赛意信息	9.26	36.3	互联网	广东	2017-08-03	300687.SZ
2324	中原建业	9.26	−24.8	房地产	河南	2021-05-31	9982.HK
2325	禹洲集团	9.26	41.4	房地产	广东	2009-11-02	1628.HK
2326	唯捷创芯-U	9.25	新上榜	电子	天津	2022-04-12	688153.SH
2327	CEC国际控股	9.24	14.9	零售	香港	1999-11-15	0759.HK
2328	景业名邦集团	9.24	−39.3	房地产	广东	2019-12-05	2231.HK
2329	氯碱化工	9.23	3.9	化工	上海	1992-11-13	600618.SH
2330	双鹭药业	9.22	5.2	医药	北京	2004-09-09	002038.SZ
2331	金禾实业	9.22	22.0	化工	安徽	2011-07-07	002597.SZ
2332	品渥食品	9.22	2.9	食品	上海	2020-09-24	300892.SZ
2333	康华医疗	9.22	−2.5	保健	广东	2016-11-08	3689.HK
2334	天伦燃气	9.22	16.7	公用	河南	2010-11-10	1600.HK
2335	人瑞人才	9.21	15.1	商业服务	四川	2019-12-13	6919.HK

续表

序号	证券简称	品牌价值/亿元	增长率/%	行业	地区	上市日期	证券代码
2336	中颖电子	9.21	31.4	电子	上海	2012-06-13	300327.SZ
2337	腾达建设	9.21	7.2	建筑	浙江	2002-12-26	600512.SH
2338	大中矿业	9.20	−4.1	有色金属	内蒙古	2021-05-10	001203.SZ
2339	中粮科工	9.19	32.1	商业服务	江苏	2021-09-09	301058.SZ
2340	华峰测控	9.18	50.7	电子	北京	2020-02-18	688200.SH
2341	道通科技	9.18	−21.1	电子	广东	2020-02-13	688208.SH
2342	航天彩虹	9.18	18.6	装备	浙江	2010-04-13	002389.SZ
2343	武汉凡谷	9.18	29.9	通信	湖北	2007-12-07	002194.SZ
2344	联德股份	9.17	63.2	装备	浙江	2021-03-01	605060.SH
2345	民和股份	9.17	30.8	农业	山东	2008-05-16	002234.SZ
2346	一品红	9.16	20.8	医药	广东	2017-11-16	300723.SZ
2347	国科微	9.15	52.9	电子	湖南	2017-07-12	300672.SZ
2348	汤姆猫	9.15	12.2	媒体	浙江	2015-05-15	300459.SZ
2349	惠泉啤酒	9.15	9.3	饮料	福建	2003-02-26	600573.SH
2350	新洁能	9.14	37.7	电子	江苏	2020-09-28	605111.SH
2351	禾望电气	9.14	17.3	装备	广东	2017-07-28	603063.SH
2352	恒润股份	9.13	−5.3	装备	江苏	2017-05-05	603985.SH
2353	康华生物	9.13	66.2	医药	四川	2020-06-16	300841.SZ
2354	菲达环保	9.13	0.2	环保	浙江	2002-07-22	600526.SH
2355	兆龙互连	9.13	29.6	通信	浙江	2020-12-07	300913.SZ
2356	开创国际	9.12	−8.6	农业	上海	1997-06-19	600097.SH
2357	大豪科技	9.12	−17.6	电子	北京	2015-04-22	603025.SH
2358	海陆重工	9.11	11.2	装备	江苏	2008-06-25	002255.SZ
2359	兰亭集势	9.11	−37.3	零售	上海	2013-06-06	LITB.N
2360	森鹰窗业	9.11	新上榜	日用	黑龙江	2022-09-26	301227.SZ
2361	延长石油国际	9.11	−1.5	石油	香港	2001-04-19	0346.HK
2362	新时达	9.10	1.6	装备	上海	2010-12-24	002527.SZ
2363	斯达半导	9.10	新上榜	电子	浙江	2020-02-04	603290.SH
2364	捷昌驱动	9.10	−6.4	装备	浙江	2018-09-21	603583.SH
2365	佰维存储	9.09	新上榜	电子	广东	2022-12-30	688525.SH
2366	维业股份	9.08	新上榜	建筑	广东	2017-03-16	300621.SZ
2367	华伍股份	9.07	15.3	装备	江西	2010-07-28	300095.SZ
2368	快克股份	9.04	13.3	装备	江苏	2016-11-08	603203.SH
2369	国恩股份	9.03	37.3	化工	山东	2015-06-30	002768.SZ
2370	东鹏控股	9.03	−24.6	建筑	广东	2020-10-19	003012.SZ
2371	中国光大绿色环保	9.01	−1.0	公用	广东	2017-05-08	1257.HK
2372	银信科技	9.00	30.5	互联网	北京	2011-06-15	300231.SZ
2373	香山股份	8.99	−37.6	汽车	广东	2017-05-15	002870.SZ
2374	西麦食品	8.98	−0.3	食品	广西	2019-06-19	002956.SZ
2375	浙大网新	8.96	−20.5	互联网	浙江	1997-04-18	600797.SH
2376	乐享集团	8.95	48.5	媒体	北京	2020-09-23	6988.HK

续表

序号	证券简称	品牌价值/亿元	增长率/%	行业	地区	上市日期	证券代码
2377	绿盟科技	8.94	17.2	互联网	北京	2014-01-29	300369.SZ
2378	四维图新	8.91	36.6	互联网	北京	2010-05-18	002405.SZ
2379	三棵树	8.91	−13.5	化工	福建	2016-06-03	603737.SH
2380	圣元环保	8.88	15.8	环保	福建	2020-08-24	300867.SZ
2381	美康生物	8.88	6.7	医药	浙江	2015-04-22	300439.SZ
2382	乐歌股份	8.86	14.0	家居	浙江	2017-12-01	300729.SZ
2383	内蒙新华	8.86	−12.3	媒体	内蒙古	2021-12-24	603230.SH
2384	莱绅通灵	8.85	−21.2	服饰	江苏	2016-11-23	603900.SH
2385	辰林教育	8.85	−21.8	教育	江西	2019-12-13	1593.HK
2386	劲仔食品	8.84	19.7	食品	湖南	2020-09-14	003000.SZ
2387	协创数据	8.84	17.0	电子	广东	2020-07-27	300857.SZ
2388	万润新能	8.84	新上榜	化工	湖北	2022-09-29	688275.SH
2389	宝钛股份	8.84	9.5	有色金属	陕西	2002-04-12	600456.SH
2390	锡装股份	8.83	新上榜	装备	江苏	2022-09-20	001332.SZ
2391	昇兴股份	8.82	63.8	包装	福建	2015-04-22	002752.SZ
2392	巨星农牧	8.81	21.1	农业	四川	2017-12-18	603477.SH
2393	龙洲股份	8.78	6.9	运输	福建	2012-06-12	002682.SZ
2394	中远海运国际	8.77	−5.1	运输	香港	1992-02-11	0517.HK
2395	思特威-W	8.77	新上榜	电子	上海	2022-05-20	688213.SH
2396	国瑞健康	8.76	新上榜	房地产	北京	2014-07-07	2329.HK
2397	嘉诚国际	8.76	−7.9	运输	广东	2017-08-08	603535.SH
2398	国投中鲁	8.75	32.0	食品	北京	2004-06-22	600962.SH
2399	柯力传感	8.74	15.9	装备	浙江	2019-08-06	603662.SH
2400	易德龙	8.74	23.0	电子	江苏	2017-06-22	603380.SH
2401	今飞凯达	8.70	40.4	汽车	浙江	2017-04-18	002863.SZ
2402	力合科创	8.69	新上榜	包装	广东	2008-05-28	002243.SZ
2403	创源股份	8.69	27.5	日用	浙江	2017-09-19	300703.SZ
2404	金诚信	8.69	17.6	建筑	北京	2015-06-30	603979.SH
2405	欧陆通	8.68	17.4	电子	广东	2020-08-24	300870.SZ
2406	电声股份	8.67	−32.3	媒体	广东	2019-11-21	300805.SZ
2407	九典制药	8.67	54.9	医药	湖南	2017-10-10	300705.SZ
2408	宁波海运	8.66	−3.4	运输	浙江	1997-04-23	600798.SH
2409	江南化工	8.65	新上榜	化工	安徽	2008-05-06	002226.SZ
2410	博思软件	8.65	新上榜	互联网	福建	2016-07-26	300525.SZ
2411	北大医药	8.65	35.6	医药	重庆	1997-06-16	000788.SZ
2412	腾远钴业	8.65	新上榜	有色金属	江西	2022-03-17	301219.SZ
2413	鼎丰集团汽车	8.65	−23.9	金融	福建	2013-12-09	6878.HK
2414	皇氏集团	8.64	−32.7	食品	广西	2010-01-06	002329.SZ
2415	科捷智能	8.63	新上榜	装备	山东	2022-09-15	688455.SH
2416	趣店	8.63	−23.3	金融	福建	2017-10-18	QD.N
2417	保龄宝	8.63	27.9	农业	山东	2009-08-28	002286.SZ
2418	西藏药业	8.63	−9.6	医药	西藏	1999-07-21	600211.SH

续表

序号	证券简称	品牌价值/亿元	增长率/%	行业	地区	上市日期	证券代码
2419	沪硅产业-U	8.63	37.9	电子	上海	2020-04-20	688126.SH
2420	祥鑫科技	8.62	新上榜	汽车	广东	2019-10-25	002965.SZ
2421	全志科技	8.62	6.0	电子	广东	2015-05-15	300458.SZ
2422	国盛智科	8.59	9.2	装备	江苏	2020-06-30	688558.SH
2423	国芳集团	8.59	−16.3	零售	甘肃	2017-09-29	601086.SH
2424	烽火电子	8.57	22.4	通信	陕西	1994-05-09	000561.SZ
2425	中信海直	8.57	30.8	运输	广东	2000-07-31	000099.SZ
2426	九强生物	8.57	27.8	医药	北京	2014-10-30	300406.SZ
2427	北方铜业	8.56	新上榜	有色金属	山西	1997-04-28	000737.SZ
2428	华胜天成	8.55	−39.2	互联网	北京	2004-04-27	600410.SH
2429	华旺科技	8.55	42.3	造纸	浙江	2020-12-28	605377.SH
2430	经纬恒润-W	8.55	新上榜	电子	北京	2022-04-19	688326.SH
2431	峨眉山 A	8.54	−14.7	休闲	四川	1997-10-21	000888.SZ
2432	派克新材	8.54	新上榜	装备	江苏	2020-08-25	605123.SH
2433	ST 泰禾	8.53	−15.7	房地产	福建	1997-07-04	000732.SZ
2434	金蝶国际	8.53	−42.2	互联网	广东	2001-02-15	0268.HK
2435	南方路机	8.51	新上榜	装备	福建	2022-11-08	603280.SH
2436	中色股份	8.51	0.4	有色金属	北京	1997-04-16	000758.SZ
2437	航天宏图	8.51	新上榜	互联网	北京	2019-07-22	688066.SH
2438	雷赛智能	8.51	7.0	装备	广东	2020-04-08	002979.SZ
2439	力源信息	8.50	27.1	贸易	湖北	2011-02-22	300184.SZ
2440	东威科技	8.50	59.3	装备	江苏	2021-06-15	688700.SH
2441	天目湖	8.50	−5.1	休闲	江苏	2017-09-27	603136.SH
2442	天保基建	8.48	新上榜	房地产	天津	2000-04-06	000965.SZ
2443	源飞宠物	8.48	新上榜	食品	浙江	2022-08-18	001222.SZ
2444	艾比森	8.48	新上榜	电子	广东	2014-08-01	300389.SZ
2445	湘佳股份	8.47	59.8	农业	湖南	2020-04-24	002982.SZ
2446	永新股份	8.46	23.7	包装	安徽	2004-07-08	002014.SZ
2447	宝新能源	8.46	39.4	公用	广东	1997-01-28	000690.SZ
2448	金一文化	8.46	−66.1	服饰	北京	2014-01-27	002721.SZ
2449	首创证券	8.45	新上榜	金融	北京	2022-12-22	601136.SH
2450	凯撒文化	8.45	−38.9	休闲	广东	2010-06-08	002425.SZ
2451	熵基科技	8.44	新上榜	电子	广东	2022-08-17	301330.SZ
2452	信邦控股	8.44	−20.6	汽车	广东	2017-06-28	1571.HK
2453	东方电热	8.44	46.7	家电	江苏	2011-05-18	300217.SZ
2454	灿勤科技	8.43	−26.0	通信	江苏	2021-11-16	688182.SH
2455	兴蓉环境	8.43	28.2	公用	四川	1996-05-29	000598.SZ
2456	上海能源	8.42	新上榜	煤炭	上海	2001-08-29	600508.SH
2457	昊华能源	8.41	51.6	煤炭	北京	2010-03-31	601101.SH
2458	贝达药业	8.41	−10.7	医药	浙江	2016-11-07	300558.SZ
2459	华康股份	8.41	23.4	农业	浙江	2021-02-09	605077.SH
2460	亚太科技	8.40	25.0	有色金属	江苏	2011-01-18	002540.SZ

续表

序号	证券简称	品牌价值/亿元	增长率/%	行业	地区	上市日期	证券代码
2461	五洲交通	8.40	15.5	运输	广西	2000-12-21	600368.SH
2462	兴业合金	8.39	12.6	有色金属	浙江	2007-12-27	0505.HK
2463	奕瑞科技	8.38	新上榜	装备	上海	2020-09-18	688301.SH
2464	广电计量	8.37	6.1	商业服务	广东	2019-11-08	002967.SZ
2465	新潮能源	8.37	新上榜	石油	山东	1996-11-21	600777.SH
2466	中国金属利用	8.37	—41.6	有色金属	四川	2014-02-21	1636.HK
2467	启迪环境	8.36	—46.4	环保	湖北	1998-02-25	000826.SZ
2468	中微半导	8.36	新上榜	电子	广东	2022-08-05	688380.SH
2469	西藏天路	8.36	—27.8	建筑	西藏	2001-01-16	600326.SH
2470	鹏鹞环保	8.36	6.9	环保	江苏	2018-01-05	300664.SZ
2471	金雷股份	8.36	22.0	装备	山东	2015-04-22	300443.SZ
2472	怡合达	8.35	3.1	装备	广东	2021-07-23	301029.SZ
2473	西藏城投	8.34	5.4	房地产	西藏	1996-11-08	600773.SH
2474	永太科技	8.32	30.2	化工	浙江	2009-12-22	002326.SZ
2475	炬华科技	8.31	55.7	电子	浙江	2014-01-21	300360.SZ
2476	北方导航	8.29	27.1	装备	北京	2003-07-04	600435.SH
2477	可靠股份	8.29	—8.9	日用	浙江	2021-06-17	301009.SZ
2478	中农联合	8.28	48.9	化工	山东	2021-04-06	003042.SZ
2479	小崧股份	8.28	15.7	家电	广东	2014-01-29	002723.SZ
2480	昌红科技	8.27	19.8	装备	广东	2010-12-22	300151.SZ
2481	滨江服务	8.27	18.8	房地产	浙江	2019-03-15	3316.HK
2482	科前生物	8.26	8.9	医药	湖北	2020-09-22	688526.SH
2483	黑猫股份	8.25	26.5	化工	江西	2006-09-15	002068.SZ
2484	中国海诚	8.25	新上榜	建筑	上海	2007-02-15	002116.SZ
2485	赤峰黄金	8.24	28.5	有色金属	内蒙古	2004-04-14	600988.SH
2486	瑞泰新材	8.24	新上榜	化工	江苏	2022-06-17	301238.SZ
2487	创业慧康	8.24	16.1	互联网	浙江	2015-05-14	300451.SZ
2488	亚太股份	8.23	7.0	汽车	浙江	2009-08-28	002284.SZ
2489	拉芳家化	8.23	—12.4	日用	广东	2017-03-13	603630.SH
2490	豪森股份	8.23	42.8	装备	辽宁	2020-11-09	688529.SH
2491	国新能源	8.23	35.9	公用	山西	1992-10-13	600617.SH
2492	ST泛微	8.22	—2.5	互联网	上海	2017-01-13	603039.SH
2493	百洋股份	8.21	20.5	农业	广西	2012-09-05	002696.SZ
2494	安凯客车	8.21	—37.4	汽车	安徽	1997-07-25	000868.SZ
2495	ST广珠	8.20	新上榜	贸易	广东	2001-01-18	600382.SH
2496	欧克科技	8.18	新上榜	装备	江西	2022-12-12	001223.SZ
2497	伊戈尔	8.17	2.2	电子	广东	2017-12-29	002922.SZ
2498	富瀚微	8.17	45.3	电子	上海	2017-02-20	300613.SZ
2499	理邦仪器	8.17	6.3	医药	广东	2011-04-21	300206.SZ
2500	美盈森	8.17	9.8	包装	广东	2009-11-03	002303.SZ
2501	川润股份	8.15	33.5	装备	四川	2008-09-19	002272.SZ
2502	美好医疗	8.13	新上榜	医药	广东	2022-10-12	301363.SZ

续表

序号	证券简称	品牌价值/亿元	增长率/%	行业	地区	上市日期	证券代码
2503	博杰股份	8.13	−10.5	装备	广东	2020-02-05	002975.SZ
2504	ST 凯撒	8.13	−69.7	休闲	海南	1997-07-03	000796.SZ
2505	英威腾	8.13	36.2	装备	广东	2010-01-13	002334.SZ
2506	洪城环境	8.12	30.2	公用	江西	2004-06-01	600461.SH
2507	雪人股份	8.12	40.1	装备	福建	2011-12-05	002639.SZ
2508	埃斯顿	8.12	4.8	装备	江苏	2015-03-20	002747.SZ
2509	唯科科技	8.12	新上榜	装备	福建	2022-01-11	301196.SZ
2510	数字政通	8.12	新上榜	互联网	北京	2010-04-27	300075.SZ
2511	宏华数科	8.11	−2.3	装备	浙江	2021-07-08	688789.SH
2512	朗科科技	8.11	14.7	电子	广东	2010-01-08	300042.SZ
2513	越秀服务	8.11	12.7	房地产	广东	2021-06-28	6626.HK
2514	美畅股份	8.10	42.6	有色金属	陕西	2020-08-24	300861.SZ
2515	南威软件	8.10	2.8	互联网	福建	2014-12-30	603636.SH
2516	北京利尔	8.09	13.5	建筑	北京	2010-04-23	002392.SZ
2517	九联科技	8.07	11.3	电子	广东	2021-03-23	688609.SH
2518	山东威达	8.07	6.3	装备	山东	2004-07-27	002026.SZ
2519	德众汽车	8.06	新上榜	汽车	湖南	2020-11-27	838030.BJ
2520	西部超导	8.04	新上榜	有色金属	陕西	2019-07-22	688122.SH
2521	星湖科技	8.02	7.2	食品	广东	1994-08-18	600866.SH
2522	晶丰明源	8.02	−21.7	电子	上海	2019-10-14	688368.SH
2523	梦网科技	8.02	−8.0	互联网	辽宁	2007-03-28	002123.SZ
2524	美诺华	8.01	37.2	医药	浙江	2017-04-07	603538.SH
2525	灿谷	8.00	−43.1	互联网	上海	2018-07-26	CANG.N
2526	北京首都机场股份	8.00	−54.9	运输	北京	2000-02-01	0694.HK
2527	三柏硕	7.99	新上榜	日用	山东	2022-10-19	001300.SZ
2528	欧圣电气	7.98	新上榜	装备	江苏	2022-04-22	301187.SZ
2529	白云电器	7.98	13.8	装备	广东	2016-03-22	603861.SH
2530	塞力医疗	7.98	7.1	医药	湖北	2016-10-31	603716.SH
2531	药石科技	7.97	1.0	医药	江苏	2017-11-10	300725.SZ
2532	洛阳玻璃	7.95	17.0	建筑	河南	1995-10-31	600876.SH
2533	东华科技	7.95	−0.3	建筑	安徽	2007-07-12	002140.SZ
2534	鹏欣资源	7.94	−13.3	贸易	上海	2003-06-26	600490.SH
2535	博敏电子	7.94	2.8	电子	广东	2015-12-09	603936.SH
2536	中闽百汇	7.94	3.7	零售	福建	2011-01-20	5SR.SG
2537	方大集团	7.93	39.8	建筑	广东	1996-04-15	000055.SZ
2538	金能科技	7.91	5.2	煤炭	山东	2017-05-11	603113.SH
2539	鲁阳节能	7.90	19.3	建筑	山东	2006-11-30	002088.SZ
2540	闰土股份	7.90	19.6	化工	浙江	2010-07-06	002440.SZ
2541	亿胜生物科技	7.90	22.7	医药	广东	2001-06-27	1061.HK
2542	华兴源创	7.88	−8.3	电子	江苏	2019-07-22	688001.SH
2543	盘江股份	7.88	21.6	煤炭	贵州	2001-05-31	600395.SH

续表

序号	证券简称	品牌价值/亿元	增长率/%	行业	地区	上市日期	证券代码
2544	美邦服饰	7.86	−71.0	服饰	上海	2008-08-28	002269.SZ
2545	众源新材	7.86	42.3	有色金属	安徽	2017-09-07	603527.SH
2546	正业国际	7.84	37.4	包装	广东	2011-06-03	3363.HK
2547	安奈儿	7.83	22.4	服饰	广东	2017-06-01	002875.SZ
2548	依顿电子	7.83	−13.0	电子	广东	2014-07-01	603328.SH
2549	金枫酒业	7.82	−18.7	饮料	上海	1992-09-29	600616.SH
2550	毅昌科技	7.82	−8.9	家电	广东	2010-06-01	002420.SZ
2551	ST 曙光	7.82	−38.4	汽车	辽宁	2000-12-26	600303.SH
2552	浩物股份	7.82	33.3	汽车	四川	1997-06-27	000757.SZ
2553	汉嘉设计	7.81	新上榜	商业服务	浙江	2018-05-25	300746.SZ
2554	二三四五	7.80	23.2	互联网	上海	2007-12-12	002195.SZ
2555	奇安信-U	7.80	−40.3	互联网	北京	2020-07-22	688561.SH
2556	中创新航	7.80	新上榜	装备	江苏	2022-10-06	3931.HK
2557	倍加洁	7.79	7.8	日用	江苏	2018-03-02	603059.SH
2558	宁波联合	7.78	−31.3	贸易	浙江	1997-04-10	600051.SH
2559	通润装备	7.77	新上榜	装备	江苏	2007-08-10	002150.SZ
2560	金力永磁	7.77	新上榜	有色金属	江西	2018-09-21	300748.SZ
2561	通用股份	7.76	3.6	汽车	江苏	2016-09-19	601500.SH
2562	传艺科技	7.76	新上榜	电子	江苏	2017-04-26	002866.SZ
2563	华阳国际	7.75	17.6	商业服务	广东	2019-02-26	002949.SZ
2564	飞龙股份	7.75	−3.2	汽车	河南	2011-01-11	002536.SZ
2565	华夏视听教育	7.75	−43.7	休闲	北京	2020-07-15	1981.HK
2566	宁波富达	7.72	新上榜	建筑	浙江	1996-07-16	600724.SH
2567	洁雅股份	7.72	−20.0	日用	安徽	2021-12-03	301108.SZ
2568	广东宏大	7.71	8.3	化工	广东	2012-06-12	002683.SZ
2569	山东海化	7.71	39.8	化工	山东	1998-07-03	000822.SZ
2570	金固股份	7.70	新上榜	汽车	浙江	2010-10-21	002488.SZ
2571	星雅集团	7.70	−2.9	休闲	江苏	2004-02-20	S85.SG
2572	利君股份	7.68	−12.1	装备	四川	2012-01-06	002651.SZ
2573	盈方微	7.67	新上榜	电子	湖北	1996-12-17	000670.SZ
2574	新黄浦	7.67	6.9	房地产	上海	1993-03-26	600638.SH
2575	中银证券	7.66	−11.7	金融	上海	2020-02-26	601696.SH
2576	国联证券	7.66	35.0	金融	江苏	2020-07-31	601456.SH
2577	通宝能源	7.62	新上榜	公用	山西	1996-12-05	600780.SH
2578	合锻智能	7.62	新上榜	装备	安徽	2014-11-07	603011.SH
2579	奥尼电子	7.61	−32.5	日用	广东	2021-12-28	301189.SZ
2580	华恒生物	7.61	新上榜	医药	安徽	2021-04-22	688639.SH
2581	瑞泰科技	7.61	40.5	建筑	北京	2006-08-23	002066.SZ
2582	超图软件	7.60	−2.2	互联网	北京	2009-12-25	300036.SZ
2583	国新文化	7.59	−49.3	教育	上海	1993-03-16	600636.SH
2584	东瑞股份	7.58	32.1	农业	广东	2021-04-28	001201.SZ
2585	海越能源	7.57	39.2	石油	浙江	2004-02-18	600387.SH

续表

序号	证券简称	品牌价值/亿元	增长率/%	行业	地区	上市日期	证券代码
2586	中恒电气	7.57	23.6	装备	浙江	2010-03-05	002364.SZ
2587	泰瑞机器	7.57	21.0	装备	浙江	2017-10-31	603289.SH
2588	誉衡药业	7.54	−16.7	医药	黑龙江	2010-06-23	002437.SZ
2589	春立医疗	7.53	16.7	医药	北京	2021-12-30	688236.SH
2590	益民集团	7.53	−13.8	零售	上海	1994-02-04	600824.SH
2591	东岳硅材	7.50	40.1	化工	山东	2020-03-12	300821.SZ
2592	叮当健康	7.50	新上榜	保健	北京	2022-09-14	9886.HK
2593	怡和嘉业	7.50	新上榜	医药	北京	2022-11-01	301367.SZ
2594	安泰科技	7.49	23.7	有色金属	北京	2000-05-29	000969.SZ
2595	渤海化学	7.49	新上榜	电子	天津	1993-12-06	600800.SH
2596	水发兴业能源	7.48	6.4	建筑	香港	2009-01-13	0750.HK
2597	太阳能	7.47	−2.8	公用	重庆	1996-02-08	000591.SZ
2598	中际联合	7.47	−6.2	装备	北京	2021-05-06	605305.SH
2599	盛美半导体	7.46	新上榜	电子	上海	2017-11-03	ACMR.O
2600	嘉银金科	7.46	21.4	金融	上海	2019-05-10	JFIN.O
2601	中远投资	7.45	新上榜	装备	北京	1979-08-07	F83.SG
2602	四创电子	7.45	−10.9	装备	安徽	2004-05-10	600990.SH
2603	汇宇制药-W	7.45	−55.5	医药	四川	2021-10-26	688553.SH
2604	博士眼镜	7.44	35.5	零售	广东	2017-03-15	300622.SZ
2605	兆讯传媒	7.44	新上榜	媒体	天津	2022-03-28	301102.SZ
2606	味知香	7.43	3.3	食品	江苏	2021-04-27	605089.SH
2607	盛天网络	7.41	新上榜	媒体	湖北	2015-12-31	300494.SZ
2608	五洲新春	7.40	23.4	装备	浙江	2016-10-25	603667.SH
2609	庄园牧场	7.40	新上榜	食品	甘肃	2017-10-31	002910.SZ
2610	开立医疗	7.39	新上榜	医药	广东	2017-04-06	300633.SZ
2611	同道猎聘	7.38	30.1	商业服务	北京	2018-06-29	6100.HK
2612	华联股份	7.38	新上榜	零售	北京	1998-06-16	000882.SZ
2613	金通灵	7.36	19.8	装备	江苏	2010-06-25	300091.SZ
2614	江特电机	7.36	2.7	装备	江西	2007-10-12	002176.SZ
2615	九华旅游	7.35	−6.9	休闲	安徽	2015-03-26	603199.SH
2616	海隆控股	7.35	新上榜	石油	上海	2011-04-21	1623.HK
2617	捷成股份	7.34	−48.1	媒体	北京	2011-02-22	300182.SZ
2618	长虹能源	7.33	新上榜	装备	四川	2021-02-09	836239.BJ
2619	泰慕士	7.33	新上榜	服饰	江苏	2022-01-11	001234.SZ
2620	新雷能	7.32	新上榜	装备	北京	2017-01-13	300593.SZ
2621	海融科技	7.32	9.7	食品	上海	2020-12-02	300915.SZ
2622	三峡旅游	7.32	12.4	运输	湖北	2011-11-03	002627.SZ
2623	中科环保	7.31	新上榜	环保	北京	2022-07-08	301175.SZ
2624	陕国投 A	7.29	27.8	金融	陕西	1994-01-10	000563.SZ
2625	中国罕王	7.29	23.8	钢铁	辽宁	2011-09-30	3788.HK
2626	湖北广电	7.28	−21.2	媒体	湖北	1996-12-10	000665.SZ
2627	寒锐钴业	7.28	19.0	有色金属	江苏	2017-03-06	300618.SZ

续表

序号	证券简称	品牌价值/亿元	增长率/%	行业	地区	上市日期	证券代码
2628	深深房A	7.28	2.2	房地产	广东	1993-09-15	000029.SZ
2629	华铁股份	7.28	−2.8	装备	广东	2000-06-01	000976.SZ
2630	雪迪龙	7.28	4.0	电子	北京	2012-03-09	002658.SZ
2631	协鑫集成	7.27	−59.0	电子	上海	2010-11-18	002506.SZ
2632	天顺股份	7.27	新上榜	运输	新疆	2016-05-30	002800.SZ
2633	西部创业	7.26	新上榜	运输	宁夏	1994-06-17	000557.SZ
2634	神奇制药	7.25	新上榜	医药	上海	1992-08-20	600613.SH
2635	奥特佳	7.25	0.5	汽车	江苏	2008-05-22	002239.SZ
2636	冠城钟表珠宝	7.24	−31.9	服饰	香港	1991-12-10	0256.HK
2637	物产金轮	7.23	28.4	装备	江苏	2014-01-28	002722.SZ
2638	纳芯微	7.23	新上榜	电子	江苏	2022-04-22	688052.SH
2639	如意集团	7.22	新上榜	纺织	山东	2007-12-07	002193.SZ
2640	维远股份	7.21	−21.8	化工	山东	2021-09-15	600955.SH
2641	新天科技	7.21	2.0	电子	河南	2011-08-31	300259.SZ
2642	都市丽人	7.21	−63.9	服饰	广东	2014-06-26	2298.HK
2643	博雅互动	7.21	12.9	休闲	广东	2013-11-12	0434.HK
2644	圣泉集团	7.18	−17.2	化工	山东	2021-08-10	605589.SH
2645	派林生物	7.18	15.3	医药	山西	1996-06-28	000403.SZ
2646	嘉亨家化	7.18	新上榜	日用	福建	2021-03-24	300955.SZ
2647	我武生物	7.17	16.8	医药	浙江	2014-01-21	300357.SZ
2648	易华录	7.17	−51.4	互联网	北京	2011-05-05	300212.SZ
2649	百克生物	7.17	29.7	医药	吉林	2021-06-25	688276.SH
2650	山西焦化	7.17	3.9	煤炭	山西	1996-08-08	600740.SH
2651	杉杉品牌	7.16	15.1	服饰	浙江	2018-06-27	1749.HK
2652	见知教育科技	7.14	新上榜	教育	北京	2022-08-26	JZ.O
2653	绿新亲水胶体	7.13	新上榜	农业	福建	2019-10-17	1084.HK
2654	西南证券	7.13	−28.0	金融	重庆	2001-01-09	600369.SH
2655	启迪设计	7.13	18.6	商业服务	江苏	2016-02-04	300500.SZ
2656	常润股份	7.12	新上榜	汽车	江苏	2022-07-29	603201.SH
2657	常青股份	7.12	16.1	汽车	安徽	2017-03-24	603768.SH
2658	国光股份	7.12	28.4	化工	四川	2015-03-20	002749.SZ
2659	迦南科技	7.11	29.0	装备	浙江	2014-12-31	300412.SZ
2660	上海凤凰	7.11	−31.5	日用	上海	1993-10-08	600679.SH
2661	佐力药业	7.11	新上榜	医药	浙江	2011-02-22	300181.SZ
2662	方盛制药	7.11	新上榜	医药	湖南	2014-12-05	603998.SH
2663	中京电子	7.11	10.7	电子	广东	2011-05-06	002579.SZ
2664	世纪联合控股	7.11	1.2	汽车	广东	2019-10-18	1959.HK
2665	陕天然气	7.09	26.3	石油	陕西	2008-08-13	002267.SZ
2666	保利联合	7.09	新上榜	化工	贵州	2004-09-08	002037.SZ
2667	南京证券	7.08	−15.8	金融	江苏	2018-06-13	601990.SH
2668	天创时尚	7.08	−34.4	服饰	广东	2016-02-18	603608.SH
2669	金河生物	7.07	6.9	农业	内蒙古	2012-07-13	002688.SZ

续表

序号	证券简称	品牌价值/亿元	增长率/%	行业	地区	上市日期	证券代码
2670	邦基科技	7.07	新上榜	农业	山东	2022-10-19	603151.SH
2671	麦捷科技	7.07	新上榜	电子	广东	2012-05-23	300319.SZ
2672	众兴菌业	7.06	23.2	农业	甘肃	2015-06-26	002772.SZ
2673	经纬辉开	7.04	16.0	电子	天津	2010-09-17	300120.SZ
2674	中广核技	7.03	19.0	化工	辽宁	1998-09-02	000881.SZ
2675	日丰股份	7.03	新上榜	装备	广东	2019-05-09	002953.SZ
2676	司太立	7.02	−11.6	医药	浙江	2016-03-09	603520.SH
2677	德尔股份	7.02	1.2	汽车	辽宁	2015-06-12	300473.SZ
2678	达力普控股	7.01	1.0	石油	河北	2019-11-08	1921.HK
2679	新五丰	7.01	7.5	农业	湖南	2004-06-09	600975.SH
2680	南宁糖业	7.00	−25.9	农业	广西	1999-05-27	000911.SZ
2681	尚乘国际	7.00	新上榜	金融	香港	2020-04-08	HKB.SG
2682	中核钛白	6.99	−5.4	化工	甘肃	2007-08-03	002145.SZ
2683	海宁皮城	6.99	−1.0	房地产	浙江	2010-01-26	002344.SZ
2684	鸿利智汇	6.98	−14.5	电子	广东	2011-05-18	300219.SZ
2685	新亚制程	6.98	新上榜	电子	广东	2010-04-13	002388.SZ
2686	富通信息	6.97	27.2	通信	天津	1997-09-29	000836.SZ
2687	蒙娜丽莎	6.97	−26.5	建筑	广东	2017-12-19	002918.SZ
2688	易鑫集团	6.97	−15.8	金融	上海	2017-11-16	2858.HK
2689	苑东生物	6.97	新上榜	医药	四川	2020-09-02	688513.SH
2690	盛诺集团	6.96	−3.3	家居	香港	2014-07-10	1418.HK
2691	第一创业	6.95	−8.7	金融	广东	2016-05-11	002797.SZ
2692	濮耐股份	6.94	23.3	建筑	河南	2008-04-25	002225.SZ
2693	齐峰新材	6.93	−1.8	造纸	山东	2010-12-10	002521.SZ
2694	大叶股份	6.92	新上榜	装备	浙江	2020-09-01	300879.SZ
2695	音飞储存	6.92	新上榜	装备	江苏	2015-06-11	603066.SH
2696	诺禾致源	6.92	−2.6	医药	北京	2021-04-13	688315.SH
2697	今天国际	6.91	新上榜	互联网	广东	2016-08-18	300532.SZ
2698	中路股份	6.90	新上榜	日用	上海	1994-01-28	600818.SH
2699	中科星图	6.89	新上榜	互联网	北京	2020-07-08	688568.SH
2700	晋西车轴	6.89	新上榜	装备	山西	2004-05-26	600495.SH
2701	永安药业	6.89	29.7	医药	湖北	2010-03-05	002365.SZ
2702	铭利达	6.88	新上榜	装备	广东	2022-04-07	301268.SZ
2703	启今教育	6.86	新上榜	教育	北京	2017-09-27	GEHI.N
2704	龙蟠科技	6.85	新上榜	化工	江苏	2017-04-10	603906.SH
2705	神冠控股	6.85	−9.3	保健	广西	2009-10-13	0829.HK
2706	航天长峰	6.84	−25.7	电子	北京	1994-04-25	600855.SH
2707	张小泉	6.84	新上榜	日用	浙江	2021-09-06	301055.SZ
2708	华纺股份	6.84	11.1	纺织	山东	2001-09-03	600448.SH
2709	宏力达	6.84	18.3	装备	上海	2020-10-15	688330.SH
2710	华塑股份	6.83	4.9	化工	安徽	2021-11-26	600935.SH
2711	青山纸业	6.82	5.8	造纸	福建	1997-07-03	600103.SH

续表

序号	证券简称	品牌价值/亿元	增长率/%	行业	地区	上市日期	证券代码
2712	中信资源	6.81	新上榜	贸易	香港	1997-09-08	1205.HK
2713	玉龙股份	6.81	新上榜	煤炭	山东	2011-11-07	601028.SH
2714	大富科技	6.80	4.9	通信	安徽	2010-10-26	300134.SZ
2715	华微电子	6.80	−0.1	电子	吉林	2001-03-16	600360.SH
2716	尚德机构	6.79	新上榜	教育	北京	2018-03-23	STG.N
2717	富祥药业	6.79	0.5	医药	江西	2015-12-22	300497.SZ
2718	青松建化	6.79	20.9	建筑	新疆	2003-07-24	600425.SH
2719	先健科技	6.79	23.0	医药	广东	2011-11-10	1302.HK
2720	中远海科	6.78	15.7	互联网	上海	2010-05-06	002401.SZ
2721	万东医疗	6.78	8.7	医药	北京	1997-05-19	600055.SH
2722	恒源煤电	6.78	19.9	煤炭	安徽	2004-08-17	600971.SH
2723	吴通控股	6.78	−17.0	互联网	江苏	2012-02-29	300292.SZ
2724	安宁股份	6.77	8.0	有色金属	四川	2020-04-17	002978.SZ
2725	先惠技术	6.77	新上榜	装备	上海	2020-08-11	688155.SH
2726	精华制药	6.77	新上榜	医药	江苏	2010-02-03	002349.SZ
2727	中持股份	6.76	13.5	环保	北京	2017-03-14	603903.SH
2728	万集科技	6.76	−24.4	电子	北京	2016-10-21	300552.SZ
2729	仲景食品	6.76	7.0	食品	河南	2020-11-23	300908.SZ
2730	德马科技	6.75	新上榜	装备	浙江	2020-06-02	688360.SH
2731	金马能源	6.75	0.7	煤炭	河南	2017-10-10	6885.HK
2732	焦作万方	6.75	1.6	有色金属	河南	1996-09-26	000612.SZ
2733	ST远程	6.75	新上榜	装备	江苏	2012-08-08	002692.SZ
2734	百大集团	6.75	−1.9	零售	浙江	1994-08-09	600865.SH
2735	金新农	6.75	−25.4	农业	广东	2011-02-18	002548.SZ
2736	恒太照明	6.74	新上榜	家电	江苏	2022-11-17	873339.BJ
2737	国睿科技	6.74	新上榜	装备	江苏	2003-01-28	600562.SH
2738	上海凯宝	6.74	新上榜	医药	上海	2010-01-08	300039.SZ
2739	线上线下	6.73	新上榜	电信	江苏	2021-03-22	300959.SZ
2740	嘉元科技	6.72	新上榜	有色金属	广东	2019-07-22	688388.SH
2741	何氏眼科	6.72	新上榜	保健	辽宁	2022-03-22	301103.SZ
2742	安东油田服务	6.71	新上榜	石油	北京	2007-12-14	3337.HK
2743	泰坦股份	6.68	新上榜	装备	浙江	2021-01-28	003036.SZ
2744	新大正	6.67	7.7	房地产	重庆	2019-12-03	002968.SZ
2745	生物股份	6.66	−48.6	医药	内蒙古	1999-01-15	600201.SH
2746	山高新能源	6.65	−37.4	公用	香港	2013-07-05	1250.HK
2747	亚星客车	6.65	3.9	汽车	江苏	1999-08-31	600213.SH
2748	天德钰	6.64	新上榜	电子	广东	2022-09-27	688252.SH
2749	望变电气	6.64	新上榜	装备	重庆	2022-04-28	603191.SH
2750	阳光乳业	6.64	新上榜	食品	江西	2022-05-20	001318.SZ
2751	探路者	6.64	−24.0	服饰	北京	2009-10-30	300005.SZ
2752	科森科技	6.64	−10.9	电子	江苏	2017-02-09	603626.SH
2753	翰博高新	6.62	新上榜	电子	安徽	2022-08-18	301321.SZ

续表

序号	证券简称	品牌价值/亿元	增长率/%	行业	地区	上市日期	证券代码
2754	上海沪工	6.61	−16.2	装备	上海	2016-06-07	603131.SH
2755	合景悠活	6.61	−31.7	房地产	广东	2020-10-30	3913.HK
2756	银江技术	6.61	2.7	互联网	浙江	2009-10-30	300020.SZ
2757	润都股份	6.61	22.9	医药	广东	2018-01-05	002923.SZ
2758	惠程科技	6.60	16.4	休闲	广东	2007-09-19	002168.SZ
2759	乐惠国际	6.60	13.5	装备	浙江	2017-11-13	603076.SH
2760	通达股份	6.59	新上榜	装备	河南	2011-03-03	002560.SZ
2761	海峡股份	6.59	新上榜	运输	海南	2009-12-16	002320.SZ
2762	江苏神通	6.59	11.9	装备	江苏	2010-06-23	002438.SZ
2763	禾川科技	6.58	新上榜	装备	浙江	2022-04-28	688320.SH
2764	中信博	6.58	−22.3	装备	江苏	2020-08-28	688408.SH
2765	名臣健康	6.57	1.6	日用	广东	2017-12-18	002919.SZ
2766	海象新材	6.57	新上榜	家居	浙江	2020-09-30	003011.SZ
2767	华海清科	6.57	新上榜	电子	天津	2022-06-08	688120.SH
2768	华灿光电	6.57	−26.7	电子	湖北	2012-06-01	300323.SZ
2769	优趣汇控股	6.56	−10.5	互联网	上海	2021-07-12	2177.HK
2770	冠盛股份	6.55	新上榜	汽车	浙江	2020-08-17	605088.SH
2771	双林股份	6.54	−7.0	汽车	浙江	2010-08-06	300100.SZ
2772	锦州银行	6.54	−41.7	金融	辽宁	2015-12-07	0416.HK
2773	睿智医药	6.54	新上榜	医药	广东	2010-12-22	300149.SZ
2774	福石控股	6.53	17.6	媒体	北京	2010-04-21	300071.SZ
2775	飞荣达	6.53	9.3	电子	广东	2017-01-26	300602.SZ
2776	佳讯飞鸿	6.53	22.5	通信	北京	2011-05-05	300213.SZ
2777	兰剑智能	6.52	新上榜	装备	山东	2020-12-02	688557.SH
2778	诚益通	6.51	新上榜	装备	北京	2015-03-19	300430.SZ
2779	浩洋股份	6.51	新上榜	电子	广东	2020-05-20	300833.SZ
2780	三峡水利	6.50	新上榜	公用	重庆	1997-08-04	600116.SH
2781	振邦智能	6.50	17.3	电子	广东	2020-12-28	003028.SZ
2782	华测导航	6.50	新上榜	装备	上海	2017-03-21	300627.SZ
2783	哈空调	6.49	新上榜	装备	黑龙江	1999-06-03	600202.SH
2784	小赢科技	6.49	−6.8	金融	广东	2018-09-19	XYF.N
2785	森林包装	6.49	3.9	造纸	浙江	2020-12-22	605500.SH
2786	ST澄星	6.48	新上榜	化工	江苏	1997-06-27	600078.SH
2787	兄弟科技	6.48	新上榜	医药	浙江	2011-03-10	002562.SZ
2788	南网科技	6.47	新上榜	装备	广东	2021-12-22	688248.SH
2789	金马游乐	6.47	5.2	休闲	广东	2018-12-28	300756.SZ
2790	晶方科技	6.47	−16.8	电子	江苏	2014-02-10	603005.SH
2791	赛升药业	6.47	10.7	医药	北京	2015-06-26	300485.SZ
2792	G.A.控股	6.46	−22.2	汽车	香港	2002-06-17	8126.HK
2793	中原内配	6.46	5.3	汽车	河南	2010-07-16	002448.SZ
2794	哈三联	6.46	−37.5	医药	黑龙江	2017-09-22	002900.SZ
2795	华正新材	6.46	−8.7	电子	浙江	2017-01-03	603186.SH

续表

序号	证券简称	品牌价值/亿元	增长率/%	行业	地区	上市日期	证券代码
2796	贵航股份	6.43	−6.9	汽车	贵州	2001-12-27	600523.SH
2797	盛通股份	6.43	5.8	商业服务	北京	2011-07-15	002599.SZ
2798	长川科技	6.42	新上榜	电子	浙江	2017-04-17	300604.SZ
2799	耀皮玻璃	6.41	4.7	建筑	上海	1994-01-28	600819.SH
2800	中电华大科技	6.40	新上榜	电子	香港	1997-07-25	0085.HK
2801	安达智能	6.40	新上榜	装备	广东	2022-04-15	688125.SH
2802	南国置业	6.39	−21.6	房地产	湖北	2009-11-06	002305.SZ
2803	维力医疗	6.39	新上榜	医药	广东	2015-03-02	603309.SH
2804	太龙股份	6.39	新上榜	电子	福建	2017-05-03	300650.SZ
2805	日发精机	6.39	−51.6	装备	浙江	2010-12-10	002520.SZ
2806	振江股份	6.39	3.9	装备	江苏	2017-11-06	603507.SH
2807	宁波韵升	6.39	新上榜	有色金属	浙江	2000-10-30	600366.SH
2808	亿利达	6.38	−1.1	装备	浙江	2012-07-03	002686.SZ
2809	德尔未来	6.38	17.2	家居	江苏	2011-11-11	002631.SZ
2810	三利谱	6.38	11.0	电子	广东	2017-05-25	002876.SZ
2811	万安科技	6.38	新上榜	汽车	浙江	2011-06-10	002590.SZ
2812	惠发食品	6.37	−23.8	食品	山东	2017-06-13	603536.SH
2813	达实智能	6.37	−34.4	互联网	广东	2010-06-03	002421.SZ
2814	昂利康	6.37	19.0	医药	浙江	2018-10-23	002940.SZ
2815	东杰智能	6.37	−14.5	装备	山西	2015-06-30	300486.SZ
2816	日播时尚	6.36	5.7	服饰	上海	2017-05-31	603196.SH
2817	弘信电子	6.35	12.6	电子	福建	2017-05-23	300657.SZ
2818	彩虹新能源	6.35	−30.8	装备	陕西	2004-12-20	0438.HK
2819	华中数控	6.35	17.9	装备	湖北	2011-01-13	300161.SZ
2820	中智药业	6.34	−7.6	医药	广东	2015-07-13	3737.HK
2821	中视金桥	6.34	−9.7	媒体	上海	2008-07-08	0623.HK
2822	北京科锐	6.34	5.7	装备	北京	2010-02-03	002350.SZ
2823	好上好	6.34	新上榜	贸易	广东	2022-10-31	001298.SZ
2824	海鸥股份	6.33	新上榜	装备	江苏	2017-05-17	603269.SH
2825	宁波能源	6.33	新上榜	公用	浙江	2004-07-06	600982.SH
2826	心脉医疗	6.33	19.5	医药	上海	2019-07-22	688016.SH
2827	奥克股份	6.32	−18.4	化工	辽宁	2010-05-20	300082.SZ
2828	新智认知	6.32	−25.6	互联网	广西	2015-03-26	603869.SH
2829	三角防务	6.31	新上榜	装备	陕西	2019-05-21	300775.SZ
2830	永利股份	6.30	−4.8	装备	上海	2011-06-15	300230.SZ
2831	沈阳化工	6.30	−28.4	化工	辽宁	1997-02-20	000698.SZ
2832	首都信息	6.30	2.3	互联网	北京	2001-12-21	1075.HK
2833	宇邦新材	6.30	新上榜	电子	江苏	2022-06-08	301266.SZ
2834	华立科技	6.30	−7.8	休闲	广东	2021-06-17	301011.SZ
2835	美兰空港	6.29	−30.0	运输	海南	2002-11-18	0357.HK
2836	华宝国际	6.29	−32.7	化工	香港	1992-01-22	0336.HK
2837	正平股份	6.29	新上榜	建筑	青海	2016-09-05	603843.SH

续表

序号	证券简称	品牌价值/亿元	增长率/%	行业	地区	上市日期	证券代码
2838	球冠电缆	6.29	新上榜	装备	浙江	2020-07-27	834682.BJ
2839	北京能源国际	6.28	新上榜	公用	香港	2000-04-13	0686.HK
2840	风范股份	6.27	16.9	装备	江苏	2011-01-18	601700.SH
2841	光电股份	6.27	新上榜	装备	湖北	2003-11-06	600184.SH
2842	万控智造	6.26	新上榜	装备	浙江	2022-03-10	603070.SH
2843	四川双马	6.26	新上榜	建筑	四川	1999-08-24	000935.SZ
2844	长源电力	6.26	−11.0	公用	湖北	2000-03-16	000966.SZ
2845	荣万家	6.26	−3.1	房地产	河北	2021-01-15	2146.HK
2846	华昌达	6.26	5.2	装备	湖北	2011-12-16	300278.SZ
2847	亚信安全	6.26	新上榜	互联网	江苏	2022-02-09	688225.SH
2848	瀚川智能	6.26	新上榜	装备	江苏	2019-07-22	688022.SH
2849	科思科技	6.25	−14.6	通信	广东	2020-10-22	688788.SH
2850	建发物业	6.25	14.6	房地产	福建	2020-12-31	2156.HK
2851	英派斯	6.23	3.7	日用	山东	2017-09-15	002899.SZ
2852	科新机电	6.23	新上榜	装备	四川	2010-07-08	300092.SZ
2853	财达证券	6.22	−24.0	金融	河北	2021-05-07	600906.SH
2854	天正电气	6.22	−15.9	装备	浙江	2020-08-07	605066.SH
2855	华众车载	6.21	−12.5	汽车	浙江	2012-01-12	6830.HK
2856	迪普科技	6.21	−22.1	通信	浙江	2019-04-12	300768.SZ
2857	久远银海	6.21	新上榜	互联网	四川	2015-12-31	002777.SZ
2858	应流股份	6.21	−0.1	装备	安徽	2014-01-22	603308.SH
2859	君亭酒店	6.20	新上榜	酒店	浙江	2021-09-30	301073.SZ
2860	特发服务	6.19	新上榜	房地产	广东	2020-12-21	300917.SZ
2861	旷达科技	6.19	4.0	汽车	江苏	2010-12-07	002516.SZ
2862	富临精工	6.19	5.3	汽车	四川	2015-03-19	300432.SZ
2863	宁水集团	6.18	−18.5	电子	浙江	2019-01-22	603700.SH
2864	有研硅	6.18	新上榜	电子	北京	2022-11-10	688432.SH
2865	科大国创	6.16	新上榜	互联网	安徽	2016-07-08	300520.SZ
2866	拓尔思	6.16	9.5	互联网	北京	2011-06-15	300229.SZ
2867	英诺特	6.15	新上榜	医药	北京	2022-07-28	688253.SH
2868	同方泰德	6.15	−6.4	商业服务	香港	2011-10-27	1206.HK
2869	深圳机场	6.15	−24.9	运输	广东	1998-04-20	000089.SZ
2870	骏亚科技	6.14	13.1	电子	广东	2017-09-12	603386.SH
2871	天风证券	6.14	−23.1	金融	湖北	2018-10-19	601162.SH
2872	瑞凌股份	6.14	新上榜	装备	广东	2010-12-29	300154.SZ
2873	焦点科技	6.14	12.4	互联网	江苏	2009-12-09	002315.SZ
2874	乐凯胶片	6.14	−1.5	化工	河北	1998-01-22	600135.SH
2875	沪光股份	6.14	新上榜	汽车	江苏	2020-08-18	605333.SH
2876	固生堂	6.13	5.4	保健	广东	2021-12-10	2273.HK
2877	上海瀚讯	6.13	新上榜	通信	上海	2019-03-14	300762.SZ
2878	保变电气	6.13	−19.1	装备	河北	2001-02-28	600550.SH
2879	万业企业	6.12	−63.0	房地产	上海	1993-04-07	600641.SH

续表

序号	证券简称	品牌价值/亿元	增长率/%	行业	地区	上市日期	证券代码
2880	西部牧业	6.12	新上榜	食品	新疆	2010-08-20	300106.SZ
2881	福蓉科技	6.12	新上榜	电子	四川	2019-05-23	603327.SH
2882	迪瑞医疗	6.10	新上榜	医药	吉林	2014-09-10	300396.SZ
2883	富瑞特装	6.10	−21.3	装备	江苏	2011-06-08	300228.SZ
2884	辰兴发展	6.10	−17.8	房地产	山西	2015-07-03	2286.HK
2885	太平洋网络	6.10	−20.2	媒体	广东	2007-12-18	0543.HK
2886	申昊科技	6.10	新上榜	装备	浙江	2020-07-24	300853.SZ
2887	普莱柯	6.09	新上榜	医药	河南	2015-05-18	603566.SH
2888	京投交通科技	6.07	新上榜	互联网	北京	2012-05-16	1522.HK
2889	三达膜	6.07	新上榜	环保	陕西	2019-11-15	688101.SH
2890	宜人金科	6.07	−21.7	金融	北京	2015-12-18	YRD.N
2891	重庆燃气	6.07	5.0	公用	重庆	2014-09-30	600917.SH
2892	荣晟环保	6.07	−7.0	造纸	浙江	2017-01-17	603165.SH
2893	中航电测	6.06	10.7	电子	陕西	2010-08-27	300114.SZ
2894	航发科技	6.04	4.9	装备	四川	2001-12-12	600391.SH
2895	兑吧	6.04	−47.5	媒体	浙江	2019-05-07	1753.HK
2896	联环药业	6.04	7.0	医药	江苏	2003-03-19	600513.SH
2897	华纳药厂	6.04	新上榜	医药	湖南	2021-07-13	688799.SH
2898	交控科技	6.02	9.3	装备	北京	2019-07-22	688015.SH
2899	云南水务	6.02	−22.9	公用	云南	2015-05-27	6839.HK
2900	特宝生物	6.02	新上榜	医药	福建	2020-01-17	688278.SH
2901	瑞纳智能	6.01	新上榜	装备	安徽	2021-11-02	301129.SZ
2902	鸥玛软件	6.01	−0.2	教育	山东	2021-11-19	301185.SZ
2903	海得控制	6.01	1.8	装备	上海	2007-11-16	002184.SZ
2904	高视医疗	6.00	新上榜	医药	北京	2022-12-12	2407.HK
2905	博力威	6.00	新上榜	装备	广东	2021-06-11	688345.SH
2906	五洋停车	6.00	−15.5	装备	江苏	2015-02-17	300420.SZ
2907	中亚股份	6.00	新上榜	装备	浙江	2016-05-26	300512.SZ
2908	智光电气	5.99	−29.0	装备	广东	2007-09-19	002169.SZ
2909	天喻信息	5.99	新上榜	电子	湖北	2011-04-21	300205.SZ
2910	中建环能	5.99	新上榜	环保	四川	2015-02-16	300425.SZ
2911	君禾股份	5.98	新上榜	装备	浙江	2017-07-03	603617.SH
2912	新乡化纤	5.98	0.4	化工	河南	1999-10-21	000949.SZ
2913	移为通信	5.97	新上榜	通信	上海	2017-01-11	300590.SZ
2914	灵宝黄金	5.97	新上榜	有色金属	河南	2006-01-12	3330.HK
2915	中荣股份	5.97	新上榜	包装	广东	2022-10-26	301223.SZ
2916	读者传媒	5.97	8.9	媒体	甘肃	2015-12-10	603999.SH
2917	新经典	5.96	−26.0	媒体	天津	2017-04-25	603096.SH
2918	聚灿光电	5.96	新上榜	电子	江苏	2017-10-16	300708.SZ
2919	青岛双星	5.96	−11.3	汽车	山东	1996-04-30	000599.SZ
2920	常铝股份	5.96	新上榜	有色金属	江苏	2007-08-21	002160.SZ
2921	明月镜片	5.95	新上榜	零售	江苏	2021-12-16	301101.SZ

续表

序号	证券简称	品牌价值/亿元	增长率/%	行业	地区	上市日期	证券代码
2922	雄韬股份	5.95	8.0	装备	广东	2014-12-03	002733. SZ
2923	德才股份	5.94	新上榜	建筑	山东	2021-07-06	605287. SH
2924	21 世纪教育	5.94	1.9	教育	河北	2018-05-29	1598. HK
2925	熊猫乳品	5.94	4.4	食品	浙江	2020-10-16	300898. SZ
2926	豪美新材	5.93	新上榜	有色金属	广东	2020-05-18	002988. SZ
2927	瑞斯康达	5.93	－32.0	通信	北京	2017-04-20	603803. SH
2928	海螺新材	5.93	新上榜	建筑	安徽	1996-10-23	000619. SZ
2929	中辰股份	5.93	5.1	装备	江苏	2021-01-22	300933. SZ
2930	中环环保	5.93	新上榜	环保	安徽	2017-08-21	300692. SZ
2931	协鑫新能源	5.93	－54.8	公用	香港	1992-03-25	0451. HK
2932	优博讯	5.92	新上榜	电子	广东	2016-08-09	300531. SZ
2933	长海股份	5.90	新上榜	建筑	江苏	2011-03-29	300196. SZ
2934	三美股份	5.90	新上榜	化工	浙江	2019-04-02	603379. SH
2935	雨润食品	5.90	－78.5	农业	江苏	2005-10-03	1068. HK
2936	东方铁塔	5.90	－15.4	化工	山东	2011-02-11	002545. SZ
2937	科林电气	5.89	新上榜	装备	河北	2017-04-14	603050. SH
2938	联易融科技-W	5.88	新上榜	互联网	广东	2021-04-09	9959. HK
2939	农发种业	5.88	新上榜	贸易	北京	2001-01-19	600313. SH
2940	明志科技	5.88	新上榜	装备	江苏	2021-05-12	688355. SH
2941	华明装备	5.87	－6.4	装备	山东	2008-09-05	002270. SZ
2942	时代邻里	5.87	－22.9	房地产	广东	2019-12-19	9928. HK
2943	芯原股份-U	5.85	新上榜	电子	上海	2020-08-18	688521. SH
2944	鸿达兴业	5.85	－14.8	化工	江苏	2004-06-25	002002. SZ
2945	三鑫医疗	5.85	新上榜	医药	江西	2015-05-15	300453. SZ
2946	京威股份	5.85	－21.4	汽车	北京	2012-03-09	002662. SZ
2947	洁美科技	5.83	－2.0	电子	浙江	2017-04-07	002859. SZ
2948	光明沃得	5.83	－7.8	装备	江苏	2006-04-27	B49. SG
2949	力生制药	5.83	新上榜	医药	天津	2010-04-23	002393. SZ
2950	运机集团	5.83	新上榜	装备	四川	2021-11-01	001288. SZ
2951	中富通	5.81	新上榜	通信	福建	2016-11-01	300560. SZ
2952	乐鑫科技	5.81	3.0	电子	上海	2019-07-22	688018. SH
2953	新世界	5.80	－47.2	零售	上海	1993-01-19	600628. SH
2954	神驰机电	5.80	新上榜	汽车	重庆	2019-12-31	603109. SH
2955	福成股份	5.79	新上榜	农业	河北	2004-07-13	600965. SH
2956	启明信息	5.77	－7.0	互联网	吉林	2008-05-09	002232. SZ
2957	广西广电	5.77	－27.6	媒体	广西	2016-08-15	600936. SH
2958	中关村	5.77	5.1	医药	北京	1999-07-12	000931. SZ
2959	富春染织	5.77	新上榜	纺织	安徽	2021-05-28	605189. SH
2960	天立国际控股	5.76	新上榜	教育	四川	2018-07-12	1773. HK
2961	丰山集团	5.76	3.2	化工	江苏	2018-09-17	603810. SH
2962	嘉华股份	5.75	新上榜	农业	山东	2022-09-09	603182. SH
2963	帝科股份	5.75	新上榜	装备	江苏	2020-06-18	300842. SZ
2964	华菱线缆	5.74	5.9	装备	湖南	2021-06-24	001208. SZ

续表

序号	证券简称	品牌价值/亿元	增长率/%	行业	地区	上市日期	证券代码
2965	遥望科技	5.73	−46.4	互联网	广东	2009-09-03	002291.SZ
2966	德力股份	5.73	新上榜	日用	安徽	2011-04-12	002571.SZ
2967	北玻股份	5.73	新上榜	装备	河南	2011-08-30	002613.SZ
2968	威派格	5.73	−19.5	装备	上海	2019-02-22	603956.SH
2969	农产品	5.73	新上榜	贸易	广东	1997-01-10	000061.SZ
2970	凯格精机	5.72	新上榜	装备	广东	2022-08-16	301338.SZ
2971	青岛食品	5.72	新上榜	食品	山东	2021-10-21	001219.SZ
2972	海能实业	5.72	新上榜	电子	江西	2019-08-15	300787.SZ
2973	好当家	5.72	6.0	农业	山东	2004-04-05	600467.SH
2974	久其软件	5.72	−19.2	互联网	北京	2009-08-11	002279.SZ
2975	济丰包装	5.71	−12.3	包装	上海	2018-12-21	1820.HK
2976	露笑科技	5.70	−19.9	装备	浙江	2011-09-20	002617.SZ
2977	西藏珠峰	5.70	−25.7	有色金属	西藏	2000-12-27	600338.SH
2978	兴利集团	5.70	新上榜	日用	香港	1970-03-12	0114.HK
2979	苏盐井神	5.70	新上榜	化工	江苏	2015-12-31	603299.SH
2980	凯中精密	5.69	新上榜	装备	广东	2016-11-24	002823.SZ
2981	佩蒂股份	5.69	新上榜	农业	浙江	2017-07-11	300673.SZ
2982	汉港控股	5.68	新上榜	房地产	江西	2011-07-22	1663.HK
2983	百利电气	5.68	3.3	装备	天津	2001-06-15	600468.SH
2984	福建水泥	5.68	−5.6	建筑	福建	1994-01-03	600802.SH
2985	中装建设	5.68	−1.4	建筑	广东	2016-11-29	002822.SZ
2986	万润股份	5.68	新上榜	化工	山东	2011-12-20	002643.SZ
2987	天津发展	5.67	−48.4	公用	香港	1997-12-10	0882.HK
2988	德展健康	5.67	−6.8	医药	新疆	1998-05-19	000813.SZ
2989	西陇科学	5.67	新上榜	化工	广东	2011-06-02	002584.SZ
2990	森特股份	5.67	−17.2	建筑	北京	2016-12-16	603098.SH
2991	天阳科技	5.66	新上榜	互联网	西藏	2020-08-24	300872.SZ
2992	三联虹普	5.66	新上榜	商业服务	北京	2014-08-01	300384.SZ
2993	奥锐特	5.66	新上榜	医药	浙江	2020-09-21	605116.SH
2994	溢多利	5.66	−2.4	医药	广东	2014-01-28	300381.SZ
2995	京城股份	5.65	−9.7	装备	北京	1994-05-06	600860.SH
2996	壹网壹创	5.65	−4.8	互联网	浙江	2019-09-27	300792.SZ
2997	惠泰医疗	5.64	新上榜	医药	广东	2021-01-07	688617.SH
2998	中国稀土	5.64	新上榜	有色金属	江西	1998-09-11	000831.SZ
2999	康基医疗	5.64	新上榜	医药	浙江	2020-06-29	9997.HK
3000	长亮科技	5.64	−6.1	互联网	广东	2012-08-17	300348.SZ

1.2 品牌价值总榜分析

1.2.1 总榜的集中度分析

在2023年中国上市公司品牌价值总榜的3 000家公司中：排在第一位的公司品牌价

值 17 708.19 亿元，比 2022 年减少了 3 022.91 亿元；排在前 10 位的公司品牌价值合计 65 249.18 亿元，比 2022 年减少了 2 979.67 亿元，占榜单总计品牌价值的 23.2%，比 2022 年下降了 2 个百分点；排在前 100 位的公司品牌价值合计 161 801.8 亿元，比 2022 年增加了 4 325.87 亿元，占榜单总计品牌价值的 57.6%，比 2022 年下降了 0.6 个百分点；排在前 1 000 位的公司品牌价值合计 252 271.26 亿元，比 2022 年增加了 8 574.07 亿元，占榜单总计品牌价值的 89.8%，比 2022 年下降了 0.3 个百分点；排在第 3 000 位的公司品牌价值 5.64 亿元，比 2022 年增加了 0.34 亿元(见图 1-1)。

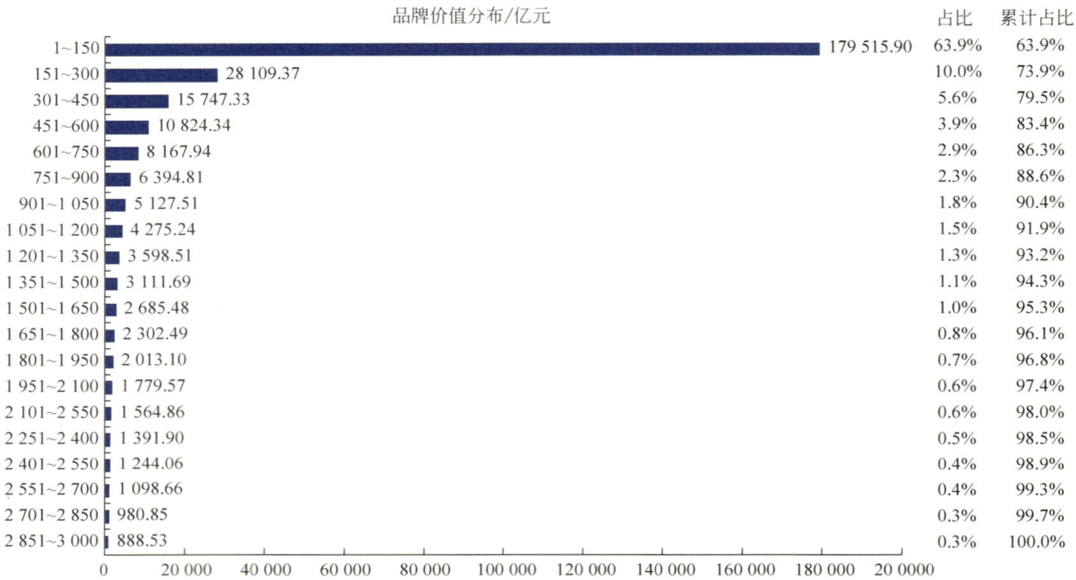

图 1-1　2023 年中国上市公司品牌价值总榜的品牌价值分布

1.2.2　总榜的行业分析

在 2023 年中国上市公司品牌价值总榜中，共有 37 个行业的公司上榜。其中，金融行业以 35 995.4 亿元的品牌价值排在第一位。品牌价值高于 20 000 亿元的行业有 3 个，分别是金融、互联网和零售，品牌价值合计 87 843.77 亿元，占榜单总计品牌价值的 31.3%。品牌价值在 10 000 亿(不含)～20 000 亿元区间的行业有 9 个，分别是装备、饮料、房地产、汽车、医药、建筑、电信、电子和家电行业，品牌价值合计 127 856.39 亿元，占榜单总计品牌价值的 45.5%。品牌价值在 1 000 亿～10 000 亿元区间的行业有 16 个，分别是运输、通信、石油，贸易、服饰、食品、有色金属、化工、钢铁、休闲、农业、媒体、公用、日用、煤炭和环保行业，品牌价值合计 60 373.44 亿元，占榜单总计品牌价值的 21.5%。品牌价值低于 1 000 亿元的行业有 9 个，分别是教育、纺织、酒店、家居、保健、餐饮、商业服务、造纸和包装，品牌价值合计 4 748.54 亿元，占榜单总计品牌价值的 1.7%(见图 1-2)。

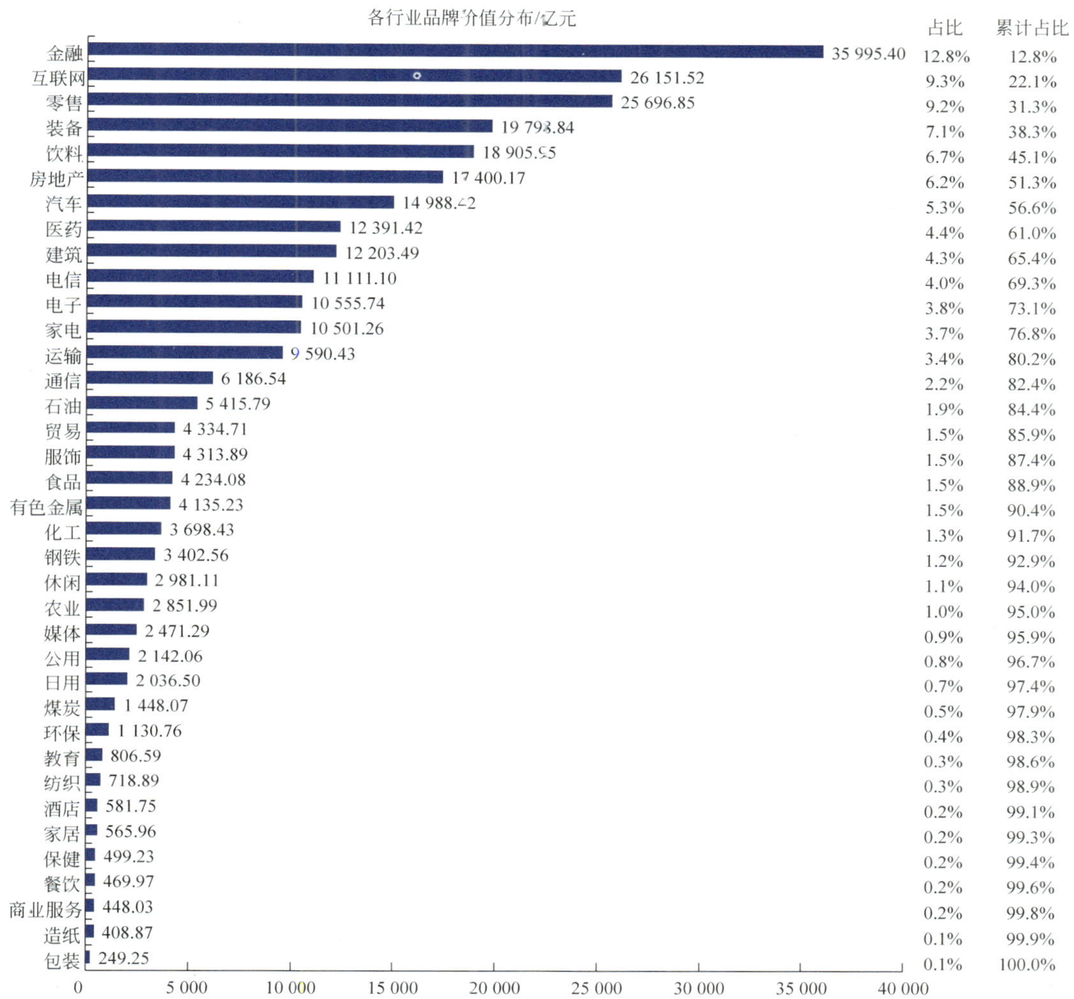

图 1-2　2023年中国上市公司品牌价值总榜各行业品牌价值分布

在2023年中国上市公司品牌价值总榜中，各行业的上榜公司数量是不同的。其中，装备行业以411家公司上榜列在第一位。上榜公司数量多于100家的行业有10个，分别是装备、医药、电子、房地产、金融、化工、汽车、互联网、建筑和运输，上榜公司数量合计1 811家，占榜单公司总数的60.4%。上榜公司数量为50～100家的行业有12个，分别是有色金属、零售、食品、媒体、公用、服饰、日用、农业、休闲、贸易、通信和家电，上榜公司数量合计821家，占榜单公司总数的27.4%。上榜公司数量少于50家的行业有15个，分别是饮料、环保、钢铁、教育、煤炭、商业服务、纺织、家居、石油、保健、造纸、包装、酒店、电信和餐饮行业，上榜公司数量合计368家，占榜单公司总数的12.3%(见图1-3)。

与2022年相比，在2023年中国上市公司品牌价值总榜中，各行业的品牌价值增长率有较大差异。煤炭行业以36.3%的品牌价值增长率排在第一位。品牌价值增长率高于

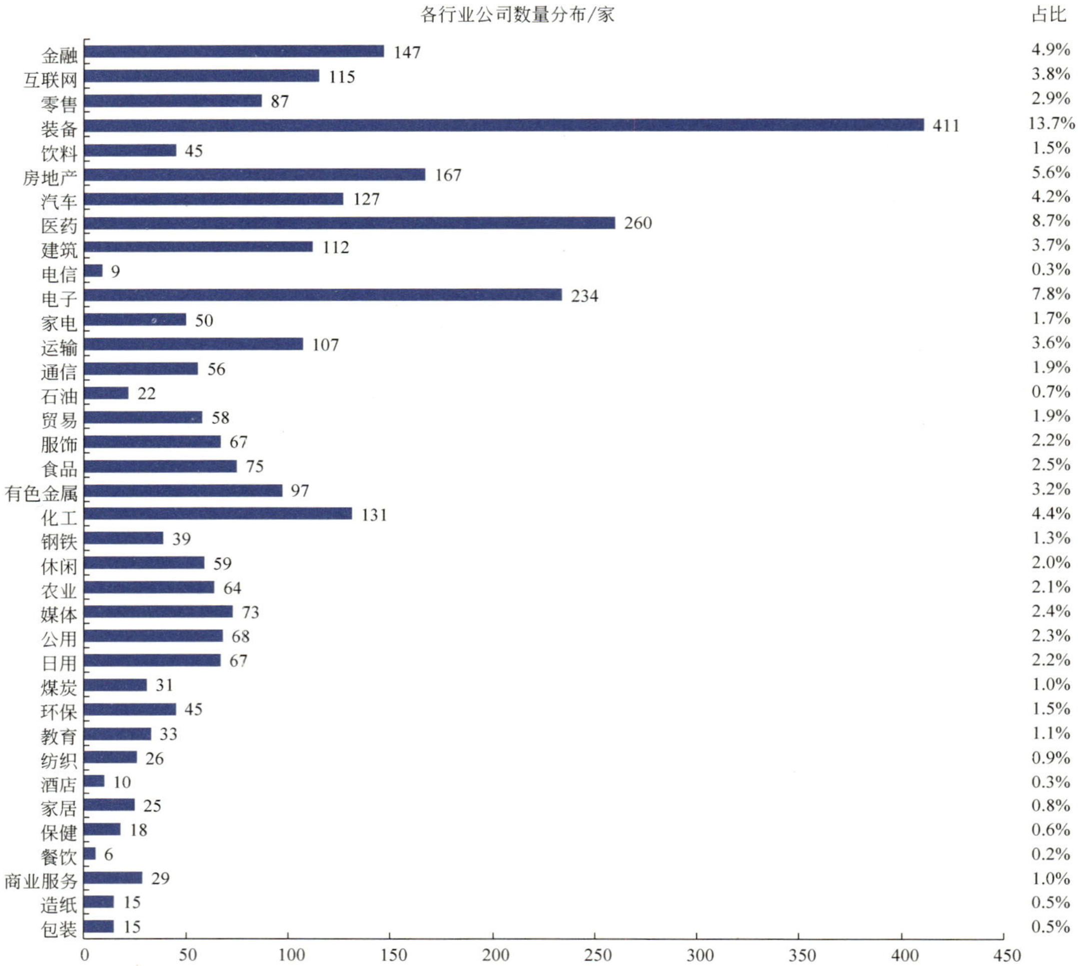

图 1-3　2023 年中国上市公司品牌价值总榜各行业公司数量分布

20%的行业有 7 个，分别是煤炭、石油、电信、教育、纺织、医药和运输。品牌价值增长率在 10%～20%区间的行业有 9 个，分别是建筑、化工、装备、有色金属、环保、商业服务、包装、食品和贸易。品牌价值有增长但增长率低于 10%的行业有 11 个，分别是公用事业、金融、电子、保健、饮料、通信、家电、家居、日用、农业和媒体。品牌价值负增长的行业有 10 个，分别是酒店、休闲、零售、互联网、房地产、汽车、餐饮、造纸、钢铁和服饰（见图 1-4）。

1.2.3　总榜的区域分析

在 2023 年中国上市公司品牌价值总榜中，3 000 家公司来自 32 个地区。其中，北京地区以 79 137.12 亿元的品牌价值排在第一位。品牌价值高于 10 000 元的地区有 6 个，

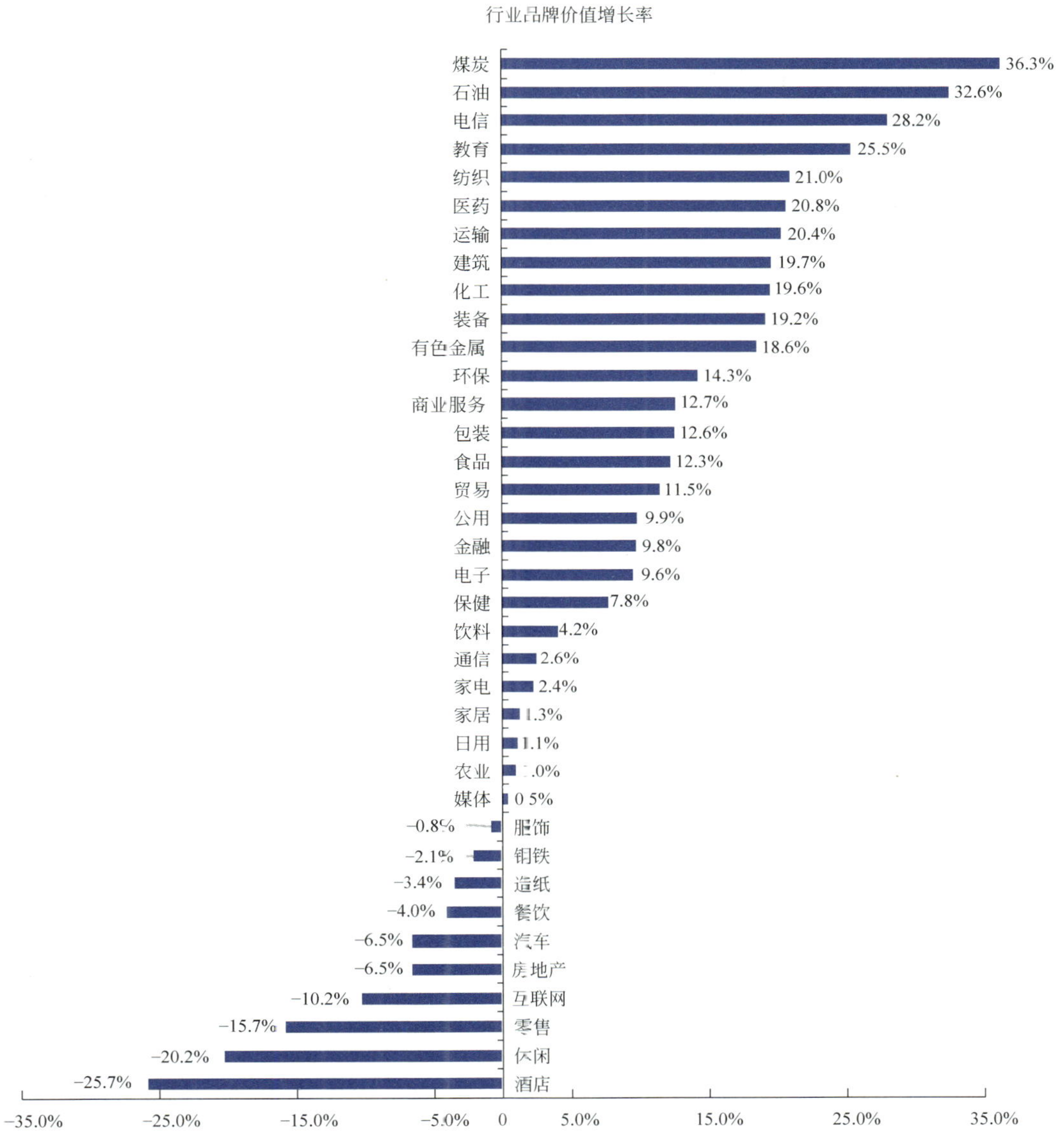

图 1-4 2023 年中国上市公司品牌价值总榜各行业品牌价值增长率

分别是北京、广东、浙江、上海、香港和江苏，品牌价值合计 213 455.29 亿元，占榜单总计品牌价值的 76%。品牌价值在 1 000 亿～10 000 亿元区间的地区有 18 个，分别是山东、福建、四川、贵州，安徽、天津、湖北、河北、河南、重庆、湖南、内蒙古、辽宁、新疆、江西、山西、陕西和云南，品牌价值合计 64 192.6 亿元，占榜单总计品牌价值的 22.9%。品牌价值低于 1 000 亿元的地区有 8 个，分别是广西、吉林、黑龙江、甘肃、西藏、海南、青海和宁夏，品牌价值合计 3 174.24 亿元，占榜单总计品牌价值的 1.1%(见图 1-5)。

在 2023 年中国上市公司品牌价值总榜中，各地区上榜公司的数量是不同的。其中，

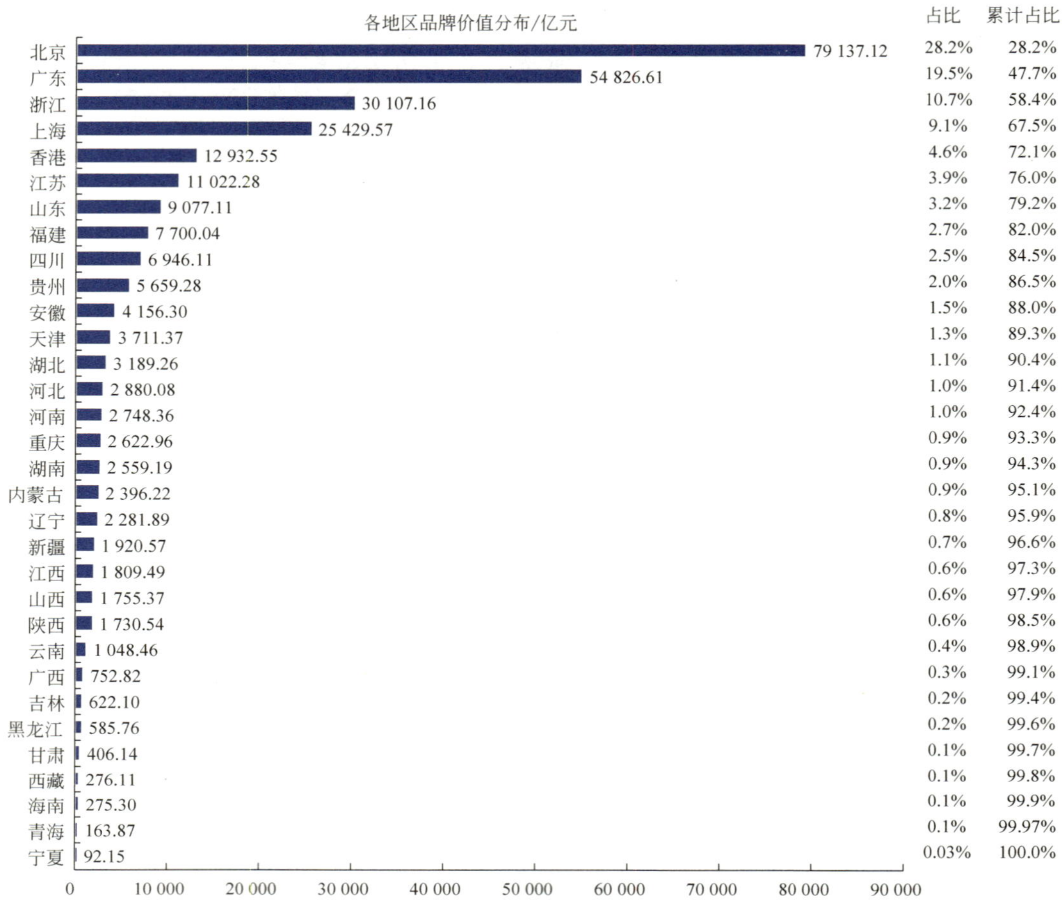

图 1-5　2023 年中国上市公司品牌价值总榜各地区品牌价值分布

广东以 466 家公司上榜列在第一位。上榜公司数量多于 100 家的地区有 7 个，分别是广东、浙江、北京、江苏、上海、山东和香港，上榜公司数量合计 2 023 家，占榜单公司总数的 67.4%。上榜公司数量在 50～100 家区间的地区有 7 个，分别是福建、安徽、四川、湖北、湖南、河南和河北，上榜公司数量合计 528 家，占榜单公司总数的 17.6%。上榜公司数量少于 50 家的地区有 18 个，分别是辽宁、重庆、江西、天津、陕西、新疆、山西、云南、广西、黑龙江、内蒙古、贵州、吉林、甘肃、海南、西藏、青海和宁夏，上榜公司数量合计 449 家，占榜单公司总数的 15%（见图 1-6）。

在 2023 年中国上市公司品牌价值总榜中，各地区的品牌价值增长率有较大的差异。品牌价值增长最快的地区是新疆，增长了 32.5%。品牌价值增长率高于 20%的地区共计 4 个，分别是新疆、西藏、福建和宁夏。品牌价值增长率在 10%～20%区间的地区共计 8 个，分别是天津、北京、陕西、四川、重庆、江西、山西和云南。品牌价值有增长但增长率低于 10%的地区有 11 个，分别是安徽、辽宁、河南、内蒙古、甘肃、河北、湖南、江苏、广西、黑

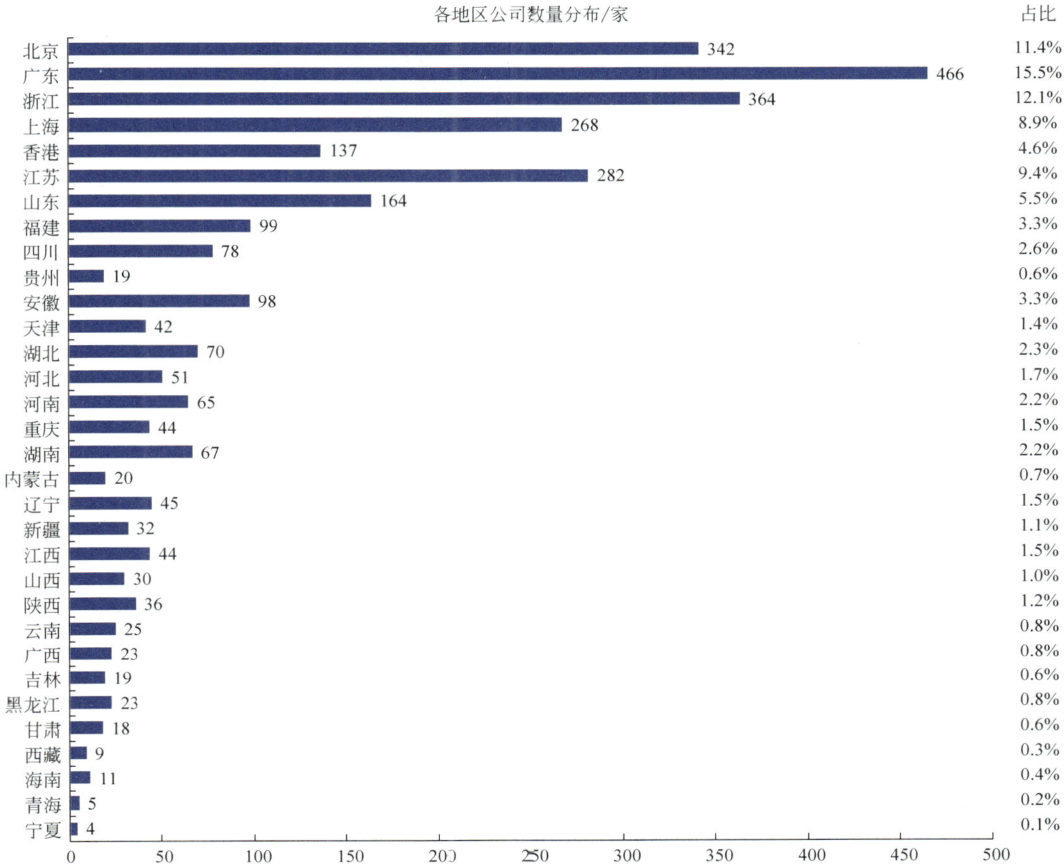

图 1-6　2023 年中国上市公司品牌价值总榜各地区公司数量分布

龙江和山东。品牌价值负增长的地区有 9 个，分别是海南、香港、吉林、青海、上海、湖北、广东、贵州和浙江(见图 1-7)

1.2.4　总榜的上市板块分析

在 2023 年中国上市公司品牌价值总榜中：在沪市主板上市的公司有 1 074 家，减少了 8 家，品牌价值合计 124 760 亿元，占榜单总计品牌价值的 44.4%，排在第一位；在香港上市的中资公司有 461 家，减少了 42 家，品牌价值合计 87 100.53 亿元，占榜单总计品牌价值的 31%，排在第二位；在深市主板上市的公司有 868 家，减少了 27 家，品牌价值合计 50 680.87 亿元，占榜单总计品牌价值的 18%，排在第三位。此外，在深市创业板上市的公司有 381 家，品牌价值合计 9 690.55 亿元，占榜单总计品牌价值的 3.5%；在国外上市的中概股公司有 65 家，减少了 22 家，品牌价值合计 4 820.77 亿元，占榜单总计品牌价值的 1.7%；在沪市科创板上市的公司有 141 家，增加了 37 家，品牌价值合计 3 614.95 亿元，占榜单总计品牌价值的 1.3%。此外，在北证新三板上市的公司有 10 家，品牌价值合

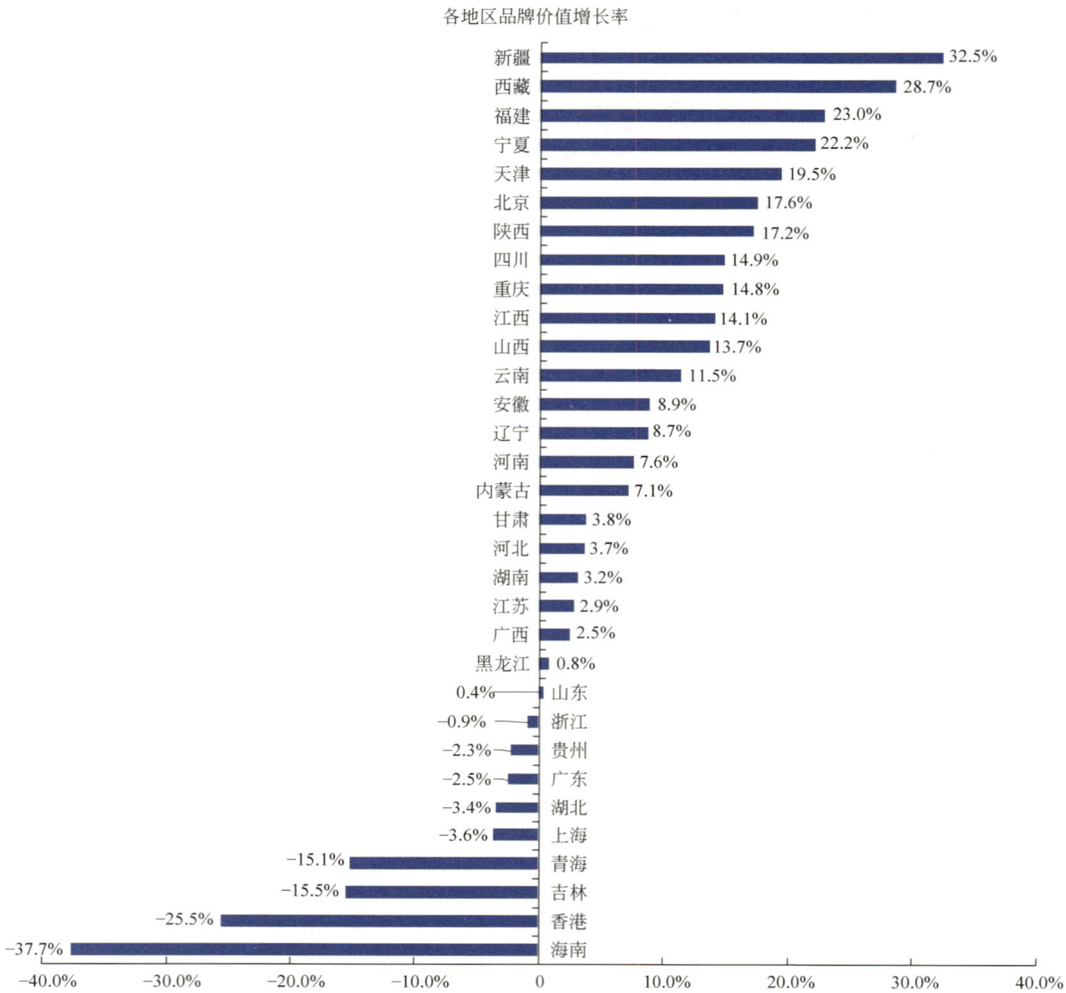

图 1-7　2023 年中国上市公司品牌价值总榜各地区品牌价值增长率

计 154.47 亿元，占榜单总计品牌价值的 0.1%。

1.2.5　总榜的上市时间分析

在 2023 年中国上市公司品牌价值总榜中：2003—2007 年上市的公司有 347 家，品牌价值合计 67 765.27 亿元，占榜单总计品牌价值的 24.1%，排在第一位；2018—2022 年上市的公司有 729 家，品牌价值合计 65 480.29 亿元，占榜单总计品牌价值的 23.3%，排在第二位；1997 年及以前上市的公司有 457 家，品牌价值合计 47 802.67 亿元，占榜单总计品牌价值的 17%，排在第三位。此外，2008—2012 年上市的公司有 581 家，品牌价值合计 41 747.96 亿元，占榜单总计品牌价值的 14.9%；1998—2002 年上市的公司有 337 家，品牌价值合计 35 555.57 亿元，占榜单总计品牌价值的 12.7%；2013—2017 年上市的公司有 549 家，品牌价值合计 22 470.37 亿元，占榜单总计品牌价值的 8%。

第2篇

中国上市公司品牌价值行业榜

2.1 金融行业品牌价值榜

在2023年中国上市公司品牌价值总榜的3 000家企业中：金融行业的企业共计147家，比2022年减少了2家；品牌价值总计35 995.4亿元，比2022年增长了9.8%。

2.1.1 2023年中国金融行业上市公司品牌价值榜单

序号	证券简称	品牌价值/亿元	增长率/%	地区	上市日期	证券代码
1	工商银行	3 865.86	10.0	北京	2006-10-27	601398.SH
2	建设银行	3 352.17	10.1	北京	2007-09-25	601939.SH
3	中国平安	3 021.97	−6.8	广东	2007-03-01	601318.SH
4	农业银行	2 769.59	13.5	北京	2010-07-15	601288.SH
5	中国银行	2 566.66	17.6	北京	2006-07-05	601988.SH
6	招商银行	1 394.04	4.6	广东	2002-04-09	600036.SH
7	中国人寿	1 386.52	−5.0	北京	2007-01-09	601628.SH
8	交通银行	1 095.45	32.2	上海	2007-05-15	601328.SH
9	中国人保	998.34	12.6	北京	2018-11-16	601319.SH
10	邮储银行	968.78	9.9	北京	2019-12-10	601658.SH
11	兴业银行	919.43	18.2	福建	2007-02-05	601166.SH
12	中国财险	918.24	24.6	北京	2003-11-06	2328.HK
13	中国太保	813.59	2.3	上海	2007-12-25	601601.SH
14	中信股份	741.21	32.5	北京	1986-02-26	0267.HK
15	中信银行	713.12	14.0	北京	2007-04-27	601998.SH
16	浦发银行	641.27	1.2	上海	1999-11-10	600000.SH
17	平安银行	521.74	15.6	广东	1991-04-03	000001.SZ
18	光大银行	521.43	11.8	北京	2010-08-18	601818.SH
19	民生银行	466.11	−4.9	北京	2000-12-19	600016.SH
20	中国太平	447.71	15.6	香港	2000-06-29	0966.HK
21	新华保险	353.95	0.5	北京	2011-12-16	601336.SH
22	华夏银行	315.49	17.4	北京	2003-09-12	600015.SH
23	中国再保险	312.25	17.5	北京	2015-10-26	1508.HK
24	中银香港	311.15	9.7	香港	2002-07-25	2388.HK
25	北京银行	256.52	13.1	北京	2007-09-19	601169.SH
26	复星国际	256.11	9.3	上海	2007-07-16	0656.HK
27	江苏银行	253.31	34.6	江苏	2016-08-02	600919.SH
28	中信证券	227.49	11.4	广东	2003-01-06	600030.SH
29	上海银行	219.46	12.9	上海	2016-11-16	601229.SH
30	宁波银行	213.76	32.0	浙江	2007-07-19	002142.SZ
31	阳光保险	207.88	新上榜	广东	2022-12-09	6963.HK
32	南京银行	192.45	28.2	江苏	2007-07-19	601009.SH
33	浙商银行	181.53	5.8	浙江	2019-11-26	601916.SH
34	国泰君安	144.85	12.3	上海	2015-06-26	601211.SH

续表

序号	证券简称	品牌价值/亿元	增长率/%	地区	上市日期	证券代码
35	陆金所控股	139.49	−2.7	上海	2020-10-30	LU.N
36	徽商银行	126.27	28.3	安徽	2013-11-12	3698.HK
37	远东宏信	119.94	8.7	上海	2011-03-30	3360.HK
38	杭州银行	116.95	21.1	浙江	2016-10-27	600926.SH
39	海通证券	116.01	−13.0	上海	1994-02-24	600837.SH
40	华泰证券	114.95	4.1	江苏	2010-02-26	601688.SH
41	广发证券	111.06	−1.7	广东	1997-06-11	000776.SZ
42	中国银河	111.04	37.1	北京	2017-01-23	601881.SH
43	中油资本	111.00	50.2	新疆	1996-10-22	000617.SZ
44	沪农商行	105.30	55.1	上海	2021-08-19	601825.SH
45	渝农商行	104.96	6.3	重庆	2019-10-29	601077.SH
46	中金公司	100.85	10.3	北京	2020-11-02	601995.SH
47	招商证券	98.96	−1.4	广东	2009-11-17	600999.SH
48	申万宏源	98.50	21.7	新疆	2015-01-26	000166.SZ
49	中信建投	92.82	7.1	北京	2018-06-20	601066.SH
50	成都银行	90.89	33.8	四川	2018-01-31	601838.SH
51	广州农商银行	83.77	3.1	广东	2017-06-20	1551.HK
52	360 数科	80.27	−31.6	上海	2018-12-14	QFIN.O
53	渤海银行	78.67	−3.2	天津	2020-07-16	9668.HK
54	长沙银行	75.89	12.4	湖南	2018-09-26	601577.SH
55	国信证券	72.42	20.4	广东	2014-12-29	002736.SZ
56	东莞农商银行	67.61	6.2	广东	2021-09-29	9889.HK
57	东方财富	59.88	61.8	上海	2010-03-19	300059.SZ
58	贵阳银行	59.36	4.6	贵州	2016-08-16	601997.SH
59	天茂集团	58.71	11.8	湖北	1996-11-12	000627.SZ
60	国银金租	56.72	−38.1	广东	2016-07-11	1606.HK
61	中航产融	55.25	10.2	黑龙江	1996-05-16	600705.SH
62	重庆银行	52.70	15.9	重庆	2021-02-05	601963.SH
63	郑州银行	52.66	20.1	河南	2018-09-19	002936.SZ
64	永安期货	51.95	−9.6	浙江	2021-12-23	600927.SH
65	中国宝安	50.38	39.9	广东	1991-06-25	000009.SZ
66	中原银行	50.05	−19.5	河南	2017-07-19	1216.HK
67	兴业证券	49.53	−10.7	福建	2010-10-13	601377.SH
68	东方证券	48.21	−11.3	上海	2015-03-23	600958.SH
69	贵州银行	44.78	−0.3	贵州	2019-12-30	6199.HK
70	盛京银行	44.04	0.2	辽宁	2014-12-29	2066.HK
71	海通恒信	43.60	156.8	上海	2019-06-03	1905.HK
72	信也科技	42.00	−11.8	上海	2017-11-10	FINV.N
73	光大证券	41.44	−7.3	上海	2009-08-18	601788.SH
74	九江银行	40.80	−10.7	江西	2018-07-10	6190.HK
75	苏州银行	39.06	35.6	江苏	2019-08-02	002966.SZ
76	渤海租赁	37.58	13.9	新疆	1996-07-16	000415.SZ

续表

序号	证券简称	品牌价值/亿元	增长率/%	地区	上市日期	证券代码
77	天津银行	36.76	-21.8	天津	2016-03-30	1578.HK
78	江西银行	36.41	-10.3	江西	2018-06-26	1916.HK
79	青岛银行	35.72	25.0	山东	2019-01-16	002948.SZ
80	环球医疗	34.81	9.7	北京	2015-07-08	2666.HK
81	齐鲁银行	33.91	35.6	山东	2021-06-18	601665.SH
82	众安在线	33.90	2.9	上海	2017-09-28	6060.HK
83	国投资本	33.61	-3.5	上海	1997-05-19	600061.SH
84	浙商证券	30.15	10.2	浙江	2017-06-26	601878.SH
85	青农商行	29.84	10.2	山东	2019-03-26	002958.SZ
86	乐信	29.02	16.7	广东	2017-12-21	LX.O
87	常熟银行	28.37	27.8	江苏	2016-09-30	601128.SH
88	越秀资本	27.28	5.5	广东	2000-07-18	000987.SZ
89	浙江东方	27.25	1.5	浙江	1997-12-01	600120.SH
90	中泰证券	27.11	9.6	山东	2020-06-03	600918.SH
91	东吴证券	25.99	33.9	江苏	2011-12-12	601555.SH
92	西安银行	25.44	9.4	陕西	2019-03-01	600928.SH
93	威海银行	25.12	21.2	山东	2020-10-12	9677.HK
94	哈尔滨银行	23.94	-24.4	黑龙江	2014-03-31	6138.HK
95	甘肃银行	23.79	20.2	甘肃	2018-01-18	2139.HK
96	江苏金租	22.97	30.8	江苏	2018-03-01	600901.SH
97	方正证券	21.73	10.5	湖南	2011-08-10	601901.SH
98	晋商银行	21.49	14.6	山西	2019-07-18	2558.HK
99	长江证券	21.34	0.0	湖北	1997-07-31	000783.SZ
100	九台农商银行	20.15	12.8	吉林	2017-01-12	6122.HK
101	富途控股	19.64	-22.9	香港	2019-03-08	FUTU.O
102	国金证券	19.54	2.4	四川	1997-08-07	600109.SH
103	财通证券	19.46	-7.1	浙江	2017-10-24	601108.SH
104	厦门银行	18.58	3.1	福建	2020-10-27	601187.SH
105	兰州银行	18.25	新上榜	甘肃	2022-01-17	001227.SZ
106	国元证券	17.50	34.3	安徽	1997-06-16	000728.SZ
107	五矿资本	17.36	-34.6	湖南	2001-01-15	600390.SH
108	东北证券	17.18	6.3	吉林	1997-02-27	000686.SZ
109	无锡银行	17.03	11.6	江苏	2016-09-23	600908.SH
110	长城证券	15.98	8.1	广东	2018-10-26	002939.SZ
111	张家港行	15.39	44.8	江苏	2017-01-24	002839.SZ
112	中国船舶租赁	14.98	13.5	上海	2019-06-17	3877.HK
113	东兴证券	14.91	-5.9	北京	2015-02-26	601198.SH
114	华西证券	14.65	-9.5	四川	2018-02-05	002926.SZ
115	紫金银行	14.52	11.8	江苏	2019-01-03	601860.SH
116	西部证券	14.45	30.5	陕西	2012-05-03	002673.SZ
117	江阴银行	13.78	48.5	江苏	2016-09-02	002807.SZ
118	苏农银行	13.68	24.1	江苏	2016-11-29	603323.SH

续表

序号	证券简称	品牌价值/亿元	增长率/%	地区	上市日期	证券代码
119	南华期货	12.99	-9.2	浙江	2019-08-30	603093.SH
120	扬子江金融控股	12.44	新上榜	江苏	2022-04-28	YF8.SG
121	华安证券	12.16	0.7	安徽	2016-12-06	600909.SH
122	中粮资本	11.89	8.8	河南	2010-06-03	002423.SZ
123	瑞丰银行	11.73	-2.4	浙江	2021-06-25	601528.SH
124	爱建集团	11.72	-13.5	上海	1993-04-26	600643.SH
125	诺亚财富	11.08	0.4	上海	2010-11-10	NOAH.N
126	华创阳安	10.66	新上榜	北京	1998-09-18	600155.SH
127	泸州银行	10.29	16.6	四川	2018-12-17	1983.HK
128	山西证券	10.11	1.6	山西	2010-11-15	002500.SZ
129	国海证券	9.93	19.8	广西	1997-07-09	000750.SZ
130	红塔证券	9.28	-43.7	云南	2019-07-05	601236.SH
131	鼎丰集团汽车	8.65	-28.9	福建	2013-12-09	6878.HK
132	趣店	8.63	-23.3	福建	2017-10-18	QD.N
133	首创证券	8.45	新上榜	北京	2022-12-22	601136.SH
134	中银证券	7.66	-11.7	上海	2020-02-26	601696.SH
135	国联证券	7.66	35.0	江苏	2020-07-31	601456.SH
136	嘉银金科	7.46	21.4	上海	2019-05-10	JFIN.O
137	陕国投 A	7.29	27.3	陕西	1994-01-10	000563.SZ
138	西南证券	7.13	-28.0	重庆	2001-01-09	600369.SH
139	南京证券	7.08	-15.3	江苏	2018-06-13	601990.SH
140	尚乘国际	7.00	新上榜	香港	2020-04-08	HKB.SG
141	易鑫集团	6.97	-15.3	上海	2017-11-16	2858.HK
142	第一创业	6.95	-8.7	广东	2016-05-11	002797.SZ
143	锦州银行	6.54	-41.7	辽宁	2015-12-07	0416.HK
144	小赢科技	6.49	-6.3	广东	2018-09-19	XYF.N
145	财达证券	6.22	-24.0	河北	2021-05-07	600906.SH
146	天风证券	6.14	-23.1	湖北	2018-10-19	601162.SH
147	宜人金科	6.07	-21.7	北京	2015-12-18	YRD.N

2.1.2 2023 年中国金融行业上市公司品牌价值榜分析

【行业集中度】 在 2023 年中国金融行业上市公司品牌价值榜中：排在前 5 位的公司品牌价值合计 15 576.24 亿元，占行业榜单总计品牌价值的 43.3%；排在前 10 位的公司品牌价值合计 21 419.37 亿元，占行业榜单总计品牌价值的 59.5%；排在前 20 位的公司品牌价值合计 28 123.21 亿元，占行业榜单总计品牌价值的 78.1%。

【所在区域】 在 2023 年中国金融行业上市公司品牌价值榜中，147 家公司来自 27 个地区。其中，来自北京的公司共计 24 家，品牌价值合计 20 885.83 亿元，占行业榜单总计品牌价值的 58%，处于主导地位。其他地区企业的构成情况如图 2-1 和图 2-2 所示。

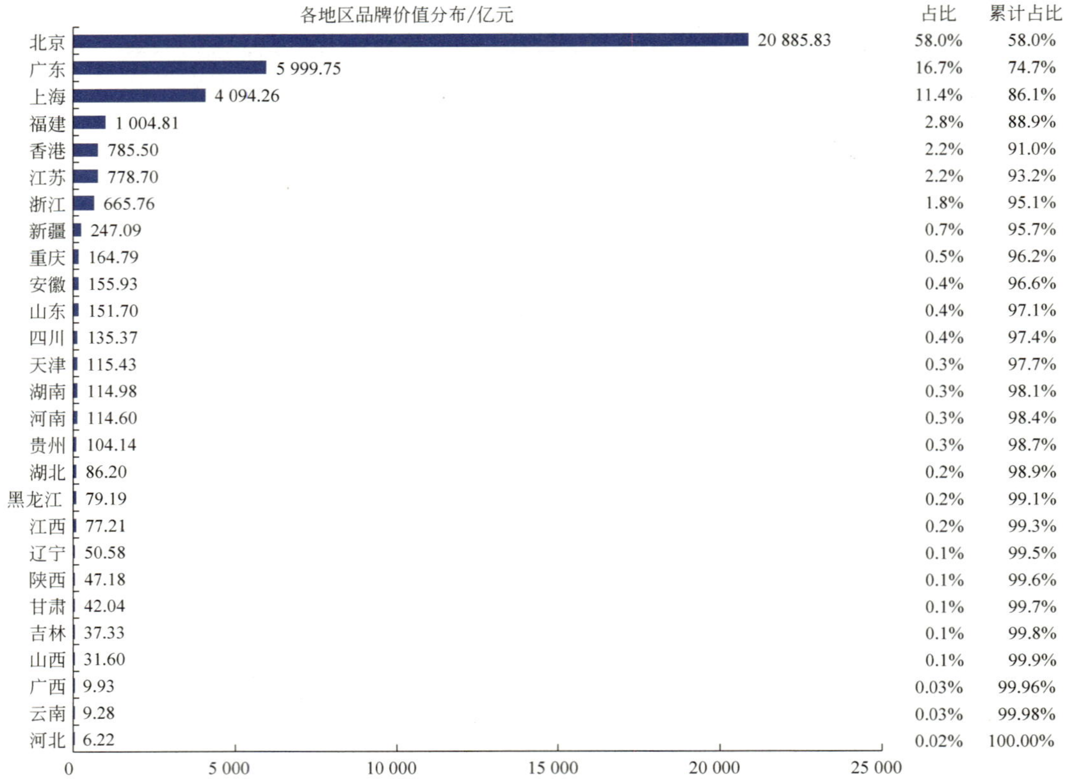

图 2-1　2023 年中国金融行业上市公司品牌价值榜各地区品牌价值分布

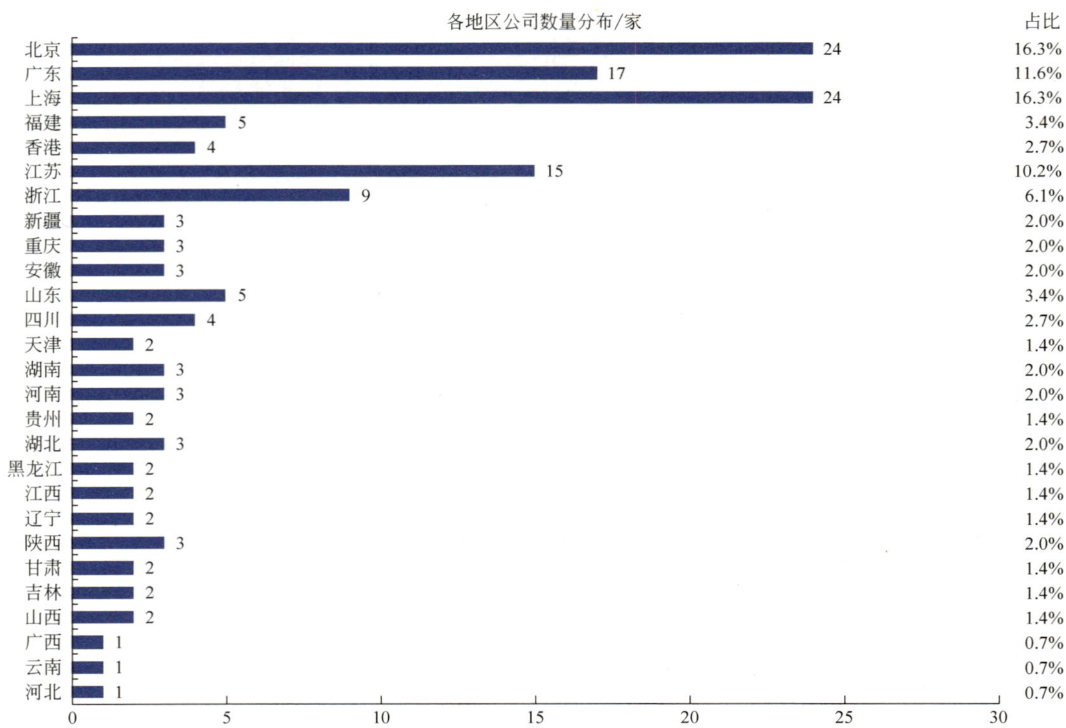

图 2-2　2023 年中国金融行业上市公司品牌价值榜各地区公司数量分布

【上市板块】 在2023年中国金融行业上市公司品牌价值榜中：在沪市主板上市的公司有74家，品牌价值合计29 656.92亿元，占行业榜单总计品牌价值的82.4%，排在第一位；在香港上市的中资公司有32家，品牌价值合计4 254.6亿元，占行业榜单总计品牌价值的11.8%，排在第二位；在深市主板上市的公司有28家，品牌价值合计1 654.41亿元，占行业榜单总计品牌价值的4.6%，排在第三位。此外，在国外上市的中概股公司有12家，品牌价值合计369.58亿元；在深市创业板上市的公司有1家，品牌价值59.88亿元。

【上市时间】 在2023年中国金融行业上市公司品牌价值榜中：2003—2007年上市的公司有16家，品牌价值合计20 114.83亿元，占行业榜单总计品牌价值的55.9%，排在第一位；2008—2012年上市的公司有15家，品牌价值合计4 224.91亿元，占行业榜单总计品牌价值的11.7%，排在第二位；2018—2022年上市的公司有52家，品牌价值合计4 138.12亿元，占行业榜单总计品牌价值的11.5%，排在第三位。此外，1998—2002年上市的公司有9家，品牌价值合计3 322.71亿元；2013—2017年上市的公司有37家，品牌价值合计2 226.52亿元；1997年及以前上市的公司有18家，品牌价值合计1 968.31亿元。

2.2 互联网行业品牌价值榜

在2023年中国上市公司品牌价值总榜的3 000家企业中：互联网行业的企业共计115家，比2022年减少了6家；品牌价值总计26 151.52亿元，比2022年下降了10.2%。

2.2.1 2023年中国互联网行业上市公司品牌价值榜单

序号	证券简称	品牌价值/亿元	增长率/%	地区	上市日期	证券代码
1	腾讯控股	17 708.19	−14.6	广东	2004-06-16	0700.HK
2	百度集团-SW	2 934.81	22.4	北京	2021-03-23	9888.HK
3	网易-S	2 790.06	11.3	浙江	2020-06-11	9999.HK
4	三六零	281.04	−31.9	天津	2012-01-16	601360.SH
5	汽车之家	217.67	−21.5	北京	2013-12-11	ATHM.N
6	汇通达网络	216.56	新上榜	江苏	2022-02-18	9878.HK
7	国联股份	196.71	102.7	北京	2019-07-30	603613.SH
8	中国软件国际	83.38	2.4	北京	2003-06-20	0354.HK
9	科大讯飞	74.76	23.0	安徽	2008-05-12	002230.SZ
10	软通动力	68.44	新上榜	北京	2022-03-15	301236.SZ
11	宝信软件	58.29	8.0	上海	1994-03-11	600845.SH
12	联络互动	35.73	−50.1	浙江	2009-08-21	002280.SZ
13	神州信息	33.48	1.8	广东	1994-04-08	000555.SZ
14	金山软件	33.18	0.8	北京	2007-10-09	3888.HK

续表

序号	证券简称	品牌价值/亿元	增长率/%	地区	上市日期	证券代码
15	用友网络	32.81	−26.4	北京	2001-05-18	600588.SH
16	太极股份	32.48	17.1	北京	2010-03-12	002368.SZ
17	电科数字	31.81	0.5	上海	1994-03-24	600850.SH
18	东软集团	30.52	36.1	辽宁	1996-06-18	600718.SH
19	恒生电子	29.58	−8.6	浙江	2003-12-16	600570.SH
20	中国民航信息网络	29.32	−21.9	北京	2001-02-07	0696.HK
21	优矩控股	28.83	10.5	北京	2021-11-08	1948.HK
22	千方科技	27.95	−15.0	北京	2010-03-18	002373.SZ
23	同花顺	27.92	30.5	浙江	2009-12-25	300033.SZ
24	朗新科技	27.01	73.2	江苏	2017-08-01	300682.SZ
25	中国软件	26.52	6.6	北京	2002-05-17	600536.SH
26	东华软件	26.02	−18.7	北京	2006-08-23	002065.SZ
27	拉卡拉	25.97	9.5	北京	2019-04-25	300773.SZ
28	常山北明	24.62	−1.4	河北	2000-07-24	000158.SZ
29	广联达	24.37	16.7	北京	2010-05-25	002410.SZ
30	博彦科技	24.09	49.6	北京	2012-01-06	002649.SZ
31	南天信息	23.90	91.4	云南	1999-10-14	000948.SZ
32	中控技术	23.55	53.3	浙江	2020-11-24	688777.SH
33	中科创达	23.28	54.2	北京	2015-12-10	300496.SZ
34	慧聪集团	22.90	−31.1	北京	2003-12-17	2280.HK
35	金山办公	22.16	19.6	北京	2019-11-18	688111.SH
36	光环新网	21.96	−19.4	北京	2014-01-29	300383.SZ
37	深信服	21.77	−18.5	广东	2018-05-16	300454.SZ
38	中科软	21.72	48.1	北京	2019-09-09	603927.SH
39	高鸿股份	19.90	−9.5	贵州	1998-06-09	000851.SZ
40	万国数据-SW	19.83	−17.6	上海	2020-11-02	9698.HK
41	启明星辰	19.00	6.8	北京	2010-06-23	002439.SZ
42	天源迪科	18.87	39.4	广东	2010-01-20	300047.SZ
43	云赛智联	18.39	17.6	上海	1990-12-19	600602.SH
44	萤石网络	18.10	新上榜	浙江	2022-12-28	688475.SH
45	汇量科技	18.08	24.4	广东	2018-12-12	1860.HK
46	佳都科技	17.00	2.1	广东	1996-07-16	600728.SH
47	金证股份	16.44	−3.1	广东	2003-12-24	600446.SH
48	网宿科技	16.31	21.2	上海	2009-10-30	300017.SZ
49	宝尊电商-W	16.13	−37.6	上海	2020-09-29	9991.HK
50	新点软件	15.26	22.8	江苏	2021-11-17	688232.SH
51	卓朗科技	14.88	新上榜	天津	2000-01-27	600225.SH
52	宇信科技	14.38	37.2	北京	2018-11-07	300674.SZ
53	天下秀	13.79	−11.5	广西	2001-08-07	600556.SH
54	吉宏股份	13.65	−21.1	福建	2016-07-12	002803.SZ
55	世纪互联	12.75	−25.2	北京	2011-04-21	VNET.O
56	京北方	12.53	62.1	北京	2020-05-07	002987.SZ
57	先进数通	12.52	32.5	北京	2016-09-13	300541.SZ

续表

序号	证券简称	品牌价值/亿元	增长率/%	地区	上市日期	证券代码
58	天融信	12.47	−0.9	广东	2008-02-01	002212.SZ
59	天地在线	12.25	12.4	北京	2020-08-05	002995.SZ
60	浪潮国际	11.80	53.9	香港	2004-04-29	0596.HK
61	法本信息	11.58	32.1	广东	2020-12-30	300925.SZ
62	华宇软件	11.54	3.8	北京	2011-10-26	300271.SZ
63	润和软件	11.26	28.6	江苏	2012-07-18	300339.SZ
64	汉得信息	11.00	70.6	上海	2011-02-01	300170.SZ
65	华软科技	10.91	0.3	江苏	2010-07-20	002453.SZ
66	家乡互动	10.91	−3.1	福建	2019-07-04	3798.HK
67	秦淮数据	10.86	0.8	北京	2020-09-30	CD.O
68	神州泰岳	10.81	53.9	北京	2009-10-30	300002.SZ
69	中电兴发	10.65	3.9	安徽	2009-09-29	002298.SZ
70	东方国信	10.32	12.4	北京	2011-01-25	300166.SZ
71	美亚柏科	9.85	2.9	福建	2011-03-16	300188.SZ
72	石基信息	9.73	−19.3	北京	2007-08-13	002153.SZ
73	远光软件	9.72	27.7	广东	2006-08-23	002063.SZ
74	卫宁健康	9.71	−15.3	上海	2011-08-18	300253.SZ
75	赛意信息	9.26	36.3	广东	2017-08-03	300687.SZ
76	银信科技	9.00	30.5	北京	2011-06-15	300231.SZ
77	浙大网新	8.96	−20.5	浙江	1997-04-18	600797.SH
78	绿盟科技	8.94	17.2	北京	2014-01-29	300369.SZ
79	四维图新	8.91	36.6	北京	2010-05-18	002405.SZ
80	博思软件	8.65	新上榜	福建	2016-07-26	300525.SZ
81	华胜天成	8.55	−39.2	北京	2004-04-27	600410.SH
82	金蝶国际	8.53	−42.2	广东	2001-02-15	0268.HK
83	航天宏图	8.51	新上榜	北京	2019-07-22	688066.SH
84	创业慧康	8.24	16.1	浙江	2015-05-14	300451.SZ
85	ST 泛微	8.22	−2.5	上海	2017-01-13	603039.SH
86	数字政通	8.12	新上榜	北京	2010-04-27	300075.SZ
87	南威软件	8.10	2.8	福建	2014-12-30	603636.SH
88	梦网科技	8.02	−8.0	辽宁	2007-03-28	002123.SZ
89	灿谷	8.00	−43.1	上海	2018-07-26	CANG.N
90	二三四五	7.80	23.2	上海	2007-12-12	002195.SZ
91	奇安信-U	7.80	−40.3	北京	2020-07-22	688561.SH
92	超图软件	7.60	−2.2	北京	2009-12-25	300036.SZ
93	易华录	7.17	−51.4	北京	2011-05-05	300212.SZ
94	今天国际	6.91	新上榜	广东	2016-08-18	300532.SZ
95	中科星图	6.89	新上榜	北京	2020-07-08	688568.SH
96	中远海科	6.78	15.7	上海	2010-05-06	002401.SZ
97	吴通控股	6.78	−17.0	江苏	2012-02-29	300292.SZ
98	银江技术	6.61	2.7	浙江	2009-10-30	300020.SZ
99	优趣汇控股	6.56	−10.5	上海	2021-07-12	2177.HK
100	达实智能	6.37	−34.4	广东	2010-06-03	002421.SZ
101	新智认知	6.32	−25.6	广西	2015-03-26	603869.SH

续表

序号	证券简称	品牌价值/亿元	增长率/%	地区	上市日期	证券代码
102	首都信息	6.30	2.3	北京	2001-12-21	1075.HK
103	亚信安全	6.26	新上榜	江苏	2022-02-09	688225.SH
104	久远银海	6.21	新上榜	四川	2015-12-31	002777.SZ
105	科大国创	6.16	新上榜	安徽	2016-07-08	300520.SZ
106	拓尔思	6.16	9.5	北京	2011-06-15	300229.SZ
107	焦点科技	6.14	12.4	江苏	2009-12-09	002315.SZ
108	京投交通科技	6.07	新上榜	北京	2012-05-16	1522.HK
109	联易融科技-W	5.88	新上榜	广东	2021-04-09	9959.HK
110	启明信息	5.77	−7.0	吉林	2008-05-09	002232.SZ
111	遥望科技	5.73	−46.4	广东	2009-09-03	002291.SZ
112	久其软件	5.72	−19.2	北京	2009-08-11	002279.SZ
113	天阳科技	5.66	新上榜	西藏	2020-08-24	300872.SZ
114	壹网壹创	5.65	−4.8	浙江	2019-09-27	300792.SZ
115	长亮科技	5.64	−6.1	广东	2012-08-17	300348.SZ

2.2.2 2023 年中国互联网行业上市公司品牌价值榜分析

【行业集中度】 在 2023 年中国互联网行业上市公司品牌价值榜中：排在第 1 位的公司是腾讯控股，品牌价值 17 708.19 亿元，占行业榜单总计品牌价值的 67.7%；排在前 3 位的公司品牌价值合计 23 433.05 亿元，占行业榜单总计品牌价值的 89.6%；排在前 10 位的公司品牌价值合计 24 571.59 亿元，占行业榜单总计品牌价值的 94%。

【所在区域】 在 2023 年中国互联网行业上市公司品牌价值榜中，115 家公司来自 17 个地区。其中，来自广东的公司共计 17 家，品牌价值合计 17 915.92 亿元，占行业榜单总计品牌价值的 68.5%，处于主导地位。其他地区企业的构成情况如图 2-3 和图 2-4 所示。

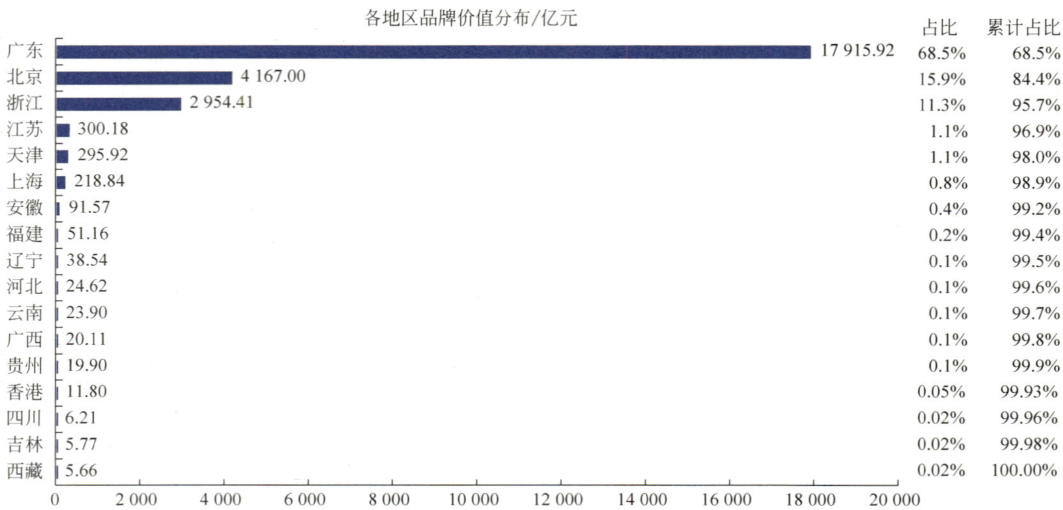

图 2-3 2023 年中国互联网行业上市公司品牌价值榜各地区品牌价值分布

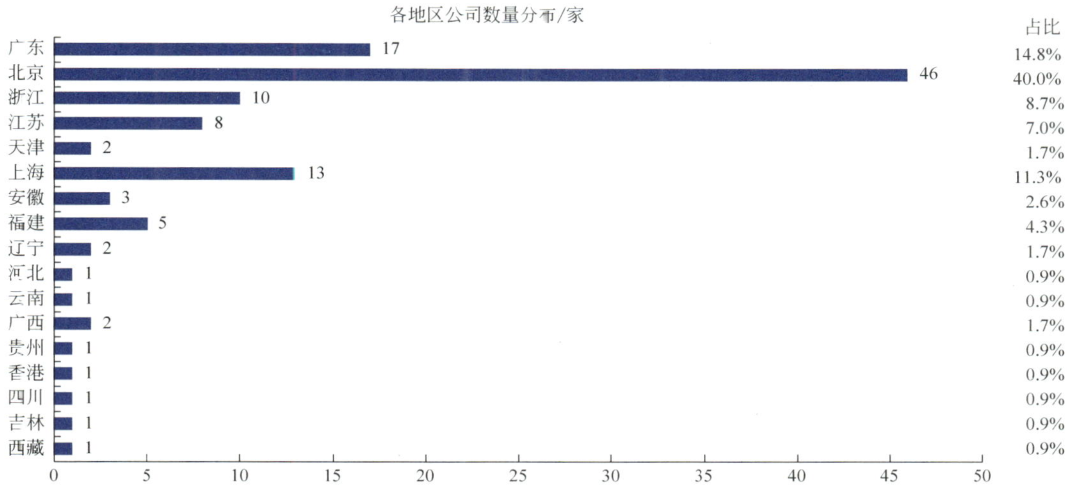

图 2-4　2023 年中国互联网行业上市公司品牌价值榜各地区公司数量分布

【上市板块】　在 2023 年中国互联网行业上市公司品牌价值榜中：在香港上市的中资公司有 19 家，品牌价值合计 23 957.31 亿元，占行业榜单总计品牌价值的 91.6%，排在第一位；在沪市主板上市的公司有 19 家，品牌价值合计 829.66 亿元，占行业总计品牌价值的 3.2%，排在第二位；在深市主板上市的公司有 30 家，品牌价值合计 525.69 亿元，占行业总计品牌价值的 2%，排在第三位。此外，在深市创业板上市的公司有 35 家，品牌价值合计 481.05 亿元；在国外上市的中概股公司有 4 家，品牌价值合计 249.28 亿元；在沪市科创板上市的公司有 8 家，品牌价值合计 108.53 亿元。

【上市时间】　在 2023 年中国互联网行业上市公司品牌价值榜中：2003—2007 年上市的公司有 13 家，品牌价值合计 17 975.31 亿元，占行业榜单总计品牌价值的 68.7%，排在第一位；2018—2022 年上市的公司有 31 家，品牌价值合计 6 571.68 亿元，占行业榜单总计品牌价值的 25.1%，排在第二位；2008—2012 年上市的公司有 38 家，品牌价值合计 812.38 亿元，占行业榜单总计品牌价值的 3.1%，排在第三位。此外，2013—2017 年上市的公司有 16 家，品牌价值合计 393.1 亿元；1998—2002 年上市的公司有 10 家，品牌价值合计 200.57 亿元；1997 年及以前上市的公司有 7 家，品牌价值合计 198.47 亿元。

2.3　零售行业品牌价值榜

在 2023 年中国上市公司品牌价值总榜的 3 000 家企业中：零售行业的企业共计 87 家，比 2022 年减少了 8 家；品牌价值总计 25 696.85 亿元，比 2022 年下降了 15.7%。

2.3.1 2023 年中国零售行业上市公司品牌价值榜单

序号	证券简称	品牌价值/亿元	增长率/%	地区	上市日期	证券代码
1	阿里巴巴-SW	13 463.31	−14.0	浙江	2019-11-26	9988. HK
2	京东集团-SW	5 088.47	13.4	北京	2020-06-18	9618. HK
3	美团-W	1 130.85	−57.0	北京	2018-09-20	3690. HK
4	拼多多	970.56	−12.3	上海	2018-07-26	PDD. O
5	中国中免	586.30	−18.0	北京	2009-10-15	601888. SH
6	唯品会	317.50	36.3	广东	2012-03-23	VIPS. N
7	高鑫零售	295.40	−47.0	上海	2011-07-27	6808. HK
8	永辉超市	264.61	−26.4	福建	2010-12-15	601933. SH
9	贝壳	211.79	−9.3	北京	2020-08-13	BEKE. N
10	ST 易购	199.53	−74.9	江苏	2004-07-21	002024. SZ
11	百联股份	185.84	−17.4	上海	1994-02-04	600827. SH
12	京东健康	153.58	50.1	北京	2020-12-08	6618. HK
13	携程网	146.57	−6.9	上海	2003-12-09	TCOM. O
14	美凯龙	142.97	−26.8	上海	2018-01-17	601828. SH
15	重庆百货	128.03	−4.8	重庆	1996-07-02	600729. SH
16	居然之家	107.46	39.4	湖北	1997-07-11	000785. SZ
17	联华超市	101.87	−10.5	上海	2003-06-27	0980. HK
18	益丰药房	100.32	15.6	湖南	2015-02-17	603939. SH
19	大参林	95.58	−0.7	广东	2017-07-31	603233. SH
20	一心堂	87.96	15.5	云南	2014-07-02	002727. SZ
21	老百姓	86.22	5.3	湖南	2015-04-23	603883. SH
22	天虹股份	68.59	11.4	广东	2010-06-01	002419. SZ
23	大商股份	66.79	−12.6	辽宁	1993-11-22	600694. SH
24	王府井	62.65	−29.5	北京	1994-05-06	600859. SH
25	家家悦	60.61	−17.2	山东	2016-12-13	603708. SH
26	中百集团	59.29	9.1	湖北	1997-05-19	000759. SZ
27	步步高	57.51	−13.6	湖南	2008-06-19	002251. SZ
28	南京新百	54.33	2.0	江苏	1993-10-18	600682. SH
29	国美零售	53.54	−81.7	北京	1992-04-15	0493. HK
30	武商集团	52.91	−22.4	湖北	1992-11-20	000501. SZ
31	华致酒行	51.65	41.2	云南	2019-01-29	300755. SZ
32	欧亚集团	51.62	−11.3	吉林	1993-12-06	600697. SH
33	南极电商	49.18	−2.2	江苏	2007-04-18	002127. SZ
34	利群股份	46.61	−5.8	山东	2017-04-12	601366. SH
35	创新新材	45.74	−11.4	北京	2001-11-29	600361. SH
36	红旗连锁	42.48	0.5	四川	2012-09-05	002697. SZ
37	茂业商业	41.85	−22.6	四川	1994-02-24	600828. SH
38	孩子王	40.52	3.1	江苏	2021-10-14	301078. SZ
39	合肥百货	39.88	3.6	安徽	1996-08-12	000417. SZ
40	1 药网	37.94	−18.2	上海	2018-09-12	YI. O
41	健之佳	35.31	38.2	云南	2020-12-01	605266. SH

续表

序号	证券简称	品牌价值/亿元	增长率/%	地区	上市日期	证券代码
42	云米科技	34.61	9.2	广东	2018-09-25	VIOT.O
43	跨境通	33.55	−32.3	山西	2011-12-08	002640.SZ
44	新蛋	32.58	新上榜	北京	2010-04-22	NEGG.O
45	名创优品	32.51	−15.2	广东	2020-10-15	MNSO.N
46	银座股份	32.42	−14.5	山东	1994-05-06	600858.SH
47	新华百货	30.98	10.4	宁夏	1997-01-08	600785.SH
48	翠微股份	30.89	19.8	北京	2012-05-03	603123.SH
49	澉玉平民	29.45	18.7	山东	2021-07-05	301017.SZ
50	杭州解百	28.45	−6.2	浙江	1994-01-14	600814.SH
51	北京京客隆	26.35	−8.5	北京	2006-09-25	0814.HK
52	大健云仓	26.26	新上榜	江苏	2022-08-18	GCT.O
53	人人乐	23.05	7.1	广东	2010-01-13	002336.SZ
54	丽人丽妆	22.06	−37.0	上海	2020-09-29	605136.SH
55	新华都	21.70	2.2	福建	2008-07-31	002264.SZ
56	子不语	20.28	新上榜	浙江	2022-11-11	2420.HK
57	文峰股份	19.55	−16.7	江苏	2011-06-03	601010.SH
58	来伊份	19.48	4.0	上海	2016-10-12	603777.SH
59	三江购物	19.45	5.7	浙江	2011-03-02	601116.SH
60	中央商场	19.12	−5.8	江苏	2000-09-26	600280.SH
61	丽尚国潮	18.39	14.7	甘肃	1996-08-02	600738.SH
62	广百股份	18.20	−12.6	广东	2007-11-22	002187.SZ
63	友阿股份	18.03	−18.6	湖南	2009-07-17	002277.SZ
64	通程控股	18.01	20.5	湖南	1996-08-16	000419.SZ
65	东百集团	16.79	−14.2	福建	1993-11-22	600693.SH
66	爱婴室	16.35	25.0	上海	2018-03-30	603214.SH
67	汇嘉时代	14.55	−0.6	新疆	2016-05-06	603101.SH
68	安孚科技	14.09	37.4	安徽	2016-08-22	603031.SH
69	药易购	13.99	−8.3	四川	2021-01-27	300937.SZ
70	云集	12.51	−26.4	浙江	2019-05-03	YJ.O
71	国光连锁	11.99	−3.1	江西	2020-07-28	605188.SH
72	友好集团	11.98	−6.0	新疆	1996-12-03	600778.SH
73	吉峰科技	11.51	30.2	四川	2009-10-30	300022.SZ
74	徐家汇	9.77	18.5	上海	2011-03-03	002561.SZ
75	万物新生	9.73	21.3	上海	2021-06-18	RERE.N
76	中兴商业	9.39	16.5	辽宁	1997-05-08	000715.SZ
77	第一医药	9.36	33.3	上海	1994-02-24	600833.SH
78	CEC 国际控股	9.24	14.9	香港	1999-11-15	0759.HK
79	兰亭集势	9.11	−37.3	上海	2013-06-06	LITB.N
80	国芳集团	8.59	−16.3	甘肃	2017-09-29	601086.SH
81	中闽百汇	7.94	3.7	福建	2011-01-20	5SR.SG
82	益民集团	7.53	−13.8	上海	1994-02-04	600824.SH
83	博士眼镜	7.44	35.5	广东	2017-03-15	300622.SZ

续表

序号	证券简称	品牌价值/亿元	增长率/%	地区	上市日期	证券代码
84	华联股份	7.38	新上榜	北京	1998-06-16	000882.SZ
85	百大集团	6.75	−1.9	浙江	1994-08-09	600865.SH
86	明月镜片	5.95	新上榜	江苏	2021-12-16	301101.SZ
87	新世界	5.80	−47.2	上海	1993-01-19	600628.SH

2.3.2 2023 年中国零售行业上市公司品牌价值榜分析

【行业集中度】 在 2023 年中国零售行业上市公司品牌价值榜中：排在第 1 位的公司是阿里巴巴，品牌价值 13 463.31 亿元，占行业榜单总计品牌价值的 52.4%；排在前 3 位的公司品牌价值合计 19 682.63 亿元，占行业榜单总计品牌价值的 76.6%；排在前 10 位的公司品牌价值合计 22 528.32 亿元，占行业榜单总计品牌价值的 87.7%。

【所在区域】 在 2023 年中国零售行业上市公司品牌价值榜中，87 家公司来自 21 个地区。其中，来自浙江的公司共计 6 家，品牌价值合计 13 550.74 亿元，占行业榜单总计品牌价值的 52.7%，处于主导地位。其他地区企业的构成情况如图 2-5 和图 2-6 所示。

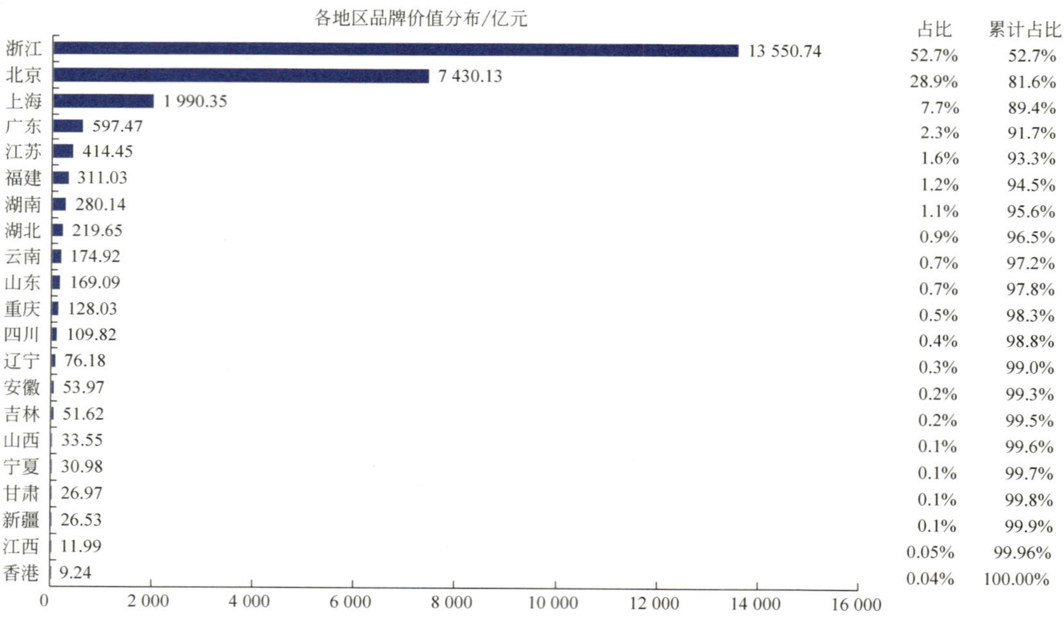

图 2-5 2023 年中国零售行业上市公司品牌价值榜各地区品牌价值分布

【上市板块】 在 2023 年中国零售行业上市公司品牌价值榜中：在香港上市的中资公司有 10 家，品牌价值合计 20 342.89 亿元，占行业总计品牌价值的 79.2%，排在第一位；在沪市主板上市的公司有 38 家，品牌价值合计 2 419.93 亿元，占行业榜单总计品牌价值的 9.4%，排在第二位；在国外上市的中概股公司有 13 家，品牌价值合计 1 849.61 亿

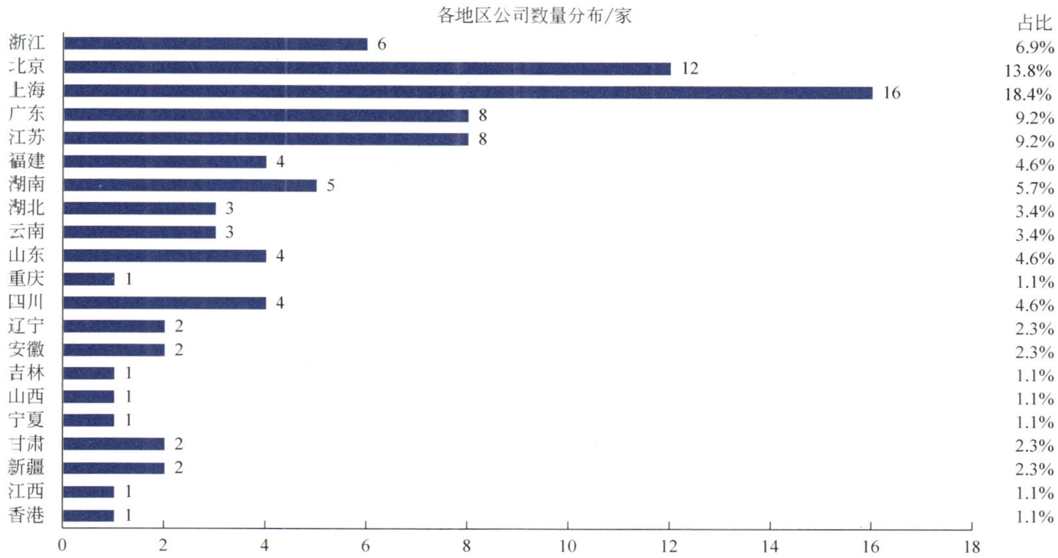

图 2-6 2023 年中国零售行业上市公司品牌价值榜各地区公司数量分布

元，占行业榜单总计品牌价值的 7.2%，排在第三位。此外，在深市主板上市的公司有 19 家，品牌价值合计 923.91 亿元；在深市创业板上市的公司有 7 家，品牌价值合计 160.51 亿元。

【上市时间】 在 2023 年中国零售行业上市公司品牌价值榜中：2018—2022 年上市的公司有 23 家，品牌价值合计 21 562.65 亿元，占行业榜单总计品牌价值的 83.9%，排在第一位；2008—2012 年上市的公司有 18 家，品牌价值合计 1 860.44 亿元，占行业榜单总计品牌价值的 7.2%，排在第二位；1997 年及以前上市的公司有 24 家，品牌价值合计 1 100.02 亿元，占行业榜单总计品牌价值的 4.3%，排在第三位。此外，2013—2017 年上市的公司有 12 家，品牌价值合计 550.55 亿元；2003—2007 年上市的公司有 6 家，品牌价值合计 541.72 亿元；1998—2002 年上市的公司有 4 家，品牌价值合计 81.49 亿元。

2.4 装备行业品牌价值榜

在 2023 年中国上市公司品牌价值总榜的 3 000 家企业中：装备行业的企业共计 411 家，比 2022 年增加了 38 家；品牌价值总计 19 798.84 亿元，比 2022 年增长了 19.2%。

2.4.1 2023 年中国装备行业上市公司品牌价值榜单

序号	证券简称	品牌价值/亿元	增长率/%	地区	上市日期	证券代码
1	中国中车	1 255.60	15.4	北京	2008-08-18	601766.SH
2	中集集团	891.69	13.7	广东	1994-04-08	000039.SZ
3	宁德时代	771.72	163.8	福建	2018-06-11	300750.SZ

续表

序号	证券简称	品牌价值/亿元	增长率/%	地区	上市日期	证券代码
4	隆基绿能	723.72	21.2	陕西	2012-04-11	601012.SH
5	通威股份	663.94	94.1	四川	2004-03-02	600438.SH
6	三一重工	639.20	-34.6	北京	2003-07-03	600031.SH
7	上海电气	567.96	-10.6	上海	2008-12-05	601727.SH
8	徐工机械	503.57	11.6	江苏	1996-08-28	000425.SZ
9	中联重科	364.26	-13.9	湖南	2000-10-12	000157.SZ
10	天合光能	334.97	49.8	江苏	2020-06-10	688599.SH
11	晶澳科技	328.97	61.9	河北	2010-08-10	002459.SZ
12	金风科技	303.00	5.5	新疆	2007-12-26	002202.SZ
13	东方电气	268.17	23.4	四川	1995-10-10	600875.SH
14	特变电工	261.76	46.8	新疆	1997-06-18	600089.SH
15	中国船舶	232.94	61.4	上海	1998-05-20	600150.SH
16	新特能源	213.47	75.9	新疆	2015-12-30	1799.HK
17	协鑫科技	210.75	23.2	香港	2007-11-13	3800.HK
18	明阳智能	192.10	61.8	广东	2019-01-23	601615.SH
19	阿特斯太阳能	179.53	15.9	江苏	2006-11-09	CSIQ.O
20	天能动力	174.34	13.6	香港	2007-06-11	0819.HK
21	郑煤机	169.88	12.4	河南	2010-08-03	601717.SH
22	国电南瑞	168.64	7.9	江苏	2003-10-16	600406.SH
23	天地科技	166.64	18.9	北京	2002-05-15	600582.SH
24	爱旭股份	163.14	119.7	上海	1996-08-16	600732.SH
25	柳工	159.78	19.9	广西	1993-11-18	000528.SZ
26	扬子江	151.65	3.1	江苏	2007-04-18	BS6.SG
27	信义光能	151.54	-11.8	安徽	2013-12-12	0968.HK
28	中铁工业	148.17	66.6	北京	2001-05-28	600528.SH
29	中航科工	141.29	12.0	北京	2003-10-30	2357.HK
30	中集车辆	137.12	-9.2	广东	2021-07-08	301039.SZ
31	正泰电器	136.53	-11.4	浙江	2010-01-21	601877.SH
32	振华重工	129.42	21.0	上海	2000-12-21	600320.SH
33	上海机电	129.26	-7.2	上海	1994-02-24	600835.SH
34	中国通号	122.26	4.9	北京	2019-07-22	688009.SH
35	海天国际	118.28	-7.9	浙江	2006-12-22	1882.HK
36	上机数控	117.54	109.9	江苏	2018-12-28	603185.SH
37	中集安瑞科	115.72	11.2	广东	2005-10-18	3899.HK
38	东方日升	113.84	45.7	浙江	2010-09-02	300118.SZ
39	中国高速传动	103.83	7.1	香港	2007-07-04	0658.HK
40	天能股份	103.12	31.5	浙江	2021-01-18	688819.SH
41	晶科能源	102.58	5.5	江西	2010-05-14	JKS.N
42	中国一重	100.18	19.7	黑龙江	2010-02-09	601106.SH
43	三一重能	96.82	新上榜	北京	2022-06-22	688349.SH
44	先导智能	95.13	58.4	江苏	2015-05-18	300450.SZ
45	阳光电源	91.97	18.4	安徽	2011-11-02	300274.SZ

续表

序号	证券简称	品牌价值/亿元	增长率/%	地区	上市日期	证券代码
46	玉柴国际	91.73	−14.7	广西	1994-12-16	CYD.N
47	宝胜股份	91.47	4.4	江苏	2004-08-02	600973.SH
48	三一国际	88.07	33.6	辽宁	2009-11-25	0631.HK
49	杭叉集团	85.24	4.0	浙江	2016-12-27	603298.SH
50	恒立液压	85.13	−25.6	江苏	2011-10-28	601100.SH
51	安徽合力	84.91	6.3	安徽	1996-10-09	600761.SH
52	中国龙工	84.83	−22.7	上海	2005-11-17	3339.HK
53	巨星科技	84.80	19.5	浙江	2010-07-13	002444.SZ
54	运达股份	84.64	41.2	浙江	2019-04-26	300772.SZ
55	晶盛机电	84.51	75.4	浙江	2012-05-11	300316.SZ
56	中航沈飞	82.21	6.7	山东	1996-10-11	600760.SH
57	科达制造	77.31	30.9	广东	2002-10-10	600499.SH
58	电气风电	77.10	−42.5	上海	2021-05-19	688660.SH
59	哈尔滨电气	76.45	−30.0	黑龙江	1994-12-16	1133.HK
60	铁建重工	76.19	39.2	湖南	2021-06-22	688425.SH
61	中航西飞	75.06	4.7	陕西	1997-06-26	000768.SZ
62	陕鼓动力	73.17	12.2	陕西	2010-04-28	601369.SH
63	航发动力	72.65	−1.1	陕西	1996-04-08	600893.SH
64	ST 龙净	72.00	25.5	福建	2000-12-29	600388.SH
65	中国动力	71.92	19.7	河北	2004-07-14	600482.SH
66	长虹华意	70.55	49.5	江西	1996-06-19	000404.SZ
67	汇川技术	69.03	16.5	广东	2010-09-28	300124.SZ
68	超威动力	68.18	−0.3	浙江	2010-07-07	0951.HK
69	天顺风能	65.34	3.8	江苏	2010-12-31	002531.SZ
70	中国重工	63.56	19.5	北京	2009-12-16	601989.SH
71	海立股份	61.31	−2.7	上海	1992-11-16	600619.SH
72	时代电气	59.15	4.1	湖南	2021-09-07	688187.SH
73	大连重工	53.70	66.5	辽宁	2008-01-16	002204.SZ
74	山河智能	52.61	−9.0	湖南	2006-12-22	002097.SZ
75	杭氧股份	51.92	19.9	浙江	2010-06-10	002430.SZ
76	京运通	49.89	36.7	北京	2011-09-08	601908.SH
77	经纬纺机	48.04	60.0	北京	1996-12-10	000666.SZ
78	远东股份	47.13	11.7	青海	1995-02-06	600869.SH
79	西子洁能	45.25	−0.9	浙江	2011-01-10	002534.SZ
80	华宏科技	44.69	62.9	江苏	2011-12-20	002645.SZ
81	起帆电缆	44.17	32.2	上海	2020-07-31	605222.SH
82	福莱特	43.39	24.3	浙江	2019-02-15	601865.SH
83	山推股份	43.13	25.3	山东	1997-01-22	000680.SZ
84	双良节能	43.10	116.3	江苏	2003-04-22	600481.SH
85	精达股份	42.42	−13.3	安徽	2002-09-11	600577.SH
86	动力新科	41.40	−22.6	上海	1994-03-11	600841.SH
87	卧龙电驱	41.06	7.3	浙江	2002-06-06	600580.SH

续表

序号	证券简称	品牌价值/亿元	增长率/%	地区	上市日期	证券代码
88	江南集团	40.08	2.1	江苏	2012-04-20	1366.HK
89	一拖股份	39.72	6.5	河南	2012-08-08	601038.SH
90	国机重装	39.53	22.6	四川	2020-06-08	601399.SH
91	克劳斯	39.52	26.1	山东	2002-08-09	600579.SH
92	大金重工	38.83	34.0	辽宁	2010-10-15	002487.SZ
93	中直股份	38.69	−3.1	黑龙江	2000-12-18	600038.SH
94	东富龙	38.39	50.9	上海	2011-02-01	300171.SZ
95	阳光能源	37.92	8.7	香港	2008-03-31	0757.HK
96	迈为股份	37.52	41.9	江苏	2018-11-09	300751.SZ
97	中信重工	37.47	21.5	河南	2012-07-06	601608.SH
98	宏发股份	37.29	7.4	湖北	1996-02-05	600885.SH
99	太原重工	36.54	−2.9	山西	1998-09-04	600169.SH
100	中来股份	35.96	29.2	江苏	2014-09-12	300393.SZ
101	浙江鼎力	35.53	0.7	浙江	2015-03-25	603338.SH
102	中国西电	35.32	−6.2	陕西	2010-01-28	601179.SH
103	许继电气	34.25	11.3	河南	1997-04-18	000400.SZ
104	华光环能	33.96	15.4	江苏	2003-07-21	600475.SH
105	冰轮环境	33.96	21.5	山东	1998-05-28	000811.SZ
106	杰克股份	33.28	6.0	浙江	2017-01-19	603337.SH
107	思源电气	32.81	39.9	上海	2004-08-05	002028.SZ
108	航天电子	32.71	5.2	湖北	1995-11-15	600879.SH
109	东方电缆	32.48	32.0	浙江	2014-10-15	603606.SH
110	天能重工	30.83	51.3	山东	2016-11-25	300569.SZ
111	楚天科技	30.80	51.3	湖南	2014-01-21	300358.SZ
112	海力风电	30.45	−25.0	江苏	2021-11-24	301155.SZ
113	诺力股份	30.30	26.7	浙江	2015-01-28	603611.SH
114	赢合科技	30.23	135.3	广东	2015-05-14	300457.SZ
115	内蒙一机	30.22	12.4	内蒙古	2004-05-18	600967.SH
116	国轩高科	30.15	49.9	安徽	2006-10-18	002074.SZ
117	万马股份	29.78	36.5	浙江	2009-07-10	002276.SZ
118	力劲科技	29.36	4.4	香港	2006-10-16	0558.HK
119	金杯电工	29.12	30.5	湖南	2010-12-31	002533.SZ
120	易成新能	28.44	130.6	河南	2010-06-25	300080.SZ
121	太阳电缆	28.36	50.5	福建	2009-10-21	002300.SZ
122	东贝集团	27.78	0.6	湖北	2020-12-25	601956.SH
123	理士国际	27.53	−18.9	广东	2010-11-16	0842.HK
124	三星医疗	27.45	−9.6	浙江	2011-06-15	601567.SH
125	康力电梯	27.17	14.5	江苏	2010-03-12	002367.SZ
126	云内动力	26.85	−26.4	云南	1999-04-15	000903.SZ
127	同力股份	26.79	新上榜	陕西	2021-02-22	834599.BJ
128	中航重机	26.64	34.2	贵州	1996-11-06	600765.SH
129	卓郎智能	26.40	10.1	新疆	2003-12-03	600545.SH

续表

序号	证券简称	品牌价值/亿元	增长率/%	地区	上市日期	证券代码
130	全柴动力	24.85	20.3	安徽	1998-12-03	600218.SH
131	震裕科技	24.59	95.9	浙江	2021-03-18	300953.SZ
132	天奇股份	24.37	17.6	江苏	2004-06-29	002009.SZ
133	创世纪	24.30	3.5	广东	2010-05-20	300083.SZ
134	汉缆股份	24.30	30.1	山东	2010-11-09	002498.SZ
135	中航电子	24.27	16.2	北京	2001-07-06	600372.SH
136	伊之密	24.10	7.8	广东	2015-01-23	300415.SZ
137	豪迈科技	24.03	17.5	山东	2011-06-28	002595.SZ
138	中圣集团	23.86	−23.5	湖南	2005-03-16	5GD.SG
139	软控股份	23.83	43.2	山东	2006-10-18	002073.SZ
140	平高电气	23.23	0.1	河南	2001-02-21	600312.SH
141	杭可科技	23.23	10.5	浙江	2019-07-22	688006.SH
142	银都股份	23.00	37.2	浙江	2017-09-11	603277.SH
143	盾安环境	22.99	3.5	浙江	2004-07-05	002011.SZ
144	博众精工	22.80	18.1	江苏	2021-05-12	688097.SH
145	帝尔激光	22.77	46.6	湖北	2019-05-17	300776.SZ
146	天通股份	22.50	17.0	浙江	2001-01-18	600330.SH
147	今创集团	22.40	−11.7	江苏	2018-02-27	603680.SH
148	国网英大	22.18	35.7	上海	2003-10-10	600517.SH
149	中际旭创	22.16	22.2	山东	2012-04-10	300308.SZ
150	京山轻机	22.02	50.7	湖北	1998-06-26	000821.SZ
151	开山股份	21.94	36.9	上海	2011-08-19	300257.SZ
152	奥特维	21.89	70.7	江苏	2020-05-21	688516.SH
153	国茂股份	21.75	−0.6	江苏	2019-06-14	603915.SH
154	华荣股份	21.61	18.0	上海	2017-05-24	603855.SH
155	长城科技	21.58	−8.4	浙江	2018-04-10	603897.SH
156	秦川机床	21.45	−7.8	陕西	1998-09-28	000837.SZ
157	中兵红箭	21.30	29.0	湖南	1993-10-08	000519.SZ
158	博实股份	21.26	32.6	黑龙江	2012-09-11	002698.SZ
159	泰胜风能	21.15	19.3	上海	2010-10-19	300129.SZ
160	重庆机电	20.75	−16.9	重庆	2008-06-13	2722.HK
161	润邦股份	20.74	50.6	江苏	2010-09-29	002483.SZ
162	振华新材	20.72	226.5	贵州	2021-09-14	688707.SH
163	中船防务	20.69	−24.6	广东	1993-10-28	600685.SH
164	东方精工	20.57	−2.2	广东	2011-08-30	002611.SZ
165	特锐德	19.84	35.1	山东	2009-10-30	300001.SZ
166	南都电源	19.77	15.9	浙江	2010-04-21	300068.SZ
167	广日股份	19.63	10.3	广东	1996-03-28	600894.SH
168	卓然股份	19.53	5.6	上海	2021-09-06	688121.SH
169	大丰实业	19.44	37.3	浙江	2017-04-20	603081.SH
170	宁波东力	19.43	20.4	浙江	2007-08-23	002164.SZ
171	海容冷链	19.16	16.5	山东	2018-11-29	603187.SH

续表

序号	证券简称	品牌价值/亿元	增长率/%	地区	上市日期	证券代码
172	科达利	18.98	78.8	广东	2017-03-02	002850.SZ
173	大洋电机	18.86	−6.9	广东	2008-06-19	002249.SZ
174	海天精工	18.84	21.1	浙江	2016-11-07	601882.SH
175	凌霄泵业	18.84	23.5	广东	2017-07-11	002884.SZ
176	连城数控	18.80	新上榜	辽宁	2020-07-27	835368.BJ
177	川仪股份	18.73	27.5	重庆	2014-08-05	603100.SH
178	潍柴重机	18.67	27.1	山东	1998-04-02	000880.SZ
179	弘亚数控	18.65	−8.5	广东	2016-12-28	002833.SZ
180	拓斯达	18.32	17.6	广东	2017-02-09	300607.SZ
181	航天晨光	18.16	13.4	江苏	2001-06-15	600501.SH
182	双环传动	17.97	17.6	浙江	2010-09-10	002472.SZ
183	永创智能	17.83	21.3	浙江	2015-05-29	603901.SH
184	美亚光电	17.80	−4.4	安徽	2012-07-31	002690.SZ
185	亿晶光电	17.69	7.2	浙江	2003-01-23	600537.SH
186	高测股份	17.68	125.0	山东	2020-08-07	688556.SH
187	创力集团	17.65	19.7	上海	2015-03-20	603012.SH
188	利元亨	17.35	40.5	广东	2021-07-01	688499.SH
189	派能科技	17.11	200.1	上海	2020-12-30	688063.SH
190	南兴股份	16.87	17.4	广东	2015-05-27	002757.SZ
191	艾迪精密	16.68	−35.2	山东	2017-01-20	603638.SH
192	金鹰重工	16.52	31.3	湖北	2021-08-18	301048.SZ
193	杭电股份	16.39	22.6	浙江	2015-02-17	603618.SH
194	科华数据	16.37	−2.1	福建	2010-01-13	002335.SZ
195	隆华科技	16.20	25.5	河南	2011-09-16	300263.SZ
196	锦浪科技	15.96	39.5	浙江	2019-03-19	300763.SZ
197	沃尔核材	15.84	−8.4	广东	2007-04-20	002130.SZ
198	中金环境	15.68	2.6	浙江	2010-12-09	300145.SZ
199	威海广泰	15.57	−21.6	山东	2007-01-26	002111.SZ
200	同力日升	15.54	29.9	江苏	2021-03-22	605286.SH
201	中科微至	15.42	22.1	江苏	2021-10-26	688211.SH
202	航天机电	15.42	−2.2	上海	1998-06-05	600151.SH
203	众合科技	15.37	21.4	浙江	1999-06-11	000925.SZ
204	日月股份	15.29	−18.9	浙江	2016-12-28	603218.SH
205	国电南自	14.96	7.4	江苏	1999-11-18	600268.SH
206	申菱环境	14.82	49.8	广东	2021-07-07	301018.SZ
207	上工申贝	14.78	−1.3	上海	1994-03-11	600843.SH
208	中国电研	14.54	−1.3	广东	2019-11-05	688128.SH
209	英维克	14.47	4.4	广东	2016-12-29	002837.SZ
210	东方电子	14.41	44.7	山东	1997-01-21	000682.SZ
211	冀东装备	14.32	72.4	河北	1998-08-13	000856.SZ
212	四方股份	14.23	−4.1	北京	2010-12-31	601126.SH
213	泰豪科技	14.04	−8.0	江西	2002-07-03	600590.SH

续表

序号	证券简称	品牌价值/亿元	增长率/%	地区	上市日期	证券代码
214	麦格米特	13.94	34.0	广东	2017-03-06	002851.SZ
215	中国卫星	13.91	−13.2	北京	1997-09-08	600118.SH
216	通裕重工	13.73	14.2	山东	2011-03-08	300185.SZ
217	山东矿机	13.63	33.8	山东	2010-12-17	002526.SZ
218	中超控股	13.62	14.0	江苏	2010-09-10	002471.SZ
219	科瑞技术	13.22	−0.4	广东	2019-07-26	002957.SZ
220	苏试试验	13.06	61.3	江苏	2015-01-22	300416.SZ
221	海泰新能	13.04	新上榜	河北	2022-08-08	835985.BJ
222	八方股份	12.78	24.4	江苏	2019-11-11	603489.SH
223	航发控制	12.72	40.3	江苏	1997-06-26	000738.SZ
224	水发燃气	12.68	新上榜	辽宁	2015-04-24	603318.SH
225	顺钠股份	12.68	−12.4	广东	1994-01-03	000533.SZ
226	赛腾股份	12.64	−5.0	江苏	2017-12-25	603283.SH
227	巨一科技	12.62	14.9	安徽	2021-11-10	688162.SH
228	科士达	12.59	9.7	广东	2010-12-07	002518.SZ
229	易事特	12.56	4.5	广东	2014-01-27	300376.SZ
230	大同机械	12.52	9.7	香港	1988-12-12	0118.HK
231	金盘科技	12.42	56.4	海南	2021-03-09	688676.SH
232	汉马科技	12.31	−64.5	安徽	2003-04-01	600375.SH
233	四方科技	12.26	31.1	江苏	2016-05-19	603339.SH
234	中航高科	12.24	4.0	江苏	1994-05-20	600862.SH
235	洪都航空	12.22	7.5	江西	2000-12-15	600316.SH
236	兰石重装	12.18	−1.8	甘肃	2014-10-09	603169.SH
237	金龙羽	12.05	17.5	广东	2017-07-17	002882.SZ
238	航天工程	12.04	2.3	北京	2015-01-28	603698.SH
239	湘电股份	12.03	−53.5	湖南	2002-07-18	600416.SH
240	鲍斯股份	12.01	19.1	浙江	2015-04-23	300441.SZ
241	联赢激光	11.96	33.4	广东	2020-06-22	688518.SH
242	越剑智能	11.70	56.4	浙江	2020-04-15	603095.SH
243	良信股份	11.65	2.5	上海	2014-01-21	002706.SZ
244	纽威数控	11.63	76.4	江苏	2021-09-17	688697.SH
245	大元泵业	11.46	6.8	浙江	2017-07-11	603757.SH
246	林洋能源	11.39	−20.0	江苏	2011-08-08	601222.SH
247	法兰泰克	11.38	27.5	江苏	2017-01-25	603966.SH
248	铁建装备	11.36	52.5	云南	2015-12-16	1786.HK
249	亿嘉和	11.28	−15.5	江苏	2018-06-12	603666.SH
250	ST 中利	11.25	−43.8	江苏	2009-11-27	002309.SZ
251	金辰股份	11.23	10.0	辽宁	2017-10-18	603396.SH
252	纽威股份	11.21	5.5	江苏	2014-01-17	603699.SH
253	亚威股份	11.20	2.0	江苏	2011-03-03	002559.SZ
254	华宝新能	11.15	新上榜	广东	2022-09-19	301327.SZ
255	苏常柴 A	11.03	2.8	江苏	1994-07-01	000570.SZ

装备行业榜单

续表

序号	证券简称	品牌价值/亿元	增长率/%	地区	上市日期	证券代码
256	中国恒天立信国际	11.02	26.5	香港	1990-10-12	0641.HK
257	北方股份	10.97	49.9	内蒙古	2000-06-30	600262.SH
258	爱康科技	10.92	−44.7	江苏	2011-08-15	002610.SZ
259	亿和控股	10.87	0.7	香港	2005-05-11	0838.HK
260	新强联	10.77	10.3	河南	2020-07-13	300850.SZ
261	山东章鼓	10.50	14.9	山东	2011-07-07	002598.SZ
262	佳电股份	10.49	29.8	黑龙江	1999-06-18	000922.SZ
263	长园集团	10.46	−25.8	广东	2002-12-02	600525.SH
264	中国鹏飞集团	10.42	17.5	江苏	2019-11-15	3348.HK
265	斯莱克	10.35	38.2	江苏	2014-01-29	300382.SZ
266	昆船智能	10.35	新上榜	云南	2022-11-30	301311.SZ
267	新柴股份	10.30	−17.8	浙江	2021-07-22	301032.SZ
268	七一二	10.28	14.5	天津	2018-02-26	603712.SH
269	新能泰山	10.18	−17.6	山东	1997-05-09	000720.SZ
270	中无人机	10.15	新上榜	四川	2022-06-29	688297.SH
271	中国海防	10.13	18.7	北京	1996-11-04	600764.SH
272	鼎泰高科	10.08	新上榜	广东	2022-11-22	301377.SZ
273	天桥起重	9.99	56.8	湖南	2010-12-10	002523.SZ
274	航天发展	9.96	−24.8	福建	1993-11-30	000547.SZ
275	华通线缆	9.91	4.9	河北	2021-05-11	605196.SH
276	精功科技	9.89	23.6	浙江	2004-06-25	002006.SZ
277	鸣志电器	9.75	32.0	上海	2017-05-09	603728.SH
278	江苏雷利	9.67	18.7	江苏	2017-06-02	300660.SZ
279	顺风清洁能源	9.66	−47.9	香港	2011-07-13	1165.HK
280	宇通重工	9.63	−25.7	河南	1994-01-28	600817.SH
281	冰山冷热	9.62	11.1	辽宁	1993-12-08	000530.SZ
282	天准科技	9.59	37.3	江苏	2019-07-22	688003.SH
283	机器人	9.44	7.6	辽宁	2009-10-30	300024.SZ
284	快意电梯	9.42	42.9	广东	2017-03-24	002774.SZ
285	佳士科技	9.41	4.4	广东	2011-03-22	300193.SZ
286	昇辉科技	9.35	24.5	山东	2015-02-17	300423.SZ
287	华翔股份	9.33	24.9	山西	2020-09-17	603112.SH
288	豪鹏科技	9.28	新上榜	广东	2022-09-05	001283.SZ
289	航天彩虹	9.18	18.6	浙江	2010-04-13	002389.SZ
290	联德股份	9.17	63.2	浙江	2021-03-01	605060.SH
291	禾望电气	9.14	17.3	广东	2017-07-28	603063.SH
292	恒润股份	9.13	−5.3	江苏	2017-05-05	603985.SH
293	海陆重工	9.11	11.2	江苏	2008-06-25	002255.SZ
294	新时达	9.10	1.6	上海	2010-12-24	002527.SZ
295	捷昌驱动	9.10	−6.4	浙江	2018-09-21	603583.SH
296	华伍股份	9.07	15.3	江西	2010-07-28	300095.SZ
297	快克股份	9.04	13.3	江苏	2016-11-08	603203.SH

续表

序号	证券简称	品牌价值/亿元	增长率/%	地区	上市日期	证券代码
298	锡装股份	8.83	新上榜	江苏	2022-09-20	001332.SZ
299	柯力传感	8.74	15.9	浙江	2019-08-06	603662.SH
300	科捷智能	8.63	新上榜	山东	2022-09-15	688455.SH
301	国盛智科	8.59	9.2	江苏	2020-06-30	688558.SH
302	派克新材	8.54	新上榜	江苏	2020-08-25	605123.SH
303	南方路机	8.51	新上榜	福建	2022-11-08	603280.SH
304	雷赛智能	8.51	7.0	广东	2020-04-08	002979.SZ
305	东威科技	8.50	59.3	江苏	2021-06-15	688700.SH
306	奕瑞科技	8.38	新上榜	上海	2020-09-18	688301.SH
307	金雷股份	8.36	22.0	山东	2015-04-22	300443.SZ
308	怡合达	8.35	3.1	广东	2021-07-23	301029.SZ
309	北方导航	8.29	27.1	北京	2003-07-04	600435.SH
310	昌红科技	8.27	19.8	广东	2010-12-22	300151.SZ
311	豪森股份	8.23	42.8	辽宁	2020-11-09	688529.SH
312	欧克科技	8.18	新上榜	江西	2022-12-12	001223.SZ
313	川润股份	8.15	33.5	四川	2008-09-19	002272.SZ
314	博杰股份	8.13	−10.5	广东	2020-02-05	002975.SZ
315	英威腾	8.13	36.2	广东	2010-01-13	002334.SZ
316	雪人股份	8.12	40.1	福建	2011-12-05	002639.SZ
317	埃斯顿	8.12	4.8	江苏	2015-03-20	002747.SZ
318	唯科科技	8.12	新上榜	福建	2022-01-11	301196.SZ
319	宏华数科	8.11	−2.3	浙江	2021-07-08	688789.SH
320	山东威达	8.07	6.3	山东	2004-07-27	002026.SZ
321	欧圣电气	7.98	新上榜	江苏	2022-04-22	301187.SZ
322	白云电器	7.98	13.8	广东	2016-03-22	603861.SH
323	中创新航	7.80	新上榜	江苏	2022-10-06	3931.HK
324	通润装备	7.77	新上榜	江苏	2007-08-10	002150.SZ
325	利君股份	7.68	−12.1	四川	2012-01-06	002651.SZ
326	合锻智能	7.62	新上榜	安徽	2014-11-07	603011.SH
327	中恒电气	7.57	23.6	浙江	2010-03-05	002364.SZ
328	泰瑞机器	7.57	21.0	浙江	2017-10-31	603289.SH
329	中际联合	7.47	−6.2	北京	2021-05-06	605305.SH
330	中远投资	7.45	新上榜	北京	1979-08-07	F83.SG
331	四创电子	7.45	−10.9	安徽	2004-05-10	600990.SH
332	五洲新春	7.40	23.4	浙江	2016-10-25	603667.SH
333	金通灵	7.36	19.8	江苏	2010-06-25	300091.SZ
334	江特电机	7.36	2.7	江西	2007-10-12	002176.SZ
335	长虹能源	7.33	新上榜	四川	2021-02-09	836239.BJ
336	新雷能	7.32	新上榜	北京	2017-01-13	300593.SZ
337	华铁股份	7.28	−2.8	广东	2000-06-01	000976.SZ
338	物产金轮	7.23	28.4	江苏	2014-01-28	002722.SZ
339	迦南科技	7.11	29.0	浙江	2014-12-31	300412.SZ

续表

序号	证券简称	品牌价值/亿元	增长率/%	地区	上市日期	证券代码
340	日丰股份	7.03	新上榜	广东	2019-05-09	002953.SZ
341	大叶股份	6.92	新上榜	浙江	2020-09-01	300879.SZ
342	音飞储存	6.92	新上榜	江苏	2015-06-11	603066.SH
343	晋西车轴	6.89	新上榜	山西	2004-05-26	600495.SH
344	铭利达	6.88	新上榜	广东	2022-04-07	301268.SZ
345	宏力达	6.84	18.3	上海	2020-10-15	688330.SH
346	先惠技术	6.77	新上榜	上海	2020-08-11	688155.SH
347	德马科技	6.75	新上榜	浙江	2020-06-02	688360.SH
348	ST 远程	6.75	新上榜	江苏	2012-08-08	002692.SZ
349	国睿科技	6.74	新上榜	江苏	2003-01-28	600562.SH
350	泰坦股份	6.68	新上榜	浙江	2021-01-28	003036.SZ
351	望变电气	6.64	新上榜	重庆	2022-04-28	603191.SH
352	上海沪工	6.61	−16.2	上海	2016-06-07	603131.SH
353	乐惠国际	6.60	13.5	浙江	2017-11-13	603076.SH
354	通达股份	6.59	新上榜	河南	2011-03-03	002560.SZ
355	江苏神通	6.59	11.9	江苏	2010-06-23	002438.SZ
356	禾川科技	6.58	新上榜	浙江	2022-04-28	688320.SH
357	中信博	6.58	−22.3	江苏	2020-08-28	688408.SH
358	兰剑智能	6.52	新上榜	山东	2020-12-02	688557.SH
359	诚益通	6.51	新上榜	北京	2015-03-19	300430.SZ
360	华测导航	6.50	新上榜	上海	2017-03-21	300627.SZ
361	哈空调	6.49	新上榜	黑龙江	1999-06-03	600202.SH
362	南网科技	6.47	新上榜	广东	2021-12-22	688248.SH
363	安达智能	6.40	新上榜	广东	2022-04-15	688125.SH
364	日发精机	6.39	−51.6	浙江	2010-12-10	002520.SZ
365	振江股份	6.39	3.9	江苏	2017-11-06	603507.SH
366	亿利达	6.38	−1.1	浙江	2012-07-03	002686.SZ
367	东杰智能	6.37	−14.5	山西	2015-06-30	300486.SZ
368	彩虹新能源	6.35	−30.8	陕西	2004-12-20	0438.HK
369	华中数控	6.35	17.9	湖北	2011-01-13	300161.SZ
370	北京科锐	6.34	5.7	北京	2010-02-03	002350.SZ
371	海鸥股份	6.33	新上榜	江苏	2017-05-17	603269.SH
372	三角防务	6.31	新上榜	陕西	2019-05-21	300775.SZ
373	永利股份	6.30	−4.8	上海	2011-06-15	300230.SZ
374	球冠电缆	6.29	新上榜	浙江	2020-07-27	834682.BJ
375	风范股份	6.27	16.9	江苏	2011-01-18	601700.SH
376	光电股份	6.27	新上榜	湖北	2003-11-06	600184.SH
377	万控智造	6.26	新上榜	浙江	2022-03-10	603070.SH
378	华昌达	6.26	5.2	湖北	2011-12-16	300278.SZ
379	瀚川智能	6.26	新上榜	江苏	2019-07-22	688022.SH
380	科新机电	6.23	新上榜	四川	2010-07-08	300092.SZ
381	天正电气	6.22	−15.9	浙江	2020-08-07	605066.SH
382	应流股份	6.21	−0.1	安徽	2014-01-22	603308.SH

续表

序号	证券简称	品牌价值/亿元	增长率/%	地区	上市日期	证券代码
383	瑞凌股份	6.14	新上榜	广东	2010-12-29	300154.SZ
384	保变电气	6.13	−19.1	河北	2001-02-28	600550.SH
385	富瑞特装	6.10	−21.3	江苏	2011-06-08	300228.SZ
386	申昊科技	6.10	新上榜	浙江	2020-07-24	300853.SZ
387	航发科技	6.04	4.9	四川	2001-12-12	600391.SH
388	交控科技	6.02	9.3	北京	2019-07-22	688015.SH
389	瑞纳智能	6.01	新上榜	安徽	2021-11-02	301129.SZ
390	海得控制	6.01	1.8	上海	2007-11-16	002184.SZ
391	博力威	6.00	新上榜	广东	2021-06-11	688345.SH
392	五洋停车	6.00	−15.5	江苏	2015-02-17	300420.SZ
393	中亚股份	6.00	新上榜	浙江	2016-05-26	300512.SZ
394	智光电气	5.99	−29.0	广东	2007-09-19	002169.SZ
395	君禾股份	5.98	新上榜	浙江	2017-07-03	603617.SH
396	雄韬股份	5.95	8.0	广东	2014-12-03	002733.SZ
397	中辰股份	5.93	5.1	江苏	2021-01-22	300933.SZ
398	科林电气	5.89	新上榜	河北	2017-04-14	603050.SH
399	明志科技	5.88	新上榜	江苏	2021-05-12	688355.SH
400	华明装备	5.87	−6.4	山东	2008-09-05	002270.SZ
401	光明沃得	5.83	−7.8	江苏	2006-04-27	B49.SG
402	运机集团	5.83	新上榜	四川	2021-11-01	001288.SZ
403	帝科股份	5.75	新上榜	江苏	2020-06-18	300842.SZ
404	华菱线缆	5.74	5.9	湖南	2021-06-24	001208.SZ
405	北玻股份	5.73	新上榜	河南	2011-08-30	002613.SZ
406	威派格	5.73	−19.5	上海	2019-02-22	603956.SH
407	凯格精机	5.72	新上榜	广东	2022-08-16	301338.SZ
408	露笑科技	5.70	−19.9	浙江	2011-09-20	002617.SZ
409	凯中精密	5.69	新上榜	广东	2016-11-24	002823.SZ
410	百利电气	5.68	3.3	天津	2001-06-15	600468.SH
411	京城股份	5.65	−9.7	北京	1994-05-06	600860.SH

2.4.2 2023年中国装备行业上市公司品牌价值榜分析

【行业集中度】 在2023年中国装备行业上市公司品牌价值榜中：排在前10位的公司品牌价值合计6 716.63亿元，占行业榜单总计品牌价值的33.9%；排在前30位的公司品牌价值合计10 639.5亿元，占行业榜单总计品牌价值的53.7%；排在前100位的公司品牌价值合计15 581.82亿元，占行业榜单总计品牌价值的78.7%。

【所在区域】 在2023年中国装备行业上市公司品牌价值榜中，411家公司来自29个地区。其中，来自北京、江苏、广东、上海和浙江的公司共计251家，品牌价值合计11 365.39亿元，占行业榜单总计品牌价值的57.4%，处于主导地位。其他地区企业的构成情况如图2-7和图2-8所示。

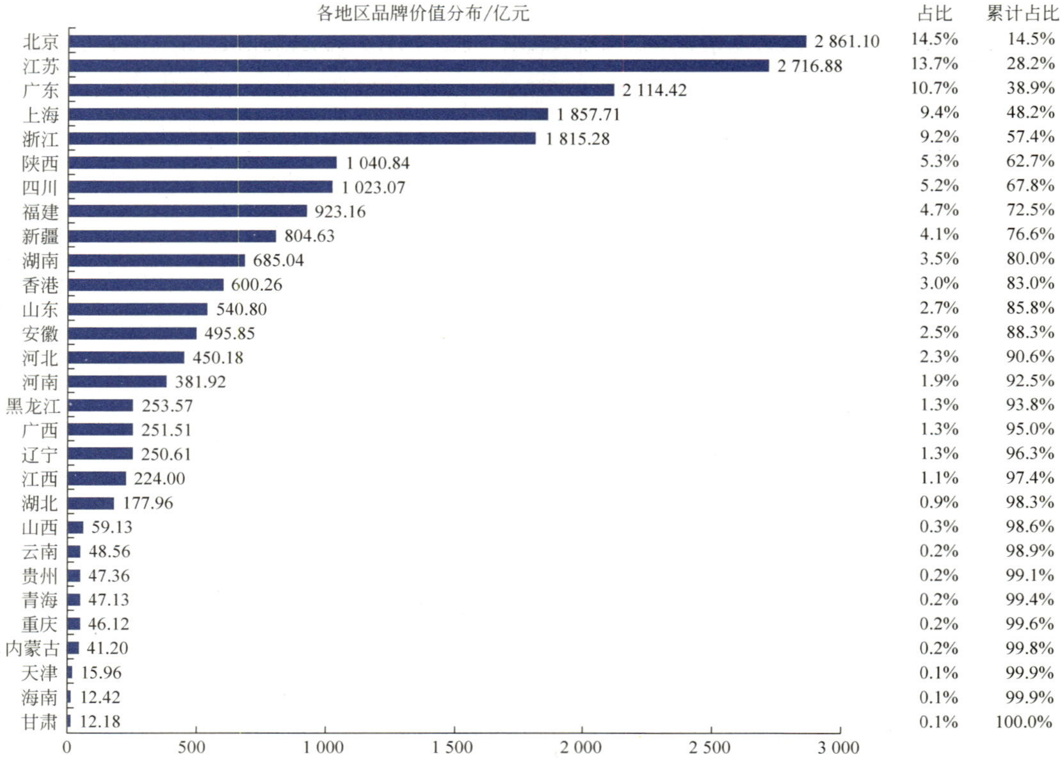

图 2-7　2023 年中国装备行业上市公司品牌价值榜各地区品牌价值分布

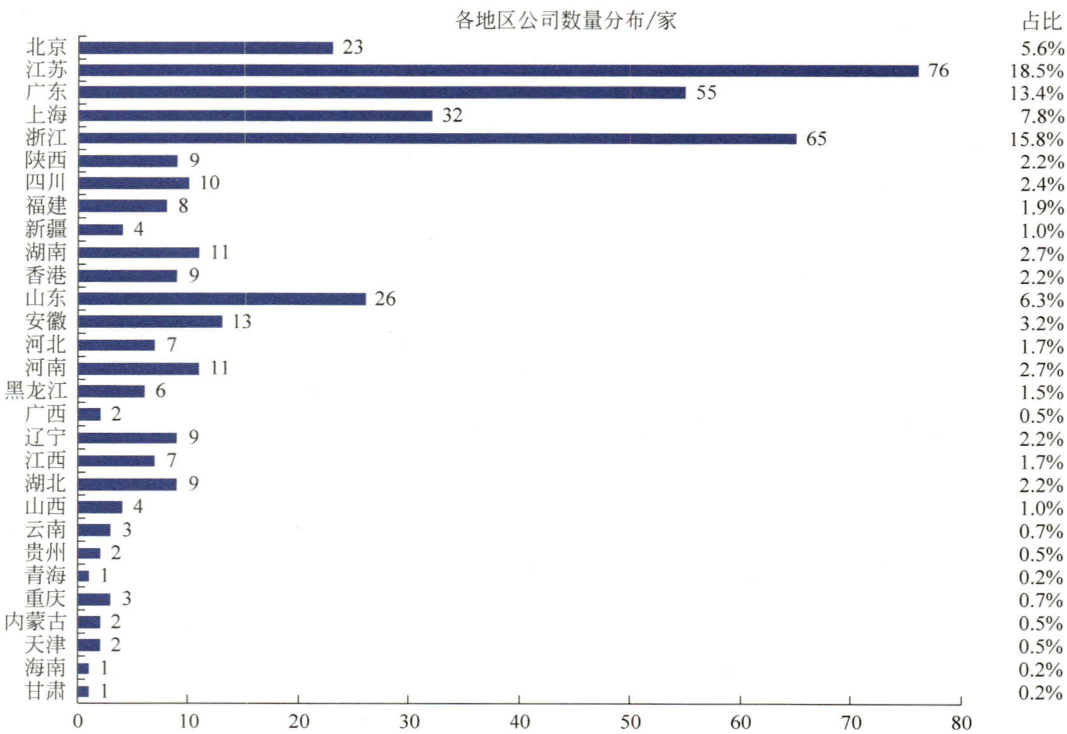

图 2-8　2023 年中国装备行业上市公司品牌价值榜各地区公司数量分布

【上市板块】 在2023年中国装备行业上市公司品牌价值榜中：在沪市主板上市的公司有149家，品牌价值合计9 256.07亿元，占行业榜单总计品牌价值的46.8%，排在第一位；在深市主板上市的公司有111家，品牌价值合计4 518.54亿元，占行业榜单总计品牌价值的22.8%，排在第二位；在深市创业板上市的公司有73家，品牌价值合计2 351.23亿元，占行业榜单总计品牌价值的11.9%，排在第三位。此外，在香港上市的中资公司有25家，品牌价值合计1 782.37亿元；在沪市科创板上市的公司有41家，品牌价值合计1 255.74亿元；在国外上市的中概股公司有7家，品牌价值合计562.63亿元；在北证新三板上市的公司有5家，品牌价值合计72.25亿元。

【上市时间】 在2023年中国装备行业上市公司品牌价值榜中：2008—2012年上市的公司有97家，品牌价值合计5 701.07亿元，占行业榜单总计品牌价值的28.8%，排在第一位；2003—2007年上市的公司有47家，品牌价值合计3 798.82亿元，占行业榜单总计品牌价值的19.2%，排在第二位；1997年及以前上市的公司有42家，品牌价值合计3 542.41亿元，占行业榜单总计品牌价值的17.9%，排在第三位。此外，2018—2022年上市的公司有111家，品牌价值合计3 427.03亿元；1998—2002年上市的公司有37家，品牌价值合计1 786.82亿元；2013—2017年上市的公司有77家，品牌价值合计1 552.69亿元。

2.5 饮料行业品牌价值榜

在2023年中国上市公司品牌价值总榜的3 000家企业中：饮料行业的企业共计45家，比2022年减少了3家；品牌价值总计18 905.95亿元，比2022年增长了4.2%。

2.5.1 2023年中国饮料行业上市公司品牌价值榜单

序号	证券简称	品牌价值/亿元	增长率/%	地区	上市日期	证券代码
1	贵州茅台	5 297.72	−2.7	贵州	2001-08-27	600519.SH
2	五粮液	2 357.27	−0.4	四川	1998-04-27	000858.SZ
3	伊利股份	1 839.63	6.6	内蒙古	1996-03-12	600887.SH
4	蒙牛乳业	1 401.40	1.9	香港	2004-06-10	2319.HK
5	洋河股份	932.65	10.6	江苏	2009-11-06	002304.SZ
6	泸州老窖	858.41	19.1	四川	1994-05-09	000568.SZ
7	农夫山泉	802.16	34.3	浙江	2020-09-08	9633.HK
8	山西汾酒	686.65	16.5	山西	1994-01-06	600809.SH
9	华润啤酒	607.90	−1.4	香港	1973-11-15	0291.HK
10	青岛啤酒	560.18	7.1	山东	1993-08-27	600600.SH
11	古井贡酒	356.43	20.1	安徽	1996-09-27	000596.SZ
12	光明乳业	334.98	−7.6	上海	2002-08-28	600597.SH
13	重庆啤酒	240.27	23.0	重庆	1997-10-30	600132.SH

饮料行业榜单

续表

序号	证券简称	品牌价值/亿元	增长率/%	地区	上市日期	证券代码
14	今世缘	219.77	9.9	江苏	2014-07-03	603369.SH
15	养元饮品	203.86	−2.8	河北	2018-02-12	603156.SH
16	燕京啤酒	176.28	28.8	北京	1997-07-16	000729.SZ
17	口子窖	173.33	5.0	安徽	2015-06-29	603589.SH
18	舍得酒业	165.28	43.9	四川	1996-05-24	600702.SH
19	迎驾贡酒	164.84	19.2	安徽	2015-05-28	603198.SH
20	顺鑫农业	152.73	−13.6	北京	1998-11-04	000860.SZ
21	东鹏饮料	136.27	8.4	广东	2021-05-27	605499.SH
22	水井坊	131.37	−10.9	四川	1996-12-06	600779.SH
23	酒鬼酒	117.12	35.0	湖南	1997-07-18	000799.SZ
24	新乳业	109.05	20.4	四川	2019-01-25	002946.SZ
25	三元股份	108.15	12.5	北京	2003-09-15	600429.SH
26	张裕A	94.49	1.6	山东	2000-10-26	000869.SZ
27	老白干酒	86.86	24.4	河北	2002-10-29	600559.SH
28	珠江啤酒	85.21	9.4	广东	2010-08-18	002461.SZ
29	承德露露	64.81	18.8	河北	1997-11-13	000848.SZ
30	百润股份	50.49	−26.0	上海	2011-03-25	002568.SZ
31	伊力特	49.01	−15.1	新疆	1999-09-16	600197.SH
32	金徽酒	42.79	−9.3	甘肃	2016-03-10	603919.SH
33	香飘飘	42.71	−23.9	浙江	2017-11-30	603711.SH
34	奈雪的茶	36.80	10.2	广东	2021-06-30	2150.HK
35	天润乳业	34.56	11.1	新疆	2001-06-28	600419.SH
36	会稽山	31.85	7.3	浙江	2014-08-25	601579.SH
37	古越龙山	28.51	−5.3	浙江	1997-05-16	600059.SH
38	李子园	27.77	−8.6	浙江	2021-02-08	605337.SH
39	均瑶健康	23.24	−5.9	湖北	2020-08-18	605388.SH
40	欢乐家	21.75	28.4	广东	2021-06-02	300997.SZ
41	天佑德酒	14.18	15.7	青海	2011-12-22	002646.SZ
42	西藏水资源	10.69	−11.8	香港	2011-06-30	1115.HK
43	金种子酒	9.54	−18.1	安徽	1998-08-12	600199.SH
44	惠泉啤酒	9.15	9.3	福建	2003-02-26	600573.SH
45	金枫酒业	7.82	−18.7	上海	1992-09-29	600616.SH

2.5.2 2023年中国饮料行业上市公司品牌价值榜分析

【行业集中度】 在2023年中国饮料行业上市公司品牌价值榜中：排在第1位的公司是贵州茅台，品牌价值5 297.72亿元，占行业榜单总计品牌价值的28%；排在前3位的公司品牌价值合计9 494.62亿元，占行业榜单总计品牌价值的50.2%；排在前10位的公司品牌价值合计15 434.97亿元，占行业榜单总计品牌价值的81.2%。

【所在区域】 在2023年中国饮料行业上市公司品牌价值榜中，45家公司来自20个地区。其中，来自贵州、四川和香港的公司共计9家，品牌价值合计10 949.08亿元，占行业榜单总计品牌价值的 57.9%,处于主导地位。其他地区企业的构成情况如图 2-9 和图 2-10 所示。

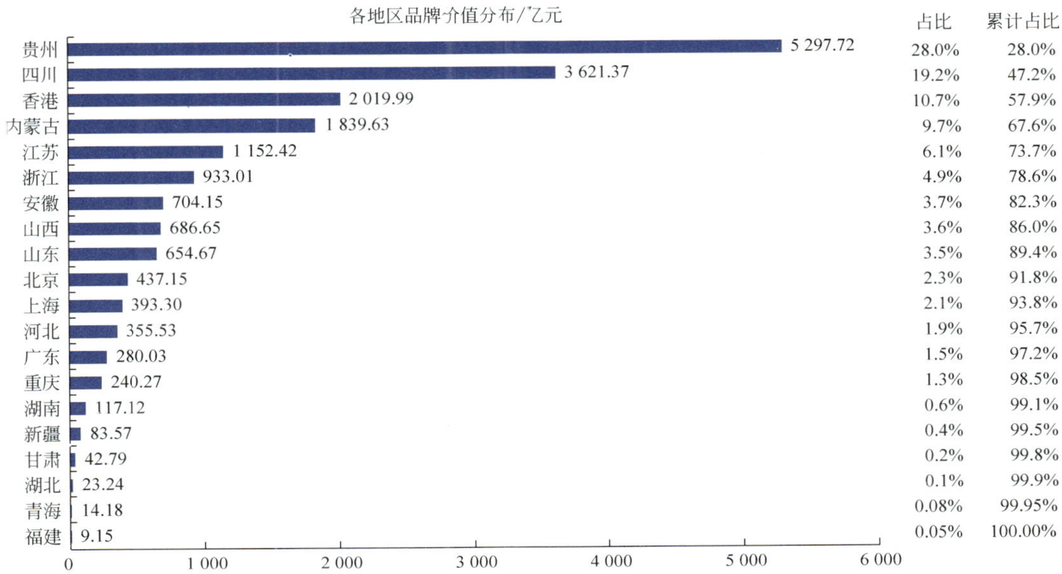

图 2-9 2023 年中国饮料行业上市公司品牌价值榜各地区品牌价值分布

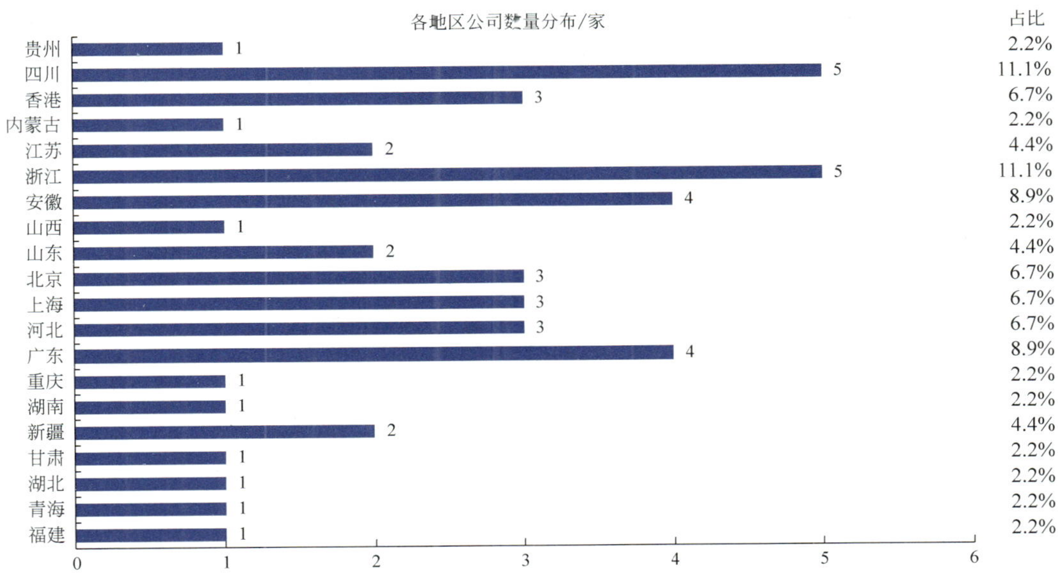

图 2-10 2023 年中国饮料行业上市公司品牌价值榜各地区公司数量分布

【上市板块】 在 2023 年中国饮料行业上市公司品牌价值榜中:在沪市主板上市的公司有 26 家,品牌价值合计 10 656.13 亿元,占行业榜单总计品牌价值的 56.4%,排在第一位;在深市主板上市的公司有 13 家,品牌价值合计 5 369.12 亿元,占行业榜单总计品牌价值的28.4%,排在第二位;在香港上市的中资公司有5家,品牌价值合计2 858.95亿元,占行业总计品牌价值的15.1%,排在第三位。此外,在深市创业板上市的公司有1家,品牌价值21.75亿元。

【上市时间】 在2023年中国饮料行业上市公司品牌价值榜中:1998—2002年上市的公司有9家,品牌价值合计8 417.15亿元,占行业榜单总计品牌价值的44.5%,排在第一位;1997年及以前上市的公司有14家,品牌价值合计5 840.68亿元,占行业榜单总计品牌价值的30.9%,排在第二位;2003—2007年上市的公司有3家,品牌价值合计1 518.69亿元,占行业榜单总计品牌价值的8%,排在第三位。此外,2018—2022年上市的公司有8家,品牌价值合计1 360.9亿元;2008—2012年上市的公司有5家,品牌价值合计1 093.23亿元;2013—2017年上市的公司有6家,品牌价值合计675.3亿元。

2.6 房地产行业品牌价值榜

在2023年中国上市公司品牌价值总榜的3 000家企业中:房地产行业的企业共计167家,比2022年减少了27家;品牌价值总计17 400.17亿元,比2022年下降了6.5%。

2.6.1 2023年中国房地产行业上市公司品牌价值榜单

序号	证券简称	品牌价值/亿元	增长率/%	地区	上市日期	证券代码
1	万科A	1 513.97	15.8	广东	1991-01-29	000002.SZ
2	碧桂园	1 332.24	−18.8	广东	2007-04-20	2007.HK
3	保利发展	1 106.36	5.0	广东	2006-07-31	600048.SH
4	中国海外发展	1 014.65	11.6	香港	1992-08-20	0688.HK
5	华润置地	961.94	0.6	香港	1996-11-08	1109.HK
6	龙湖集团	895.10	7.6	北京	2009-11-19	0960.HK
7	华侨城A	749.43	−14.7	广东	1997-09-10	000069.SZ
8	绿地控股	697.58	−3.4	上海	1992-03-27	600606.SH
9	招商蛇口	541.04	6.2	广东	2015-12-30	001979.SZ
10	新城控股	433.81	−16.8	江苏	2015-12-04	601155.SH
11	绿城中国	385.03	22.5	浙江	2006-07-13	3900.HK
12	金地集团	364.36	4.7	广东	2001-04-12	600383.SH
13	建发国际集团	266.74	52.5	香港	2012-12-14	1908.HK
14	越秀地产	250.23	1.9	香港	1992-12-15	0123.HK
15	旭辉控股集团	247.37	−4.5	上海	2012-11-23	0884.HK
16	美的置业	214.54	−20.9	广东	2018-10-11	3990.HK
17	中国海外宏洋集团	208.49	25.9	香港	1984-04-26	0081.HK
18	中国金茂	204.51	47.2	香港	2007-08-17	0817.HK
19	雅居乐集团	190.21	0.1	广东	2005-12-15	3383.HK
20	远洋集团	186.80	新上榜	北京	2007-09-28	3377.HK
21	华发股份	184.55	20.7	广东	2004-02-25	600325.SH

续表

序号	证券简称	品牌价值/亿元	增长率/%	地区	上市日期	证券代码
22	金科股份	173.81	5.6	重庆	1996-11-28	000656.SZ
23	滨江集团	162.89	35.3	浙江	2008-05-29	002244.SZ
24	中梁控股	161.14	-14.1	上海	2019-07-16	2772.HK
25	龙光集团	158.55	-17.7	广东	2013-12-20	3380.HK
26	金辉控股	145.78	-11.5	北京	2020-10-29	9993.HK
27	首开股份	145.38	-21.4	北京	2001-03-12	600376.SH
28	保利置业集团	131.05	-10.3	上海	1973-08-30	0119.HK
29	合生创展集团	114.56	-38.7	香港	1998-05-27	0754.HK
30	上海实业控股	110.83	-23.7	香港	1996-05-30	0363.HK
31	深圳控股	100.86	-10.1	广东	1997-03-07	0604.HK
32	碧桂园服务	96.98	-18.9	广东	2018-06-19	6098.HK
33	大悦城	95.97	47.8	广东	1993-10-08	000031.SZ
34	荣盛发展	95.64	-40.5	河北	2007-08-08	002146.SZ
35	香港置地	95.12	-18.4	香港	1990-10-01	H78.SG
36	中南建设	92.16	-18.7	江苏	2000-03-01	000961.SZ
37	绿地香港	86.49	3.0	香港	2006-10-10	0337.HK
38	金融街	84.16	2.2	北京	1996-06-26	000402.SZ
39	万物云	82.57	新上榜	广东	2022-09-29	2602.HK
40	招商局置地	82.25	10.9	香港	1997-10-16	0978.HK
41	信达地产	80.60	19.3	北京	1993-05-24	600657.SH
42	陆家嘴	80.26	-5.7	上海	1993-06-28	600663.SH
43	中骏集团控股	78.47	-2.8	上海	2010-02-05	1966.HK
44	中交地产	77.16	85.2	重庆	1997-04-25	000736.SZ
45	正荣地产	67.52	-58.5	上海	2018-01-16	6158.HK
46	弘阳地产	62.42	-30.8	江苏	2018-07-12	1996.HK
47	阳光城	62.35	-40.6	福建	1996-12-18	000671.SZ
48	融信中国	60.21	-68.0	上海	2016-01-13	3301.HK
49	迪马股份	59.90	-4.4	重庆	2002-07-23	600565.SH
50	富力地产	55.98	-37.4	广东	2005-07-14	2777.HK
51	大悦城地产	55.87	-28.9	香港	1973-03-06	0207.HK
52	德信中国	54.83	-9.8	浙江	2019-02-26	2019.HK
53	荣安地产	54.28	18.8	浙江	1993-08-06	000517.SZ
54	光明地产	53.60	-1.2	上海	1996-06-06	600708.SH
55	仁恒置地	52.80	-60.5	上海	2006-06-22	Z25.SG
56	新湖中宝	51.18	-14.7	浙江	1999-06-23	600208.SH
57	佳源国际控股	51.03	-39.2	香港	2016-03-08	2768.HK
58	明发集团	50.89	新上榜	江苏	2009-11-13	0846.HK
59	城建发展	50.12	-4.8	北京	1999-02-03	600266.SH
60	合景泰富集团	49.51	-21.9	香港	2007-07-03	1813.HK
61	广宇发展	49.24	-54.3	天津	1993-12-10	000537.SZ
62	北辰实业	49.10	-34.6	北京	2006-10-16	601588.SH
63	世茂股份	48.47	-36.3	上海	1994-02-04	600823.SH

续表

序号	证券简称	品牌价值/亿元	增长率/%	地区	上市日期	证券代码
64	雅生活服务	41.35	−39.5	广东	2018-02-09	3319.HK
65	绿城服务	37.79	−13.8	浙江	2016-07-12	2869.HK
66	华润万象生活	37.78	18.3	广东	2020-12-09	1209.HK
67	上实城市开发	36.77	−1.7	香港	1993-09-10	0563.HK
68	南山控股	35.46	−2.6	广东	2009-12-03	002314.SZ
69	鲁商发展	34.14	−17.4	山东	2000-01-13	600223.SH
70	大唐集团控股	34.13	−8.1	上海	2020-12-11	2117.HK
71	保利物业	33.79	15.2	广东	2019-12-19	6049.HK
72	苏州高新	33.33	7.9	江苏	1996-08-15	600736.SH
73	时代中国控股	33.13	−16.9	广东	2013-12-11	1233.HK
74	黑牡丹	32.41	−2.8	江苏	2002-06-18	600510.SH
75	中海物业	31.22	8.3	香港	2015-10-23	2669.HK
76	浦东金桥	30.91	53.8	上海	1993-03-26	600639.SH
77	五矿地产	30.61	−8.2	香港	1991-12-20	0230.HK
78	北大资源	30.40	新上榜	香港	1991-10-07	0618.HK
79	华南城	30.18	−27.8	香港	2009-09-30	1668.HK
80	福星股份	29.92	0.7	湖北	1999-06-18	000926.SZ
81	城投控股	28.78	14.6	上海	1993-05-18	600649.SH
82	港龙中国地产	28.45	18.5	上海	2020-07-15	6968.HK
83	我爱我家	28.18	3.6	云南	1994-02-02	000560.SZ
84	招商积余	27.82	−8.0	广东	1994-09-28	001914.SZ
85	中华企业	27.35	−27.2	上海	1993-09-24	600675.SH
86	众安集团	27.24	4.4	浙江	2007-11-13	0672.HK
87	上坤地产	26.68	−37.3	上海	2020-11-17	6900.HK
88	小商品城	25.25	−16.9	浙江	2002-05-09	600415.SH
89	中新集团	24.33	20.3	江苏	2019-12-20	601512.SH
90	宋都股份	24.32	42.3	浙江	1997-05-20	600077.SH
91	冠城大通	24.27	−14.9	福建	1997-05-08	600067.SH
92	南京高科	24.25	−6.7	江苏	1997-05-06	600064.SH
93	上实发展	23.85	−8.4	上海	1996-09-25	600748.SH
94	上海临港	23.59	18.1	上海	1994-03-24	600848.SH
95	中洲控股	23.56	−12.8	广东	1994-09-21	000042.SZ
96	华远地产	23.36	−23.1	北京	1996-09-09	600743.SH
97	京投发展	22.98	−40.9	浙江	1993-10-25	600683.SH
98	绿景中国地产	22.16	5.5	江苏	2005-12-02	0095.HK
99	银城国际控股	22.03	−35.2	江苏	2019-03-06	1902.HK
100	中国国贸	21.25	−16.9	北京	1999-03-12	600007.SH
101	天地源	20.37	6.3	陕西	1993-07-09	600665.SH
102	朗诗绿色管理	20.05	5.4	香港	1986-03-24	0106.HK
103	光大嘉宝	18.87	42.0	上海	1992-12-03	600622.SH
104	大名城	18.81	−22.5	上海	1997-07-03	600094.SH
105	世茂服务	18.12	−23.4	上海	2020-10-30	0873.HK

续表

序号	证券简称	品牌价值/亿元	增长率/%	地区	上市日期	证券代码
106	珠光控股	18.02	-52.9	香港	1996-12-09	1176.HK
107	粤海置地	17.65	79.4	香港	1997-08-08	0124.HK
108	中电光谷	17.41	15.9	湖北	2014-03-28	0798.HK
109	华夏幸福	17.40	-19.6	河北	2003-12-30	600340.SH
110	新华联	17.36	20.0	北京	1996-10-29	000620.SZ
111	建业地产	17.03	-20.8	河南	2008-06-06	0832.HK
112	金科服务	16.87	18.3	重庆	2020-11-17	9666.HK
113	新城悦服务	16.76	-20.5	上海	2018-11-06	1755.HK
114	深物业 A	15.94	6.2	广东	1992-03-30	000011.SZ
115	合富辉煌	15.88	-36.1	广东	2004-07-15	0733.HK
116	京基智农	15.87	-23.1	广东	1994-11-01	000048.SZ
117	蓝光发展	15.58	-41.6	四川	2001-02-12	600466.SH
118	广汇物流	15.54	-31.0	四川	1992-01-13	600603.SH
119	祥生控股集团	15.38	11.3	上海	2020-11-18	2599.HK
120	香江控股	15.30	-22.9	广东	1998-06-09	600162.SH
121	苏宁环球	15.14	-48.8	吉林	1997-04-08	000718.SZ
122	旭辉永升服务	14.77	-30.0	上海	2018-12-17	1995.HK
123	SOHO 中国	14.62	-30.0	北京	2007-10-08	0410.HK
124	卧龙地产	14.01	-3.1	浙江	1999-04-15	600173.SH
125	建业新生活	13.76	12.0	河南	2020-05-15	9983.HK
126	三巽集团	13.70	-42.5	上海	2021-07-19	6611.HK
127	富森美	13.52	-3.2	四川	2016-11-09	002818.SZ
128	张江高科	12.85	-7.6	上海	1996-04-22	600895.SH
129	同济科技	12.63	-18.3	上海	1994-03-11	600846.SH
130	合肥城建	12.52	-3.4	安徽	2008-01-28	002208.SZ
131	恒盛地产	12.43	-9.3	香港	2009-10-02	0845.HK
132	世荣兆业	12.03	-11.2	广东	2004-07-08	002016.SZ
133	格力地产	11.98	-19.5	广东	1999-06-11	600185.SH
134	深振业 A	11.93	-8.7	广东	1992-04-27	000006.SZ
135	栖霞建设	11.60	23.1	江苏	2002-03-28	600533.SH
136	华联控股	11.51	-30.7	广东	1994-06-17	000036.SZ
137	卓越商企服务	11.02	-6.6	广东	2020-10-19	6989.HK
138	财信发展	10.84	-31.7	重庆	1997-06-26	000838.SZ
139	世联行	10.41	-51.2	广东	2009-08-28	002285.SZ
140	粤港湾控股	10.14	-28.7	广东	2013-10-31	1396.HK
141	远洋服务	10.07	新上榜	北京	2020-12-17	6677.HK
142	恒达集团控股	10.03	-18.8	河南	2018-11-12	3616.HK
143	中国三迪	9.45	-16.8	香港	1998-12-01	0910.HK
144	轻纺城	9.37	13.1	浙江	1997-02-28	600790.SH
145	电子城	9.36	7.9	北京	1993-05-24	600658.SH
146	中原建业	9.26	-24.8	河南	2021-05-31	9982.HK
147	禹洲集团	9.26	41.4	广东	2009-11-02	1628.HK

续表

序号	证券简称	品牌价值/亿元	增长率/%	地区	上市日期	证券代码
148	景业名邦集团	9.24	−39.3	广东	2019-12-05	2231.HK
149	国瑞健康	8.76	新上榜	北京	2014-07-07	2329.HK
150	ST泰禾	8.53	−15.7	福建	1997-07-04	000732.SZ
151	天保基建	8.48	新上榜	天津	2000-04-06	000965.SZ
152	西藏城投	8.34	5.4	西藏	1996-11-08	600773.SH
153	滨江服务	8.27	18.8	浙江	2019-03-15	3316.HK
154	越秀服务	8.11	12.7	广东	2021-06-28	6626.HK
155	新黄浦	7.67	6.9	上海	1993-03-26	600638.SH
156	深深房A	7.28	2.2	广东	1993-09-15	000029.SZ
157	海宁皮城	6.99	−1.0	浙江	2010-01-26	002344.SZ
158	新大正	6.67	7.7	重庆	2019-12-03	002968.SZ
159	合景悠活	6.61	−31.7	广东	2020-10-30	3913.HK
160	南国置业	6.39	−21.6	湖北	2009-11-06	002305.SZ
161	荣万家	6.26	−3.1	河北	2021-01-15	2146.HK
162	建发物业	6.25	14.6	福建	2020-12-31	2156.HK
163	特发服务	6.19	新上榜	广东	2020-12-21	300917.SZ
164	万业企业	6.12	−63.0	上海	1993-04-07	600641.SH
165	辰兴发展	6.10	−17.8	山西	2015-07-03	2286.HK
166	时代邻里	5.87	−22.9	广东	2019-12-19	9928.HK
167	汉港控股	5.68	新上榜	江西	2011-07-22	1663.HK

2.6.2 2023年中国房地产行业上市公司品牌价值榜分析

【行业集中度】 在2023年中国房地产行业上市公司品牌价值榜中：排在前5位的公司品牌价值合计5 929.16亿元，占行业榜单总计品牌价值的34.1%；排在前10位的公司品牌价值合计9 246.12亿元，占行业榜单总计品牌价值的53.1%；排在前30位的公司品牌价值合计13 252.92亿元，占行业榜单总计品牌价值的76.2%。

【所在区域】 在2023年中国房地产行业上市公司品牌价值榜中，167家公司来自21个地区。其中，来自广东和香港的公司共计64家，品牌价值合计11 004.07亿元，占行业榜单总计品牌价值的63.2%，处于主导地位。其他地区企业的构成情况如图2-11和图2-12所示。

【上市板块】 在2023年中国房地产行业上市公司品牌价值榜中：在香港上市的中资公司有82家，品牌价值合计9 102.16亿元，占行业榜单总计品牌价值的52.3%，排在第一位；在深市主板上市的公司有35家，品牌价值合计4 088.46亿元，占行业榜单总计品牌价值的23.5%，排在第二位；在沪市主板上市的公司有47家，品牌价值合计4 055.44亿元，占行业总计品牌价值的23.3%，排在第三位。此外，在国外上市的中概股公司有2家，品牌价值合计147.92亿元；在深市创业板上市的公司有1家，品牌价值6.19亿元。

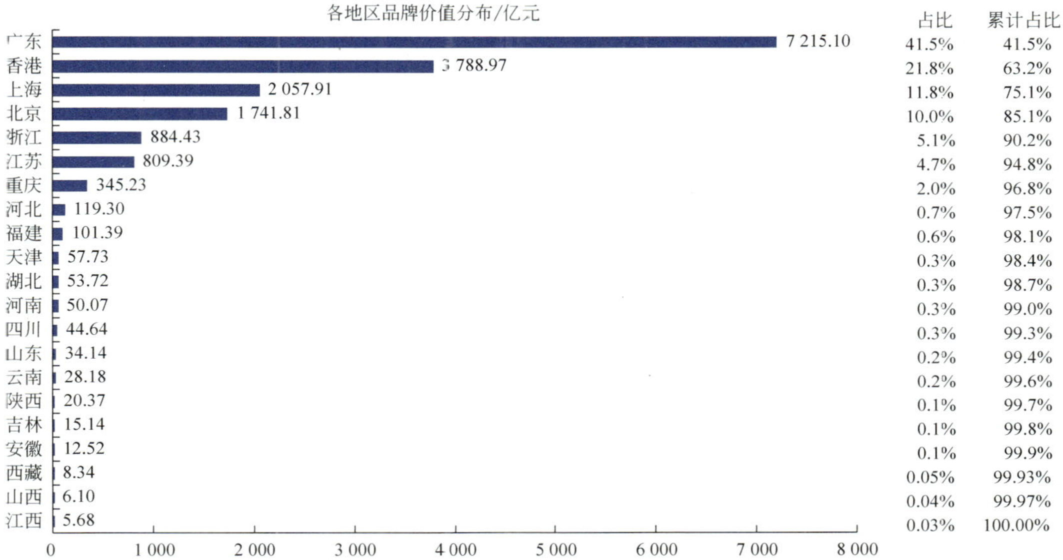

图 2-11　2023 年中国房地产行业上市公司品牌价值榜各地区品牌价值分布

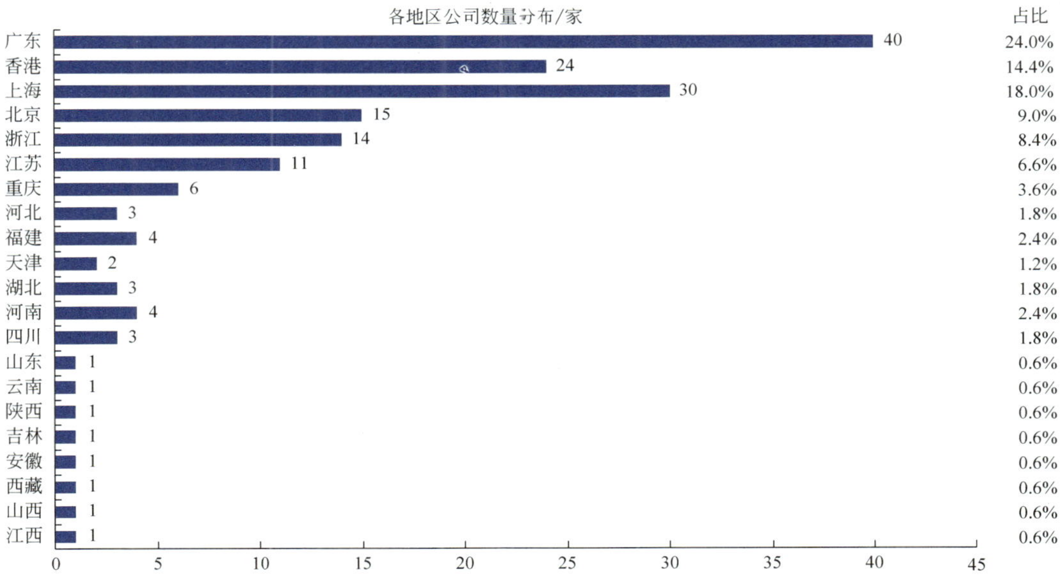

图 2-12　2023 年中国房地产行业上市公司品牌价值榜各地区公司数量分布

【上市时间】　在 2023 年中国房地产行业上市公司品牌价值榜中：1997 年及以前上市的公司有 64 家，品牌价值合计 7 606.54 亿元，占行业榜单总计品牌价值的 43.7%，排在第一位；2003—2007 年上市的公司有 19 家，品牌价值合计 4 088.56 亿元，占行业榜单总计品牌价值的 23.5%，排在第二位；2008—2012 年上市的公司有 16 家，品牌价值合计 1 847.81 亿元，占行业榜单总计品牌价值的 10.6%，排在第三位。此外，2013—2017 年上市的公司有13家，品牌价值合计1 402.71亿元；2018—2022年上市的公司有36家，品牌价值合计1 347.54亿元；1998—2002年上市的公司有19家，品牌价值合计1 107.02亿元。

2.7 汽车行业品牌价值榜

在2023年中国上市公司品牌价值总榜的3 000家企业中：汽车行业的企业共计127家，比2022年减少了4家；品牌价值总计14 988.42亿元，比2022年下降了6.5%。

2.7.1 2023年中国汽车行业上市公司品牌价值榜单

序号	证券简称	品牌价值/亿元	增长率/%	地区	上市日期	证券代码
1	上汽集团	3 893.91	−2.6	上海	1997-11-25	600104.SH
2	比亚迪	1 507.17	39.7	广东	2011-06-30	002594.SZ
3	北京汽车	1 195.15	23.4	北京	2014-12-19	1958.HK
4	长城汽车	739.13	−12.7	河北	2011-09-28	601633.SH
5	吉利汽车	625.15	−23.8	香港	1973-02-23	0175.HK
6	长安汽车	499.17	4.1	重庆	1997-06-10	000625.SZ
7	潍柴动力	486.80	−20.8	山东	2007-04-30	000338.SZ
8	广汽集团	452.92	−2.7	广东	2012-03-29	601238.SH
9	东风集团股份	435.84	−20.9	湖北	2005-12-07	0489.HK
10	广汇汽车	434.93	−3.8	辽宁	2000-11-16	600297.SH
11	中国重汽	384.06	−43.5	山东	2007-11-28	3808.HK
12	华域汽车	373.63	−4.4	上海	1996-08-26	600741.SH
13	一汽解放	218.27	−20.5	吉林	1997-06-18	000800.SZ
14	江淮汽车	200.25	−12.4	安徽	2001-08-24	600418.SH
15	福田汽车	170.60	−35.8	北京	1998-06-02	600166.SH
16	雅迪控股	169.25	27.1	江苏	2016-05-19	1585.HK
17	江铃汽车	155.42	6.3	江西	1993-12-01	000550.SZ
18	国机汽车	150.50	12.4	天津	2001-03-05	600335.SH
19	广汇宝信	124.23	31.3	上海	2011-12-14	1293.HK
20	理想汽车-W	115.53	−70.1	北京	2021-08-12	2015.HK
21	美东汽车	101.74	6.3	广东	2013-12-05	1268.HK
22	宇通客车	101.44	−26.8	河南	1997-05-08	600066.SH
23	均胜电子	100.69	−17.9	浙江	1993-12-06	600699.SH
24	福耀玻璃	95.38	−4.8	福建	1993-06-10	600660.SH
25	隆鑫通用	73.79	7.0	重庆	2012-08-10	603766.SH
26	立中集团	69.50	94.4	河北	2015-03-19	300428.SZ
27	正通汽车	68.05	13.8	北京	2010-12-10	1728.HK
28	东风汽车	65.80	−17.9	湖北	1999-07-27	600006.SH
29	金龙汽车	65.45	0.8	福建	1993-11-08	600686.SH
30	庞大集团	65.03	−31.6	河北	2011-04-28	601258.SH

续表

序号	证券简称	品牌价值/亿元	增长率/%	地区	上市日期	证券代码
31	耐世特	62.23	−17.7	香港	2013-10-07	1316.HK
32	赛轮轮胎	60.13	5.4	山东	2011-06-30	601058.SH
33	赛力斯	57.96	−45.3	重庆	2016-06-15	601127.SH
34	五菱汽车	53.74	−14.2	香港	1992-11-23	0305.HK
35	春风动力	52.68	35.5	浙江	2017-08-18	603129.SH
36	宁波华翔	52.05	10.2	浙江	2005-06-03	002048.SZ
37	一汽富维	50.61	2.5	吉林	1996-08-26	600742.SH
38	威孚高科	47.69	−5.6	江苏	1998-09-24	000581.SZ
39	玲珑轮胎	44.39	−33.5	山东	2016-07-06	601966.SH
40	中鼎股份	42.02	13.8	安徽	1998-12-03	000887.SZ
41	拓普集团	38.04	39.2	浙江	2015-03-19	601689.SH
42	凌云股份	37.14	−0.5	河北	2003-08-15	600480.SH
43	继峰股份	35.57	24.9	浙江	2015-03-02	603997.SH
44	万向钱潮	34.38	26.3	浙江	1994-01-10	000559.SZ
45	德赛西威	33.84	−3.0	广东	2017-12-26	002920.SZ
46	万丰奥威	33.35	33.7	浙江	2006-11-28	002085.SZ
47	骆驼股份	33.02	−0.1	湖北	2011-06-02	601311.SH
48	富奥股份	32.85	10.1	吉林	1993-09-29	000030.SZ
49	力帆科技	32.01	16.3	重庆	2010-11-25	601777.SH
50	庆铃汽车股份	31.64	−9.6	重庆	1994-08-17	1122.HK
51	中通客车	29.07	67.0	山东	2000-01-13	000957.SZ
52	钱江摩托	27.12	26.0	浙江	1999-05-14	000913.SZ
53	星宇股份	27.00	−15.3	江苏	2011-02-01	601799.SH
54	大东方	26.03	−28.7	江苏	2002-06-25	600327.SH
55	兴达国际	25.14	6.7	上海	2006-12-21	1899.HK
56	三角轮胎	24.17	−4.7	山东	2016-09-09	601163.SH
57	亚普股份	23.06	7.1	江苏	2018-05-09	603013.SH
58	申华控股	22.49	30.4	辽宁	1990-12-19	600653.SH
59	新日股份	22.43	4.8	江苏	2017-04-27	603787.SH
60	宗申动力	22.29	16.6	重庆	1997-03-06	001696.SZ
61	广东鸿图	21.72	54.1	广东	2006-12-29	002101.SZ
62	贵州轮胎	20.15	5.4	贵州	1996-03-08	000589.SZ
63	森麒麟	20.05	14.2	山东	2020-09-11	002984.SZ
64	银轮股份	19.92	22.8	浙江	2007-04-18	002126.SZ
65	浦林成山	19.55	−3.3	山东	2018-10-09	1809.HK
66	申达股份	18.78	−6.3	上海	1993-01-07	600626.SH
67	东风科技	18.43	1.4	上海	1997-07-03	600081.SH
68	伯特利	17.88	38.4	安徽	2018-04-27	603596.SH
69	交运股份	17.26	−22.6	上海	1993-09-28	600676.SH
70	北巴传媒	16.28	5.2	北京	2001-02-16	600386.SH
71	新泉股份	15.31	2.1	江苏	2017-03-17	603179.SH
72	中国汽研	15.05	−1.7	重庆	2012-06-11	601965.SH
73	华达科技	14.60	3.3	江苏	2017-01-25	603358.SH

续表

序号	证券简称	品牌价值/亿元	增长率/%	地区	上市日期	证券代码
74	钧达股份	14.54	新上榜	海南	2017-04-25	002865.SZ
75	岱美股份	14.34	−3.1	上海	2017-07-28	603730.SH
76	新朋股份	14.06	34.8	上海	2009-12-30	002328.SZ
77	海联金汇	14.01	29.4	山东	2011-01-10	002537.SZ
78	小牛电动	13.75	−23.3	北京	2018-10-19	NIU.O
79	漳州发展	13.70	52.5	福建	1997-06-26	000753.SZ
80	金杯汽车	13.55	−9.0	辽宁	1992-07-24	600609.SH
81	爱柯迪	13.00	10.8	浙江	2017-11-17	600933.SH
82	华阳集团	12.92	11.8	广东	2017-10-13	002906.SZ
83	保隆科技	12.91	20.3	上海	2017-05-19	603197.SH
84	天润工业	12.89	−21.1	山东	2009-08-21	002283.SZ
85	文灿股份	12.65	58.5	广东	2018-04-26	603348.SH
86	旭升集团	11.87	55.4	浙江	2017-07-10	603305.SH
87	科博达	11.34	−0.8	上海	2019-10-15	603786.SH
88	风神股份	11.31	−1.4	河南	2003-10-21	600469.SH
89	模塑科技	10.84	−13.6	江苏	1997-02-28	000700.SZ
90	东安动力	10.78	39.9	黑龙江	1998-10-14	600178.SH
91	常熟汽饰	10.63	39.1	江苏	2017-01-05	603035.SH
92	松芝股份	10.43	−0.3	上海	2010-07-20	002454.SZ
93	渤海汽车	10.38	−4.2	山东	2004-04-07	600960.SH
94	万里扬	10.07	−42.9	浙江	2010-06-18	002434.SZ
95	信质集团	9.63	2.4	浙江	2012-03-16	002664.SZ
96	科力远	9.41	18.7	湖南	2003-09-18	600478.SH
97	香山股份	8.99	−37.6	广东	2017-05-15	002870.SZ
98	今飞凯达	8.70	40.4	浙江	2017-04-18	002863.SZ
99	祥鑫科技	8.62	新上榜	广东	2019-10-25	002965.SZ
100	信邦控股	8.44	−20.6	广东	2017-06-28	1571.HK
101	亚太股份	8.23	7.0	浙江	2009-08-28	002284.SZ
102	安凯客车	8.21	−37.4	安徽	1997-07-25	000868.SZ
103	德众汽车	8.06	新上榜	湖南	2020-11-27	838030.BJ
104	ST 曙光	7.82	−38.4	辽宁	2000-12-26	600303.SH
105	浩物股份	7.82	33.3	四川	1997-06-27	000757.SZ
106	通用股份	7.76	3.6	江苏	2016-09-19	601500.SH
107	飞龙股份	7.75	−3.2	河南	2011-01-11	002536.SZ
108	金固股份	7.70	新上榜	浙江	2010-10-21	002488.SZ
109	奥特佳	7.25	0.5	江苏	2008-05-22	002239.SZ
110	常润股份	7.12	新上榜	江苏	2022-07-29	603201.SH
111	常青股份	7.12	16.1	安徽	2017-03-24	603768.SH
112	世纪联合控股	7.11	1.2	广东	2019-10-18	1959.HK
113	德尔股份	7.02	1.2	辽宁	2015-06-12	300473.SZ
114	亚星客车	6.65	3.9	江苏	1999-08-31	600213.SH
115	冠盛股份	6.55	新上榜	浙江	2020-08-17	605088.SH
116	双林股份	6.54	−7.0	浙江	2010-08-06	300100.SZ
117	G.A.控股	6.46	−22.2	香港	2002-06-17	8126.HK

续表

序号	证券简称	品牌价值/亿元	增长率/%	地区	上市日期	证券代码
118	中原内配	6.46	5.3	河南	2010-07-16	002448.SZ
119	贵航股份	6.43	−6.9	贵州	2001-12-27	600523.SH
120	万安科技	6.38	新上榜	浙江	2011-06-10	002590.SZ
121	华众车载	6.21	−12.5	浙江	2012-01-12	6830.HK
122	旷达科技	6.19	4.0	江苏	2010-12-07	002516.SZ
123	富临精工	6.19	5.3	四川	2015-03-19	300432.SZ
124	沪光股份	6.14	新上榜	江苏	2020-08-18	605333.SH
125	青岛双星	5.96	−11.3	山东	1996-04-30	000599.SZ
126	京威股份	5.85	−21.4	北京	2012-03-09	002662.SZ
127	神驰机电	5.80	新上榜	重庆	2019-12-31	603109.SH

2.7.2 2023年中国汽车行业上市公司品牌价值榜分析

【行业集中度】 在2023年中国汽车行业上市公司品牌价值榜中：排在第1位的公司是上汽集团，品牌价值3 893.91亿元，占行业榜单总计品牌价值的26%；排在前5位的公司品牌价值合计7 960.51亿元，占行业榜单总计品牌价值的53.1%；排在前20位的公司品牌价值合计12 331.89亿元，占行业榜单总计品牌价值的82.3%。

【所在区域】 在2023年中国汽车行业上市公司品牌价值榜中，127家公司来自22个地区。其中，来自上海、广东和北京的公司共计30家，品牌价值合计8 295.77亿元，占行业榜单总计品牌价值的55.3%，处于主导地位。其他地区企业的构成情况如图2-13和图2-14所示。

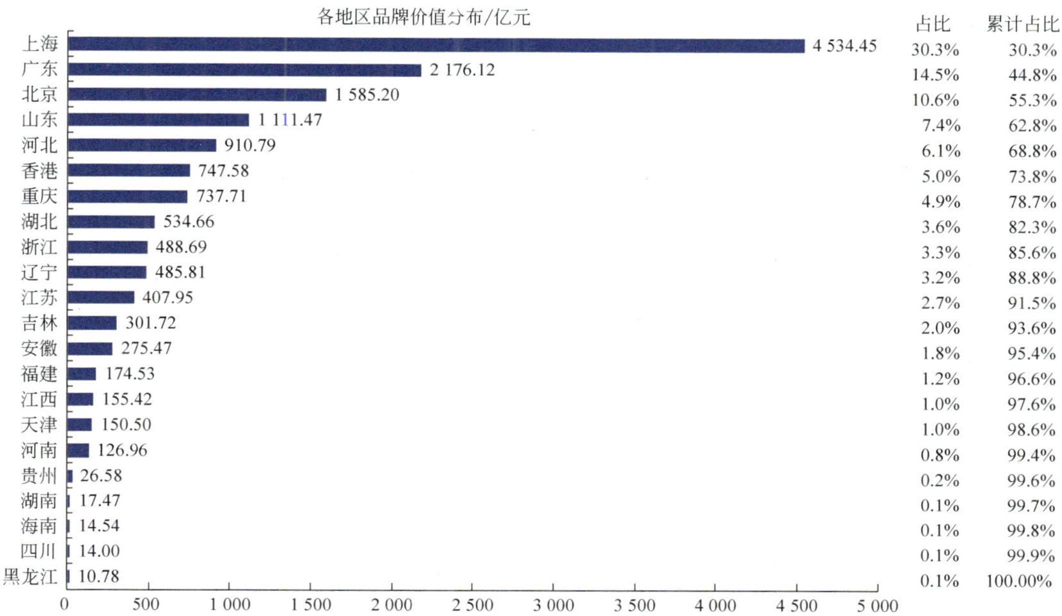

图2-13 2023年中国汽车行业上市公司品牌价值榜各地区品牌价值分布

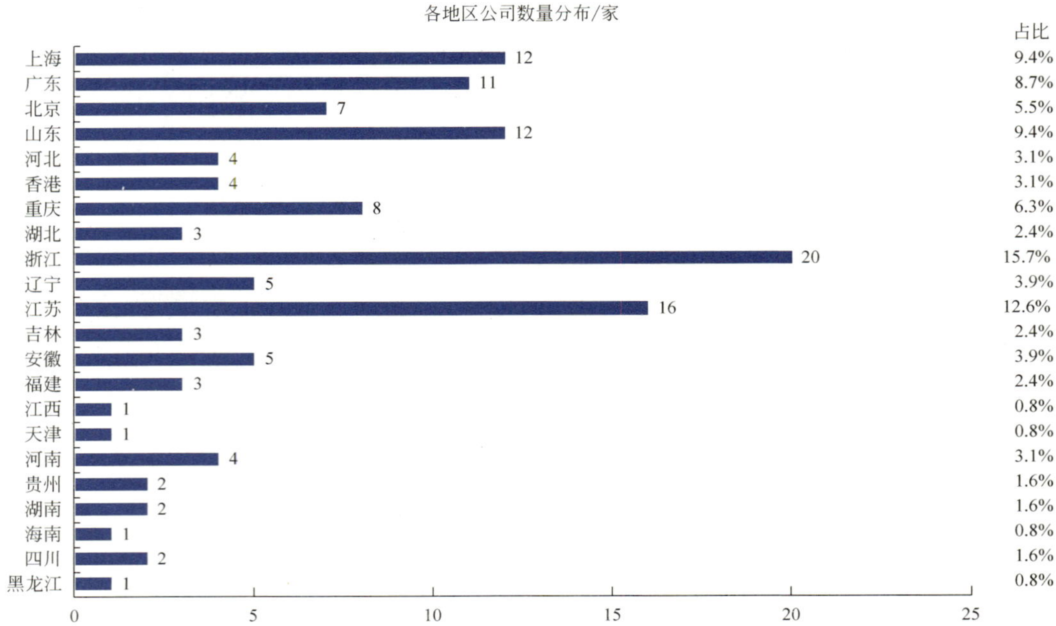

图 2-14 2023 年中国汽车行业上市公司品牌价值榜各地区公司数量分布

【上市板块】 在 2023 年中国汽车行业上市公司品牌价值榜中：在沪市主板上市的公司有 60 家，品牌价值合计 7 907.32 亿元，占行业榜单总计品牌价值的 52.8%，排在第一位；在深市主板上市的公司有 43 家，品牌价值合计 3 530.52 亿元，占行业榜单总计品牌价值的 23.6%，排在第二位；在香港上市的中资公司有 18 家，品牌价值合计 3 439.52 亿元，占行业总计品牌价值的 22.9%，排在第三位。此外，在深市创业板上市的公司有 4 家，品牌价值合计 89.25 亿元；在国外上市的中概股公司有 1 家，品牌价值 13.75 亿元；在北证新三板上市的公司有 1 家，品牌价值 8.06 亿元。

【上市时间】 在 2023 年中国汽车行业上市公司品牌价值榜中：1997 年及以前上市的公司有 27 家，品牌价值合计 6 511.19 亿元，占行业榜单总计品牌价值的 43.4%，排在第一位；2008—2012 年上市的公司有 28 家，品牌价值合计 3 337.19 亿元，占行业榜单总计品牌价值的 22.3%，排在第二位；2013—2017 年上市的公司有 29 家，品牌价值合计 2 081.29 亿元，占行业榜单总计品牌价值的 13.9%，排在第三位。此外，2003—2007 年上市的公司有 12 家，品牌价值合计 1 527.12 亿元；1998—2002 年上市的公司有 16 家，品牌价值合计 1 248.43 亿元；2018—2022 年上市的公司有 15 家，品牌价值合计 283.2 亿元。

2.8 医药行业品牌价值榜

在 2023 年中国上市公司品牌价值总榜的 3 000 家企业中：医药行业的企业共计 260 家，比 2022 年增加了 8 家；品牌价值总计 12 391.42 亿元，比 2022 年增长了 20.8%。

2.8.1 2023年中国医药行业上市公司品牌价值榜单

序号	证券简称	品牌价值/亿元	增长率/%	地区	上市日期	证券代码
1	国药控股	1 935.36	35.9	上海	2009-09-23	1099.HK
2	华润医药	791.94	45.9	北京	2016-10-28	3320.HK
3	上海医药	769.89	15.3	上海	1994-03-24	601607.SH
4	九州通	365.48	−0.7	湖北	2010-11-02	600998.SH
5	白云山	292.10	30.8	广东	2001-02-06	600332.SH
6	智飞生物	242.74	58.6	重庆	2010-09-28	300122.SZ
7	国药一致	195.14	20.0	广东	1993-08-09	000028.SZ
8	九安医疗	194.79	新上榜	天津	2010-06-10	002432.SZ
9	重药控股	193.80	47.5	重庆	1999-09-16	000950.SZ
10	迈瑞医疗	185.56	23.8	广东	2018-10-16	300760.SZ
11	复星医药	178.11	1.9	上海	1998-08-07	600196.SH
12	石药集团	174.78	15.4	香港	1994-06-21	1093.HK
13	中国医药	172.09	38.7	北京	1997-05-15	600056.SH
14	华东医药	164.13	11.2	浙江	2000-01-27	000963.SZ
15	云南白药	154.92	−2.3	云南	1993-12-15	000538.SZ
16	药明康德	154.07	23.2	江苏	2018-05-08	603259.SH
17	南京医药	153.44	27.0	江苏	1996-07-01	600713.SH
18	国药股份	141.41	−5.3	北京	2002-11-27	600511.SH
19	中国生物制药	132.31	−7.3	香港	2000-09-29	1177.HK
20	恒瑞医药	114.25	−28.0	江苏	2000-10-18	600276.SH
21	海王生物	113.75	−11.2	广东	1998-12-18	000078.SZ
22	东方生物	111.89	73.1	浙江	2020-02-05	688298.SH
23	新和成	107.96	25.9	浙江	2004-06-25	002001.SZ
24	中国中药	91.99	13.8	广东	1993-04-07	0570.HK
25	华润三九	91.90	51.5	广东	2000-03-09	000999.SZ
26	嘉事堂	91.57	33.0	北京	2010-08-18	002462.SZ
27	人福医药	83.94	−9.4	湖北	1997-06-06	600079.SH
28	达安基因	80.36	123.1	广东	2004-08-09	002030.SZ
29	爱尔眼科	78.77	−0.5	湖南	2009-10-30	300015.SZ
30	同仁堂	78.48	10.4	北京	1997-06-25	600085.SH
31	威高股份	74.87	7.6	山东	2004-02-27	1066.HK
32	科伦药业	74.49	34.0	四川	2010-06-03	002422.SZ
33	健康元	72.88	−12.4	广东	2001-06-08	600380.SH
34	步长制药	69.75	−3.5	山东	2016-11-18	603858.SH
35	康哲药业	69.57	4.3	广东	2010-09-28	0867.HK
36	瑞康医药	67.76	−11.2	山东	2011-06-10	002589.SZ
37	长春高新	67.57	−1.3	吉林	1996-12-18	000661.SZ
38	鹭燕医药	63.05	38.9	福建	2016-02-18	002788.SZ
39	片仔癀	61.98	−3.1	福建	2003-06-16	600436.SH
40	以岭药业	61.07	67.3	河北	2011-07-28	002603.SZ
41	万泰生物	60.05	170.6	北京	2020-04-29	603392.SH

续表

序号	证券简称	品牌价值/亿元	增长率/%	地区	上市日期	证券代码
42	华润双鹤	59.58	47.4	北京	1997-05-22	600062.SH
43	丽珠集团	57.11	−10.0	广东	1993-10-28	000513.SZ
44	柳药集团	56.82	8.2	广西	2014-12-04	603368.SH
45	国药现代	53.34	8.2	上海	2004-06-16	600420.SH
46	英科医疗	53.18	−47.4	山东	2017-07-21	300677.SZ
47	济川药业	51.70	42.8	湖北	2001-08-22	600566.SH
48	泰格医药	48.12	40.6	浙江	2012-08-17	300347.SZ
49	天士力	47.25	−6.0	天津	2002-08-23	600535.SH
50	乐普医疗	46.57	9.6	北京	2009-10-30	300003.SZ
51	热景生物	46.05	107.5	北京	2019-09-30	688068.SH
52	联影医疗	45.65	新上榜	上海	2022-08-22	688271.SH
53	安旭生物	44.88	203.6	浙江	2021-11-18	688075.SH
54	圣湘生物	42.96	42.2	湖南	2020-08-28	688289.SH
55	凯莱英	41.95	73.6	天津	2016-11-18	002821.SZ
56	康龙化成	41.87	16.7	北京	2019-01-28	300759.SZ
57	太极集团	41.66	5.1	重庆	1997-11-18	600129.SH
58	普洛药业	41.37	10.8	浙江	1997-05-09	000739.SZ
59	远大医药	40.65	16.6	香港	1995-12-19	0512.HK
60	联邦制药	40.05	−3.6	香港	2007-06-15	3933.HK
61	鱼跃医疗	37.68	14.0	江苏	2008-04-18	002223.SZ
62	新华医疗	37.02	−5.1	山东	2002-09-27	600587.SH
63	海正药业	36.70	−8.2	浙江	2000-07-25	600267.SH
64	振德医疗	36.16	−2.2	浙江	2018-04-12	603301.SH
65	昆药集团	35.50	29.3	云南	2000-12-06	600422.SH
66	润达医疗	34.90	−1.0	上海	2015-05-27	603108.SH
67	振东制药	34.81	128.6	山西	2011-01-07	300158.SZ
68	达仁堂	33.86	5.9	天津	2001-06-06	600329.SH
69	浙江医药	33.85	1.9	浙江	1999-10-21	600216.SH
70	新华制药	33.38	53.9	山东	1997-08-06	000756.SZ
71	哈药股份	33.16	14.8	黑龙江	1993-06-29	600664.SH
72	红日药业	32.60	64.7	天津	2009-10-30	300026.SZ
73	华大基因	32.37	12.1	广东	2017-07-14	300676.SZ
74	硕世生物	31.28	93.1	江苏	2019-12-05	688399.SH
75	奥泰生物	30.98	183.0	浙江	2021-03-25	688606.SH
76	华熙生物	30.95	33.0	山东	2019-11-06	688363.SH
77	康恩贝	30.82	73.6	浙江	2004-04-12	600572.SH
78	同仁堂科技	30.72	20.5	北京	2000-10-31	1666.HK
79	绿叶制药	30.49	−8.0	山东	2014-07-09	2186.HK
80	华北制药	29.69	−14.5	河北	1994-01-14	600812.SH
81	博腾股份	29.59	173.7	重庆	2014-01-29	300363.SZ
82	华海药业	29.50	−3.9	浙江	2003-03-04	600521.SH
83	东北制药	29.35	38.5	辽宁	1996-05-23	000597.SZ

续表

序号	证券简称	品牌价值/亿元	增长率/%	地区	上市日期	证券代码
84	华兰生物	29.01	−17.8	河南	2004-06-25	002007.SZ
85	沃森生物	28.23	39.8	云南	2010-11-12	300142.SZ
86	百洋医药	28.00	75.9	山东	2021-06-30	301015.SZ
87	人民同泰	27.52	5.1	黑龙江	1994-02-24	600829.SH
88	先声药业	27.29	17.2	江苏	2020-10-27	2096.HK
89	葵花药业	27.04	43.6	黑龙江	2014-12-30	002737.SZ
90	海普瑞	26.75	4.7	广东	2010-05-06	002399.SZ
91	仁和药业	26.59	17.4	江西	1996-12-10	000650.SZ
92	石四药集团	26.38	24.5	香港	2005-12-20	2005.HK
93	中国同辐	26.01	15.1	北京	2018-07-06	1763.HK
94	天坛生物	25.61	−0.7	北京	1998-06-16	600161.SH
95	国邦医药	25.49	75.7	浙江	2021-08-02	605507.SH
96	奥佳华	25.12	−1.7	福建	2011-09-09	002614.SZ
97	凯普生物	24.22	155.4	广东	2017-04-12	300639.SZ
98	恩华药业	23.36	19.5	江苏	2008-07-23	002262.SZ
99	九洲药业	23.24	39.8	浙江	2014-10-10	603456.SH
100	悦康药业	23.02	13.3	北京	2020-12-24	688658.SH
101	健友股份	22.65	−8.0	江苏	2017-07-19	603707.SH
102	吉林敖东	22.61	0.2	吉林	1996-10-28	000623.SZ
103	通化东宝	22.15	4.9	吉林	1994-08-24	600867.SH
104	中红医疗	21.45	−45.8	河北	2021-04-27	300981.SZ
105	蓝帆医疗	21.43	−45.0	山东	2010-04-02	002382.SZ
106	之江生物	21.42	23.2	上海	2021-01-18	688317.SH
107	京新药业	21.24	44.2	浙江	2004-07-15	002020.SZ
108	上海莱士	21.18	46.8	上海	2008-06-23	002252.SZ
109	健帆生物	21.12	28.3	广东	2016-08-02	300529.SZ
110	安图生物	20.97	5.5	河南	2016-09-01	603658.SH
111	明德生物	20.87	68.8	湖北	2018-07-10	002932.SZ
112	万孚生物	20.46	37.8	广东	2015-06-30	300482.SZ
113	新产业	20.19	45.7	广东	2020-05-12	300832.SZ
114	康缘药业	19.75	39.4	江苏	2002-09-18	600557.SH
115	华大智造	19.55	新上榜	广东	2022-09-09	688114.SH
116	仙琚制药	19.53	7.3	浙江	2010-01-12	002332.SZ
117	江中药业	19.43	33.2	江西	1996-09-23	600750.SH
118	信立泰	19.38	−0.9	广东	2009-09-10	002294.SZ
119	信邦制药	19.28	−4.7	贵州	2010-04-16	002390.SZ
120	天新药业	19.27	新上榜	江西	2022-07-12	603235.SH
121	神威药业	19.23	28.3	河北	2004-12-02	2877.HK
122	东阿阿胶	19.23	−10.7	山东	1996-07-29	000423.SZ
123	爱美客	19.16	75.8	北京	2020-09-28	300896.SZ
124	诺唯赞	19.05	5.1	江苏	2021-11-15	688105.SH
125	千金药业	18.31	18.0	湖南	2004-03-12	600479.SH

续表

序号	证券简称	品牌价值/亿元	增长率/%	地区	上市日期	证券代码
126	亿帆医药	18.00	−27.8	浙江	2004-07-13	002019.SZ
127	万邦德	17.96	68.1	浙江	2006-11-20	002082.SZ
128	博拓生物	17.84	32.9	浙江	2021-09-08	688767.SH
129	珍宝岛	17.74	−4.3	黑龙江	2015-04-24	603567.SH
130	海尔生物	17.71	36.7	山东	2019-10-25	688139.SH
131	华兰疫苗	17.54	新上榜	河南	2022-02-18	301207.SZ
132	马应龙	16.87	13.6	湖北	2004-05-17	600993.SH
133	迈克生物	16.78	−15.2	四川	2015-05-28	300463.SZ
134	凯赛生物	16.24	5.8	上海	2020-08-12	688065.SH
135	华特达因	16.14	38.8	山东	1999-06-09	000915.SZ
136	山东药玻	16.13	−6.9	山东	2002-06-03	600529.SH
137	罗欣药业	16.09	−33.4	浙江	2016-04-15	002793.SZ
138	海思科	15.97	−3.3	西藏	2012-01-17	002653.SZ
139	辰欣药业	15.81	−5.2	山东	2017-09-29	603367.SH
140	东诚药业	15.71	−2.3	山东	2012-05-25	002675.SZ
141	康德莱	15.40	15.7	上海	2016-11-21	603987.SH
142	康臣药业	15.39	20.7	广东	2013-12-19	1681.HK
143	康泰生物	15.26	−28.0	广东	2017-02-07	300601.SZ
144	四环医药	15.25	−42.4	北京	2010-10-28	0460.HK
145	九芝堂	14.85	1.6	湖南	2000-06-28	000989.SZ
146	羚锐制药	14.73	20.7	河南	2000-10-18	600285.SH
147	甘李药业	14.73	−27.9	北京	2020-06-29	603087.SH
148	中恒集团	14.58	−23.9	广西	2000-11-30	600252.SH
149	海翔药业	14.47	19.9	浙江	2006-12-26	002099.SZ
150	浙江震元	14.25	38.1	浙江	1997-04-10	000705.SZ
151	东阳光药	14.24	23.4	湖北	2015-12-29	1558.HK
152	川宁生物	14.08	新上榜	新疆	2022-12-27	301301.SZ
153	华检医疗	13.94	37.0	上海	2019-07-12	1931.HK
154	健民集团	13.91	0.1	湖北	2004-04-19	600976.SH
155	威高骨科	13.85	26.8	山东	2021-06-30	688161.SH
156	昭衍新药	13.77	46.0	北京	2017-08-25	603127.SH
157	丰原药业	13.76	23.5	安徽	2000-09-20	000153.SZ
158	奥美医疗	13.61	−5.0	湖北	2019-03-11	002950.SZ
159	贵州百灵	13.56	23.8	贵州	2010-06-03	002424.SZ
160	众生药业	13.53	83.0	广东	2009-12-11	002317.SZ
161	创美药业	13.43	13.6	广东	2015-12-14	2289.HK
162	亚辉龙	13.26	新上榜	广东	2021-05-17	688575.SH
163	博雅生物	13.18	14.0	江西	2012-03-08	300294.SZ
164	福元医药	13.01	新上榜	北京	2022-06-30	601089.SH
165	鲁抗医药	12.85	−8.6	山东	1997-02-26	600789.SH
166	津药药业	12.61	11.2	天津	2001-06-18	600488.SH
167	成大生物	12.42	−30.3	辽宁	2021-10-28	688739.SH

续表

序号	证券简称	品牌价值/亿元	增长率/%	地区	上市日期	证券代码
168	长江健康	12.37	−31.0	江苏	2010-06-18	002435.SZ
169	同仁堂国药	12.26	14.1	香港	2013-05-07	3613.HK
170	奇正藏药	12.12	26.7	西藏	2009-08-28	002287.SZ
171	康弘药业	11.81	30.9	四川	2015-06-26	002773.SZ
172	天宇股份	11.68	−10.0	浙江	2017-09-19	300702.SZ
173	金城医药	11.62	55.0	山东	2011-06-22	300233.SZ
174	奥赛康	11.62	−32.0	北京	2015-05-15	002755.SZ
175	可孚医疗	11.56	7.2	湖南	2021-10-25	301087.SZ
176	大博医疗	11.54	−9.7	福建	2017-09-22	002901.SZ
177	义翘神州	11.51	−45.3	北京	2021-08-16	301047.SZ
178	瑞普生物	11.46	17.3	天津	2010-09-17	300119.SZ
179	金陵药业	11.22	24.0	江苏	1999-11-18	000919.SZ
180	桂林三金	11.16	21.3	广西	2009-07-10	002275.SZ
181	花园生物	11.01	新上榜	浙江	2014-10-09	300401.SZ
182	亚宝药业	10.97	−2.0	山西	2002-09-26	600351.SH
183	常山药业	10.92	19.7	河北	2011-08-19	300255.SZ
184	欧普康视	10.91	−2.7	安徽	2017-01-17	300595.SZ
185	益佰制药	10.54	−12.6	贵州	2004-03-23	600594.SH
186	三诺生物	10.44	13.6	湖南	2012-03-19	300298.SZ
187	安科生物	10.43	12.9	安徽	2009-10-30	300009.SZ
188	基蛋生物	10.37	21.3	江苏	2017-07-17	603387.SH
189	昊海生科	10.06	−22.3	上海	2019-10-30	688366.SH
190	千红制药	10.02	74.1	江苏	2011-02-18	002550.SZ
191	立方制药	9.93	17.4	安徽	2020-12-15	003020.SZ
192	普利制药	9.93	19.4	海南	2017-03-28	300630.SZ
193	美迪西	9.84	73.5	上海	2019-11-05	688202.SH
194	拱东医疗	9.80	52.9	浙江	2020-09-16	605369.SH
195	东瑞制药	9.74	23.9	香港	2003-07-11	2348.HK
196	荣泰健康	9.48	−11.0	上海	2017-01-11	603579.SH
197	新诺威	9.31	47.8	河北	2019-03-22	300765.SZ
198	南微医学	9.29	−6.7	江苏	2019-07-22	688029.SH
199	双鹭药业	9.22	5.2	北京	2004-09-09	002038.SZ
200	一品红	9.16	20.8	广东	2017-11-16	300723.SZ
201	康华生物	9.13	66.2	四川	2020-06-16	300841.SZ
202	美康生物	8.88	6.7	浙江	2015-04-22	300439.SZ
203	九典制药	8.67	54.9	湖南	2017-10-10	300705.SZ
204	北大医药	8.65	35.6	重庆	1997-06-16	000788.SZ
205	西藏药业	8.63	−9.6	西藏	1999-07-21	600211.SH
206	九强生物	8.57	27.8	北京	2014-10-30	300406.SZ
207	贝达药业	8.41	−10.7	浙江	2016-11-07	300558.SZ
208	科前生物	8.26	8.9	湖北	2020-09-22	688526.SH
209	理邦仪器	8.17	6.3	广东	2011-04-21	300206.SZ
210	美好医疗	8.13	新上榜	广东	2022-10-12	301363.SZ

续表

序号	证券简称	品牌价值/亿元	增长率/%	地区	上市日期	证券代码
211	美诺华	8.01	37.2	浙江	2017-04-07	603538.SH
212	塞力医疗	7.98	7.1	湖北	2016-10-31	603716.SH
213	药石科技	7.97	1.0	江苏	2017-11-10	300725.SZ
214	亿胜生物科技	7.90	22.7	广东	2001-06-27	1061.HK
215	华恒生物	7.61	新上榜	安徽	2021-04-22	688639.SH
216	誉衡药业	7.54	−16.7	黑龙江	2010-06-23	002437.SZ
217	春立医疗	7.53	16.7	北京	2021-12-30	688236.SH
218	怡和嘉业	7.50	新上榜	北京	2022-11-01	301367.SZ
219	汇宇制药-W	7.45	−55.5	四川	2021-10-26	688553.SH
220	开立医疗	7.39	新上榜	广东	2017-04-06	300633.SZ
221	神奇制药	7.25	新上榜	上海	1992-08-20	600613.SH
222	派林生物	7.18	15.3	山西	1996-06-28	000403.SZ
223	我武生物	7.17	16.8	浙江	2014-01-21	300357.SZ
224	百克生物	7.17	29.7	吉林	2021-06-25	688276.SH
225	佐力药业	7.11	新上榜	浙江	2011-02-22	300181.SZ
226	方盛制药	7.11	新上榜	湖南	2014-12-05	603998.SH
227	司太立	7.02	−11.6	浙江	2016-03-09	603520.SH
228	苑东生物	6.97	新上榜	四川	2020-09-02	688513.SH
229	诺禾致源	6.92	−2.6	北京	2021-04-13	688315.SH
230	永安药业	6.89	29.7	湖北	2010-03-05	002365.SZ
231	富祥药业	6.79	0.5	江西	2015-12-22	300497.SZ
232	先健科技	6.79	23.0	广东	2011-11-10	1302.HK
233	万东医疗	6.78	8.7	北京	1997-05-19	600055.SH
234	精华制药	6.77	新上榜	江苏	2010-02-03	002349.SZ
235	上海凯宝	6.74	新上榜	上海	2010-01-08	300039.SZ
236	生物股份	6.66	−48.6	内蒙古	1999-01-15	600201.SH
237	润都股份	6.61	22.9	广东	2018-01-05	002923.SZ
238	睿智医药	6.54	新上榜	广东	2010-12-22	300149.SZ
239	兄弟科技	6.48	新上榜	浙江	2011-03-10	002562.SZ
240	赛升药业	6.47	10.7	北京	2015-06-26	300485.SZ
241	哈三联	6.46	−37.5	黑龙江	2017-09-22	002900.SZ
242	维力医疗	6.39	新上榜	广东	2015-03-02	603309.SH
243	昂利康	6.37	19.0	浙江	2018-10-23	002940.SZ
244	中智药业	6.34	−7.6	广东	2015-07-13	3737.HK
245	心脉医疗	6.33	19.5	上海	2019-07-22	688016.SH
246	英诺特	6.15	新上榜	北京	2022-07-28	688253.SH
247	迪瑞医疗	6.10	新上榜	吉林	2014-09-10	300396.SZ
248	普莱柯	6.09	新上榜	河南	2015-05-18	603566.SH
249	联环药业	6.04	7.0	江苏	2003-03-19	600513.SH
250	华纳药厂	6.04	新上榜	湖南	2021-07-13	688799.SH
251	特宝生物	6.02	新上榜	福建	2020-01-17	688278.SH
252	高视医疗	6.00	新上榜	北京	2022-12-12	2407.HK
253	三鑫医疗	5.85	新上榜	江西	2015-05-15	300453.SZ
254	力生制药	5.83	新上榜	天津	2010-04-23	002393.SZ
255	中关村	5.77	5.1	北京	1999-07-12	000931.SZ
256	德展健康	5.67	−6.8	新疆	1998-05-19	000813.SZ

续表

序号	证券简称	品牌价值/亿元	增长率/%	地区	上市日期	证券代码
257	奥锐特	5.66	新上榜	浙江	2020-09-21	605116.SH
258	溢多利	5.66	−2.4	广东	2014-01-28	300381.SZ
259	惠泰医疗	5.64	新上榜	广东	2021-01-07	688617.SH
260	康基医疗	5.64	新上榜	浙江	2020-06-29	9997.HK

2.8.2 2023 年中国医药行业上市公司品牌价值榜分析

【行业集中度】 在 2023 年中国医药行业上市公司品牌价值榜中：排在前 3 位的公司品牌价值合计 3 497.19 亿元，占行业榜单总计品牌价值的 28.2%；排在前 20 位的公司品牌价值合计 6 706.31 亿元，占行业榜单总计品牌价值的 54.1%；排在前 50 位的公司品牌价值合计 8 853.65 亿元，占行业榜单总计品牌价值的 71.4%。

【所在区域】 在 2023 年中国医药行业上市公司品牌价值榜中，260 家公司来自 28 个地区。其中，来自上海、北京和广东的公司共计 83 家，品牌价值合计 6 550.03 亿元，占行业榜单总计品牌价值的 52.9%，处于主导地位。其他地区企业的构成情况如图 2-15 和图 2-16 所示。

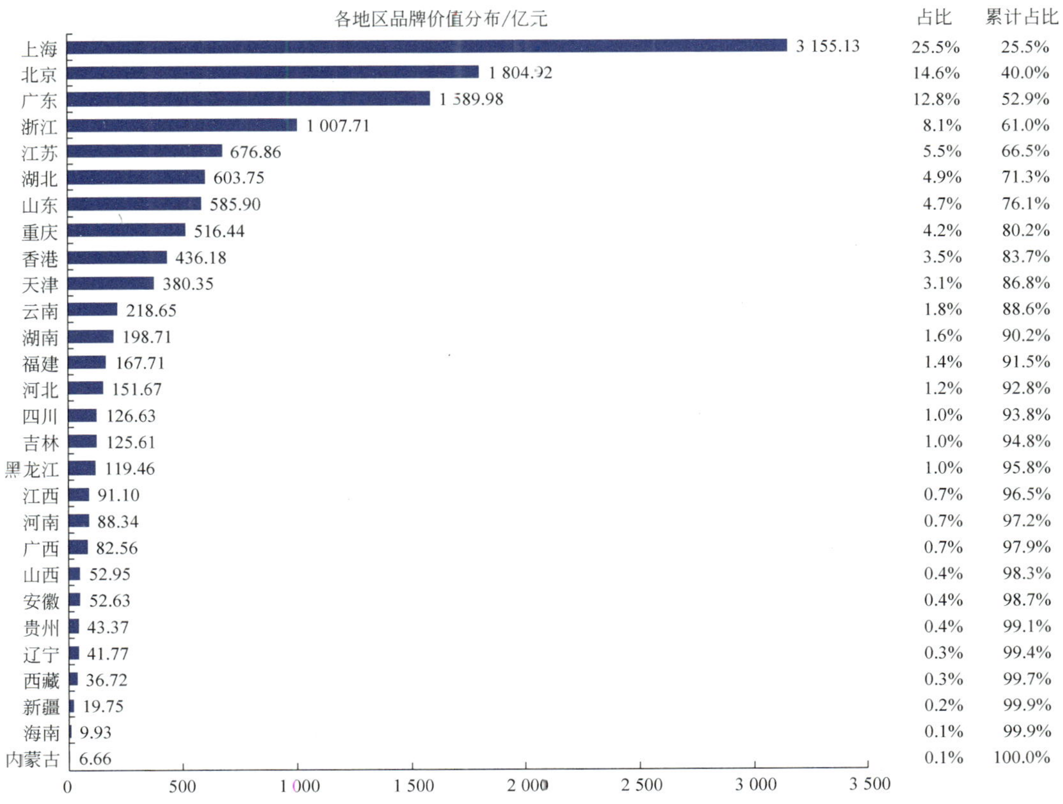

图 2-15 2023 年中国医药行业上市公司品牌价值榜各地区品牌价值分布

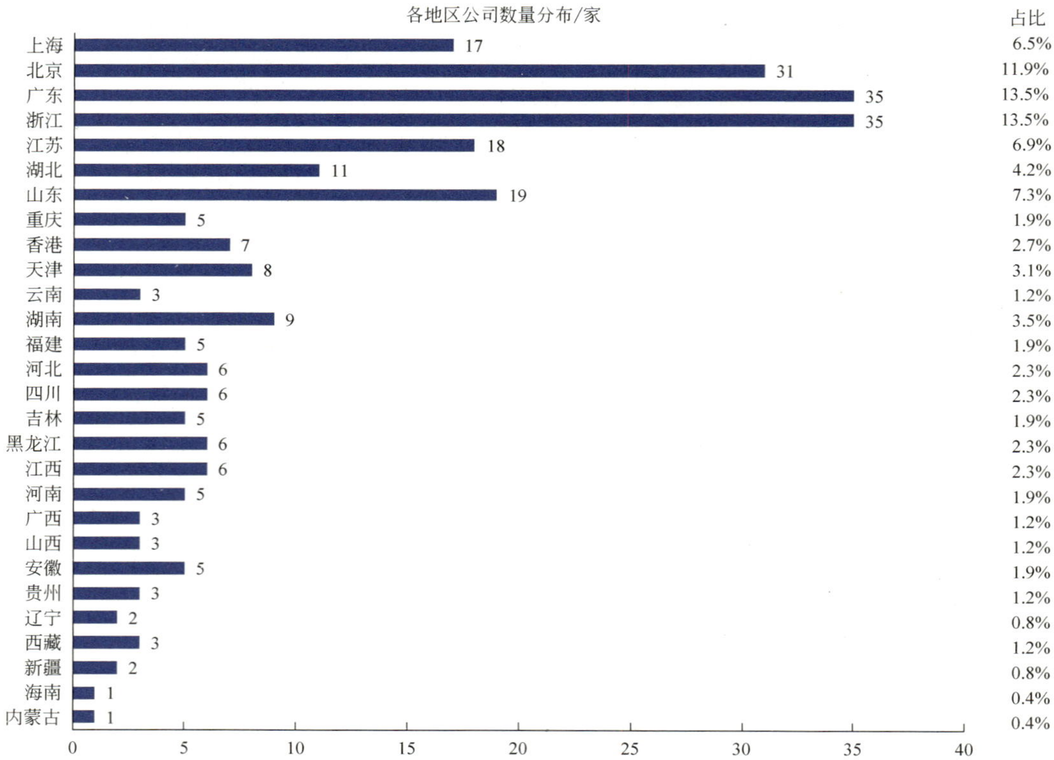

图 2-16 2023 年中国医药行业上市公司品牌价值榜各地区公司数量分布

【上市板块】 在 2023 年中国医药行业上市公司品牌价值榜中：在沪市主板上市的公司有 73 家，品牌价值合计 4 020.76 亿元，占行业榜单总计品牌价值的 32.4%，排在第一位；在香港上市的中资公司有 27 家，品牌价值合计 3 638.55 亿元，占行业榜单总计品牌价值的 29.4%，排在第二位；在深市主板上市的公司有 71 家，品牌价值合计 2 694.83 亿元，占行业总计品牌价值的 21.7%，排在第三位。此外，在深市创业板上市的公司有 56 家，品牌价值合计 1 367.01 亿元；在沪市科创板上市的公司有 33 家，品牌价值合计 670.27 亿元。

【上市时间】 在 2023 年中国医药行业上市公司品牌价值榜中：2008—2012 年上市的公司有 49 家，品牌价值合计 3 842.21 亿元，占行业榜单总计品牌价值的 31%，排在第一位；1997 年及以前上市的公司有 31 家，品牌价值合计 2 502.7 亿元，占行业榜单总计品牌价值的 20.2%，排在第二位；1998—2002 年上市的公司有 34 家，品牌价值合计 2 006.19 亿元，占行业榜单总计品牌价值的 16.2%，排在第三位。此外，2013—2017 年上市的公司有 58 家，品牌价值合计 1 780.75 亿元；2018—2022 年上市的公司有 66 家，品牌价值合计 1 549.76 亿元；2003—2007 年上市的公司有 22 家，品牌价值合计 709.81 亿元。

2.9 建筑行业品牌价值榜

在 2023 年中国上市公司品牌价值总榜的 3 000 家企业中：建筑行业的企业共计 112 家，与 2022 年相同；品牌价值总计 12 203.49 亿元，比 2022 年增长了 19.7%。

2.9.1 2023 年中国建筑行业上市公司品牌价值榜单

序号	证券简称	品牌价值/亿元	增长率/%	地区	上市日期	证券代码
1	中国建筑	2 492.84	29.8	北京	2009-07-29	601668.SH
2	中国中铁	1 338.20	31.7	北京	2007-12-03	601390.SH
3	中国铁建	1 155.91	23.7	北京	2008-03-10	601186.SH
4	中国交建	878.33	26.0	北京	2012-03-09	601800.SH
5	中国电建	624.41	9.9	北京	2011-10-18	601669.SH
6	中国中冶	602.32	12.2	北京	2009-09-21	601618.SH
7	中国建材	549.32	−2.6	北京	2006-03-23	3323.HK
8	中国能建	393.74	9.1	北京	2021-09-28	601868.SH
9	海螺水泥	377.19	−14.2	安徽	2002-02-07	600585.SH
10	上海建工	289.25	13.4	上海	1998-06-23	600170.SH
11	中国化学	192.16	17.2	北京	2010-01-07	601117.SH
12	金隅集团	169.96	12.2	北京	2011-03-01	601992.SH
13	四川路桥	145.16	36.8	四川	2003-03-25	600039.SH
14	浙江建投	136.00	80.7	浙江	2015-06-10	002761.SZ
15	中国建筑国际	135.59	60.7	香港	2005-07-08	3311.HK
16	中国铁塔	133.80	3.5	北京	2018-08-08	0788.HK
17	陕西建工	133.61	80.0	陕西	2000-06-22	600248.SH
18	天山股份	121.42	97.0	新疆	1999-01-07	000877.SZ
19	中国核建	102.38	22.7	上海	2016-06-06	601611.SH
20	安徽建工	98.81	57.1	安徽	2003-04-15	600502.SH
21	山东路桥	83.83	83.4	山东	1997-06-09	000498.SZ
22	华润水泥控股	82.19	−3.6	香港	2009-10-06	1313.HK
23	中石化炼化工程	80.00	30.7	北京	2013-05-23	2386.HK
24	隧道股份	75.94	24.5	上海	1994-01-28	600820.SH
25	冀东水泥	72.03	15.7	河北	1996-06-14	000401.SZ
26	华新水泥	69.83	−9.3	湖北	1994-01-03	600801.SH
27	信义玻璃	67.73	22.7	香港	2005-02-03	0868.HK
28	重庆建工	66.89	34.8	重庆	2017-02-21	600939.SH
29	中国联塑	61.95	−13.1	广东	2010-06-23	2128.HK
30	浙江交科	59.32	65.2	浙江	2006-08-16	002061.SZ
31	东方雨虹	56.53	−7.7	北京	2008-09-10	002271.SZ
32	山水水泥	54.62	25.0	山东	2008-07-04	0691.HK
33	中国巨石	54.12	22.7	浙江	1999-04-22	600176.SH
34	天健集团	50.85	39.8	广东	1999-07-21	000090.SZ

建筑行业榜单

续表

序号	证券简称	品牌价值/亿元	增长率/%	地区	上市日期	证券代码
35	中材国际	43.70	17.1	江苏	2005-04-12	600970.SH
36	中材科技	41.77	−25.4	江苏	2006-11-20	002080.SZ
37	北新建材	41.07	−3.4	北京	1997-06-06	000786.SZ
38	西部建设	32.47	27.4	新疆	2009-11-03	002302.SZ
39	宝业集团	31.51	0.5	浙江	2003-06-30	2355.HK
40	旗滨集团	31.01	−10.0	湖南	2011-08-12	601636.SH
41	鸿路钢构	30.93	29.5	安徽	2011-01-18	002541.SZ
42	万年青	30.10	8.0	江西	1997-09-23	000789.SZ
43	中国天瑞水泥	27.87	−5.2	河南	2011-12-23	1252.HK
44	宁波建工	27.53	33.2	浙江	2011-08-16	601789.SH
45	太极实业	25.99	6.2	江苏	1993-07-28	600667.SH
46	中铝国际	25.60	5.9	北京	2018-08-31	601068.SH
47	深桑达A	24.34	53.0	广东	1993-10-28	000032.SZ
48	南玻A	22.55	3.3	广东	1992-02-28	000012.SZ
49	江河集团	22.08	−1.6	北京	2011-08-18	601886.SH
50	龙元建设	22.08	0.7	浙江	2004-05-24	600491.SH
51	金螳螂	21.95	−36.3	江苏	2006-11-20	002081.SZ
52	中钢国际	21.87	7.8	吉林	1999-03-12	000928.SZ
53	粤水电	21.41	41.5	广东	2006-08-10	002060.SZ
54	上峰水泥	21.36	−7.9	甘肃	1996-12-18	000672.SZ
55	西部水泥	19.78	0.7	陕西	2010-08-23	2233.HK
56	塔牌集团	18.44	3.2	广东	2008-05-16	002233.SZ
57	河北建设	17.69	−65.4	河北	2017-12-15	1727.HK
58	龙建股份	17.51	23.6	黑龙江	1994-04-04	600853.SH
59	精工钢构	17.18	20.7	安徽	2002-06-05	600496.SH
60	东湖高新	16.51	19.6	湖北	1998-02-12	600133.SH
61	尖峰集团	16.25	24.5	浙江	1993-07-28	600668.SH
62	伟星新材	16.22	23.4	浙江	2010-03-18	002372.SZ
63	浦东建设	15.69	52.3	上海	2004-03-16	600284.SH
64	宏润建设	15.03	30.1	浙江	2006-08-16	002062.SZ
65	祁连山	14.93	−6.4	甘肃	1996-07-16	600720.SH
66	东莞控股	14.53	36.9	广东	1997-06-17	000828.SZ
67	科顺股份	14.07	16.4	广东	2018-01-25	300737.SZ
68	杭萧钢构	13.82	16.5	浙江	2003-11-10	600477.SH
69	兔宝宝	13.69	14.3	浙江	2005-05-10	002043.SZ
70	城建设计	13.62	0.0	北京	2014-07-08	1599.HK
71	东南网架	13.56	18.0	浙江	2007-05-30	002135.SZ
72	北新路桥	13.26	30.9	新疆	2009-11-11	002307.SZ
73	金晶科技	13.20	−4.4	山东	2002-08-15	600586.SH
74	坚朗五金	12.90	−18.2	广东	2016-03-29	002791.SZ
75	中工国际	12.90	52.7	北京	2006-06-19	002051.SZ
76	宁夏建材	12.52	15.5	宁夏	2003-08-29	600449.SH
77	华电重工	12.36	37.1	北京	2014-12-11	601226.SH

续表

序号	证券简称	品牌价值/亿元	增长率/%	地区	上市日期	证券代码
78	天沃科技	11.65	−29.3	江苏	2011-03-10	002564.SZ
79	公元股份	11.18	3.2	浙江	2011-12-08	002641.SZ
80	高新发展	11.11	新上榜	四川	1996-11-18	000628.SZ
81	中国武夷	10.84	29.3	福建	1997-07-15	000797.SZ
82	巨匠建设	10.83	19.1	浙江	2016-01-12	1459.HK
83	新疆交建	10.28	54.2	新疆	2018-11-28	002941.SZ
84	三和管桩	9.83	−12.3	广东	2021-02-04	003037.SZ
85	中国建筑兴业	9.55	36.4	香港	2010-03-30	0830.HK
86	亚厦股份	9.40	−22.9	浙江	2010-03-23	002375.SZ
87	腾达建设	9.21	7.2	浙江	2002-12-26	600512.SH
88	维业股份	9.08	新上榜	广东	2017-03-16	300621.SZ
89	东鹏控股	9.03	−24.6	广东	2020-10-19	003012.SZ
90	金诚信	8.69	17.6	北京	2015-06-30	603979.SH
91	西藏天路	8.36	−27.8	西藏	2001-01-16	600326.SH
92	中国海诚	8.25	新上榜	上海	2007-02-15	002116.SZ
93	北京利尔	8.09	13.5	北京	2010-04-23	002392.SZ
94	洛阳玻璃	7.95	17.0	河南	1995-10-31	600876.SH
95	东华科技	7.95	−0.3	安徽	2007-07-12	002140.SZ
96	方大集团	7.93	39.8	广东	1996-04-15	000055.SZ
97	鲁阳节能	7.90	19.3	山东	2006-11-30	002088.SZ
98	宁波富达	7.72	新上榜	浙江	1996-07-16	600724.SH
99	瑞泰科技	7.61	40.5	北京	2006-08-23	002066.SZ
100	水发兴业能源	7.48	5.4	香港	2009-01-13	0750.HK
101	蒙娜丽莎	6.97	−25.5	广东	2017-12-19	002918.SZ
102	濮耐股份	6.94	23.3	河南	2008-04-25	002225.SZ
103	青松建化	6.79	20.9	新疆	2003-07-24	600425.SH
104	耀皮玻璃	6.41	4.7	上海	1994-01-28	600819.SH
105	正平股份	6.29	新上榜	青海	2016-09-05	603843.SH
106	四川双马	6.26	新上榜	四川	1999-08-24	000935.SZ
107	德才股份	5.94	新上榜	山东	2021-07-06	605287.SH
108	海螺新材	5.93	新上榜	安徽	1996-10-23	000619.SZ
109	长海股份	5.90	新上榜	江苏	2011-03-29	300196.SZ
110	福建水泥	5.68	−5.6	福建	1994-01-03	600802.SH
111	中装建设	5.68	−1.4	广东	2016-11-29	002822.SZ
112	森特股份	5.67	−17.2	北京	2016-12-16	603098.SH

2.9.2 2023年中国建筑行业上市公司品牌价值榜分析

【行业集中度】 在2023年中国建筑行业上市公司品牌价值榜中：排在第1位的公司是中国建筑，品牌价值2 492.84亿元，占行业榜单总计品牌价值的20.4%；排在前5位的公司品牌价值合计6 489.7亿元，占行业榜单总计品牌价值的53.2%；排在前20位的公司品牌价值合计10 070.42亿元，占行业榜单总计品牌价值的82.5%。

建筑行业榜单

【所在区域】 在2023年中国建筑行业上市公司品牌价值榜中，112家公司来自24个地区。其中，来自北京的公司共计23家，品牌价值合计8 825.21亿元，占行业榜单总计品牌价值的72.3%，处于主导地位。其他地区企业的构成情况如图2-17和图2-18所示。

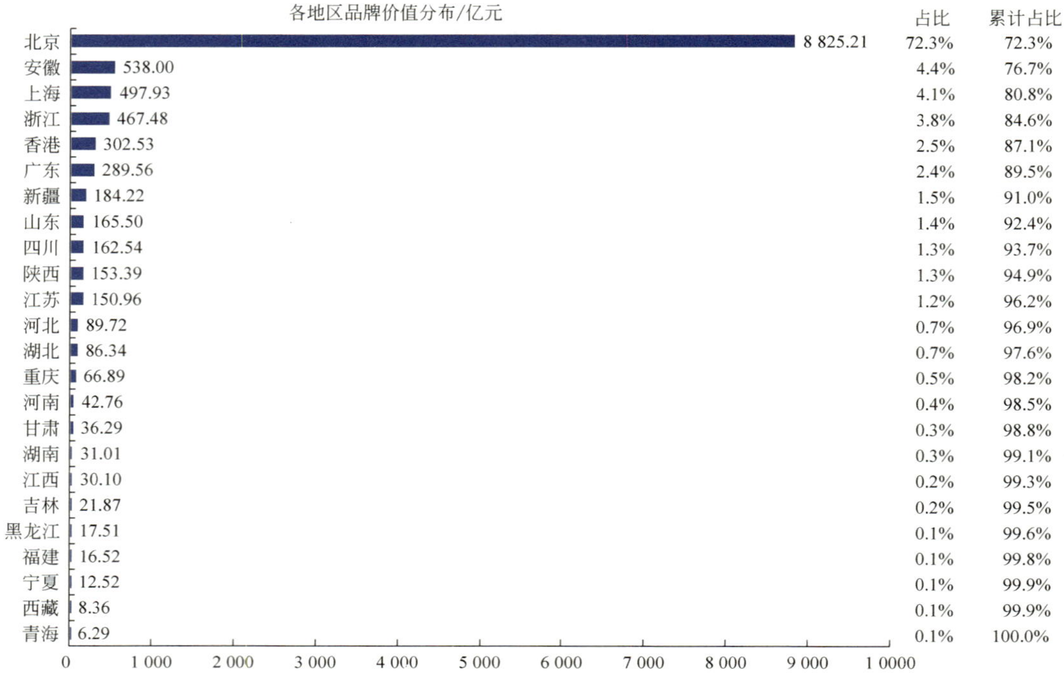

图2-17 2023年中国建筑行业上市公司品牌价值榜各地区品牌价值分布

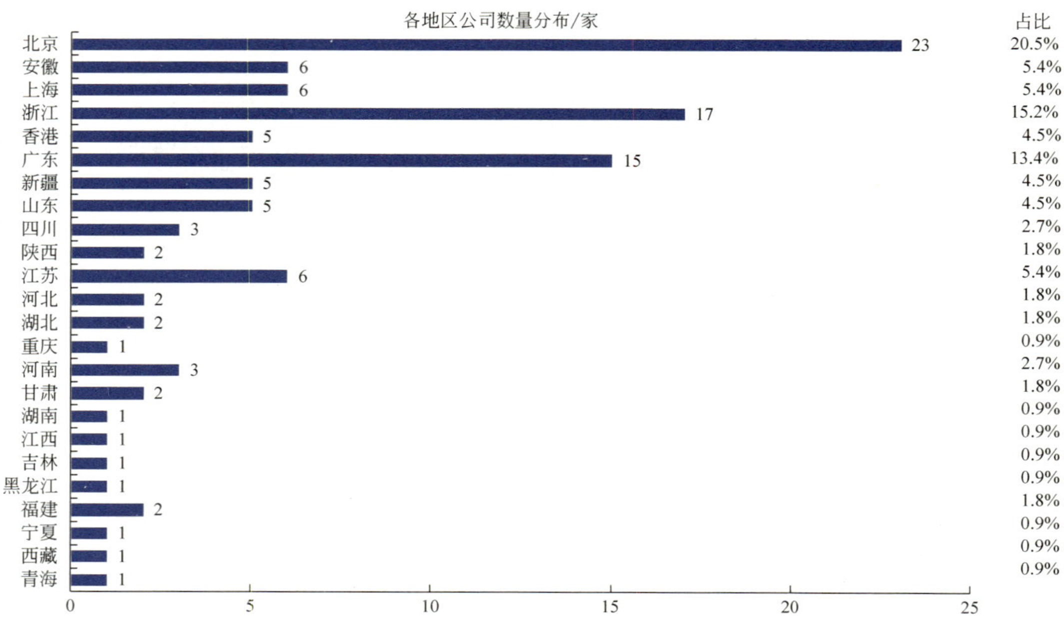

图2-18 2023年中国建筑行业上市公司品牌价值榜各地区公司数量分布

【上市板块】 在2023年中国建筑行业上市公司品牌价值榜中：在沪市主板上市的公司有47家，品牌价值合计9 687.76亿元，占行业榜单总计品牌价值的79.4%，排在第一位；在香港上市的中资公司有16家，品牌价值合计1 303.5亿元，占行业榜单总计品牌价值的10.7%，排在第二位；在深市主板上市的公司有46家，品牌价值合计1 183.17亿元，占行业总计品牌价值的9.7%，排在第三位。此外，在深市创业板上市的公司有3家，品牌价值合计29.06亿元。

【上市时间】 在2023年中国建筑行业上市公司品牌价值榜中：2008—2012年上市的公司有29家，品牌价值合计6 681.02亿元，占行业榜单总计品牌价值的54.7%，排在第一位；2003—2007年上市的公司有25家，品牌价值合计2 712.24亿元，占行业榜单总计品牌价值的22.2%，排在第二位；1998—2002年上市的公司有13家，品牌价值合计1 119.04亿元，占行业榜单总计品牌价值的9.2%，排在第三位。此外，2018—2022年上市的公司有8家，品牌价值合计602.31亿元；1997年及以前上市的公司有22家，品牌价值合计593.85亿元；2013—2017年上市的公司有15家，品牌价值合计495.03亿元。

2.10 电信行业品牌价值榜

在2023年中国上市公司品牌价值总榜的3 000家企业中：电信行业的企业共计9家，比2022年减少了5家；品牌价值总计11 111.1亿元，比2022年增长了28.2%。

2.10.1 2023年中国电信行业上市公司品牌价值榜单

序号	证券简称	品牌价值/亿元	增长率/%	地区	上市日期	证券代码
1	中国移动	6 622.78	23.6	北京	2022-01-05	600941.SH
2	中国电信	2 742.14	50.4	北京	2021-08-20	601728.SH
3	中国联通	1 612.03	23.2	北京	2002-10-09	600050.SH
4	中信国际电讯	70.35	22.0	香港	2007-04-03	1883.HK
5	中国卫通	22.35	−19.5	北京	2019-06-28	601698.SH
6	中贝通信	12.51	42.3	湖北	2018-11-15	603220.SH
7	税友股份	11.77	−5.3	浙江	2021-06-30	603171.SH
8	亚太卫星	10.43	4.2	香港	1996-12-18	1045.HK
9	线上线下	6.73	新上榜	江苏	2021-03-22	300959.SZ

2.10.2 2023年中国电信行业上市公司品牌价值榜分析

【行业集中度】 在2023年中国电信行业上市公司品牌价值榜中：排在第1位的公司是中国移动，品牌价值6 622.78亿元，占行业榜单总计品牌价值的59.6%；排在前3位的公司品牌价值合计10 976.95亿元，占行业榜单总计品牌价值的98.8%。

【所在区域】 在2023年中国电信行业上市公司品牌价值榜中，9家公司来自5个地区。其中，来自北京的公司共计4家，品牌价值合计10 999.31亿元，占行业榜单总计品牌价值的 99%，处于主导地位。其他地区企业的构成情况如图 2-19 和图 2-20 所示。

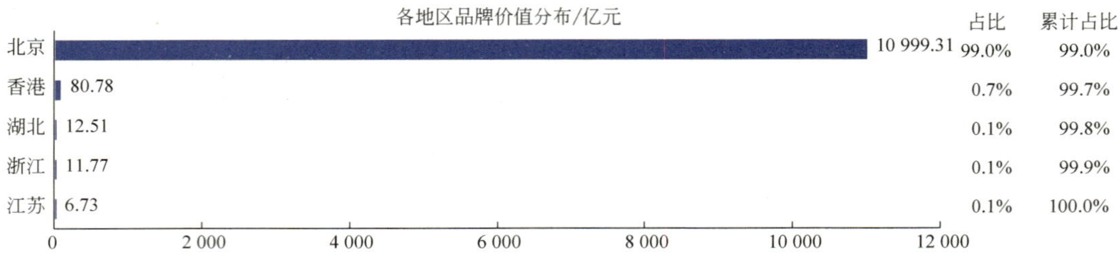

图 2-19　2023 年中国电信行业上市公司品牌价值榜各地区品牌价值分布

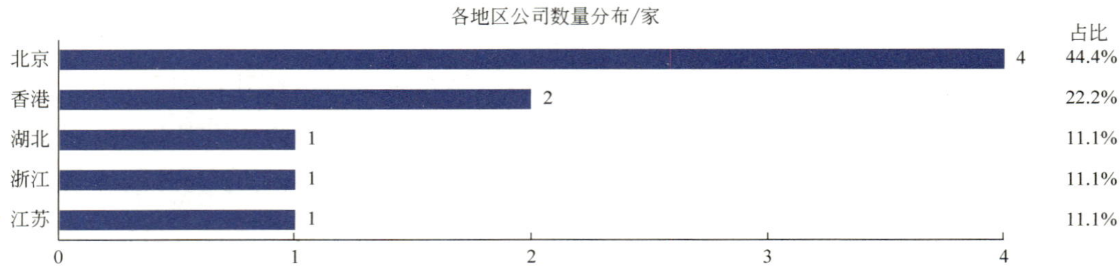

图 2-20　2023 年中国电信行业上市公司品牌价值榜各地区公司数量分布

【上市板块】 在 2023 年中国电信行业上市公司品牌价值榜中：在沪市主板上市的公司有 6 家，品牌价值合计 11 023.59 亿元，占行业榜单总计品牌价值的 99.2%，排在第一位；在香港上市的中资公司有 2 家，品牌价值合计 80.78 亿元；在深市创业板上市的公司有 1 家，品牌价值 6.73 亿元。

【上市时间】 在 2023 年中国电信行业上市公司品牌价值榜中：2018—2022 年上市的公司有 6 家，品牌价值合计 9 418.29 亿元，占行业榜单总计品牌价值的 84.8%，排在第一位；1998—2002 年上市的公司有 1 家，品牌价值 1 612.03 亿元，占行业榜单总计品牌价值的 14.5%，排在第二位；2003—2007 年上市的公司有 1 家，品牌价值 70.35 亿元；1997 年及以前上市的公司有 1 家，品牌价值 10.43 亿元。

2.11　电子行业品牌价值榜

在 2023 年中国上市公司品牌价值总榜的 3 000 家企业中：电子行业的企业共计 234 家，比 2022 年增加了 15 家；品牌价值总计 10 555.74 亿元，比 2022 年增长了 9.6%。

2.11.1　2023 年中国电子行业上市公司品牌价值榜单

序号	证券简称	品牌价值/亿元	增长率/%	地区	上市日期	证券代码
1	联想集团	2 716.54	10.0	北京	1994-02-14	0992. HK

续表

序号	证券简称	品牌价值/亿元	增长率/%	地区	上市日期	证券代码
2	海康威视	449.56	3.4	浙江	2010-05-28	002415.SZ
3	京东方A	436.33	3.3	北京	2001-01-12	000725.SZ
4	立讯精密	433.05	53.1	广东	2010-09-15	002475.SZ
5	紫光股份	354.79	16.4	北京	1999-11-04	000938.SZ
6	浪潮信息	333.70	1.8	山东	2000-06-08	000977.SZ
7	TCL中环	218.44	72.4	天津	2007-04-20	002129.SZ
8	歌尔股份	199.67	0.7	山东	2008-05-22	002241.SZ
9	中芯国际	160.28	55.7	上海	2020-07-16	688981.SH
10	欣旺达	142.14	22.4	广东	2011-04-21	300207.SZ
11	晶科能源	138.67	新上榜	江西	2022-01-26	688223.SH
12	大华股份	136.22	0.8	浙江	2008-05-20	002236.SZ
13	舜宇光学科技	127.99	−20.7	浙江	2007-06-15	2382.HK
14	亿纬锂能	115.13	50.8	广东	2009-10-30	300014.SZ
15	大全能源	104.13	60.0	新疆	2021-07-22	688303.SH
16	纳思达	103.65	88.0	广东	2007-11-13	002180.SZ
17	长电科技	101.34	−0.5	江苏	2003-06-03	600584.SH
18	韦尔股份	88.88	−12.8	上海	2017-05-04	603501.SH
19	航天信息	86.66	0.8	北京	2003-07-11	600271.SH
20	德赛电池	84.51	6.8	广东	1995-03-20	000049.SZ
21	蓝思科技	83.33	−28.0	湖南	2015-03-18	300433.SZ
22	中国长城	80.11	38.1	广东	1997-06-26	000066.SZ
23	东山精密	76.68	13.7	江苏	2010-04-09	002384.SZ
24	深天马A	69.16	14.2	广东	1995-03-15	000050.SZ
25	中科曙光	65.39	2.4	天津	2014-11-06	603019.SH
26	木林森	61.46	2.2	广东	2015-02-17	002745.SZ
27	领益智造	58.80	5.9	广东	2011-07-15	002600.SZ
28	视源股份	58.76	11.1	广东	2017-01-19	002841.SZ
29	信利国际	58.29	−2.0	香港	1991-07-29	0732.HK
30	大族激光	58.20	3.2	广东	2004-06-25	002008.SZ
31	北方华创	57.01	54.1	北京	2010-03-16	002371.SZ
32	三安光电	56.20	−24.4	湖北	1996-05-28	600703.SH
33	华虹半导体	55.83	33.1	上海	2014-10-15	1347.HK
34	中航光电	55.09	30.9	河南	2007-11-01	002179.SZ
35	广电运通	51.05	11.8	广东	2007-08-13	002152.SZ
36	生益科技	50.02	−3.8	广东	1998-10-28	600183.SH
37	紫光国微	48.96	75.2	河北	2005-06-06	002049.SZ
38	康冠科技	48.69	新上榜	广东	2022-03-18	001308.SZ
39	华润微	48.18	29.0	江苏	2020-02-27	688396.SH
40	通富微电	46.36	20.8	江苏	2007-08-16	002156.SZ
41	同方股份	45.20	−25.6	北京	1997-06-27	600100.SH
42	新大陆	43.88	19.6	福建	2000-08-07	000997.SZ
43	丘钛科技	43.45	−69.5	江苏	2014-12-02	1478.HK

续表

序号	证券简称	品牌价值/亿元	增长率/%	地区	上市日期	证券代码
44	华天科技	41.67	5.2	甘肃	2007-11-20	002185.SZ
45	兆易创新	41.19	19.1	北京	2016-08-18	603986.SH
46	安克创新	38.53	22.7	湖南	2020-08-24	300866.SZ
47	深南电路	38.21	15.1	广东	2017-12-13	002916.SZ
48	华工科技	37.17	28.8	湖北	2000-06-08	000988.SZ
49	百富环球	35.33	15.5	香港	2010-12-20	0327.HK
50	深科技	33.90	−12.0	广东	1994-02-02	000021.SZ
51	江波龙	33.87	新上榜	广东	2022-08-05	301308.SZ
52	士兰微	33.23	53.1	浙江	2003-03-11	600460.SH
53	利亚德	32.74	26.1	北京	2012-03-15	300296.SZ
54	欧菲光	32.50	−57.6	广东	2010-08-03	002456.SZ
55	珠海冠宇	32.20	−13.3	广东	2021-10-15	688772.SH
56	华显光电	31.52	38.3	香港	1997-06-18	0334.HK
57	鹏辉能源	30.02	93.6	广东	2015-04-24	300438.SZ
58	格科微	28.89	−12.6	上海	2021-08-18	688728.SH
59	彩虹股份	28.16	−27.7	陕西	1996-05-20	600707.SH
60	华米科技	27.60	−14.2	安徽	2018-02-08	ZEPP.N
61	振华科技	27.19	41.7	贵州	1997-07-03	000733.SZ
62	卓胜微	26.92	−14.0	江苏	2019-06-18	300782.SZ
63	京东方精电	26.71	60.7	香港	1991-07-01	0710.HK
64	景旺电子	25.89	10.8	广东	2017-01-06	603228.SH
65	捷佳伟创	25.85	6.4	广东	2018-08-10	300724.SZ
66	扬杰科技	25.57	64.8	江苏	2014-01-23	300373.SZ
67	晶晨股份	24.85	48.2	上海	2019-08-08	688099.SH
68	信维通信	24.19	−14.3	广东	2010-11-05	300136.SZ
69	嘉楠科技	24.08	260.1	北京	2019-11-21	CAN.O
70	澜起科技	23.78	55.4	上海	2019-07-22	688008.SH
71	海光信息	23.33	新上榜	天津	2022-08-12	688041.SH
72	拓邦股份	23.29	7.6	广东	2007-06-29	002139.SZ
73	青鸟消防	23.00	46.6	河北	2019-08-09	002960.SZ
74	联创电子	22.91	17.3	江西	2004-09-03	002036.SZ
75	三环集团	22.04	5.1	广东	2014-12-03	300408.SZ
76	洲明科技	21.76	16.6	广东	2011-06-22	300232.SZ
77	同兴达	21.46	−2.9	广东	2017-01-25	002845.SZ
78	合力泰	21.45	−19.2	福建	2008-02-20	002217.SZ
79	威胜控股	20.96	25.9	香港	2005-12-19	3393.HK
80	中微公司	19.54	47.0	上海	2019-07-22	688012.SH
81	航天电器	19.50	30.3	贵州	2004-07-26	002025.SZ
82	胜宏科技	19.15	8.2	广东	2015-06-11	300476.SZ
83	大族数控	18.90	新上榜	广东	2022-02-28	301200.SZ
84	长盈精密	18.86	−14.3	广东	2010-09-02	300115.SZ
85	长信科技	18.61	−7.3	安徽	2010-05-26	300088.SZ

续表

序号	证券简称	品牌价值/亿元	增长率/%	地区	上市日期	证券代码
86	航天控股	18.48	4.5	香港	1981-08-25	0031.HK
87	聚和材料	18.35	新上榜	江苏	2022-12-09	688503.SH
88	火炬电子	18.28	−0.2	福建	2015-01-26	603678.SH
89	和而泰	18.15	18.2	广东	2010-05-11	002402.SZ
90	电科网安	18.10	26.3	四川	2008-08-11	002268.SZ
91	英唐智控	17.91	−8.5	广东	2010-10-19	300131.SZ
92	高德红外	17.86	−5.0	湖北	2010-07-16	002414.SZ
93	聚光科技	17.04	29.6	浙江	2011-04-15	300203.SZ
94	鸿合科技	17.02	41.9	北京	2019-05-23	002955.SZ
95	法拉电子	16.93	23.6	福建	2002-12-10	600563.SH
96	圣邦股份	16.65	89.5	北京	2017-06-06	300661.SZ
97	锐信控股	16.58	38.0	福建	2006-12-21	1399.HK
98	莱宝高科	16.46	0.9	广东	2007-01-12	002106.SZ
99	汇顶科技	16.29	−48.1	广东	2016-10-17	603160.SH
100	北京君正	16.22	53.2	北京	2011-05-31	300223.SZ
101	顺络电子	16.19	18.1	广东	2007-06-13	002138.SZ
102	风华高科	15.91	−13.6	广东	1996-11-29	000636.SZ
103	航天科技	15.78	11.1	黑龙江	1999-04-01	000901.SZ
104	海兴电力	15.78	20.3	浙江	2016-11-10	603556.SH
105	超声电子	15.77	7.5	广东	1997-10-08	000823.SZ
106	复旦微电	15.76	97.6	上海	2021-08-04	688385.SH
107	通达集团	15.63	−13.4	香港	2000-12-22	0698.HK
108	新国都	15.27	91.8	广东	2010-10-19	300130.SZ
109	崇达技术	14.99	13.3	广东	2016-10-12	002815.SZ
110	江海股份	14.92	36.6	江苏	2010-09-29	002484.SZ
111	兴森科技	14.77	12.1	广东	2010-06-18	002436.SZ
112	凯盛科技	14.22	1.9	安徽	2002-11-08	600552.SH
113	新北洋	14.05	10.9	山东	2010-03-23	002376.SZ
114	光弘科技	13.92	64.9	广东	2017-12-29	300735.SZ
115	鸿远电子	13.91	19.7	北京	2019-05-15	603267.SH
116	固德威	13.87	53.2	江苏	2020-09-04	688390.SH
117	极米科技	13.85	4.5	四川	2021-03-03	688696.SH
118	和利时自动化	13.70	47.8	北京	2008-08-01	HOLI.O
119	锐科激光	13.53	−3.4	湖北	2018-06-25	300747.SZ
120	睿创微纳	13.39	−5.9	山东	2019-07-22	688002.SH
121	宏达电子	12.95	32.7	湖南	2017-11-21	300726.SZ
122	雷神科技	12.95	新上榜	山东	2022-12-23	872190.BJ
123	海目星	12.85	73.8	广东	2020-09-09	688559.SH
124	上海贝岭	12.84	−5.9	上海	1998-09-24	600171.SH
125	意华股份	12.69	75.1	浙江	2017-09-07	002897.SZ
126	立昂微	12.69	30.8	浙江	2020-09-11	605358.SH
127	得润电子	12.63	−5.7	广东	2006-07-25	002055.SZ

续表

序号	证券简称	品牌价值/亿元	增长率/%	地区	上市日期	证券代码
128	国星光电	12.61	−6.3	广东	2010-07-16	002449.SZ
129	龙腾光电	12.60	−9.5	江苏	2020-08-17	688055.SH
130	水晶光电	12.39	13.7	浙江	2008-09-19	002273.SZ
131	奥士康	12.32	20.1	湖南	2017-12-01	002913.SZ
132	胜利精密	12.27	−35.9	江苏	2010-06-08	002426.SZ
133	海洋王	12.17	19.7	广东	2014-11-04	002724.SZ
134	奥海科技	12.03	46.1	广东	2020-08-17	002993.SZ
135	金安国纪	11.99	−17.4	上海	2011-11-25	002636.SZ
136	瑞芯微	11.77	−6.9	福建	2020-02-07	603893.SH
137	甬矽电子	11.65	新上榜	浙江	2022-11-16	688362.SH
138	生益电子	11.46	43.0	广东	2021-02-25	688183.SH
139	联创光电	11.37	−13.0	江西	2001-03-29	600363.SH
140	至纯科技	11.35	22.7	上海	2017-01-13	603690.SH
141	燕东微	11.25	新上榜	北京	2022-12-16	688172.SH
142	光峰科技	11.20	−4.1	广东	2019-07-22	688007.SH
143	艾华集团	10.96	6.4	湖南	2015-05-15	603989.SH
144	柏楚电子	10.63	3.8	上海	2019-08-08	688188.SH
145	电连技术	10.57	26.8	广东	2017-07-31	300679.SZ
146	世运电路	10.48	15.8	广东	2017-04-26	603920.SH
147	国博电子	10.47	新上榜	江苏	2022-07-22	688375.SH
148	思瑞浦	10.40	85.1	江苏	2020-09-21	688536.SH
149	汉威科技	10.27	31.1	河南	2009-10-30	300007.SZ
150	盛美上海	10.26	46.9	上海	2021-11-18	688082.SH
151	聚飞光电	10.21	7.7	广东	2012-03-19	300303.SZ
152	精测电子	10.16	3.4	湖北	2016-11-22	300567.SZ
153	金卡智能	10.15	23.0	浙江	2012-08-17	300349.SZ
154	铜冠铜箔	10.14	新上榜	安徽	2022-01-27	301217.SZ
155	苏州固锝	9.87	9.6	江苏	2006-11-16	002079.SZ
156	凌云光	9.86	新上榜	北京	2022-07-06	688400.SH
157	东旭光电	9.85	−33.5	河北	1996-09-25	000413.SZ
158	捷捷微电	9.84	18.0	江苏	2017-03-14	300623.SZ
159	中光学	9.83	31.9	河南	2007-12-03	002189.SZ
160	大恒科技	9.69	−0.3	北京	2000-11-29	600288.SH
161	春秋电子	9.54	0.5	江苏	2017-12-12	603890.SH
162	南亚新材	9.29	4.4	上海	2020-08-18	688519.SH
163	唯捷创芯-U	9.25	新上榜	天津	2022-04-12	688153.SH
164	中颖电子	9.21	31.4	上海	2012-06-13	300327.SZ
165	华峰测控	9.18	50.7	北京	2020-02-18	688200.SH
166	道通科技	9.18	−21.1	广东	2020-02-13	688208.SH
167	国科微	9.15	52.9	湖南	2017-07-12	300672.SZ
168	新洁能	9.14	37.7	江苏	2020-09-28	605111.SH
169	大豪科技	9.12	−17.6	北京	2015-04-22	603025.SH

续表

序号	证券简称	品牌价值/亿元	增长率/%	地区	上市日期	证券代码
170	斯达半导	9.10	新上榜	浙江	2020-02-04	603290.SH
171	佰维存储	9.09	新上榜	广东	2022-12-30	688525.SH
172	协创数据	8.84	17.0	广东	2020-07-27	300857.SZ
173	思特威-W	8.77	新上榜	上海	2022-05-20	688213.SH
174	易德龙	8.74	28.0	江苏	2017-06-22	603380.SH
175	欧陆通	8.68	17.4	广东	2020-08-24	300870.SZ
176	沪硅产业-U	8.63	37.9	上海	2020-04-20	688126.SH
177	全志科技	8.62	6.0	广东	2015-05-15	300458.SZ
178	经纬恒润-W	8.55	新上榜	北京	2022-04-19	688326.SH
179	艾比森	8.48	新上榜	广东	2014-08-01	300389.SZ
180	熵基科技	8.44	新上榜	广东	2022-08-17	301330.SZ
181	中微半导	8.36	新上榜	广东	2022-08-05	688380.SH
182	炬华科技	8.31	55.7	浙江	2014-01-21	300360.SZ
183	伊戈尔	8.17	2.2	广东	2017-12-29	002922.SZ
184	富瀚微	8.17	45.3	上海	2017-02-20	300613.SZ
185	朗科科技	8.11	14.7	广东	2010-01-08	300042.SZ
186	九联科技	8.07	11.3	广东	2021-03-23	688609.SH
187	晶丰明源	8.02	−21.7	上海	2019-10-14	688368.SH
188	博敏电子	7.94	2.8	广东	2015-12-09	603936.SH
189	华兴源创	7.88	−3.3	江苏	2019-07-22	688001.SH
190	依顿电子	7.83	−13.0	广东	2014-07-01	603328.SH
191	传艺科技	7.76	新上榜	江苏	2017-04-26	002866.SZ
192	盈方微	7.67	新上榜	湖北	1996-12-17	000670.SZ
193	渤海化学	7.49	新上榜	天津	1993-12-06	600800.SH
194	盛美半导体	7.46	新上榜	上海	2017-11-03	ACMR.O
195	雪迪龙	7.28	4.0	北京	2012-03-09	002658.SZ
196	协鑫集成	7.27	−59.0	上海	2010-11-18	002506.SZ
197	纳芯微	7.23	新上榜	江苏	2022-04-22	688052.SH
198	新天科技	7.21	2.0	河南	2011-08-31	300259.SZ
199	中京电子	7.11	10.7	广东	2011-05-06	002579.SZ
200	麦捷科技	7.07	新上榜	广东	2012-05-23	300319.SZ
201	经纬辉开	7.04	16.0	天津	2010-09-17	300120.SZ
202	鸿利智汇	6.98	−14.5	广东	2011-05-18	300219.SZ
203	新亚制程	6.98	新上榜	广东	2010-04-13	002388.SZ
204	航天长峰	6.84	−25.7	北京	1994-04-25	600855.SH
205	华微电子	6.80	−0.1	吉林	2001-03-16	600360.SH
206	万集科技	6.76	−24.4	北京	2016-10-21	300552.SZ
207	天德钰	6.64	新上榜	广东	2022-09-27	688252.SH
208	科森科技	6.64	−10.9	江苏	2017-02-09	603626.SH
209	翰博高新	6.62	新上榜	安徽	2022-08-18	301321.SZ
210	华海清科	6.57	新上榜	天津	2022-06-08	688120.SH
211	华灿光电	6.57	−26.7	湖北	2012-06-01	300323.SZ

续表

序号	证券简称	品牌价值/亿元	增长率/%	地区	上市日期	证券代码
212	飞荣达	6.53	9.3	广东	2017-01-26	300602.SZ
213	浩洋股份	6.51	新上榜	广东	2020-05-20	300833.SZ
214	振邦智能	6.50	17.3	广东	2020-12-28	003028.SZ
215	晶方科技	6.47	−16.8	江苏	2014-02-10	603005.SH
216	华正新材	6.46	−8.7	浙江	2017-01-03	603186.SH
217	长川科技	6.42	新上榜	浙江	2017-04-17	300604.SZ
218	中电华大科技	6.40	新上榜	香港	1997-07-25	0085.HK
219	太龙股份	6.39	新上榜	福建	2017-05-03	300650.SZ
220	三利谱	6.38	11.0	广东	2017-05-25	002876.SZ
221	弘信电子	6.35	12.6	福建	2017-05-23	300657.SZ
222	宇邦新材	6.30	新上榜	江苏	2022-06-08	301266.SZ
223	宁水集团	6.18	−18.5	浙江	2019-01-22	603700.SH
224	有研硅	6.18	新上榜	北京	2022-11-10	688432.SH
225	骏亚科技	6.14	13.1	广东	2017-09-12	603386.SH
226	福蓉科技	6.12	新上榜	四川	2019-05-23	603327.SH
227	中航电测	6.06	10.7	陕西	2010-08-27	300114.SZ
228	天喻信息	5.99	新上榜	湖北	2011-04-21	300205.SZ
229	聚灿光电	5.96	新上榜	江苏	2017-10-16	300708.SZ
230	优博讯	5.92	新上榜	广东	2016-08-09	300531.SZ
231	芯原股份-U	5.85	新上榜	上海	2020-08-18	688521.SH
232	洁美科技	5.83	−2.0	浙江	2017-04-07	002859.SZ
233	乐鑫科技	5.81	3.0	上海	2019-07-22	688018.SH
234	海能实业	5.72	新上榜	江西	2019-08-15	300787.SZ

2.11.2 2023年中国电子行业上市公司品牌价值榜分析

【行业集中度】 在2023年中国电子行业上市公司品牌价值榜中：排在第1位的公司是联想集团，品牌价值2 716.54亿元，占行业榜单总计品牌价值的25.7%；排在前10位的公司品牌价值合计5 444.51亿元，占行业榜单总计品牌价值的51.6%；排在前50位的公司品牌价值合计8 117.77亿元，占行业榜单总计品牌价值的76.9%。

【所在区域】 在2023年中国电子行业上市公司品牌价值榜中，234家公司来自22个地区。其中，来自北京和广东的公司共计99家，品牌价值合计6 267.93亿元，占行业榜单总计品牌价值的59.4%，处于主导地位。其他地区企业的构成情况如图2-21和图2-22所示。

【上市板块】 在2023年中国电子行业上市公司品牌价值榜中：在深市主板上市的公司有71家，品牌价值合计4 327.92亿元，占行业榜单总计品牌价值的41%，排在第一位；在香港上市的中资公司有13家，品牌价值合计3 173.71亿元，占行业榜单总计品牌价值的30.1%，排在第二位；在深市创业板上市的公司有60家，品牌价值合计1 094.82亿元，占行业总计品牌价值的10.4%，排在第三位。此外，在沪市科创板上市的公司有44

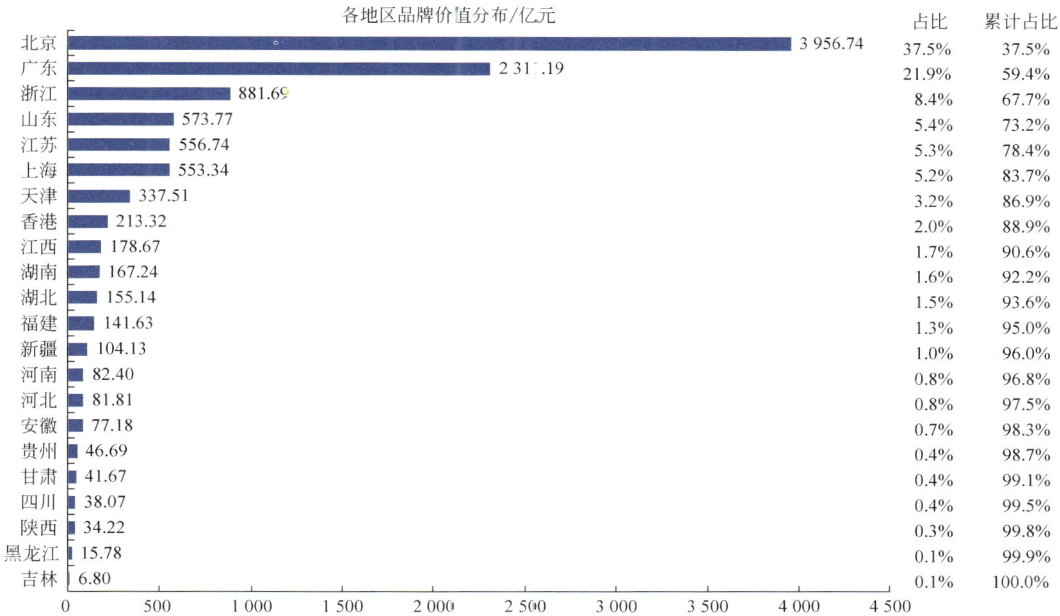

图 2-21 2023 年中国电子行业上市公司品牌价值榜各地区品牌价值分布

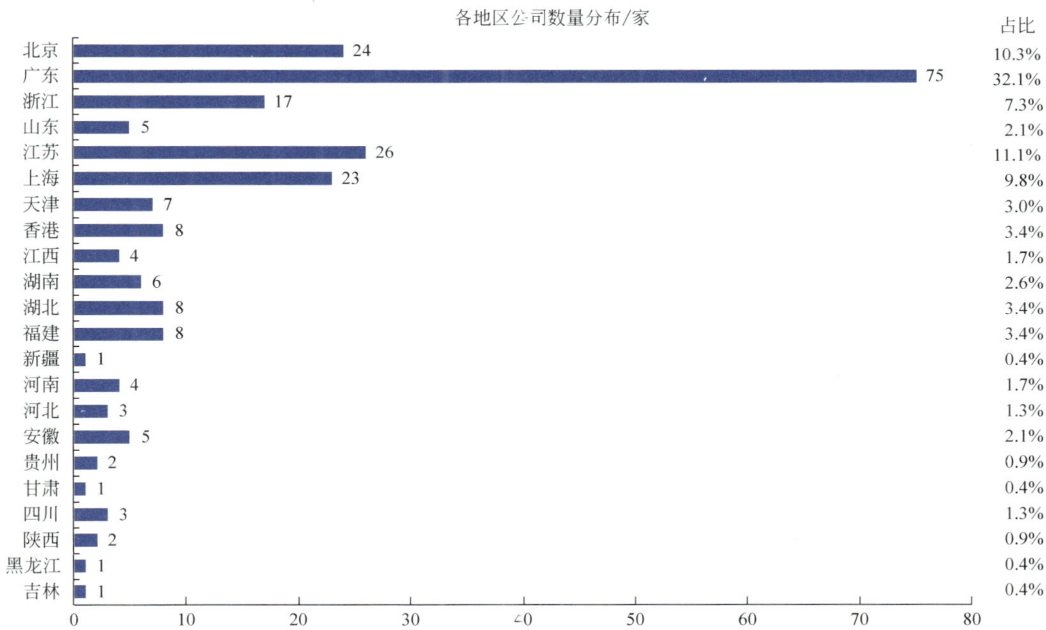

图 2-22 2023 年中国电子行业上市公司品牌价值榜各地区公司数量分布

家，品牌价值合计 944.26 亿元；在沪市主板上市的公司有 41 家，品牌价值合计 929.24 亿元；在国外上市的中概股公司有 4 家，品牌价值合计 72.85 亿元；在北证新三板上市的公司有 1 家，品牌价值 12.95 亿元。

【上市时间】 在2023年中国电子行业上市公司品牌价值榜中：1997年及以前上市的公司有20家，品牌价值合计3 345.88亿元，占行业榜单总计品牌价值的31.7%，排在第一位；2008—2012年上市的公司有48家，品牌价值合计2 224.44亿元，占行业榜单总计品牌价值的21.1%，排在第二位；2018—2022年上市的公司有73家，品牌价值合计1 403.88亿元，占行业榜单总计品牌价值的13.3%，排在第三位。此外，1998—2002年上市的公司有14家，品牌价值合计1 359.15亿元；2003—2007年上市的公司有22家，品牌价值合计1 140.85亿元；2013—2017年上市的公司有57家，品牌价值合计1 081.55亿元。

2.12 家电行业品牌价值榜

在2023年中国上市公司品牌价值总榜的3 000家企业中：家电行业的企业共计50家，比2022年减少了6家；品牌价值总计10 501.26亿元，比2022年增长了2.4%。

2.12.1 2023年中国家电行业上市公司品牌价值榜单

序号	证券简称	品牌价值/亿元	增长率/%	地区	上市日期	证券代码
1	美的集团	2 688.32	−2.2	广东	2013-09-18	000333.SZ
2	海尔智家	1 848.09	2.8	山东	1993-11-19	600690.SH
3	格力电器	1 674.45	2.5	广东	1996-11-18	000651.SZ
4	四川长虹	583.76	5.9	四川	1994-03-11	600839.SH
5	海信家电	455.65	24.2	广东	1999-07-13	000921.SZ
6	创维集团	343.78	2.9	香港	2000-04-07	0751.HK
7	TCL电子	329.65	−0.9	香港	1999-11-26	1070.HK
8	海信视像	293.01	4.2	山东	1997-04-22	600060.SH
9	JS环球生活	280.79	8.3	香港	2019-12-18	1691.HK
10	苏泊尔	170.55	15.1	浙江	2004-08-17	002032.SZ
11	科沃斯	127.22	25.7	江苏	2018-05-28	603486.SH
12	深康佳A	126.06	−18.0	广东	1992-03-27	000016.SZ
13	长虹美菱	112.18	17.0	安徽	1993-10-18	000521.SZ
14	老板电器	96.54	−2.5	浙江	2010-11-23	002508.SZ
15	创维数字	92.43	64.7	四川	1998-06-02	000810.SZ
16	新宝股份	92.04	−7.0	广东	2014-01-21	002705.SZ
17	石头科技	80.20	−24.0	北京	2020-02-21	688169.SH
18	九阳股份	69.99	−14.5	山东	2008-05-28	002242.SZ
19	莱克电气	67.82	2.4	江苏	2015-05-13	603355.SH
20	欧普照明	66.20	−6.1	上海	2016-08-19	603515.SH
21	万和电气	65.43	34.4	广东	2011-01-28	002543.SZ
22	德业股份	58.87	78.8	浙江	2021-04-20	605117.SH
23	飞科电器	57.81	25.9	上海	2016-04-18	603868.SH
24	澳柯玛	56.76	5.5	山东	2000-12-29	600336.SH

续表

序号	证券简称	品牌价值/亿元	增长率/%	地区	上市日期	证券代码
25	三花智控	56.68	27.4	浙江	2005-06-07	002050.SZ
26	立达信	51.88	40.8	福建	2021-07-20	605365.SH
27	奥马电器	51.74	22.6	广东	2012-04-16	002668.SZ
28	思摩尔国际	47.61	−19.0	广东	2020-07-10	6969.HK
29	佛山照明	45.50	41.3	广东	1993-11-23	000541.SZ
30	得邦照明	40.64	6.7	浙江	2017-03-30	603303.SH
31	阳光照明	36.14	−11.8	浙江	2000-07-20	600261.SH
32	华帝股份	34.86	−6.8	广东	2004-09-01	002035.SZ
33	浙江美大	30.04	5.2	浙江	2012-05-25	002677.SZ
34	日出东方	27.87	29.0	江苏	2012-05-21	603366.SH
35	小熊电器	27.06	−5.0	广东	2019-08-23	002959.SZ
36	惠而浦	26.71	−17.4	安徽	2004-07-27	600983.SH
37	德昌股份	21.52	−4.8	浙江	2021-10-21	605555.SH
38	富佳股份	21.33	13.9	浙江	2021-11-22	603219.SH
39	火星人	18.33	−2.5	浙江	2020-12-31	300894.SZ
40	三雄极光	16.79	−4.9	广东	2017-03-17	300625.SZ
41	雷士国际	15.20	−14.5	广东	2010-05-20	2222.HK
42	开能健康	14.10	43.8	上海	2011-11-02	300272.SZ
43	亿田智能	12.70	26.6	浙江	2020-12-03	300911.SZ
44	比依股份	12.25	新上榜	浙江	2022-02-18	603215.SH
45	彩虹集团	12.01	26.0	四川	2020-12-11	003023.SZ
46	帅丰电器	11.43	3.9	浙江	2020-10-19	605336.SH
47	东方电热	8.44	46.7	江苏	2011-05-18	300217.SZ
48	小崧股份	8.28	15.7	广东	2014-01-29	002723.SZ
49	毅昌科技	7.82	−8.9	广东	2010-06-01	002420.SZ
50	恒太照明	6.74	新上榜	江苏	2022-11-17	873339.BJ

2.12.2 2023年中国家电行业上市公司品牌价值榜分析

【行业集中度】 在2023年中国家电行业上市公司品牌价值榜中：排在第1位的公司是美的集团，品牌价值2 688.32亿元，占行业榜单总计品牌价值的25.6%；排在前3位的公司品牌价值合计6 210.86亿元，占行业榜单总计品牌价值的59.1%；排在前10位的公司品牌价值合计8 668.04亿元，占行业榜单总计品牌价值的82.5%。

【所在区域】 在2023年中国家电行业上市公司品牌价值榜中，50家公司来自10个地区。其中，来自广东的公司共计15家，品牌价值合计5 356.81亿元，占行业榜单总计品牌价值的51%，处于主导地位。其他地区企业的构成情况如图2-23和图2-24所示。

【上市板块】 在2023年中国家电行业上市公司品牌价值榜中：在深市主板上市的公司有20家，品牌价值合计5 917.62亿元，占行业榜单总计品牌价值的56.4%，排在第一位；在沪市主板上市的公司有18家，品牌价值合计3 409.3亿元，占行业榜单总计品牌

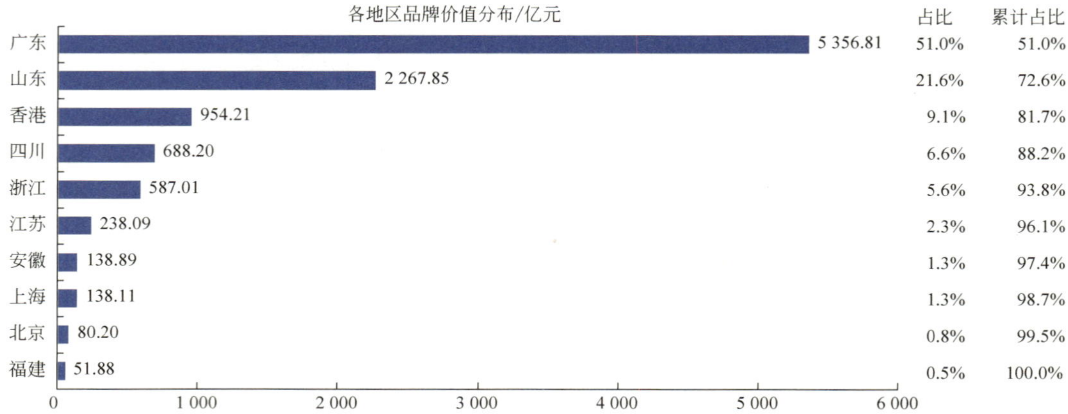

图 2-23　2023 年中国家电行业上市公司品牌价值榜各地区品牌价值分布

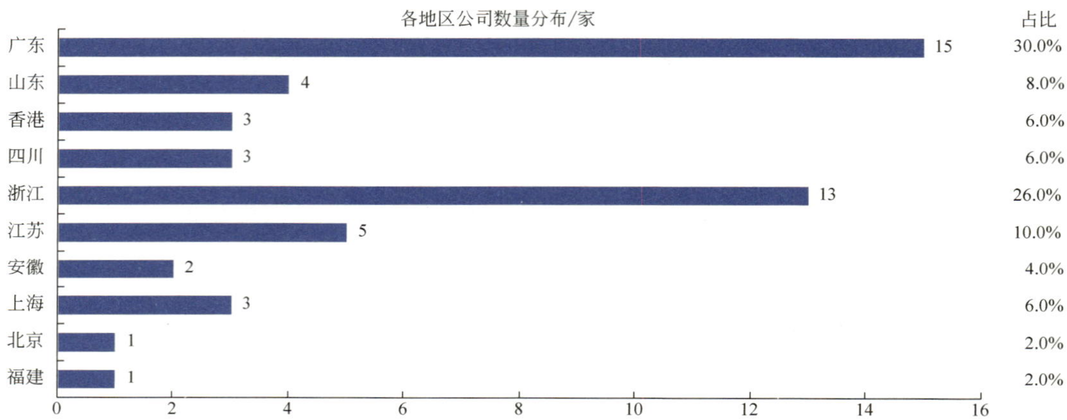

图 2-24　2023 年中国家电行业上市公司品牌价值榜各地区公司数量分布

价值的 32.5%，排在第二位；在香港上市的中资公司有 5 家，品牌价值合计 1 017.02 亿元，占行业总计品牌价值的 9.7%，排在第三位。此外，在沪市科创板上市的公司有 1 家，品牌价值 80.2 亿元；在深市创业板上市的公司有 5 家，品牌价值合计 70.37 亿元；在北证新三板上市的公司有 1 家，品牌价值 6.74 亿元。

【上市时间】 在 2023 年中国家电行业上市公司品牌价值榜中：1997 年及以前上市的公司有 7 家，品牌价值合计 4 683.04 亿元，占行业榜单总计品牌价值的 44.6%，排在第一位；2013—2017 年上市的公司有 8 家，品牌价值合计 3 037.9 亿元，占行业榜单总计品牌价值的 28.9%，排在第二位；1998—2002 年上市的公司有 6 家，品牌价值合计 1 314.41 亿元，占行业榜单总计品牌价值的 12.5%，排在第三位。此外，2018—2022 年上市的公司有 15 家，品牌价值合计 789.95 亿元；2008—2012 年上市的公司有 10 家，品牌价值合计 387.16 亿元；2003—2007 年上市的公司有 4 家，品牌价值合计 288.8 亿元。

2.13 运输行业品牌价值榜

在 2023 年中国上市公司品牌价值总榜的 3 000 家企业中：运输行业的企业共计 107 家，比 2022 年减少了 4 家；品牌价值总计 9 590.43 亿元，比 2022 年增长了 20.4%。

2.13.1 2023 年中国运输行业上市公司品牌价值榜单

序号	证券简称	品牌价值/亿元	增长率/%	地区	上市日期	证券代码
1	中远海控	1 576.47	57.9	天津	2007-06-26	601919.SH
2	顺丰控股	1 130.88	34.9	广东	2010-02-05	002352.SZ
3	东方海外国际	631.97	149.3	香港	1992-07-31	0316.HK
4	中国外运	558.91	4.8	北京	2019-01-18	601598.SH
5	大秦铁路	406.61	15.0	山西	2006-08-01	601006.SH
6	圆通速递	300.64	50.5	辽宁	2000-06-08	600233.SH
7	中通快递-SW	252.58	14.5	上海	2020-09-29	2057.HK
8	韵达股份	246.35	45.6	浙江	2007-03-06	002120.SZ
9	瑞茂通	241.87	36.4	山东	1998-07-03	600180.SH
10	南方航空	232.35	−27.4	广东	2003-07-25	600029.SH
11	传化智联	186.84	19.6	浙江	2004-06-29	002010.SZ
12	上港集团	183.56	36.8	上海	2006-10-26	600018.SH
13	东航物流	169.37	28.4	上海	2021-06-09	601156.SH
14	德邦股份	158.59	26.9	上海	2018-01-16	603056.SH
15	中国国航	142.18	−47.0	北京	2006-08-18	601111.SH
16	华贸物流	137.77	44.9	上海	2012-05-29	603128.SH
17	申通快递	125.99	75.5	浙江	2010-09-08	002468.SZ
18	京沪高铁	125.39	−19.0	北京	2020-01-16	601816.SH
19	海丰国际	109.81	80.0	香港	2010-10-06	1308.HK
20	招商轮船	105.66	162.9	上海	2006-12-01	601872.SH
21	中远海发	97.38	33.9	上海	2007-12-12	601866.SH
22	招商港口	89.62	−4.6	广东	1993-05-05	001872.SZ
23	中国东航	88.92	−58.9	上海	1997-11-05	600115.SH
24	宁波港	86.20	18.0	浙江	2010-09-28	601018.SH
25	中银航空租赁	83.92	18.6	香港	2016-06-01	2588.HK
26	浙江沪杭甬	74.42	20.0	浙江	1997-05-15	0576.HK
27	青岛港	70.74	29.3	山东	2019-01-21	601298.SH
28	ATLAS	70.66	35.8	香港	2005-08-09	ATCO.N
29	山东高速	68.06	28.9	山东	2002-03-18	600350.SH
30	海程邦达	60.68	25.4	山东	2021-05-26	603836.SH
31	宁沪高速	58.68	17.3	江苏	2001-01-16	600377.SH
32	深圳国际	56.99	−11.3	香港	1972-09-25	0152.HK
33	招商公路	55.70	29.1	天津	2017-12-25	001965.SZ
34	中谷物流	53.82	18.3	上海	2020-09-25	603565.SH

续表

序号	证券简称	品牌价值/亿元	增长率/%	地区	上市日期	证券代码
35	福然德	52.63	14.1	上海	2020-09-24	605050.SH
36	密尔克卫	51.21	55.0	上海	2018-07-13	603713.SH
37	中创物流	50.58	56.4	山东	2019-04-29	603967.SH
38	招商局港口	48.53	55.1	香港	1992-07-15	0144.HK
39	深高速	44.58	10.6	广东	2001-12-25	600548.SH
40	厦门港务	43.30	47.4	福建	1999-04-29	000905.SZ
41	广深铁路	42.15	−0.4	广东	2006-12-22	601333.SH
42	春秋航空	36.54	−27.8	上海	2015-01-21	601021.SH
43	天津港发展	35.74	10.7	香港	2006-05-24	3382.HK
44	天津港	34.49	6.0	天津	1996-06-14	600717.SH
45	嘉友国际	34.29	22.0	北京	2018-02-06	603871.SH
46	现代投资	33.78	19.0	湖南	1999-01-28	000900.SZ
47	广州港	32.49	29.4	广东	2017-03-29	601228.SH
48	唐山港	32.03	5.9	河北	2010-07-05	601000.SH
49	飞力达	31.61	83.6	江苏	2011-07-06	300240.SZ
50	百世集团	31.52	−65.4	浙江	2017-09-20	BEST.N
51	中远海能	31.24	−10.4	上海	2002-05-23	600026.SH
52	中远海运港口	29.85	46.5	香港	1994-12-19	1199.HK
53	吉祥航空	29.03	−37.8	上海	2015-05-27	603885.SH
54	中铁特货	28.00	1.8	北京	2021-09-08	001213.SZ
55	东方嘉盛	27.68	−11.5	广东	2017-07-31	002889.SZ
56	粤高速 A	27.55	20.5	广东	1998-02-20	000429.SZ
57	四川成渝	27.41	19.9	四川	2009-07-27	601107.SH
58	中远海特	26.99	32.5	广东	2002-04-18	600428.SH
59	辽港股份	26.90	52.9	辽宁	2010-12-06	601880.SH
60	恒通股份	25.05	−17.4	山东	2015-06-30	603223.SH
61	皖通高速	23.99	27.6	安徽	2003-01-07	600012.SH
62	长久物流	23.51	10.7	北京	2016-08-10	603569.SH
63	秦港股份	21.51	18.9	河北	2017-08-16	601326.SH
64	安通控股	20.78	35.8	黑龙江	1998-11-04	600179.SH
65	赣粤高速	20.41	30.0	江西	2000-05-18	600269.SH
66	越秀交通基建	20.21	2.7	香港	1997-01-30	1052.HK
67	招商南油	20.16	111.9	江苏	2019-01-08	601975.SH
68	日照港	20.15	33.3	山东	2006-10-17	600017.SH
69	蔚蓝锂芯	19.88	−2.8	江苏	2008-06-05	002245.SZ
70	中国飞机租赁	19.09	3.5	香港	2014-07-11	1848.HK
71	北部湾港	18.98	20.5	广西	1995-11-02	000582.SZ
72	永泰运	18.34	新上榜	浙江	2022-04-29	001228.SZ
73	楚天高速	17.61	21.1	湖北	2004-03-10	600035.SH
74	中原高速	17.40	3.9	河南	2003-08-08	600020.SH
75	普路通	15.87	2.7	广东	2015-06-29	002769.SZ
76	福建高速	15.77	18.3	福建	2001-02-09	600033.SH

续表

序号	证券简称	品牌价值/亿元	增长率/%	地区	上市日期	证券代码
77	大众交通	15.07	−7.8	上海	1992-08-07	600611.SH
78	上海机场	14.62	−38.1	上海	1998-02-18	600009.SH
79	滨海泰达物流	14.37	35.5	天津	2008-04-30	8348.HK
80	珠海港	14.05	49.0	广东	1993-03-26	000507.SZ
81	德银天下	13.21	新上榜	陕西	2022-07-15	2418.HK
82	宁波远洋	13.04	新上榜	浙江	2022-12-08	601022.SH
83	粤运交通	12.81	−10.0	广东	2005-10-26	3399.HK
84	海晨股份	12.77	43.5	江苏	2020-08-24	300873.SZ
85	锦江在线	12.76	17.6	上海	1993-06-07	600650.SH
86	齐鲁高速	12.09	−3.5	山东	2018-07-19	1576.HK
87	白云机场	11.76	−19.5	广东	2003-04-28	600004.SH
88	华夏航空	11.63	−43.2	贵州	2018-03-02	002928.SZ
89	畅联股份	11.09	48.2	上海	2017-09-13	603648.SH
90	顺丰同城	10.72	−55.1	广东	2021-12-14	9699.HK
91	成都高速	10.59	5.7	四川	2019-01-15	1785.HK
92	重庆港	10.41	−12.2	重庆	2000-07-31	600279.SH
93	长安民生物流	10.23	12.1	重庆	2006-02-23	1292.HK
94	锦州港	9.97	−26.6	辽宁	1999-06-09	600190.SH
95	龙洲股份	8.78	6.9	福建	2012-06-12	002682.SZ
96	中远海运国际	8.77	−5.1	香港	1992-02-11	0517.HK
97	嘉诚国际	8.76	−7.9	广东	2017-08-08	603535.SH
98	宁波海运	8.66	−3.4	浙江	1997-04-23	600798.SH
99	中信海直	8.57	30.8	广东	2000-07-31	000099.SZ
100	五洲交通	8.40	15.5	广西	2000-12-21	600368.SH
101	北京首都机场股份	8.00	−54.9	北京	2000-02-01	0694.HK
102	三峡旅游	7.32	12.4	湖北	2011-11-03	002627.SZ
103	天顺股份	7.27	新上榜	新疆	2016-05-30	002800.SZ
104	西部创业	7.26	新上榜	宁夏	1994-06-17	000557.SZ
105	海峡股份	6.59	新上榜	海南	2009-12-16	002320.SZ
106	美兰空港	6.29	−30.0	海南	2002-11-18	0357.HK
107	深圳机场	6.15	−24.9	广东	1998-04-20	000089.SZ

2.13.2 2023年中国运输行业上市公司品牌价值榜分析

【行业集中度】 在2023年中国运输行业上市公司品牌价值榜中：排在前3位的公司品牌价值合计3 339.32亿元，占行业榜单总计品牌价值的34.8%；排在前10位的公司品牌价值合计5 578.64亿元，占行业榜单总计品牌价值的58.2%；排在前30位的公司品牌价值合计7 814.38亿元，占行业榜单总计品牌价值的81.5%。

【所在区域】 在2023年中国运输行业上市公司品牌价值榜中，107家公司来自26个地区。其中，来自广东、天津和上海的公司共计39家，品牌价值合计4 925.86亿元，占行业榜单总计品牌价值的 51.4%，处于主导地位。其他地区企业的构成情况如图 2-25 和图 2-26 所示。

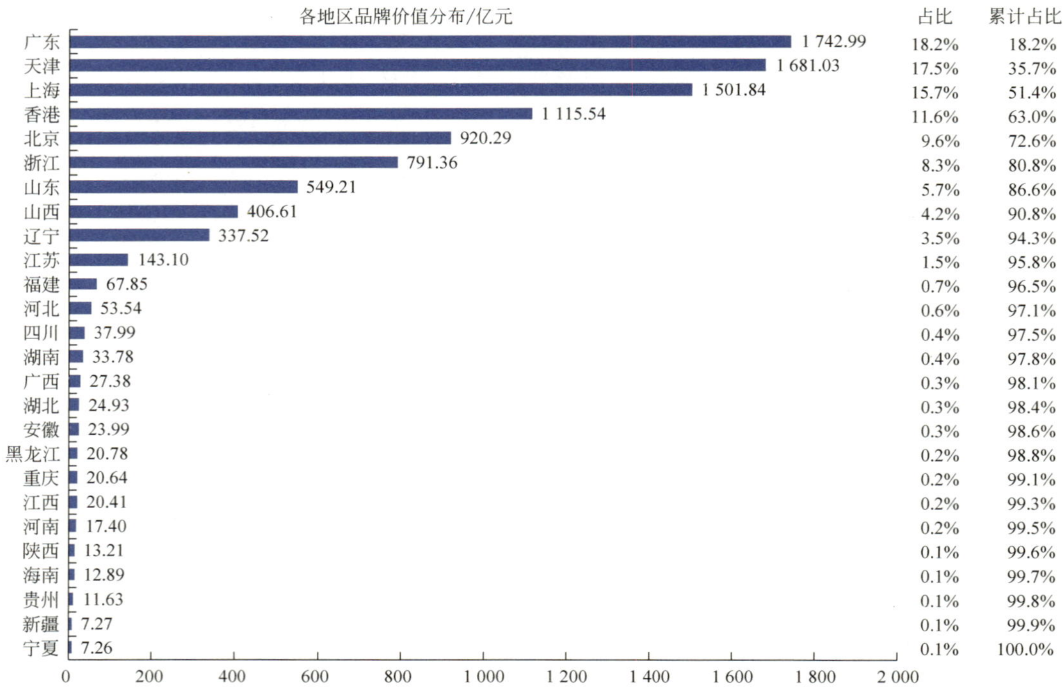

图 2-25　2023 年中国运输行业上市公司品牌价值榜各地区品牌价值分布

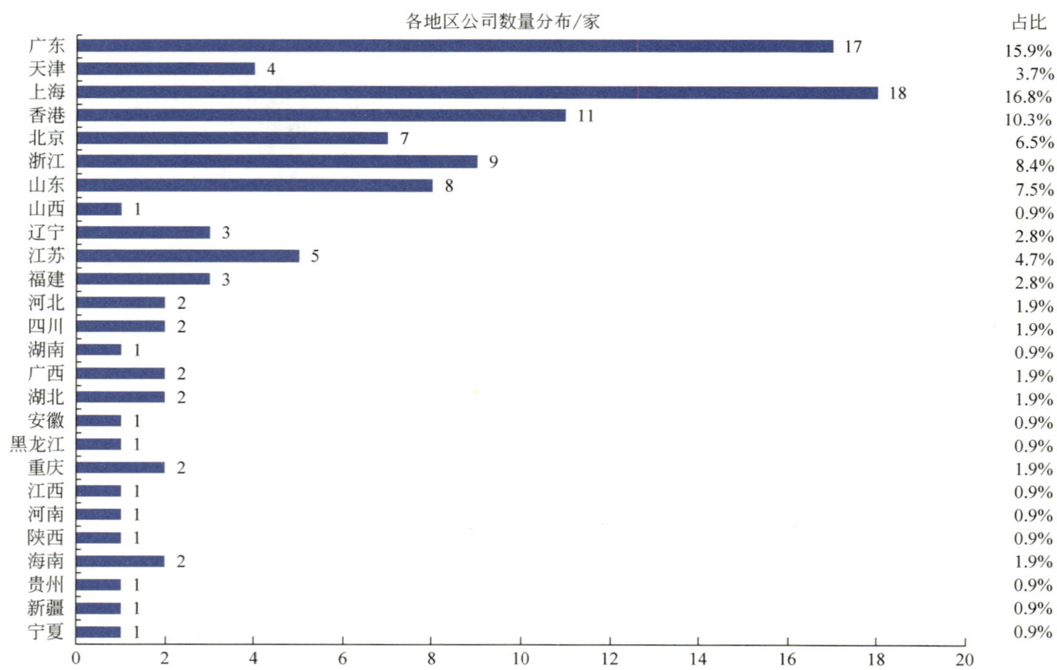

图 2-26　2023 年中国运输行业上市公司品牌价值榜各地区公司数量分布

【上市板块】 在 2023 年中国运输行业上市公司品牌价值榜中：在沪市主板上市的公司有 58 家，品牌价值合计 5 827.3 亿元，占行业榜单总计品牌价值的 60.8%，排在第一位；在深市主板上市的公司有 24 家，品牌价值合计 2 146.38 亿元，占行业榜单总计品牌价值的 22.4%，排在第二位；在香港上市的中资公司有 21 家，品牌价值合计 1 470.2 亿元，占行业榜单总计品牌价值的 15.3%，排在第三位。此外，在国外上市的中概股公司有 2 家，品牌价值合计 102.18 亿元；在深市创业板上市的公司有 2 家，品牌价值合计 44.38 亿元。

【上市时间】 在 2023 年中国运输行业上市公司品牌价值榜中：2003—2007 年上市的公司有 19 家，品牌价值合计 3 439.91 亿元，占行业榜单总计品牌价值的 35.9%，排在第一位；2018—2022 年上市的公司有 22 家，品牌价值合计 1 789.33 亿元，占行业榜单总计品牌价值的 18.7%，排在第二位；2008—2012 年上市的公司有 14 家，品牌价值合计 1 765.53 亿元，占行业榜单总计品牌价值的 18.4%，排在第三位。此外，1997 年及以前上市的公司有 16 家，品牌价值合计 1 160.53 亿元；1998—2002 年上市的公司有 21 家，品牌价值合计 1 006.09 亿元；2013—2017 年上市的公司有 15 家，品牌价值合计 429.03 亿元。

2.14 通信行业品牌价值榜

在 2023 年中国上市公司品牌价值总榜的 3 000 家企业中：通信行业的企业共计 56 家，比 2022 年增加了 1 家；品牌价值总计 6 186.54 亿元，比 2022 年增长了 2.6%。

2.14.1 2023 年中国通信行业上市公司品牌价值榜单

序号	证券简称	品牌价值/亿元	增长率/%	地区	上市日期	证券代码
1	小米集团-W	2 225.77	−7.4	北京	2018-07-09	1810.HK
2	TCL 科技	771.42	13.9	广东	2004-01-30	000100.SZ
3	中国通信服务	599.97	11.1	北京	2006-12-08	0552.HK
4	中兴通讯	486.65	0.3	广东	1997-11-18	000063.SZ
5	传音控股	382.79	−9.1	广东	2019-09-30	688036.SH
6	中天科技	232.07	23.0	江苏	2002-10-24	600522.SH
7	亨通光电	212.44	21.4	江苏	2003-08-22	600487.SH
8	闻泰科技	197.97	−8.3	湖北	1996-08-28	600745.SH
9	烽火通信	91.47	−13.1	湖北	2001-08-23	600498.SH
10	长飞光纤	64.89	25.7	湖北	2018-07-20	601869.SH
11	福日电子	63.11	−3.7	福建	1999-05-14	600203.SH
12	星网锐捷	62.78	11.7	福建	2010-06-23	002396.SZ
13	移远通信	59.18	34.3	上海	2019-07-16	603236.SH
14	亿联网络	56.57	46.0	福建	2017-03-17	300628.SZ
15	锐捷网络	52.80	新上榜	福建	2022-11-21	301165.SZ
16	共进股份	39.61	−12.9	广东	2015-02-25	603118.SH
17	润建股份	38.39	51.4	广西	2018-03-01	002929.SZ
18	普天科技	34.94	17.0	广东	2011-01-28	002544.SZ

通信行业榜单

续表

序号	证券简称	品牌价值/亿元	增长率/%	地区	上市日期	证券代码
19	海格通信	33.41	20.4	广东	2010-08-31	002465.SZ
20	光迅科技	32.47	11.6	湖北	2009-08-21	002281.SZ
21	广和通	30.89	44.6	广东	2017-04-13	300638.SZ
22	海能达	23.28	3.7	广东	2011-05-27	002583.SZ
23	南京熊猫	21.84	14.5	江苏	1996-11-18	600775.SH
24	嘉环科技	21.48	新上榜	江苏	2022-05-06	603206.SH
25	新易盛	20.33	39.5	四川	2016-03-03	300502.SZ
26	智微智能	16.17	新上榜	广东	2022-08-15	001339.SZ
27	特发信息	15.75	−27.5	广东	2000-05-11	000070.SZ
28	永鼎股份	15.60	9.6	江苏	1997-09-29	600105.SH
29	威胜信息	14.89	23.2	湖南	2020-01-21	688100.SH
30	菲菱科思	14.87	新上榜	广东	2022-05-26	301191.SZ
31	鼎信通讯	14.51	66.2	山东	2016-10-11	603421.SH
32	平治信息	13.82	−54.2	浙江	2016-12-13	300571.SZ
33	京信通信	13.37	−38.3	香港	2003-07-15	2342.HK
34	东方通信	13.35	27.8	浙江	1996-11-26	600776.SH
35	天邑股份	12.89	34.5	四川	2018-03-30	300504.SZ
36	美格智能	12.29	83.1	广东	2017-06-22	002881.SZ
37	恒玄科技	12.02	16.6	上海	2020-12-16	688608.SH
38	亨鑫科技	12.02	37.1	江苏	2010-12-23	1085.HK
39	俊知集团	11.88	−36.7	江苏	2012-03-19	1300.HK
40	剑桥科技	11.51	3.6	上海	2017-11-10	603083.SH
41	元道通信	11.41	新上榜	新疆	2022-07-08	301139.SZ
42	金信诺	11.34	32.6	广东	2011-08-18	300252.SZ
43	艾为电子	10.42	−4.2	上海	2021-08-16	688798.SH
44	武汉凡谷	9.18	29.9	湖北	2007-12-07	002194.SZ
45	兆龙互连	9.13	29.6	浙江	2020-12-07	300913.SZ
46	烽火电子	8.57	22.4	陕西	1994-05-09	000561.SZ
47	灿勤科技	8.43	−26.0	江苏	2021-11-16	688182.SH
48	富通信息	6.97	27.2	天津	1997-09-29	000836.SZ
49	大富科技	6.80	4.9	安徽	2010-10-26	300134.SZ
50	佳讯飞鸿	6.53	22.5	北京	2011-05-05	300213.SZ
51	科思科技	6.25	−14.6	广东	2020-10-22	688788.SH
52	迪普科技	6.21	−22.1	浙江	2019-04-12	300768.SZ
53	上海瀚讯	6.13	新上榜	上海	2019-03-14	300762.SZ
54	移为通信	5.97	新上榜	上海	2017-01-11	300590.SZ
55	瑞斯康达	5.93	−32.0	北京	2017-04-20	603803.SH
56	中富通	5.81	新上榜	福建	2016-11-01	300560.SZ

2.14.2 2023年中国通信行业上市公司品牌价值榜分析

【行业集中度】 在2023年中国通信行业上市公司品牌价值榜中：排在第1位的公司是小米集团，品牌价值2 225.77亿元，占行业榜单总计品牌价值的36%；排在前3位的公司品牌价值合计 3 597.15 亿元，占行业榜单总计品牌价值的 58.1%；排在前 10 位的公司品牌价值合计 5 265.42 亿元，占行业榜单总计品牌价值的 85.1%。

【所在区域】 在 2023 年中国通信行业上市公司品牌价值榜中，56 家公司来自 16 个地区。其中，来自北京和广东的公司共计 18 家，品牌价值合计 4 717.84 亿元，占行业榜单总计品牌价值的 76.3%，处于主导地位。其他地区企业的构成情况如图 2-27 和图 2-28 所示。

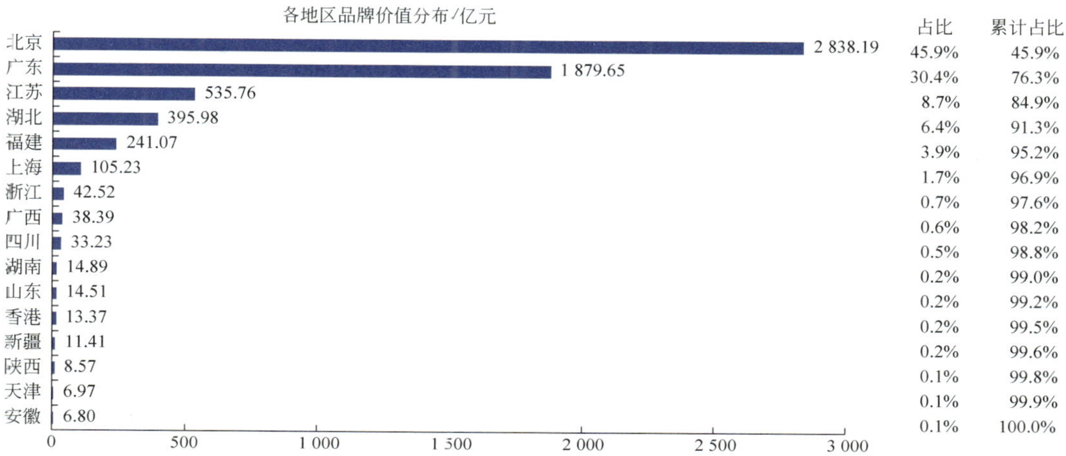

图 2-27　2023 年中国通信行业上市公司品牌价值榜各地区品牌价值分布

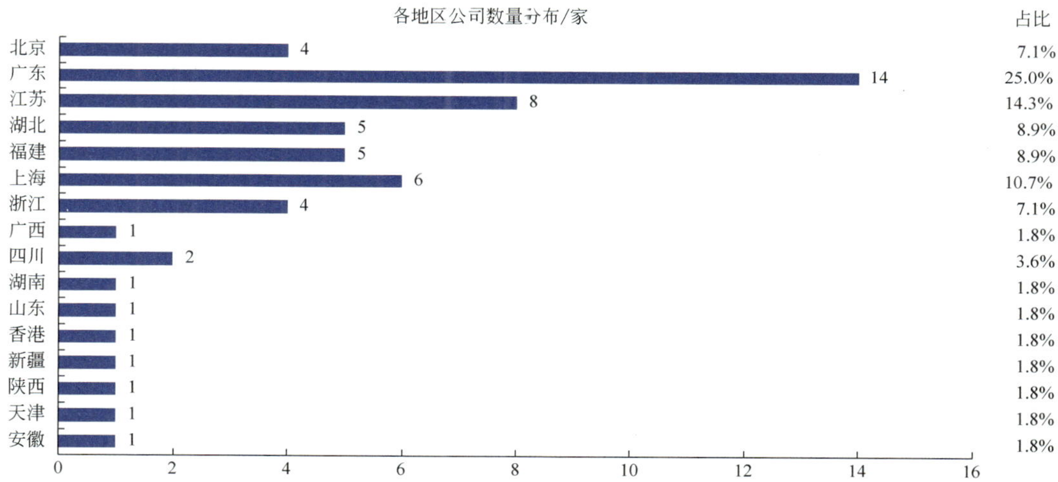

图 2-28　2023 年中国通信行业上市公司品牌价值榜各地区公司数量分布

【上市板块】 在 2023 年中国通信行业上市公司品牌价值榜中：在香港上市的中资公司有 5 家，品牌价值合计 2 863.01 亿元，占行业榜单总计品牌价值的 46.3%，排在第一位；在深市主板上市的公司有 14 家，品牌价值合计 1 552.26 亿元，占行业榜单总计品牌价值的 25.1%，排在第二位；在沪市主板上市的公司有 15 家，品牌价值合计 1 064.96 亿元，占行业榜单总计品牌价值的 17.2%，排在第三位。此外，在沪市科创板上市的公司有 6 家，品牌价值合计 434.81 亿元；在深市创业板上市的公司有 16 家，品牌价值合计 271.51 亿元。

【上市时间】 在 2023 年中国通信行业上市公司品牌价值榜中：2018—2022 年上市的公司有 19 家，品牌价值合计 2 974.13 亿元，占行业榜单总计品牌价值的 48.1%，排在第一位；2003—2007 年上市的公司有 5 家，品牌价值合计 1 606.37 亿元，占行业榜单总计品牌价值的 26%，排在第二位；1997 年及以前上市的公司有 7 家，品牌价值合计 750.96 亿元，占行业榜单总计品牌价值的 12.1%，排在第三位。此外，1998—2002 年上市的公司有 4 家，品牌价值合计 402.4 亿元；2008—2012 年上市的公司有 10 家，品牌价值合计 235.44 亿元；2013—2017 年上市的公司有 11 家，品牌价值合计 217.24 亿元。

2.15 石油行业品牌价值榜

在 2023 年中国上市公司品牌价值总榜的 3 000 家企业中：石油行业的企业共计 22 家，比 2022 年增加了 1 家；品牌价值总计 5 415.79 亿元，比 2022 年增长了 32.6%。

2.15.1 2023 年中国石油行业上市公司品牌价值榜单

序号	证券简称	品牌价值/亿元	增长率/%	地区	上市日期	证券代码
1	中国石油	2 186.89	37.6	北京	2007-11-05	601857.SH
2	中国石化	2 099.03	23.0	北京	2001-08-08	600028.SH
3	中国海油	478.80	75.5	北京	2022-04-21	600938.SH
4	中油工程	103.06	27.9	新疆	2000-12-25	600339.SH
5	石化油服	90.81	21.4	北京	1995-04-11	600871.SH
6	中国航油	64.34	10.8	陕西	2001-12-06	G92.SG
7	海油发展	60.72	33.7	北京	2019-06-26	600968.SH
8	上海石化	59.62	3.7	上海	1993-11-08	600688.SH
9	中海油服	55.94	18.7	天津	2007-09-28	601808.SH
10	广汇能源	46.54	105.6	新疆	2000-05-26	600256.SH
11	华锦股份	30.07	27.4	辽宁	1997-01-30	000059.SZ
12	海油工程	28.36	53.5	天津	2002-02-05	600583.SH
13	杰瑞股份	24.61	45.9	山东	2010-02-05	002353.SZ
14	东华能源	24.10	−4.4	江苏	2008-03-06	002221.SZ
15	石化机械	9.68	46.4	湖北	1998-11-26	000852.SZ
16	延长石油国际	9.11	−1.5	香港	2001-04-19	0346.HK
17	新潮能源	8.37	新上榜	山东	1996-11-21	600777.SH
18	海越能源	7.57	39.2	浙江	2004-02-18	600387.SH
19	海隆控股	7.35	新上榜	上海	2011-04-21	1623.HK

续表

序号	证券简称	品牌价值/亿元	增长率/%	地区	上市日期	证券代码
20	陕天然气	7.09	26.3	陕西	2008-08-13	002267.SZ
21	达力普控股	7.01	1.0	河北	2019-11-08	1921.HK
22	安东油田服务	6.71	新上榜	北京	2007-12-14	3337.HK

2.15.2 2023年中国石油行业上市公司品牌价值榜分析

【行业集中度】 在2023年中国石油行业上市公司品牌价值榜中：排在第1位的公司是中国石油，品牌价值2 186.89亿元，占行业榜单总计品牌价值的40.4%；排在前2位的公司品牌价值合计4 285.92亿元，占行业榜单总计品牌价值的79.1%。

【所在区域】 在2023年中国石油行业上市公司品牌价值榜中：22家公司来自12个地区。其中，来自北京的公司共计6家，品牌价值合计4 922.96亿元，占行业榜单总计品牌价值的90.9%，处于主导地位。其他地区企业的构成情况如图2-29和图2-30所示。

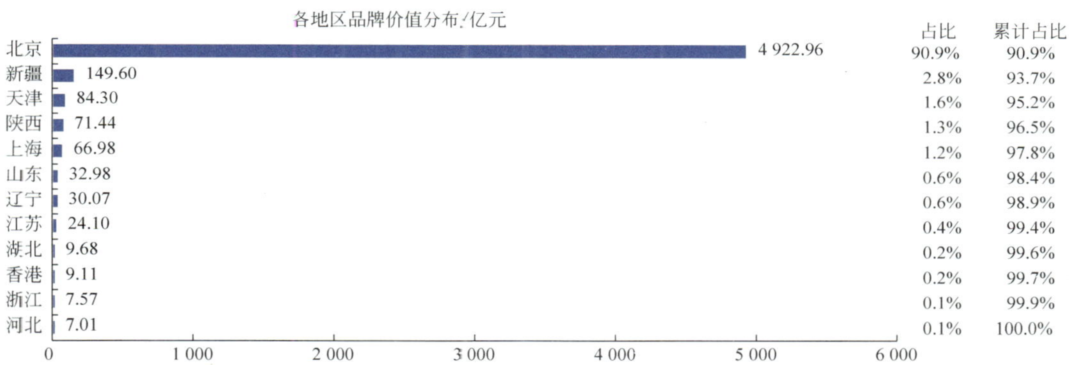

图2-29 2023年中国石油行业上市公司品牌价值榜各地区品牌价值分布

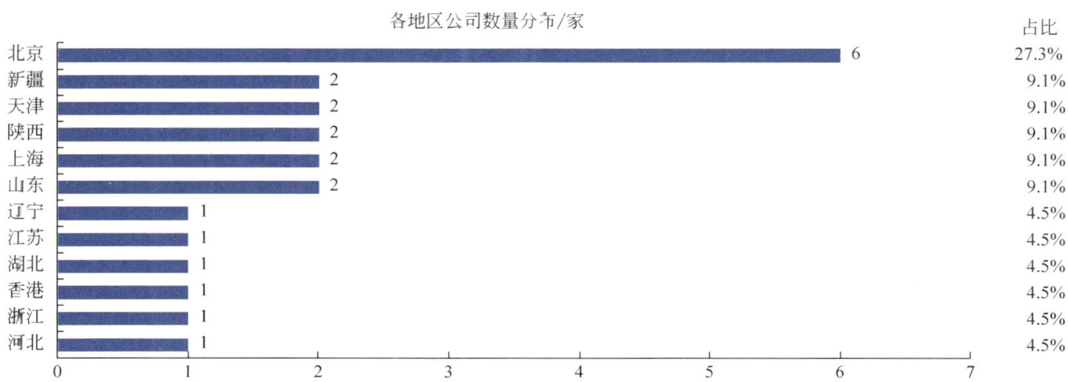

图2-30 2023年中国石油行业上市公司品牌价值榜各地区公司数量分布

【上市板块】 在2023年中国石油行业上市公司品牌价值榜中：在沪市主板上市的

公司有 12 家，品牌价值合计 5 225.72 亿元，占行业榜单总计品牌价值的 96.5%，排在第一位；此外，在深市主板上市的公司有 5 家，品牌价值合计 95.56 亿元；在国外上市的中概股公司有 1 家，品牌价值 64.34 亿元；在香港上市的中资公司有 4 家，品牌价值合计 30.18 亿元。

【上市时间】 在 2023 年中国石油行业上市公司品牌价值榜中：1998—2002 年上市的公司有 7 家，品牌价值合计 2 360.12 亿元，占行业榜单总计品牌价值的 43.6%，排在第一位；2003—2007 年上市的公司有 4 家，品牌价值合计 2 257.11 亿元，占行业榜单总计品牌价值的 41.7%，排在第二位；2018—2022 年上市的公司有 3 家，品牌价值合计 546.53 亿元，占行业榜单总计品牌价值的 10.1%，排在第三位。此外，1997 年及以前上市的公司有 4 家，品牌价值合计 188.87 亿元；2008—2012 年上市的公司有 4 家，品牌价值合计 63.16 亿元。

2.16 贸易行业品牌价值榜

在 2023 年中国上市公司品牌价值总榜的 3 000 家企业中：贸易行业的企业共计 58 家，比 2022 年增加了 1 家；品牌价值总计 4 334.71 亿元，比 2022 年增长了 11.5%。

2.16.1 2023 年中国贸易行业上市公司品牌价值榜单

序号	证券简称	品牌价值/亿元	增长率/%	地区	上市日期	证券代码
1	建发股份	825.92	62.8	福建	1998-06-16	600153.SH
2	厦门象屿	486.60	26.8	福建	1997-06-04	600057.SH
3	物产中大	486.46	−0.6	浙江	1996-06-06	600704.SH
4	厦门国贸	408.87	19.5	福建	1996-10-03	600755.SH
5	浙商中拓	173.25	32.0	浙江	1999-07-07	000906.SZ
6	海航科技	168.59	−55.0	天津	1996-09-09	600751.SH
7	苏美达	144.63	17.4	江苏	1996-07-01	600710.SH
8	神州数码	93.77	4.7	广东	1994-05-09	000034.SZ
9	厦门信达	91.56	43.8	福建	1997-02-26	000701.SZ
10	中泰化学	84.32	−12.8	新疆	2006-12-08	002092.SZ
11	爱施德	83.69	23.7	广东	2010-05-28	002416.SZ
12	云天化	81.96	10.8	云南	1997-07-09	600096.SH
13	卓尔智联	76.38	70.3	湖北	2011-07-13	2098.HK
14	五矿发展	74.22	6.5	北京	1997-05-28	600058.SH
15	怡亚通	72.31	15.7	广东	2007-11-13	002183.SZ
16	中储股份	70.94	24.2	天津	1997-01-21	600787.SH
17	远大控股	68.61	−13.9	江苏	1996-11-28	000626.SZ
18	天音控股	66.85	0.3	江西	1997-12-02	000829.SZ
19	江苏国泰	53.99	11.9	江苏	2006-12-08	002091.SZ
20	上海钢联	52.67	−13.7	上海	2011-06-08	300226.SZ

续表

序号	证券简称	品牌价值/亿元	增长率/%	地区	上市日期	证券代码
21	浙农股份	43.59	25.0	浙江	2015-05-27	002758.SZ
22	汇鸿集团	38.70	9.1	江苏	2004-06-30	600981.SH
23	盛屯矿业	35.98	−29.4	福建	1996-05-31	600711.SH
24	长虹佳华	33.76	−3.3	香港	2000-01-24	3991.HK
25	东方创业	27.78	26.0	上海	2000-07-12	600278.SH
26	深圳华强	26.73	29.4	广东	1997-01-30	000062.SZ
27	淮河能源	26.60	58.4	安徽	2003-03-28	600575.SH
28	中国食品	26.04	43.4	香港	1988-10-07	0506.HK
29	中粮糖业	24.54	−0.3	新疆	1996-07-31	600737.SH
30	辽宁成大	24.20	−16.1	辽宁	1996-08-19	600739.SH
31	英特集团	23.21	14.2	浙江	1996-07-16	000411.SZ
32	天原股份	22.85	−1.8	四川	2010-04-09	002386.SZ
33	北方国际	22.56	55.7	北京	1998-06-05	000065.SZ
34	辉隆股份	21.56	16.0	安徽	2011-03-02	002556.SZ
35	外高桥	19.45	34.2	上海	1993-05-04	600648.SH
36	桂东电力	19.29	5.4	广西	2001-02-28	600310.SH
37	铁龙物流	17.46	8.6	辽宁	1998-05-11	600125.SH
38	鹏都农牧	15.64	10.8	湖南	2010-11-18	002505.SZ
39	ST 冠福	15.09	25.0	福建	2006-12-29	002102.SZ
40	众业达	14.33	34.8	广东	2010-07-06	002441.SZ
41	泰达股份	13.22	−30.1	天津	1996-11-28	000652.SZ
42	香农芯创	12.56	124.8	安徽	2015-06-10	300475.SZ
43	中粮家佳康	11.87	−22.3	北京	2016-11-01	1610.HK
44	中农立华	11.57	59.8	北京	2017-11-16	603970.SH
45	深粮控股	11.07	24.6	广东	1992-10-12	000019.SZ
46	龙宇股份	11.04	8.1	上海	2012-08-17	603003.SH
47	东方集团	10.92	−27.9	黑龙江	1994-01-06	600811.SH
48	广宇集团	10.54	83.8	浙江	2007-04-27	002133.SZ
49	亚泰集团	10.00	−53.5	吉林	1995-11-15	600881.SH
50	三木集团	9.78	51.1	福建	1996-11-21	000632.SZ
51	力源信息	8.50	27.1	湖北	2011-02-22	300184.SZ
52	ST 广珠	8.20	新上榜	广东	2001-01-18	600382.SH
53	鹏欣资源	7.94	−13.3	上海	2003-06-26	600490.SH
54	宁波联合	7.78	−31.3	浙江	1997-04-10	600051.SH
55	中信资源	6.81	新上榜	香港	1997-09-08	1205.HK
56	好上好	6.34	新上榜	广东	2022-10-31	001298.SZ
57	农发种业	5.88	新上榜	北京	2001-01-19	600313.SH
58	农产品	5.73	新上榜	广东	1997-01-10	000061.SZ

2.16.2 2023 年中国贸易行业上市公司品牌价值榜分析

【行业集中度】 在 2023 年中国贸易行业上市公司品牌价值榜中：排在前 3 位的公

司品牌价值合计1 798.98亿元，占行业榜单总计品牌价值的41.5%；排在前10位的公司品牌价值合计2 963.97亿元，占行业榜单总计品牌价值的68.4%；排在前20位的公司品牌价值合计3 665.59亿元，占行业榜单总计品牌价值的84.6%。

【所在区域】 在2023年中国贸易行业上市公司品牌价值榜中，58家公司来自19个地区。其中，来自福建和浙江的公司共计13家，品牌价值合计2 618.64亿元，占行业榜单总计品牌价值的60.4%，处于主导地位。其他地区企业的构成情况如图2-31和图2-32所示。

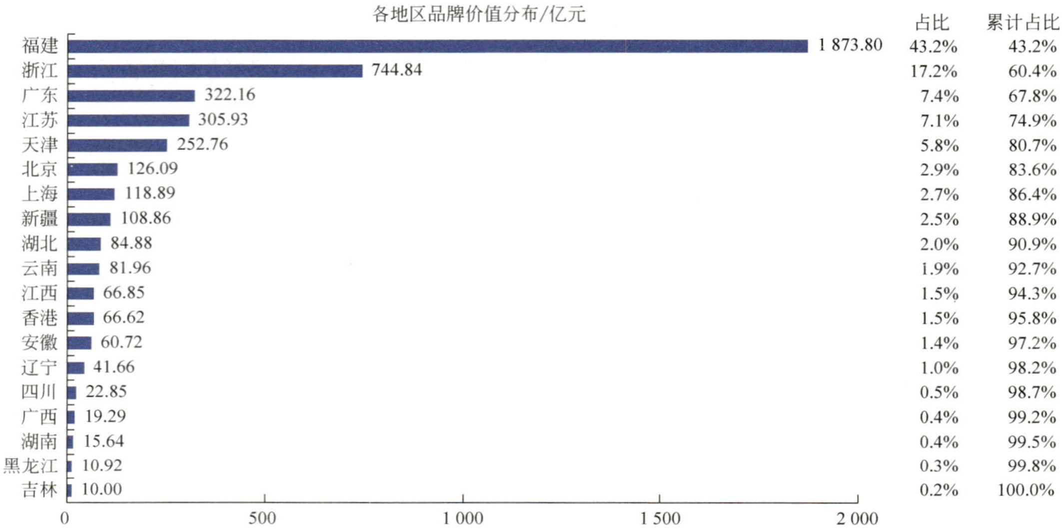

图2-31 2023年中国贸易行业上市公司品牌价值榜各地区品牌价值分布

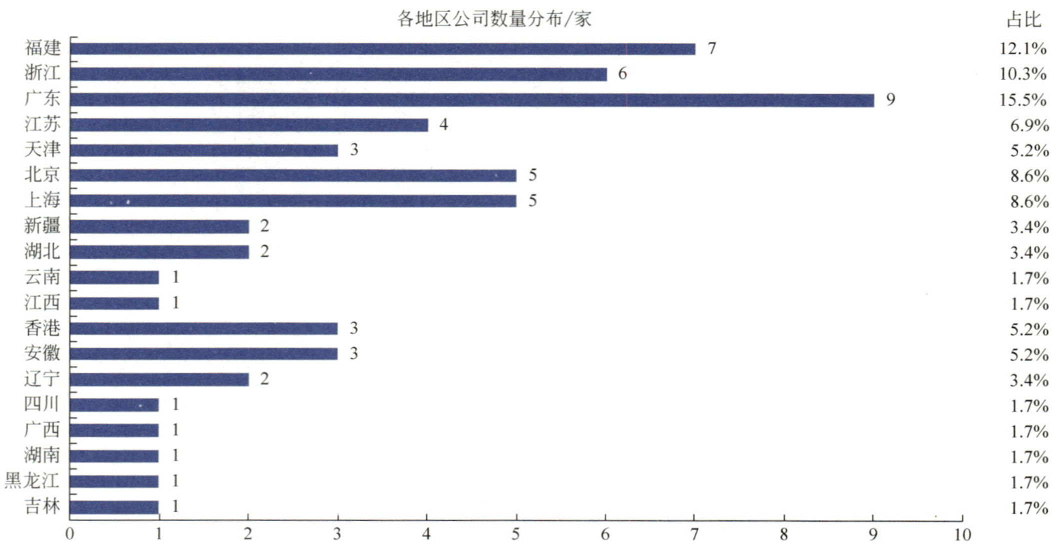

图2-32 2023年中国贸易行业上市公司品牌价值榜各地区公司数量分布

【上市板块】 在2023年中国贸易行业上市公司品牌价值榜中：在沪市主板上市的公司有26家，品牌价值合计3 055.52亿元，占行业榜单总计品牌价值的70.5%，排在第一位；在深市主板上市的公司有24家，品牌价值合计1 050.59亿元，占行业榜单总计品牌价值的24.2%，排在第二位；在香港上市的中资公司有5家，品牌价值合计154.86亿元，占行业总计品牌价值的3.6%，排在第三位。此外，在深市创业板上市的公司有3家，品牌价值合计73.74亿元。

【上市时间】 在2023年中国贸易行业上市公司品牌价值榜中：1997年及以前上市的公司有27家，品牌价值合计2 498.53亿元，占行业榜单总计品牌价值的57.6%，排在第一位；1998—2002年上市的公司有9家，品牌价值合计1 134.09亿元，占行业榜单总计品牌价值的26.2%，排在第二位；2003—2007年上市的公司有8家，品牌价值合计309.5亿元，占行业榜单总计品牌价值的7.1%，排在第三位。此外，2008—2012年上市的公司有9家，品牌价值合计306.67亿元；2013—2017年上市的公司有4家，品牌价值合计79.59亿元；2018—2022年上市的公司有1家，品牌价值6.34亿元。

2.17 服饰行业品牌价值榜

在2023年中国上市公司品牌价值总榜的3 000家企业中：服饰行业的企业共计67家，比2022年减少了10家；品牌价值总计4 313.89亿元，比2022年下降了0.8%。

2.17.1 2023年中国服饰行业上市公司品牌价值榜单

序号	证券简称	品牌价值/亿元	增长率/%	地区	上市日期	证券代码
1	安踏体育	608.13	4.0	福建	2007-07-10	2020.HK
2	老凤祥	407.65	8.1	上海	1992-08-14	600612.SH
3	豫园股份	320.92	7.5	上海	1992-09-02	600655.SH
4	中国黄金	270.58	0.9	北京	2021-02-05	600916.SH
5	申洲国际	259.90	−17.6	浙江	2005-11-24	2313.HK
6	李宁	257.14	39.1	北京	2004-06-28	2331.HK
7	海澜之家	192.14	0.1	江苏	2000-12-28	600398.SH
8	波司登	181.49	14.0	香港	2007-10-11	3998.HK
9	雅戈尔	168.67	24.0	浙江	1998-11-19	600177.SH
10	森马服饰	137.46	7.4	浙江	2011-03-11	002563.SZ
11	特步国际	110.09	20.9	福建	2008-06-03	1368.HK
12	周大生	93.34	23.8	广东	2017-04-27	002867.SZ
13	际华集团	87.63	−3.8	北京	2010-08-16	601718.SH
14	太平鸟	73.41	−26.7	浙江	2017-01-09	603877.SH
15	菜百股份	67.97	9.2	北京	2021-09-09	605599.SH
16	361度	64.37	−3.6	福建	2009-06-30	1361.HK
17	江南布衣	49.26	32.8	浙江	2016-10-31	3306.HK

服饰行业榜单

续表

序号	证券简称	品牌价值/亿元	增长率/%	地区	上市日期	证券代码
18	盛泰集团	41.78	−9.4	浙江	2021-10-27	605138.SH
19	报喜鸟	41.19	22.1	浙江	2007-08-16	002154.SZ
20	中国利郎	40.00	17.6	福建	2009-09-25	1234.HK
21	迪阿股份	39.82	0.6	广东	2021-12-15	301177.SZ
22	比音勒芬	39.79	58.1	广东	2016-12-23	002832.SZ
23	联泰控股	39.58	73.9	香港	2004-07-15	0311.HK
24	飞亚达	35.32	4.4	广东	1993-06-03	000026.SZ
25	地素时尚	33.86	−2.1	上海	2018-06-22	603587.SH
26	潮宏基	33.73	25.1	广东	2010-01-28	002345.SZ
27	七匹狼	30.43	17.1	福建	2004-08-06	002029.SZ
28	嘉欣丝绸	28.65	32.8	浙江	2010-05-11	002404.SZ
29	萃华珠宝	27.67	93.7	辽宁	2014-11-04	002731.SZ
30	爱慕股份	27.62	0.7	北京	2021-05-31	603511.SH
31	朗姿股份	26.88	−25.3	北京	2011-08-30	002612.SZ
32	九牧王	25.64	−14.3	福建	2011-05-30	601566.SH
33	汇洁股份	24.77	10.1	广东	2015-06-10	002763.SZ
34	锦泓集团	24.47	−38.7	江苏	2014-12-03	603518.SH
35	明牌珠宝	22.56	34.6	浙江	2011-04-22	002574.SZ
36	歌力思	22.46	−18.4	广东	2015-04-22	603808.SH
37	红豆股份	20.39	5.1	江苏	2001-01-08	600400.SH
38	安正时尚	19.56	−24.4	浙江	2017-02-14	603839.SH
39	奥康国际	17.66	−10.7	浙江	2012-04-26	603001.SH
40	红蜻蜓	16.60	−15.1	浙江	2015-06-29	603116.SH
41	健盛集团	16.42	57.0	浙江	2015-01-27	603558.SH
42	开润股份	15.96	23.2	安徽	2016-12-21	300577.SZ
43	卡宾	15.68	−8.9	广东	2013-10-28	2030.HK
44	伟星股份	14.57	46.4	浙江	2004-06-25	002003.SZ
45	康耐特光学	14.44	29.6	上海	2021-12-16	2276.HK
46	时计宝	13.86	−8.8	香港	2013-02-05	2033.HK
47	新华锦	13.83	21.6	山东	1996-07-26	600735.SH
48	乔治白	13.62	24.5	浙江	2012-07-13	002687.SZ
49	嘉曼服饰	12.32	新上榜	北京	2022-09-09	301276.SZ
50	牧高笛	11.10	77.4	浙江	2017-03-07	603908.SH
51	洪兴股份	10.43	34.0	广东	2021-07-23	001209.SZ
52	千百度	10.35	−8.1	香港	2011-09-23	1028.HK
53	戎美股份	9.91	7.2	江苏	2021-10-28	301088.SZ
54	中国动向	9.79	−15.9	北京	2007-10-10	3818.HK
55	安莉芳控股	9.56	−8.3	香港	2006-12-18	1388.HK
56	曼卡龙	9.47	18.5	浙江	2021-02-10	300945.SZ
57	莱绅通灵	8.85	−21.2	江苏	2016-11-23	603900.SH
58	金一文化	8.46	−66.1	北京	2014-01-27	002721.SZ
59	美邦服饰	7.86	−71.0	上海	2008-08-28	002269.SZ

续表

序号	证券简称	品牌价值/亿元	增长率/%	地区	上市日期	证券代码
60	安奈儿	7.83	22.4	广东	2017-06-01	002875.SZ
61	泰慕士	7.33	新上榜	江苏	2022-01-11	001234.SZ
62	冠城钟表珠宝	7.24	−31.9	香港	1991-12-10	0256.HK
63	都市丽人	7.21	−63.9	广东	2014-06-26	2298.HK
64	杉杉品牌	7.16	15.1	浙江	2018-06-27	1749.HK
65	天创时尚	7.08	−34.4	广东	2016-02-18	603608.SH
66	探路者	6.64	−24.0	北京	2009-10-30	300005.SZ
67	日播时尚	6.36	5.7	上海	2017-05-31	603196.SH

2.17.2 2023年中国服饰行业上市公司品牌价值榜分析

【行业集中度】 在2023年中国服饰行业上市公司品牌价值榜中：排在前3位的公司品牌价值合计1 336.71亿元，占行业榜单总计品牌价值的31%；排在前10位的公司品牌价值合计2 804.08亿元，占行业榜单总计品牌价值的65%；排在前30位的公司品牌价值合计3 809.57亿元，占行业榜单总计品牌价值的88.3%。

【所在区域】 在2023年中国服饰行业上市公司品牌价值榜中，67家公司来自10个地区。其中，来自浙江、福建和上海的公司共计30家，品牌价值合计2 618.78亿元，占行业榜单总计品牌价值的60.7%，处于主导地位。其他地区企业的构成情况如图2-33和图2-34所示。

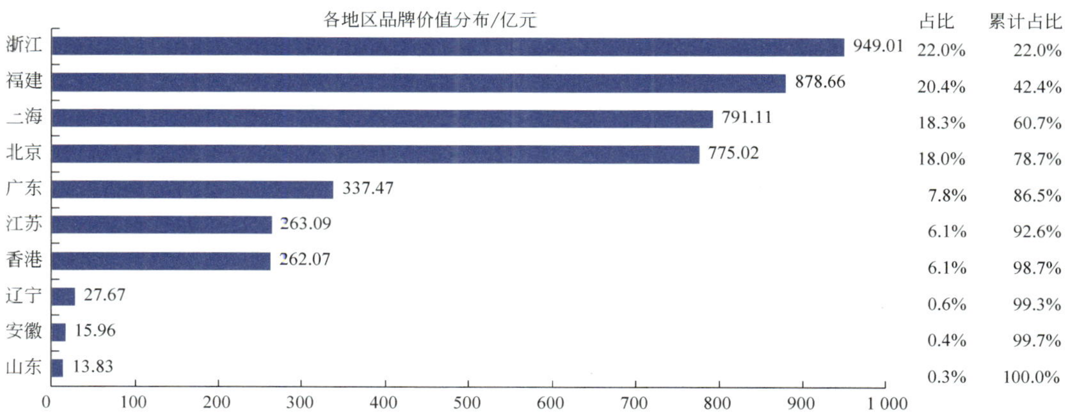

图2-33 2023年中国服饰行业上市公司品牌价值榜各地区品牌价值分布

【上市板块】 在2023年中国服饰行业上市公司品牌价值榜中：在沪市主板上市的公司有24家，品牌价值合计1 902.65亿元，占行业榜单总计品牌价值的44.1%，排在第一位；在香港上市的中资公司有18家，品牌价值合计1 705.24亿元，占行业榜单总计品牌价值的39.5%，排在第二位；在深市主板上市的公司有19家，品牌价值合计611.88亿

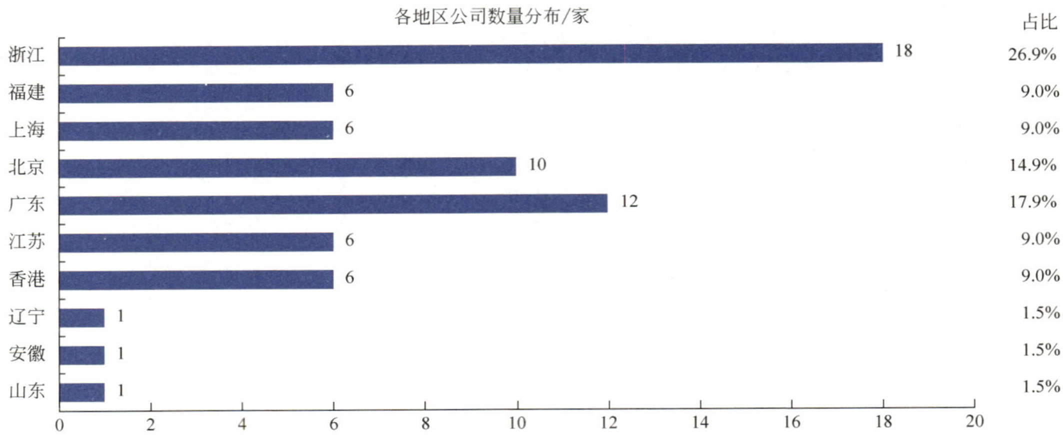

图 2-34　2023 年中国服饰行业上市公司品牌价值榜各地区公司数量分布

元，占行业总计品牌价值的 14.2%，排在第三位。此外，在深市创业板上市的公司有 6 家，品牌价值合计 94.12 亿元。

【上市时间】　在 2023 年中国服饰行业上市公司品牌价值榜中：2003—2007 年上市的公司有 10 家，品牌价值合计 1 451.77 亿元，占行业榜单总计品牌价值的 33.7%，排在第一位；1997 年及以前上市的公司有 5 家，品牌价值合计 784.96 亿元，占行业榜单总计品牌价值的 18.2%，排在第二位；2008—2012 年上市的公司有 15 家，品牌价值合计 633.13 亿元，占行业榜单总计品牌价值的 14.7%，排在第三位。此外，2018—2022 年上市的公司有 13 家，品牌价值合计 552.69 亿元；2013—2017 年上市的公司有 21 家，品牌价值合计 510.13 亿元；1998—2002 年上市的公司有 3 家，品牌价值合计 381.2 亿元。

2.18　食品行业品牌价值榜

在 2023 年中国上市公司品牌价值总榜的 3 000 家企业中：食品行业的企业共计 75 家，比 2022 年增加了 8 家；品牌价值总计 4 234.08 亿元，比 2022 年增长了 12.3%。

2.18.1　2023 年中国食品行业上市公司品牌价值榜单

序号	证券简称	品牌价值/亿元	增长率/%	地区	上市日期	证券代码
1	金龙鱼	1 184.24	9.1	上海	2020-10-15	300999.SZ
2	双汇发展	449.38	−4.9	河南	1998-12-10	000895.SZ
3	海天味业	317.55	−6.5	广东	2014-02-11	603288.SH
4	中国飞鹤	295.58	0.1	北京	2019-11-13	6186.HK
5	达利食品	230.63	新上榜	福建	2015-11-20	3799.HK
6	安琪酵母	99.66	0.7	湖北	2000-08-18	600298.SH
7	安井食品	78.48	0.7	福建	2017-02-22	603345.SH

续表

序号	证券简称	品牌价值/亿元	增长率/%	地区	上市日期	证券代码
8	京粮控股	72.61	33.5	海南	1992-12-21	000505.SZ
9	洽洽食品	59.54	16.9	安徽	2011-03-02	002557.SZ
10	绝味食品	56.47	−17.5	湖南	2017-03-17	603517.SH
11	三全食品	54.36	10.2	河南	2008-02-20	002216.SZ
12	颐海国际	51.16	−25.3	上海	2016-07-13	1579.HK
13	雾芯科技	50.09	新上榜	北京	2021-01-22	RLX.N
14	桃李面包	49.82	−10.3	辽宁	2015-12-22	603866.SH
15	中炬高新	48.76	1.2	广东	1995-01-24	600872.SH
16	雪天盐业	46.86	189.2	湖南	2018-03-26	600929.SH
17	三只松鼠	45.91	−1.6	安徽	2019-07-12	300783.SZ
18	良品铺子	43.47	−1.2	湖北	2020-02-24	603719.SH
19	H&H 国际控股	41.21	123.0	香港	2010-12-17	1112.HK
20	广州酒家	38.52	15.7	广东	2017-06-27	603043.SH
21	涪陵榨菜	37.11	10.7	重庆	2010-11-23	002507.SZ
22	维维股份	35.01	7.8	江苏	2000-06-30	600300.SH
23	华宝股份	34.86	−10.1	西藏	2018-03-01	300741.SZ
24	西王食品	33.51	−9.6	山东	1996-11-26	000639.SZ
25	中烟香港	33.39	31.8	香港	2019-06-12	6055.HK
26	雅士利国际	32.20	59.6	广东	2010-11-01	1230.HK
27	紫燕食品	30.12	新上榜	上海	2022-09-26	603057.SH
28	妙可蓝多	29.18	2.3	上海	1995-12-06	600882.SH
29	道道全	28.62	4.7	湖南	2017-03-10	002852.SZ
30	黑芝麻	28.14	21.9	广西	1997-04-18	000716.SZ
31	好想你	26.14	−13.9	河南	2011-05-20	002582.SZ
32	克明食品	25.28	7.7	湖南	2012-03-16	002661.SZ
33	周黑鸭	22.59	−33.3	湖北	2016-11-11	1458.HK
34	南侨食品	22.52	−11.0	上海	2021-05-18	605339.SH
35	中宠股份	21.87	16.6	山东	2017-08-21	002891.SZ
36	立高食品	20.91	1.4	广东	2021-04-15	300973.SZ
37	盐津铺子	20.49	15.2	湖南	2017-02-08	002847.SZ
38	五芳斋	19.68	新上榜	浙江	2022-08-31	603237.SH
39	得利斯	19.02	26.0	山东	2010-01-06	002330.SZ
40	天味食品	18.61	7.4	四川	2019-04-16	603317.SH
41	恒顺醋业	17.63	−20.3	江苏	2001-02-06	600305.SH
42	千禾味业	17.27	−5.6	四川	2016-03-07	603027.SH
43	佳禾食品	17.24	−16.8	江苏	2021-04-30	605300.SH
44	宝立食品	17.14	新上榜	上海	2022-07-15	603170.SH
45	煌上煌	15.54	−20.4	江西	2012-09-05	002695.SZ
46	贝因美	15.51	34.9	浙江	2011-04-12	002570.SZ
47	春雪食品	14.48	−4.4	山东	2021-10-13	605567.SH
48	巴比食品	14.23	18.7	上海	2020-10-12	605338.SH
49	燕塘乳业	14.11	7.1	广东	2014-12-05	002732.SZ

续表

序号	证券简称	品牌价值/亿元	增长率/%	地区	上市日期	证券代码
50	双塔食品	13.77	−29.3	山东	2010-09-21	002481.SZ
51	一鸣食品	13.23	−16.5	浙江	2020-12-28	605179.SH
52	甘源食品	13.07	37.2	江西	2020-07-31	002991.SZ
53	加加食品	12.80	−10.7	湖南	2012-01-06	002650.SZ
54	嘉士利集团	12.73	−1.1	广东	2014-09-25	1285.HK
55	祖名股份	10.95	5.3	浙江	2021-01-06	003030.SZ
56	千味央厨	10.69	11.9	河南	2021-09-06	001215.SZ
57	有友食品	10.62	−17.5	重庆	2019-05-08	603697.SH
58	海欣食品	9.65	10.4	福建	2012-10-11	002702.SZ
59	莲花健康	9.29	−16.2	河南	1998-08-25	600186.SH
60	品渥食品	9.22	2.9	上海	2020-09-24	300892.SZ
61	西麦食品	8.98	−0.3	广西	2019-06-19	002956.SZ
62	劲仔食品	8.84	19.7	湖南	2020-09-14	003000.SZ
63	国投中鲁	8.75	32.0	北京	2004-06-22	600962.SH
64	皇氏集团	8.64	−32.7	广西	2010-01-06	002329.SZ
65	源飞宠物	8.48	新上榜	浙江	2022-08-18	001222.SZ
66	星湖科技	8.02	7.2	广东	1994-08-18	600866.SH
67	味知香	7.43	3.3	江苏	2021-04-27	605089.SH
68	庄园牧场	7.40	新上榜	甘肃	2017-10-31	002910.SZ
69	海融科技	7.32	9.7	上海	2020-12-02	300915.SZ
70	仲景食品	6.76	7.0	河南	2020-11-23	300908.SZ
71	阳光乳业	6.64	新上榜	江西	2022-05-20	001318.SZ
72	惠发食品	6.37	−23.8	山东	2017-06-13	603536.SH
73	西部牧业	6.12	新上榜	新疆	2010-08-20	300106.SZ
74	熊猫乳品	5.94	4.4	浙江	2020-10-16	300898.SZ
75	青岛食品	5.72	新上榜	山东	2021-10-21	001219.SZ

2.18.2 2023年中国食品行业上市公司品牌价值榜分析

【行业集中度】 在2023年中国食品行业上市公司品牌价值榜中：排在第1位的公司是金龙鱼，品牌价值1 184.24亿元，占行业榜单总计品牌价值的28%；排在前3位的公司品牌价值合计1 951.17亿元，占行业榜单总计品牌价值的46.1%；排在前10位的公司品牌价值合计2 844.14亿元，占行业榜单总计品牌价值的67.2%。

【所在区域】 在2023年中国食品行业上市公司品牌价值榜中，75家公司来自21个地区。其中，来自上海、河南和广东的公司共计23家，品牌价值合计2 414.53亿元，占行业榜单总计品牌价值的57%，处于主导地位。其他地区企业的构成情况如图2-35和图2-36所示。

【上市板块】 在2023年中国食品行业上市公司品牌价值榜中：在深市创业板上市的公司有9家，品牌价值合计1 321.28亿元，占行业榜单总计品牌价值的31.2%，排在第

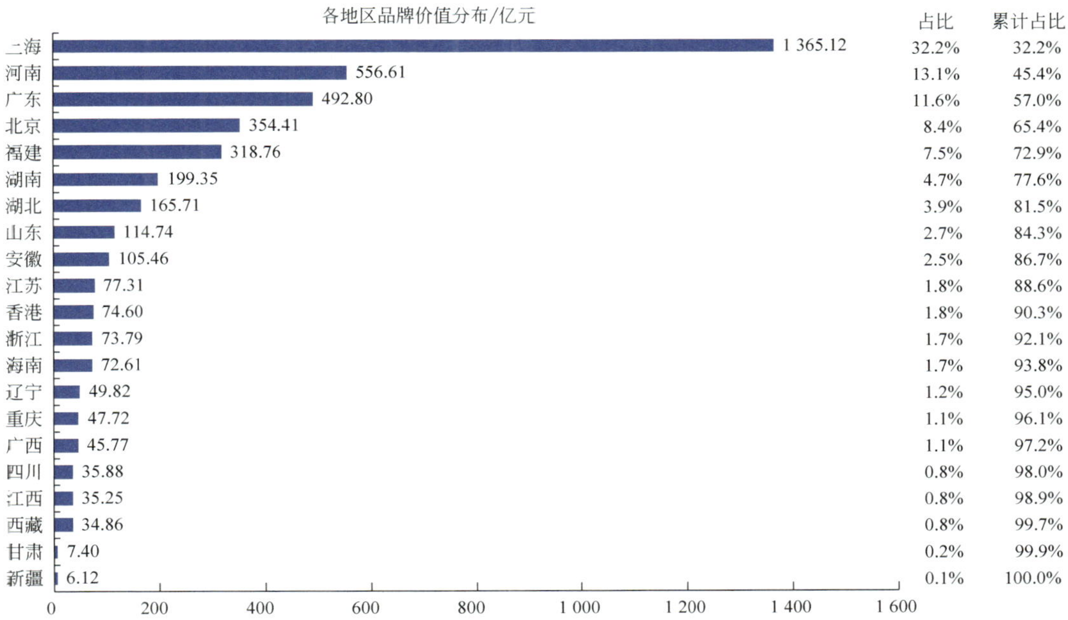

图 2-35　2023 年中国食品行业上市公司品牌价值榜各地区品牌价值分布

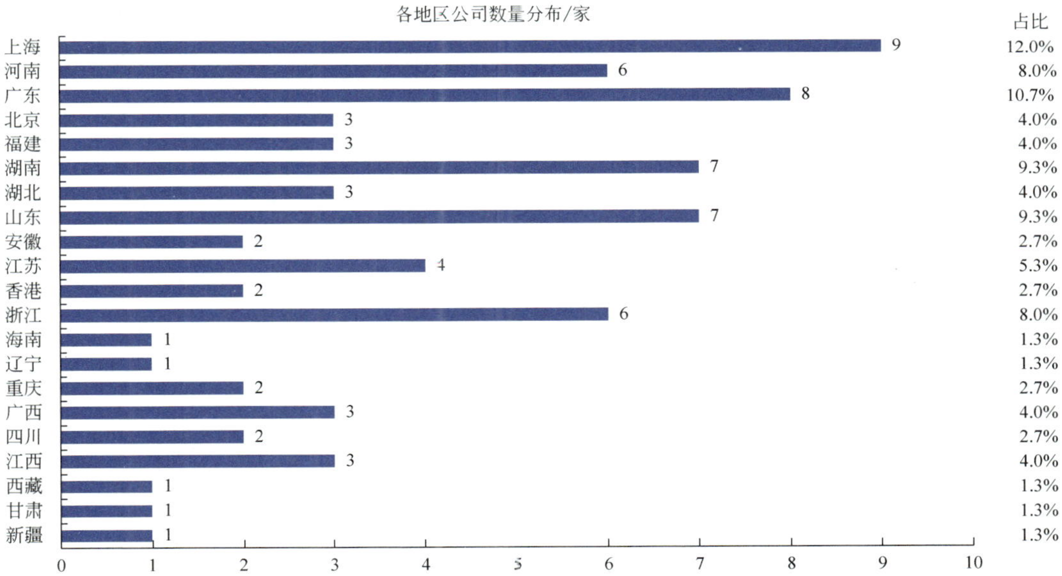

图 2-36　2023 年中国食品行业上市公司品牌价值榜各地区公司数量分布

一位；在沪市主板上市的公司有 28 家，品牌价值合计 1 096.38 亿元，占行业榜单总计品牌价值的 25.9%，排在第二位；在深市主板上市的公司有 29 家，品牌价值合计 1 046.85 亿元，占行业榜单总计品牌价值的 24.7%，排在第三位。此外，在香港上市的中资公司有 8 家，品牌价值合计 719.48 亿元；在国外上市的中概股公司有 1 家，品牌价值 50.09 亿元。

【上市时间】 在2023年中国食品行业上市公司品牌价值榜中：2018—2022年上市的公司有32家，品牌价值合计2 043.21亿元，占行业榜单总计品牌价值的48.3%，排在第一位；2013—2017年上市的公司有16家，品牌价值合计974.06亿元，占行业榜单总计品牌价值的23%，排在第二位；1998—2002年上市的公司有5家，品牌价值合计610.96亿元，占行业榜单总计品牌价值的14.4%，排在第三位。此外，2008—2012年上市的公司有15家，品牌价值合计376.88亿元；1997年及以前上市的公司有6家，品牌价值合计220.23亿元；2003—2007年上市的公司有1家，品牌价值8.75亿元。

2.19 有色金属行业品牌价值榜

在2023年中国上市公司品牌价值总榜的3 000家企业中：有色金属行业的企业共计97家，比2022年增加了10家；品牌价值总计4 135.23亿元，比2022年增长了18.6%。

2.19.1 2023年中国有色金属行业上市公司品牌价值榜单

序号	证券简称	品牌价值/亿元	增长率/%	地区	上市日期	证券代码
1	江西铜业	476.95	9.3	江西	2002-01-11	600362.SH
2	紫金矿业	359.96	16.6	福建	2008-04-25	601899.SH
3	中国铝业	301.82	−3.4	北京	2007-04-30	601600.SH
4	洛阳钼业	232.34	16.4	河南	2012-10-09	603993.SH
5	中国宏桥	226.66	−7.2	山东	2011-03-24	1378.HK
6	铜陵有色	138.76	9.5	安徽	1996-11-20	000630.SZ
7	云南铜业	121.11	43.3	云南	1998-06-02	000878.SZ
8	白银有色	77.92	37.0	甘肃	2017-02-15	601212.SH
9	华友钴业	76.63	45.7	浙江	2015-01-29	603799.SH
10	金田股份	74.78	35.8	浙江	2020-04-22	601609.SH
11	海亮股份	73.79	28.3	浙江	2008-01-16	002203.SZ
12	锡业股份	69.78	14.4	云南	2000-02-21	000960.SZ
13	天齐锂业	64.82	601.2	四川	2010-08-31	002466.SZ
14	赣锋锂业	61.11	191.3	江西	2010-08-10	002460.SZ
15	神火股份	59.94	63.2	河南	1999-08-31	000933.SZ
16	北方稀土	58.66	16.4	内蒙古	1997-09-24	600111.SH
17	山东黄金	58.45	10.3	山东	2003-08-28	600547.SH
18	中金黄金	58.00	17.5	北京	2003-08-14	600489.SH
19	中金岭南	54.13	48.7	广东	1997-01-23	000060.SZ
20	云铝股份	53.20	11.9	云南	1998-04-08	000807.SZ
21	五矿资源	50.79	−26.7	香港	1994-12-15	1208.HK
22	西部矿业	49.25	3.6	青海	2007-07-12	601168.SH
23	南山铝业	48.97	5.0	山东	1999-12-23	600219.SH
24	天山铝业	47.62	9.3	浙江	2010-12-31	002532.SZ
25	厦门钨业	46.46	20.2	福建	2002-11-07	600549.SH

续表

序号	证券简称	品牌价值/亿元	增长率/%	地区	上市日期	证券代码
26	中国有色矿业	46.23	−5.4	香港	2012-06-29	1258.HK
27	明泰铝业	41.10	27.9	河南	2011-09-19	601677.SH
28	中国大冶有色金属	40.91	−13.1	香港	1990-11-21	0661.HK
29	贵研铂业	40.16	5.7	云南	2003-05-16	600459.SH
30	楚江新材	39.37	33.9	安徽	2007-09-21	002171.SZ
31	电投能源	38.17	41.1	内蒙古	2007-04-18	002128.SZ
32	恒邦股份	38.11	17.3	山东	2008-05-20	002237.SZ
33	钒钛股份	29.48	67.0	四川	1996-11-15	000629.SZ
34	格林美	29.39	23.3	广东	2010-01-22	002340.SZ
35	豫光金铅	28.39	12.9	河南	2002-07-30	600531.SH
36	驰宏锌锗	27.50	7.9	云南	2004-04-20	600497.SH
37	鼎胜新材	27.26	37.1	江苏	2018-04-18	603876.SH
38	湖南黄金	24.25	33.1	湖南	2007-08-16	002155.SZ
39	力勤资源	23.70	新上榜	浙江	2022-12-01	2245.HK
40	贝特瑞	23.56	新上榜	广东	2020-07-27	835185.BJ
41	璞泰来	23.21	44.7	上海	2017-11-03	603659.SH
42	横店东磁	23.07	48.2	浙江	2006-08-02	002056.SZ
43	兴发铝业	22.83	1.6	广东	2008-03-31	0098.HK
44	锌业股份	22.61	130.8	辽宁	1997-06-26	000751.SZ
45	天华超净	21.22	83.6	江苏	2014-07-31	300390.SZ
46	齐合环保	20.93	11.9	香港	2010-07-12	0976.HK
47	东阳光	20.61	−19.3	广东	1993-09-17	600673.SH
48	盛和资源	18.63	19.2	四川	2003-05-29	600392.SH
49	索通发展	18.23	70.1	山东	2017-07-18	603612.SH
50	有研新材	17.92	19.5	北京	1999-03-19	600206.SH
51	中国黄金国际	17.71	32.3	香港	2010-12-01	2099.HK
52	银泰黄金	17.07	38.5	内蒙古	2000-06-08	000975.SZ
53	广晟有色	16.78	52.0	海南	2000-05-25	600259.SH
54	中钨高新	15.90	5.4	海南	1996-12-05	000657.SZ
55	株冶集团	15.75	−1.8	湖南	2004-08-30	600961.SH
56	方大炭素	15.62	−33.8	甘肃	2002-08-30	600516.SH
57	中孚实业	15.19	30.8	河南	2002-06-26	600595.SH
58	南方锰业	14.73	58.6	广西	2010-11-18	1091.HK
59	云海金属	13.82	33.5	江苏	2007-11-13	002182.SZ
60	博威合金	13.36	17.5	浙江	2011-01-27	601137.SH
61	金川国际	13.20	6.4	香港	2001-07-09	2362.HK
62	金钼股份	13.07	22.6	陕西	2008-04-17	601958.SH
63	中矿资源	12.74	新上榜	北京	2014-12-30	002738.SZ
64	长远锂科	12.60	114.8	湖南	2021-08-11	688779.SH
65	中科三环	12.09	86.2	北京	2000-04-20	000970.SZ
66	招金矿业	11.90	2.2	山东	2006-12-08	1818.HK
67	盛新锂能	11.61	新上榜	四川	2008-05-23	002240.SZ
68	新疆众和	11.20	13.9	新疆	1996-02-15	600888.SH

续表

序号	证券简称	品牌价值/亿元	增长率/%	地区	上市日期	证券代码
69	英洛华	11.02	50.2	浙江	1997-08-08	000795.SZ
70	顺博合金	10.94	33.0	重庆	2020-08-28	002996.SZ
71	河钢资源	10.56	−20.4	河北	1999-07-14	000923.SZ
72	华峰铝业	10.50	46.5	上海	2020-09-07	601702.SH
73	尚太科技	9.57	新上榜	河北	2022-12-28	001301.SZ
74	大中矿业	9.20	−4.1	内蒙古	2021-05-10	001203.SZ
75	宝钛股份	8.84	9.5	陕西	2002-04-12	600456.SH
76	腾远钴业	8.65	新上榜	江西	2022-03-17	301219.SZ
77	北方铜业	8.56	新上榜	山西	1997-04-28	000737.SZ
78	中色股份	8.51	0.4	北京	1997-04-16	000758.SZ
79	亚太科技	8.40	25.0	江苏	2011-01-18	002540.SZ
80	兴业合金	8.39	12.6	浙江	2007-12-27	0505.HK
81	中国金属利用	8.37	−41.6	四川	2014-02-21	1636.HK
82	赤峰黄金	8.24	28.5	内蒙古	2004-04-14	600988.SH
83	美畅股份	8.10	42.6	陕西	2020-08-24	300861.SZ
84	西部超导	8.04	新上榜	陕西	2019-07-22	688122.SH
85	众源新材	7.86	42.3	安徽	2017-09-07	603527.SH
86	金力永磁	7.77	新上榜	江西	2018-09-21	300748.SZ
87	安泰科技	7.49	23.7	北京	2000-05-29	000969.SZ
88	寒锐钴业	7.28	19.0	江苏	2017-03-06	300618.SZ
89	安宁股份	6.77	8.0	四川	2020-04-17	002978.SZ
90	焦作万方	6.75	1.6	河南	1996-09-26	000612.SZ
91	嘉元科技	6.72	新上榜	广东	2019-07-22	688388.SH
92	宁波韵升	6.39	新上榜	浙江	2000-10-30	600366.SH
93	灵宝黄金	5.97	新上榜	河南	2006-01-12	3330.HK
94	常铝股份	5.96	新上榜	江苏	2007-08-21	002160.SZ
95	豪美新材	5.93	新上榜	广东	2020-05-18	002988.SZ
96	西藏珠峰	5.70	−25.7	西藏	2000-12-27	600338.SH
97	中国稀土	5.64	新上榜	江西	1998-09-11	000831.SZ

2.19.2 2023年中国有色金属行业上市公司品牌价值榜分析

【行业集中度】 在2023年中国有色金属行业上市公司品牌价值榜中：排在前3位的公司品牌价值合计1 138.73亿元，占行业榜单总计品牌价值的27.5%；排在前10位的公司品牌价值合计2 086.94亿元，占行业榜单总计品牌价值的50.5%；排在前30位的公司品牌价值合计3 149.68亿元，占行业榜单总计品牌价值的76.2%。

【所在区域】 在2023年中国有色金属行业上市公司品牌价值榜中，97家公司来自26个地区。其中，来自江西、北京、福建、山东和河南的公司共计27家，品牌价值合计2 177.11亿元，占行业榜单总计品牌价值的52.7%，处于主导地位。其他地区企业的构成情况如图2-37和图2-38所示。

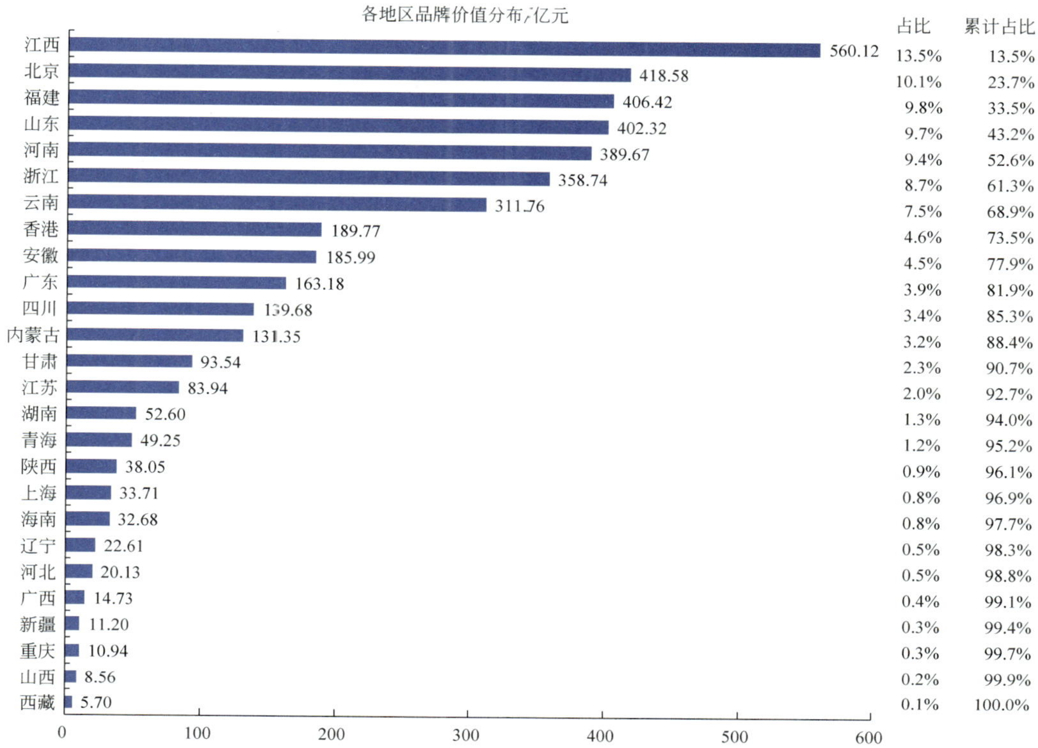

图 2-37 2023 年中国有色金属行业上市公司品牌价值榜各地区品牌价值分布

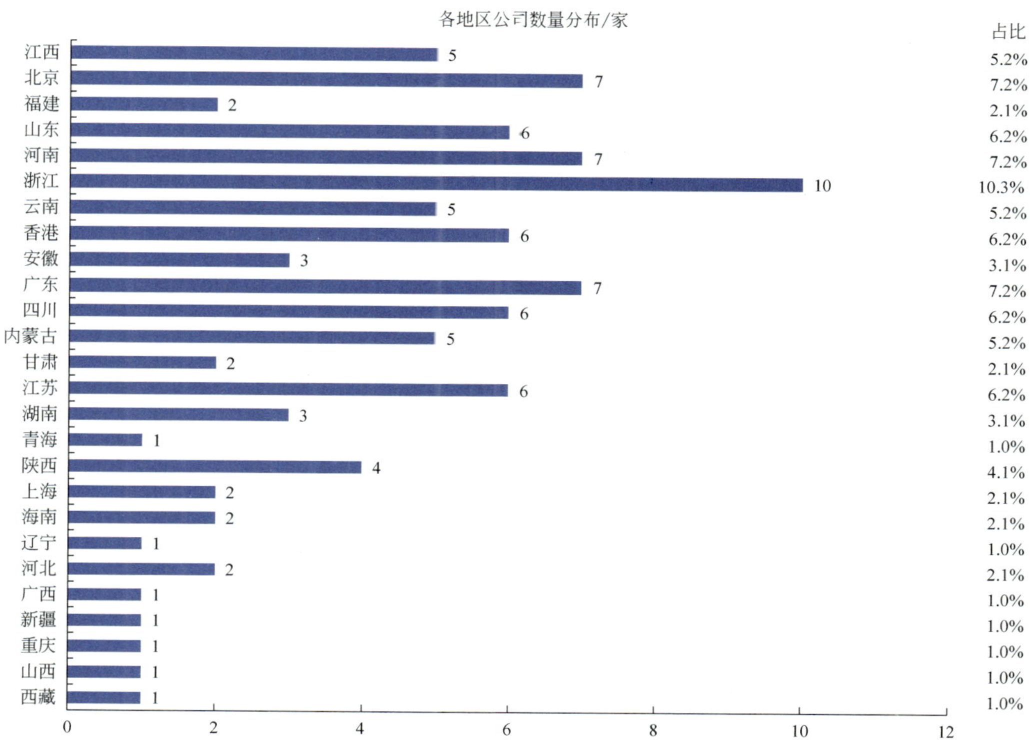

图 2-38 2023 年中国有色金属行业上市公司品牌价值榜各地区公司数量分布

【上市板块】 在2023年中国有色金属行业上市公司品牌价值榜中：在沪市主板上市的公司有36家，品牌价值合计2 331.7亿元，占行业榜单总计品牌价值的56.4%，排在第一位；在深市主板上市的公司有38家，品牌价值合计1 187.28亿元，占行业榜单总计品牌价值的28.7%，排在第二位；在香港上市的中资公司有14家，品牌价值合计512.32亿元，占行业榜单总计品牌价值的12.4%，排在第三位。此外，在深市创业板上市的公司有5家，品牌价值合计53.02亿元；在沪市科创板上市的公司有3家，品牌价值合计27.35亿元；在北证新三板上市的公司有1家，品牌价值23.56亿元。

【上市时间】 在2023年中国有色金属行业上市公司品牌价值榜中：2008—2012年上市的公司有19家，品牌价值合计1 343.77亿元，占行业榜单总计品牌价值的32.5%，排在第一位；1998—2002年上市的公司有21家，品牌价值合计1 057.28亿元，占行业榜单总计品牌价值的25.6%，排在第二位；2003—2007年上市的公司有18家，品牌价值合计748.72亿元，占行业榜单总计品牌价值的18.1%，排在第三位。此外，1997年及以前上市的公司有14家，品牌价值合计477.9亿元；2018—2022年上市的公司有16家，品牌价值合计254.1亿元；2013—2017年上市的公司有9家，品牌价值合计253.46亿元。

2.20 化工行业品牌价值榜

在2023年中国上市公司品牌价值总榜的3 000家企业中：化工行业的企业共计131家，比2022年增加了10家；品牌价值总计3 698.43亿元，比2022年增长了19.6%。

2.20.1 2023年中国化工行业上市公司品牌价值榜单

序号	证券简称	品牌价值/亿元	增长率/%	地区	上市日期	证券代码
1	恒力石化	216.17	9.9	辽宁	2001-08-20	600346.SH
2	荣盛石化	207.58	32.7	浙江	2010-11-02	002493.SZ
3	万华化学	184.18	−2.5	山东	2001-01-05	600309.SH
4	安道麦A	116.51	43.7	湖北	1993-12-03	000553.SZ
5	恒逸石化	103.44	7.6	广西	1997-03-28	000703.SZ
6	中化化肥	90.63	0.9	北京	1996-09-30	0297.HK
7	中国心连心化肥	89.70	31.8	河南	2009-12-08	1866.HK
8	新安股份	87.14	71.6	浙江	2001-09-06	600596.SH
9	中海石油化学	71.75	26.2	海南	2006-09-29	3983.HK
10	扬农化工	70.60	20.1	江苏	2002-04-25	600486.SH
11	中化国际	69.14	−5.0	上海	2000-03-01	600500.SH
12	华鲁恒升	68.26	−1.0	山东	2002-06-20	600426.SH
13	云图控股	66.13	34.0	四川	2011-01-18	002539.SZ
14	新洋丰	59.88	14.9	湖北	1999-04-08	000902.SZ
15	润丰股份	59.03	96.1	山东	2021-07-28	301035.SZ
16	华邦健康	58.00	19.5	重庆	2004-06-25	002004.SZ

续表

序号	证券简称	品牌价值/亿元	增长率/%	地区	上市日期	证券代码
17	东方盛虹	56.29	66.2	江苏	2000-05-29	000301.SZ
18	桐昆股份	55.26	−8.6	浙江	2011-05-18	601233.SH
19	天禾股份	48.57	50.0	广东	2020-09-03	002999.SZ
20	藏格矿业	47.01	90.5	青海	1996-06-28	000408.SZ
21	利尔化学	46.74	63.5	四川	2008-07-08	002258.SZ
22	湖北宜化	44.28	8.8	湖北	1996-08-15	000422.SZ
23	广信股份	43.92	62.5	安徽	2015-05-13	603599.SH
24	齐翔腾达	43.77	−19.6	山东	2010-05-18	002408.SZ
25	江山股份	41.46	58.5	江苏	2001-01-10	600389.SH
26	卫星化学	41.45	47.3	浙江	2011-12-28	002648.SZ
27	宝丰能源	41.40	13.4	宁夏	2019-05-16	600989.SH
28	华昌化工	39.52	20.2	江苏	2008-09-25	002274.SZ
29	兴发集团	37.63	52.8	湖北	1999-06-16	600141.SH
30	金发科技	37.17	−8.4	广东	2004-06-23	600143.SH
31	新凤鸣	35.55	−17.8	浙江	2017-04-18	603225.SH
32	合盛硅业	35.46	34.2	浙江	2017-10-30	603260.SH
33	华谊集团	34.64	−5.5	上海	1992-12-04	600623.SH
34	阳煤化工	34.08	−24.9	山西	1993-11-19	600691.SH
35	鲁西化工	33.51	14.1	山东	1998-08-07	000830.SZ
36	华峰化学	31.70	7.7	浙江	2006-08-23	002064.SZ
37	颖泰生物	30.91	新上榜	北京	2020-07-27	833819. BJ
38	阜丰集团	28.47	78.7	山东	2007-02-08	0546.HK
39	史丹利	28.35	45.0	山东	2011-06-10	002588.SZ
40	浙江龙盛	27.74	5.9	浙江	2003-08-01	600352.SH
41	龙佰集团	26.80	−11.5	河南	2011-07-15	002601.SZ
42	泸天化	26.77	64.8	四川	1999-06-03	000912.SZ
43	君正集团	26.66	2.8	内蒙古	2011-02-22	601216.SH
44	东岳集团	23.36	9.7	山东	2007-12-10	0189.HK
45	三友化工	22.78	−11.7	河北	2003-06-18	600409.SH
46	海利尔	22.77	39.9	山东	2017-01-12	603639.SH
47	杉杉股份	22.74	8.9	浙江	1996-01-30	600884.SH
48	巨化股份	22.72	17.8	浙江	1998-06-26	600160.SH
49	远兴能源	21.49	31.5	内蒙古	1997-01-31	000683.SZ
50	恩捷股份	21.25	92.7	云南	2016-09-14	002812.SZ
51	天赐材料	21.00	152.7	广东	2014-01-23	002709.SZ
52	六国化工	20.49	17.7	安徽	2004-03-05	600470.SH
53	中盐化工	20.36	22.6	内蒙古	2000-12-22	600328.SH
54	四川美丰	20.16	47.0	四川	1997-06-17	000731.SZ
55	司尔特	20.03	12.9	安徽	2011-01-18	002538.SZ
56	中粮科技	19.50	24.0	安徽	1999-07-12	000930.SZ
57	ST 金正	19.37	−19.1	山东	2010-09-08	002470.SZ
58	中伟股份	18.83	60.0	贵州	2020-12-23	300919.SZ

续表

序号	证券简称	品牌价值/亿元	增长率/%	地区	上市日期	证券代码
59	福斯特	18.58	18.8	浙江	2014-09-05	603806.SH
60	容百科技	18.13	125.5	浙江	2019-07-22	688005.SH
61	和邦生物	17.91	70.7	四川	2012-07-31	603077.SH
62	利民股份	17.90	22.8	江苏	2015-01-27	002734.SZ
63	诺普信	17.59	29.6	广东	2008-02-18	002215.SZ
64	厦钨新能	16.45	84.9	福建	2021-08-05	688778.SH
65	万凯新材	15.58	新上榜	浙江	2022-03-29	301216.SZ
66	长青股份	15.54	30.1	江苏	2010-04-16	002391.SZ
67	北元集团	15.21	1.5	陕西	2020-10-20	601568.SH
68	德方纳米	15.03	新上榜	广东	2019-04-15	300769.SZ
69	先达股份	14.68	105.4	山东	2017-05-11	603086.SH
70	神马股份	14.44	28.4	河南	1994-01-06	600810.SH
71	亿利洁能	14.26	2.0	内蒙古	2000-07-25	600277.SH
72	苏利股份	13.52	53.8	江苏	2016-12-14	603585.SH
73	东光化工	13.51	38.7	河北	2017-07-11	1702.HK
74	华润材料	13.24	61.5	江苏	2021-10-26	301090.SZ
75	雅化集团	13.01	118.5	四川	2010-11-09	002497.SZ
76	叶氏化工集团	12.96	0.2	香港	1991-08-22	0408.HK
77	嘉化能源	12.69	45.0	浙江	2003-06-27	600273.SH
78	川发龙蟒	11.92	86.9	四川	2009-12-03	002312.SZ
79	中旗股份	11.61	58.9	江苏	2016-12-20	300575.SZ
80	时代新材	11.50	7.2	湖南	2002-12-19	600458.SH
81	当升科技	11.39	新上榜	北京	2010-04-27	300073.SZ
82	ST 红太阳	10.58	−6.0	江苏	1993-10-28	000525.SZ
83	皖维高新	10.38	16.1	安徽	1997-05-28	600063.SH
84	滨化股份	10.30	−8.4	山东	2010-02-23	601678.SH
85	新宙邦	10.26	73.4	广东	2010-01-08	300037.SZ
86	亚钾国际	10.19	新上榜	广东	1998-12-24	000893.SZ
87	新疆天业	10.02	11.8	新疆	1997-06-17	600075.SH
88	中国三江化工	10.01	−27.7	浙江	2010-09-16	2198.HK
89	胜华新材	9.97	26.4	山东	2015-05-29	603026.SH
90	联泓新科	9.96	9.3	山东	2020-12-08	003022.SZ
91	赞宇科技	9.91	20.2	浙江	2011-11-25	002637.SZ
92	诚志股份	9.83	11.7	江西	2000-07-06	000990.SZ
93	多氟多	9.66	67.6	河南	2010-05-18	002407.SZ
94	双星新材	9.58	30.2	江苏	2011-06-02	002585.SZ
95	芭田股份	9.58	34.3	广东	2007-09-19	002170.SZ
96	昊华科技	9.41	36.0	四川	2001-01-11	600378.SH
97	氯碱化工	9.23	3.9	上海	1992-11-13	600618.SH
98	金禾实业	9.22	22.0	安徽	2011-07-07	002597.SZ
99	国恩股份	9.03	37.3	山东	2015-06-30	002768.SZ
100	三棵树	8.91	−18.5	福建	2016-06-03	603737.SH
101	万润新能	8.84	新上榜	湖北	2022-09-29	688275.SH

续表

序号	证券简称	品牌价值/亿元	增长率/%	地区	上市日期	证券代码
102	江南化工	8.65	新上榜	安徽	2008-05-06	002226.SZ
103	永太科技	8.32	30.2	浙江	2009-12-22	002326.SZ
104	中农联合	8.28	43.9	山东	2021-04-06	003042.SZ
105	黑猫股份	8.25	26.5	江西	2006-09-15	002068.SZ
106	瑞泰新材	8.24	新上榜	江苏	2022-06-17	301238.SZ
107	闰土股份	7.90	19.6	浙江	2010-07-06	002440.SZ
108	广东宏大	7.71	8.3	广东	2012-06-12	002683.SZ
109	山东海化	7.71	39.8	山东	1998-07-03	000822.SZ
110	东岳硅材	7.50	40.1	山东	2020-03-12	300821.SZ
111	维远股份	7.21	−21.8	山东	2021-09-15	600955.SH
112	圣泉集团	7.18	−17.2	山东	2021-08-10	605589.SH
113	国光股份	7.12	23.4	四川	2015-03-20	002749.SZ
114	保利联合	7.09	新上榜	贵州	2004-09-08	002037.SZ
115	中广核技	7.03	19.0	辽宁	1998-09-02	000881.SZ
116	中核钛白	6.99	−5.4	甘肃	2007-08-03	002145.SZ
117	龙蟠科技	6.85	新上榜	江苏	2017-04-10	603906.SH
118	华塑股份	6.83	4.9	安徽	2021-11-26	600935.SH
119	ST 澄星	6.48	新上榜	江苏	1997-06-27	600078.SH
120	奥克股份	6.32	−18.4	辽宁	2010-05-20	300082.SZ
121	沈阳化工	6.30	−28.4	辽宁	1997-02-20	000698.SZ
122	华宝国际	6.29	−32.7	香港	1992-01-22	0336.HK
123	乐凯胶片	6.14	−1.5	河北	1998-01-22	600135.SH
124	新乡化纤	5.98	0.4	河南	1999-10-21	000949.SZ
125	三美股份	5.90	新上榜	浙江	2019-04-02	603379.SH
126	东方铁塔	5.90	−15.4	山东	2011-02-11	002545.SZ
127	鸿达兴业	5.85	−14.8	江苏	2004-06-25	002002.SZ
128	丰山集团	5.76	3.2	江苏	2018-09-17	603810.SH
129	苏盐井神	5.70	新上榜	江苏	2015-12-31	603299.SH
130	万润股份	5.68	新上榜	山东	2011-12-20	002643.SZ
131	西陇科学	5.67	新上榜	广东	2011-06-02	002584.SZ

2.20.2 2023年中国化工行业上市公司品牌价值榜分析

【行业集中度】 在2023年中国化工行业上市公司品牌价值榜中：排在前10位的公司品牌价值合计1 237.7亿元，占行业榜单总计品牌价值的33.5%；排在前20位的公司品牌价值合计1 825.27亿元，占行业榜单总计品牌价值的49.4%；排在前50位的公司品牌价值合计2 800.35亿元，占行业榜单总计品牌价值的75.7%。

【所在区域】 在2023年中国化工行业上市公司品牌价值榜中，131家公司来自28个地区。其中，来自浙江、山东、江苏和湖北的公司共计63家，品牌价值合计1 894.67亿元，占行业榜单总计品牌价值的51.2%，处于主导地位。其他地区企业的构成情况如图2-39和图2-40所示。

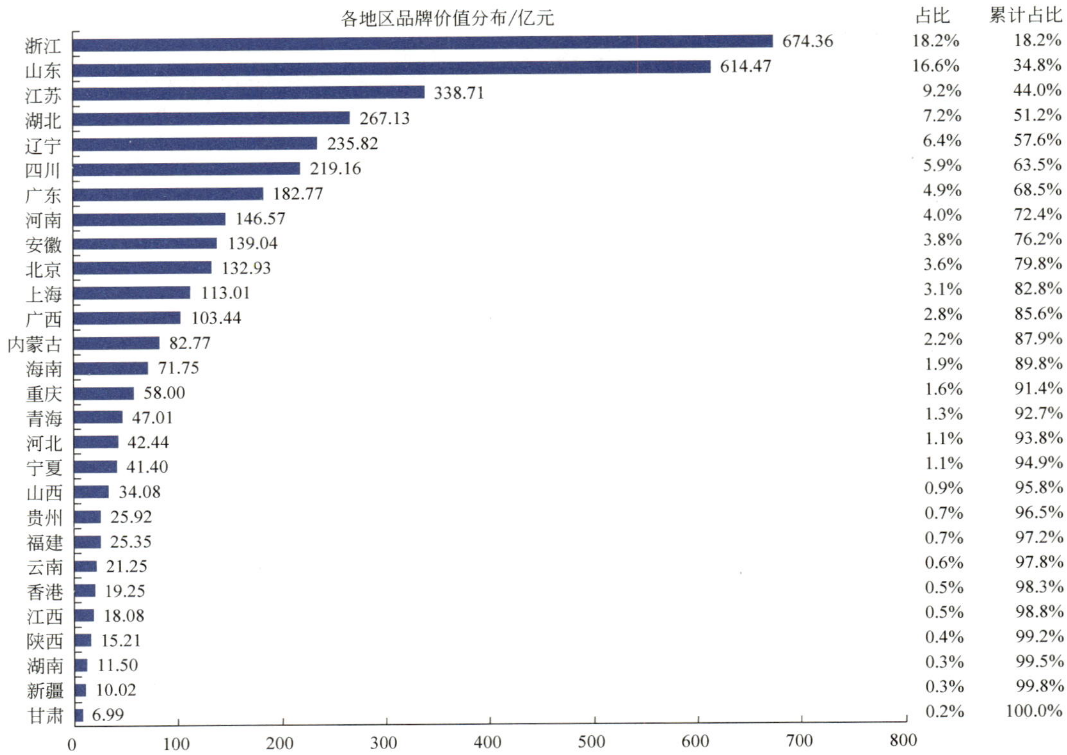

图 2-39 2023 年中国化工行业上市公司品牌价值榜各地区品牌价值分布

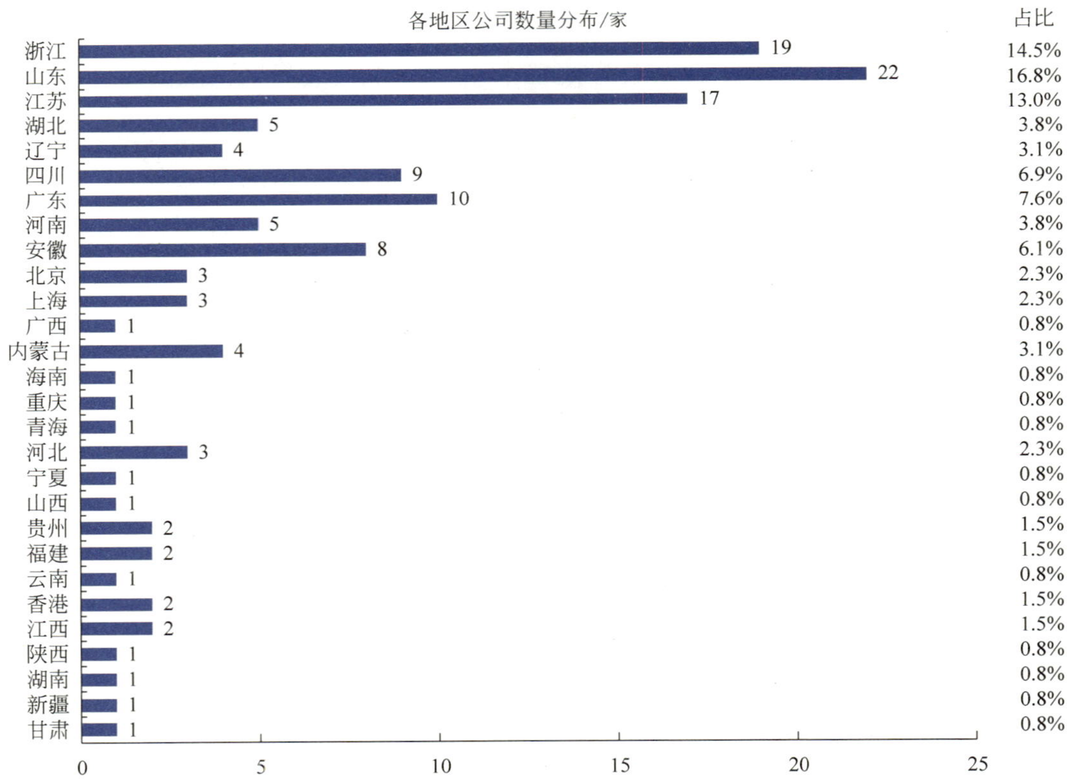

图 2-40 2023 年中国化工行业上市公司品牌价值榜各地区公司数量分布

【上市板块】 在2023年中国化工行业上市公司品牌价值榜中：在深市主板上市的公司有58家，品牌价值合计1 563.05亿元，占行业榜单总计品牌价值的42.3%，排在第一位；在沪市主板上市的公司有49家，品牌价值合计1 537.35亿元，占行业总计品牌价值的41.6%，排在第二位；在香港上市的中资公司有9家，品牌价值合计346.68亿元，占行业榜单总计品牌价值的9.4%，排在第三位。此外，在深市创业板上市的公司有11家，品牌价值合计177.02亿元；在沪市科创板上市的公司有3家，品牌价值合计43.42亿元；在北证新三板上市的公司有1家，品牌价值30.91亿元。

【上市时间】 在2023年中国化工行业上市公司品牌价值榜中：1998—2002年上市的公司有24家，品牌价值合计1 095.64亿元，占行业榜单总计品牌价值的29.6%，排在第一位；2008—2012年上市的公司有34家，品牌价值合计923.81亿元，占行业榜单总计品牌价值的25%，排在第二位；1997年及以前上市的公司有19家，品牌价值合计621.65亿元，占行业榜单总计品牌价值的16.8%，排在第三位。此外，2003—2007年上市的公司有15家，品牌价值合计371.92亿元；2018—2022年上市的公司有21家，品牌价值合计368.09亿元；2013—2017年上市的公司有18家，品牌价值合计317.33亿元。

2.21 钢铁行业品牌价值榜

在2023年中国上市公司品牌价值总榜的3 000家企业中：钢铁行业的企业共计39家，比2022年减少了1家；品牌价值总计3 402.56亿元，比2022年下降了2.1%。

2.21.1 2023年中国钢铁行业上市公司品牌价值榜单

序号	证券简称	品牌价值/亿元	增长率/%	地区	上市日期	证券代码
1	宝钢股份	533.79	−13.7	上海	2000-12-12	600019.SH
2	华菱钢铁	235.80	0.2	湖南	1999-08-03	000932.SZ
3	河钢股份	185.92	19.3	河北	1997-04-16	000709.SZ
4	鞍钢股份	183.58	−6.7	辽宁	1997-12-25	000898.SZ
5	首钢股份	152.83	8.1	北京	1999-12-16	000959.SZ
6	马钢股份	151.42	−8.8	安徽	1994-01-06	600808.SH
7	中信特钢	138.63	6.4	湖北	1997-03-26	000708.SZ
8	新钢股份	133.81	−2.2	江西	1996-12-25	600782.SH
9	山东钢铁	132.79	9.0	山东	2004-06-29	600022.SH
10	太钢不锈	130.52	−13.0	山西	1998-10-21	000825.SZ
11	南钢股份	107.00	4.2	江苏	2000-09-19	600282.SH
12	包钢股份	105.40	−22.0	内蒙古	2001-03-09	600010.SH
13	柳钢股份	97.58	−5.4	广西	2007-02-27	601003.SH
14	三钢闽光	91.55	−1.7	福建	2007-01-26	002110.SZ
15	本钢板材	80.61	−7.9	辽宁	1998-01-15	000761.SZ
16	鄂尔多斯	79.31	18.2	内蒙古	2001-04-26	600295.SH

续表

序号	证券简称	品牌价值/亿元	增长率/%	地区	上市日期	证券代码
17	中国东方集团	78.73	12.8	香港	2004-03-02	0581.HK
18	新兴铸管	77.89	36.8	河北	1997-06-06	000778.SZ
19	友发集团	71.07	15.7	天津	2020-12-04	601686.SH
20	大明国际	64.05	−5.8	江苏	2010-12-01	1090.HK
21	酒钢宏兴	56.86	−15.0	甘肃	2000-12-20	600307.SH
22	中南股份	55.71	1.4	广东	1997-05-08	000717.SZ
23	安阳钢铁	52.88	−5.4	河南	2001-08-20	600569.SH
24	杭钢股份	50.95	−4.3	浙江	1998-03-11	600126.SH
25	甬金股份	50.19	34.1	浙江	2019-12-24	603995.SH
26	重庆钢铁	47.91	−8.9	重庆	2007-02-28	601005.SH
27	方大特钢	44.68	0.7	江西	2003-09-30	600507.SH
28	八一钢铁	35.56	−19.8	新疆	2002-08-16	600581.SH
29	凌钢股份	32.58	−4.4	辽宁	2000-05-11	600231.SH
30	永兴材料	24.12	93.9	浙江	2015-05-15	002756.SZ
31	沙钢股份	23.60	−12.9	江苏	2006-10-25	002075.SZ
32	西王特钢	21.08	6.8	山东	2012-02-23	1266.HK
33	久立特材	13.69	33.8	浙江	2009-12-11	002318.SZ
34	抚顺特钢	11.70	8.1	辽宁	2000-12-29	600399.SH
35	天工国际	11.31	−4.1	江苏	2007-07-26	0826.HK
36	金洲管道	10.96	31.2	浙江	2010-07-06	002443.SZ
37	华达新材	9.68	5.7	浙江	2020-08-05	605158.SH
38	常宝股份	9.52	78.8	江苏	2010-09-21	002478.SZ
39	中国罕王	7.29	23.8	辽宁	2011-09-30	3788.HK

2.21.2 2023年中国钢铁行业上市公司品牌价值榜分析

【行业集中度】 在2023年中国钢铁行业上市公司品牌价值榜中：排在前5位的公司品牌价值合计1 291.92亿元，占行业榜单总计品牌价值的38%；排在前10位的公司品牌价值合计1 979.09亿元，占行业榜单总计品牌价值的58.2%；排在前20位的公司品牌价值合计2 832.28亿元，占行业榜单总计品牌价值的83.2%。

【所在区域】 在2023年中国钢铁行业上市公司品牌价值榜中，39家公司来自22个地区。其中，来自上海、辽宁、河北、湖南、江苏和内蒙古的公司共计16家，品牌价值合计1 749.36亿元，占行业榜单总计品牌价值的51.4%，处于主导地位。其他地区企业的构成情况如图2-41和图2-42所示。

【上市板块】 在2023年中国钢铁行业上市公司品牌价值榜中：在沪市主板上市的公司有19家，品牌价值合计1 805.17亿元，占行业榜单总计品牌价值的53.1%，排在第一位；在深市主板上市的公司有15家，品牌价值合计1 414.93亿元，占行业榜单总计品牌价值的41.6%，排在第二位；在香港上市的中资公司有5家，品牌价值合计182.47亿

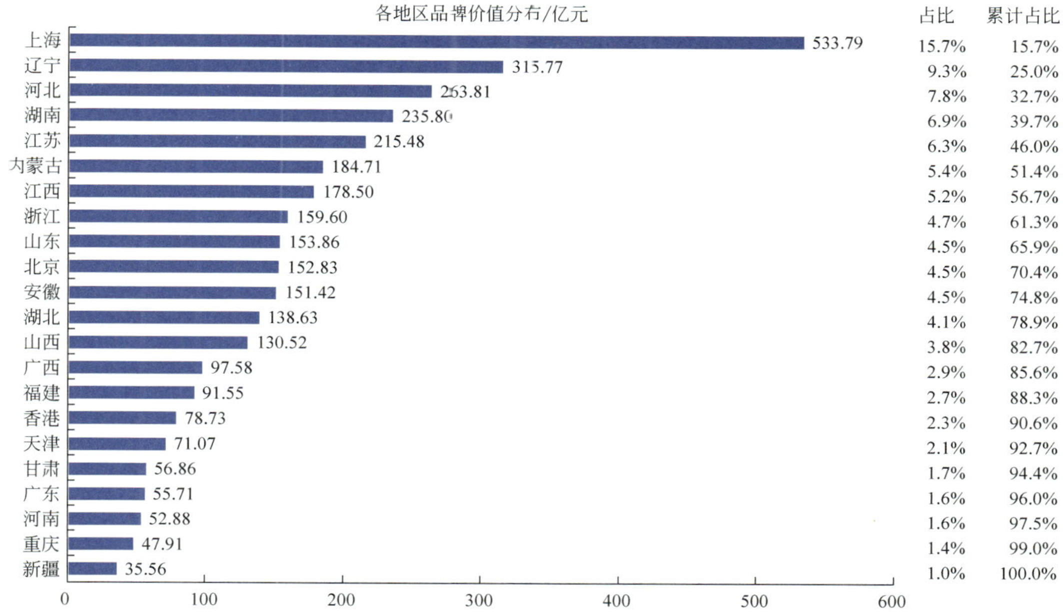

图 2-41　2023 年中国钢铁行业上市公司品牌价值榜各地区品牌价值分布

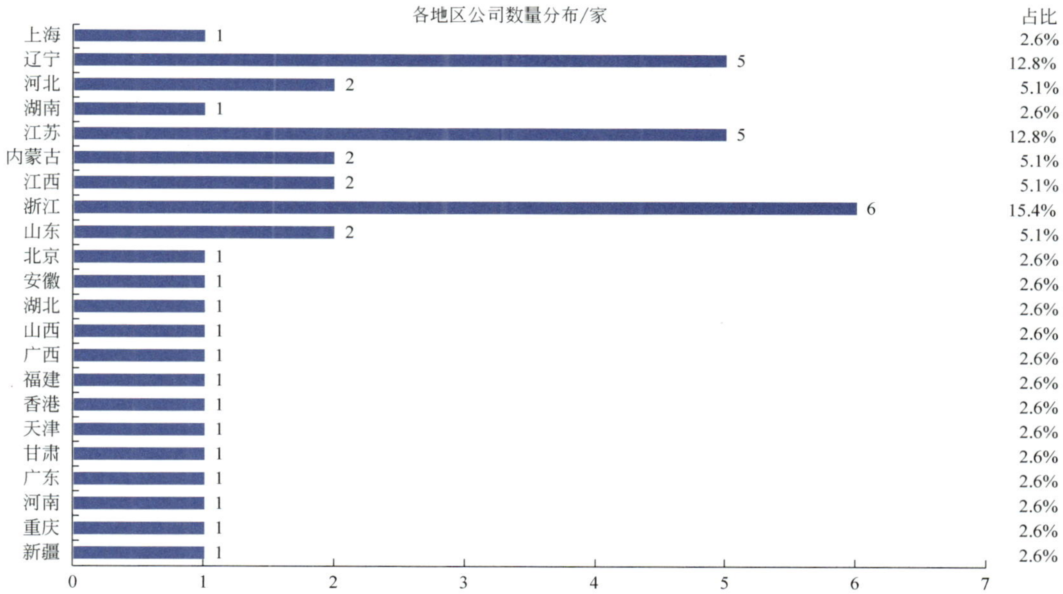

图 2-42　2023 年中国钢铁行业上市公司品牌价值榜各地区公司数量分布

元，占行业总计品牌价值的 5.4%，排在第三位。

【上市时间】 在 2023 年中国钢铁行业上市公司品牌价值榜中：1998—2002 年上市的公司有 14 家，品牌价值合计 1 665.79 亿元，占行业榜单总计品牌价值的 49%，排在第一位；1997 及以前上市的公司有 7 家，品牌价值合计 926.97 亿元，占行业榜单总计品牌价值的 27.2%，排在第二位；2003—2007 年上市的公司有 8 家，品牌价值合计 528.15 亿元，占行业榜单总计品牌价值的 15.5%，排在第三位。此外，2018—2022 年上市的公司有 3 家，品牌价值合计 130.94 亿元；2008—2012 年上市的公司有 6 家，品牌价值合计 126.59 亿元；2013—2017 年上市的公司有 1 家，品牌价值 24.12 亿元。

2.22 休闲行业品牌价值榜

在 2023 年中国上市公司品牌价值总榜的 3 000 家企业中：休闲行业的企业共计 59 家，比 2022 年减少了 22 家；品牌价值总计 2 981.11 亿元，比 2022 年下降了 20.2%。

2.22.1 2023 年中国休闲行业上市公司品牌价值榜单

序号	证券简称	品牌价值/亿元	增长率/%	地区	上市日期	证券代码
1	腾讯音乐	385.60	−18.4	广东	2018-12-12	TME. N
2	三七互娱	262.96	11.2	安徽	2011-03-02	002555. SZ
3	挚文集团	207.00	28.6	北京	2014-12-11	MOMO. O
4	欢聚	169.91	27.3	广东	2012-11-21	YY. O
5	世纪华通	166.94	3.4	浙江	2011-07-28	002602. SZ
6	网龙	155.23	27.2	香港	2007-11-02	0777. HK
7	快手-W	121.48	−23.0	北京	2021-02-05	1024. HK
8	吉比特	118.99	7.0	福建	2017-01-04	603444. SH
9	昆仑万维	114.24	−9.3	北京	2015-01-21	300418. SZ
10	完美世界	106.66	−12.1	浙江	2011-10-28	002624. SZ
11	虎牙直播	89.05	−21.7	广东	2018-05-11	HUYA. N
12	中国电影	76.35	−20.5	北京	2016-08-09	600977. SH
13	花房集团	64.59	新上榜	北京	2022-12-12	3611. HK
14	斗鱼	53.18	−31.0	湖北	2019-07-17	DOYU. O
15	巨人网络	51.63	0.1	重庆	2011-03-02	002558. SZ
16	博纳影业	50.62	新上榜	新疆	2022-08-18	001330. SZ
17	恺英网络	42.68	38.9	福建	2010-12-07	002517. SZ
18	友谊时光	35.87	−8.1	江苏	2019-10-08	6820. HK
19	保利文化	34.41	−4.5	北京	2014-03-06	3636. HK
20	猫眼娱乐	34.22	−8.2	北京	2019-02-04	1896. HK
21	游族网络	33.32	−17.0	福建	2007-09-25	002174. SZ
22	姚记科技	32.87	−33.3	上海	2011-08-05	002605. SZ
23	万达电影	29.03	−72.2	北京	2015-01-22	002739. SZ
24	宝通科技	28.75	8.3	江苏	2009-12-25	300031. SZ
25	华策影视	28.66	−22.8	浙江	2010-10-26	300133. SZ
26	中青旅	28.34	−0.4	北京	1997-12-03	600138. SH
27	爱奇艺	27.83	−87.7	北京	2018-03-29	IQ. O
28	岭南控股	27.62	−4.5	广东	1993-11-18	000524. SZ

续表

序号	证券简称	品牌价值/亿元	增长率/%	地区	上市日期	证券代码
29	光线传媒	25.92	−48.4	北京	2011-08-03	300251.SZ
30	香港中旅	25.49	−9.1	香港	1992-11-11	0308.HK
31	宋城演艺	21.89	−14.7	浙江	2010-12-09	300144.SZ
32	星空华文	20.46	新上榜	上海	2022-12-29	6698.HK
33	柠萌影视	20.44	新上榜	上海	2022-08-10	9857.HK
34	黄山旅游	18.69	−15.4	安徽	1997-05-06	600054.SH
35	电魂网络	18.69	−20.3	浙江	2016-10-26	603258.SH
36	云南旅游	18.50	−26.1	云南	2006-08-10	002059.SZ
37	横店影视	18.25	−31.1	浙江	2017-10-12	603103.SH
38	阿里影业	16.31	−56.5	北京	1994-05-12	1060.HK
39	视觉中国	15.28	5.4	江苏	1997-01-21	000681.SZ
40	众信旅游	13.37	−54.2	北京	2014-01-23	002707.SZ
41	曲江文旅	13.16	34.6	陕西	1996-05-16	600706.SH
42	百奥家庭互动	12.20	−26.8	广东	2014-04-10	2100.HK
43	冰川网络	11.60	118.2	广东	2016-08-18	300533.SZ
44	中体产业	11.17	18.5	天津	1998-03-27	600158.SH
45	星辉娱乐	10.01	−26.7	广东	2010-01-20	300043.SZ
46	迅雷	9.91	−21.8	广东	2014-06-24	XNET.O
47	盛讯达	9.47	54.0	广东	2016-06-24	300518.SZ
48	丽江股份	9.27	−6.0	云南	2004-08-25	002033.SZ
49	峨眉山 A	8.54	−14.7	四川	1997-10-21	000888.SZ
50	天目湖	8.50	−5.1	江苏	2017-09-27	603136.SH
51	凯撒文化	8.45	−38.9	广东	2010-06-08	002425.SZ
52	ST 凯撒	8.13	−69.7	海南	1997-07-03	000796.SZ
53	华夏视听教育	7.75	−43.7	北京	2020-07-15	1981.HK
54	星雅集团	7.70	−2.9	江苏	2004-02-20	S85.SG
55	九华旅游	7.35	−6.9	安徽	2015-03-26	603199.SH
56	博雅互动	7.21	12.9	广东	2013-11-12	0434.HK
57	惠程科技	6.60	16.4	广东	2007-09-19	002168.SZ
58	金马游乐	6.47	5.2	广东	2018-12-28	300756.SZ
59	华立科技	6.30	−7.8	广东	2021-06-17	301011.SZ

2.22.2 2023年中国休闲行业上市公司品牌价值榜分析

【行业集中度】 在2023年中国休闲行业上市公司品牌价值榜中：排在前5位的公司品牌价值合计1 192.41亿元，占行业榜单总计品牌价值的40%；排在前10位的公司品牌价值合计1 809.01亿元，占行业榜单总计品牌价值的60.7%；排在前30位的公司品牌价值合计2 629.42亿元，占行业榜单总计品牌价值的88.2%。

【所在区域】 在2023年中国休闲行业上市公司品牌价值榜中，59家公司来自16个地区。其中，来自北京和广东的公司共计28家，品牌价值合计1 561.22亿元，占行业榜单总计品牌价值的52.4%，处于主导地位。其他地区企业的构成情况如图2-43和图2-44所示。

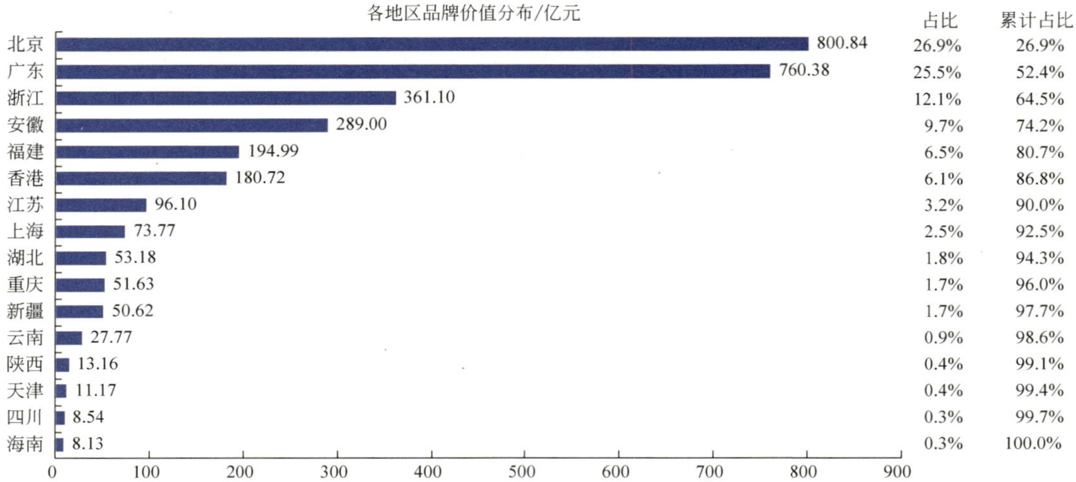

图 2-43　2023 年中国休闲行业上市公司品牌价值榜各地区品牌价值分布

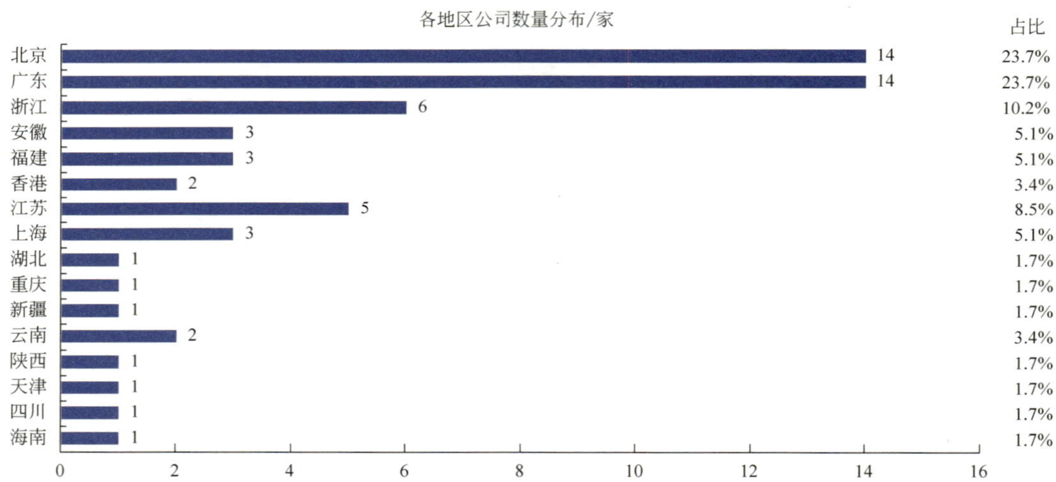

图 2-44　2023 年中国休闲行业上市公司品牌价值榜各地区公司数量分布

【上市板块】 在 2023 年中国休闲行业上市公司品牌价值榜中：在国外上市的中概股公司有 8 家，品牌价值合计 950.17 亿元，占行业榜单总计品牌价值的 31.9%，排在第一位；在深市主板上市的公司有 18 家，品牌价值合计 892.47 亿元，占行业榜单总计品牌价值的 29.9%，排在第二位；在香港上市的中资公司有 13 家，品牌价值合计 555.66 亿元，占行业榜单总计品牌价值的 18.6%，排在第三位。此外，在沪市主板上市的公司有 10 家，品牌价值合计 319.5 亿元；在深市创业板上市的公司有 10 家，品牌价值合计 263.31 亿元。

【上市时间】 在 2023 年中国休闲行业上市公司品牌价值榜中：2008—2012 年上市的公司有 13 家，品牌价值合计 957.33 亿元，占行业榜单总计品牌价值的 32.1%，排在第一位；2018—2022 年上市的公司有 14 家，品牌价值合计 923.84 亿元，占行业榜单总计品牌价值的31%，排在第二位；2013—2017年上市的公司有16家，品牌价值合计696.57亿元，占行业榜单总计品牌价值的23.4%，排在第三位。此外，2003—2007年上市的公司有6家，品牌价值合计230.62亿元；1997年及以前上市的公司有9家，品牌价值合计161.57亿元；1998—2002年上市的公司有1家，品牌价值11.17亿元。

2.23 农业品牌价值榜

在2023年中国上市公司品牌价值总榜的3 000家企业中：农业企业共计64家，比2022年增加了5家；品牌价值总计2 851.99亿元，比2022年增长了1%。

2.23.1 2023年中国农业上市公司品牌价值榜单

序号	证券简称	品牌价值/亿元	增长率/%	地区	上市日期	证券代码
1	牧原股份	435.32	6.4	河南	2014-01-28	002714.SZ
2	海大集团	312.93	20.8	广东	2009-11-27	002311.SZ
3	新希望	287.39	−6.9	四川	1998-03-11	000876.SZ
4	温氏股份	236.46	51.5	广东	2015-11-02	300498.SZ
5	梅花生物	176.46	66.0	西藏	1995-02-17	600873.SH
6	大北农	86.06	0.3	北京	2010-04-09	002385.SZ
7	禾丰股份	82.87	2.7	辽宁	2014-08-08	603609.SH
8	上海梅林	70.41	−12.1	上海	1997-07-04	600073.SH
9	圣农发展	68.93	20.4	福建	2009-10-21	002299.SZ
10	唐人神	61.84	36.2	湖南	2011-03-25	002567.SZ
11	洪九果品	61.28	新上榜	重庆	2022-09-05	6689.HK
12	龙大美食	60.99	−5.9	山东	2014-06-26	002726.SZ
13	安迪苏	59.05	2.6	北京	2000-04-20	600299.SH
14	苏垦农发	48.26	32.2	江苏	2017-05-15	601952.SH
15	中国淀粉	47.81	41.1	香港	2007-09-27	3838.HK
16	益客食品	45.36	新上榜	江苏	2022-01-18	301116.SZ
17	天康生物	43.72	10.2	新疆	2006-12-26	002100.SZ
18	立华股份	43.00	103.3	江苏	2019-02-18	300761.SZ
19	傲农生物	41.33	43.6	福建	2017-09-26	603363.SH
20	海南橡胶	40.36	−0.4	海南	2011-01-07	601118.SH
21	华统股份	32.57	42.3	浙江	2017-01-10	002840.SZ
22	北大荒	24.75	5.9	黑龙江	2002-03-29	600598.SH
23	天马科技	23.20	90.5	福建	2017-01-17	603668.SH
24	中牧股份	21.80	5.7	北京	1999-01-07	600195.SH
25	晨光生物	21.21	44.0	河北	2010-11-05	300138.SZ
26	天邦食品	20.72	−15.4	浙江	2007-04-03	002124.SZ
27	中国圣牧	19.19	13.9	内蒙古	2014-07-15	1432.HK
28	仙坛股份	18.10	−20.1	山东	2015-02-16	002746.SZ
29	粤海饲料	18.02	新上榜	广东	2022-02-16	001313.SZ
30	现代牧业	17.83	−22.9	安徽	2010-11-26	1117.HK
31	正邦科技	17.60	−84.2	江西	2007-08-17	002157.SZ
32	冠农股份	16.27	5.6	新疆	2003-06-09	600251.SH

续表

序号	证券简称	品牌价值/亿元	增长率/%	地区	上市日期	证券代码
33	凤祥股份	15.79	6.8	山东	2020-07-16	9977.HK
34	神农集团	14.27	15.1	云南	2021-05-28	605296.SH
35	佳沃食品	13.58	−52.2	湖南	2011-09-27	300268.SZ
36	隆平高科	13.51	−10.2	湖南	2000-12-11	000998.SZ
37	金健米业	13.16	8.2	湖南	1998-05-06	600127.SH
38	永顺泰	12.17	新上榜	广东	2022-11-16	001338.SZ
39	益生股份	11.65	17.0	山东	2010-08-10	002458.SZ
40	原生态牧业	11.22	32.6	黑龙江	2013-11-26	1431.HK
41	丰乐种业	10.29	27.6	安徽	1997-04-22	000713.SZ
42	国联水产	10.06	39.8	广东	2010-07-08	300094.SZ
43	荃银高科	9.50	40.6	安徽	2010-05-26	300087.SZ
44	亚盛集团	9.35	12.3	甘肃	1997-08-18	600108.SH
45	民和股份	9.17	30.8	山东	2008-05-16	002234.SZ
46	开创国际	9.12	−8.6	上海	1997-06-19	600097.SH
47	巨星农牧	8.81	21.1	四川	2017-12-18	603477.SH
48	保龄宝	8.63	27.9	山东	2009-08-28	002286.SZ
49	湘佳股份	8.47	59.8	湖南	2020-04-24	002982.SZ
50	华康股份	8.41	23.4	浙江	2021-02-09	605077.SH
51	百洋股份	8.21	20.5	广西	2012-09-05	002696.SZ
52	东瑞股份	7.58	32.1	广东	2021-04-28	001201.SZ
53	绿新亲水胶体	7.13	新上榜	福建	2019-10-17	1084.HK
54	金河生物	7.07	6.9	内蒙古	2012-07-13	002688.SZ
55	邦基科技	7.07	新上榜	山东	2022-10-19	603151.SH
56	众兴菌业	7.06	23.2	甘肃	2015-06-26	002772.SZ
57	新五丰	7.01	7.5	湖南	2004-06-09	600975.SH
58	南宁糖业	7.00	−25.9	广西	1999-05-27	000911.SZ
59	金新农	6.75	−25.4	广东	2011-02-18	002548.SZ
60	雨润食品	5.90	−78.5	江苏	2005-10-03	1068.HK
61	福成股份	5.79	新上榜	河北	2004-07-13	600965.SH
62	嘉华股份	5.75	新上榜	山东	2022-09-09	603182.SH
63	好当家	5.72	6.0	山东	2004-04-05	600467.SH
64	佩蒂股份	5.69	新上榜	浙江	2017-07-11	300673.SZ

2.23.2 2023年中国农业上市公司品牌价值榜分析

【行业集中度】 在2023年中国农业上市公司品牌价值榜中：排在前3位的公司品牌价值合计1 035.64亿元，占行业榜单总计品牌价值的36.3%；排在前10位的公司品牌价值合计1 818.68亿元，占行业榜单总计品牌价值的63.8%；排在前20位的公司品牌价值合计2 309.84亿元，占行业榜单总计品牌价值的81%。

【所在区域】 在2023年中国农业上市公司品牌价值榜中，64家公司来自24个地区。其中，来自广东、河南、四川和西藏的公司共计11家，品牌价值合计1 511.94亿元，占行业榜单总计品牌价值的53%，处于主导地位。其他地区企业的构成情况如图2-45和

图 2-46 所示。

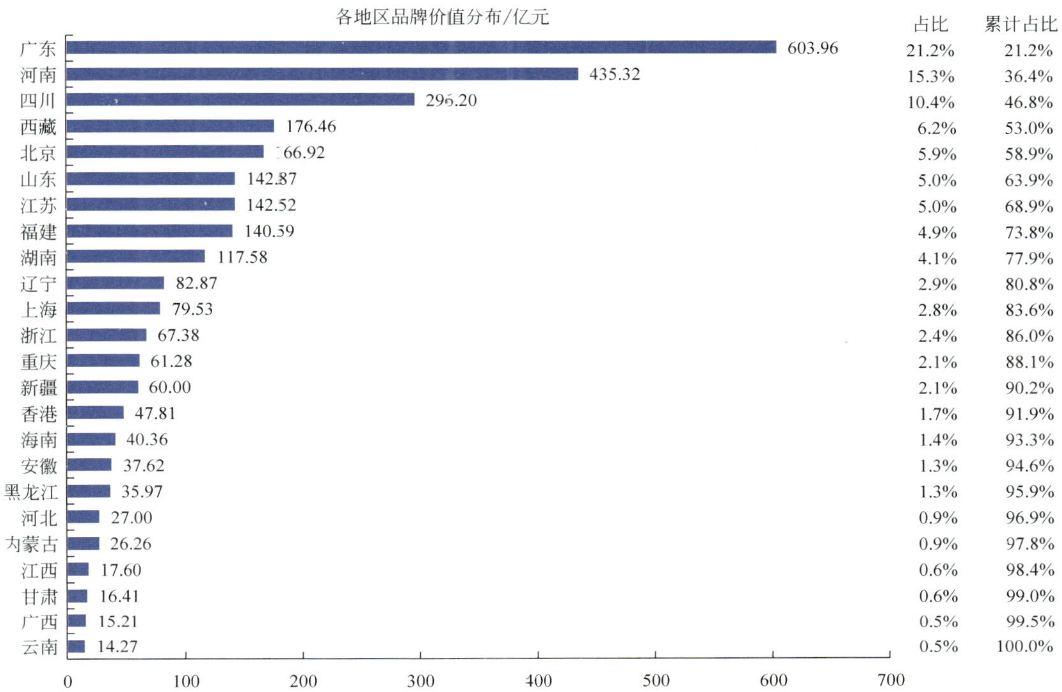

图 2-45　2023 年中国农业上市公司品牌价值榜各地区品牌价值分布

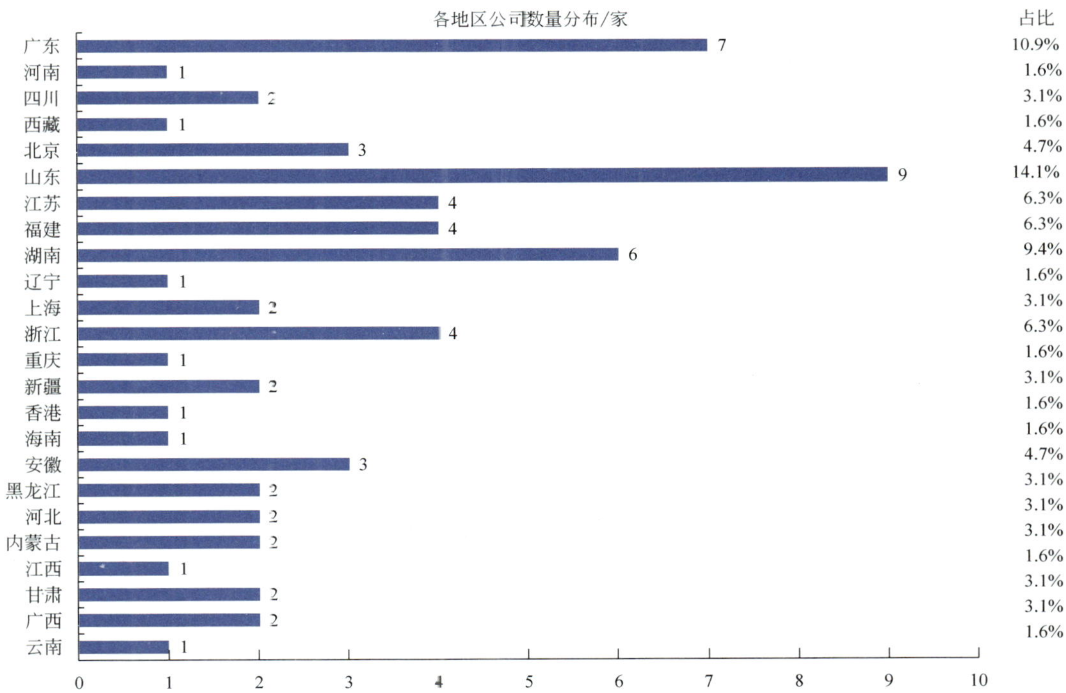

图 2-46　2023 年中国农业上市公司品牌价值榜各地区公司数量分布

【上市板块】 在2023年中国农业上市公司品牌价值榜中：在深市主板上市的公司有26家，品牌价值合计1 581.76亿元，占行业总计品牌价值的55.5%，排在第一位；在沪市主板上市的公司有22家，品牌价值合计699.23亿元，占行业榜单总计品牌价值的24.5%，排在第二位；在深市创业板上市的公司有8家，品牌价值合计384.85亿元，占行业榜单总计品牌价值的13.5%，排在第三位。此外，在香港上市的中资公司有8家，品牌价值合计186.15亿元。

【上市时间】 在2023年中国农业上市公司品牌价值榜中：2013—2017年上市的公司有14家，品牌价值合计1 031.07亿元，占行业榜单总计品牌价值的36.2%，排在第一位；2008—2012年上市的公司有16家，品牌价值合计693.77亿元，占行业榜单总计品牌价值的24.3%，排在第二位；1998—2002年上市的公司有7家，品牌价值合计426.67亿元，占行业榜单总计品牌价值的15%，排在第三位。此外，1997年及以前上市的公司有5家，品牌价值合计275.63亿元；2018—2022年上市的公司有13家，品牌价值合计254.29亿元；2003—2007年上市的公司有9家，品牌价值合计170.55亿元。

2.24 媒体行业品牌价值榜

在2023年中国上市公司品牌价值总榜的3 000家企业中：媒体行业的企业共计73家，比2022年减少了11家；品牌价值总计2 471.29亿元，比2022年增长了0.5%。

2.24.1 2023年中国媒体行业上市公司品牌价值榜单

序号	证券简称	品牌价值/亿元	增长率/%	地区	上市日期	证券代码
1	蓝色光标	187.37	17.0	北京	2010-02-26	300058.SZ
2	分众传媒	155.54	−13.2	广东	2004-08-04	002027.SZ
3	微博	134.81	17.9	北京	2014-04-17	WB.O
4	凤凰传媒	100.65	26.2	江苏	2011-11-30	601928.SH
5	利欧股份	78.94	−21.4	浙江	2007-04-27	002131.SZ
6	中南传媒	78.26	17.0	湖南	2010-10-28	601098.SH
7	山东出版	77.73	20.2	山东	2017-11-22	601019.SH
8	芒果超媒	77.31	14.6	湖南	2015-01-21	300413.SZ
9	中文传媒	75.63	0.8	江西	2002-03-04	600373.SH
10	浙文互联	73.41	23.4	浙江	2004-04-26	600986.SH
11	浙版传媒	69.89	42.9	浙江	2021-07-23	601921.SH
12	新华文轩	68.61	20.0	四川	2016-08-08	601811.SH
13	东方明珠	66.29	−12.5	上海	1993-03-16	600637.SH
14	中原传媒	64.40	25.7	河南	1997-03-31	000719.SZ
15	皖新传媒	59.97	13.8	安徽	2010-01-18	601801.SH

续表

序号	证券简称	品牌价值/亿元	增长率/%	地区	上市日期	证券代码
16	阅文集团	53.04	−22.0	上海	2017-11-08	0772.HK
17	长江传媒	45.18	13.0	湖北	1996-10-03	600757.SH
18	省广集团	45.00	−8.2	广东	2010-05-06	002400.SZ
19	南方传媒	44.59	5.3	广东	2016-02-15	601900.SH
20	华数传媒	41.99	14.2	浙江	2000-09-06	000156.SZ
21	中国出版	41.84	1.6	北京	2017-08-21	601949.SH
22	华扬联众	41.59	−16.9	北京	2017-08-02	603825.SH
23	时代出版	41.24	25.3	安徽	2002-09-05	600551.SH
24	映宇宙	40.61	36.6	北京	2018-07-12	3700.HK
25	天龙集团	36.48	−0.6	广东	2010-03-26	300063.SZ
26	搜狐	34.92	31.2	北京	2000-07-12	SOHU.O
27	江苏有线	34.69	0.6	江苏	2015-04-28	600959.SH
28	浙数文化	31.45	26.3	浙江	1993-03-04	600633.SH
29	三维通信	26.97	−25.2	浙江	2007-02-15	002115.SZ
30	电广传媒	25.94	9.9	湖南	1999-03-25	000917.SZ
31	三人行	25.24	77.2	陕西	2020-05-28	605168.SH
32	智度股份	24.54	−29.4	广东	1996-12-24	000676.SZ
33	广弘控股	21.93	49.7	广东	1993-11-18	000529.SZ
34	中国科传	21.32	21.8	北京	2017-01-18	601858.SH
35	易点天下	18.94	新上榜	陕西	2022-08-19	301171.SZ
36	风语筑	18.10	−13.5	上海	2017-10-20	603466.SH
37	歌华有线	16.46	−9.7	北京	2001-02-08	600037.SH
38	引力传媒	16.46	−26.0	北京	2015-05-27	603598.SH
39	贵广网络	15.83	36.2	贵州	2016-12-26	600996.SH
40	城市传媒	15.48	4.4	山东	2000-03-09	600229.SH
41	国脉文化	14.83	−27.7	上海	1993-04-07	600640.SH
42	新媒股份	14.30	38.3	广东	2019-04-19	300770.SZ
43	出版传媒	14.28	−5.6	辽宁	2007-12-21	601999.SH
44	万咖壹联	13.78	74.9	北京	2018-12-21	1762.HK
45	佳云科技	13.13	−43.6	广东	2011-07-12	300242.SZ
46	人民网	13.08	−3.5	北京	2012-04-27	603000.SH
47	环球印务	12.72	45.9	陕西	2016-06-08	002799.SZ
48	龙版传媒	12.68	17.7	黑龙江	2021-08-24	605577.SH
49	思美传媒	12.03	−11.9	浙江	2014-01-23	002712.SZ
50	万润科技	11.48	−20.9	广东	2012-02-17	002654.SZ
51	广电网络	11.09	−0.8	陕西	1994-02-24	600831.SH
52	掌阅科技	11.04	−20.1	北京	2017-09-21	603533.SH
53	天威视讯	10.49	10.1	广东	2008-05-26	002238.SZ

续表

序号	证券简称	品牌价值/亿元	增长率/%	地区	上市日期	证券代码
54	紫天科技	10.48	−10.1	福建	2011-12-29	300280.SZ
55	吉视传媒	10.13	4.4	吉林	2012-02-23	601929.SH
56	新华网	10.09	−7.6	北京	2016-10-28	603888.SH
57	中信出版	9.75	−4.0	北京	2019-07-05	300788.SZ
58	华媒控股	9.49	54.9	浙江	1996-08-30	000607.SZ
59	汤姆猫	9.15	12.2	浙江	2015-05-15	300459.SZ
60	乐享集团	8.95	48.5	北京	2020-09-23	6988.HK
61	内蒙新华	8.86	−12.3	内蒙古	2021-12-24	603230.SH
62	电声股份	8.67	−32.3	广东	2019-11-21	300805.SZ
63	兆讯传媒	7.44	新上榜	天津	2022-03-28	301102.SZ
64	盛天网络	7.41	新上榜	湖北	2015-12-31	300494.SZ
65	捷成股份	7.34	−48.1	北京	2011-02-22	300182.SZ
66	湖北广电	7.28	−21.2	湖北	1996-12-10	000665.SZ
67	福石控股	6.53	17.6	北京	2010-04-21	300071.SZ
68	中视金桥	6.34	−9.7	上海	2008-07-08	0623.HK
69	太平洋网络	6.10	−20.2	广东	2007-12-18	0543.HK
70	兑吧	6.04	−47.5	浙江	2019-05-07	1753.HK
71	读者传媒	5.97	8.9	甘肃	2015-12-10	603999.SH
72	新经典	5.96	−26.0	天津	2017-04-25	603096.SH
73	广西广电	5.77	−27.6	广西	2016-08-15	600936.SH

2.24.2 2023 年中国媒体行业上市公司品牌价值榜分析

【行业集中度】 在 2023 年中国媒体行业上市公司品牌价值榜中：排在前 10 位的公司品牌价值合计 1 039.65 亿元，占行业榜单总计品牌价值的 42.1%；排在前 20 位的公司品牌价值合计 1 598.59 亿元，占行业榜单总计品牌价值的 64.7%；排在前 50 位的公司品牌价值合计 2 280.91 亿元，占行业榜单总计品牌价值的 92.3%。

【所在区域】 在 2023 年中国媒体行业上市公司品牌价值榜中，73 家公司来自 22 个地区。其中，来自北京、广东和浙江的公司共计 39 家，品牌价值合计 1 367.53 亿元，占行业榜单总计品牌价值的 55.3%，处于主导地位。其他地区企业的构成情况如图 2-47 和图 2-48 所示。

【上市板块】 在 2023 年中国媒体行业上市公司品牌价值榜中：在沪市主板上市的公司有 35 家，品牌价值合计 1 203.68 亿元，占行业榜单总计品牌价值的 48.7%，排在第一位；在深市主板上市的公司有 15 家，品牌价值合计 548.72 亿元，占行业榜单总计品牌价值的 22.2%，排在第二位；在深市创业板上市的公司有 14 家，品牌价值合计 414.29 亿元，占行业榜单总计品牌价值的 16.8 %，排在第三位。此外，在国外上市的中概股公司有

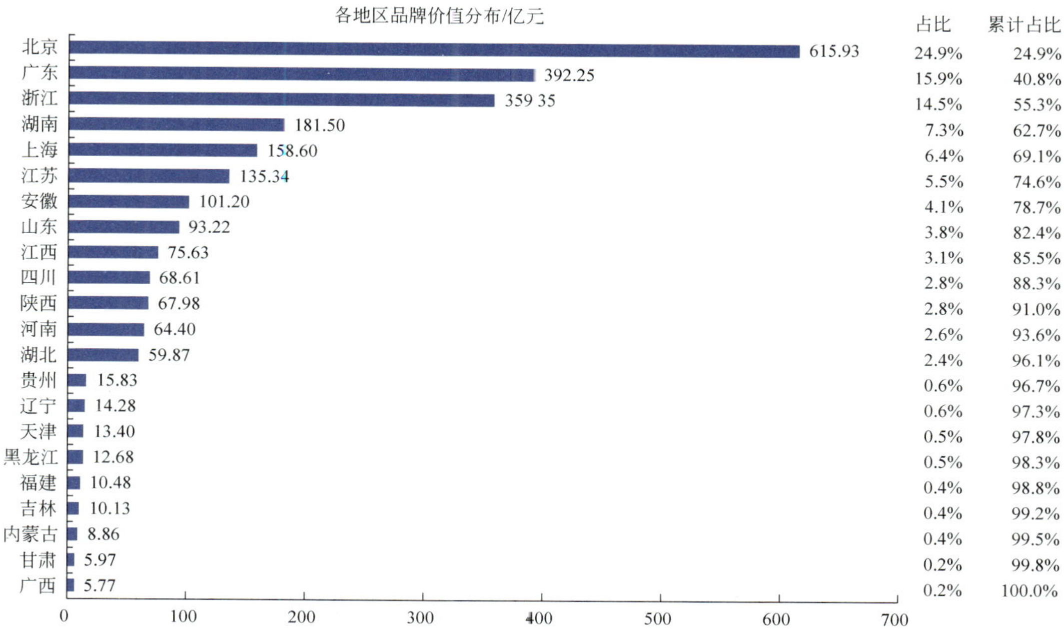

图 2-47　2023 年中国媒体行业上市公司品牌价值榜各地区品牌价值分布

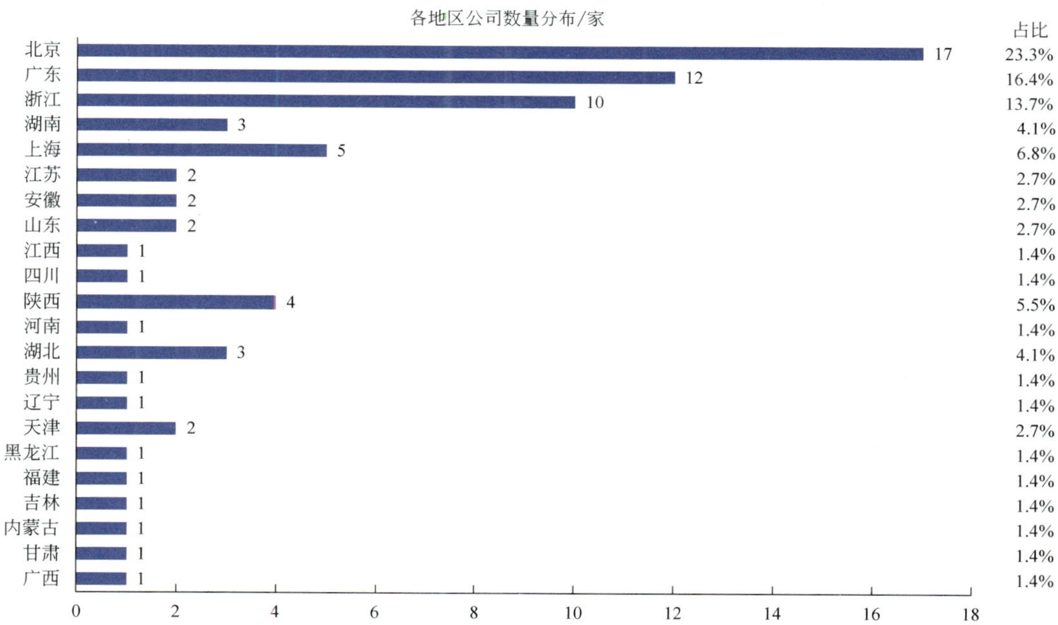

图 2-48　2023 年中国媒体行业上市公司品牌价值榜各地区公司数量分布

2 家，品牌价值合计 169.73 亿元；在香港上市的中资公司有 7 家，品牌价值合计 134.86 亿元。

【上市时间】 在 2023 年中国媒体行业上市公司品牌价值榜中：2013—2017 年上市的公司有 22 家，品牌价值合计 726.06 亿元，占行业榜单总计品牌价值的 29.4%，排在第一位；2008—2012 年上市的公司有 15 家，品牌价值合计 596.72 亿元，占行业榜单总计品牌价值的 24.1%，排在第二位；2003—2007 年上市的公司有 6 家，品牌价值合计 355.23 亿元，占行业榜单总计品牌价值的 14.4%，排在第三位。此外，1997 年及以前上市的公司有 10 家，品牌价值合计 296.47 亿元；1998—2002 年上市的公司有 7 家，品牌价值合计 251.65 亿元；2018—2022 年上市的公司有 13 家，品牌价值合计 245.14 亿元。

2.25 公用事业行业品牌价值榜

在 2023 年中国上市公司品牌价值总榜的 3 000 家企业中：公用事业行业企业共计 68 家，比 2022 年减少了 2 家；品牌价值总计 2 142.06 亿元，比 2022 年增长了 9.9%。

2.25.1 2023 年中国公用事业行业上市公司品牌价值榜单

序号	证券简称	品牌价值/亿元	增长率/%	地区	上市日期	证券代码
1	昆仑能源	141.00	26.9	香港	1973-03-13	0135.HK
2	国电电力	138.79	49.0	辽宁	1997-03-18	600795.SH
3	华能国际	134.85	5.4	北京	2001-12-06	600011.SH
4	长江电力	115.22	8.6	北京	2003-11-18	600900.SH
5	中国广核	96.75	14.2	广东	2019-08-26	003816.SZ
6	新奥能源	92.64	10.6	河北	2002-06-03	2688.HK
7	新奥股份	85.94	39.8	河北	1994-01-03	600803.SH
8	中国核电	81.35	17.6	北京	2015-06-10	601985.SH
9	华润电力	75.68	−13.5	广东	2003-11-12	0836.HK
10	大唐发电	70.48	−4.1	北京	2006-12-20	601991.SH
11	华电国际	66.45	−9.2	山东	2005-02-03	600027.SH
12	华润燃气	61.58	17.6	香港	1994-11-07	1193.HK
13	国投电力	55.00	7.0	北京	1996-01-18	600886.SH
14	北京控股	53.73	31.2	香港	1997-05-29	0392.HK
15	龙源电力	49.08	−12.2	北京	2022-01-24	001289.SZ
16	浙能电力	47.46	−1.2	浙江	2013-12-19	600023.SH
17	中国电力	43.05	−1.9	香港	2004-10-15	2380.HK
18	华能水电	35.66	12.8	云南	2017-12-15	600025.SH
19	北控水务集团	29.07	9.8	香港	1993-04-19	0371.HK
20	粤海投资	28.70	13.2	香港	1993-01-08	0270.HK
21	三峡能源	27.53	35.5	北京	2021-06-10	600905.SH
22	深圳能源	25.14	4.0	广东	1993-09-03	000027.SZ
23	粤电力 A	24.33	9.7	广东	1993-11-26	000539.SZ
24	广州发展	23.94	4.5	广东	1997-07-18	600098.SH
25	申能股份	23.06	−9.6	上海	1993-04-16	600642.SH

续表

序号	证券简称	品牌价值/亿元	增长率/%	地区	上市日期	证券代码
26	上海电力	22.71	−3.7	上海	2003-10-29	600021.SH
27	湖北能源	21.47	12.4	湖北	1998-05-19	000883.SZ
28	江苏国信	21.43	28.0	江苏	2011-08-10	002608.SZ
29	京能清洁能源	21.37	7.4	北京	2011-12-22	0579.HK
30	永泰能源	20.71	1.7	山西	1998-05-13	600157.SH
31	首创环保	20.34	24.6	北京	2000-04-27	600008.SH
32	新天绿能	20.17	5.5	河北	2020-06-29	600956.SH
33	大唐新能源	19.51	−3.8	北京	2010-12-17	1798.HK
34	深圳燃气	18.06	13.7	广东	2009-12-25	601139.SH
35	内蒙华电	16.16	13.6	内蒙古	1994-05-20	600863.SH
36	中广核新能源	15.63	21.6	香港	2014-10-03	1811.HK
37	桂冠电力	14.32	1.7	广西	2000-03-23	600236.SH
38	丰盛控股	14.16	85.8	香港	2002-12-18	0607.HK
39	京能电力	14.12	3.2	北京	2002-05-10	600578.SH
40	九丰能源	13.34	74.2	江西	2021-05-25	605090.SH
41	皖能电力	12.97	27.3	安徽	1993-12-20	000543.SZ
42	福能股份	12.21	−10.0	福建	2004-05-31	600483.SH
43	佛燃能源	12.08	76.9	广东	2017-11-22	002911.SZ
44	吉电股份	11.52	29.5	吉林	2002-09-26	000875.SZ
45	中油燃气	11.20	16.2	香港	1993-05-28	0603.HK
46	协鑫能科	11.09	4.7	江苏	2004-07-08	002015.SZ
47	电投产融	10.39	22.5	河北	1999-12-23	000958.SZ
48	晋控电力	9.89	30.5	山西	1997-06-09	000767.SZ
49	川投能源	9.63	2.3	四川	1993-09-24	600674.SH
50	重庆水务	9.50	5.6	重庆	2010-03-29	601158.SH
51	建投能源	9.33	6.8	河北	1996-06-06	000600.SZ
52	天伦燃气	9.22	16.7	河南	2010-11-10	1600.HK
53	中国光大绿色环保	9.01	−1.0	广东	2017-05-08	1257.HK
54	宝新能源	8.46	39.4	广东	1997-01-28	000690.SZ
55	兴蓉环境	8.43	28.2	四川	1996-05-29	000598.SZ
56	国新能源	8.23	35.9	山西	1992-10-13	600617.SH
57	洪城环境	8.12	30.2	江西	2004-06-01	600461.SH
58	通宝能源	7.62	新上榜	山西	1996-12-05	600780.SH
59	太阳能	7.47	−2.8	重庆	1996-02-08	000591.SZ
60	山高新能源	6.65	−37.4	香港	2013-07-05	1250.HK
61	三峡水利	6.50	新上榜	重庆	1997-08-04	600116.SH
62	宁波能源	6.33	新上榜	浙江	2004-07-06	600982.SH
63	北京能源国际	6.28	新上榜	香港	2000-04-13	0686.HK
64	长源电力	6.26	−11.0	湖北	2000-03-16	000966.SZ
65	重庆燃气	6.07	5.0	重庆	2014-09-30	600917.SH
66	云南水务	6.02	−22.9	云南	2015-05-27	6839.HK
67	协鑫新能源	5.93	−54.8	香港	1992-03-25	0451.HK
68	天津发展	5.67	−48.4	香港	1997-12-10	0882.HK

2.25.2 2023 年中国公用事业行业上市公司品牌价值榜分析

【行业集中度】 在 2023 年中国公用事业行业上市公司品牌价值榜中：排在前 5 位的公司品牌价值合计 626.61 亿元，占行业榜单总计品牌价值的 29.3%；排在前 10 位的公司品牌价值合计 1 032.7 亿元，占行业榜单总计品牌价值的 48.2%；排在前 20 位的公司品牌价值合计 1 502.47 亿元，占行业榜单总计品牌价值的 70.1%。

【所在区域】 在 2023 年中国公用事业行业上市公司品牌价值榜中，68 家公司来自 21 个地区。其中，来自北京、香港和广东的公司共计 33 家，品牌价值合计 1 324.95 亿元，占行业榜单总计品牌价值的 61.9%，处于主导地位。其他地区企业的构成情况如图 2-49 和图 2-50 所示。

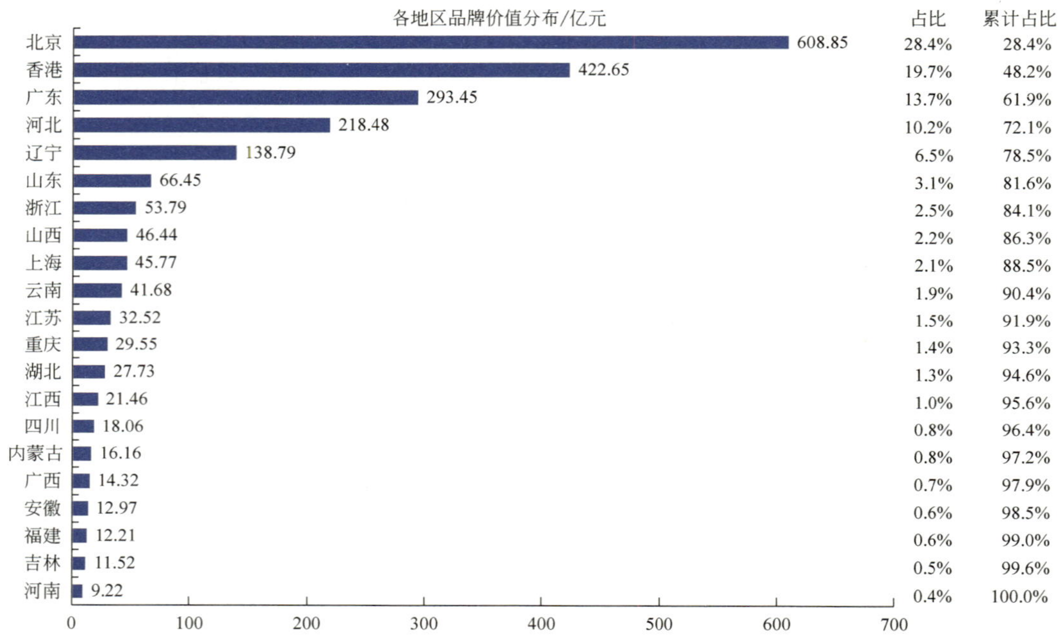

图 2-49 2023 年中国公用事业行业上市公司品牌价值榜各地区品牌价值分布

【上市板块】 在 2023 年中国公用事业行业上市公司品牌价值榜中：在沪市主板上市的公司有 31 家，品牌价值合计 1 139.86 亿元，占行业榜单总计品牌价值的 53.2%，排在第一位；在香港上市的中资公司有 20 家，品牌价值合计 656.11 亿元，占行业榜单总计品牌价值的 30.6%，排在第二位；在深市主板上市的公司有 17 家，品牌价值合计 346.09 亿元，占行业榜单总计品牌价值的 16.2%，排在第三位。

【上市时间】 在 2023 年中国公用事业行业上市公司品牌价值榜中：1997 年及以前上市的公司有 26 家，品牌价值合计 817.76 亿元，占行业榜单总计品牌价值的 38.2%，排在第一位；2003—2007 年上市的公司有 10 家，品牌价值合计 431.34 亿元，占行业榜单总

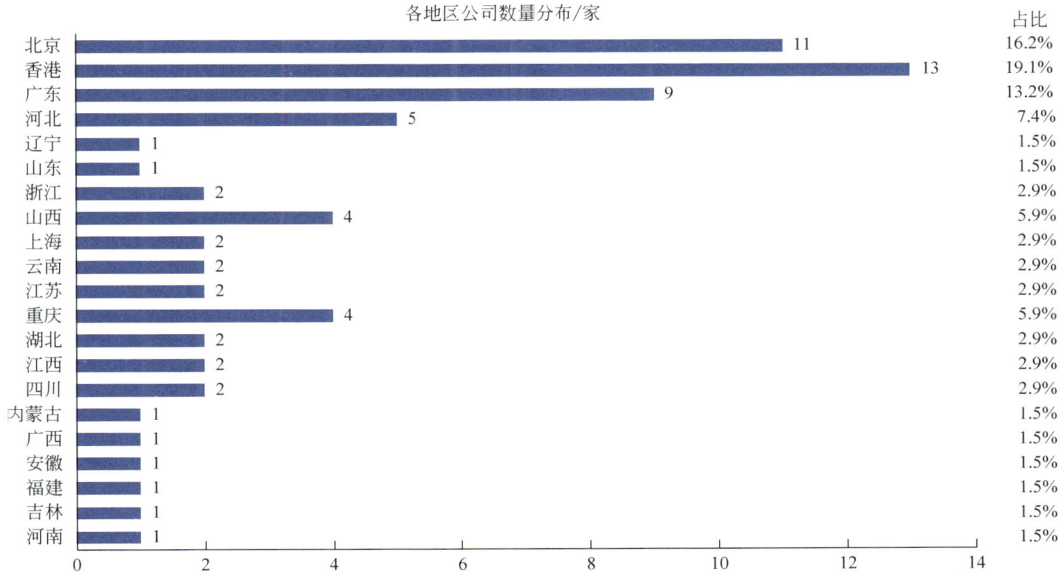

图 2-50　2023 年中国公用事业行业上市公司品牌价值榜各地区公司数量分布

计品牌价值的 20.1%，排在第二位；1998—2002 年上市的公司有 12 家，品牌价值合计 367.08 亿元，占行业榜单总计品牌价值的 17.1%，排在第三位。此外，2013—2017 年上市的公司有 9 家，品牌价值合计 219.91 亿元；2018—2022 年上市的公司有 5 家，品牌价值合计 206.86 亿元；2008—2012 年上市的公司有 6 家，品牌价值合计 99.1 亿元。

2.26　日用行业品牌价值榜

在 2023 年中国上市公司品牌价值总榜的 3 000 家企业中：日用行业的企业共计 67 家，比 2022 年增加了 7 家；品牌价值总计 2 036.5 亿元，比 2022 年增长了 1.1%。

2.26.1　2023 年中国日用行业上市公司品牌价值榜单

序号	证券简称	品牌价值/亿元	增长率/%	地区	上市日期	证券代码
1	恒安国际	214.80	−7.4	福建	1998-12-08	1044.HK
2	爱玛科技	159.41	58.0	天津	2021-06-15	603529.SH
3	公牛集团	150.95	11.6	浙江	2020-02-06	603195.SH
4	晨光股份	139.90	−1.4	上海	2015-01-27	603899.SH
5	兆驰股份	124.22	−21.9	广东	2010-06-10	002429.SZ
6	中顺洁柔	66.41	−4.3	广东	2010-11-25	002511.SZ
7	上海家化	60.06	−8.1	上海	2001-03-15	600315.SH
8	慕思股份	53.36	新上榜	广东	2022-06-23	001323.SZ
9	珀莱雅	52.71	20.7	浙江	2017-11-15	603605.SH

日用行业榜单

续表

序号	证券简称	品牌价值/亿元	增长率/%	地区	上市日期	证券代码
10	泡泡玛特	50.76	14.5	北京	2020-12-11	9992.HK
11	蓝月亮集团	50.65	13.1	广东	2020-12-16	6993.HK
12	贝泰妮	46.29	26.2	云南	2021-03-25	300957.SZ
13	浙江永强	45.94	21.7	浙江	2010-10-21	002489.SZ
14	九号公司-WD	44.29	1.0	北京	2020-10-29	689009.SH
15	盈趣科技	42.21	−20.7	福建	2018-01-15	002925.SZ
16	国光电器	34.73	3.2	广东	2005-05-23	002045.SZ
17	水羊股份	32.53	22.1	湖南	2018-02-08	300740.SZ
18	齐心集团	29.89	−27.7	广东	2009-10-21	002301.SZ
19	四川九洲	26.72	36.1	四川	1998-05-06	000801.SZ
20	怪兽充电	26.39	新上榜	上海	2021-04-01	EM.O
21	上美股份	25.08	新上榜	上海	2022-12-22	2145.HK
22	久祺股份	21.19	−5.1	浙江	2021-08-12	300994.SZ
23	爱仕达	20.75	10.2	浙江	2010-05-11	002403.SZ
24	朝云集团	19.93	37.1	广东	2021-03-10	6601.HK
25	豪悦护理	19.69	19.3	浙江	2020-09-11	605009.SH
26	青岛金王	19.63	5.8	山东	2006-12-15	002094.SZ
27	咸亨国际	19.00	0.4	浙江	2021-07-20	605056.SH
28	哈尔斯	18.14	64.9	浙江	2011-09-09	002615.SZ
29	永安行	18.08	−39.3	江苏	2017-08-17	603776.SH
30	好太太	16.53	15.5	广东	2017-12-01	603848.SH
31	王力安防	16.35	−14.1	浙江	2021-02-24	605268.SH
32	天元宠物	15.84	新上榜	浙江	2022-11-18	301335.SZ
33	丸美股份	15.65	−10.7	广东	2019-07-25	603983.SH
34	中国波顿	15.57	−37.2	香港	2005-12-09	3318.HK
35	漫步者	15.53	−7.5	广东	2010-02-05	002351.SZ
36	匠心家居	15.31	3.0	江苏	2021-09-13	301061.SZ
37	珠江钢琴	15.16	2.5	广东	2012-05-30	002678.SZ
38	佳禾智能	14.78	8.8	广东	2019-10-18	300793.SZ
39	广州浪奇	13.16	14.1	广东	1993-11-08	000523.SZ
40	家联科技	12.52	65.7	浙江	2021-12-09	301193.SZ
41	依依股份	12.09	35.5	天津	2021-05-18	001206.SZ
42	舒华体育	11.71	−21.3	福建	2020-12-15	605299.SH
43	奥普家居	11.50	−16.7	浙江	2020-01-15	603551.SH
44	瑞贝卡	11.36	−7.6	河南	2003-07-10	600439.SH
45	梦天家居	11.30	−12.5	浙江	2021-12-15	603216.SH
46	百亚股份	11.06	−9.7	重庆	2020-09-21	003006.SZ
47	浙江正特	10.64	新上榜	浙江	2022-09-19	001238.SZ
48	建溢集团	10.06	−39.6	香港	1997-05-01	0638.HK
49	浙江自然	10.06	13.1	浙江	2021-05-06	605080.SH
50	广博股份	9.55	−22.8	浙江	2007-01-10	002103.SZ
51	嘉益股份	9.37	新上榜	浙江	2021-06-25	301004.SZ
52	森鹰窗业	9.11	新上榜	黑龙江	2022-09-26	301227.SZ
53	创源股份	8.69	27.5	浙江	2017-09-19	300703.SZ

续表

序号	证券简称	品牌价值/亿元	增长率/%	地区	上市日期	证券代码
54	可靠股份	8.29	−8.9	浙江	2021-06-17	301009.SZ
55	拉芳家化	8.23	−12.4	广东	2017-03-13	603630.SH
56	三柏硕	7.99	新上榜	山东	2022-10-19	001300.SZ
57	倍加洁	7.79	7.8	江苏	2018-03-02	603059.SH
58	洁雅股份	7.72	−20.0	安徽	2021-12-03	301108.SZ
59	奥尼电子	7.61	−32.5	广东	2021-12-28	301189.SZ
60	嘉亨家化	7.18	新上榜	福建	2021-03-24	300955.SZ
61	上海凤凰	7.11	−31.5	上海	1993-10-08	600679.SH
62	中路股份	6.90	新上榜	上海	1994-01-28	600818.SH
63	张小泉	6.84	新上榜	浙江	2021-09-06	301055.SZ
64	名臣健康	6.57	1.6	广东	2017-12-18	002919.SZ
65	英派斯	6.23	3.7	山东	2017-09-15	002899.SZ
66	德力股份	5.73	新上榜	安徽	2011-04-12	002571.SZ
67	兴利集团	5.70	新上榜	香港	1970-03-12	0114.HK

2.26.2 2023年中国日用行业上市公司品牌价值榜分析

【行业集中度】 在2023年中国日用行业上市公司品牌价值榜中：排在前3位的公司品牌价值合计525.16亿元，占行业榜单总计品牌价值的25.8%；排在前10位的公司品牌价值合计1 072.58亿元，占行业榜单总计品牌价值的52.7%；排在前20位的公司品牌价值合计1 452.22亿元，占行业榜单总计品牌价值的71.3%。

【所在区域】 在2023年中国日用行业上市公司品牌价值榜中，67家公司来自16个地区。其中，来自广东、浙江和福建的公司共计40家，品牌价值合计1 247.63亿元，占行业榜单总计品牌价值的61.3%，处于主导地位。其他地区企业的构成情况如图2-51和图2-52所示。

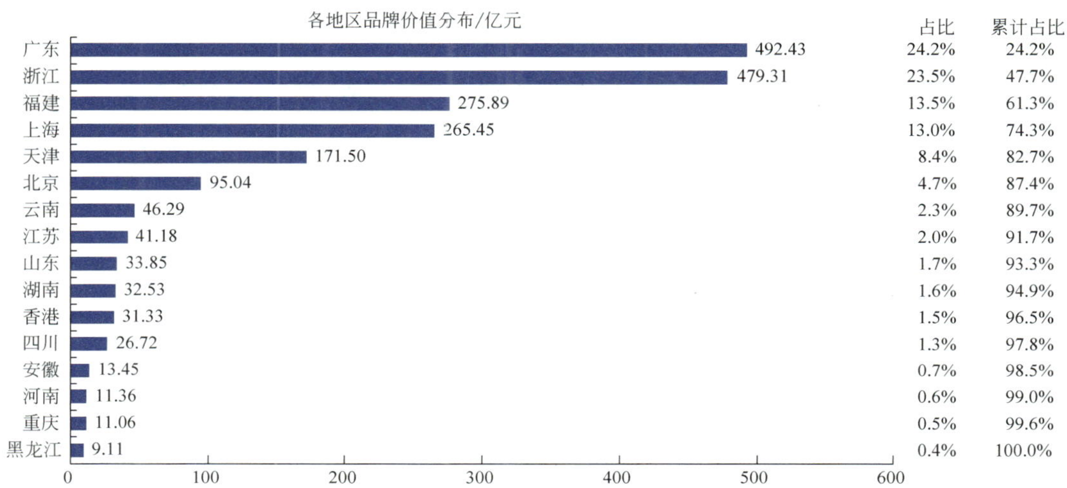

图2-51　2023年中国日用行业上市公司品牌价值榜各地区品牌价值分布

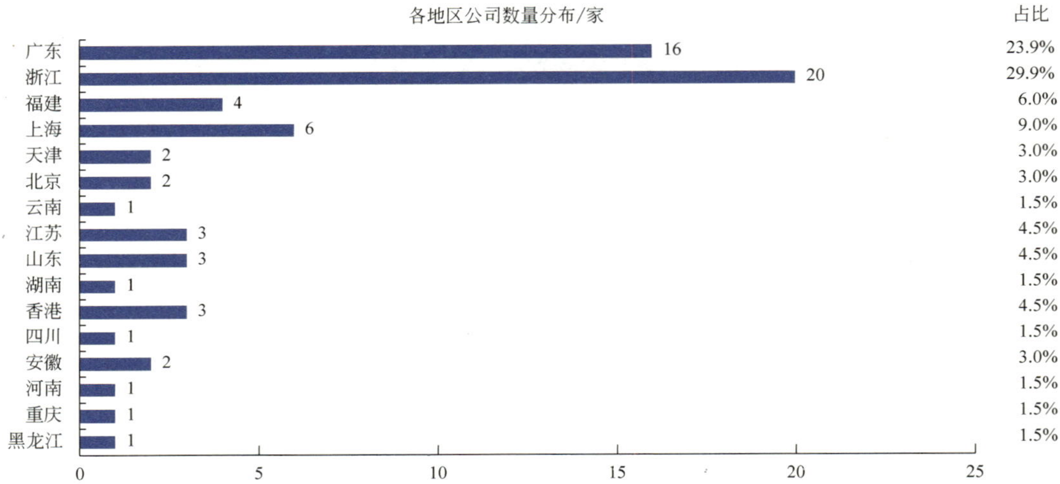

图 2-52 2023 年中国日用行业上市公司品牌价值榜各地区公司数量分布

【上市板块】 在 2023 年中国日用行业上市公司品牌价值榜中：在沪市主板上市的公司有 20 家，品牌价值合计 754.29 亿元，占行业榜单总计品牌价值的 37%，排在第一位；在深市主板上市的公司有 22 家，品牌价值合计 595.73 亿元，占行业榜单总计品牌价值的 29.3%，排在第二位；在香港上市的中资公司有 8 家，品牌价值合计 392.54 亿元，占行业榜单总计品牌价值的 19.3%，排在第三位。此外，在深市创业板上市的公司有 15 家，品牌价值合计 223.26 亿元；在沪市科创板上市的公司有 1 家，品牌价值 44.29 亿元；在国外上市的中概股公司有 1 家，品牌价值 26.39 亿元。

【上市时间】 在 2023 年中国日用行业上市公司品牌价值榜中：2018—2022 年上市的公司有 37 家，品牌价值合计 1 002.43 亿元，占行业榜单总计品牌价值的 49.2%，排在第一位；2008—2012 年上市的公司有 9 家，品牌价值合计 341.78 亿元，占行业榜单总计品牌价值的 16.8%，排在第二位；1998—2002 年上市的公司有 3 家，品牌价值合计 301.58 亿元，占行业榜单总计品牌价值的 14.8%，排在第三位。此外，2013—2017 年上市的公司有 8 家，品牌价值合计 256.94 亿元；2003—2007 年上市的公司有 5 家，品牌价值合计 90.84 亿元；1997 年及以前上市的公司有 5 家，品牌价值合计 42.93 亿元。

2.27 煤炭行业品牌价值榜

在 2023 年中国上市公司品牌价值总榜的 3 000 家企业中：煤炭行业的企业共计 31 家，比 2022 年增加了 2 家；品牌价值总计 1 448.07 亿元，比 2022 年增长了 36.3%。

2.27.1 2023 年中国煤炭行业上市公司品牌价值榜单

序号	证券简称	品牌价值/亿元	增长率/%	地区	上市日期	证券代码
1	中国神华	349.45	27.0	北京	2007-10-09	601088.SH
2	中煤能源	170.58	31.6	北京	2008-02-01	601898.SH
3	陕西煤业	168.53	33.4	陕西	2014-01-28	601225.SH
4	兖矿能源	162.24	37.6	山东	1998-07-01	600188.SH
5	伊泰煤炭	58.63	62.6	内蒙古	2012-07-12	3948.HK
6	淮北矿业	43.55	42.3	安徽	2004-04-28	600985.SH
7	山西焦煤	41.53	42.3	山西	2000-07-26	000983.SZ
8	潞安环能	41.23	39.1	山西	2006-09-22	601699.SH
9	兖煤澳大利亚	40.66	190.2	香港	2018-12-06	3668.HK
10	山煤国际	40.17	91.4	山西	2003-07-31	600546.SH
11	兰花科创	35.43	47.1	山西	1998-12-17	600123.SH
12	中国旭阳集团	32.94	11.8	北京	2019-03-15	1907.HK
13	华阳股份	32.89	12.8	山西	2003-08-21	600348.SH
14	平煤股份	27.13	38.5	河南	2006-11-23	601666.SH
15	冀中能源	24.98	43.0	河北	1999-09-09	000937.SZ
16	物产环能	24.02	22.3	浙江	2021-12-16	603071.SH
17	晋控煤业	22.82	68.8	山西	2006-06-23	601001.SH
18	开滦股份	14.96	5.8	河北	2004-06-02	600997.SH
19	美锦能源	14.28	29.6	山西	1997-05-15	000723.SZ
20	安泰集团	12.16	−5.6	山西	2003-02-12	600408.SH
21	新集能源	10.44	0.7	安徽	2007-12-19	601918.SH
22	首钢资源	9.87	82.6	香港	1990-10-02	0639.HK
23	陕西黑猫	9.46	−3.9	陕西	2014-11-05	601015.SH
24	上海能源	8.42	新上榜	上海	2001-08-29	600508.SH
25	昊华能源	8.41	51.6	北京	2010-03-31	601101.SH
26	金能科技	7.91	5.2	山东	2017-05-11	603113.SH
27	盘江股份	7.88	21.6	贵州	2001-05-31	600395.SH
28	山西焦化	7.17	3.9	山西	1996-08-08	600740.SH
29	玉龙股份	6.81	新上榜	山东	2011-11-07	601028.SH
30	恒源煤电	6.78	19.9	安徽	2004-08-17	600971.SH
31	金马能源	6.75	0.7	河南	2017-10-10	6885.HK

2.27.2 2023 年中国煤炭行业上市公司品牌价值榜分析

【行业集中度】 在 2023 年中国煤炭行业上市公司品牌价值榜中：排在第 1 位的公司是中国神华，品牌价值 349.45 亿元，占行业榜单总计品牌价值的 24.1%；排在前 3 位的公司品牌价值合计 688.55 亿元，占行业榜单总计品牌价值的 47.5%；排在前 10 位的公司品牌价值合计 1 116.56 亿元，占行业榜单总计品牌价值的 77.1%。

【所在区域】 在 2023 年中国煤炭行业上市公司品牌价值榜中：31 家公司来自 12 个

地区。其中,来自北京和山西的公司共计 13 家,品牌价值合计 809.06 亿元,占行业榜单总计品牌价值的 55.9%,处于主导地位。其他地区企业的构成情况如图 2-53 和图 2-54 所示。

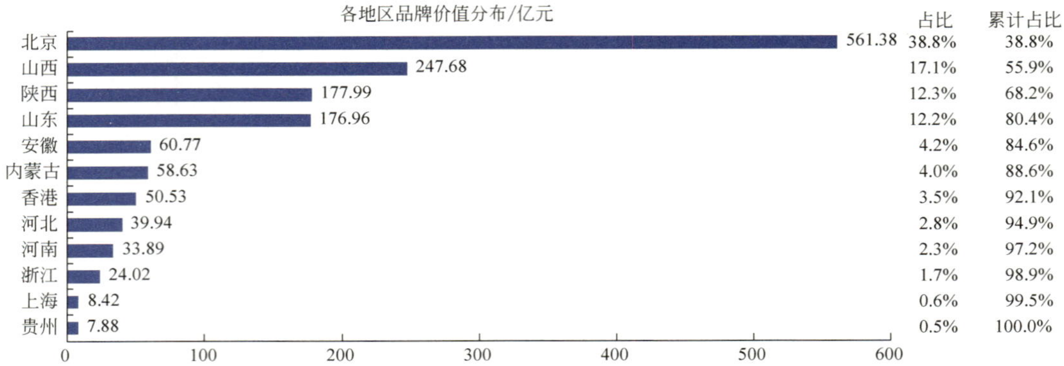

图 2-53 2023 年中国煤炭行业上市公司品牌价值榜各地区品牌价值分布

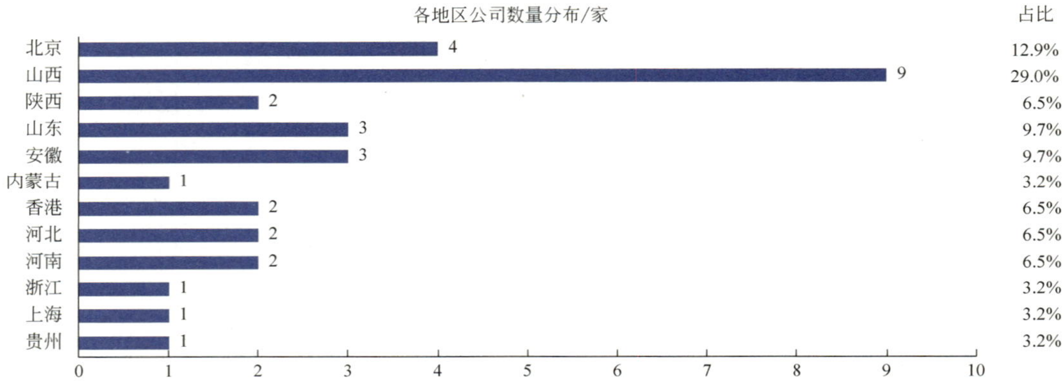

图 2-54 2023 年中国煤炭行业上市公司品牌价值榜各地区公司数量分布

【上市板块】 在 2023 年中国煤炭行业上市公司品牌价值榜中:在沪市主板上市的公司有 23 家,品牌价值合计 1 218.43 亿元,占行业榜单总计品牌价值的 84.1%,排在第一位;在香港上市的中资公司有 5 家,品牌价值合计 148.85 亿元,占行业榜单总计品牌价值的 10.3%,排在第二位;在深市主板上市的公司有 3 家,品牌价值合计 80.79 亿元,占行业榜单总计品牌价值的 5.6%,排在第三位。

【上市时间】 在 2023 年中国煤炭行业上市公司品牌价值榜中:2003—2007 年上市的公司有 11 家,品牌价值合计 601.57 亿元,占行业榜单总计品牌价值的 41.5%,排在第一位;1998—2002 年上市的公司有 6 家,品牌价值合计 280.48 亿元,占行业榜单总计品牌价值的 19.4%,排在第二位;2008—2012 年上市的公司有 4 家,品牌价值合计 244.43 亿元,占行业榜单总计品牌价值的 16.9%,排在第三位。此外,2013—2017 年上市的公司有 4 家，品牌价值合计 192.65 亿元；2018—2022 年上市的公司有 3 家，品牌价值合计 97.62 亿元；1997 年及以前上市的公司有 3 家，品牌价值合计 31.31 亿元。

2.28 环保行业品牌价值榜

在 2023 年中国上市公司品牌价值总榜的 3 000 家企业中：环保行业的企业共计 45 家，比 2022 年增加了 5 家；品牌价值总计 1 130.76 亿元，比 2022 年增长了 14.3%。

2.28.1 2023 年中国环保行业上市公司品牌价值榜单

序号	证券简称	品牌价值/亿元	增长率/%	地区	上市日期	证券代码
1	光大环境	241.53	17.3	广东	1997-02-28	0257.HK
2	瀚蓝环境	46.15	23.1	广东	2000-12-25	600323.SH
3	盈峰环境	44.85	4.1	浙江	2000-03-30	000967.SZ
4	上海实业环境	42.68	9.8	香港	2018-03-23	0807.HK
5	浙富控股	41.54	53.3	浙江	2008-08-06	002266.SZ
6	中国天楹	40.24	2.1	江苏	1994-04-08	000035.SZ
7	中国光大水务	38.35	18.3	广东	2019-05-08	1857.HK
8	首创环境	36.58	10.6	香港	2006-07-13	3989.HK
9	高能环境	36.21	14.5	北京	2014-12-29	603588.SH
10	伟明环保	33.42	14.1	浙江	2015-05-28	603568.SH
11	海螺创业	32.63	−14.4	安徽	2013-12-19	0586.HK
12	碧水源	29.92	−23.0	北京	2010-04-21	300070.SZ
13	三峰环境	26.07	13.1	重庆	2020-06-05	601827.SH
14	绿色动力	25.59	111.4	广东	2018-06-11	601330.SH
15	景津装备	24.75	30.6	山东	2019-07-29	603279.SH
16	金圆股份	24.59	6.7	吉林	1993-12-15	000546.SZ
17	上海环境	24.39	8.4	上海	2017-03-31	601200.SH
18	城发环境	24.00	86.5	河南	1999-03-19	000885.SZ
19	清新环境	22.86	74.1	北京	2011-04-22	002573.SZ
20	大唐环境	21.26	−21.6	北京	2016-11-15	1272.HK
21	海新能科	18.03	−14.9	北京	2010-04-27	300072.SZ
22	福龙马	17.06	−15.1	福建	2015-01-26	603686.SH
23	玉禾田	15.57	29.8	安徽	2020-01-23	300815.SZ
24	飞马国际	14.72	−41.5	广东	2008-01-30	002210.SZ
25	节能国祯	14.49	12.9	安徽	2014-08-01	300388.SZ
26	旺能环境	13.85	34.0	浙江	2004-08-26	002034.SZ
27	中再资环	13.29	1.1	陕西	1999-12-16	600217.SH
28	创元科技	13.05	20.6	江苏	1994-01-06	000551.SZ
29	远达环保	12.67	−8.0	重庆	2000-11-01	600292.SH
30	东江环保	12.43	0.5	广东	2012-04-26	002672.SZ
31	东方园林	11.50	−56.9	北京	2009-11-27	002310.SZ

环保行业榜单

续表

序号	证券简称	品牌价值/亿元	增长率/%	地区	上市日期	证券代码
32	军信股份	11.00	新上榜	湖南	2022-04-13	301109.SZ
33	中材节能	10.06	−13.6	天津	2014-07-31	603126.SH
34	北京控股环境集团	9.64	11.2	北京	1980-04-29	0154.HK
35	侨银股份	9.59	13.8	广东	2020-01-06	002973.SZ
36	维尔利	9.40	−3.6	江苏	2011-03-16	300190.SZ
37	菲达环保	9.13	0.2	浙江	2002-07-22	600526.SH
38	圣元环保	8.88	15.8	福建	2020-08-24	300867.SZ
39	启迪环境	8.36	−46.4	湖北	1998-02-25	000826.SZ
40	鹏鹞环保	8.36	6.9	江苏	2018-01-05	300664.SZ
41	中科环保	7.31	新上榜	北京	2022-07-08	301175.SZ
42	中持股份	6.76	13.5	北京	2017-03-14	603903.SH
43	三达膜	6.07	新上榜	陕西	2019-11-15	688101.SH
44	中建环能	5.99	新上榜	四川	2015-02-16	300425.SZ
45	中环环保	5.93	新上榜	安徽	2017-08-21	300692.SZ

2.28.2　2023年中国环保行业上市公司品牌价值榜分析

【行业集中度】 在2023年中国环保行业上市公司品牌价值榜中：排在前5位的公司品牌价值合计416.76亿元，占行业榜单总计品牌价值的36.9%；排在前10位的公司品牌价值合计601.56亿元，占行业榜单总计品牌价值的53.2%；排在前20位的公司品牌价值合计857.63亿元，占行业榜单总计品牌价值的75.8%。

【所在区域】 在2023年中国环保行业上市公司品牌价值榜中，45家公司来自17个地区。其中，来自广东、北京和浙江的公司共计21家，品牌价值合计694.64亿元，占行业榜单总计品牌价值的61.4%，处于主导地位。其他地区企业的构成情况如图2-55和图2-56所示。

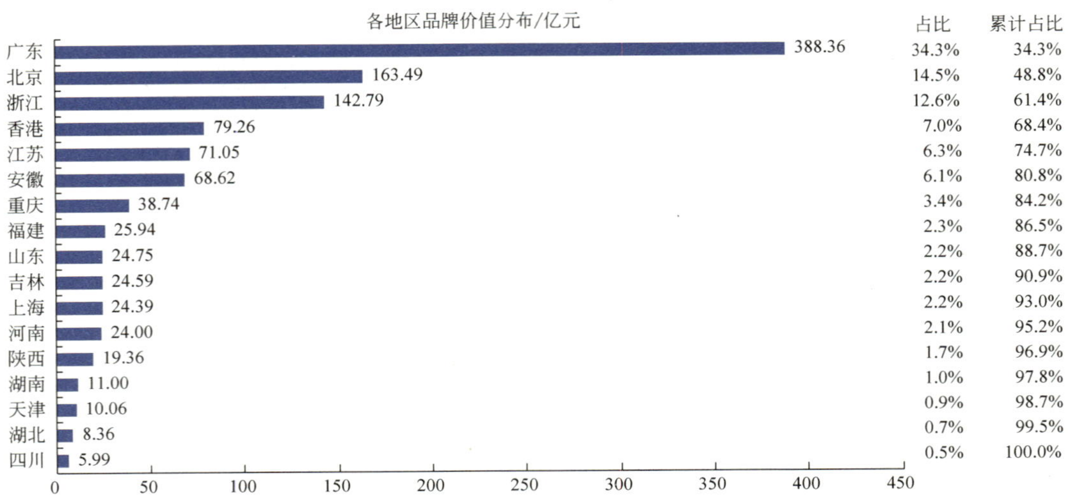

图2-55　2023年中国环保行业上市公司品牌价值榜各地区品牌价值分布

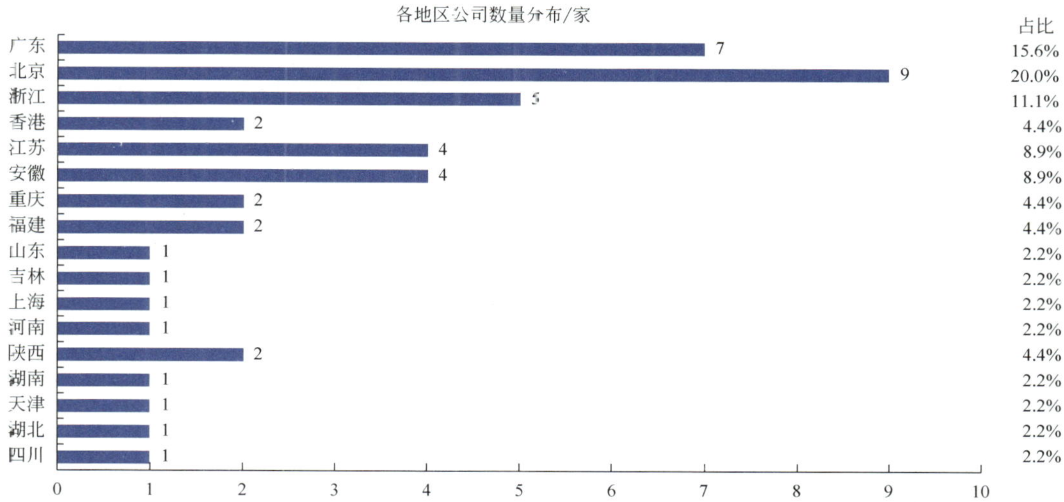

图 2-56　2023 年中国环保行业上市公司品牌价值榜各地区公司数量分布

【上市板块】 在 2023 年中国环保行业上市公司品牌价值榜中：在香港上市的中资公司有 7 家，品牌价值合计 422.67 亿元，占行业榜单总计品牌价值的 37.4%，排在第一位；在沪市主板上市的公司有 13 家，品牌价值合计 285.55 亿元，占行业榜单总计品牌价值的 25.3%，排在第二位；在深市主板上市的公司有 13 家，品牌价值合计 281.59 亿元，占行业榜单总计品牌价值的 24.9%，排在第三位。此外，在深市创业板上市的公司有 11 家，品牌价值合计 134.88 亿元；在沪市科创板上市的公司有 1 家，品牌价值 6.07 亿元。

【上市时间】 在 2023 年中国环保行业上市公司品牌价值榜中：1997 年及以前上市的公司有 5 家，品牌价值合计 329.05 亿元，占行业榜单总计品牌价值的 29.1%，排在第一位；2018—2022 年上市的公司有 12 家，品牌价值合计 224.22 亿元，占行业榜单总计品牌价值的 19.8%，排在第二位；2013—2017 年上市的公司有 11 家，品牌价值合计 208.19 亿元，占行业榜单总计品牌价值的 18.4%，排在第三位。此外，2008—2012 年上市的公司有 8 家，品牌价值合计 160.4 亿元；1998—2002 年上市的公司有 7 家，品牌价值合计 158.47 亿元；2003—2007 年上市的公司有 2 家，品牌价值合计 50.43 亿元。

2.29　教育行业品牌价值榜

在 2023 年中国上市公司品牌价值总榜的 3 000 家企业中：教育行业的企业共计 33 家，与 2022 年相同；品牌价值总计 806.59 亿元，比 2022 年增长了 25.5%。

2.29.1 2023 年中国教育行业上市公司品牌价值榜单

序号	证券简称	品牌价值/亿元	增长率/%	地区	上市日期	证券代码
1	中教控股	116.81	36.3	香港	2017-12-15	0839.HK
2	新高教集团	57.28	102.0	北京	2017-04-19	2001.HK
3	宇华教育	52.21	57.0	河南	2017-02-28	6169.HK
4	民生教育	51.20	56.6	北京	2017-03-22	1569.HK
5	中国春来	46.50	54.7	河南	2018-09-13	1969.HK
6	希望教育	37.83	56.8	四川	2018-08-03	1765.HK
7	东软教育	34.80	18.0	辽宁	2020-09-29	9616.HK
8	中公教育	33.82	173.2	安徽	2011-08-10	002607.SZ
9	嘉宏教育	33.62	43.4	浙江	2019-06-18	1935.HK
10	中国科培	28.58	1.1	广东	2019-01-25	1890.HK
11	中国东方教育	26.41	32.6	安徽	2019-06-12	0667.HK
12	新东方-S	25.10	−0.6	北京	2020-11-09	9901.HK
13	中国新华教育	21.86	33.6	安徽	2018-03-26	2779.HK
14	建桥教育	20.99	38.1	上海	2020-01-16	1525.HK
15	好未来	20.26	−26.4	北京	2010-10-20	TAL.N
16	中国职业教育	20.23	105.2	广东	2019-11-25	1756.HK
17	华南职业教育	18.73	3.1	广东	2021-07-13	6913.HK
18	东方时尚	16.18	2.3	北京	2016-02-05	603377.SH
19	传智教育	15.97	−2.2	江苏	2021-01-12	003032.SZ
20	行动教育	14.08	−4.5	上海	2021-04-21	605098.SH
21	光正教育	13.06	新上榜	广东	2017-01-26	6068.HK
22	学大教育	12.31	新上榜	福建	1993-11-01	000526.SZ
23	拓维信息	12.11	−21.2	湖南	2008-07-23	002261.SZ
24	中国通才教育	11.50	4.4	山西	2021-07-16	2175.HK
25	昂立教育	10.19	−22.3	上海	1993-06-14	600661.SH
26	辰林教育	8.85	−21.8	江西	2019-12-13	1593.HK
27	国新文化	7.59	−49.3	上海	1993-03-16	600636.SH
28	见知教育科技	7.14	新上榜	北京	2022-08-26	JZ.O
29	启今教育	6.86	新上榜	北京	2017-09-27	GEHI.N
30	尚德机构	6.79	新上榜	北京	2018-03-23	STG.N
31	鸥玛软件	6.01	−0.2	山东	2021-11-19	301185.SZ
32	21 世纪教育	5.94	1.9	河北	2018-05-29	1598.HK
33	天立国际控股	5.76	新上榜	四川	2018-07-12	1773.HK

2.29.2 2023 年中国教育行业上市公司品牌价值榜分析

【行业集中度】 在 2023 年中国教育行业上市公司品牌价值榜中：排在前 5 位的公司品牌价值合计 324.01 亿元，占行业榜单总计品牌价值的 40.2%；排在前 10 位的公司品牌价值合计 492.67 亿元，占行业榜单总计品牌价值的 61.1%；排在前 20 位的公司品牌价值合计 692.49 亿元，占行业榜单总计品牌价值的 85.9%。

【所在区域】 在 2023 年中国教育行业上市公司品牌价值榜中：33 家公司来自 16 个地区。其中，来自北京、香港和河南的公司共计 11 家，品牌价值合计 406.35 亿元，占行业榜单总计品牌价值的 50.4%，处于主导地位。其他地区企业的构成情况如图 2-57 和图 2-58 所示。

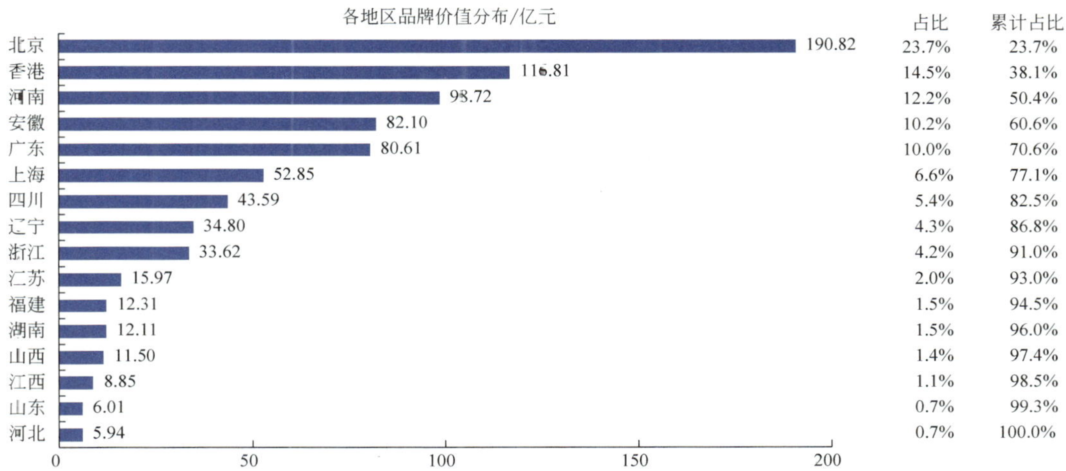

图 2-57 2023 年中国教育行业上市公司品牌价值榜各地区品牌价值分布

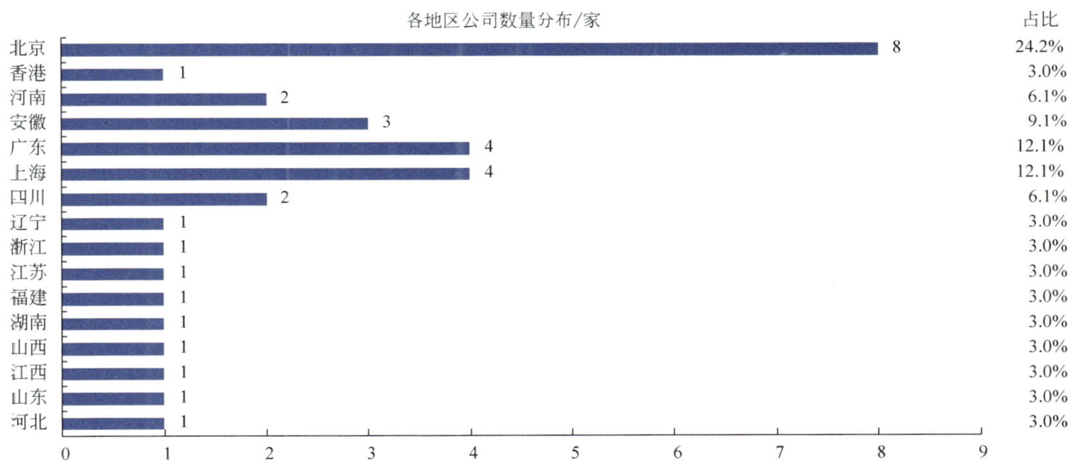

图 2-58 2023 年中国教育行业上市公司品牌价值榜各地区公司数量分布

【上市板块】 在 2023 年中国教育行业上市公司品牌价值榜中：在香港上市的中资公司有 20 家，品牌价值合计 637.28 亿元，占行业榜单总计品牌价值的 79%，排在第一位；在深市主板上市的公司有 4 家，品牌价值合计 74.21 亿元，占行业榜单总计品牌价值的 9.2%，排在第二位；在沪市主板上市的公司有 4 家，品牌价值合计 48.04 亿元，占行业榜单总计品牌价值的 6%，排在第三位。此外，在国外上市的中概股公司有 4 家，品牌价值合计 41.06 亿元；在深市创业板上市的公司有 1 家，品牌价值 6.01 亿元。

【上市时间】 在 2023 年中国教育行业上市公司品牌价值榜中：2018—2022 年上市的公司有 20 家，品牌价值合计 396.7 亿元，占行业榜单总计品牌价值的 49.2%，排在第一位；2013—2017 年上市的公司有 7 家，品牌价值合计 313.6 亿元，占行业榜单总计品牌价值的 38.9%，排在第二位；2008—2012 年上市的公司有 3 家，品牌价值合计 66.19 亿元，占行业榜单总计品牌价值的 8.2%，排在第三位。此外，1997 年及以前上市的公司有 3 家，品牌价值合计 30.09 亿元。

2.30 纺织行业品牌价值榜

在 2023 年中国上市公司品牌价值总榜的 3 000 家企业中：纺织行业的企业共计 26 家，比 2022 年增加了 2 家；品牌价值总计 718.89 亿元，比 2022 年增长了 21%。

2.30.1 2023 年中国纺织行业上市公司品牌价值榜单

序号	证券简称	品牌价值/亿元	增长率/%	地区	上市日期	证券代码
1	天虹国际集团	80.62	8.3	香港	2004-12-09	2678.HK
2	稳健医疗	79.81	7.2	广东	2020-09-17	300888.SZ
3	航民股份	56.94	71.0	浙江	2004-08-09	600987.SH
4	罗莱生活	52.80	4.1	江苏	2009-09-10	002293.SZ
5	百宏实业	47.84	101.0	福建	2011-05-18	2299.HK
6	魏桥纺织	40.77	−5.5	山东	2003-09-24	2698.HK
7	孚日股份	38.00	16.3	山东	2006-11-24	002083.SZ
8	富安娜	36.04	16.7	广东	2009-12-30	002327.SZ
9	华孚时尚	32.80	19.9	安徽	2005-04-27	002042.SZ
10	三房巷	31.74	76.8	江苏	2003-03-06	600370.SH
11	水星家纺	31.43	16.9	上海	2017-11-20	603365.SH
12	百隆东方	25.62	28.9	浙江	2012-06-12	601339.SH
13	鲁泰 A	18.81	46.5	山东	2000-12-25	000726.SZ
14	江苏阳光	18.37	24.6	江苏	1999-09-27	600220.SH
15	福田实业	15.55	12.7	香港	1988-04-20	0420.HK
16	超盈国际控股	13.79	42.2	广东	2014-05-23	2111.HK
17	南山智尚	13.52	29.0	山东	2020-12-22	300918.SZ
18	龙头股份	12.81	−31.3	上海	1993-02-09	600630.SH
19	梦洁股份	11.11	−19.3	湖南	2010-04-29	002397.SZ
20	新野纺织	10.75	−10.0	河南	2006-11-30	002087.SZ
21	新澳股份	10.31	30.6	浙江	2014-12-31	603889.SH
22	联发股份	10.22	−7.8	江苏	2010-04-23	002394.SZ
23	华茂股份	9.40	25.5	安徽	1998-10-07	000850.SZ
24	如意集团	7.22	新上榜	山东	2007-12-07	002193.SZ
25	华纺股份	6.84	11.1	山东	2001-09-03	600448.SH
26	富春染织	5.77	新上榜	安徽	2021-05-28	605189.SH

2.30.2 2023年中国纺织行业上市公司品牌价值榜分析

【行业集中度】 在2023年中国纺织行业上市公司品牌价值榜中：排在前3位的公司品牌价值合计217.38亿元，占行业榜单总计品牌价值的30.2%；排在前5位的公司品牌价值合计318.02亿元，占行业榜单总计品牌价值的44.2%；排在前10位的公司品牌价值合计497.37亿元，占行业榜单总计品牌价值的69.2%。

【所在区域】 在2023年中国纺织行业上市公司品牌价值榜中，26家公司来自10个地区。其中，来自广东、山东和江苏的公司共计13家，品牌价值合计367.92亿元，占行业榜单总计品牌价值的51.2%，处于主导地位。其他地区企业的构成情况如图2-59和图2-60所示。

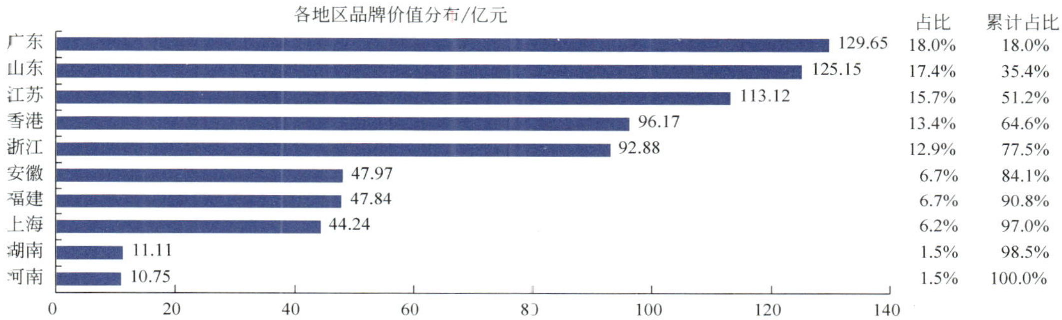

图2-59 2023年中国纺织行业上市公司品牌价值榜各地区品牌价值分布

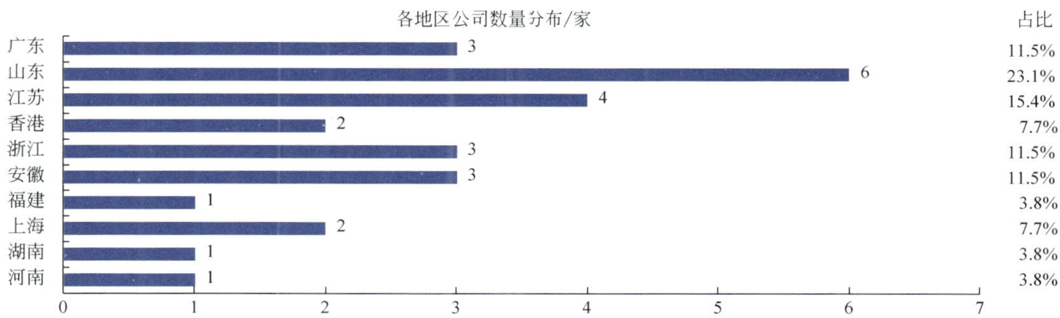

图2-60 2023年中国纺织行业上市公司品牌价值榜各地区公司数量分布

【上市板块】 在2023年中国纺织行业上市公司品牌价值榜中：在深市主板上市的公司有10家，品牌价值合计227.15亿元，占行业总计品牌价值的31.6%，排在第一位；在沪市主板上市的公司有9家，品牌价值合计199.83亿元，占行业榜单总计品牌价值的27.8%，排在第二位；在香港上市的中资公司有5家，品牌价值合计198.58亿元，占行业榜单总计品牌价值的27.6%，排在第三位。此外，在深市创业板上市的公司有2家，品牌价值合计93.33亿元。

【上市时间】 在 2023 年中国纺织行业上市公司品牌价值榜中：2003—2007 年上市的公司有 8 家，品牌价值合计 298.85 亿元，占行业榜单总计品牌价值的 41.6%，排在第一位；2008—2012 年上市的公司有 6 家，品牌价值合计 183.63 亿元，占行业榜单总计品牌价值的 25.5%，排在第二位；2018—2022 年上市的公司有 3 家，品牌价值合计 99.1 亿元，占行业榜单总计品牌价值的 13.8%，排在第三位。此外，2013—2017 年上市的公司有 3 家，品牌价值合计 55.53 亿元；1998—2002 年上市的公司有 4 家，品牌价值合计 53.42 亿元；1997 年及以前上市的公司有 2 家，品牌价值合计 28.36 亿元。

2.31 酒店行业品牌价值榜

在 2023 年中国上市公司品牌价值总榜的 3 000 家企业中：酒店行业的企业共计 10 家，与 2022 年相同；品牌价值总计 581.75 亿元，比 2022 年下降了 25.7%。

2.31.1 2023 年中国酒店行业上市公司品牌价值榜单

序号	证券简称	品牌价值/亿元	增长率/%	地区	上市日期	证券代码
1	复星旅游文化	152.73	31.5	上海	2018-12-14	1992.HK
2	锦江酒店	150.20	−13.8	上海	1996-10-11	600754.SH
3	华住	113.16	−6.8	上海	2010-03-26	HTHT.O
4	首旅酒店	64.53	−19.2	北京	2000-06-01	600258.SH
5	亚朵	22.80	新上榜	上海	2022-11-11	ATAT.O
6	金陵饭店	21.28	46.8	江苏	2007-04-06	601007.SH
7	海伦司	21.26	−1.5	广东	2021-09-10	9869.HK
8	格林酒店	15.23	−33.7	上海	2018-03-27	GHG.N
9	万达酒店发展	14.37	30.5	香港	2002-06-04	0169.HK
10	君亭酒店	6.20	新上榜	浙江	2021-09-30	301073.SZ

2.31.2 2023 年中国酒店行业上市公司品牌价值榜分析

【行业集中度】 在 2023 年中国酒店行业上市公司品牌价值榜中：排在第 1 位的公司是复星旅游文化，品牌价值 152.73 亿元，占行业榜单总计品牌价值的 26.3%；排在前 3 位的公司品牌价值合计 416.09 亿元，占行业榜单总计品牌价值的 71.5%；排在前 5 位的公司品牌价值合计 503.42 亿元，占行业榜单总计品牌价值的 86.5%。

【所在区域】 在 2023 年中国酒店行业上市公司品牌价值榜中，10 家公司来自 6 个地区。其中，来自上海的公司共计 5 家，品牌价值合计 454.11 亿元，占行业榜单总计品牌价值的 78.1%，处于主导地位。其他地区企业的构成情况如图 2-61 和图 2-62 所示。

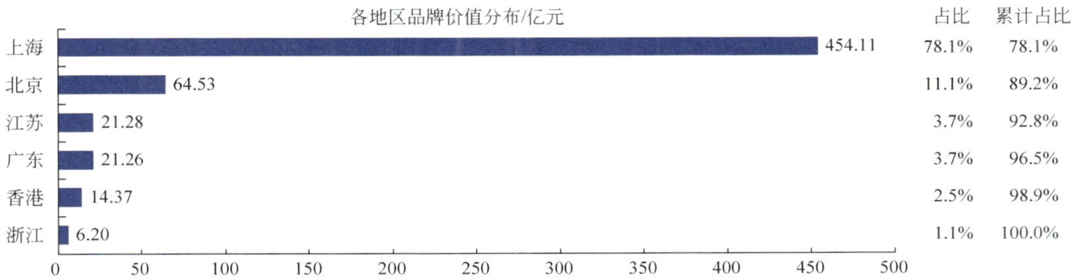

图 2-61　2023 年中国酒店行业上市公司品牌价值榜各地区品牌价值分布

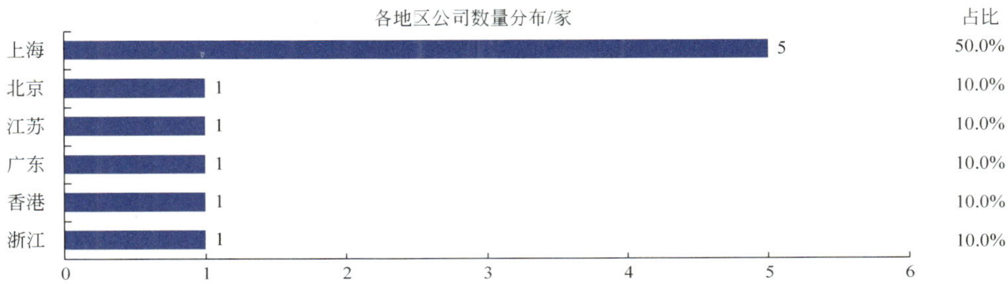

图 2-62　2023 年中国酒店行业上市公司品牌价值榜各地区公司数量分布

【上市板块】 在 2023 年中国酒店行业上市公司品牌价值榜中：在沪市主板上市的公司有 3 家，品牌价值合计 236.01 亿元，占行业榜单总计品牌价值的 40.6%，排在第一位；在香港上市的中资公司有 3 家，品牌价值合计 188.36 亿元，占行业榜单总计品牌价值的 32.4%，排在第二位；在国外上市的中概股公司有 3 家，品牌价值合计 151.18 亿元，占行业榜单总计品牌价值的 26%，排在第三位。此外，在深市创业板上市的公司有 1 家，品牌价值 6.2 亿元。

【上市时间】 在 2023 年中国酒店行业上市公司品牌价值榜中：2018—2022 年上市的公司有 5 家，品牌价值合计 218.2 亿元，占行业榜单总计品牌价值的 37.5%，排在第一位；1997 年及以前上市的公司有 1 家，品牌价值 150.2 亿元，占行业榜单总计品牌价值的 25.8%，排在第二位；2008—2012 年上市的公司有 1 家，品牌价值 113.16 亿元，占行业榜单总计品牌价值的 19.5%，排在第三位。此外，1998—2002 年上市的公司有 2 家，品牌价值合计 78.91 亿元；2003—2007 年上市的公司有 1 家，品牌价值 21.28 亿元。

2.32　家居行业品牌价值榜

在 2023 年中国上市公司品牌价值总榜的 3 000 家企业中：家居行业的企业共计 25

家，比 2022 年减少了 1 家；品牌价值总计 565.96 亿元，比 2022 年增长了 1.3%。

2.32.1 2023 年中国家居行业上市公司品牌价值榜单

序号	证券简称	品牌价值/亿元	增长率/%	地区	上市日期	证券代码
1	欧派家居	97.16	2.3	广东	2017-03-28	603833.SH
2	顾家家居	72.60	1.9	浙江	2016-10-14	603816.SH
3	索菲亚	41.51	−7.1	广东	2011-04-12	002572.SZ
4	喜临门	35.51	25.4	浙江	2012-07-17	603008.SH
5	箭牌家居	32.40	新上榜	广东	2022-10-26	001322.SZ
6	大亚圣象	28.78	−5.4	江苏	1999-06-30	000910.SZ
7	志邦家居	21.67	4.9	安徽	2017-06-30	603801.SH
8	梦百合	20.73	−11.8	江苏	2016-10-13	603313.SH
9	恒林股份	20.37	12.8	浙江	2017-11-21	603661.SH
10	美克家居	17.23	−12.7	江西	2000-11-27	600337.SH
11	天振股份	16.96	新上榜	浙江	2022-11-14	301356.SZ
12	曲美家居	16.86	2.2	北京	2015-04-22	603818.SH
13	尚品宅配	15.43	−20.8	广东	2017-03-07	300616.SZ
14	汇森家居	15.34	−37.3	江西	2020-12-29	2127.HK
15	永艺股份	13.40	2.3	浙江	2015-01-23	603600.SH
16	金牌厨柜	13.09	6.7	福建	2017-05-12	603180.SH
17	麒盛科技	12.71	0.4	浙江	2019-10-29	603610.SH
18	松霖科技	12.20	23.5	福建	2019-08-26	603992.SH
19	惠达卫浴	11.94	−18.6	河北	2017-04-05	603385.SH
20	江山欧派	11.00	−31.4	浙江	2017-02-10	603208.SH
21	好莱客	10.28	−12.1	广东	2015-02-17	603898.SH
22	乐歌股份	8.86	14.0	浙江	2017-12-01	300729.SZ
23	盛诺集团	6.96	−3.3	香港	2014-07-10	1418.HK
24	海象新材	6.57	新上榜	浙江	2020-09-30	003011.SZ
25	德尔未来	6.38	17.2	江苏	2011-11-11	002631.SZ

2.32.2 2023 年中国家居行业上市公司品牌价值榜分析

【行业集中度】 在 2023 年中国家居行业上市公司品牌价值榜中：排在前 3 位的公司品牌价值合计 211.27 亿元，占行业榜单总计品牌价值的 37.3%；排在前 5 位的公司品牌价值合计 279.19 亿元，占行业榜单总计品牌价值的 49.3%；排在前 10 位的公司品牌价值合计 387.96 亿元，占行业榜单总计品牌价值的 68.6%。

【所在区域】 在 2023 年中国家居行业上市公司品牌价值榜中，25 家公司来自 9 个地区。其中，来自浙江和广东的公司共计 14 家，品牌价值合计 394.78 亿元，占行业榜单总计品牌价值的 69.8%，处于主导地位。其他地区企业的构成情况如图 2-63 和图 2-64 所示。

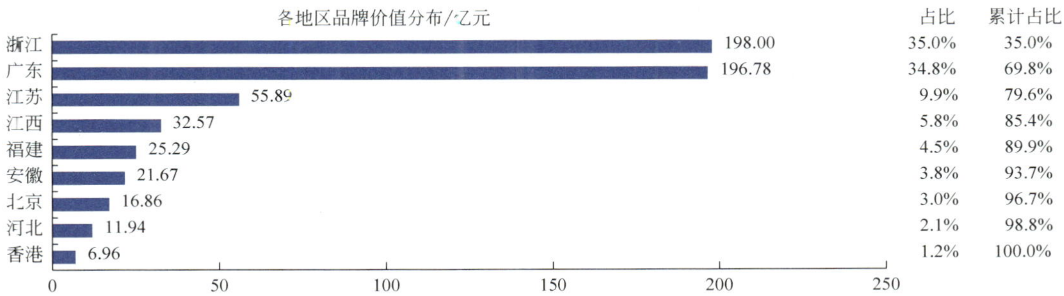

图 2-63　2023 年中国家居行业上市公司品牌价值榜各地区品牌价值分布

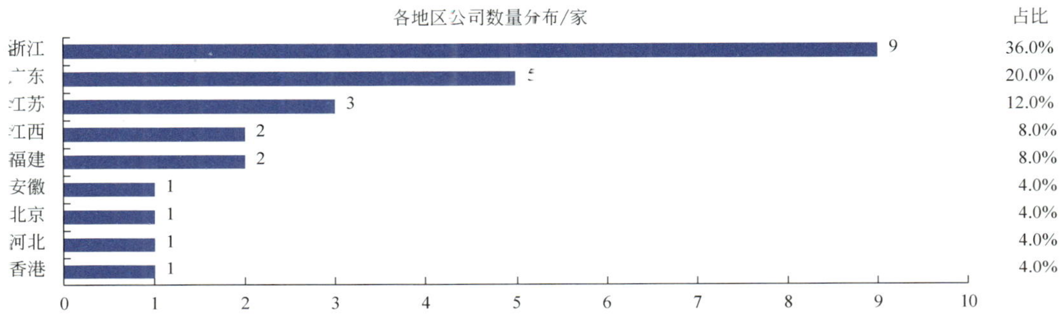

图 2-64　2023 年中国家居行业上市公司品牌价值榜各地区公司数量分布

【上市板块】 在 2023 年中国家居行业上市公司品牌价值榜中：在沪市主板上市的公司有 15 家，品牌价值合计 386.76 亿元，占行业榜单总计品牌价值的 68.3%，排在第一位；在深市主板上市的公司有 5 家，品牌价值合计 115.65 亿元，占行业榜单总计品牌价值的 20.4%，排在第二位；在深市创业板上市的公司有 3 家，品牌价值合计 41.26 亿元，占行业榜单总计品牌价值的 7.3%，排在第三位。此外，在香港上市的中资公司有 2 家，品牌价值合计 22.3 亿元。

【上市时间】 在 2023 年中国家居行业上市公司品牌价值榜中：2013—2017 年上市的公司有 14 家，品牌价值合计 340.35 亿元，占行业榜单总计品牌价值的 60.1%，排在第一位；2018—2022 年上市的公司有 6 家，品牌价值合计 96.19 亿元，占行业榜单总计品牌价值的 17%，排在第二位；2008—2012 年上市的公司有 3 家，品牌价值合计 83.41 亿元，占行业榜单总计品牌价值的 14.7%，排在第三位。此外，1998—2002 年上市的公司有 2 家，品牌价值合计 46.01 亿元。

2.33　保健行业品牌价值榜

在 2023 年中国上市公司品牌价值总榜的 3 000 家企业中：保健行业的企业共计 18

家，比2022年减少了2家；品牌价值总计499.23亿元，比2022年增长了7.8%。

2.33.1 2023年中国保健行业上市公司品牌价值榜单

序号	证券简称	品牌价值/亿元	增长率/%	地区	上市日期	证券代码
1	迪安诊断	101.92	56.9	浙江	2011-07-19	300244.SZ
2	金域医学	95.41	25.6	广东	2017-09-08	603882.SH
3	汤臣倍健	60.36	27.5	广东	2010-12-15	300146.SZ
4	美年健康	39.64	−8.3	江苏	2005-05-18	002044.SZ
5	华润医疗	30.90	15.5	北京	2013-11-29	1515.HK
6	金达威	29.00	−13.0	福建	2011-10-28	002626.SZ
7	华厦眼科	25.03	新上榜	福建	2022-11-07	301267.SZ
8	通策医疗	24.70	−24.0	浙江	1996-10-30	600763.SH
9	仙乐健康	13.18	−13.7	广东	2019-09-25	300791.SZ
10	雍禾医疗	11.48	−11.2	北京	2021-12-13	2279.HK
11	瑞慈医疗	11.19	33.2	上海	2016-10-06	1526.HK
12	普瑞眼科	10.44	新上榜	四川	2022-07-05	301239.SZ
13	国际医学	9.58	−51.4	陕西	1993-08-09	000516.SZ
14	康华医疗	9.22	−2.5	广东	2016-11-08	3689.HK
15	叮当健康	7.50	新上榜	北京	2022-09-14	9886.HK
16	神冠控股	6.85	−9.3	广西	2009-10-13	0829.HK
17	何氏眼科	6.72	新上榜	辽宁	2022-03-22	301103.SZ
18	固生堂	6.13	5.4	广东	2021-12-10	2273.HK

2.33.2 2023年中国保健行业上市公司品牌价值榜分析

【行业集中度】 在2023年中国保健行业上市公司品牌价值榜中：排在前2位的公司品牌价值合计197.33亿元，占行业榜单总计品牌价值的39.5%；排在前5位的公司品牌价值合计328.22亿元，占行业榜单总计品牌价值的65.7%；排在前10位的公司品牌价值合计431.61亿元，占行业榜单总计品牌价值的86.5%。

【所在区域】 在2023年中国保健行业上市公司品牌价值榜中，18家公司来自10个地区。其中，来自广东和浙江的公司共计7家，品牌价值合计310.92亿元，占行业榜单总计品牌价值的62.3%，处于主导地位。其他地区企业的构成情况如图2-65和图2-66所示。

【上市板块】 在2023年中国保健行业上市公司品牌价值榜中：在深市创业板上市的公司有6家，品牌价值合计217.64亿元，占行业总计品牌价值的43.6%，排在第一位；在沪市主板上市的公司有2家，品牌价值合计120.11亿元，占行业榜单总计品牌价值的24.1%，排在第二位；在香港上市的中资公司有7家，品牌价值合计83.26亿元，占行业榜单总计品牌价值的16.7%，排在第三位。此外，在深市主板上市的公司有3家，品牌价值合计78.22亿元。

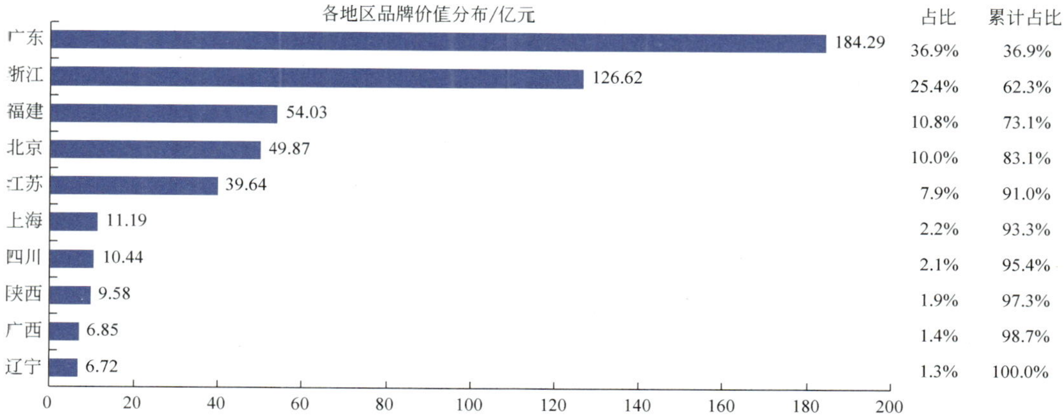

图 2-65 2023 年中国保健行业上市公司品牌价值榜各地区品牌价值分布

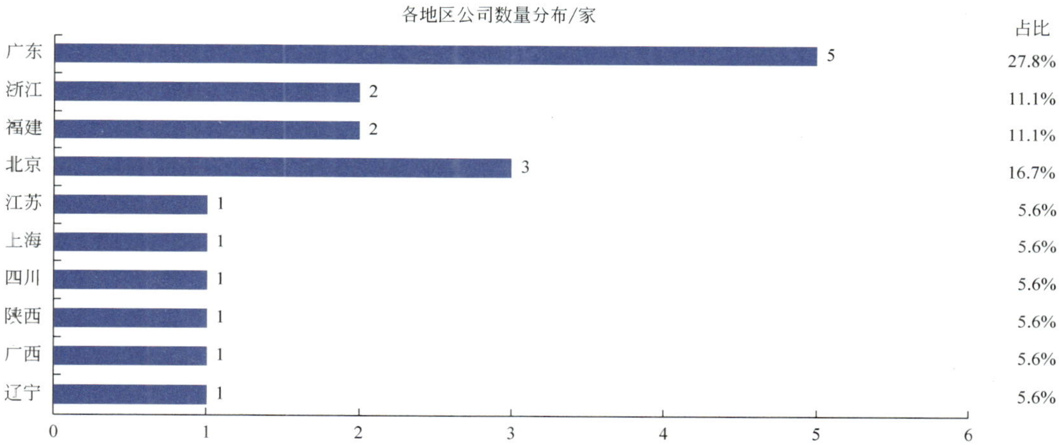

图 2-66 2023 年中国保健行业上市公司品牌价值榜各地区公司数量分布

【上市时间】 在 2023 年中国保健行业上市公司品牌价值榜中：2008—2012 年上市的公司有 4 家，品牌价值合计 198.12 亿元，占行业榜单总计品牌价值的 39.7%，排在第一位；2013—2017 年上市的公司有 4 家，品牌价值合计 146.71 亿元，占行业榜单总计品牌价值的 29.4%，排在第二位；2018—2022 年上市的公司有 7 家，品牌价值合计 80.47 亿元，占行业榜单总计品牌价值的 16.1%，排在第三位。此外，2003—2007 年上市的公司有 1 家，品牌价值 39.64 亿元；1997 年及以前上市的公司有 2 家，品牌价值合计 34.29 亿元。

2.34 餐饮行业品牌价值榜

在 2023 年中国上市公司品牌价值总榜的 3 000 家企业中：餐饮行业的企业共计 6 家，比 2022 年减少了 2 家；品牌价值总计 469.97 亿元，比 2022 年下降了 4%。

2.34.1 2023年中国餐饮行业上市公司品牌价值榜单

序号	证券简称	品牌价值/亿元	增长率/%	地区	上市日期	证券代码
1	海底捞	272.54	−2.8	北京	2018-09-26	6862.HK
2	九毛九	83.24	8.8	广东	2020-01-15	9922.HK
3	同庆楼	43.87	17.8	安徽	2020-07-16	605108.SH
4	味千(中国)	37.00	7.0	香港	2007-03-30	0538.HK
5	唐宫中国	23.31	−14.5	香港	2011-04-19	1181.HK
6	全聚德	10.02	−34.5	北京	2007-11-20	002186.SZ

2.34.2 2023年中国餐饮行业上市公司品牌价值榜分析

【行业集中度】 在2023年中国餐饮行业上市公司品牌价值榜中：排在第1位的公司是海底捞，品牌价值272.54亿元，占行业榜单总计品牌价值的58%；其余5家公司品牌价值合计197.44亿元，占行业榜单总计品牌价值的42%。

【所在区域】 在2023年中国餐饮行业上市公司品牌价值榜中，6家公司来自4个地区。其中，来自北京的公司共计2家，品牌价值合计282.56亿元，占行业榜单总计品牌价值的60.1%，处于主导地位。其他地区企业的构成情况如图6-67和图6-68所示。

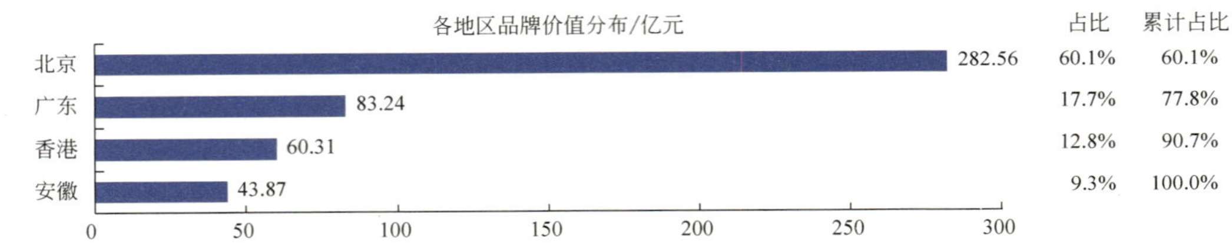

图2-67 2023年中国餐饮行业上市公司品牌价值榜各地区品牌价值分布

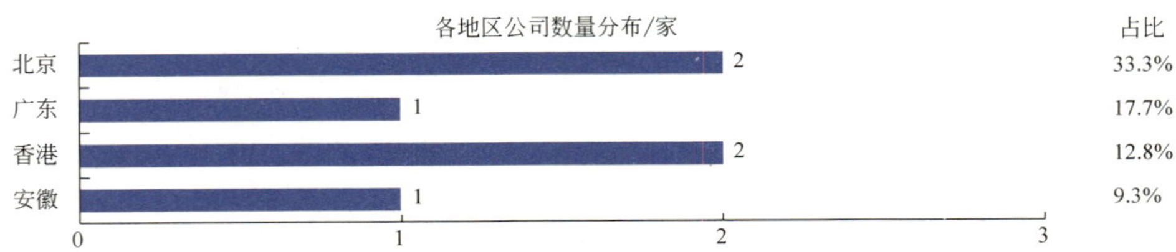

图2-68 2023年中国餐饮行业上市公司品牌价值榜各地区公司数量分布

【上市板块】 在2023年中国餐饮行业上市公司品牌价值榜中：在香港上市的中资公司有4家，品牌价值合计416.08亿元，占行业榜单总计品牌价值的88.5%，排在第一位；此外，在沪市主板上市的公司有 1 家，品牌价值 43.87 亿元；在深市主板上市的公司有 1 家，品牌价值 10.02 亿元。

【上市时间】 在 2023 年中国餐饮行业上市公司品牌价值榜中：2018—2022 年上市的公司有 3 家，品牌价值 399.64 亿元，占行业榜单总计品牌价值的 85%，排在第一位；此外，2003—2007 年上市的公司有 2 家，品牌价值合计 47.03 亿元；2008—2012 年上市的公司有 1 家，品牌价值 23.31 亿元。

2.35 商业服务行业品牌价值榜

在 2023 年中国上市公司品牌价值总榜的 3 000 家企业中：商业服务行业的企业共计 29 家，比 2022 年增加了 2 家；品牌价值总计 448.03 亿元，比 2022 年增长了 12.7%。

2.35.1 2023 年中国商业服务行业上市公司品牌价值榜单

序号	证券简称	品牌价值/亿元	增长率/%	地区	上市日期	证券代码
1	中国铁物	55.69	−50.2	天津	1999-07-27	000927.SZ
2	神州控股	30.75	79.7	香港	2001-06-01	0861.HK
3	华建集团	27.50	27.1	上海	1993-02-09	600629.SH
4	劲嘉股份	26.56	23.9	广东	2007-12-05	002191.SZ
5	华设集团	24.67	19.0	江苏	2014-10-13	603018.SH
6	科锐国际	23.03	44.9	北京	2017-06-08	300662.SZ
7	华测检测	20.98	16.7	广东	2009-10-30	300012.SZ
8	苏交科	19.94	31.8	江苏	2012-01-10	300284.SZ
9	外服控股	19.52	30.1	上海	1993-06-14	600662.SH
10	东风股份	17.19	14.6	广东	2012-02-16	601515.SH
11	甘咨询	17.03	57.9	甘肃	1997-05-28	000779.SZ
12	华铁应急	16.32	31.5	浙江	2015-05-29	603300.SH
13	设计总院	12.41	32.1	安徽	2017-08-01	603357.SH
14	勘设股份	12.26	−3.7	贵州	2017-08-09	603458.SH
15	设研院	10.52	53.0	河南	2017-12-12	300732.SZ
16	国检集团	9.86	15.5	北京	2016-11-09	603060.SH
17	谱尼测试	9.72	50.2	北京	2020-09-16	300887.SZ
18	元隆雅图	9.69	63.7	北京	2017-06-06	002878.SZ
19	庄臣控股	9.30	16.7	香港	2019-10-16	1955.HK
20	人瑞人才	9.21	15.1	四川	2019-12-13	6919.HK
21	中粮科工	9.19	32.1	江苏	2021-09-09	301058.SZ
22	广电计量	8.37	6.1	广东	2019-11-08	002967.SZ
23	汉嘉设计	7.81	新上榜	浙江	2018-05-25	300746.SZ
24	华阳国际	7.75	17.6	广东	2019-02-26	002949.SZ
25	同道猎聘	7.38	30.1	北京	2018-06-29	6100.HK
26	启迪设计	7.13	18.6	江苏	2016-02-04	300500.SZ

续表

序号	证券简称	品牌价值/亿元	增长率/%	地区	上市日期	证券代码
27	盛通股份	6.43	5.8	北京	2011-07-15	002599.SZ
28	同方泰德	6.15	−6.4	香港	2011-10-27	1206.HK
29	三联虹普	5.66	新上榜	北京	2014-08-01	300384.SZ

2.35.2 2023年中国商业服务行业上市公司品牌价值榜分析

【行业集中度】 在2023年中国商业服务行业上市公司品牌价值榜中：排在前3位的公司品牌价值合计113.94亿元，占行业榜单总计品牌价值的25.4%；排在前10位的公司品牌价值合计265.82亿元，占行业榜单总计品牌价值的59.3%；排在前20位的公司品牌价值合计382.15亿元，占行业榜单总计品牌价值的85.3%。

【所在区域】 在2023年中国商业服务行业上市公司品牌价值榜中，29家公司来自12个地区。其中，来自广东、北京、江苏和天津的公司共计17家，品牌价值合计269.25亿元，占行业榜单总计品牌价值的60.1%，处于主导地位。其他地区企业的构成情况如图2-69和图2-70所示。

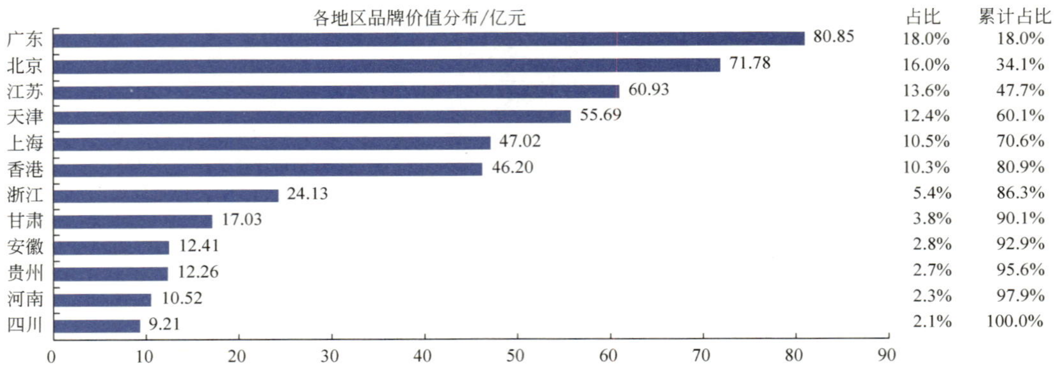

图2-69 2023年中国商业服务行业上市公司品牌价值榜各地区品牌价值分布

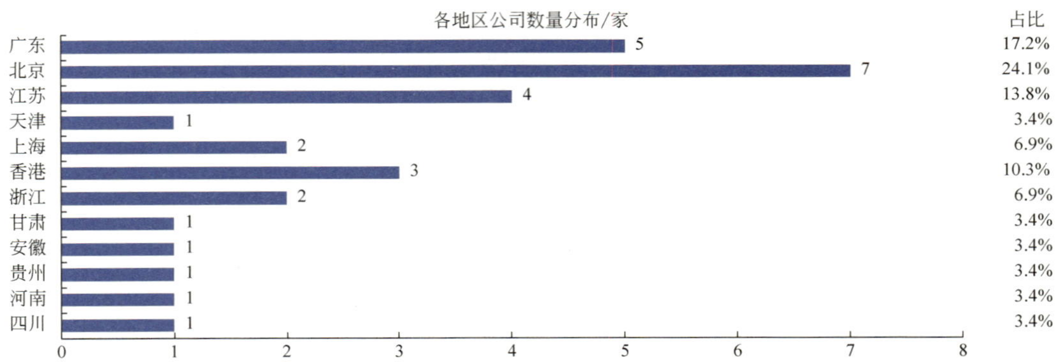

图2-70 2023年中国商业服务行业上市公司品牌价值榜各地区公司数量分布

【上市板块】 在2023年中国商业服务行业上市公司品牌价值榜中：在沪市主板上市的公司有8家，品牌价值合计139.73亿元，占行业榜单总计品牌价值的31.2%，排在第一位；在深市主板上市的公司有7家，品牌价值合计131.53亿元，占行业榜单总计品牌价值的29.4%，排在第二位；在深市创业板上市的公司有9家，品牌价值合计113.97亿元，占行业榜单总计品牌价值的25.4%，排在第三位。此外，在香港上市的中资公司有5家，品牌价值合计62.79亿元。

【上市时间】 在2023年中国商业服务行业上市公司品牌价值榜中：2013—2017年上市的公司有10家，品牌价值合计131.54亿元，占行业榜单总计品牌价值的29.4%，排在第一位；1998—2002年上市的公司有2家，品牌价值合计86.44亿元，占行业榜单总计品牌价值的19.3%，排在第二位；2008—2012年上市的公司有5家，品牌价值合计70.68亿元，占行业榜单总计品牌价值的15.8%，排在第三位。此外，2018—2022年上市的公司有8家，品牌价值合计68.75亿元；1997年及以前上市的公司有3家，品牌价值合计64.05亿元；2003—2007年上市的公司有1家，品牌价值26.56亿元。

2.36 造纸行业品牌价值榜

在2023年中国上市公司品牌价值总榜的3 000家企业中：造纸行业的企业共计15家，与2022年相同；品牌价值总计408.87亿元，比2022年下降了3.4%。

2.36.1 2023年中国造纸行业上市公司品牌价值榜单

序号	证券简称	品牌价值/亿元	增长率/%	地区	上市日期	证券代码
1	太阳纸业	81.04	5.6	山东	2006-11-16	002078.SZ
2	晨鸣纸业	78.52	−20.6	山东	2000-11-20	000488.SZ
3	山鹰国际	70.67	3.4	安徽	2001-12-18	600567.SH
4	博汇纸业	35.40	−14.3	山东	2004-06-08	600966.SH
5	华泰股份	33.47	−5.9	山东	2000-09-28	600308.SH
6	仙鹤股份	19.58	13.9	浙江	2018-04-20	603733.SH
7	岳阳林纸	18.09	−21.7	湖南	2004-05-25	600963.SH
8	冠豪高新	13.72	39.5	广东	2003-06-19	600433.SH
9	景兴纸业	13.64	5.3	浙江	2006-09-15	002067.SZ
10	五洲特纸	9.88	37.7	浙江	2020-11-10	605007.SH
11	华旺科技	8.55	42.3	浙江	2020-12-28	605377.SH
12	齐峰新材	6.93	−1.8	山东	2010-12-10	002521.SZ
13	青山纸业	6.82	5.8	福建	1997-07-03	600103.SH
14	森林包装	6.49	3.9	浙江	2020-12-22	605500.SH
15	荣晟环保	6.07	−7.0	浙江	2017-01-17	603165.SH

2.36.2 2023 年中国造纸行业上市公司品牌价值榜分析

【行业集中度】 在 2023 年中国造纸行业上市公司品牌价值榜中：排在第 1 位的公司是太阳纸业，品牌价值 81.04 亿元，占行业榜单总计品牌价值的 19.8%；排在前 3 位的公司品牌价值合计 230.24 亿元，占行业榜单总计品牌价值的 56.3%；排在前 5 位的公司品牌价值合计 299.11 亿元，占行业榜单总计品牌价值的 57.6%。

【所在区域】 在 2023 年中国造纸行业上市公司品牌价值榜中，15 家公司来自 6 个地区。其中，来自山东的公司有 5 家，品牌价值合计 235.37 亿元，占行业榜单总计品牌价值的 74.8%，处于主导地位。其他地区企业的构成情况如图 2-71 和图 2-72 所示。

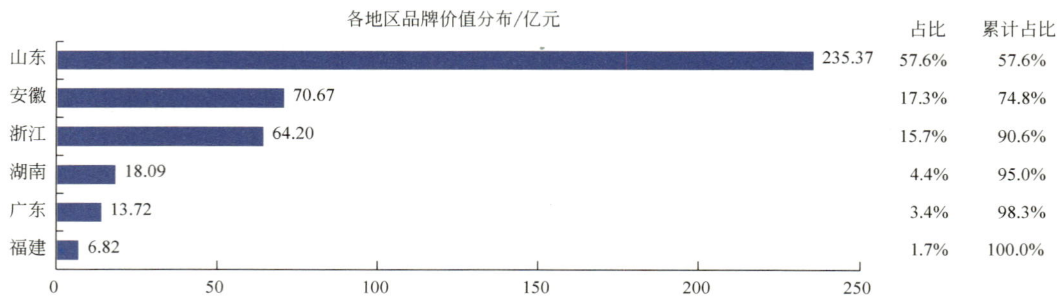

图 2-71 2023 年中国造纸行业上市公司品牌价值榜各地区品牌价值分布

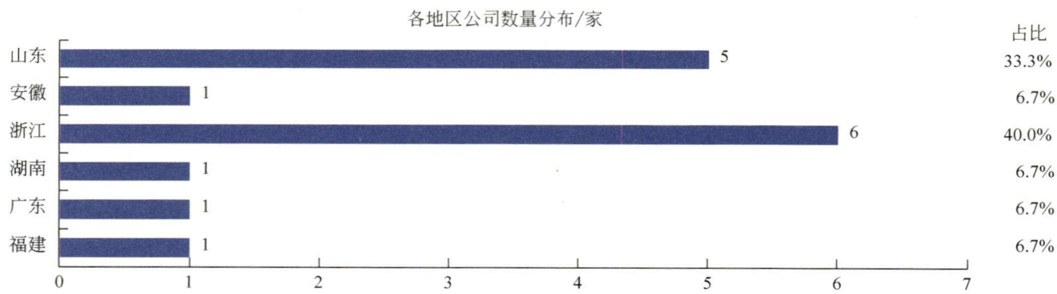

图 2-72 2023 年中国造纸行业上市公司品牌价值榜各地区公司数量分布

【上市板块】 在 2023 年中国造纸行业上市公司品牌价值榜中：在沪市主板上市的公司有 11 家，品牌价值合计 228.73 亿元，占行业榜单总计品牌价值的 55.9%，排在第一位；在深市主板上市的公司有 4 家，品牌价值合计 180.14 亿元，占行业总计品牌价值的 44.1%，排在第二位。

【上市时间】 在 2023 年中国造纸行业上市公司品牌价值榜中：1998—2002 年上市的公司有 3 家，品牌价值合计 182.67 亿元，占行业榜单总计品牌价值的 44.7%，排在第一位；2003—2007 年上市的公司有 5 家，品牌价值合计 161.9 亿元，占行业榜单总计品牌价值的 39.6%，排在第二位；2018—2022 年上市的公司有 4 家，品牌价值合计 44.49 亿元，占行业榜单总计品牌价值的 10.9%，排在第三位。此外，2008—2012 年上市的公司有 1 家，品牌价值 6.93 亿元；1997 年及以前上市的公司有 1 家，品牌价值 6.82 亿元；2013—2017 年上市的公司有 1 家，品牌价值 5.07 亿元。

2.37 包装行业品牌价值榜

在 2023 年中国上市公司品牌价值总榜的 3 000 家企业中：包装行业的企业共计 15 家，比 2022 年增加了 1 家；品牌价值总计 249.25 亿元，比 2022 年增长了 12.6%。

2.37.1 2023 年中国包装行业上市公司品牌价值榜单

序号	证券简称	品牌价值/亿元	增长率/%	地区	上市日期	证券代码
1	裕同科技	38.95	24.9	广东	2016-12-16	002831.SZ
2	奥瑞金	32.34	26.0	北京	2012-10-11	002701.SZ
3	合兴包装	28.41	24.6	福建	2008-05-08	002228.SZ
4	中粮包装	24.00	17.6	浙江	2009-11-16	0906.HK
5	紫江企业	22.47	−14.3	上海	1999-08-24	600210.SH
6	阳光纸业	21.69	−7.2	山东	2007-12-12	2002.HK
7	宝钢包装	15.04	12.2	上海	2015-06-11	601968.SH
8	万顺新材	12.68	40.3	广东	2010-02-26	300057.SZ
9	昇兴股份	8.82	63.8	福建	2015-04-22	002752.SZ
10	力合科创	8.69	新上榜	广东	2008-05-28	002243.SZ
11	永新股份	8.46	23.7	安徽	2004-07-08	002014.SZ
12	美盈森	8.17	9.8	广东	2009-11-03	002303.SZ
13	正业国际	7.84	37.4	广东	2011-06-03	3363.HK
14	中荣股份	5.97	新上榜	广东	2022-10-26	301223.SZ
15	济丰包装	5.71	−12.3	上海	2018-12-21	1820.HK

2.37.2 2023 年中国包装行业上市公司品牌价值榜分析

【行业集中度】 在 2023 年中国包装行业上市公司品牌价值榜中：排在第 1 位的公司是裕同科技，品牌价值 38.95 亿元，占行业榜单总计品牌价值的 15.6%；排在前 3 位的公司品牌价值合计 99.7 亿元，占行业榜单总计品牌价值的 40%；排在前 5 位的公司品牌价值合计 146.17 亿元，占行业榜单总计品牌价值的 58.6%。

【所在区域】 在 2023 年中国包装行业上市公司品牌价值榜中，15 家公司来自 7 个地区。其中，来自广东和上海的公司共计 9 家，品牌价值合计 125.52 亿元，占行业榜单总计品牌价值的 50.4%，处于主导地位。其他地区企业的构成情况如图 2-73 和图 2-74 所示。

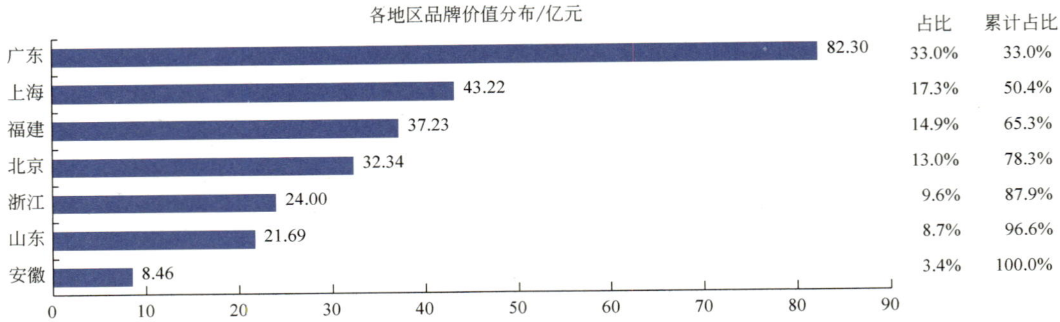

图 2-73　2023 年中国包装行业上市公司品牌价值榜各地区品牌价值分布

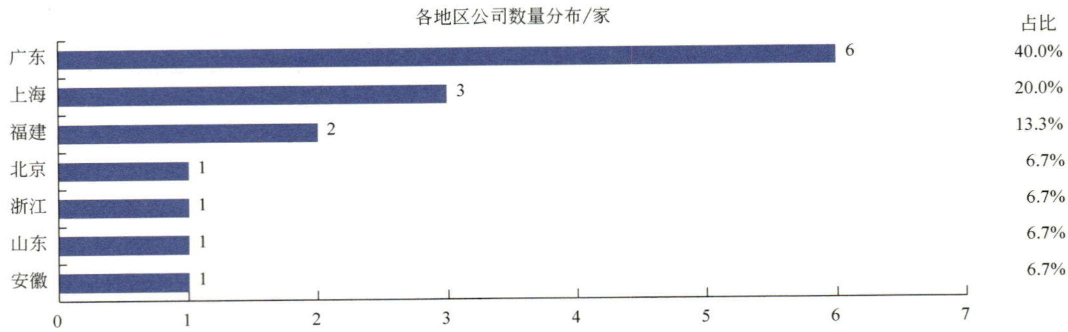

图 2-74　2023 年中国包装行业上市公司品牌价值榜各地区公司数量分布

【上市板块】 在 2023 年中国包装行业上市公司品牌价值榜中：在深市主板上市的公司有 7 家，品牌价值合计 133.84 亿元，占行业榜单总计品牌价值的 53.7%，排在第一位；在香港上市的中资公司有 4 家，品牌价值合计 59.25 亿元，占行业榜单总计品牌价值的 23.8%，排在第二位；在沪市主板上市的公司有 2 家，品牌价值合计 37.51 亿元，占行业榜单总计品牌价值的 15%，排在第三位。此外，在深市创业板上市的公司有 2 家，品牌价值合计 18.65 亿元。

【上市时间】 在 2023 年中国包装行业上市公司品牌价值榜中：2008—2012 年上市的公司有 7 家，品牌价值合计 122.13 亿元，占行业榜单总计品牌价值的 49%，排在第一位；2013—2017 年上市的公司有 3 家，品牌价值合计 62.81 亿元，占行业榜单总计品牌价值的 25.2%，排在第二位；2003—2007 年上市的公司有 2 家，品牌价值合计 30.15 亿元，占行业榜单总计品牌价值的 12.1%，排在第三位。此外，1998—2002 年上市的公司有 1 家，品牌价值 22.47 亿元；2018—2022 年上市的公司有 2 家，品牌价值合计 11.68 亿元。

第3篇

中国上市公司品牌价值区域榜

3.1 北京品牌价值榜

在2023年中国上市公司品牌价值总榜的3 000家企业中：北京的企业共计342家，比2022年减少了5家；品牌价值总计79 137.12亿元，比2022年增长了17.6%。

3.1.1 2023年北京上市公司品牌价值榜单

序号	证券简称	品牌价值/亿元	增长率/%	地区	上市日期	证券代码
1	中国移动	6 622.78	23.6	电信	2022-01-05	600941.SH
2	京东集团-SW	5 088.47	13.4	零售	2020-06-18	9618.HK
3	工商银行	3 865.86	10.0	金融	2006-10-27	601398.SH
4	建设银行	3 352.17	10.1	金融	2007-09-25	601939.SH
5	百度集团-SW	2 934.81	22.4	互联网	2021-03-23	9888.HK
6	农业银行	2 769.59	13.5	金融	2010-07-15	601288.SH
7	中国电信	2 742.14	50.4	电信	2021-08-20	601728.SH
8	联想集团	2 716.54	10.0	电子	1994-02-14	0992.HK
9	中国银行	2 566.66	17.6	金融	2006-07-05	601988.SH
10	中国建筑	2 492.84	29.8	建筑	2009-07-29	601668.SH
11	小米集团-W	2 225.77	−7.4	通信	2018-07-09	1810.HK
12	中国石油	2 186.89	37.6	石油	2007-11-05	601857.SH
13	中国石化	2 099.03	23.0	石油	2001-08-08	600028.SH
14	中国联通	1 612.03	23.2	电信	2002-10-09	600050.SH
15	中国人寿	1 386.52	−5.0	金融	2007-01-09	601628.SH
16	中国中铁	1 338.20	31.7	建筑	2007-12-03	601390.SH
17	中国中车	1 255.60	15.4	装备	2008-08-18	601766.SH
18	北京汽车	1 195.15	23.4	汽车	2014-12-19	1958.HK
19	中国铁建	1 155.91	23.7	建筑	2008-03-10	601186.SH
20	美团-W	1 130.85	−57.0	零售	2018-09-20	3690.HK
21	中国人保	998.34	12.6	金融	2018-11-16	601319.SH
22	邮储银行	968.78	9.9	金融	2019-12-10	601658.SH
23	中国财险	918.24	24.6	金融	2003-11-06	2328.HK
24	龙湖集团	895.10	7.6	房地产	2009-11-19	0960.HK
25	中国交建	878.33	26.0	建筑	2012-03-09	601800.SH
26	华润医药	791.94	45.9	医药	2016-10-28	3320.HK
27	中信股份	741.21	32.5	金融	1986-02-26	0267.HK
28	中信银行	713.12	14.0	金融	2007-04-27	601998.SH
29	三一重工	639.20	−34.6	装备	2003-07-03	600031.SH
30	中国电建	624.41	9.9	建筑	2011-10-18	601669.SH
31	中国中冶	602.32	12.2	建筑	2009-09-21	601618.SH
32	中国通信服务	599.97	11.1	通信	2006-12-08	0552.HK
33	中国中免	586.30	−18.0	零售	2009-10-15	601888.SH
34	中国外运	558.91	4.8	运输	2019-01-18	601598.SH

续表

序号	证券简称	品牌价值/亿元	增长率/%	地区	上市日期	证券代码
35	中国建材	549.32	−2.6	建筑	2006-03-23	3323.HK
36	海底捞	272.54	−2.8	餐饮	2018-09-26	6862.HK
37	光大银行	521.43	11.8	金融	2010-08-18	601818.SH
38	中国海油	478.80	75.5	石油	2022-04-21	600938.SH
39	民生银行	466.11	−4.9	金融	2000-12-19	600016.SH
40	京东方 A	436.33	3.3	电子	2001-01-12	000725.SZ
41	中国能建	393.74	9.1	建筑	2021-09-28	601868.SH
42	紫光股份	354.79	16.4	电子	1999-11-04	000938.SZ
43	新华保险	353.95	0.5	金融	2011-12-16	601336.SH
44	中国神华	349.45	27.0	煤炭	2007-10-09	601088.SH
45	华夏银行	315.49	17.4	金融	2003-09-12	600015.SH
46	中国再保险	312.25	17.5	金融	2015-10-26	1508.HK
47	中国铝业	301.82	−3.4	有色金属	2007-04-30	601600.SH
48	中国飞鹤	295.58	0.1	食品	2019-11-13	6186.HK
49	中国黄金	270.58	0.9	服饰	2021-02-05	600916.SH
50	李宁	257.14	39.1	服饰	2004-06-28	2331.HK
51	北京银行	256.52	13.1	金融	2007-09-19	601169.SH
52	汽车之家	217.67	−21.5	互联网	2013-12-11	ATHM.N
53	贝壳	211.79	−9.3	零售	2020-08-13	BEKE.N
54	挚文集团	207.00	28.5	休闲	2014-12-11	MOMO.O
55	国联股份	196.71	102.7	互联网	2019-07-30	603613.SH
56	中国化学	192.16	17.2	建筑	2010-01-07	601117.SH
57	蓝色光标	187.37	17.0	媒体	2010-02-26	300058.SZ
58	远洋集团	186.80	新上榜	房地产	2007-09-28	3377.HK
59	燕京啤酒	176.28	28.3	饮料	1997-07-16	000729.SZ
60	中国医药	172.09	38.7	医药	1997-05-15	600056.SH
61	福田汽车	170.60	−35.3	汽车	1998-06-02	600166.SH
62	中煤能源	170.58	31.6	煤炭	2008-02-01	601898.SH
63	金隅集团	169.96	12.2	建筑	2011-03-01	601992.SH
64	天地科技	166.64	18.9	装备	2002-05-15	600582.SH
65	京东健康	153.58	50.1	零售	2020-12-08	6618.HK
66	首钢股份	152.83	8.1	钢铁	1999-12-16	000959.SZ
67	顺鑫农业	152.73	−13.6	饮料	1998-11-04	000860.SZ
68	中铁工业	148.17	66.6	装备	2001-05-28	600528.SH
69	金辉控股	145.78	−11.5	房地产	2020-10-29	9993.HK
70	首开股份	145.38	−21.4	房地产	2001-03-12	600376.SH
71	中国国航	142.18	−47.0	运输	2006-08-18	601111.SH
72	国药股份	141.41	−5.3	医药	2002-11-27	600511.SH
73	中航科工	141.29	12.0	装备	2003-10-30	2357.HK
74	华能国际	134.85	5.4	公用	2001-12-06	600011.SH
75	微博	134.81	17.9	媒体	2014-04-17	WB.O
76	中国铁塔	133.80	8.5	建筑	2018-08-08	0788.HK

续表

序号	证券简称	品牌价值/亿元	增长率/%	地区	上市日期	证券代码
77	京沪高铁	125.39	−19.0	运输	2020-01-16	601816.SH
78	中国通号	122.26	4.9	装备	2019-07-22	688009.SH
79	快手-W	121.48	−23.0	休闲	2021-02-05	1024.HK
80	理想汽车-W	115.53	−70.1	汽车	2021-08-12	2015.HK
81	长江电力	115.22	8.6	公用	2003-11-18	600900.SH
82	昆仑万维	114.24	−9.3	休闲	2015-01-21	300418.SZ
83	中国银河	111.04	37.1	金融	2017-01-23	601881.SH
84	三元股份	108.15	12.5	饮料	2003-09-15	600429.SH
85	中金公司	100.85	10.3	金融	2020-11-02	601995.SH
86	三一重能	96.82	新上榜	装备	2022-06-22	688349.SH
87	中信建投	92.82	7.1	金融	2018-06-20	601066.SH
88	嘉事堂	91.57	33.0	医药	2010-08-18	002462.SZ
89	石化油服	90.81	21.4	石油	1995-04-11	600871.SH
90	中化化肥	90.63	0.9	化工	1996-09-30	0297.HK
91	际华集团	87.63	−3.8	服饰	2010-08-16	601718.SH
92	航天信息	86.66	0.8	电子	2003-07-11	600271.SH
93	大北农	86.06	0.3	农业	2010-04-09	002385.SZ
94	金融街	84.16	2.2	房地产	1996-06-26	000402.SZ
95	中国软件国际	83.38	2.4	互联网	2003-06-20	0354.HK
96	中国核电	81.35	17.6	公用	2015-06-10	601985.SH
97	信达地产	80.60	19.3	房地产	1993-05-24	600657.SH
98	石头科技	80.20	−24.0	家电	2020-02-21	688169.SH
99	中石化炼化工程	80.00	30.7	建筑	2013-05-23	2386.HK
100	同仁堂	78.48	10.4	医药	1997-06-25	600085.SH
101	中国电影	76.35	−20.5	休闲	2016-08-09	600977.SH
102	五矿发展	74.22	6.5	贸易	1997-05-28	600058.SH
103	大唐发电	70.48	−4.1	公用	2006-12-20	601991.SH
104	软通动力	68.44	新上榜	互联网	2022-03-15	301236.SZ
105	正通汽车	68.05	13.8	汽车	2010-12-10	1728.HK
106	菜百股份	67.97	9.2	服饰	2021-09-09	605599.SH
107	花房集团	64.59	新上榜	休闲	2022-12-12	3611.HK
108	首旅酒店	64.53	−19.2	酒店	2000-06-01	600258.SH
109	中国重工	63.56	19.5	装备	2009-12-16	601989.SH
110	王府井	62.65	−29.5	零售	1994-05-06	600859.SH
111	海油发展	60.72	33.7	石油	2019-06-26	600968.SH
112	万泰生物	60.05	170.6	医药	2020-04-29	603392.SH
113	华润双鹤	59.58	47.4	医药	1997-05-22	600062.SH
114	安迪苏	59.05	2.6	农业	2000-04-20	600299.SH
115	中金黄金	58.00	17.5	有色金属	2003-08-14	600489.SH
116	新高教集团	57.28	102.0	教育	2017-04-19	2001.HK
117	北方华创	57.01	54.1	电子	2010-03-16	002371.SZ
118	东方雨虹	56.53	−7.7	建筑	2008-09-10	002271.SZ

续表

序号	证券简称	品牌价值/亿元	增长率/%	地区	上市日期	证券代码
119	国投电力	55.00	7.0	公用	1996-01-18	600886.SH
120	国美零售	53.54	−81.7	零售	1992-04-15	0493.HK
121	民生教育	51.20	56.6	教育	2017-03-22	1569.HK
122	泡泡玛特	50.76	14.5	日用	2020-12-11	9992.HK
123	城建发展	50.12	−4.8	房地产	1999-02-03	600266.SH
124	雾芯科技	50.09	新上榜	食品	2021-01-22	RLX.N
125	京运通	49.89	36.7	装备	2011-09-08	601908.SH
126	北辰实业	49.10	−34.6	房地产	2006-10-16	601588.SH
127	龙源电力	49.08	−12.2	公用	2022-01-24	001289.SZ
128	经纬纺机	48.04	60.0	装备	1996-12-10	000666.SZ
129	乐普医疗	46.57	9.6	医药	2009-10-30	300003.SZ
130	热景生物	46.05	107.5	医药	2019-09-30	688068.SH
131	创新新材	45.74	−11.4	零售	2001-11-29	600361.SH
132	同方股份	45.20	−25.6	电子	1997-06-27	600100.SH
133	九号公司-WD	44.29	1.0	日用	2020-10-29	689009.SH
134	康龙化成	41.87	16.7	医药	2019-01-28	300759.SZ
135	中国出版	41.84	1.6	媒体	2017-08-21	601949.SH
136	华扬联众	41.59	−16.9	媒体	2017-08-02	603825.SH
137	兆易创新	41.19	19.1	电子	2016-08-18	603986.SH
138	北新建材	41.07	−3.4	建筑	1997-06-06	000786.SZ
139	映宇宙	40.61	36.6	媒体	2018-07-12	3700.HK
140	高能环境	36.21	14.5	环保	2014-12-29	603588.SH
141	搜狐	34.92	31.2	媒体	2000-07-12	SOHU.O
142	环球医疗	34.81	9.7	金融	2015-07-08	2666.HK
143	保利文化	34.41	−4.5	休闲	2014-03-06	3636.HK
144	嘉友国际	34.29	22.0	运输	2018-02-06	603871.SH
145	猫眼娱乐	34.22	−8.2	休闲	2019-02-04	1896.HK
146	金山软件	33.18	0.3	互联网	2007-10-09	3888.HK
147	中国旭阳集团	32.94	11.3	煤炭	2019-03-15	1907.HK
148	用友网络	32.81	−26.4	互联网	2001-05-18	600588.SH
149	利亚德	32.74	26.1	电子	2012-03-15	300296.SZ
150	新蛋	32.58	新上榜	零售	2010-04-22	NEGG.O
151	太极股份	32.48	17.1	互联网	2010-03-12	002368.SZ
152	奥瑞金	32.34	26.0	包装	2012-10-11	002701.SZ
153	颖泰生物	30.91	新上榜	化工	2020-07-27	833819.BJ
154	华润医疗	30.90	15.5	保健	2013-11-29	1515.HK
155	翠微股份	30.89	19.8	零售	2012-05-03	603123.SH
156	同仁堂科技	30.72	20.5	医药	2000-10-31	1666.HK
157	碧水源	29.92	−23.0	环保	2010-04-21	300070.SZ
158	中国民航信息网络	29.32	−21.9	互联网	2001-02-07	0696.HK
159	万达电影	29.03	−72.2	休闲	2015-01-22	002739.SZ
160	优矩控股	28.83	10.5	互联网	2021-11-08	1948.HK

续表

序号	证券简称	品牌价值/亿元	增长率/%	地区	上市日期	证券代码
161	中青旅	28.34	−0.4	休闲	1997-12-03	600138.SH
162	中铁特货	28.00	1.8	运输	2021-09-08	001213.SZ
163	千方科技	27.95	−15.0	互联网	2010-03-18	002373.SZ
164	爱奇艺	27.83	−87.7	休闲	2018-03-29	IQ.O
165	爱慕股份	27.62	0.7	服饰	2021-05-31	603511.SH
166	三峡能源	27.53	35.5	公用	2021-06-10	600905.SH
167	朗姿股份	26.88	−25.3	服饰	2011-08-30	002612.SZ
168	中国软件	26.52	6.6	互联网	2002-05-17	600536.SH
169	北京京客隆	26.35	−8.5	零售	2006-09-25	0814.HK
170	东华软件	26.02	−18.7	互联网	2006-08-23	002065.SZ
171	中国同辐	26.01	15.1	医药	2018-07-06	1763.HK
172	拉卡拉	25.97	9.5	互联网	2019-04-25	300773.SZ
173	光线传媒	25.92	−48.4	休闲	2011-08-03	300251.SZ
174	天坛生物	25.61	−0.7	医药	1998-06-16	600161.SH
175	中铝国际	25.60	5.9	建筑	2018-08-31	601068.SH
176	新东方-S	25.10	−0.6	教育	2020-11-09	9901.HK
177	广联达	24.37	16.7	互联网	2010-05-25	002410.SZ
178	中航电子	24.27	16.2	装备	2001-07-06	600372.SH
179	博彦科技	24.09	49.6	互联网	2012-01-06	002649.SZ
180	嘉楠科技	24.08	260.1	电子	2019-11-21	CAN.O
181	长久物流	23.51	10.7	运输	2016-08-10	603569.SH
182	华远地产	23.36	−23.1	房地产	1996-09-09	600743.SH
183	中科创达	23.28	54.2	互联网	2015-12-10	300496.SZ
184	科锐国际	23.03	44.9	商业服务	2017-06-08	300662.SZ
185	悦康药业	23.02	16.3	医药	2020-12-24	688658.SH
186	慧聪集团	22.90	−31.1	互联网	2003-12-17	2280.HK
187	清新环境	22.86	74.1	环保	2011-04-22	002573.SZ
188	北方国际	22.56	55.7	贸易	1998-06-05	000065.SZ
189	中国卫通	22.35	−19.5	电信	2019-06-28	601698.SH
190	金山办公	22.16	19.6	互联网	2019-11-18	688111.SH
191	江河集团	22.08	−1.6	建筑	2011-08-18	601886.SH
192	光环新网	21.96	−19.4	互联网	2014-01-29	300383.SZ
193	中牧股份	21.80	5.7	农业	1999-01-07	600195.SH
194	中科软	21.72	48.1	互联网	2019-09-09	603927.SH
195	京能清洁能源	21.37	7.4	公用	2011-12-22	0579.HK
196	中国科传	21.32	21.8	媒体	2017-01-18	601858.SH
197	大唐环境	21.26	−21.6	环保	2016-11-15	1272.HK
198	中国国贸	21.25	−16.9	房地产	1999-03-12	600007.SH
199	首创环保	20.34	24.6	公用	2000-04-27	600008.SH
200	好未来	20.26	−26.4	教育	2010-10-20	TAL.N
201	大唐新能源	19.51	−8.8	公用	2010-12-17	1798.HK
202	爱美客	19.16	75.8	医药	2020-09-28	300896.SZ

续表

序号	证券简称	品牌价值/亿元	增长率/%	地区	上市日期	证券代码
203	启明星辰	19.00	6.8	互联网	2010-06-23	002439.SZ
204	海新能科	18.03	−14.9	环保	2010-04-27	300072.SZ
205	有研新材	17.92	19.5	有色金属	1999-03-19	600206.SH
206	新华联	17.36	20.0	房地产	1996-10-29	000620.SZ
207	鸿合科技	17.02	41.9	电子	2019-05-23	002955.SZ
208	曲美家居	16.86	2.2	家居	2015-04-22	603818.SH
209	圣邦股份	16.65	89.5	电子	2017-06-06	300661.SZ
210	歌华有线	16.46	−9.7	媒体	2001-02-08	600037.SH
211	引力传媒	16.46	−26.0	媒体	2015-05-27	603598.SH
212	阿里影业	16.31	−56.5	休闲	1994-05-12	1060.HK
213	北巴传媒	16.28	5.2	汽车	2001-02-16	600386.SH
214	北京君正	16.22	53.2	电子	2011-05-31	300223.SZ
215	东方时尚	16.18	2.3	教育	2016-02-05	603377.SH
216	四环医药	15.25	−42.4	医药	2010-10-28	0460.HK
217	东兴证券	14.91	−5.9	金融	2015-02-26	601198.SH
218	甘李药业	14.73	−27.9	医药	2020-06-29	603087.SH
219	SOHO中国	14.62	−30.0	房地产	2007-10-08	0410.HK
220	宇信科技	14.38	37.2	互联网	2018-11-07	300674.SZ
221	四方股份	14.23	−4.1	装备	2010-12-31	601126.SH
222	京能电力	14.12	8.2	公用	2002-05-10	600578.SH
223	中国卫星	13.91	−13.2	装备	1997-09-08	600118.SH
224	鸿远电子	13.91	19.7	电子	2019-05-15	603267.SH
225	万咖壹联	13.78	74.9	媒体	2018-12-21	1762.HK
226	昭衍新药	13.77	46.0	医药	2017-08-25	603127.SH
227	小牛电动	13.75	−23.3	汽车	2018-10-19	NIU.O
228	和利时自动化	13.70	47.8	电子	2008-08-01	HOLI.O
229	城建设计	13.62	0.0	建筑	2014-07-08	1599.HK
230	众信旅游	13.37	−54.2	休闲	2014-01-23	002707.SZ
231	人民网	13.08	−3.5	媒体	2012-04-27	603000.SH
232	福元医药	13.01	新上榜	医药	2022-06-30	601089.SH
233	中工国际	12.90	52.7	建筑	2006-06-19	002051.SZ
234	世纪互联	12.75	−25.2	互联网	2011-04-21	VNET.O
235	中矿资源	12.74	新上榜	有色金属	2014-12-30	002738.SZ
236	京北方	12.53	62.1	互联网	2020-05-07	002987.SZ
237	先进数通	12.52	32.5	互联网	2016-09-13	300541.SZ
238	华电重工	12.36	37.1	建筑	2014-12-11	601226.SH
239	嘉曼服饰	12.32	新上榜	服饰	2022-09-09	301276.SZ
240	天地在线	12.25	12.4	互联网	2020-08-05	002995.SZ
241	中科三环	12.09	86.2	有色金属	2000-04-20	000970.SZ
242	航天工程	12.04	2.3	装备	2015-01-28	603698.SH
243	中粮家佳康	11.87	−22.3	贸易	2016-11-01	1610.HK
244	奥赛康	11.62	−32.0	医药	2015-05-15	002755.SZ

续表

序号	证券简称	品牌价值/亿元	增长率/%	地区	上市日期	证券代码
245	中农立华	11.57	59.8	贸易	2017-11-16	603970.SH
246	华宇软件	11.54	3.8	互联网	2011-10-26	300271.SZ
247	义翘神州	11.51	−45.3	医药	2021-08-16	301047.SZ
248	东方园林	11.50	−56.9	环保	2009-11-27	002310.SZ
249	雍禾医疗	11.48	−11.2	保健	2021-12-13	2279.HK
250	当升科技	11.39	新上榜	化工	2010-04-27	300073.SZ
251	燕东微	11.25	新上榜	电子	2022-12-16	688172.SH
252	掌阅科技	11.04	−20.1	媒体	2017-09-21	603533.SH
253	秦淮数据	10.86	0.8	互联网	2020-09-30	CD.O
254	神州泰岳	10.81	53.9	互联网	2009-10-30	300002.SZ
255	华创阳安	10.66	新上榜	金融	1998-09-18	600155.SH
256	东方国信	10.32	12.4	互联网	2011-01-25	300166.SZ
257	中国海防	10.13	18.7	装备	1996-11-04	600764.SH
258	新华网	10.09	−7.6	媒体	2016-10-28	603888.SH
259	远洋服务	10.07	新上榜	房地产	2020-12-17	6677.HK
260	全聚德	10.02	−34.5	餐饮	2007-11-20	002186.SZ
261	国检集团	9.86	15.5	商业服务	2016-11-09	603060.SH
262	凌云光	9.86	新上榜	电子	2022-07-06	688400.SH
263	中国动向	9.79	−15.9	服饰	2007-10-10	3818.HK
264	中信出版	9.75	−4.0	媒体	2019-07-05	300788.SZ
265	石基信息	9.73	−19.3	互联网	2007-08-13	002153.SZ
266	谱尼测试	9.72	50.2	商业服务	2020-09-16	300887.SZ
267	大恒科技	9.69	−0.3	电子	2000-11-29	600288.SH
268	元隆雅图	9.69	63.7	商业服务	2017-06-06	002878.SZ
269	北京控股环境集团	9.64	11.2	环保	1980-04-29	0154.HK
270	电子城	9.36	7.9	房地产	1993-05-24	600658.SH
271	双鹭药业	9.22	5.2	医药	2004-09-09	002038.SZ
272	华峰测控	9.18	50.7	电子	2020-02-18	688200.SH
273	大豪科技	9.12	−17.6	电子	2015-04-22	603025.SH
274	银信科技	9.00	30.5	互联网	2011-06-15	300231.SZ
275	乐享集团	8.95	48.5	媒体	2020-09-23	6988.HK
276	绿盟科技	8.94	17.2	互联网	2014-01-29	300369.SZ
277	四维图新	8.91	36.6	互联网	2010-05-18	002405.SZ
278	国瑞健康	8.76	新上榜	房地产	2014-07-07	2329.HK
279	国投中鲁	8.75	32.0	食品	2004-06-22	600962.SH
280	金诚信	8.69	17.6	建筑	2015-06-30	603979.SH
281	九强生物	8.57	27.8	医药	2014-10-30	300406.SZ
282	华胜天成	8.55	−39.2	互联网	2004-04-27	600410.SH

续表

序号	证券简称	品牌价值/亿元	增长率/%	地区	上市日期	证券代码
283	经纬恒润-W	8.55	新上榜	电子	2022-04-19	688326.SH
284	中色股份	8.51	0.4	有色金属	1997-04-16	000758.SZ
285	航天宏图	8.51	新上榜	互联网	2019-07-22	688066.SH
286	金一文化	8.46	−66.1	服饰	2014-01-27	002721.SZ
287	首创证券	8.45	新上榜	金融	2022-12-22	601136.SH
288	昊华能源	8.41	51.6	煤炭	2010-03-31	601101.SH
289	北方导航	8.29	27.1	装备	2003-07-04	600435.SH
290	数字政通	8.12	新上榜	互联网	2010-04-27	300075.SZ
291	北京利尔	8.09	13.5	建筑	2010-04-23	002392.SZ
292	北京首都机场股份	8.00	−54.9	运输	2000-02-01	0694.HK
293	奇安信-U	7.80	−40.3	互联网	2020-07-22	688561.SH
294	华夏视听教育	7.75	−43.7	休闲	2020-07-15	1981.HK
295	瑞泰科技	7.61	40.5	建筑	2006-08-23	002066.SZ
296	超图软件	7.60	−2.2	互联网	2009-12-25	300036.SZ
297	春立医疗	7.53	16.7	医药	2021-12-30	688236.SH
298	叮当健康	7.50	新上榜	保健	2022-09-14	9886.HK
299	怡和嘉业	7.50	新上榜	医药	2022-11-01	301367.SZ
300	安泰科技	7.49	23.7	有色金属	2000-05-29	000969.SZ
301	中际联合	7.47	−6.2	装备	2021-05-06	605305.SH
302	中远投资	7.45	新上榜	装备	1979-08-07	F83.SG
303	同道猎聘	7.38	30.1	商业服务	2018-06-29	6100.HK
304	华联股份	7.38	新上榜	零售	1998-06-16	000882.SZ
305	捷成股份	7.34	−48.1	媒体	2011-02-22	300182.SZ
306	新雷能	7.32	新上榜	装备	2017-01-13	300593.SZ
307	中科环保	7.31	新上榜	环保	2022-07-08	301175.SZ
308	雪迪龙	7.28	4.0	电子	2012-03-09	002658.SZ
309	易华录	7.17	−51.4	互联网	2011-05-05	300212.SZ
310	见知教育科技	7.14	新上榜	教育	2022-08-26	JZ.O
311	诺禾致源	6.92	−2.6	医药	2021-04-13	688315.SH
312	中科星图	6.89	新上榜	互联网	2020-07-08	688568.SH
313	启今教育	6.86	新上榜	教育	2017-09-27	GEHI.N
314	航天长峰	6.84	−25.7	电子	1994-04-25	600855.SH
315	尚德机构	6.79	新上榜	教育	2018-03-23	STG.N
316	万东医疗	6.78	8.7	医药	1997-05-19	600055.SH
317	中持股份	6.76	13.5	环保	2017-03-14	603903.SH
318	万集科技	6.76	−24.4	电子	2016-10-21	300552.SZ
319	安东油田服务	6.71	新上榜	石油	2007-12-14	3337.HK
320	探路者	6.64	−24.0	服饰	2009-10-30	300005.SZ

续表

序号	证券简称	品牌价值/亿元	增长率/%	地区	上市日期	证券代码
321	福石控股	6.53	17.6	媒体	2010-04-21	300071.SZ
322	佳讯飞鸿	6.53	22.5	通信	2011-05-05	300213.SZ
323	诚益通	6.51	新上榜	装备	2015-03-19	300430.SZ
324	赛升药业	6.47	10.7	医药	2015-06-26	300485.SZ
325	盛通股份	6.43	5.8	商业服务	2011-07-15	002599.SZ
326	北京科锐	6.34	5.7	装备	2010-02-03	002350.SZ
327	首都信息	6.30	2.3	互联网	2001-12-21	1075.HK
328	有研硅	6.18	新上榜	电子	2022-11-10	688432.SH
329	拓尔思	6.16	9.5	互联网	2011-06-15	300229.SZ
330	英诺特	6.15	新上榜	医药	2022-07-28	688253.SH
331	京投交通科技	6.07	新上榜	互联网	2012-05-16	1522.HK
332	宜人金科	6.07	−21.7	金融	2015-12-18	YRD.N
333	交控科技	6.02	9.3	装备	2019-07-22	688015.SH
334	高视医疗	6.00	新上榜	医药	2022-12-12	2407.HK
335	瑞斯康达	5.93	−32.0	通信	2017-04-20	603803.SH
336	农发种业	5.88	新上榜	贸易	2001-01-19	600313.SH
337	京威股份	5.85	−21.4	汽车	2012-03-09	002662.SZ
338	中关村	5.77	5.1	医药	1999-07-12	000931.SZ
339	久其软件	5.72	−19.2	互联网	2009-08-11	002279.SZ
340	森特股份	5.67	−17.2	建筑	2016-12-16	603098.SH
341	三联虹普	5.66	新上榜	商业服务	2014-08-01	300384.SZ
342	京城股份	5.65	−9.7	装备	1994-05-06	600860.SH

3.1.2 2023年北京上市公司品牌价值榜分析

【区域集中度】 在2023年北京上市公司品牌价值榜中：排在前10位的公司品牌价值合计35 151.85亿元，占北京榜单总计品牌价值的44.4%；排在前30位的公司品牌价值合计58 906.48亿元，占北京榜单总计品牌价值的74.4%；排在前100位的公司品牌价值合计73 917.57亿元，占北京榜单总计品牌价值的93.4%。

【所在行业】 在2023年北京上市公司品牌价值榜中，342家公司来自35个行业。其中，金融、电信和建筑三个行业共计包括51家公司，品牌价值合计40 710.35亿元，占北京榜单总计品牌价值的51.4%，处于主导地位。其他行业的情况如图3-1和图3-2所示。

【上市板块】 在2023年北京上市公司品牌价值榜中：在沪市主板上市的公司有138家，品牌价值合计50 991.65亿元，占北京榜单总计品牌价值的64.4%，排在第一位；在香港上市的中资公司有69家，品牌价值合计23 214.83亿元，占北京榜单总计品牌价值的29.3%，排在第二位；在深市主板上市的公司有52家，品牌价值合计2 367.94亿元，占北

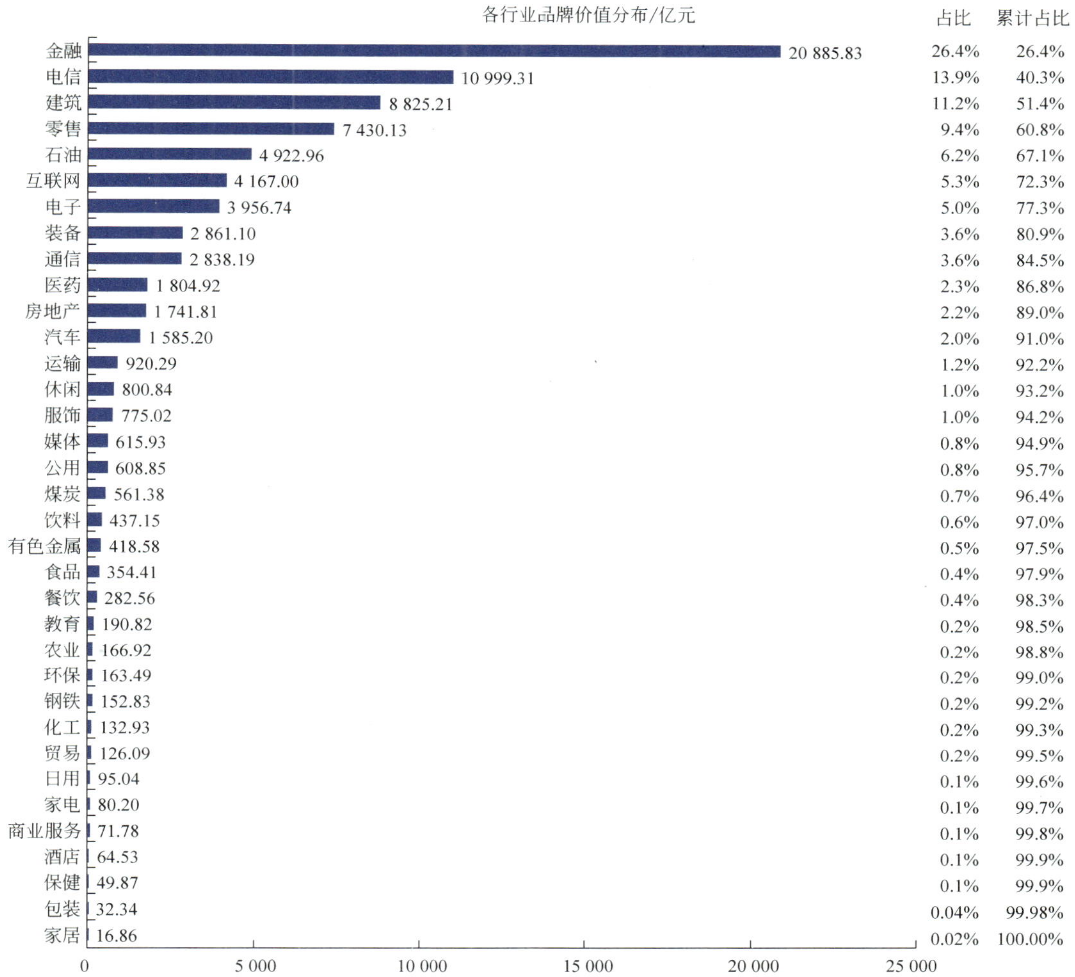

图 3-1　2023 年北京上市公司品牌价值榜各行业品牌价值分布

京榜单总计品牌价值的 3%，排在第三位。此外，在国外上市的中概股公司有 19 家，品牌价值合计 1 046.42 亿元；在深市创业板上市的公司有 44 家，品牌价值合计 955.74 亿元；在沪市科创板上市的公司有 19 家，品牌价值合计 529.64 亿元；在北证新三板上市的公司有 1 家，品牌价值 30.91 亿元。

【上市时间】 在 2023 年北京上市公司品牌价值榜中：2018—2022 年上市的公司有 97 家，品牌价值合计 28 209.09 亿元，占北京榜单总计品牌价值的 35.6%，排在第一位；2003—2007 年上市的公司有 41 家，品牌价值合计 20 852.45 亿元，占北京榜单总计品牌价值的 26.3%，排在第二位；2008—2012 年上市的公司有 71 家，品牌价值合计 14 194.96 亿元，占北京榜单总计品牌价值的 17.9%，排在第三位。此外，1998—2002 年上市的公司有 41 家，品牌价值合计 6 828.5 亿元；1997 年及以前上市的公司有 30 家，品牌价值合计 4 833.75 亿元；2013—2017 年上市的公司有 62 家，品牌价值合计 4 218.36 亿元。

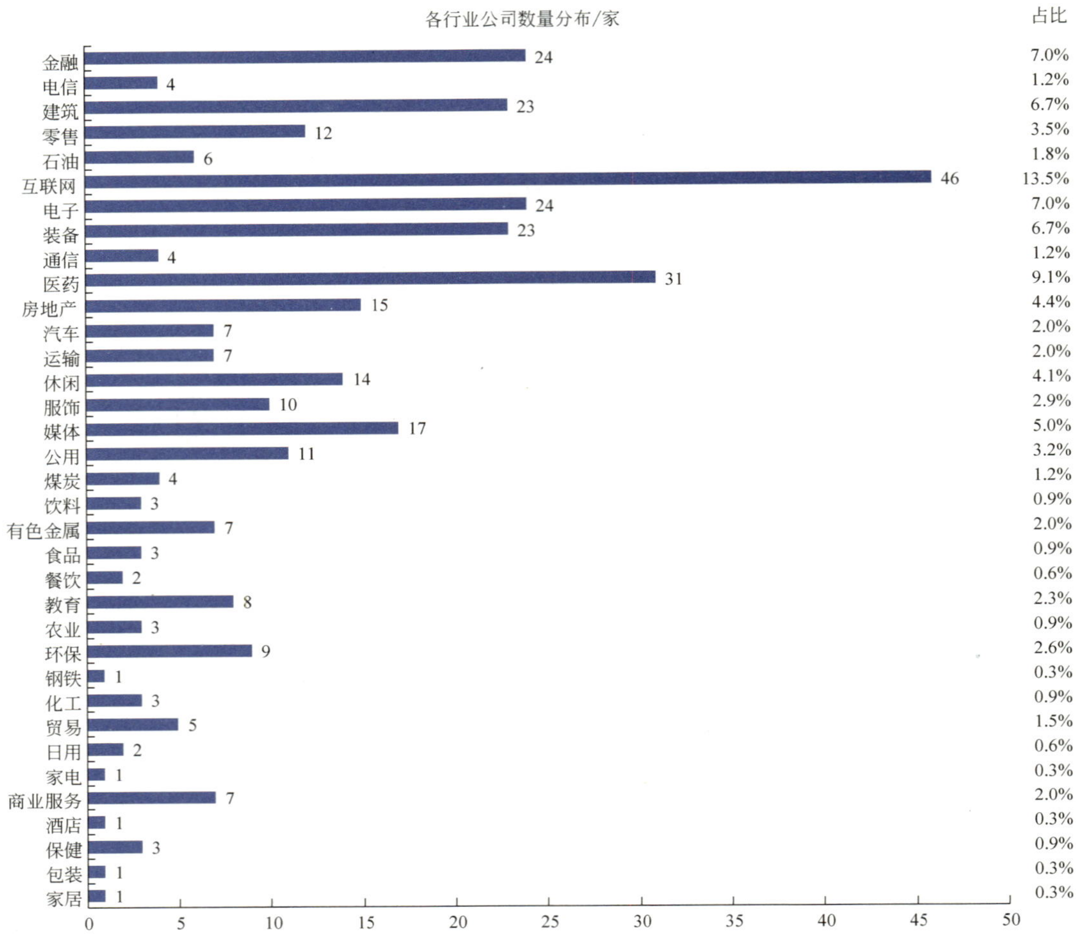

图 3-2　2023 年北京上市公司品牌价值榜各行业公司数量分布

3.2　广东品牌价值榜

在 2023 年中国上市公司品牌价值总榜的 3 000 家企业中：广东的企业共计 466 家，比 2022 年减少了 7 家；品牌价值总计 54 826.61 亿元，比 2022 年减少了 2.5%。

3.2.1　2023 年广东上市公司品牌价值榜单

序号	证券简称	品牌价值/亿元	增长率/%	地区	上市日期	证券代码
1	腾讯控股	17 708.19	−14.6	互联网	2004-06-16	0700.HK
2	中国平安	3 021.97	−6.8	金融	2007-03-01	601318.SH
3	美的集团	2 688.32	−2.2	家电	2013-09-18	000333.SZ
4	格力电器	1 674.45	2.5	家电	1996-11-18	000651.SZ

续表

序号	证券简称	品牌价值/亿元	增长率/%	地区	上市日期	证券代码
5	万科 A	1 513.97	15.8	房地产	1991-01-29	000002.SZ
6	比亚迪	1 507.17	39.7	汽车	2011-06-30	002594.SZ
7	招商银行	1 394.04	4.6	金融	2002-04-09	600036.SH
8	碧桂园	1 332.24	−18.8	房地产	2007-04-20	2007.HK
9	顺丰控股	1 130.88	34.9	运输	2010-02-05	002352.SZ
10	保利发展	1 106.36	5.0	房地产	2006-07-31	600048.SH
11	中集集团	891.69	13.7	装备	1994-04-08	000039.SZ
12	TCL 科技	771.42	13.9	通信	2004-01-30	000100.SZ
13	华侨城 A	749.43	−14.7	房地产	1997-09-10	000069.SZ
14	招商蛇口	541.04	6.2	房地产	2015-12-30	001979.SZ
15	平安银行	521.74	15.6	金融	1991-04-03	000001.SZ
16	中兴通讯	486.65	0.3	通信	1997-11-18	000063.SZ
17	海信家电	455.65	24.2	家电	1999-07-13	000921.SZ
18	广汽集团	452.92	−2.7	汽车	2012-03-29	601238.SH
19	立讯精密	433.05	53.1	电子	2010-09-15	002475.SZ
20	腾讯音乐	385.60	−18.4	休闲	2018-12-12	TME.N
21	传音控股	382.79	−9.1	通信	2019-09-30	688036.SH
22	金地集团	364.36	4.7	房地产	2001-04-12	600383.SH
23	海天味业	317.55	−6.5	食品	2014-02-11	603288.SH
24	唯品会	317.50	36.3	零售	2012-03-23	VIPS.N
25	海大集团	312.93	20.8	农业	2009-11-27	002311.SZ
26	白云山	292.10	30.8	医药	2001-02-06	600332.SH
27	光大环境	241.53	17.3	环保	1997-02-28	0257.HK
28	温氏股份	236.46	51.5	农业	2015-11-02	300498.SZ
29	南方航空	232.35	−27.4	运输	2003-07-25	600029.SH
30	中信证券	227.49	11.4	金融	2003-01-06	600030.SH
31	美的置业	214.54	−20.9	房地产	2018-10-11	3990.HK
32	阳光保险	207.88	新上榜	金融	2022-12-09	6963.HK
33	国药一致	195.14	20.0	医药	1993-08-09	000028.SZ
34	明阳智能	192.10	61.8	装备	2019-01-23	601615.SH
35	雅居乐集团	190.21	0.1	房地产	2005-12-15	3383.HK
36	迈瑞医疗	185.56	23.8	医药	2018-10-16	300760.SZ
37	华发股份	184.55	20.7	房地产	2004-02-25	600325.SH
38	欢聚	169.91	27.3	休闲	2012-11-21	YY.O
39	龙光集团	158.55	−17.7	房地产	2013-12-20	3380.HK
40	分众传媒	155.54	−13.2	媒体	2004-08-04	002027.SZ
41	欣旺达	142.14	22.4	电子	2011-04-21	300207.SZ
42	中集车辆	137.12	−9.2	装备	2021-07-08	301039.SZ
43	东鹏饮料	136.27	8.4	饮料	2021-05-27	605499.SH
44	深康佳 A	126.06	−18.0	家电	1992-03-27	000016.SZ
45	兆驰股份	124.22	−21.9	日用	2010-06-10	002429.SZ
46	中集安瑞科	115.72	11.2	装备	2005-10-18	3899.HK

续表

序号	证券简称	品牌价值/亿元	增长率/%	地区	上市日期	证券代码
47	亿纬锂能	115.13	50.8	电子	2009-10-30	300014.SZ
48	海王生物	113.75	−11.2	医药	1998-12-18	000078.SZ
49	广发证券	111.06	−1.7	金融	1997-06-11	000776.SZ
50	纳思达	103.65	88.0	电子	2007-11-13	002180.SZ
51	美东汽车	101.74	6.3	汽车	2013-12-05	1268.HK
52	深圳控股	100.86	−10.1	房地产	1997-03-07	0604.HK
53	招商证券	98.96	−1.4	金融	2009-11-17	600999.SH
54	欧派家居	97.16	2.3	家居	2017-03-28	603833.SH
55	碧桂园服务	96.98	−18.9	房地产	2018-06-19	6098.HK
56	中国广核	96.75	14.2	公用	2019-08-26	003816.SZ
57	大悦城	95.97	47.8	房地产	1993-10-08	000031.SZ
58	大参林	95.58	−0.7	零售	2017-07-31	603233.SH
59	金域医学	95.41	25.6	保健	2017-09-08	603882.SH
60	神州数码	93.77	4.7	贸易	1994-05-09	000034.SZ
61	周大生	93.34	23.8	服饰	2017-04-27	002867.SZ
62	新宝股份	92.04	−7.0	家电	2014-01-21	002705.SZ
63	中国中药	91.99	13.8	医药	1993-04-07	0570.HK
64	华润三九	91.90	51.5	医药	2000-03-09	000999.SZ
65	招商港口	89.62	−4.6	运输	1993-05-05	001872.SZ
66	虎牙直播	89.05	−21.7	休闲	2018-05-11	HUYA.N
67	珠江啤酒	85.21	9.4	饮料	2010-08-18	002461.SZ
68	德赛电池	84.51	6.8	电子	1995-03-20	000049.SZ
69	广州农商银行	83.77	3.1	金融	2017-06-20	1551.HK
70	爱施德	83.69	23.7	贸易	2010-05-28	002416.SZ
71	九毛九	83.24	8.8	餐饮	2020-01-15	9922.HK
72	万物云	82.57	新上榜	房地产	2022-09-29	2602.HK
73	达安基因	80.36	123.1	医药	2004-08-09	002030.SZ
74	中国长城	80.11	38.1	电子	1997-06-26	000066.SZ
75	稳健医疗	79.81	7.2	纺织	2020-09-17	300888.SZ
76	科达制造	77.31	30.9	装备	2002-10-10	600499.SH
77	华润电力	75.68	−13.5	公用	2003-11-12	0836.HK
78	健康元	72.88	−12.4	医药	2001-06-08	600380.SH
79	国信证券	72.42	20.4	金融	2014-12-29	002736.SZ
80	怡亚通	72.31	15.7	贸易	2007-11-13	002183.SZ
81	康哲药业	69.57	4.3	医药	2010-09-28	0867.HK
82	深天马A	69.16	14.2	电子	1995-03-15	000050.SZ
83	汇川技术	69.03	16.5	装备	2010-09-28	300124.SZ
84	天虹股份	68.59	11.4	零售	2010-06-01	002419.SZ
85	东莞农商银行	67.61	6.2	金融	2021-09-29	9889.HK
86	中顺洁柔	66.41	−4.3	日用	2010-11-25	002511.SZ
87	万和电气	65.43	34.4	家电	2011-01-28	002543.SZ
88	中国联塑	61.95	−13.1	建筑	2010-06-23	2128.HK

续表

序号	证券简称	品牌价值/亿元	增长率/%	地区	上市日期	证券代码
89	木林森	61.46	2.2	电子	2015-02-17	002745.SZ
90	汤臣倍健	60.36	27.5	保健	2010-12-15	300146.SZ
91	领益智造	58.80	5.9	电子	2011-07-15	002600.SZ
92	视源股份	58.76	11.1	电子	2017-01-19	002841.SZ
93	大族激光	58.20	3.2	电子	2004-06-25	002008.SZ
94	丽珠集团	57.11	−10.0	医药	1993-10-28	000513.SZ
95	国银金租	56.72	−33.1	金融	2016-07-11	1606.HK
96	富力地产	55.98	−37.4	房地产	2005-07-14	2777.HK
97	中南股份	55.71	1.4	钢铁	1997-05-08	000717.SZ
98	中金岭南	54.13	43.7	有色金属	1997-01-23	000060.SZ
99	慕思股份	53.36	新上榜	日用	2022-06-23	001323.SZ
100	奥马电器	51.74	22.6	家电	2012-04-16	002668.SZ
101	广电运通	51.05	11.8	电子	2007-08-13	002152.SZ
102	天健集团	50.85	39.8	建筑	1999-07-21	000090.SZ
103	蓝月亮集团	50.65	13.1	日用	2020-12-16	6993.HK
104	中国宝安	50.38	39.9	金融	1991-06-25	000009.SZ
105	生益科技	50.02	−8.8	电子	1998-10-28	600183.SH
106	中炬高新	48.76	1.2	食品	1995-01-24	600872.SH
107	康冠科技	48.69	新上榜	电子	2022-03-18	001308.SZ
108	天禾股份	48.57	50.0	化工	2020-09-03	002999.SZ
109	思摩尔国际	47.61	−19.0	家电	2020-07-10	6969.HK
110	瀚蓝环境	46.15	23.1	环保	2000-12-25	600323.SH
111	佛山照明	45.50	41.3	家电	1993-11-23	000541.SZ
112	省广集团	45.00	−8.2	媒体	2010-05-06	002400.SZ
113	南方传媒	44.59	5.3	媒体	2016-02-15	601900.SH
114	深高速	44.58	10.6	运输	2001-12-25	600548.SH
115	广深铁路	42.15	−0.4	运输	2006-12-22	601333.SH
116	索菲亚	41.51	−7.1	家居	2011-04-12	002572.SZ
117	雅生活服务	41.35	−39.5	房地产	2018-02-09	3319.HK
118	迪阿股份	39.82	0.6	服饰	2021-12-15	301177.SZ
119	比音勒芬	39.79	58.1	服饰	2016-12-23	002832.SZ
120	共进股份	39.61	−12.9	通信	2015-02-25	603118.SH
121	裕同科技	38.95	24.9	包装	2016-12-16	002831.SZ
122	广州酒家	38.52	15.7	食品	2017-06-27	603043.SH
123	中国光大水务	38.35	18.3	环保	2019-05-08	1857.HK
124	深南电路	38.21	15.1	电子	2017-12-13	002916.SZ
125	华润万象生活	37.78	18.3	房地产	2020-12-09	1209.HK
126	金发科技	37.17	−8.4	化工	2004-06-23	600143.SH
127	奈雪的茶	36.80	10.2	饮料	2021-06-30	2150.HK
128	天龙集团	36.48	−0.6	媒体	2010-03-26	300063.SZ
129	富安娜	36.04	16.7	纺织	2009-12-30	002327.SZ
130	南山控股	35.46	−2.6	房地产	2009-12-03	002314.SZ

续表

序号	证券简称	品牌价值/亿元	增长率/%	地区	上市日期	证券代码
131	飞亚达	35.32	4.4	服饰	1993-06-03	000026.SZ
132	普天科技	34.94	17.0	通信	2011-01-28	002544.SZ
133	华帝股份	34.86	−6.8	家电	2004-09-01	002035.SZ
134	国光电器	34.73	3.2	日用	2005-05-23	002045.SZ
135	云米科技	34.61	9.2	零售	2018-09-25	VIOT.O
136	深科技	33.90	−12.0	电子	1994-02-02	000021.SZ
137	江波龙	33.87	新上榜	电子	2022-08-05	301308.SZ
138	德赛西威	33.84	−3.0	汽车	2017-12-26	002920.SZ
139	保利物业	33.79	15.2	房地产	2019-12-19	6049.HK
140	潮宏基	33.73	25.1	服饰	2010-01-28	002345.SZ
141	神州信息	33.48	1.8	互联网	1994-04-08	000555.SZ
142	海格通信	33.41	20.4	通信	2010-08-31	002465.SZ
143	时代中国控股	33.13	−16.9	房地产	2013-12-11	1233.HK
144	名创优品	32.51	−15.2	零售	2020-10-15	MNSO.N
145	欧菲光	32.50	−57.6	电子	2010-08-03	002456.SZ
146	广州港	32.49	29.4	运输	2017-03-29	601228.SH
147	箭牌家居	32.40	新上榜	家居	2022-10-26	001322.SZ
148	华大基因	32.37	12.1	医药	2017-07-14	300676.SZ
149	珠海冠宇	32.20	−13.3	电子	2021-10-15	688772.SH
150	雅士利国际	32.20	59.6	食品	2010-11-01	1230.HK
151	广和通	30.89	44.6	通信	2017-04-13	300638.SZ
152	赢合科技	30.23	135.3	装备	2015-05-14	300457.SZ
153	鹏辉能源	30.02	93.6	电子	2015-04-24	300438.SZ
154	齐心集团	29.89	−27.7	日用	2009-10-21	002301.SZ
155	格林美	29.39	23.3	有色金属	2010-01-22	002340.SZ
156	乐信	29.02	16.7	金融	2017-12-21	LX.O
157	中国科培	28.58	1.1	教育	2019-01-25	1890.HK
158	招商积余	27.82	−8.0	房地产	1994-09-28	001914.SZ
159	东方嘉盛	27.68	−11.5	运输	2017-07-31	002889.SZ
160	岭南控股	27.62	−4.5	休闲	1993-11-18	000524.SZ
161	粤高速A	27.55	20.5	运输	1998-02-20	000429.SZ
162	理士国际	27.53	−18.9	装备	2010-11-16	0842.HK
163	越秀资本	27.28	5.5	金融	2000-07-18	000987.SZ
164	小熊电器	27.06	−5.0	家电	2019-08-23	002959.SZ
165	中远海特	26.99	32.5	运输	2002-04-18	600428.SH
166	海普瑞	26.75	4.7	医药	2010-05-06	002399.SZ
167	深圳华强	26.73	29.4	贸易	1997-01-30	000062.SZ
168	劲嘉股份	26.56	28.9	商业服务	2007-12-05	002191.SZ
169	景旺电子	25.89	10.8	电子	2017-01-06	603228.SH
170	捷佳伟创	25.85	6.4	电子	2018-08-10	300724.SZ
171	绿色动力	25.59	111.4	环保	2018-06-11	601330.SH
172	深圳能源	25.14	4.0	公用	1993-09-03	000027.SZ

续表

序号	证券简称	品牌价值/亿元	增长率/%	地区	上市日期	证券代码
173	汇洁股份	24.77	10.1	服饰	2015-06-10	002763.SZ
174	智度股份	24.54	-29.4	媒体	1996-12-24	000676.SZ
175	深桑达A	24.34	53.0	建筑	1993-10-28	000032.SZ
176	粤电力A	24.33	9.7	公用	1993-11-26	000539.SZ
177	创世纪	24.30	3.5	装备	2010-05-20	300083.SZ
178	凯普生物	24.22	155.4	医药	2017-04-12	300639.SZ
179	信维通信	24.19	-14.3	电子	2010-11-05	300136.SZ
180	伊之密	24.10	7.8	装备	2015-01-23	300415.SZ
181	广州发展	23.94	4.5	公用	1997-07-18	600098.SH
182	中洲控股	23.56	-12.8	房地产	1994-09-21	000042.SZ
183	贝特瑞	23.56	新上榜	有色金属	2020-07-27	835185.BJ
184	拓邦股份	23.29	7.6	电子	2007-06-29	002139.SZ
185	海能达	23.28	3.7	通信	2011-05-27	002583.SZ
186	人人乐	23.05	7.1	零售	2010-01-13	002336.SZ
187	兴发铝业	22.83	1.6	有色金属	2008-03-31	0098.HK
188	南玻A	22.55	3.3	建筑	1992-02-28	000012.SZ
189	歌力思	22.46	-18.4	服饰	2015-04-22	603808.SH
190	三环集团	22.04	5.1	电子	2014-12-03	300408.SZ
191	广弘控股	21.93	49.7	媒体	1993-11-18	000529.SZ
192	深信服	21.77	-18.5	互联网	2018-05-16	300454.SZ
193	洲明科技	21.76	16.6	电子	2011-06-22	300232.SZ
194	欢乐家	21.75	28.4	饮料	2021-06-02	300997.SZ
195	广东鸿图	21.72	54.1	汽车	2006-12-29	002101.SZ
196	同兴达	21.46	-2.9	电子	2017-01-25	002845.SZ
197	粤水电	21.41	41.5	建筑	2006-08-10	002060.SZ
198	海伦司	21.26	-1.5	酒店	2021-09-10	9869.HK
199	健帆生物	21.12	28.3	医药	2016-08-02	300529.SZ
200	天赐材料	21.00	152.7	化工	2014-01-23	002709.SZ
201	华测检测	20.98	16.7	商业服务	2009-10-30	300012.SZ
202	立高食品	20.91	1.4	食品	2021-04-15	300973.SZ
203	中船防务	20.69	-24.6	装备	1993-10-28	600685.SH
204	东阳光	20.61	-19.3	有色金属	1993-09-17	600673.SH
205	东方精工	20.57	-2.2	装备	2011-08-30	002611.SZ
206	万孚生物	20.46	37.8	医药	2015-06-30	300482.SZ
207	中国职业教育	20.23	105.2	教育	2019-11-25	1756.HK
208	新产业	20.19	45.7	医药	2020-05-12	300832.SZ
209	朝云集团	19.93	37.1	日用	2021-03-10	6601.HK
210	广日股份	19.63	10.3	装备	1996-03-28	600894.SH
211	华大智造	19.55	新上榜	医药	2022-09-09	688114.SH
212	信立泰	19.38	-0.9	医药	2009-09-10	002294.SZ
213	胜宏科技	19.15	8.2	电子	2015-06-11	300476.SZ
214	科达利	18.98	78.8	装备	2017-03-02	002850.SZ

续表

序号	证券简称	品牌价值/亿元	增长率/%	地区	上市日期	证券代码
215	大族数控	18.90	新上榜	电子	2022-02-28	301200.SZ
216	天源迪科	18.87	39.4	互联网	2010-01-20	300047.SZ
217	大洋电机	18.86	−6.9	装备	2008-06-19	002249.SZ
218	长盈精密	18.86	−14.3	电子	2010-09-02	300115.SZ
219	凌霄泵业	18.84	23.5	装备	2017-07-11	002884.SZ
220	华南职业教育	18.73	3.1	教育	2021-07-13	6913.HK
221	弘亚数控	18.65	−8.5	装备	2016-12-28	002833.SZ
222	塔牌集团	18.44	3.2	建筑	2008-05-16	002233.SZ
223	拓斯达	18.32	17.6	装备	2017-02-09	300607.SZ
224	广百股份	18.20	−12.6	零售	2007-11-22	002187.SZ
225	和而泰	18.15	18.2	电子	2010-05-11	002402.SZ
226	汇量科技	18.08	24.4	互联网	2018-12-12	1860.HK
227	深圳燃气	18.06	13.7	公用	2009-12-25	601139.SH
228	粤海饲料	18.02	新上榜	农业	2022-02-16	001313.SZ
229	英唐智控	17.91	−8.5	电子	2010-10-19	300131.SZ
230	诺普信	17.59	29.6	化工	2008-02-18	002215.SZ
231	利元亨	17.35	40.5	装备	2021-07-01	688499.SH
232	东风股份	17.19	14.6	商业服务	2012-02-16	601515.SH
233	佳都科技	17.00	2.1	互联网	1996-07-16	600728.SH
234	南兴股份	16.87	17.4	装备	2015-05-27	002757.SZ
235	三雄极光	16.79	−4.9	家电	2017-03-17	300625.SZ
236	好太太	16.53	15.5	日用	2017-12-01	603848.SH
237	莱宝高科	16.46	0.9	电子	2007-01-12	002106.SZ
238	金证股份	16.44	−3.1	互联网	2003-12-24	600446.SH
239	汇顶科技	16.29	−48.1	电子	2016-10-17	603160.SH
240	顺络电子	16.19	18.1	电子	2007-06-13	002138.SZ
241	智微智能	16.17	新上榜	通信	2022-08-15	001339.SZ
242	长城证券	15.98	8.1	金融	2018-10-26	002939.SZ
243	深物业A	15.94	6.2	房地产	1992-03-30	000011.SZ
244	风华高科	15.91	−13.6	电子	1996-11-29	000636.SZ
245	合富辉煌	15.88	−36.1	房地产	2004-07-15	0733.HK
246	普路通	15.87	2.7	运输	2015-06-29	002769.SZ
247	京基智农	15.87	−23.1	房地产	1994-11-01	000048.SZ
248	沃尔核材	15.84	−8.4	装备	2007-04-20	002130.SZ
249	超声电子	15.77	7.5	电子	1997-10-08	000823.SZ
250	特发信息	15.75	−27.5	通信	2000-05-11	000070.SZ
251	卡宾	15.68	−8.9	服饰	2013-10-28	2030.HK
252	丸美股份	15.65	−10.7	日用	2019-07-25	603983.SH
253	漫步者	15.53	−7.5	日用	2010-02-05	002351.SZ
254	尚品宅配	15.43	−20.8	家居	2017-03-07	300616.SZ
255	康臣药业	15.39	20.7	医药	2013-12-19	1681.HK
256	香江控股	15.30	−22.9	房地产	1998-06-09	600162.SH

续表

序号	证券简称	品牌价值/亿元	增长率/%	地区	上市日期	证券代码
257	新国都	15.27	91.8	电子	2010-10-19	300130.SZ
258	康泰生物	15.26	−28.0	医药	2017-02-07	300601.SZ
259	雷士国际	15.20	−14.5	家电	2010-05-20	2222.HK
260	珠江钢琴	15.16	2.5	日用	2012-05-30	002678.SZ
261	德方纳米	15.03	新上榜	化工	2019-04-15	300769.SZ
262	崇达技术	14.99	13.3	电子	2016-10-12	002815.SZ
263	菲菱科思	14.87	新上榜	通信	2022-05-26	301191.SZ
264	申菱环境	14.82	49.8	装备	2021-07-07	301018.SZ
265	佳禾智能	14.78	8.8	日用	2019-10-18	300793.SZ
266	兴森科技	14.77	12.1	电子	2010-06-18	002436.SZ
267	飞马国际	14.72	−41.5	环保	2008-01-30	002210.SZ
268	中国电研	14.54	−1.3	装备	2019-11-05	688128.SH
269	东莞控股	14.53	36.9	建筑	1997-06-17	000828.SZ
270	英维克	14.47	4.4	装备	2016-12-29	002837.SZ
271	众业达	14.33	34.8	贸易	2010-07-06	002441.SZ
272	新媒股份	14.30	38.3	媒体	2019-04-19	300770.SZ
273	燕塘乳业	14.11	7.1	食品	2014-12-05	002732.SZ
274	科顺股份	14.07	16.4	建筑	2018-01-25	300737.SZ
275	珠海港	14.05	49.0	运输	1993-03-26	000507.SZ
276	麦格米特	13.94	34.0	装备	2017-03-06	002851.SZ
277	光弘科技	13.92	64.9	电子	2017-12-29	300735.SZ
278	超盈国际控股	13.79	42.2	纺织	2014-05-23	2111.HK
279	冠豪高新	13.72	39.5	造纸	2003-06-19	600433.SH
280	众生药业	13.53	83.0	医药	2009-12-11	002317.SZ
281	创美药业	13.43	13.6	医药	2015-12-14	2289.HK
282	亚辉龙	13.26	新上榜	医药	2021-05-17	688575.SH
283	科瑞技术	13.22	−0.4	装备	2019-07-26	002957.SZ
284	仙乐健康	13.18	−13.7	保健	2019-09-25	300791.SZ
285	广州浪奇	13.16	14.1	日用	1993-11-08	000523.SZ
286	佳云科技	13.13	−43.6	媒体	2011-07-12	300242.SZ
287	光正教育	13.06	新上榜	教育	2017-01-26	6068.HK
288	华阳集团	12.92	11.8	汽车	2017-10-13	002906.SZ
289	坚朗五金	12.90	−18.2	建筑	2016-03-29	002791.SZ
290	海目星	12.85	76.8	电子	2020-09-09	688559.SH
291	粤运交通	12.81	−10.0	运输	2005-10-26	3399.HK
292	嘉士利集团	12.73	−1.1	食品	2014-09-25	1285.HK
293	顺钠股份	12.68	−12.4	装备	1994-01-03	000533.SZ
294	万顺新材	12.68	40.3	包装	2010-02-26	300057.SZ
295	文灿股份	12.65	58.5	汽车	2018-04-26	603348.SH
296	得润电子	12.63	−6.7	电子	2006-07-25	002055.SZ
297	国星光电	12.61	−6.3	电子	2010-07-16	002449.SZ
298	科士达	12.59	9.7	装备	2010-12-07	002518.SZ

续表

序号	证券简称	品牌价值/亿元	增长率/%	地区	上市日期	证券代码
299	易事特	12.56	4.5	装备	2014-01-27	300376.SZ
300	天融信	12.47	−0.9	互联网	2008-02-01	002212.SZ
301	东江环保	12.43	0.5	环保	2012-04-26	002672.SZ
302	美格智能	12.29	83.1	通信	2017-06-22	002881.SZ
303	百奥家庭互动	12.20	−26.8	休闲	2014-04-10	2100.HK
304	永顺泰	12.17	新上榜	农业	2022-11-16	001338.SZ
305	海洋王	12.17	19.7	电子	2014-11-04	002724.SZ
306	佛燃能源	12.08	76.9	公用	2017-11-22	002911.SZ
307	金龙羽	12.05	17.5	装备	2017-07-17	002882.SZ
308	世荣兆业	12.03	−11.2	房地产	2004-07-08	002016.SZ
309	奥海科技	12.03	46.1	电子	2020-08-17	002993.SZ
310	格力地产	11.98	−19.5	房地产	1999-06-11	600185.SH
311	联赢激光	11.96	33.4	装备	2020-06-22	688518.SH
312	深振业 A	11.93	−8.7	房地产	1992-04-27	000006.SZ
313	白云机场	11.76	−19.5	运输	2003-04-28	600004.SH
314	冰川网络	11.60	118.2	休闲	2016-08-18	300533.SZ
315	法本信息	11.58	32.1	互联网	2020-12-30	300925.SZ
316	华联控股	11.51	−30.7	房地产	1994-06-17	000036.SZ
317	万润科技	11.48	−20.9	媒体	2012-02-17	002654.SZ
318	生益电子	11.46	43.0	电子	2021-02-25	688183.SH
319	金信诺	11.34	32.6	通信	2011-08-18	300252.SZ
320	光峰科技	11.20	−4.1	电子	2019-07-22	688007.SH
321	华宝新能	11.15	新上榜	装备	2022-09-19	301327.SZ
322	深粮控股	11.07	24.6	贸易	1992-10-12	000019.SZ
323	卓越商企服务	11.02	−6.6	房地产	2020-10-19	6989.HK
324	顺丰同城	10.72	−56.1	运输	2021-12-14	9699.HK
325	电连技术	10.57	26.8	电子	2017-07-31	300679.SZ
326	天威视讯	10.49	10.1	媒体	2008-05-26	002238.SZ
327	世运电路	10.48	15.8	电子	2017-04-26	603920.SH
328	长园集团	10.46	−25.8	装备	2002-12-02	600525.SH
329	洪兴股份	10.43	34.0	服饰	2021-07-23	001209.SZ
330	世联行	10.41	−61.2	房地产	2009-08-28	002285.SZ
331	好莱客	10.28	−12.1	家居	2015-02-17	603898.SH
332	新宙邦	10.26	73.4	化工	2010-01-08	300037.SZ
333	聚飞光电	10.21	7.7	电子	2012-03-19	300303.SZ
334	亚钾国际	10.19	新上榜	化工	1998-12-24	000893.SZ
335	粤港湾控股	10.14	−28.7	房地产	2013-10-31	1396.HK
336	鼎泰高科	10.08	新上榜	装备	2022-11-22	301377.SZ
337	国联水产	10.06	39.8	农业	2010-07-08	300094.SZ
338	星辉娱乐	10.01	−26.7	休闲	2010-01-20	300043.SZ
339	迅雷	9.91	−21.8	休闲	2014-06-24	XNET.O
340	三和管桩	9.83	−12.3	建筑	2021-02-04	003037.SZ

续表

序号	证券简称	品牌价值/亿元	增长率/%	地区	上市日期	证券代码
341	远光软件	9.72	27.7	互联网	2006-08-23	002063.SZ
342	侨银股份	9.59	13.8	环保	2020-01-06	002973.SZ
343	芭田股份	9.58	34.3	化工	2007-09-19	002170.SZ
344	盛讯达	9.47	54.0	休闲	2016-06-24	300518.SZ
345	快意电梯	9.42	42.9	装备	2017-03-24	002774.SZ
346	佳士科技	9.41	4.4	装备	2011-03-22	300193.SZ
347	豪鹏科技	9.28	新上榜	装备	2022-09-05	001283.SZ
348	赛意信息	9.26	36.3	互联网	2017-08-03	300687.SZ
349	禹洲集团	9.26	41.4	房地产	2009-11-02	1628.HK
350	景业名邦集团	9.24	−39.3	房地产	2019-12-05	2231.HK
351	康华医疗	9.22	−2.5	保健	2016-11-08	3689.HK
352	道通科技	9.18	−21.1	电子	2020-02-13	688208.SH
353	一品红	9.16	20.8	医药	2017-11-16	300723.SZ
354	禾望电气	9.14	17.3	装备	2017-07-28	603063.SH
355	佰维存储	9.09	新上榜	电子	2022-12-30	688525.SH
356	维业股份	9.08	新上榜	建筑	2017-03-16	300621.SZ
357	东鹏控股	9.03	−24.6	建筑	2020-10-19	003012.SZ
358	中国光大绿色环保	9.01	−1.0	公用	2017-05-08	1257.HK
359	香山股份	8.99	−37.6	汽车	2017-05-15	002870.SZ
360	协创数据	8.84	17.0	电子	2020-07-27	300857.SZ
361	嘉诚国际	8.76	−7.9	运输	2017-08-08	603535.SH
362	力合科创	8.69	新上榜	包装	2008-05-28	002243.SZ
363	欧陆通	8.68	17.4	电子	2020-08-24	300870.SZ
364	电声股份	8.67	−32.3	媒体	2019-11-21	300805.SZ
365	祥鑫科技	8.62	新上榜	汽车	2019-10-25	002965.SZ
366	全志科技	8.62	6.0	电子	2015-05-15	300458.SZ
367	中信海直	8.57	30.8	运输	2000-07-31	000099.SZ
368	金蝶国际	8.53	−42.2	互联网	2001-02-15	0268.HK
369	雷赛智能	8.51	7.0	装备	2020-04-08	002979.SZ
370	艾比森	8.48	新上榜	电子	2014-08-01	300389.SZ
371	宝新能源	8.46	39.4	公用	1997-01-28	000690.SZ
372	凯撒文化	8.45	−38.9	休闲	2010-06-08	002425.SZ
373	熵基科技	8.44	新上榜	电子	2022-08-17	301330.SZ
374	信邦控股	8.44	−20.6	汽车	2017-06-28	1571.HK
375	广电计量	8.37	6.1	商业服务	2019-11-08	002967.SZ
376	中微半导	8.36	新上榜	电子	2022-08-05	688380.SH
377	怡合达	8.35	3.1	装备	2021-07-23	301029.SZ
378	小崧股份	8.28	15.7	家电	2014-01-29	002723.SZ
379	昌红科技	8.27	19.8	装备	2010-12-22	300151.SZ
380	拉芳家化	8.23	−12.4	日用	2017-03-13	603630.SH
381	ST广珠	8.20	新上榜	贸易	2001-01-18	600382.SH
382	伊戈尔	8.17	2.2	电子	2017-12-29	002922.SZ

续表

序号	证券简称	品牌价值/亿元	增长率/%	地区	上市日期	证券代码
383	理邦仪器	8.17	6.3	医药	2011-04-21	300206.SZ
384	美盈森	8.17	9.8	包装	2009-11-03	002303.SZ
385	美好医疗	8.13	新上榜	医药	2022-10-12	301363.SZ
386	博杰股份	8.13	−10.5	装备	2020-02-05	002975.SZ
387	英威腾	8.13	36.2	装备	2010-01-13	002334.SZ
388	朗科科技	8.11	14.7	电子	2010-01-08	300042.SZ
389	越秀服务	8.11	12.7	房地产	2021-06-28	6626.HK
390	九联科技	8.07	11.3	电子	2021-03-23	688609.SH
391	星湖科技	8.02	7.2	食品	1994-08-18	600866.SH
392	白云电器	7.98	13.8	装备	2016-03-22	603861.SH
393	博敏电子	7.94	2.8	电子	2015-12-09	603936.SH
394	方大集团	7.93	39.8	建筑	1996-04-15	000055.SZ
395	亿胜生物科技	7.90	22.7	医药	2001-06-27	1061.HK
396	正业国际	7.84	37.4	包装	2011-06-03	3363.HK
397	安奈儿	7.83	22.4	服饰	2017-06-01	002875.SZ
398	依顿电子	7.83	−13.0	电子	2014-07-01	603328.SH
399	毅昌科技	7.82	−8.9	家电	2010-06-01	002420.SZ
400	华阳国际	7.75	17.6	商业服务	2019-02-26	002949.SZ
401	广东宏大	7.71	8.3	化工	2012-06-12	002683.SZ
402	奥尼电子	7.61	−32.5	日用	2021-12-28	301189.SZ
403	东瑞股份	7.58	32.1	农业	2021-04-28	001201.SZ
404	博士眼镜	7.44	35.5	零售	2017-03-15	300622.SZ
405	开立医疗	7.39	新上榜	医药	2017-04-06	300633.SZ
406	深深房A	7.28	2.2	房地产	1993-09-15	000029.SZ
407	华铁股份	7.28	−2.8	装备	2000-06-01	000976.SZ
408	都市丽人	7.21	−63.9	服饰	2014-06-26	2298.HK
409	博雅互动	7.21	12.9	休闲	2013-11-12	0434.HK
410	中京电子	7.11	10.7	电子	2011-05-06	002579.SZ
411	世纪联合控股	7.11	1.2	汽车	2019-10-18	1959.HK
412	天创时尚	7.08	−34.4	服饰	2016-02-18	603608.SH
413	麦捷科技	7.07	新上榜	电子	2012-05-23	300319.SZ
414	日丰股份	7.03	新上榜	装备	2019-05-09	002953.SZ
415	鸿利智汇	6.98	−14.5	电子	2011-05-18	300219.SZ
416	新亚制程	6.98	新上榜	电子	2010-04-13	002388.SZ
417	蒙娜丽莎	6.97	−26.5	建筑	2017-12-19	002918.SZ
418	第一创业	6.95	−8.7	金融	2016-05-11	002797.SZ
419	今天国际	6.91	新上榜	互联网	2016-08-18	300532.SZ
420	铭利达	6.88	新上榜	装备	2022-04-07	301268.SZ
421	先健科技	6.79	23.0	医药	2011-11-10	1302.HK
422	金新农	6.75	−25.4	农业	2011-02-18	002548.SZ
423	嘉元科技	6.72	新上榜	有色金属	2019-07-22	688388.SH
424	天德钰	6.64	新上榜	电子	2022-09-27	688252.SH

续表

序号	证券简称	品牌价值/亿元	增长率/%	地区	上市日期	证券代码
425	合景悠活	6.61	−31.7	房地产	2020-10-30	3913.HK
426	润都股份	6.61	22.9	医药	2018-01-05	002923.SZ
427	惠程科技	6.60	15.4	休闲	2007-09-19	002168.SZ
428	名臣健康	6.57	1.6	日用	2017-12-18	002919.SZ
429	睿智医药	6.54	新上榜	医药	2010-12-22	300149.SZ
430	飞荣达	6.53	9.3	电子	2017-01-26	300602.SZ
431	浩洋股份	6.51	新上榜	电子	2020-05-20	300833.SZ
432	振邦智能	6.50	17.3	电子	2020-12-28	003028.SZ
433	小赢科技	6.49	−5.8	金融	2018-09-19	XYF.N
434	南网科技	6.47	新上榜	装备	2021-12-22	688248.SH
435	金马游乐	6.47	5.2	休闲	2018-12-28	300756.SZ
436	安达智能	6.40	新上榜	装备	2022-04-15	688125.SH
437	维力医疗	6.39	新上榜	医药	2015-03-02	603309.SH
438	三利谱	6.38	11.0	电子	2017-05-25	002876.SZ
439	达实智能	6.37	−34.4	互联网	2010-06-03	002421.SZ
440	中智药业	6.34	−7.6	医药	2015-07-13	3737.HK
441	好上好	6.34	新上榜	贸易	2022-10-31	001298.SZ
442	华立科技	6.30	−7.8	休闲	2021-06-17	301011.SZ
443	科思科技	6.25	−14.6	通信	2020-10-22	688788.SH
444	特发服务	6.19	新上榜	房地产	2020-12-21	300917.SZ
445	深圳机场	6.15	−24.9	运输	1998-04-20	000089.SZ
446	骏亚科技	6.14	13.1	电子	2017-09-12	603386.SH
447	瑞凌股份	6.14	新上榜	装备	2010-12-29	300154.SZ
448	固生堂	6.13	5.4	保健	2021-12-10	2273.HK
449	太平洋网络	6.10	−20.2	媒体	2007-12-18	0543.HK
450	博力威	6.00	新上榜	装备	2021-06-11	688345.SH
451	智光电气	5.99	−29.0	装备	2007-09-19	002169.SZ
452	中荣股份	5.97	新上榜	包装	2022-10-26	301223.SZ
453	雄韬股份	5.95	8.0	装备	2014-12-03	002733.SZ
454	豪美新材	5.93	新上榜	有色金属	2020-05-18	002988.SZ
455	优博讯	5.92	新上榜	电子	2016-08-09	300531.SZ
456	联易融科技-W	5.88	新上榜	互联网	2021-04-09	9959.HK
457	时代邻里	5.87	−22.9	房地产	2019-12-19	9928.HK
458	遥望科技	5.73	−46.4	互联网	2009-09-03	002291.SZ
459	农产品	5.73	新上榜	贸易	1997-01-10	000061.SZ
460	凯格精机	5.72	新上榜	装备	2022-08-16	301338.SZ
461	凯中精密	5.69	新上榜	装备	2016-11-24	002823.SZ
462	中装建设	5.68	−1.4	建筑	2016-11-29	002822.SZ
463	西陇科学	5.67	新上榜	化工	2011-06-02	002584.SZ
464	溢多利	5.66	−2.4	医药	2014-01-28	300381.SZ
465	惠泰医疗	5.64	新上榜	医药	2021-01-07	688617.SH
466	长亮科技	5.64	−6.1%	互联网	2012-08-17	300348.SZ

3.2.2 2023 年广东上市公司品牌价值榜分析

【区域集中度】 在 2023 年广东上市公司品牌价值榜中：排在前 10 位的公司品牌价值合计 33 077.59 亿元，占广东榜单总计品牌价值的 60.3%；排在前 30 位的公司品牌价值合计 41 691.84 亿元，占广东榜单总计品牌价值的 76%；排在前 100 位的公司品牌价值合计 48 626.02 亿元，占广东榜单总计品牌价值的 88.7%。

【所在行业】 在 2023 年广东上市公司品牌价值榜中，466 家公司来自 34 个行业。其中，互联网、房地产和金融三个行业共计包括 74 家公司，品牌价值合计 31 130.78 亿元，占广东榜单总计品牌价值的 56.8%，处于主导地位。其他行业的情况如图 3-3 和图 3-4 所示。

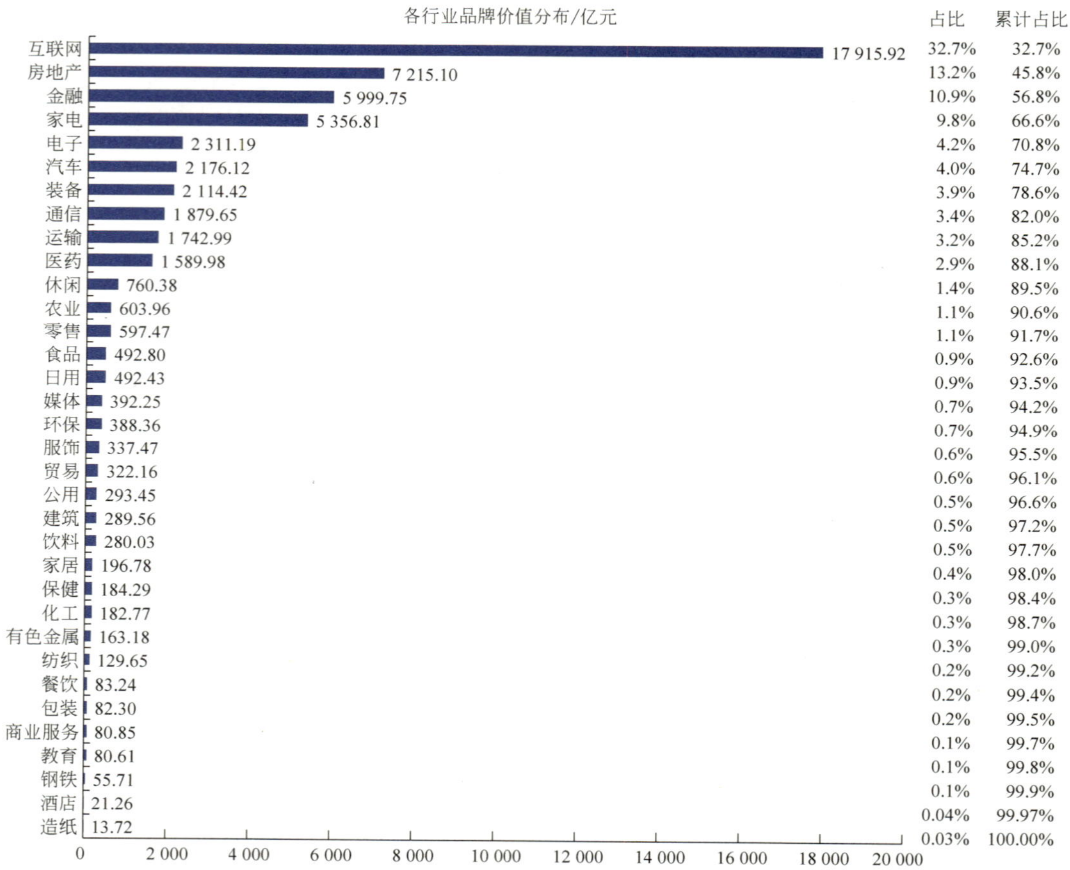

图 3-3 2023 年广东上市公司品牌价值榜各行业品牌价值分布

【上市板块】 在 2023 年广东上市公司品牌价值榜中：在香港上市的中资公司有 70 家，品牌价值合计 22 041.18 亿元，占广东榜单总计品牌价值的 40.2%，排在第一位；在深市主板上市的公司有 208 家，品牌价值合计 19 441.7 亿元，占广东榜单总计品牌价值的

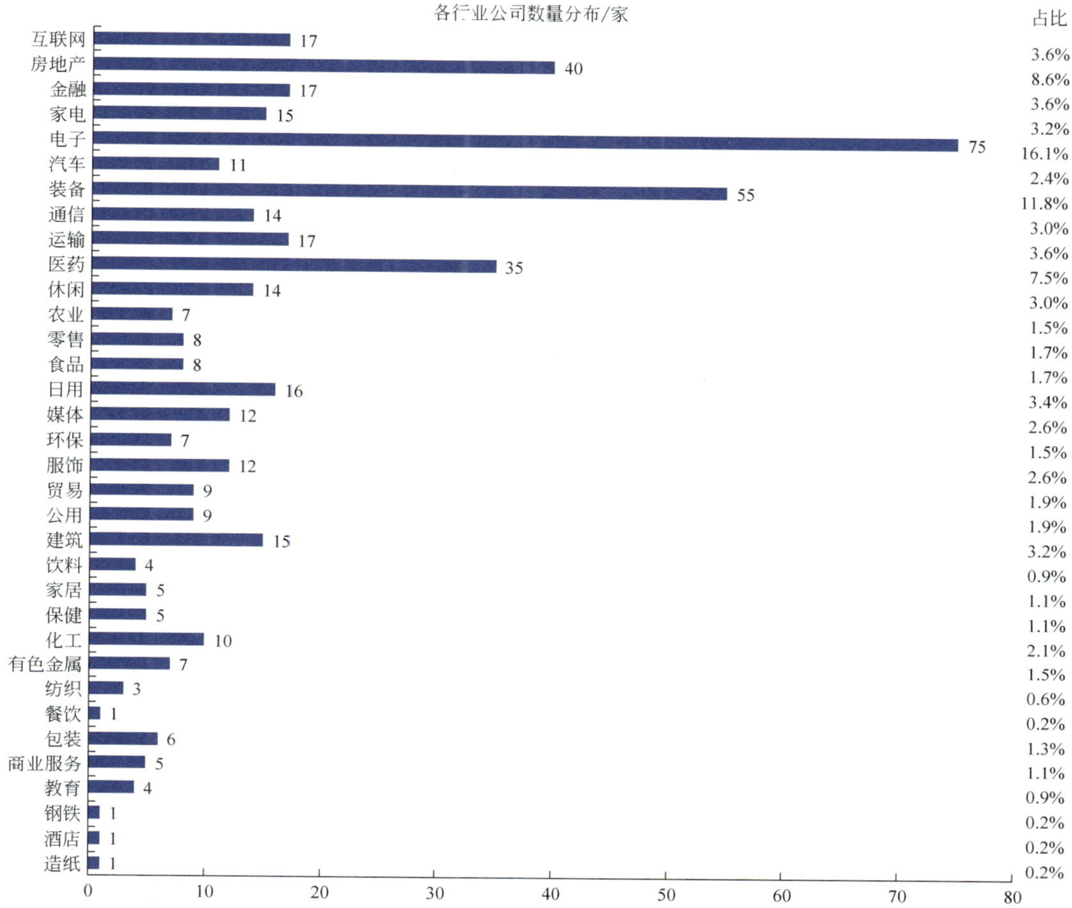

图 3-4 2023 年广东上市公司品牌价值榜各行业公司数量分布

35.5%，排在第二位；在沪市主板上市的公司有 62 家，品牌价值合计 9 368.71 亿元，占广东榜单总计品牌价值的 17.1%，排在第三位。此外，在深市创业板上市的公司有 95 家，品牌价值合计 2 270.87 亿元；在国外上市的中概股公司有 9 家，品牌价值合计 1 074.59 亿元；在沪市科创板上市的公司有 21 家，品牌价值合计 606.01 亿元；在北证新三板上市的公司有 1 家，品牌价值 23.56 亿元。

【上市时间】 在 2023 年广东上市公司品牌价值榜中：2003—2007 年上市的公司有 42 家，品牌价值合计 25 985.12 亿元，占广东榜单总计品牌价值的 47.7%，排在第一位；1997 年及以前上市的公司有 58 家，品牌价值合计 8 172.27 亿元，占广东榜单总计品牌价值的 14.9%，排在第二位；2008—2012 年上市的公司有 100 家，品牌价值合计 6 841.13 亿元，占广东榜单总计品牌价值的 12.5%，排在第三位。此外，2013—2017 年上市的公司有 117 家，品牌价值合计 6 419.51 亿元；2018—2022 年上市的公司有 123 家，品牌价值合计 4 162.88 亿元；1998—2002 年上市的公司有 26 家，品牌价值合计 3 245.7 亿元。

3.3 浙江品牌价值榜

在 2023 年中国上市公司品牌价值总榜的 3 000 家企业中：浙江的企业共计 364 家，比 2022 年增加了 18 家；品牌价值总计 30 107.16 亿元，比 2022 年减少了 0.9%。

3.3.1 2023 年浙江上市公司品牌价值榜单

序号	证券简称	品牌价值/亿元	增长率/%	地区	上市日期	证券代码
1	阿里巴巴-SW	13 463.31	−14.0	零售	2019-11-26	9988.HK
2	网易-S	2 790.06	11.3	互联网	2020-06-11	9 999.HK
3	农夫山泉	802.16	34.3	饮料	2020-09-08	9633.HK
4	物产中大	486.46	−0.6	贸易	1996-06-06	600704.SH
5	海康威视	449.56	3.4	电子	2010-05-28	002415.SZ
6	绿城中国	385.03	22.5	房地产	2006-07-13	3900.HK
7	申洲国际	259.90	−17.6	服饰	2005-11-24	2313.HK
8	韵达股份	246.35	45.6	运输	2007-03-06	002120.SZ
9	宁波银行	213.76	32.0	金融	2007-07-19	002142.SZ
10	荣盛石化	207.58	32.7	化工	2010-11-02	002493.SZ
11	传化智联	186.84	19.6	运输	2004-06-29	002010.SZ
12	浙商银行	181.53	5.8	金融	2019-11-26	601916.SH
13	浙商中拓	173.25	32.0	贸易	1999-07-07	000906.SZ
14	苏泊尔	170.55	15.1	家电	2004-08-17	002032.SZ
15	雅戈尔	168.67	24.0	服饰	1998-11-19	600177.SH
16	世纪华通	166.94	3.4	休闲	2011-07-28	002602.SZ
17	华东医药	164.13	11.2	医药	2000-01-27	000963.SZ
18	滨江集团	162.89	35.3	房地产	2008-05-29	002244.SZ
19	公牛集团	150.95	11.6	日用	2020-02-06	603195.SH
20	森马服饰	137.46	7.4	服饰	2011-03-11	002563.SZ
21	正泰电器	136.53	−11.4	装备	2010-01-21	601877.SH
22	大华股份	136.22	0.8	电子	2008-05-20	002236.SZ
23	浙江建投	136.00	80.7	建筑	2015-06-10	002761.SZ
24	舜宇光学科技	127.99	−20.7	电子	2007-06-15	2382.HK
25	申通快递	125.99	75.5	运输	2010-09-08	002468.SZ
26	海天国际	118.28	−7.9	装备	2006-12-22	1882.HK
27	杭州银行	116.95	21.1	金融	2016-10-27	600926.SH
28	东方日升	113.84	45.7	装备	2010-09-02	300118.SZ
29	东方生物	111.89	73.1	医药	2020-02-05	688298.SH
30	新和成	107.96	25.9	医药	2004-06-25	002001.SZ
31	完美世界	106.66	−12.1	休闲	2011-10-28	002624.SZ
32	天能股份	103.12	31.5	装备	2021-01-18	688819.SH
33	迪安诊断	101.92	56.9	保健	2011-07-19	300244.SZ
34	均胜电子	100.69	−17.9	汽车	1993-12-06	600699.SH

续表

序号	证券简称	品牌价值/亿元	增长率/%	地区	上市日期	证券代码
35	老板电器	96.54	−2.5	家电	2010-11-23	002508.SZ
36	新安股份	87.14	71.6	化工	2001-09-06	600596.SH
37	宁波港	86.20	18.0	运输	2010-09-28	601018.SH
38	杭叉集团	85.24	4.0	装备	2016-12-27	603298.SH
39	巨星科技	84.80	19.5	装备	2010-07-13	002444.SZ
40	运达股份	84.64	41.2	装备	2019-04-26	300772.SZ
41	晶盛机电	84.51	75.4	装备	2012-05-11	300316.SZ
42	利欧股份	78.94	−21.4	媒体	2007-04-27	002131.SZ
43	华友钴业	76.63	45.7	有色金属	2015-01-29	603799.SH
44	金田股份	74.78	35.8	有色金属	2020-04-22	601609.SH
45	浙江沪杭甬	74.42	20.0	运输	1997-05-15	0576.HK
46	海亮股份	73.79	28.3	有色金属	2008-01-16	002203.SZ
47	太平鸟	73.41	−26.7	服饰	2017-01-09	603877.SH
48	浙文互联	73.41	23.4	媒体	2004-04-26	600986.SH
49	顾家家居	72.60	1.9	家居	2016-10-14	603816.SH
50	浙版传媒	69.89	12.9	媒体	2021-07-23	601921.SH
51	超威动力	68.18	−0.3	装备	2010-07-07	0951.HK
52	浙江交科	59.32	55.2	建筑	2006-08-16	002061.SZ
53	德业股份	58.87	78.8	家电	2021-04-20	605117.SH
54	航民股份	56.94	71.0	纺织	2004-08-09	600987.SH
55	三花智控	56.68	27.4	家电	2005-06-07	002050.SZ
56	桐昆股份	55.26	−8.6	化工	2011-05-18	601233.SH
57	德信中国	54.83	−9.8	房地产	2019-02-26	2019.HK
58	荣安地产	54.28	18.8	房地产	1993-08-06	000517.SZ
59	中国巨石	54.12	22.7	建筑	1999-04-22	600176.SH
60	珀莱雅	52.71	20.7	日用	2017-11-15	603605.SH
61	春风动力	52.68	36.5	汽车	2017-08-18	603129.SH
62	宁波华翔	52.05	10.2	汽车	2005-06-03	002048.SZ
63	永安期货	51.95	−9.6	金融	2021-12-23	600927.SH
64	杭氧股份	51.92	19.9	装备	2010-06-10	002430.SZ
65	新湖中宝	51.18	−14.7	房地产	1999-06-23	600208.SH
66	杭钢股份	50.95	−4.3	钢铁	1998-03-11	600126.SH
67	甬金股份	50.19	34.1	钢铁	2019-12-24	603995.SH
68	江南布衣	49.26	32.8	服饰	2016-10-31	3306.HK
69	泰格医药	48.12	40.6	医药	2012-08-17	300347.SZ
70	天山铝业	47.62	9.3	有色金属	2010-12-31	002532.SZ
71	浙能电力	47.46	−1.2	公用	2013-12-19	600023.SH
72	浙江永强	45.94	21.7	日用	2010-10-21	002489.SZ
73	西子洁能	45.25	−0.9	装备	2011-01-10	002534.SZ
74	安旭生物	44.88	203.6	医药	2021-11-18	688075.SH
75	盈峰环境	44.85	4.1	环保	2000-03-30	000967.SZ
76	浙农股份	43.59	25.0	贸易	2015-05-27	002758.SZ

续表

序号	证券简称	品牌价值/亿元	增长率/%	地区	上市日期	证券代码
77	福莱特	43.39	24.3	装备	2019-02-15	601865.SH
78	香飘飘	42.71	−23.9	饮料	2017-11-30	603711.SH
79	华数传媒	41.99	14.2	媒体	2000-09-06	000156.SZ
80	盛泰集团	41.78	−9.4	服饰	2021-10-27	605138.SH
81	浙富控股	41.54	53.3	环保	2008-08-06	002266.SZ
82	卫星化学	41.45	47.3	化工	2011-12-28	002648.SZ
83	普洛药业	41.37	10.8	医药	1997-05-09	000739.SZ
84	报喜鸟	41.19	22.1	服饰	2007-08-16	002154.SZ
85	卧龙电驱	41.06	7.3	装备	2002-06-06	600580.SH
86	得邦照明	40.64	6.7	家电	2017-03-30	603303.SH
87	拓普集团	38.04	39.2	汽车	2015-03-19	601689.SH
88	绿城服务	37.79	−13.8	房地产	2016-07-12	2869.HK
89	海正药业	36.70	−8.2	医药	2000-07-25	600267.SH
90	振德医疗	36.16	−2.2	医药	2018-04-12	603301.SH
91	阳光照明	36.14	−11.8	家电	2000-07-20	600261.SH
92	联络互动	35.73	−50.1	互联网	2009-08-21	002280.SZ
93	继峰股份	35.57	24.9	汽车	2015-03-02	603997.SH
94	新凤鸣	35.55	−17.8	化工	2017-04-18	603225.SH
95	浙江鼎力	35.53	0.7	装备	2015-03-25	603338.SH
96	喜临门	35.51	25.4	家居	2012-07-17	603008.SH
97	合盛硅业	35.46	34.2	化工	2017-10-30	603260.SH
98	万向钱潮	34.38	26.3	汽车	1994-01-10	000559.SZ
99	浙江医药	33.85	1.9	医药	1999-10-21	600216.SH
100	嘉宏教育	33.62	43.4	教育	2019-06-18	1935.HK
101	伟明环保	33.42	14.1	环保	2015-05-28	603568.SH
102	万丰奥威	33.35	33.7	汽车	2006-11-28	002085.SZ
103	杰克股份	33.28	6.0	装备	2017-01-19	603337.SH
104	士兰微	33.23	53.1	电子	2003-03-11	600460.SH
105	华统股份	32.57	42.3	农业	2017-01-10	002840.SZ
106	东方电缆	32.48	32.0	装备	2014-10-15	603606.SH
107	会稽山	31.85	7.3	饮料	2014-08-25	601579.SH
108	华峰化学	31.70	7.7	化工	2006-08-23	002064.SZ
109	百世集团	31.52	−65.4	运输	2017-09-20	BEST.N
110	宝业集团	31.51	0.5	建筑	2003-06-30	2355.HK
111	浙数文化	31.45	26.3	媒体	1993-03-04	600633.SH
112	奥泰生物	30.98	183.0	医药	2021-03-25	688606.SH
113	康恩贝	30.82	73.6	医药	2004-04-12	600572.SH
114	诺力股份	30.30	26.7	装备	2015-01-28	603611.SH
115	浙商证券	30.15	10.2	金融	2017-06-26	601878.SH
116	浙江美大	30.04	5.2	家电	2012-05-25	002677.SZ
117	万马股份	29.78	36.5	装备	2009-07-10	002276.SZ
118	恒生电子	29.58	−8.6	互联网	2003-12-16	600570.SH

续表

序号	证券简称	品牌价值/亿元	增长率/%	地区	上市日期	证券代码
119	华海药业	29.50	−3.9	医药	2003-03-04	600521.SH
120	华策影视	28.66	−22.8	休闲	2010-10-26	300133.SZ
121	嘉欣丝绸	28.65	32.8	服饰	2010-05-11	002404.SZ
122	古越龙山	28.51	−5.3	饮料	1997-05-16	600059.SH
123	杭州解百	28.45	−6.2	零售	1994-01-14	600814.SH
124	同花顺	27.92	30.5	互联网	2009-12-25	300033.SZ
125	李子园	27.77	−8.6	饮料	2021-02-08	605337.SH
126	浙江龙盛	27.74	5.9	化工	2003-08-01	600352.SH
127	宁波建工	27.53	33.2	建筑	2011-08-16	601789.SH
128	三星医疗	27.45	−9.6	装备	2011-06-15	601567.SH
129	浙江东方	27.25	1.5	金融	1997-12-01	600120.SH
130	众安集团	27.24	4.4	房地产	2007-11-13	0672.HK
131	钱江摩托	27.12	25.0	汽车	1999-05-14	000913.SZ
132	三维通信	26.97	−25.2	媒体	2007-02-15	002115.SZ
133	百隆东方	25.62	23.9	纺织	2012-06-12	601339.SH
134	国邦医药	25.49	75.7	医药	2021-08-02	605507.SH
135	小商品城	25.25	−16.9	房地产	2002-05-09	600415.SH
136	通策医疗	24.70	−24.0	保健	1996-10-30	600763.SH
137	震裕科技	24.59	95.9	装备	2021-03-18	300953.SZ
138	宋都股份	24.32	42.3	房地产	1997-05-20	600077.SH
139	永兴材料	24.12	93.9	钢铁	2015-05-15	002756.SZ
140	物产环能	24.02	22.3	煤炭	2021-12-16	603071.SH
141	中粮包装	24.00	17.6	包装	2009-11-16	0906.HK
142	力勤资源	23.70	新上榜	有色金属	2022-12-01	2245.HK
143	中控技术	23.55	53.3	互联网	2020-11-24	688777.SH
144	九洲药业	23.24	39.8	医药	2014-10-10	603456.SH
145	杭可科技	23.23	10.5	装备	2019-07-22	688006.SH
146	英特集团	23.21	14.2	贸易	1996-07-16	000411.SZ
147	横店东磁	23.07	48.2	有色金属	2006-08-02	002056.SZ
148	银都股份	23.00	37.2	装备	2017-09-11	603277.SH
149	盾安环境	22.99	3.5	装备	2004-07-05	002011.SZ
150	京投发展	22.98	−40.9	房地产	1993-10-25	600683.SH
151	杉杉股份	22.74	8.9	化工	1996-01-30	600884.SH
152	巨化股份	22.72	17.8	化工	1998-06-26	600160.SH
153	明牌珠宝	22.56	34.6	服饰	2011-04-22	002574.SZ
154	天通股份	22.50	17.0	装备	2001-01-18	600330.SH
155	龙元建设	22.08	0.7	建筑	2004-05-24	600491.SH
156	宋城演艺	21.89	−14.7	休闲	2010-12-09	300144.SZ
157	长城科技	21.58	−8.4	装备	2018-04-10	603897.SH
158	德昌股份	21.52	−4.8	家电	2021-10-21	605555.SH
159	富佳股份	21.33	13.9	家电	2021-11-22	603219.SH
160	京新药业	21.24	44.2	医药	2004-07-15	002020.SZ

续表

序号	证券简称	品牌价值/亿元	增长率/%	地区	上市日期	证券代码
161	久祺股份	21.19	−5.1	日用	2021-08-12	300994.SZ
162	爱仕达	20.75	10.2	日用	2010-05-11	002403.SZ
163	天邦食品	20.72	−15.4	农业	2007-04-03	002124.SZ
164	恒林股份	20.37	12.8	家居	2017-11-21	603661.SH
165	子不语	20.28	新上榜	零售	2022-11-11	2420.HK
166	银轮股份	19.92	22.8	汽车	2007-04-18	002126.SZ
167	南都电源	19.77	15.9	装备	2010-04-21	300068.SZ
168	豪悦护理	19.69	19.3	日用	2020-09-11	605009.SH
169	五芳斋	19.68	新上榜	食品	2022-08-31	603237.SH
170	仙鹤股份	19.58	13.9	造纸	2018-04-20	603733.SH
171	安正时尚	19.56	−24.4	服饰	2017-02-14	603839.SH
172	仙琚制药	19.53	7.3	医药	2010-01-12	002332.SZ
173	财通证券	19.46	−7.1	金融	2017-10-24	601108.SH
174	三江购物	19.45	5.7	零售	2011-03-02	601116.SH
175	大丰实业	19.44	37.3	装备	2017-04-20	603081.SH
176	宁波东力	19.43	20.4	装备	2007-08-23	002164.SZ
177	咸亨国际	19.00	0.4	日用	2021-07-20	605056.SH
178	海天精工	18.84	21.1	装备	2016-11-07	601882.SH
179	电魂网络	18.69	−20.3	休闲	2016-10-26	603258.SH
180	福斯特	18.58	18.8	化工	2014-09-05	603806.SH
181	永泰运	18.34	新上榜	运输	2022-04-29	001228.SZ
182	火星人	18.33	−2.5	家电	2020-12-31	300894.SZ
183	横店影视	18.25	−31.1	休闲	2017-10-12	603103.SH
184	哈尔斯	18.14	64.9	日用	2011-09-09	002615.SZ
185	容百科技	18.13	125.5	化工	2019-07-22	688005.SH
186	萤石网络	18.10	新上榜	互联网	2022-12-28	688475.SH
187	亿帆医药	18.00	−27.8	医药	2004-07-13	002019.SZ
188	双环传动	17.97	17.6	装备	2010-09-10	002472.SZ
189	万邦德	17.96	68.1	医药	2006-11-20	002082.SZ
190	博拓生物	17.84	32.9	医药	2021-09-08	688767.SH
191	永创智能	17.83	21.3	装备	2015-05-29	603901.SH
192	亿晶光电	17.69	7.2	装备	2003-01-23	600537.SH
193	奥康国际	17.66	−10.7	服饰	2012-04-26	603001.SH
194	聚光科技	17.04	29.6	电子	2011-04-15	300203.SZ
195	天振股份	16.96	新上榜	家居	2022-11-14	301356.SZ
196	红蜻蜓	16.60	−15.1	服饰	2015-06-29	603116.SH
197	健盛集团	16.42	57.0	服饰	2015-01-27	603558.SH
198	杭电股份	16.39	22.6	装备	2015-02-17	603618.SH
199	王力安防	16.35	−14.1	日用	2021-02-24	605268.SH
200	华铁应急	16.32	31.5	商业服务	2015-05-29	603300.SH
201	尖峰集团	16.25	24.5	建筑	1993-07-28	600668.SH
202	伟星新材	16.22	23.4	建筑	2010-03-18	002372.SZ

续表

序号	证券简称	品牌价值/亿元	增长率/%	地区	上市日期	证券代码
203	罗欣药业	16.09	—33.4	医药	2016-04-15	002793.SZ
204	锦浪科技	15.96	39.5	装备	2019-03-19	300763.SZ
205	天元宠物	15.84	新上榜	日用	2022-11-18	301335.SZ
206	海兴电力	15.78	20.3	电子	2016-11-10	603556.SH
207	中金环境	15.68	2.6	装备	2010-12-09	300145.SZ
208	万凯新材	15.58	新上榜	化工	2022-03-29	301216.SZ
209	贝因美	15.51	34.9	食品	2011-04-12	002570.SZ
210	众合科技	15.37	21.4	装备	1999-06-11	000925.SZ
211	日月股份	15.29	—13.9	装备	2016-12-28	603218.SH
212	宏润建设	15.03	30.1	建筑	2006-08-16	002062.SZ
213	伟星股份	14.57	45.4	服饰	2004-06-25	002003.SZ
214	海翔药业	14.47	19.9	医药	2006-12-26	002099.SZ
215	浙江震元	14.25	33.1	医药	1997-04-10	000705.SZ
216	卧龙地产	14.01	—3.1	房地产	1999-04-15	600173.SH
217	旺能环境	13.85	34.0	环保	2004-08-26	002034.SZ
218	平治信息	13.82	—54.2	通信	2016-12-13	300571.SZ
219	杭萧钢构	13.82	16.5	建筑	2003-11-10	600477.SH
220	久立特材	13.69	33.8	钢铁	2009-12-11	002318.SZ
221	兔宝宝	13.69	14.3	建筑	2005-05-10	002043.SZ
222	景兴纸业	13.64	5.3	造纸	2006-09-15	002067.SZ
223	乔治白	13.62	24.5	服饰	2012-07-13	002687.SZ
224	东南网架	13.56	18.0	建筑	2007-05-30	002135.SZ
225	永艺股份	13.40	2.3	家居	2015-01-23	603600.SH
226	博威合金	13.36	17.5	有色金属	2011-01-27	601137.SH
227	东方通信	13.35	27.8	通信	1996-11-26	600776.SH
228	一鸣食品	13.23	—16.5	食品	2020-12-28	605179.SH
229	宁波远洋	13.04	新上榜	运输	2022-12-08	601022.SH
230	爱柯迪	13.00	10.8	汽车	2017-11-17	600933.SH
231	南华期货	12.99	—9.2	金融	2019-08-30	603093.SH
232	麒盛科技	12.71	0.4	家居	2019-10-29	603610.SH
233	亿田智能	12.70	26.6	家电	2020-12-03	300911.SZ
234	嘉化能源	12.69	45.0	化工	2003-06-27	600273.SH
235	意华股份	12.69	75.1	电子	2017-09-07	002897.SZ
236	立昂微	12.69	30.8	电子	2020-09-11	605358.SH
237	家联科技	12.52	65.7	日用	2021-12-09	301193.SZ
238	云集	12.51	—26.4	零售	2019-05-03	YJ.O
239	水晶光电	12.39	13.7	电子	2008-09-19	002273.SZ
240	比依股份	12.25	新上榜	家电	2022-02-18	603215.SH
241	思美传媒	12.03	—11.9	媒体	2014-01-23	002712.SZ
242	鲍斯股份	12.01	19.1	装备	2015-04-23	300441.SZ
243	旭升集团	11.87	55.4	汽车	2017-07-10	603305.SH
244	税友股份	11.77	—5.3	电信	2021-06-30	603171.SH

续表

序号	证券简称	品牌价值/亿元	增长率/%	地区	上市日期	证券代码
245	瑞丰银行	11.73	−2.4	金融	2021-06-25	601528.SH
246	越剑智能	11.70	56.4	装备	2020-04-15	603095.SH
247	天宇股份	11.68	−10.0	医药	2017-09-19	300702.SZ
248	甬矽电子	11.65	新上榜	电子	2022-11-16	688362.SH
249	奥普家居	11.50	−16.7	日用	2020-01-15	603551.SH
250	大元泵业	11.46	6.8	装备	2017-07-11	603757.SH
251	帅丰电器	11.43	3.9	家电	2020-10-19	605336.SH
252	梦天家居	11.30	−12.5	日用	2021-12-15	603216.SH
253	公元股份	11.18	3.2	建筑	2011-12-08	002641.SZ
254	牧高笛	11.10	77.4	服饰	2017-03-07	603908.SH
255	英洛华	11.02	50.2	有色金属	1997-08-08	000795.SZ
256	花园生物	11.01	新上榜	医药	2014-10-09	300401.SZ
257	江山欧派	11.00	−31.4	家居	2017-02-10	603208.SH
258	金洲管道	10.96	31.2	钢铁	2010-07-06	002443.SZ
259	祖名股份	10.95	5.3	食品	2021-01-06	003030.SZ
260	巨匠建设	10.83	19.1	建筑	2016-01-12	1459.HK
261	浙江正特	10.64	新上榜	日用	2022-09-19	001238.SZ
262	广宇集团	10.54	88.8	贸易	2007-04-27	002133.SZ
263	新澳股份	10.31	30.6	纺织	2014-12-31	603889.SH
264	新柴股份	10.30	−17.8	装备	2021-07-22	301032.SZ
265	金卡智能	10.15	23.0	电子	2012-08-17	300349.SZ
266	万里扬	10.07	−42.9	汽车	2010-06-18	002434.SZ
267	浙江自然	10.06	13.1	日用	2021-05-06	605080.SH
268	中国三江化工	10.01	−27.7	化工	2010-09-16	2198.HK
269	赞宇科技	9.91	20.2	化工	2011-11-25	002637.SZ
270	精功科技	9.89	23.6	装备	2004-06-25	002006.SZ
271	五洲特纸	9.88	37.7	造纸	2020-11-10	605007.SH
272	拱东医疗	9.80	52.9	医药	2020-09-16	605369.SH
273	华达新材	9.68	5.7	钢铁	2020-08-05	605158.SH
274	信质集团	9.63	2.4	汽车	2012-03-16	002664.SZ
275	广博股份	9.55	−22.8	日用	2007-01-10	002103.SZ
276	华媒控股	9.49	54.9	媒体	1996-08-30	000607.SZ
277	曼卡龙	9.47	18.5	服饰	2021-02-10	300945.SZ
278	亚厦股份	9.40	−22.9	建筑	2010-03-23	002375.SZ
279	嘉益股份	9.37	新上榜	日用	2021-06-25	301004.SZ
280	轻纺城	9.37	13.1	房地产	1997-02-28	600790.SH
281	腾达建设	9.21	7.2	建筑	2002-12-26	600512.SH
282	航天彩虹	9.18	18.6	装备	2010-04-13	002389.SZ
283	联德股份	9.17	63.2	装备	2021-03-01	605060.SH
284	汤姆猫	9.15	12.2	媒体	2015-05-15	300459.SZ
285	菲达环保	9.13	0.2	环保	2002-07-22	600526.SH
286	兆龙互连	9.13	29.6	通信	2020-12-07	300913.SZ

续表

序号	证券简称	品牌价值/亿元	增长率/%	地区	上市日期	证券代码
287	斯达半导	9.10	新上榜	电子	2020-02-04	603290.SH
288	捷昌驱动	9.10	−6.4	装备	2018-09-21	603583.SH
289	浙大网新	8.96	−20.5	互联网	1997-04-18	600797.SH
290	美康生物	8.88	6.7	医药	2015-04-22	300439.SZ
291	乐歌股份	8.86	14.0	家居	2017-12-01	300729.SZ
292	柯力传感	8.74	15.9	装备	2019-08-06	603662.SH
293	今飞凯达	8.70	40.4	汽车	2017-04-18	002863.SZ
294	创源股份	8.69	27.5	日用	2017-09-19	300703.SZ
295	宁波海运	8.66	−3.4	运输	1997-04-23	600798.SH
296	华旺科技	8.55	42.3	造纸	2020-12-28	605377.SH
297	源飞宠物	8.48	新上榜	食品	2022-08-18	001222.SZ
298	贝达药业	8.41	−10.7	医药	2016-11-07	300558.SZ
299	华康股份	8.41	23.4	农业	2021-02-09	605077.SH
300	兴业合金	8.39	12.6	有色金属	2007-12-27	0505.HK
301	永太科技	8.32	30.2	化工	2009-12-22	002326.SZ
302	炬华科技	8.31	55.7	电子	2014-01-21	300360.SZ
303	可靠股份	8.29	−8.9	日用	2021-06-17	301009.SZ
304	滨江服务	8.27	18.8	房地产	2019-03-15	3316.HK
305	创业慧康	8.24	16.1	互联网	2015-05-14	300451.SZ
306	亚太股份	8.23	7.0	汽车	2009-08-28	002284.SZ
307	宏华数科	8.11	−2.3	装备	2021-07-08	688789.SH
308	美诺华	8.01	37.2	医药	2017-04-07	603538.SH
309	闰土股份	7.90	19.6	化工	2010-07-06	002440.SZ
310	汉嘉设计	7.81	新上榜	商业服务	2018-05-25	300746.SZ
311	宁波联合	7.78	−31.3	贸易	1997-04-10	600051.SH
312	宁波富达	7.72	新上榜	建筑	1996-07-16	600724.SH
313	金固股份	7.70	新上榜	汽车	2010-10-21	002488.SZ
314	海越能源	7.57	39.2	石油	2004-02-18	600387.SH
315	中恒电气	7.57	23.6	装备	2010-03-05	002364.SZ
316	泰瑞机器	7.57	21.0	装备	2017-10-31	603289.SH
317	五洲新春	7.40	23.4	装备	2016-10-25	603667.SH
318	我武生物	7.17	16.8	医药	2014-01-21	300357.SZ
319	杉杉品牌	7.16	15.1	服饰	2018-06-27	1749.HK
320	迦南科技	7.11	29.0	装备	2014-12-31	300412.SZ
321	佐力药业	7.11	新上榜	医药	2011-02-22	300181.SZ
322	司太立	7.02	−11.6	医药	2016-03-09	603520.SH
323	海宁皮城	6.99	−1.0	房地产	2010-01-26	002344.SZ
324	大叶股份	6.92	新上榜	装备	2020-09-01	300879.SZ
325	张小泉	6.84	新上榜	日用	2021-09-06	301055.SZ
326	德马科技	6.75	新上榜	装备	2020-06-02	688360.SH
327	百大集团	6.75	−1.9	零售	1994-08-09	600865.SH
328	泰坦股份	6.68	新上榜	装备	2021-01-28	003036.SZ
329	银江技术	6.61	2.7	互联网	2009-10-30	300020.SZ

续表

序号	证券简称	品牌价值/亿元	增长率/%	地区	上市日期	证券代码
330	乐惠国际	6.60	13.5	装备	2017-11-13	603076.SH
331	禾川科技	6.58	新上榜	装备	2022-04-28	688320.SH
332	海象新材	6.57	新上榜	家居	2020-09-30	003011.SZ
333	冠盛股份	6.55	新上榜	汽车	2020-08-17	605088.SH
334	双林股份	6.54	−7.0	汽车	2010-08-06	300100.SZ
335	森林包装	6.49	3.9	造纸	2020-12-22	605500.SH
336	兄弟科技	6.48	新上榜	医药	2011-03-10	002562.SZ
337	华正新材	6.46	−8.7	电子	2017-01-03	603186.SH
338	长川科技	6.42	新上榜	电子	2017-04-17	300604.SZ
339	日发精机	6.39	−51.6	装备	2010-12-10	002520.SZ
340	宁波韵升	6.39	新上榜	有色金属	2000-10-30	600366.SH
341	亿利达	6.38	−1.1	装备	2012-07-03	002686.SZ
342	万安科技	6.38	新上榜	汽车	2011-06-10	002590.SZ
343	昂利康	6.37	19.0	医药	2018-10-23	002940.SZ
344	宁波能源	6.33	新上榜	公用	2004-07-06	600982.SH
345	球冠电缆	6.29	新上榜	装备	2020-07-27	834682. BJ
346	万控智造	6.26	新上榜	装备	2022-03-10	603070.SH
347	天正电气	6.22	−15.9	装备	2020-08-07	605066.SH
348	华众车载	6.21	−12.5	汽车	2012-01-12	6830.HK
349	迪普科技	6.21	−22.1	通信	2019-04-12	300768.SZ
350	君亭酒店	6.20	新上榜	酒店	2021-09-30	301073.SZ
351	宁水集团	6.18	−18.5	电子	2019-01-22	603700.SH
352	申昊科技	6.10	新上榜	装备	2020-07-24	300853.SZ
353	荣晟环保	6.07	−7.0	造纸	2017-01-17	603165.SH
354	兑吧	6.04	−47.5	媒体	2019-05-07	1753.HK
355	中亚股份	6.00	新上榜	装备	2016-05-26	300512.SZ
356	君禾股份	5.98	新上榜	装备	2017-07-03	603617.SH
357	熊猫乳品	5.94	4.4	食品	2020-10-16	300898.SZ
358	三美股份	5.90	新上榜	化工	2019-04-02	603379.SH
359	洁美科技	5.83	−2.0	电子	2017-04-07	002859.SZ
360	露笑科技	5.70	−19.9	装备	2011-09-20	002617.SZ
361	佩蒂股份	5.69	新上榜	农业	2017-07-11	300673.SZ
362	奥锐特	5.66	新上榜	医药	2020-09-21	605116.SH
363	壹网壹创	5.65	−4.8	互联网	2019-09-27	300792.SZ
364	康基医疗	5.64	新上榜	医药	2020-06-29	9997.HK

3.3.2 2023 年浙江上市公司品牌价值榜分析

【区域集中度】 在 2023 年浙江上市公司品牌价值榜中：排在前 10 位的公司品牌价值合计 19 304.17 亿元，占浙江榜单总计品牌价值的 64.1%；排在前 30 位的公司品牌价值合计 22 199.02 亿元，占浙江榜单总计品牌价值的 73.7%；排在前 100 位的公司品牌价值合计 26 154.57 亿元，占浙江榜单总计品牌价值的 86.9%。

【所在行业】 在2023年浙江上市公司品牌价值榜中，364家公司来自36个行业。其中，零售和互联网两个行业共计包括16家公司，品牌价值合计16 505.14亿元，占浙江榜单总计品牌价值的54.8%，处于主导地位。其他行业的情况如图3-5和图3-6所示。

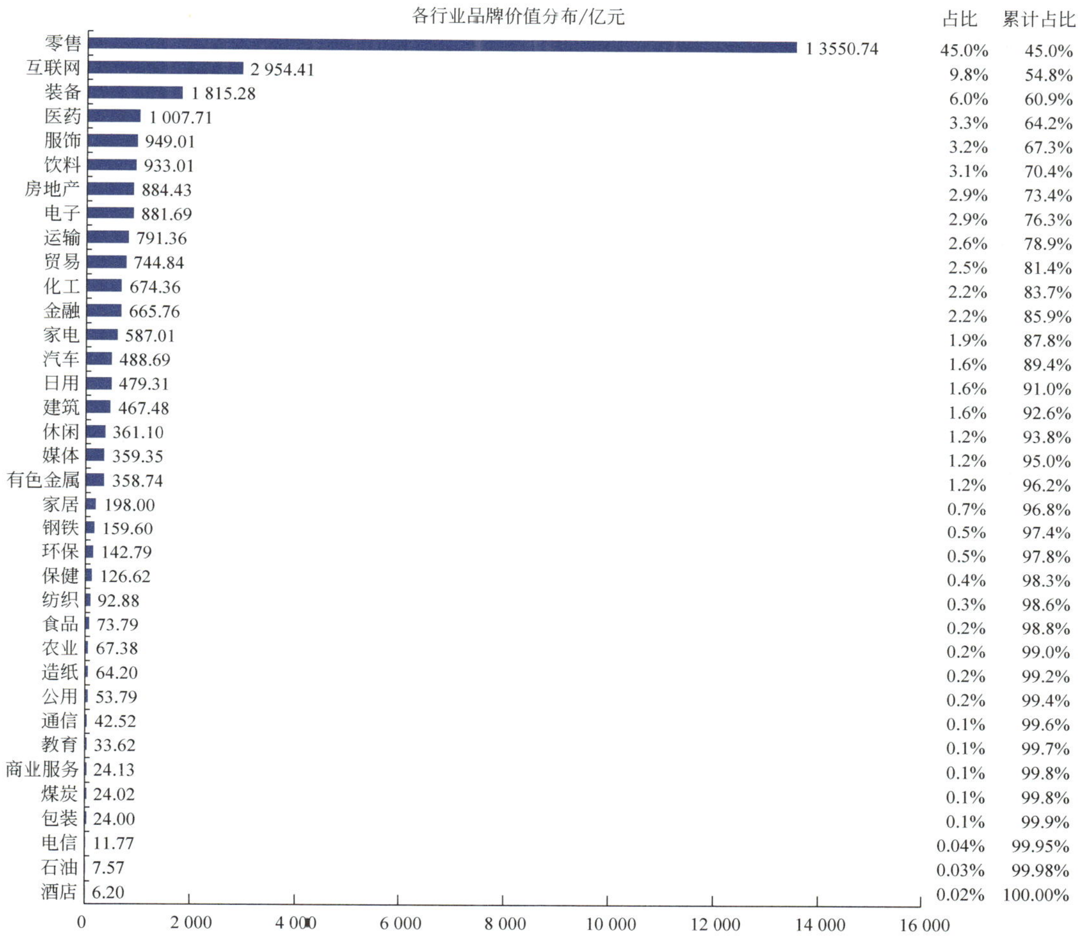

图3-5 2023年浙江上市公司品牌价值榜各行业品牌价值分布

【上市板块】 在2023年浙江上市公司品牌价值榜中：在香港上市的中资公司有26家，品牌价值合计18 454.1亿元，占浙江榜单总计品牌价值的61.3%，排在第一位；在沪市主板上市的公司有160家，品牌价值合计5 112.93亿元，占浙江榜单总计品牌价值的17%，排在第二位；在深市主板上市的公司有109家，品牌价值合计5 077.24亿元，占浙江榜单总计品牌价值的16.9%，排在第三位。此外，在深市创业板上市的公司有53家，品牌价值合计987.76亿元；在沪市科创板上市的公司有13家，品牌价值合计424.81亿元；在国外上市的中概股公司有2家，品牌价值合计44.03亿元；在北证新三板上市的公司有1家，品牌价值6.29亿元。

【上市时间】 在2023年浙江上市公司品牌价值榜中：2018—2022年上市的公司有

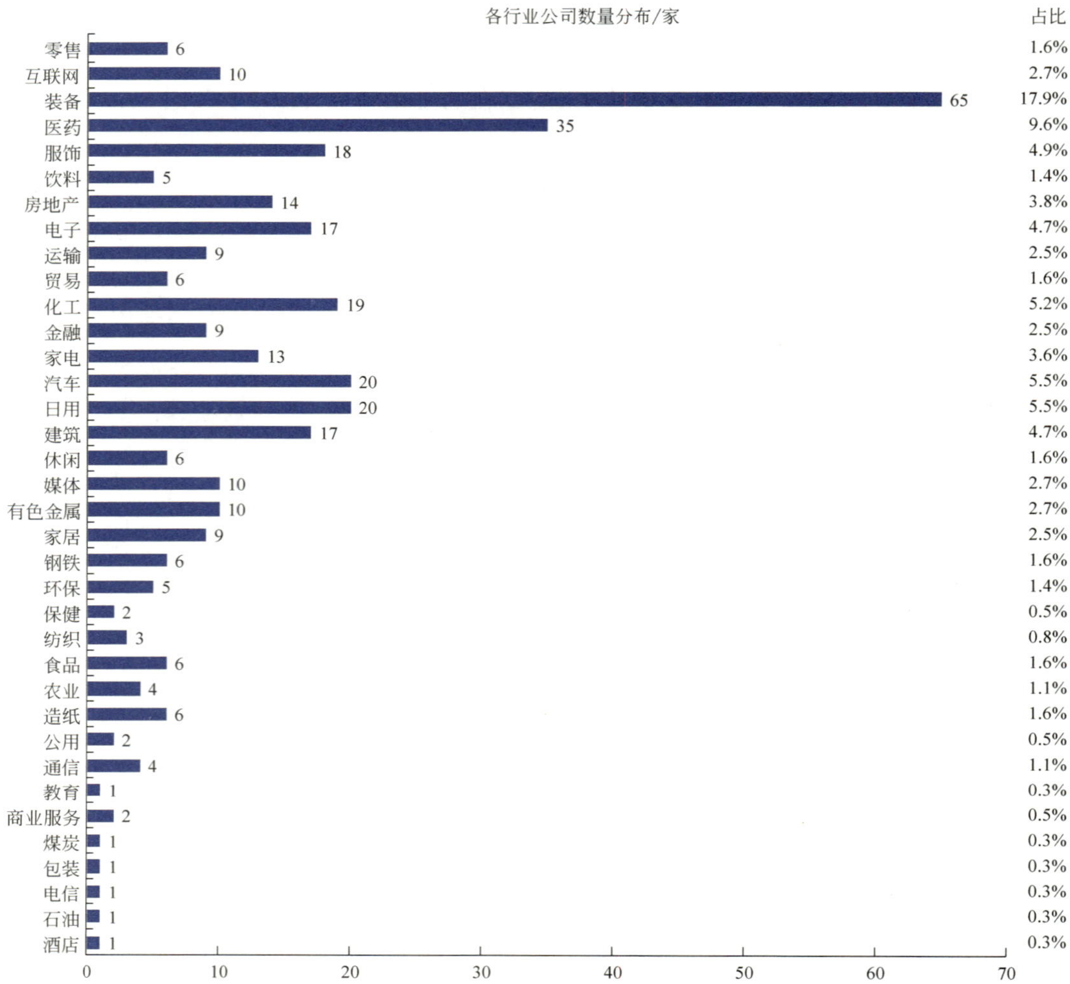

图 3-6　2023 年浙江上市公司品牌价值榜各行业公司数量分布

106 家，品牌价值合计 19 340.79 亿元，占浙江榜单总计品牌价值的 64.2%，排在第一位；2008—2012 年上市的公司有 77 家，品牌价值合计 3 527.86 亿元，占浙江榜单总计品牌价值的 11.7%，排在第二位；2003—2007 年上市的公司有 51 家，品牌价值合计 2 917.53 亿元，占浙江榜单总计品牌价值的 9.7%，排在第三位。此外，2013—2017 年上市的公司有 82 家，品牌价值合计 2 046.44 亿元；1997 年及以前上市的公司有 26 家，品牌价值合计 1 138.82 亿元；1998—2002 年上市的公司有 22 家，品牌价值合计 1 135.72 亿元。

3.4　上海品牌价值榜

在 2023 年中国上市公司品牌价值总榜的 3 000 家企业中：上海的企业共计 268 家，比 2022 年减少了 20 家；品牌价值总计 25 429.57 亿元，比 2022 年减少了 3.6%。

3.4.1 2023年上海上市公司品牌价值榜单

序号	证券简称	品牌价值/亿元	增长率/%	地区	上市日期	证券代码
1	上汽集团	3 893.91	−2.6	汽车	1997-11-25	600104.SH
2	国药控股	1 935.36	36.9	医药	2009-09-23	1099.HK
3	金龙鱼	1 184.24	9.1	食品	2020-10-15	300999.SZ
4	交通银行	1 095.45	32.2	金融	2007-05-15	601328.SH
5	拼多多	970.56	−12.3	零售	2018-07-26	PDD.O
6	中国太保	813.59	2.3	金融	2007-12-25	601601.SH
7	上海医药	769.89	16.3	医药	1994-03-24	601607.SH
8	绿地控股	697.58	−3.4	房地产	1992-03-27	600606.SH
9	浦发银行	641.27	1.2	金融	1999-11-10	600000.SH
10	上海电气	567.96	−10.6	装备	2008-12-05	601727.SH
11	宝钢股份	533.79	−13.7	钢铁	2000-12-12	600019.SH
12	老凤祥	407.65	3.1	服饰	1992-08-14	600612.SH
13	华域汽车	373.63	−1.4	汽车	1996-08-26	600741.SH
14	光明乳业	334.98	−7.6	饮料	2002-08-28	600597.SH
15	豫园股份	320.92	7.5	服饰	1992-09-02	600655.SH
16	高鑫零售	295.40	−47.0	零售	2011-07-27	6808.HK
17	上海建工	289.25	13.4	建筑	1998-06-23	600170.SH
18	复星国际	256.11	9.3	金融	2007-07-16	0656.HK
19	中通快递-SW	252.58	14.5	运输	2020-09-29	2057.HK
20	旭辉控股集团	247.37	−4.5	房地产	2012-11-23	0884.HK
21	中国船舶	232.94	61.4	装备	1998-05-20	600150.SH
22	上海银行	219.46	12.9	金融	2016-11-16	601229.SH
23	百联股份	185.84	−17.4	零售	1994-02-04	600827.SH
24	上港集团	183.56	36.8	运输	2006-10-26	600018.SH
25	复星医药	178.11	1.9	医药	1998-08-07	600196.SH
26	东航物流	169.37	28.4	运输	2021-06-09	601156.SH
27	爱旭股份	163.14	119.7	装备	1996-08-16	600732.SH
28	中梁控股	161.14	−14.1	房地产	2019-07-16	2772.HK
29	中芯国际	160.28	55.7	电子	2020-07-16	688981.SH
30	德邦股份	158.59	26.9	运输	2018-01-16	603056.SH
31	复星旅游文化	152.73	31.5	酒店	2018-12-14	1 992.HK
32	锦江酒店	150.20	−13.8	酒店	1996-10-11	600754.SH
33	携程网	146.57	−6.9	零售	2003-12-09	TCOM.O
34	国泰君安	144.85	12.3	金融	2015-06-26	601211.SH
35	美凯龙	142.97	−26.8	零售	2018-01-17	601828.SH
36	晨光股份	139.90	−1.4	日用	2015-01-27	603899.SH
37	陆金所控股	139.49	−2.7	金融	2020-10-30	LU.N
38	华贸物流	137.77	44.9	运输	2012-05-29	603128.SH
39	保利置业集团	131.05	−10.3	房地产	1973-08-30	0119.HK
40	振华重工	129.42	21.0	装备	2000-12-21	600320.SH
41	上海机电	129.26	−7.2	装备	1994-02-24	600835.SH

续表

序号	证券简称	品牌价值/亿元	增长率/%	地区	上市日期	证券代码
42	广汇宝信	124.23	31.3	汽车	2011-12-14	1293.HK
43	远东宏信	119.94	8.7	金融	2011-03-30	3360.HK
44	海通证券	116.01	−13.0	金融	1994-02-24	600837.SH
45	华住	113.16	−6.8	酒店	2010-03-26	HTHT.O
46	招商轮船	105.66	162.9	运输	2006-12-01	601872.SH
47	沪农商行	105.30	55.1	金融	2021-08-19	601825.SH
48	中国核建	102.38	22.7	建筑	2016-06-06	601611.SH
49	联华超市	101.87	−10.5	零售	2003-06-27	0980.HK
50	中远海发	97.38	33.9	运输	2007-12-12	601866.SH
51	中国东航	88.92	−58.9	运输	1997-11-05	600115.SH
52	韦尔股份	88.88	−12.8	电子	2017-05-04	603501.SH
53	中国龙工	84.83	−22.7	装备	2005-11-17	3339.HK
54	360数科	80.27	−31.6	金融	2018-12-14	QFIN.O
55	陆家嘴	80.26	−5.7	房地产	1993-06-28	600663.SH
56	中骏集团控股	78.47	−2.8	房地产	2010-02-05	1966.HK
57	电气风电	77.10	−42.5	装备	2021-05-19	688660.SH
58	隧道股份	75.94	24.5	建筑	1994-01-28	600820.SH
59	上海梅林	70.41	−12.1	农业	1997-07-04	600073.SH
60	中化国际	69.14	−5.0	化工	2000-03-01	600500.SH
61	正荣地产	67.52	−58.5	房地产	2018-01-16	6158.HK
62	东方明珠	66.29	−12.5	媒体	1993-03-16	600637.SH
63	欧普照明	66.20	−6.1	家电	2016-08-19	603515.SH
64	海立股份	61.31	−2.7	装备	1992-11-16	600619.SH
65	融信中国	60.21	−68.0	房地产	2016-01-13	3301.HK
66	上海家化	60.06	−8.1	日用	2001-03-15	600315.SH
67	东方财富	59.88	61.8	金融	2010-03-19	300059.SZ
68	上海石化	59.62	3.7	石油	1993-11-08	600688.SH
69	移远通信	59.18	34.3	通信	2019-07-16	603236.SH
70	宝信软件	58.29	8.0	互联网	1994-03-11	600845.SH
71	飞科电器	57.81	25.9	家电	2016-04-18	603868.SH
72	华虹半导体	55.83	33.1	电子	2014-10-15	1347.HK
73	中谷物流	53.82	18.3	运输	2020-09-25	603565.SH
74	光明地产	53.60	−1.2	房地产	1996-06-06	600708.SH
75	国药现代	53.34	8.2	医药	2004-06-16	600420.SH
76	阅文集团	53.04	−22.0	媒体	2017-11-08	0772.HK
77	仁恒置地	52.80	−60.5	房地产	2006-06-22	Z25.SG
78	上海钢联	52.67	−13.7	贸易	2011-06-08	300226.SZ
79	福然德	52.63	14.1	运输	2020-09-24	605050.SH
80	密尔克卫	51.21	55.0	运输	2018-07-13	603713.SH
81	颐海国际	51.16	−25.3	食品	2016-07-13	1579.HK
82	百润股份	50.49	−26.0	饮料	2011-03-25	002568.SZ
83	世茂股份	48.47	−36.3	房地产	1994-02-04	600823.SH

续表

序号	证券简称	品牌价值/亿元	增长率/%	地区	上市日期	证券代码
84	东方证券	48.21	-11.3	金融	2015-03-23	600958.SH
85	联影医疗	45.65	新上榜	医药	2022-08-22	688271.SH
86	起帆电缆	44.17	32.2	装备	2020-07-31	605222.SH
87	海通恒信	43.60	156.8	金融	2019-06-03	1905.HK
88	信也科技	42.00	-11.8	金融	2017-11-10	FINV.N
89	光大证券	41.44	-7.3	金融	2009-08-18	601788.SH
90	动力新科	41.40	-22.6	装备	1994-03-11	600841.SH
91	东富龙	38.39	50.9	装备	2011-02-01	300171.SZ
92	1药网	37.94	-18.2	零售	2018-09-12	YI.O
93	春秋航空	36.54	-27.8	运输	2015-01-21	601021.SH
94	润达医疗	34.90	-1.0	医药	2015-05-27	603108.SH
95	华谊集团	34.64	-5.5	化工	1992-12-04	600623.SH
96	大唐集团控股	34.13	-8.1	房地产	2020-12-11	2117.HK
97	众安在线	33.90	2.9	金融	2017-09-28	6060.HK
98	地素时尚	33.86	-2.1	服饰	2018-06-22	603587.SH
99	国投资本	33.61	-3.5	金融	1997-05-19	600061.SH
100	姚记科技	32.87	-33.3	休闲	2011-08-05	002605.SZ
101	思源电气	32.81	39.9	装备	2004-08-05	002028.SZ
102	电科数字	31.81	0.5	互联网	1994-03-24	600850.SH
103	水星家纺	31.43	15.9	纺织	2017-11-20	603365.SH
104	中远海能	31.24	-10.4	运输	2002-05-23	600026.SH
105	浦东金桥	30.91	53.8	房地产	1993-03-26	600639.SH
106	紫燕食品	30.12	新上榜	食品	2022-09-26	603057.SH
107	妙可蓝多	29.18	2.3	食品	1995-12-06	600882.SH
108	吉祥航空	29.03	-37.8	运输	2015-05-27	603885.SH
109	格科微	28.89	-12.6	电子	2021-08-18	688728.SH
110	城投控股	28.78	14.6	房地产	1993-05-18	600649.SH
111	港龙中国地产	28.45	18.5	房地产	2020-07-15	6968.HK
112	东方创业	27.78	26.0	贸易	2000-07-12	600278.SH
113	华建集团	27.50	27.1	商业服务	1993-02-09	600629.SH
114	中华企业	27.35	-27.2	房地产	1993-09-24	600675.SH
115	上坤地产	26.68	-37.3	房地产	2020-11-17	6900.HK
116	怪兽充电	26.39	新上榜	日用	2021-04-01	EM.O
117	兴达国际	25.14	6.7	汽车	2006-12-21	1899.HK
118	上美股份	25.08	新上榜	日用	2022-12-22	2145.HK
119	晶晨股份	24.85	48.2	电子	2019-08-08	688099.SH
120	上海环境	24.39	8.4	环保	2017-03-31	601200.SH
121	上实发展	23.85	-8.4	房地产	1996-09-25	600748.SH
122	澜起科技	23.78	55.4	电子	2019-07-22	688008.SH
123	上海临港	23.59	18.1	房地产	1994-03-24	600848.SH
124	璞泰来	23.21	44.7	有色金属	2017-11-03	603659.SH
125	申能股份	23.06	-9.6	公用	1993-04-16	600642.SH

续表

序号	证券简称	品牌价值/亿元	增长率/%	地区	上市日期	证券代码
126	亚朵	22.80	新上榜	酒店	2022-11-11	ATAT.O
127	上海电力	22.71	−3.7	公用	2003-10-29	600021.SH
128	南侨食品	22.52	−11.0	食品	2021-05-18	605339.SH
129	紫江企业	22.47	−14.3	包装	1999-08-24	600210.SH
130	国网英大	22.18	35.7	装备	2003-10-10	600517.SH
131	丽人丽妆	22.06	−37.0	零售	2020-09-29	605136.SH
132	开山股份	21.94	36.9	装备	2011-08-19	300257.SZ
133	华荣股份	21.61	18.0	装备	2017-05-24	603855.SH
134	之江生物	21.42	23.2	医药	2021-01-18	688317.SH
135	上海莱士	21.18	46.8	医药	2008-06-23	002252.SZ
136	泰胜风能	21.15	19.3	装备	2010-10-19	300129.SZ
137	建桥教育	20.99	38.1	教育	2020-01-16	1525.HK
138	星空华文	20.46	新上榜	休闲	2022-12-29	6698.HK
139	柠萌影视	20.44	新上榜	休闲	2022-08-10	9857.HK
140	万国数据-SW	19.83	−17.6	互联网	2020-11-02	9698.HK
141	中微公司	19.54	47.0	电子	2019-07-22	688012.SH
142	卓然股份	19.53	5.6	装备	2021-09-06	688121.SH
143	外服控股	19.52	30.1	商业服务	1993-06-14	600662.SH
144	来伊份	19.48	4.0	零售	2016-10-12	603777.SH
145	外高桥	19.45	34.2	贸易	1993-05-04	600648.SH
146	光大嘉宝	18.87	42.0	房地产	1992-12-03	600622.SH
147	大名城	18.81	−22.5	房地产	1997-07-03	600094.SH
148	申达股份	18.78	−6.3	汽车	1993-01-07	600626.SH
149	东风科技	18.43	1.4	汽车	1997-07-03	600081.SH
150	云赛智联	18.39	17.6	互联网	1990-12-19	600602.SH
151	世茂服务	18.12	−23.4	房地产	2020-10-30	0873.HK
152	风语筑	18.10	−13.5	媒体	2017-10-20	603466.SH
153	创力集团	17.65	19.7	装备	2015-03-20	603012.SH
154	交运股份	17.26	−22.6	汽车	1993-09-28	600676.SH
155	宝立食品	17.14	新上榜	食品	2022-07-15	603170.SH
156	派能科技	17.11	200.1	装备	2020-12-30	688063.SH
157	新城悦服务	16.76	−20.5	房地产	2018-11-06	1755.HK
158	爱婴室	16.35	25.0	零售	2018-03-30	603214.SH
159	网宿科技	16.31	21.2	互联网	2009-10-30	300017.SZ
160	凯赛生物	16.24	5.8	医药	2020-08-12	688065.SH
161	宝尊电商-W	16.13	−37.6	互联网	2020-09-29	9991.HK
162	复旦微电	15.76	97.6	电子	2021-08-04	688385.SH
163	浦东建设	15.69	52.3	建筑	2004-03-16	600284.SH
164	航天机电	15.42	−2.2	装备	1998-06-05	600151.SH
165	康德莱	15.40	15.7	医药	2016-11-21	603987.SH
166	祥生控股集团	15.38	11.3	房地产	2020-11-18	2599.HK
167	格林酒店	15.23	−33.7	酒店	2018-03-27	GHG.N

续表

序号	证券简称	品牌价值/亿元	增长率/%	地区	上市日期	证券代码
168	大众交通	15.07	−7.8	运输	1992-08-07	600611.SH
169	宝钢包装	15.04	12.2	包装	2015-06-11	601968.SH
170	中国船舶租赁	14.98	13.5	金融	2019-06-17	3877.HK
171	国脉文化	14.83	−27.7	媒体	1993-04-07	600640.SH
172	上工申贝	14.78	−1.3	装备	1994-03-11	600843.SH
173	旭辉永升服务	14.77	−30.0	房地产	2018-12-17	1995.HK
174	上海机场	14.62	−38.1	运输	1998-02-18	600009.SH
175	康耐特光学	14.44	29.6	服饰	2021-12-16	2276.HK
176	岱美股份	14.34	−3.1	汽车	2017-07-28	603730.SH
177	巴比食品	14.23	18.7	食品	2020-10-12	605338.SH
178	开能健康	14.10	43.8	家电	2011-11-02	300272.SZ
179	行动教育	14.08	−4.5	教育	2021-04-21	605098.SH
180	新朋股份	14.06	34.8	汽车	2009-12-30	002328.SZ
181	华检医疗	13.94	37.0	医药	2019-07-12	1931.HK
182	三巽集团	13.70	−42.5	房地产	2021-07-19	6611.HK
183	保隆科技	12.91	20.3	汽车	2017-05-19	603197.SH
184	张江高科	12.85	−7.6	房地产	1996-04-22	600895.SH
185	上海贝岭	12.84	−5.9	电子	1998-09-24	600171.SH
186	龙头股份	12.81	−31.3	纺织	1993-02-09	600630.SH
187	锦江在线	12.76	17.6	运输	1993-06-07	600650.SH
188	同济科技	12.63	−18.3	房地产	1994-03-11	600846.SH
189	恒玄科技	12.02	16.6	通信	2020-12-16	688608.SH
190	金安国纪	11.99	−17.4	电子	2011-11-25	002636.SZ
191	爱建集团	11.72	−13.5	金融	1993-04-26	600643.SH
192	良信股份	11.65	2.5	装备	2014-01-21	002706.SZ
193	剑桥科技	11.51	3.6	通信	2017-11-10	603083.SH
194	至纯科技	11.35	22.7	电子	2017-01-13	603690.SH
195	科博达	11.34	−0.8	汽车	2019-10-15	603786.SH
196	瑞慈医疗	11.19	33.2	保健	2016-10-06	1526.HK
197	畅联股份	11.09	48.2	运输	2017-09-13	603648.SH
198	诺亚财富	11.08	0.4	金融	2010-11-10	NOAH.N
199	龙宇股份	11.04	8.1	贸易	2012-08-17	603003.SH
200	汉得信息	11.00	70.6	互联网	2011-02-01	300170.SZ
201	柏楚电子	10.63	3.8	电子	2019-08-08	688188.SH
202	华峰铝业	10.50	46.5	有色金属	2020-09-07	601702.SH
203	松芝股份	10.43	−0.3	汽车	2010-07-20	002454.SZ
204	艾为电子	10.42	−4.2	通信	2021-08-16	688798.SH
205	盛美上海	10.26	46.9	电子	2021-11-18	688082.SH

上海榜单

续表

序号	证券简称	品牌价值/亿元	增长率/%	地区	上市日期	证券代码
206	昂立教育	10.19	−22.3	教育	1993-06-14	600661.SH
207	昊海生科	10.06	−22.3	医药	2019-10-30	688366.SH
208	美迪西	9.84	76.5	医药	2019-11-05	688202.SH
209	徐家汇	9.77	18.5	零售	2011-03-03	002561.SZ
210	鸣志电器	9.75	32.0	装备	2017-05-09	603728.SH
211	万物新生	9.73	21.3	零售	2021-06-18	RERE.N
212	卫宁健康	9.71	−15.3	互联网	2011-08-18	300253.SZ
213	荣泰健康	9.48	−11.0	医药	2017-01-11	603579.SH
214	第一医药	9.36	33.3	零售	1994-02-24	600833.SH
215	南亚新材	9.29	4.4	电子	2020-08-18	688519.SH
216	氯碱化工	9.23	3.9	化工	1992-11-13	600618.SH
217	品渥食品	9.22	2.9	食品	2020-09-24	300892.SZ
218	中颖电子	9.21	31.4	电子	2012-06-13	300327.SZ
219	开创国际	9.12	−8.6	农业	1997-06-19	600097.SH
220	兰亭集势	9.11	−37.3	零售	2013-06-06	LITB.N
221	新时达	9.10	1.6	装备	2010-12-24	002527.SZ
222	思特威-W	8.77	新上榜	电子	2022-05-20	688213.SH
223	沪硅产业-U	8.63	37.9	电子	2020-04-20	688126.SH
224	上海能源	8.42	新上榜	煤炭	2001-08-29	600508.SH
225	奕瑞科技	8.38	新上榜	装备	2020-09-18	688301.SH
226	中国海诚	8.25	新上榜	建筑	2007-02-15	002116.SZ
227	ST泛微	8.22	−2.5	互联网	2017-01-13	603039.SH
228	富瀚微	8.17	45.3	电子	2017-02-20	300613.SZ
229	晶丰明源	8.02	−21.7	电子	2019-10-14	688368.SH
230	灿谷	8.00	−43.1	互联网	2018-07-26	CANG.N
231	鹏欣资源	7.94	−13.3	贸易	2003-06-26	600490.SH
232	美邦服饰	7.86	−71.0	服饰	2008-08-28	002269.SZ
233	金枫酒业	7.82	−18.7	饮料	1992-09-29	600616.SH
234	二三四五	7.80	23.2	互联网	2007-12-12	002195.SZ
235	新黄浦	7.67	6.9	房地产	1993-03-26	600638.SH
236	中银证券	7.66	−11.7	金融	2020-02-26	601696.SH
237	国新文化	7.59	−49.3	教育	1993-03-16	600636.SH
238	益民集团	7.53	−13.8	零售	1994-02-04	600824.SH
239	盛美半导体	7.46	新上榜	电子	2017-11-03	ACMR.O
240	嘉银金科	7.46	21.4	金融	2019-05-10	JFIN.O
241	海隆控股	7.35	新上榜	石油	2011-04-21	1623.HK
242	海融科技	7.32	9.7	食品	2020-12-02	300915.SZ
243	协鑫集成	7.27	−59.0	电子	2010-11-18	002506.SZ

续表

序号	证券简称	品牌价值/亿元	增长率/%	地区	上市日期	证券代码
244	神奇制药	7.25	新上榜	医药	1992-08-20	600613.SH
245	上海凤凰	7.11	-31.5	日用	1993-10-08	600679.SH
246	易鑫集团	6.97	-15.8	金融	2017-11-16	2858.HK
247	中路股份	6.90	新上榜	日用	1994-01-28	600818.SH
248	宏力达	6.84	13.3	装备	2020-10-15	688330.SH
249	中远海科	6.78	15.7	互联网	2010-05-06	002401.SZ
250	先惠技术	6.77	新上榜	装备	2020-08-11	688155.SH
251	上海凯宝	6.74	新上榜	医药	2010-01-08	300039.SZ
252	上海沪工	6.61	-15.2	装备	2016-06-07	603131.SH
253	优趣汇控股	6.56	-10.5	互联网	2021-07-12	2177.HK
254	华测导航	6.50	新上榜	装备	2017-03-21	300627.SZ
255	耀皮玻璃	6.41	4.7	建筑	1994-01-28	600819.SH
256	日播时尚	6.36	5.7	服饰	2017-05-31	603196.SH
257	中视金桥	6.34	-9.7	媒体	2008-07-08	0623.HK
258	心脉医疗	6.33	19.5	医药	2019-07-22	688016.SH
259	永利股份	6.30	-4.8	装备	2011-06-15	300230.SZ
260	上海瀚讯	6.13	新上榜	通信	2019-03-14	300762.SZ
261	万业企业	6.12	-63.0	房地产	1993-04-07	600641.SH
262	海得控制	6.01	1.8	装备	2007-11-16	002184.SZ
263	移为通信	5.97	新上榜	通信	2017-01-11	300590.SZ
264	芯原股份-U	5.85	新上榜	电子	2020-08-18	688521.SH
265	乐鑫科技	5.81	3.0	电子	2019-07-22	688018.SH
266	新世界	5.80	-47.2	零售	1993-01-19	600628.SH
267	威派格	5.73	-19.5	装备	2019-02-22	603956.SH
268	济丰包装	5.71	-12.3	包装	2018-12-21	1820.HK

3.4.2 2023年上海上市公司品牌价值榜分析

【区域集中度】 在2023年上海上市公司品牌价值榜中：排在前10位的公司品牌价值合计12 569.81亿元，占上海榜单总计品牌价值的49.4%；排在前30位的公司品牌价值合计17 693.92亿元，占上海榜单总计品牌价值的69.6%；排在前100位的公司品牌价值合计22 980.96亿元，占上海榜单总计品牌价值的90.4%。

【所在行业】 在2023年上海上市公司品牌价值榜中，268家公司来自33个行业。其中，汽车、金融、医药和房地产四个行业共计包括83家公司，品牌价值合计13 841.75亿元，占上海榜单总计品牌价值的54.4%，处于主导地位。其他行业的情况如图3-7和图3-8所示。

【上市板块】 在2023年上海上市公司品牌价值榜中：在沪市主板上市的公司有144

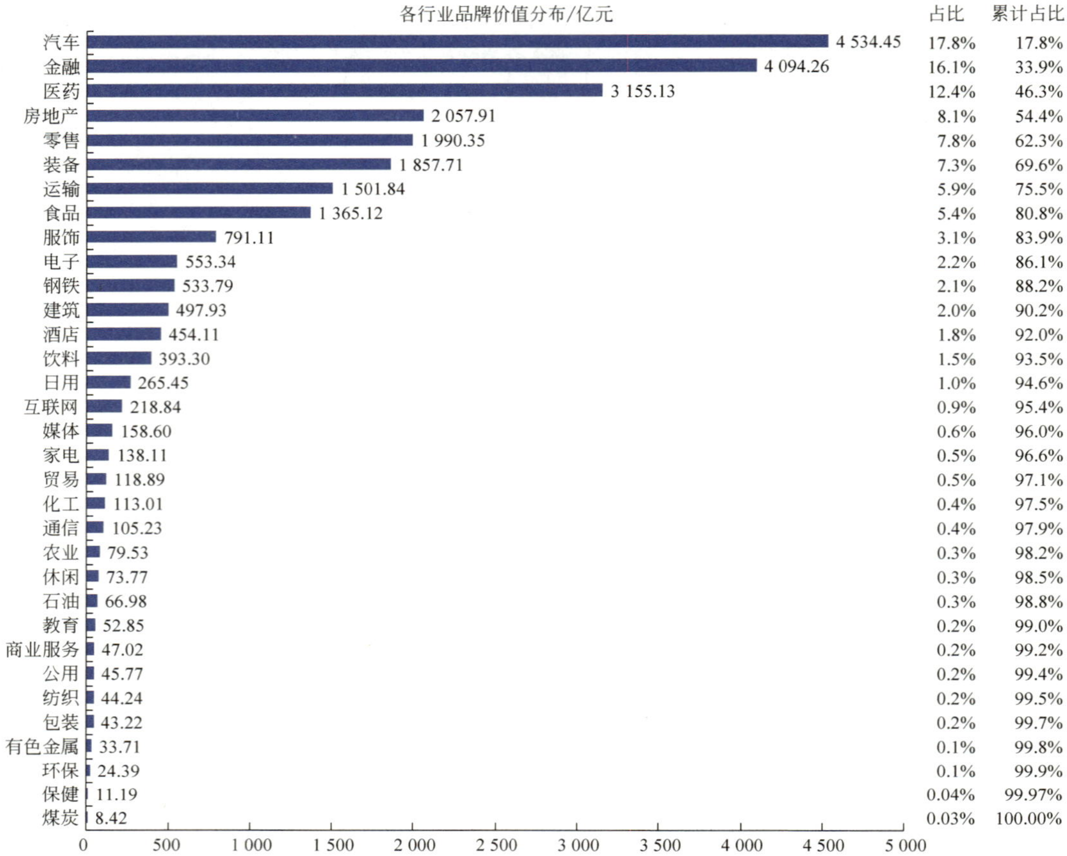

图 3-7　2023 年上海上市公司品牌价值榜各行业品牌价值分布

家，品牌价值合计 16 668.31 亿元，占上海榜单总计品牌价值的 65.5%，排在第一位；在香港上市的中资公司有 44 家，品牌价值合计 4 709.88 亿元，占上海榜单总计品牌价值的 18.5%，排在第二位；在国外上市的中概股公司有 17 家，品牌价值合计 1 700.05 亿元，占上海榜单总计品牌价值的 6.7%，排在第三位。此外，在深市创业板上市的公司有 19 家，品牌价值合计 1 494.95 亿元；在沪市科创板上市的公司有 28 家，品牌价值合计 608.04 亿元；在深市主板上市的公司有 16 家，品牌价值 248.33 亿元。

【上市时间】 在 2023 年上海上市公司品牌价值榜中：1997 年及以前上市的公司有 64 家，品牌价值合计 8 722.98 亿元，占上海榜单总计品牌价值的 34.3%，排在第一位；2018—2022 年上市的公司有 87 家，品牌价值合计 5 199.78 亿元，占上海榜单总计品牌价值的 20.4%，排在第二位；2008—2012 年上市的公司有 37 家，品牌价值合计 4 146.12 亿元，占上海榜单总计品牌价值的 16.3%，排在第三位。此外，2003—2007 年上市的公司有 20 家，品牌价值合计 3 139.69 亿元；1998—2002 年上市的公司有 16 家，品牌价值合计 2 601.76 亿元；2013—2017 年上市的公司有 44 家，品牌价值合计 1 619.25 亿元。

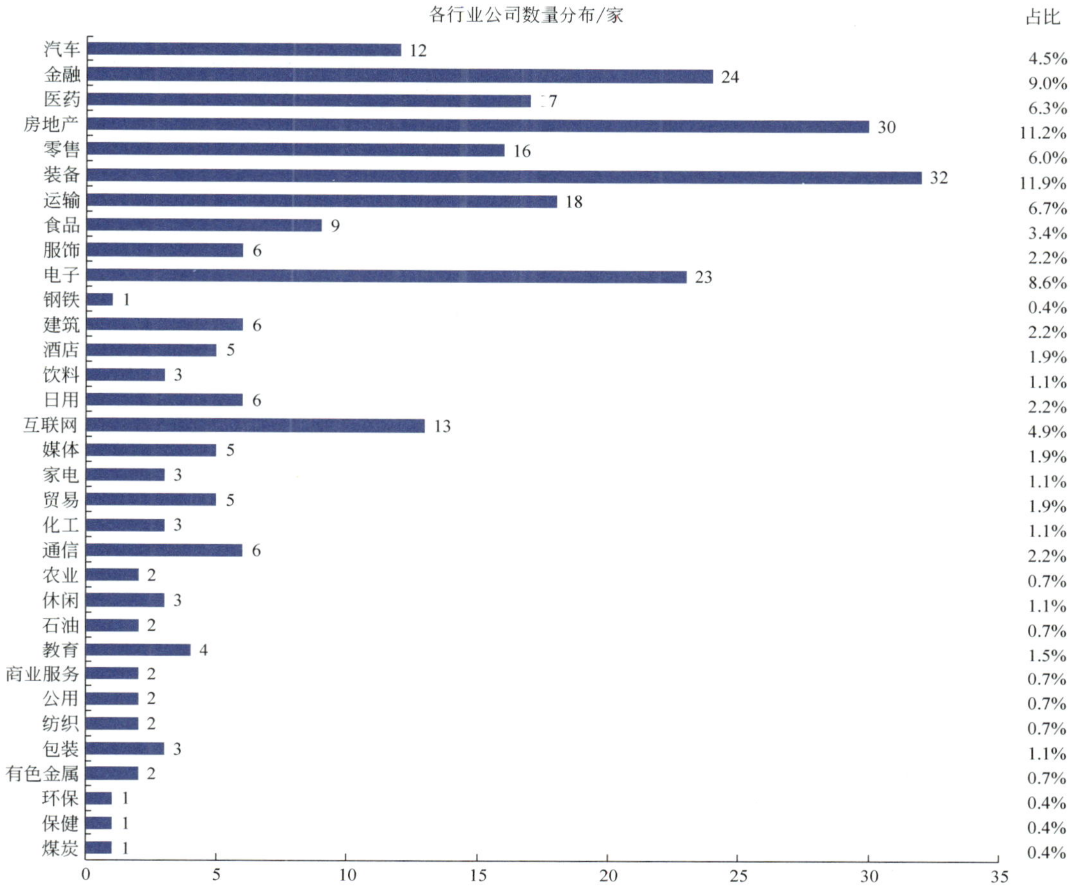

图 3-8　2023 年上海上市公司品牌价值榜各行业公司数量分布

3.5 香港品牌价值榜

在 2023 年中国上市公司品牌价值总榜的 3 000 家企业中：香港的企业共计 137 家，比 2022 年减少了 3 家；品牌价值总计 12 932.55 亿元，比 2022 年减少了 25.5%。

3.5.1 2023 年香港上市公司品牌价值榜单

序号	证券简称	品牌价值/亿元	增长率/%	地区	上市日期	证券代码
1	蒙牛乳业	1 401.40	1.9	饮料	2004-06-10	2319.HK
2	中国海外发展	1 014.65	11.6	房地产	1992-08-20	0688.HK
3	华润置地	961.94	0.6	房地产	1996-11-08	1109.HK
4	东方海外国际	631.97	149.3	运输	1992-07-31	0316.HK
5	吉利汽车	625.15	−23.8	汽车	1973-02-23	0175.HK

续表

序号	证券简称	品牌价值/亿元	增长率/%	地区	上市日期	证券代码
6	华润啤酒	607.90	−1.4	饮料	1973-11-15	0291.HK
7	中国太平	447.71	15.6	金融	2000-06-29	0966.HK
8	创维集团	343.78	2.9	家电	2000-04-07	0751.HK
9	TCL 电子	329.65	−0.9	家电	1999-11-26	1070.HK
10	中银香港	311.15	9.7	金融	2002-07-25	2388.HK
11	JS 环球生活	280.79	8.3	家电	2019-12-18	1691.HK
12	建发国际集团	266.74	52.5	房地产	2012-12-14	1908.HK
13	越秀地产	250.23	1.9	房地产	1992-12-15	0123.HK
14	协鑫科技	210.75	23.2	装备	2007-11-13	3800.HK
15	中国海外宏洋集团	208.49	25.9	房地产	1984-04-26	0081.HK
16	中国金茂	204.51	47.2	房地产	2007-08-17	0817.HK
17	波司登	181.49	14.0	服饰	2007-10-11	3998.HK
18	石药集团	174.78	16.4	医药	1994-06-21	1093.HK
19	天能动力	174.34	13.6	装备	2007-06-11	0819.HK
20	网龙	155.23	27.2	休闲	2007-11-02	0777.HK
21	昆仑能源	141.00	26.9	公用	1973-03-13	0135.HK
22	中国建筑国际	135.59	60.7	建筑	2005-07-08	3311.HK
23	中国生物制药	132.31	−7.3	医药	2000-09-29	1177.HK
24	中教控股	116.81	36.3	教育	2017-12-15	0839.HK
25	合生创展集团	114.56	−38.7	房地产	1998-05-27	0754.HK
26	上海实业控股	110.83	−23.7	房地产	1996-05-30	0363.HK
27	海丰国际	109.81	80.0	运输	2010-10-06	1308.HK
28	中国高速传动	103.83	7.1	装备	2007-07-04	0658.HK
29	香港置地	95.12	−18.4	房地产	1990-10-01	H78.SG
30	绿地香港	86.49	3.0	房地产	2006-10-10	0337.HK
31	中银航空租赁	83.92	18.6	运输	2016-06-01	2588.HK
32	招商局置地	82.25	10.9	房地产	1997-10-16	0978.HK
33	华润水泥控股	82.19	−8.6	建筑	2009-10-06	1313.HK
34	天虹国际集团	80.62	8.3	纺织	2004-12-09	2678.HK
35	中国东方集团	78.73	12.8	钢铁	2004-03-02	0581.HK
36	ATLAS	70.66	35.8	运输	2005-08-09	ATCO.N
37	中信国际电讯	70.35	22.0	电信	2007-04-03	1883.HK
38	信义玻璃	67.73	22.7	建筑	2005-02-03	0868.HK
39	耐世特	62.23	−17.7	汽车	2013-10-07	1316.HK
40	华润燃气	61.58	17.6	公用	1994-11-07	1193.HK
41	信利国际	58.29	−2.0	电子	1991-07-29	0732.HK
42	深圳国际	56.99	−11.3	运输	1972-09-25	0152.HK
43	大悦城地产	55.87	−28.9	房地产	1973-03-06	0207.HK
44	五菱汽车	53.74	−14.2	汽车	1992-11-23	0305.HK
45	北京控股	53.73	31.2	公用	1997-05-29	0392.HK
46	佳源国际控股	51.03	−39.2	房地产	2016-03-08	2768.HK
47	五矿资源	50.79	−26.7	有色金属	1994-12-15	1208.HK

续表

序号	证券简称	品牌价值/亿元	增长率/%	地区	上市日期	证券代码
48	合景泰富集团	49.51	−21.9	房地产	2007-07-03	1813.HK
49	招商局港口	48.53	55.1	运输	1992-07-15	0144.HK
50	中国淀粉	47.81	41.1	农业	2007-09-27	3838.HK
51	中国有色矿业	46.23	−5.4	有色金属	2012-06-29	1258.HK
52	中国电力	43.05	−1.9	公用	2004-10-15	2380.HK
53	上海实业环境	42.68	9.8	环保	2018-03-23	0807.HK
54	H&H国际控股	41.21	128.0	食品	2010-12-17	1112.HK
55	中国大冶有色金属	40.91	−13.1	有色金属	1990-11-21	0661.HK
56	兖煤澳大利亚	40.66	190.2	煤炭	2018-12-06	3668.HK
57	远大医药	40.65	16.6	医药	1995-12-19	0512.HK
58	联邦制药	40.05	−3.6	医药	2007-06-15	3933.HK
59	联泰控股	39.58	73.9	服饰	2004-07-15	0311.HK
60	阳光能源	37.92	8.7	装备	2008-03-31	0757.HK
61	味千(中国)	37.00	7.0	餐饮	2007-03-30	0538.HK
62	上实城市开发	36.77	−1.7	房地产	1993-09-10	0563.HK
63	首创环境	36.58	10.6	环保	2006-07-13	3989.HK
64	天津港发展	35.74	10.7	运输	2006-05-24	3382.HK
65	百富环球	35.33	15.5	电子	2010-12-20	0327.HK
66	长虹佳华	33.76	−3.3	贸易	2000-01-24	3991.HK
67	中烟香港	33.39	31.8	食品	2019-06-12	6055.HK
68	华显光电	31.52	38.3	电子	1997-06-18	0334.HK
69	中海物业	31.22	8.3	房地产	2015-10-23	2669.HK
70	神州控股	30.75	79.7	商业服务	2001-06-01	0861.HK
71	五矿地产	30.61	−8.2	房地产	1991-12-20	0230.HK
72	北大资源	30.40	新上榜	房地产	1991-10-07	0618.HK
73	华南城	30.18	−27.8	房地产	2009-09-30	1668.HK
74	中远海运港口	29.85	46.5	运输	1994-12-19	1199.HK
75	力劲科技	29.36	4.4	装备	2006-10-16	0558.HK
76	北控水务集团	29.07	9.8	公用	1993-04-19	0371.HK
77	粤海投资	28.70	13.2	公用	1993-01-08	0270.HK
78	京东方精电	26.71	60.7	电子	1991-07-01	0710.HK
79	石四药集团	26.38	24.5	医药	2005-12-20	2005.HK
80	中国食品	26.04	43.4	贸易	1988-10-07	0506.HK
81	香港中旅	25.49	−9.1	休闲	1992-11-11	0308.HK
82	唐宫中国	23.31	−14.5	餐饮	2011-04-19	1181.HK
83	威胜控股	20.96	25.9	电子	2005-12-19	3393.HK
84	齐合环保	20.93	11.9	有色金属	2010-07-12	0976.HK
85	越秀交通基建	20.21	2.7	运输	1997-01-30	1052.HK
86	朗诗绿色管理	20.05	5.4	房地产	1986-03-24	0106.HK
87	富途控股	19.64	−22.9	金融	2019-03-08	FUTU.O
88	中国飞机租赁	19.09	3.5	运输	2014-07-11	1848.HK
89	航天控股	18.48	4.5	电子	1981-08-25	0031.HK
90	珠光控股	18.02	−52.9	房地产	1996-12-09	1176.HK

续表

序号	证券简称	品牌价值/亿元	增长率/%	地区	上市日期	证券代码
91	中国黄金国际	17.71	32.3	有色金属	2010-12-01	2099.HK
92	粤海置地	17.65	79.4	房地产	1997-08-08	0124.HK
93	中广核新能源	15.63	21.6	公用	2014-10-03	1811.HK
94	通达集团	15.63	−13.4	电子	2000-12-22	0698.HK
95	中国波顿	15.57	−37.2	日用	2005-12-09	3318.HK
96	福田实业	15.55	12.7	纺织	1988-04-20	0420.HK
97	万达酒店发展	14.37	30.5	酒店	2002-06-04	0169.HK
98	丰盛控股	14.16	85.8	公用	2002-12-18	0607.HK
99	时计宝	13.86	−8.8	服饰	2013-02-05	2033.HK
100	京信通信	13.37	−38.3	通信	2003-07-15	2342.HK
101	金川国际	13.20	6.4	有色金属	2001-07-09	2362.HK
102	叶氏化工集团	12.96	0.2	化工	1991-08-22	0408.HK
103	大同机械	12.52	9.7	装备	1988-12-12	0118.HK
104	恒盛地产	12.43	−9.3	房地产	2009-10-02	0845.HK
105	同仁堂国药	12.26	14.1	医药	2013-05-07	3613.HK
106	浪潮国际	11.80	53.9	互联网	2004-04-29	0596.HK
107	中油燃气	11.20	16.2	公用	1993-05-28	0603.HK
108	中国恒天立信国际	11.02	26.5	装备	1990-10-12	0641.HK
109	亿和控股	10.87	0.7	装备	2005-05-11	0838.HK
110	西藏水资源	10.69	−11.8	饮料	2011-06-30	1115.HK
111	亚太卫星	10.43	4.2	电信	1996-12-18	1045.HK
112	千百度	10.35	−8.1	服饰	2011-09-23	1028.HK
113	建溢集团	10.06	−39.6	日用	1997-05-01	0638.HK
114	首钢资源	9.87	82.6	煤炭	1990-10-02	0639.HK
115	东瑞制药	9.74	23.9	医药	2003-07-11	2348.HK
116	顺风清洁能源	9.66	−47.9	装备	2011-07-13	1165.HK
117	安莉芳控股	9.56	−8.3	服饰	2006-12-18	1388.HK
118	中国建筑兴业	9.55	36.4	建筑	2010-03-30	0830.HK
119	中国三迪	9.45	−16.8	房地产	1998-12-01	0910.HK
120	庄臣控股	9.30	16.7	商业服务	2019-10-16	1955.HK
121	CEC国际控股	9.24	14.9	零售	1999-11-15	0759.HK
122	延长石油国际	9.11	−1.5	石油	2001-04-19	0346.HK
123	中远海运国际	8.77	−5.1	运输	1992-02-11	0517.HK
124	水发兴业能源	7.48	6.4	建筑	2009-01-13	0750.HK
125	冠城钟表珠宝	7.24	−31.9	服饰	1991-12-10	0256.HK
126	尚乘国际	7.00	新上榜	金融	2020-04-08	HKB.SG
127	盛诺集团	6.96	−3.3	家居	2014-07-10	1418.HK
128	中信资源	6.81	新上榜	贸易	1997-09-08	1205.HK
129	山高新能源	6.65	−37.4	公用	2013-07-05	1250.HK
130	G. A.控股	6.46	−22.2	汽车	2002-06-17	8126.HK
131	中电华大科技	6.40	新上榜	电子	1997-07-25	0085.HK
132	华宝国际	6.29	−32.7	化工	1992-01-22	0336.HK
133	北京能源国际	6.28	新上榜	公用	2000-04-13	0686.HK
134	同方泰德	6.15	−6.4	商业服务	2011-10-27	1206.HK

续表

序号	证券简称	品牌价值/亿元	增长率/%	地区	上市日期	证券代码
135	协鑫新能源	5.93	−54.3	公用	1992-03-25	0451.HK
136	兴利集团	5.70	新上榜	日用	1970-03-12	0114.HK
137	天津发展	5.67	−48.4	公用	1997-12-10	0882.HK

3.5.2 2023年香港上市公司品牌价值榜分析

【区域集中度】 在2023年香港上市公司品牌价值榜中：排在前10位的公司品牌价值合计6 675.29亿元，占香港榜单总计品牌价值的51.6%；排在前20位的公司品牌价值合计8 782.62亿元，占香港榜单总计品牌价值的67.9%；排在前50位的公司品牌价值合计1 1195.5亿元，占香港榜单总计品牌价值的86.6%。

【所在行业】 在2023年香港上市公司品牌价值榜中，137家公司来自33个行业。其中，房地产、饮料和运输三个行业共计包括38家公司，品牌价值合计6 924.51亿元，占香港榜单总计品牌价值的53.5%，处于主导地位。其他行业的情况如图3-9和图3-10所示。

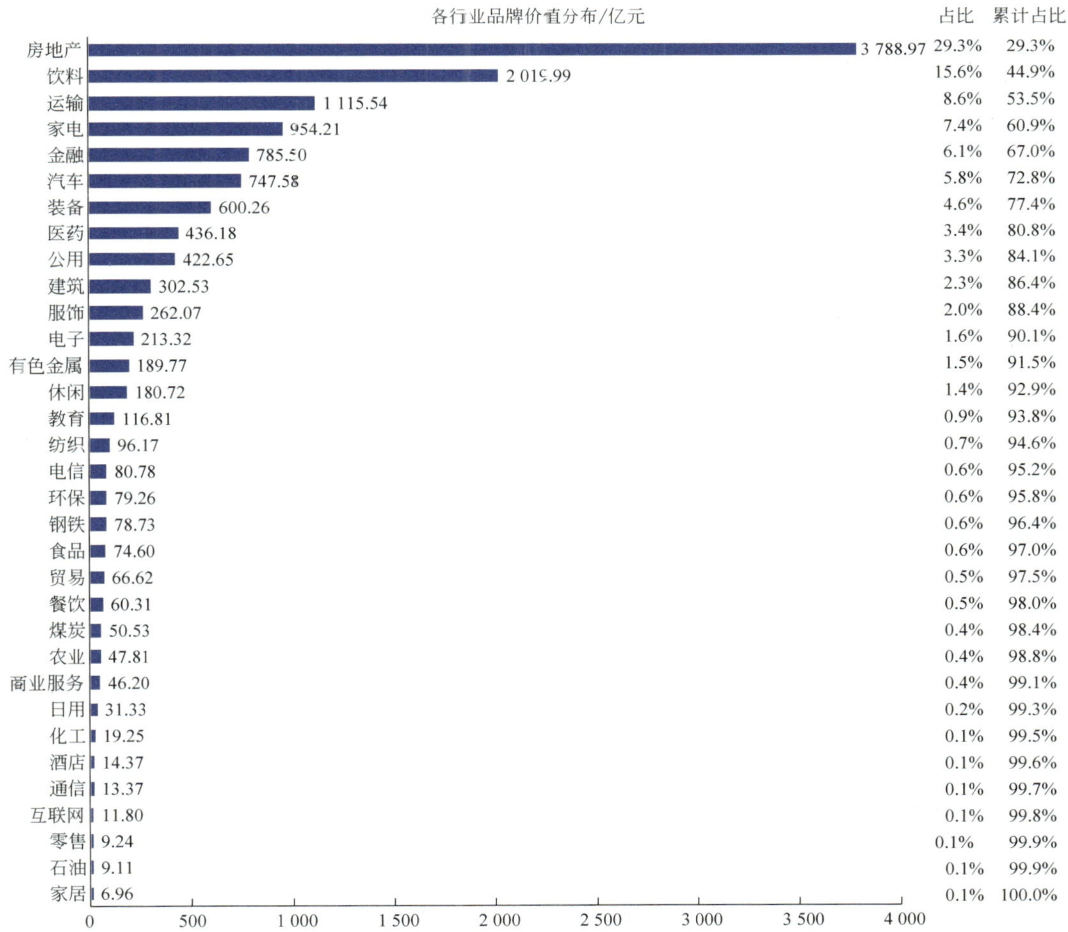

图3-9 2023年香港上市公司品牌价值榜各行业品牌价值分布

香港榜单

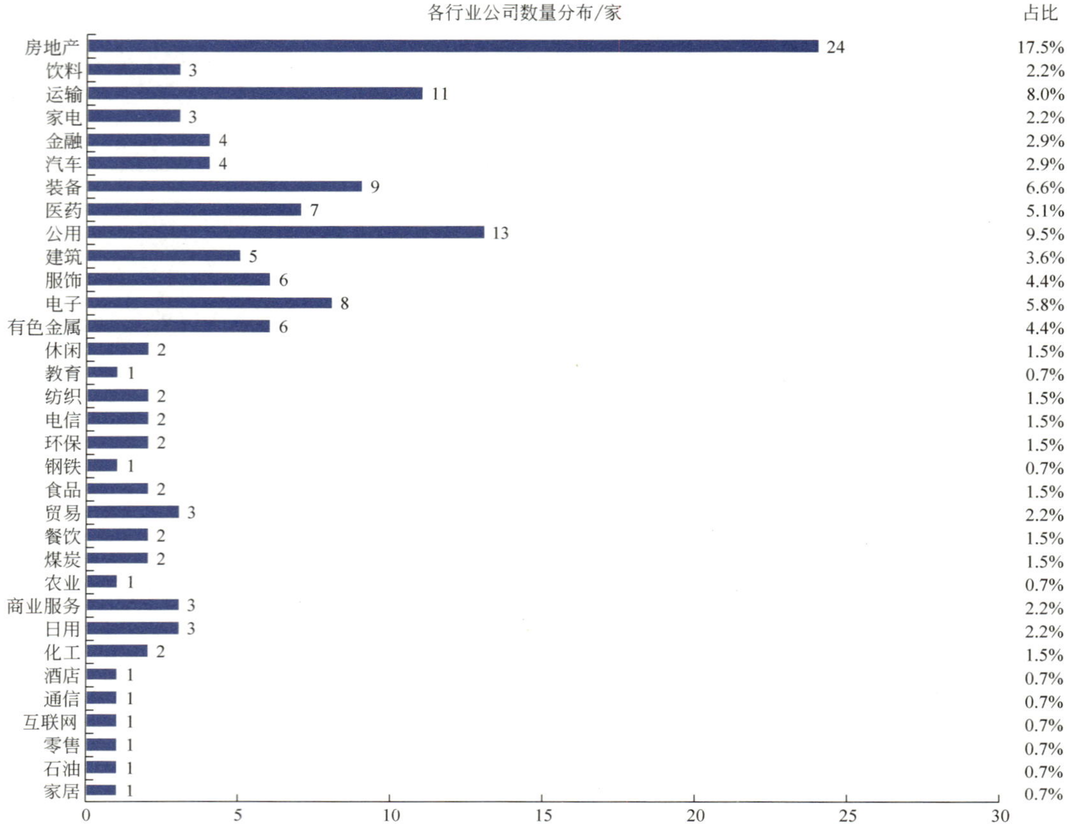

图 3-10　2023 年香港上市公司品牌价值榜各行业公司数量分布

【上市板块】 在 2023 年香港上市公司品牌价值榜中，在香港上市的中资公司有 133 家，品牌价值合计 12 740.14 亿元，占香港榜单总计品牌价值的 98.5%。其余 4 家是在国外上市的中概股公司，品牌价值合计 192.41 亿元。

【上市时间】 在 2023 年香港上市公司品牌价值榜中：1997 年及以前上市的公司有 53 家，品牌价值合计 5 961.35 亿元，占香港榜单总计品牌价值的 46.1%，排在第一位；2003—2007 年上市的公司有 31 家，品牌价值合计 3 498.64 亿元，占香港榜单总计品牌价值的 27.1%，排在第二位；1998—2002 年上市的公司有 17 家，品牌价值合计 1 841.58 亿元，占香港榜单总计品牌价值的 14.2%，排在第三位。此外，2008—2012 年上市的公司有 18 家，品牌价值合计 777.86 亿元；2018—2022 年上市的公司有 7 家，品牌价值合计 433.46 亿元；2013—2017 年上市的公司有 11 家，品牌价值合计 419.65 亿元。

3.6　江苏品牌价值榜

在 2023 年中国上市公司品牌价值总榜的 3 000 家企业中：江苏的企业共计 282 家，

比 2022 年增加了 5 家；品牌价值总计 11 022.28 亿元，比 2022 年增长了 2.9%。

3.6.1 2023 年江苏上市公司品牌价值榜单

序号	证券简称	品牌价值/亿元	增长率/%	地区	上市日期	证券代码
1	洋河股份	932.65	10.6	饮料	2009-11-06	002304.SZ
2	徐工机械	503.57	11.6	装备	1996-08-28	000425.SZ
3	新城控股	433.81	−16.8	房地产	2015-12-04	601155.SH
4	天合光能	334.97	49.8	装备	2020-06-10	688599.SH
5	江苏银行	253.31	34.6	金融	2016-08-02	600919.SH
6	中天科技	232.07	23.0	通信	2002-10-24	600522.SH
7	今世缘	219.77	9.9	饮料	2014-07-03	603369.SH
8	汇通达网络	216.56	新上榜	互联网	2022-02-18	9878.HK
9	亨通光电	212.44	21.4	通信	2003-08-22	600487.SH
10	ST 易购	199.53	−74.9	零售	2004-07-21	002024.SZ
11	南京银行	192.45	28.2	金融	2007-07-19	601009.SH
12	海澜之家	192.14	0.1	服饰	2000-12-28	600398.SH
13	阿特斯太阳能	179.53	15.9	装备	2006-11-09	CSIQ.O
14	雅迪控股	169.25	27.1	汽车	2016-05-19	1585.HK
15	国电南瑞	168.64	7.9	装备	2003-10-16	600406.SH
16	药明康德	154.07	23.2	医药	2018-05-08	603259.SH
17	南京医药	153.44	27.0	医药	1996-07-01	600713.SH
18	扬子江	151.65	3.1	装备	2007-04-18	BS6.SG
19	苏美达	144.63	17.4	贸易	1996-07-01	600710.SH
20	科沃斯	127.22	25.7	家电	2018-05-28	603486.SH
21	上机数控	117.54	109.9	装备	2018-12-28	603185.SH
22	华泰证券	114.95	4.1	金融	2010-02-26	601688.SH
23	恒瑞医药	114.25	−23.0	医药	2000-10-18	600276.SH
24	南钢股份	107.00	4.2	钢铁	2000-09-19	600282.SH
25	长电科技	101.34	−0.5	电子	2003-06-03	600584.SH
26	凤凰传媒	100.65	23.2	媒体	2011-11-30	601928.SH
27	先导智能	95.13	53.4	装备	2015-05-18	300450.SZ
28	中南建设	92.16	−13.7	房地产	2000-03-01	000961.SZ
29	宝胜股份	91.47	4.4	装备	2004-08-02	600973.SH
30	恒立液压	85.13	−25.6	装备	2011-10-28	601100.SH
31	东山精密	76.68	13.7	电子	2010-04-09	002384.SZ
32	扬农化工	70.60	20.1	化工	2002-04-25	600486.SH
33	远大控股	68.61	−13.9	贸易	1996-11-28	000626.SZ
34	莱克电气	67.82	2.4	家电	2015-05-13	603355.SH
35	天顺风能	65.34	3.8	装备	2010-12-31	002531.SZ
36	大明国际	64.05	−5.8	钢铁	2010-12-01	1090.HK
37	弘阳地产	62.42	−30.8	房地产	2018-07-12	1996.HK
38	宁沪高速	58.68	17.3	运输	2001-01-16	600377.SH
39	东方盛虹	56.29	66.2	化工	2000-05-29	000301.SZ

江苏榜单

续表

序号	证券简称	品牌价值/亿元	增长率/%	地区	上市日期	证券代码
40	南京新百	54.33	2.0	零售	1993-10-18	600682.SH
41	江苏国泰	53.99	11.9	贸易	2006-12-08	002091.SZ
42	罗莱生活	52.80	4.1	纺织	2009-09-10	002293.SZ
43	明发集团	50.89	新上榜	房地产	2009-11-13	0846.HK
44	南极电商	49.18	−2.2	零售	2007-04-18	002127.SZ
45	苏垦农发	48.26	32.2	农业	2017-05-15	601952.SH
46	华润微	48.18	29.0	电子	2020-02-27	688396.SH
47	威孚高科	47.69	−5.6	汽车	1998-09-24	000581.SZ
48	通富微电	46.36	20.8	电子	2007-08-16	002156.SZ
49	益客食品	45.36	新上榜	农业	2022-01-18	301116.SZ
50	华宏科技	44.69	62.9	装备	2011-12-20	002645.SZ
51	中材国际	43.70	17.1	建筑	2005-04-12	600970.SH
52	丘钛科技	43.45	−69.5	电子	2014-12-02	1478.HK
53	双良节能	43.10	116.3	装备	2003-04-22	600481.SH
54	立华股份	43.00	103.3	农业	2019-02-18	300761.SZ
55	中材科技	41.77	−25.4	建筑	2006-11-20	002080.SZ
56	江山股份	41.46	58.5	化工	2001-01-10	600389.SH
57	孩子王	40.52	3.1	零售	2021-10-14	301078.SZ
58	中国天楹	40.24	2.1	环保	1994-04-08	000035.SZ
59	江南集团	40.08	2.1	装备	2012-04-20	1366.HK
60	美年健康	39.64	−8.3	保健	2005-05-18	002044.SZ
61	华昌化工	39.52	20.2	化工	2008-09-25	002274.SZ
62	苏州银行	39.06	35.6	金融	2019-08-02	002966.SZ
63	汇鸿集团	38.70	9.1	贸易	2004-06-30	600981.SH
64	鱼跃医疗	37.68	14.0	医药	2008-04-18	002223.SZ
65	迈为股份	37.52	41.9	装备	2018-11-09	300751.SZ
66	中来股份	35.96	29.2	装备	2014-09-12	300393.SZ
67	友谊时光	35.87	−8.1	休闲	2019-10-08	6820.HK
68	维维股份	35.01	7.8	食品	2000-06-30	600300.SH
69	江苏有线	34.69	0.6	媒体	2015-04-28	600959.SH
70	华光环能	33.96	15.4	装备	2003-07-21	600475.SH
71	苏州高新	33.33	7.9	房地产	1996-08-15	600736.SH
72	黑牡丹	32.41	−2.8	房地产	2002-06-18	600510.SH
73	三房巷	31.74	76.8	纺织	2003-03-06	600370.SH
74	飞力达	31.61	83.6	运输	2011-07-06	300240.SZ
75	硕世生物	31.28	93.1	医药	2019-12-05	688399.SH
76	海力风电	30.45	−25.0	装备	2021-11-24	301155.SZ
77	大亚圣象	28.78	−5.4	家居	1999-06-30	000910.SZ
78	宝通科技	28.75	8.3	休闲	2009-12-25	300031.SZ
79	常熟银行	28.37	27.8	金融	2016-09-30	601128.SH
80	日出东方	27.87	29.0	家电	2012-05-21	603366.SH
81	先声药业	27.29	17.2	医药	2020-10-27	2096.HK

续表

序号	证券简称	品牌价值/亿元	增长率/%	地区	上市日期	证券代码
82	鼎胜新材	27.26	37.1	有色金属	2018-04-18	603876.SH
83	康力电梯	27.17	14.5	装备	2010-03-12	002367.SZ
84	朗新科技	27.01	73.2	互联网	2017-08-01	300682.SZ
85	星宇股份	27.00	-15.3	汽车	2011-02-01	601799.SH
86	卓胜微	26.92	-14.0	电子	2019-06-18	300782.SZ
87	大健云仓	26.25	新上榜	零售	2022-08-18	GCT.O
88	大东方	26.03	-28.7	汽车	2002-06-25	600327.SH
89	太极实业	25.99	6.2	建筑	1993-07-28	600667.SH
90	东吴证券	25.99	33.9	金融	2011-12-12	601555.SH
91	扬杰科技	25.57	64.8	电子	2014-01-23	300373.SZ
92	华设集团	24.67	19.0	商业服务	2014-10-13	603018.SH
93	锦泓集团	24.47	-38.7	服饰	2014-12-03	603518.SH
94	天奇股份	24.37	17.6	装备	2004-06-29	002009.SZ
95	中新集团	24.33	20.3	房地产	2019-12-20	601512.SH
96	南京高科	24.25	-6.7	房地产	1997-05-06	600064.SH
97	东华能源	24.10	-4.4	石油	2008-03-06	002221.SZ
98	沙钢股份	23.60	-12.9	钢铁	2006-10-25	002075.SZ
99	恩华药业	23.36	19.5	医药	2008-07-23	002262.SZ
100	亚普股份	23.06	7.1	汽车	2018-05-09	603013.SH
101	江苏金租	22.97	30.8	金融	2018-03-01	600901.SH
102	博众精工	22.80	18.1	装备	2021-05-12	688097.SH
103	健友股份	22.65	-3.0	医药	2017-07-19	603707.SH
104	新日股份	22.43	4.8	汽车	2017-04-27	603787.SH
105	今创集团	22.40	-11.7	装备	2018-02-27	603680.SH
106	绿景中国地产	22.16	5.5	房地产	2005-12-02	0095.HK
107	银城国际控股	22.03	-35.2	房地产	2019-03-06	1902.HK
108	金螳螂	21.95	-33.3	建筑	2006-11-20	002081.SZ
109	奥特维	21.89	70.7	装备	2020-05-21	688516.SH
110	南京熊猫	21.84	14.5	通信	1996-11-18	600775.SH
111	国茂股份	21.75	-0.6	装备	2019-06-14	603915.SH
112	嘉环科技	21.48	新上榜	通信	2022-05-06	603206.SH
113	江苏国信	21.43	28.0	公用	2011-08-10	002608.SZ
114	金陵饭店	21.28	46.8	酒店	2007-04-06	601007.SH
115	天华超净	21.22	83.6	有色金属	2014-07-31	300390.SZ
116	润邦股份	20.74	50.6	装备	2010-09-29	002483.SZ
117	梦百合	20.73	-11.8	家居	2016-10-13	603313.SH
118	红豆股份	20.39	5.1	服饰	2001-01-08	600400.SH
119	招商南油	20.16	111.9	运输	2019-01-08	601975.SH
120	苏交科	19.94	31.8	商业服务	2012-01-10	300284.SZ
121	蔚蓝锂芯	19.88	-2.8	运输	2008-06-05	002245.SZ
122	康缘药业	19.75	39.4	医药	2002-09-18	600557.SH
123	文峰股份	19.55	-16.7	零售	2011-06-03	601010.SH

续表

序号	证券简称	品牌价值/亿元	增长率/%	地区	上市日期	证券代码
124	中央商场	19.12	−5.8	零售	2000-09-26	600280.SH
125	诺唯赞	19.05	5.1	医药	2021-11-15	688105.SH
126	江苏阳光	18.37	24.6	纺织	1999-09-27	600220.SH
127	聚和材料	18.35	新上榜	电子	2022-12-09	688503.SH
128	航天晨光	18.16	13.4	装备	2001-06-15	600501.SH
129	永安行	18.08	−39.3	日用	2017-08-17	603776.SH
130	利民股份	17.90	22.8	化工	2015-01-27	002734.SZ
131	恒顺醋业	17.63	−20.3	食品	2001-02-06	600305.SH
132	佳禾食品	17.24	−16.8	食品	2021-04-30	605300.SH
133	无锡银行	17.03	11.6	金融	2016-09-23	600908.SH
134	传智教育	15.97	−2.2	教育	2021-01-12	003032.SZ
135	永鼎股份	15.60	9.6	通信	1997-09-29	600105.SH
136	长青股份	15.54	30.1	化工	2010-04-16	002391.SZ
137	同力日升	15.54	29.9	装备	2021-03-22	605286.SH
138	中科微至	15.42	22.1	装备	2021-10-26	688211.SH
139	张家港行	15.39	44.8	金融	2017-01-24	002839.SZ
140	新泉股份	15.31	2.1	汽车	2017-03-17	603179.SH
141	匠心家居	15.31	3.0	日用	2021-09-13	301061.SZ
142	视觉中国	15.28	5.4	休闲	1997-01-21	000681.SZ
143	新点软件	15.26	22.8	互联网	2021-11-17	688232.SH
144	国电南自	14.96	7.4	装备	1999-11-18	600268.SH
145	江海股份	14.92	36.6	电子	2010-09-29	002484.SZ
146	华达科技	14.60	3.3	汽车	2017-01-25	603358.SH
147	紫金银行	14.52	11.8	金融	2019-01-03	601860.SH
148	固德威	13.87	53.2	电子	2020-09-04	688390.SH
149	云海金属	13.82	33.5	有色金属	2007-11-13	002182.SZ
150	江阴银行	13.78	48.5	金融	2016-09-02	002807.SZ
151	苏农银行	13.68	24.1	金融	2016-11-29	603323.SH
152	中超控股	13.62	14.0	装备	2010-09-10	002471.SZ
153	苏利股份	13.52	53.8	化工	2016-12-14	603585.SH
154	华润材料	13.24	61.5	化工	2021-10-26	301090.SZ
155	苏试试验	13.06	61.3	装备	2015-01-22	300416.SZ
156	创元科技	13.05	20.6	环保	1994-01-06	000551.SZ
157	八方股份	12.78	24.4	装备	2019-11-11	603489.SH
158	海晨股份	12.77	48.5	运输	2020-08-24	300873.SZ
159	航发控制	12.72	40.3	装备	1997-06-26	000738.SZ
160	赛腾股份	12.64	−5.0	装备	2017-12-25	603283.SH
161	龙腾光电	12.60	−9.5	电子	2020-08-17	688055.SH
162	扬子江金融控股	12.44	新上榜	金融	2022-04-28	YF8.SG
163	长江健康	12.37	−31.0	医药	2010-06-18	002435.SZ
164	胜利精密	12.27	−35.9	电子	2010-06-08	002426.SZ
165	四方科技	12.26	31.1	装备	2016-05-19	603339.SH

续表

序号	证券简称	品牌价值/亿元	增长率/%	地区	上市日期	证券代码
166	中航高科	12.24	4.0	装备	1994-05-20	600862.SH
167	亨鑫科技	12.02	37.1	通信	2010-12-23	1085.HK
168	俊知集团	11.88	−36.7	通信	2012-03-19	1300.HK
169	天沃科技	11.65	−29.3	建筑	2011-03-10	002564.SZ
170	纽威数控	11.63	76.4	装备	2021-09-17	688697.SH
171	中旗股份	11.61	58.9	化工	2016-12-20	300575.SZ
172	栖霞建设	11.60	23.1	房地产	2002-03-28	600533.SH
173	林洋能源	11.39	−20.0	装备	2011-08-08	601222.SH
174	法兰泰克	11.38	27.5	装备	2017-01-25	603966.SH
175	天工国际	11.31	−4.1	钢铁	2007-07-26	0826.HK
176	亿嘉和	11.28	−15.5	装备	2018-06-12	603666.SH
177	润和软件	11.26	28.6	互联网	2012-07-18	300339.SZ
178	ST 中利	11.25	−48.8	装备	2009-11-27	002309.SZ
179	金陵药业	11.22	24.0	医药	1999-11-18	000919.SZ
180	纽威股份	11.21	5.5	装备	2014-01-17	603699.SH
181	亚威股份	11.20	2.0	装备	2011-03-03	002559.SZ
182	协鑫能科	11.09	4.7	公用	2004-07-08	002015.SZ
183	苏常柴 A	11.03	2.8	装备	1994-07-01	000570.SZ
184	爱康科技	10.92	−44.7	装备	2011-08-15	002610.SZ
185	华软科技	10.91	0.3	互联网	2010-07-20	002453.SZ
186	模塑科技	10.84	−13.6	汽车	1997-02-28	000700.SZ
187	常熟汽饰	10.63	39.1	汽车	2017-01-05	603035.SH
188	ST 红太阳	10.58	−5.0	化工	1993-10-28	000525.SZ
189	国博电子	10.47	新上榜	电子	2022-07-22	688375.SH
190	中国鹏飞集团	10.42	17.5	装备	2019-11-15	3348.HK
191	思瑞浦	10.40	85.1	电子	2020-09-21	688536.SH
192	基蛋生物	10.37	21.3	医药	2017-07-17	603387.SH
193	斯莱克	10.35	38.2	装备	2014-01-29	300382.SZ
194	联发股份	10.22	−7.8	纺织	2010-04-23	002394.SZ
195	千红制药	10.02	74.1	医药	2011-02-18	002550.SZ
196	戎美股份	9.91	7.2	服饰	2021-10-28	301088.SZ
197	苏州固锝	9.87	9.6	电子	2006-11-16	002079.SZ
198	捷捷微电	9.84	18.0	电子	2017-03-14	300623.SZ
199	江苏雷利	9.67	18.7	装备	2017-06-02	300660.SZ
200	天准科技	9.59	37.3	装备	2019-07-22	688003.SH
201	双星新材	9.58	30.2	化工	2011-06-02	002585.SZ
202	春秋电子	9.54	0.5	电子	2017-12-12	603890.SH
203	常宝股份	9.52	78.8	钢铁	2010-09-21	002478.SZ
204	维尔利	9.40	−3.6	环保	2011-03-16	300190.SZ
205	南微医学	9.29	−6.7	医药	2019-07-22	688029.SH
206	中粮科工	9.19	32.1	商业服务	2021-09-09	301058.SZ
207	新洁能	9.14	37.7	电子	2020-09-28	605111.SH

江苏榜单

续表

序号	证券简称	品牌价值/亿元	增长率/%	地区	上市日期	证券代码
208	恒润股份	9.13	−5.3	装备	2017-05-05	603985.SH
209	海陆重工	9.11	11.2	装备	2008-06-25	002255.SZ
210	快克股份	9.04	13.3	装备	2016-11-08	603203.SH
211	莱绅通灵	8.85	−21.2	服饰	2016-11-23	603900.SH
212	锡装股份	8.83	新上榜	装备	2022-09-20	001332.SZ
213	易德龙	8.74	28.0	电子	2017-06-22	603380.SH
214	国盛智科	8.59	9.2	装备	2020-06-30	688558.SH
215	派克新材	8.54	新上榜	装备	2020-08-25	605123.SH
216	东威科技	8.50	59.3	装备	2021-06-15	688700.SH
217	天目湖	8.50	−5.1	休闲	2017-09-27	603136.SH
218	东方电热	8.44	46.7	家电	2011-05-18	300217.SZ
219	灿勤科技	8.43	−26.0	通信	2021-11-16	688182.SH
220	亚太科技	8.40	25.0	有色金属	2011-01-18	002540.SZ
221	鹏鹞环保	8.36	6.9	环保	2018-01-05	300664.SZ
222	瑞泰新材	8.24	新上榜	化工	2022-06-17	301238.SZ
223	埃斯顿	8.12	4.8	装备	2015-03-20	002747.SZ
224	欧圣电气	7.98	新上榜	装备	2022-04-22	301187.SZ
225	药石科技	7.97	1.0	医药	2017-11-10	300725.SZ
226	华兴源创	7.88	−8.3	电子	2019-07-22	688001.SH
227	中创新航	7.80	新上榜	装备	2022-10-06	3931.HK
228	倍加洁	7.79	7.8	日用	2018-03-02	603059.SH
229	通润装备	7.77	新上榜	装备	2007-08-10	002150.SZ
230	通用股份	7.76	3.6	汽车	2016-09-19	601500.SH
231	传艺科技	7.76	新上榜	电子	2017-04-26	002866.SZ
232	星雅集团	7.70	−2.9	休闲	2004-02-20	S85.SG
233	国联证券	7.66	35.0	金融	2020-07-31	601456.SH
234	味知香	7.43	3.3	食品	2021-04-27	605089.SH
235	金通灵	7.36	19.8	装备	2010-06-25	300091.SZ
236	泰慕士	7.33	新上榜	服饰	2022-01-11	001234.SZ
237	寒锐钴业	7.28	19.0	有色金属	2017-03-06	300618.SZ
238	奥特佳	7.25	0.5	汽车	2008-05-22	002239.SZ
239	物产金轮	7.23	28.4	装备	2014-01-28	002722.SZ
240	纳芯微	7.23	新上榜	电子	2022-04-22	688052.SH
241	启迪设计	7.13	18.6	商业服务	2016-02-04	300500.SZ
242	常润股份	7.12	新上榜	汽车	2022-07-29	603201.SH
243	南京证券	7.08	−15.8	金融	2018-06-13	601990.SH
244	音飞储存	6.92	新上榜	装备	2015-06-11	603066.SH
245	龙蟠科技	6.85	新上榜	化工	2017-04-10	603906.SH
246	吴通控股	6.78	−17.0	互联网	2012-02-29	300292.SZ
247	精华制药	6.77	新上榜	医药	2010-02-03	002349.SZ
248	ST 远程	6.75	新上榜	装备	2012-08-08	002692.SZ
249	恒太照明	6.74	新上榜	家电	2022-11-17	873339.BJ

续表

序号	证券简称	品牌价值/亿元	增长率/%	地区	上市日期	证券代码
250	国睿科技	6.74	新上榜	装备	2003-01-28	600562.SH
251	线上线下	6.73	新上榜	电信	2021-03-22	300959.SZ
252	亚星客车	6.65	3.9	汽车	1999-08-31	600213.SH
253	科森科技	6.64	-10.9	电子	2017-02-09	603626.SH
254	江苏神通	6.59	11.9	装备	2010-06-23	002438.SZ
255	中信博	6.58	-22.3	装备	2020-08-28	688408.SH
256	ST 澄星	6.48	新上榜	化工	1997-06-27	600078.SH
257	晶方科技	6.47	-15.8	电子	2014-02-10	603005.SH
258	振江股份	6.39	3.9	装备	2017-11-06	603507.SH
259	德尔未来	6.38	17.2	家居	2011-11-11	002631.SZ
260	海鸥股份	6.33	新上榜	装备	2017-05-17	603269.SH
261	宇邦新材	6.30	新上榜	电子	2022-06-08	301266.SZ
262	风范股份	6.27	16.9	装备	2011-01-18	601700.SH
263	亚信安全	6.26	新上榜	互联网	2022-02-09	688225.SH
264	瀚川智能	6.26	新上榜	装备	2019-07-22	688022.SH
265	旷达科技	6.19	4.0	汽车	2010-12-07	002516.SZ
266	焦点科技	6.14	12.4	互联网	2009-12-09	002315.SZ
267	沪光股份	6.14	新上榜	汽车	2020-08-18	605333.SH
268	富瑞特装	6.10	-21.3	装备	2011-06-08	300228.SZ
269	联环药业	6.04	7.0	医药	2003-03-19	600513.SH
270	五洋停车	6.00	-15.5	装备	2015-02-17	300420.SZ
271	聚灿光电	5.96	新上榜	电子	2017-10-16	300708.SZ
272	常铝股份	5.96	新上榜	有色金属	2007-08-21	002160.SZ
273	明月镜片	5.95	新上榜	零售	2021-12-16	301101.SZ
274	中辰股份	5.93	5.1	装备	2021-01-22	300933.SZ
275	长海股份	5.90	新上榜	建筑	2011-03-29	300196.SZ
276	雨润食品	5.90	-78.5	农业	2005-10-03	1068.HK
277	明志科技	5.88	新上榜	装备	2021-05-12	688355.SH
278	鸿达兴业	5.85	-14.8	化工	2004-06-25	002002.SZ
279	光明沃得	5.83	-7.8	装备	2006-04-27	B49.SG
280	丰山集团	5.76	3.2	化工	2018-09-17	603810.SH
281	帝科股份	5.75	新上榜	装备	2020-06-18	300842.SZ
282	苏盐井神	5.70	新上榜	化工	2015-12-31	603299.SH

3.6.2 2023 年江苏上市公司品牌价值榜分析

【区域集中度】 在 2023 年江苏上市公司品牌价值榜中：排在前 10 位的公司品牌价值合计 3 538.68 亿元，占江苏榜单总计品牌价值的 32.1%；排在前 30 位的公司品牌价值合计 6 191.3 亿元，占江苏榜单总计品牌价值的 56.2%；排在前 100 位的公司品牌价值合计 8 921.72 亿元，占江苏榜单总计品牌价值的 80.9%。

【所在行业】 在 2023 年江苏上市公司品牌价值榜中，282 家公司来自 33 个行业。

其中，装备、饮料、房地产、金融和医药五个行业共计包括 122 家公司，品牌价值合计 6 134.25 亿元，占江苏榜单总计品牌价值的 55.7%，处于主导地位。其他行业的情况如图 3-11 和图 3-12 所示。

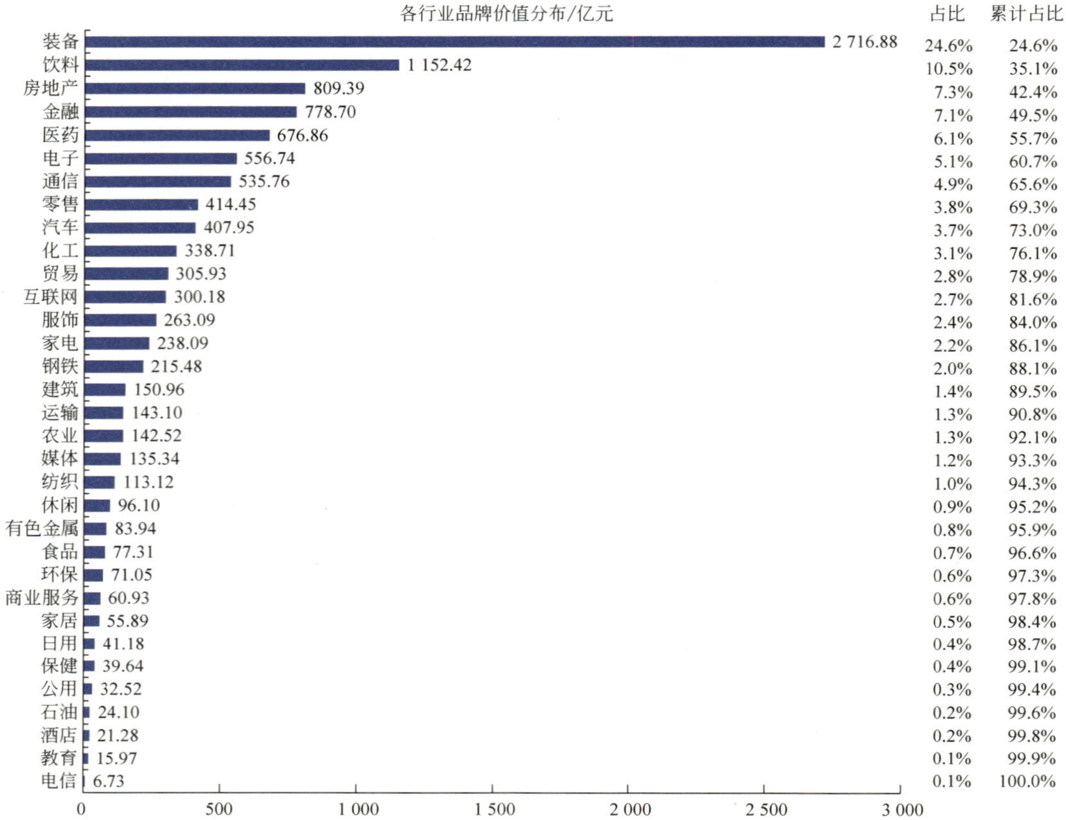

图 3-11　2023 年江苏上市公司品牌价值榜各行业品牌价值分布

【上市板块】 在 2023 年江苏上市公司品牌价值榜中：在沪市主板上市的公司有 114 家，品牌价值合计 5 147.59 亿元，占江苏榜单总计品牌价值的 46.7%，排在第一位；在深市主板上市的公司有 75 家，品牌价值合计 3 231.8 亿元，占江苏榜单总计品牌价值的 29.3%，排在第二位；在香港上市的中资公司有 17 家，品牌价值合计 813.37 亿元，占江苏榜单总计品牌价值的 7.4%，排在第三位。此外，在深市创业板上市的公司有 44 家，品牌价值合计 768.72 亿元；在沪市科创板上市的公司有 25 家，品牌价值合计 670.65 亿元；在国外上市的中概股公司有 6 家，品牌价值合计 383.41 亿元；在北证新三板上市的公司有 1 家，品牌价值 6.74 亿元。

【上市时间】 在 2023 年江苏上市公司品牌价值榜中：2008—2012 年上市的公司有 60 家，品牌价值合计 2 346.89 亿元，占江苏榜单总计品牌价值的 21.3%，排在第一位；2018—2022 年上市的公司有 83 家，品牌价值合计 2 229.34 亿元，占江苏榜单总计品牌价

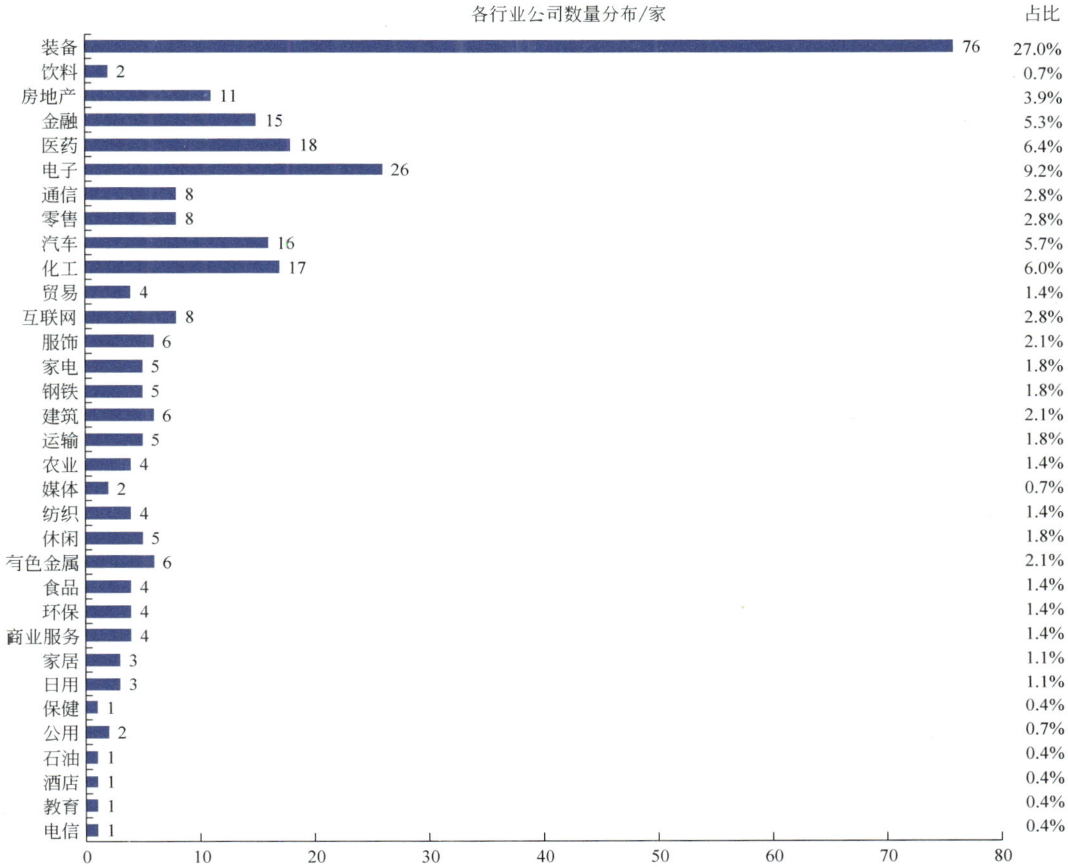

图 3-12　2023 年江苏上市公司品牌价值榜各行业公司数量分布

值的 22.2%，排在第二位；2013—2017 年上市的公司有 61 家，品牌价值合计 2 045.19 亿元，占江苏榜单总计品牌价值的 18.6%，排在第三位。此外，2003—2007 年上市的公司有 35 家，品牌价值合计 1 930.41 亿元；1998—2002 年上市的公司有 24 家，品牌价值合计 1 292.4 亿元；1997 年及以前上市的公司有 19 家，品牌价值合计 1 178.06 亿元。

3.7　山东品牌价值榜

在 2023 年中国上市公司品牌价值总榜的 3 000 家企业中：山东的企业共计 164 家，比 2022 年增加了 3 家；品牌价值总计 9 077.11 亿元，比 2022 年增长了 0.4%。

3.7.1　2023 年山东上市公司品牌价值榜单

序号	证券简称	品牌价值/亿元	增长率/%	地区	上市日期	证券代码
1	海尔智家	1 848.09	2.8	家电	1993-11-19	600690.SH
2	青岛啤酒	560.13	7.1	饮料	1993-08-27	600600.SH

续表

序号	证券简称	品牌价值/亿元	增长率/%	地区	上市日期	证券代码
3	潍柴动力	486.80	-20.8	汽车	2007-04-30	000338.SZ
4	中国重汽	384.06	-43.5	汽车	2007-11-28	3808.HK
5	浪潮信息	333.70	1.8	电子	2000-06-08	000977.SZ
6	海信视像	293.01	4.2	家电	1997-04-22	600060.SH
7	瑞茂通	241.87	36.4	运输	1998-07-03	600180.SH
8	中国宏桥	226.66	-7.2	有色金属	2011-03-24	1378.HK
9	歌尔股份	199.67	0.7	电子	2008-05-22	002241.SZ
10	万华化学	184.18	-2.5	化工	2001-01-05	600309.SH
11	兖矿能源	162.24	37.6	煤炭	1998-07-01	600188.SH
12	山东钢铁	132.79	9.0	钢铁	2004-06-29	600022.SH
13	张裕 A	94.49	1.6	饮料	2000-10-26	000869.SZ
14	山东路桥	83.83	83.4	建筑	1997-06-09	000498.SZ
15	中航沈飞	82.21	6.7	装备	1996-10-11	600760.SH
16	太阳纸业	81.04	5.6	造纸	2006-11-16	002078.SZ
17	晨鸣纸业	78.52	-20.6	造纸	2000-11-20	000488.SZ
18	山东出版	77.73	20.2	媒体	2017-11-22	601019.SH
19	威高股份	74.87	7.6	医药	2004-02-27	1066.HK
20	青岛港	70.74	29.3	运输	2019-01-21	601298.SH
21	九阳股份	69.99	-14.5	家电	2008-05-28	002242.SZ
22	步长制药	69.75	-3.5	医药	2016-11-18	603858.SH
23	华鲁恒升	68.26	-1.0	化工	2002-06-20	600426.SH
24	山东高速	68.06	28.9	运输	2002-03-18	600350.SH
25	瑞康医药	67.76	-11.2	医药	2011-06-10	002589.SZ
26	华电国际	66.45	-9.2	公用	2005-02-03	600027.SH
27	龙大美食	60.99	-5.9	农业	2014-06-26	002726.SZ
28	海程邦达	60.68	25.4	运输	2021-05-26	603836.SH
29	家家悦	60.61	-17.2	零售	2016-12-13	603708.SH
30	赛轮轮胎	60.13	5.4	汽车	2011-06-30	601058.SH
31	润丰股份	59.03	96.1	化工	2021-07-28	301035.SZ
32	山东黄金	58.45	10.3	有色金属	2003-08-28	600547.SH
33	澳柯玛	56.76	5.5	家电	2000-12-29	600336.SH
34	山水水泥	54.62	25.0	建筑	2008-07-04	0691.HK
35	英科医疗	53.18	-47.4	医药	2017-07-21	300677.SZ
36	中创物流	50.58	56.4	运输	2019-04-29	603967.SH
37	南山铝业	48.97	5.0	有色金属	1999-12-23	600219.SH
38	利群股份	46.61	-5.8	零售	2017-04-12	601366.SH
39	玲珑轮胎	44.39	-33.5	汽车	2016-07-06	601966.SH
40	齐翔腾达	43.77	-19.6	化工	2010-05-18	002408.SZ
41	山推股份	43.13	25.3	装备	1997-01-22	000680.SZ
42	魏桥纺织	40.77	-5.5	纺织	2003-09-24	2698.HK
43	克劳斯	39.52	26.1	装备	2002-08-09	600579.SH
44	恒邦股份	38.11	17.3	有色金属	2008-05-20	002237.SZ

续表

序号	证券简称	品牌价值/亿元	增长率/%	地区	上市日期	证券代码
45	孚日股份	38.00	16.3	纺织	2006-11-24	002083.SZ
46	新华医疗	37.02	−5.1	医药	2002-09-27	600587.SH
47	青岛银行	35.72	25.0	金融	2019-01-16	002948.SZ
48	博汇纸业	35.40	−14.3	造纸	2004-06-08	600966.SH
49	鲁商发展	34.14	−17.4	房地产	2000-01-13	600223.SH
50	冰轮环境	33.96	21.5	装备	1998-05-28	000811.SZ
51	齐鲁银行	33.91	35.6	金融	2021-06-18	601665.SH
52	鲁西化工	33.51	14.1	化工	1998-08-07	000830.SZ
53	西王食品	33.51	−9.6	食品	1996-11-26	000639.SZ
54	华泰股份	33.47	−5.9	造纸	2000-09-28	600308.SH
55	新华制药	33.38	53.9	医药	1997-08-06	000756.SZ
56	银座股份	32.42	−14.5	零售	1994-05-06	600858.SH
57	华熙生物	30.95	33.0	医药	2019-11-06	688363.SH
58	天能重工	30.83	51.3	装备	2016-11-25	300569.SZ
59	绿叶制药	30.49	−8.0	医药	2014-07-09	2186.HK
60	青农商行	29.84	10.2	金融	2019-03-26	002958.SZ
61	潄玉平民	29.45	18.7	零售	2021-07-05	301017.SZ
62	中通客车	29.07	67.0	汽车	2000-01-13	000957.SZ
63	阜丰集团	28.47	78.7	化工	2007-02-08	0546.HK
64	史丹利	28.35	45.0	化工	2011-06-10	002588.SZ
65	百洋医药	28.00	75.9	医药	2021-06-30	301015.SZ
66	中泰证券	27.11	9.6	金融	2020-06-03	600918.SH
67	威海银行	25.12	21.2	金融	2020-10-12	9677.HK
68	恒通股份	25.05	−17.4	运输	2015-06-30	603223.SH
69	景津装备	24.75	30.6	环保	2019-07-29	603279.SH
70	杰瑞股份	24.61	45.9	石油	2010-02-05	002353.SZ
71	汉缆股份	24.30	30.1	装备	2010-11-09	002498.SZ
72	三角轮胎	24.17	−4.7	汽车	2016-09-09	601163.SH
73	豪迈科技	24.03	17.5	装备	2011-06-28	002595.SZ
74	软控股份	23.83	43.2	装备	2006-10-18	002073.SZ
75	东岳集团	23.36	9.7	化工	2007-12-10	0189.HK
76	海利尔	22.77	39.9	化工	2017-01-12	603639.SH
77	中际旭创	22.16	22.2	装备	2012-04-10	300308.SZ
78	中宠股份	21.87	16.6	食品	2017-08-21	002891.SZ
79	阳光纸业	21.69	−7.2	包装	2007-12-12	2002.HK
80	蓝帆医疗	21.43	−46.0	医药	2010-04-02	002382.SZ
81	西王特钢	21.08	6.8	钢铁	2012-02-23	1266.HK
82	日照港	20.15	33.3	运输	2006-10-17	600017.SH
83	森麒麟	20.05	14.2	汽车	2020-09-11	002984.SZ
84	特锐德	19.84	35.1	装备	2009-10-30	300001.SZ
85	青岛金王	19.63	5.8	日用	2006-12-15	002094.SZ
86	浦林成山	19.55	−3.3	汽车	2018-10-09	1809.HK

续表

序号	证券简称	品牌价值/亿元	增长率/%	地区	上市日期	证券代码
87	ST 金正	19.37	−19.1	化工	2010-09-08	002470.SZ
88	东阿阿胶	19.23	−10.7	医药	1996-07-29	000423.SZ
89	海容冷链	19.16	16.5	装备	2018-11-29	603187.SH
90	得利斯	19.02	26.0	食品	2010-01-06	002330.SZ
91	鲁泰 A	18.81	46.5	纺织	2000-12-25	000726.SZ
92	潍柴重机	18.67	27.1	装备	1998-04-02	000880.SZ
93	索通发展	18.23	70.1	有色金属	2017-07-18	603612.SH
94	仙坛股份	18.10	−20.1	农业	2015-02-16	002746.SZ
95	海尔生物	17.71	36.7	医药	2019-10-25	688139.SH
96	高测股份	17.68	125.0	装备	2020-08-07	688556.SH
97	艾迪精密	16.68	−35.2	装备	2017-01-20	603638.SH
98	华特达因	16.14	38.8	医药	1999-06-09	000915.SZ
99	山东药玻	16.13	−6.9	医药	2002-06-03	600529.SH
100	辰欣药业	15.81	−5.2	医药	2017-09-29	603367.SH
101	风祥股份	15.79	6.8	农业	2020-07-16	9977.HK
102	东诚药业	15.71	−2.3	医药	2012-05-25	002675.SZ
103	威海广泰	15.57	−21.6	装备	2007-01-26	002111.SZ
104	城市传媒	15.48	4.4	媒体	2000-03-09	600229.SH
105	先达股份	14.68	105.4	化工	2017-05-11	603086.SH
106	鼎信通讯	14.51	66.2	通信	2016-10-11	603421.SH
107	春雪食品	14.48	−4.4	食品	2021-10-13	605567.SH
108	东方电子	14.41	44.7	装备	1997-01-21	000682.SZ
109	新北洋	14.05	10.9	电子	2010-03-23	002376.SZ
110	海联金汇	14.01	29.4	汽车	2011-01-10	002537.SZ
111	威高骨科	13.85	26.8	医药	2021-06-30	688161.SH
112	新华锦	13.83	21.6	服饰	1996-07-26	600735.SH
113	双塔食品	13.77	−29.3	食品	2010-09-21	002481.SZ
114	通裕重工	13.73	14.2	装备	2011-03-08	300185.SZ
115	山东矿机	13.63	33.8	装备	2010-12-17	002526.SZ
116	南山智尚	13.52	29.0	纺织	2020-12-22	300918.SZ
117	睿创微纳	13.39	−6.9	电子	2019-07-22	688002.SH
118	金晶科技	13.20	−4.4	建筑	2002-08-15	600586.SH
119	雷神科技	12.95	新上榜	电子	2022-12-23	872190.BJ
120	天润工业	12.89	−21.1	汽车	2009-08-21	002283.SZ
121	鲁抗医药	12.85	−8.6	医药	1997-02-26	600789.SH
122	齐鲁高速	12.09	−6.5	运输	2018-07-19	1576.HK
123	招金矿业	11.90	2.2	有色金属	2006-12-08	1818.HK
124	益生股份	11.65	17.0	农业	2010-08-10	002458.SZ
125	金城医药	11.62	55.0	医药	2011-06-22	300233.SZ
126	山东章鼓	10.50	14.9	装备	2011-07-07	002598.SZ
127	渤海汽车	10.38	−4.2	汽车	2004-04-07	600960.SH
128	滨化股份	10.30	−8.4	化工	2010-02-23	601678.SH

续表

序号	证券简称	品牌价值/亿元	增长率/%	地区	上市日期	证券代码
129	新能泰山	10.18	-17.6	装备	1997-05-09	000720.SZ
130	胜华新材	9.97	26.4	化工	2015-05-29	603026.SH
131	联泓新科	9.96	9.3	化工	2020-12-08	003022.SZ
132	昇辉科技	9.35	24.5	装备	2015-02-17	300423.SZ
133	民和股份	9.17	30.8	农业	2008-05-16	002234.SZ
134	国恩股份	9.03	37.3	化工	2015-06-30	002768.SZ
135	科捷智能	8.63	新上榜	装备	2022-09-15	688455.SH
136	保龄宝	8.63	27.9	农业	2009-08-28	002286.SZ
137	新潮能源	8.37	新上榜	石油	1996-11-21	600777.SH
138	金雷股份	8.36	22.0	装备	2015-04-22	300443.SZ
139	中农联合	8.28	48.9	化工	2021-04-06	003042.SZ
140	山东威达	8.07	6.3	装备	2004-07-27	002026.SZ
141	三柏硕	7.99	新上榜	日用	2022-10-19	001300.SZ
142	金能科技	7.91	5.2	煤炭	2017-05-11	603113.SH
143	鲁阳节能	7.90	19.3	建筑	2006-11-30	002088.SZ
144	山东海化	7.71	39.8	化工	1998-07-03	000822.SZ
145	东岳硅材	7.50	40.1	化工	2020-03-12	300821.SZ
146	如意集团	7.22	新上榜	纺织	2007-12-07	002193.SZ
147	维远股份	7.21	-21.8	化工	2021-09-15	600955.SH
148	圣泉集团	7.18	-17.2	化工	2021-08-10	605589.SH
149	邦基科技	7.07	新上榜	农业	2022-10-19	603151.SH
150	齐峰新材	6.93	-1.8	造纸	2010-12-10	002521.SZ
151	华纺股份	6.84	11.1	纺织	2001-09-03	600448.SH
152	玉龙股份	6.81	新上榜	煤炭	2011-11-07	601028.SH
153	兰剑智能	6.52	新上榜	装备	2020-12-02	688557.SH
154	惠发食品	6.37	-23.8	食品	2017-06-13	603536.SH
155	英派斯	6.23	3.7	日用	2017-09-15	002899.SZ
156	鸥玛软件	6.01	-0.2	教育	2021-11-19	301185.SZ
157	青岛双星	5.96	-11.3	汽车	1996-04-30	000599.SZ
158	德才股份	5.94	新上榜	建筑	2021-07-06	605287.SH
159	东方铁塔	5.90	-15.4	化工	2011-02-11	002545.SZ
160	华明装备	5.87	-6.4	装备	2008-09-05	002270.SZ
161	嘉华股份	5.75	新上榜	农业	2022-09-09	603182.SH
162	青岛食品	5.72	新上榜	食品	2021-10-21	001219.SZ
163	好当家	5.72	6.0	农业	2004-04-05	600467.SH
164	万润股份	5.68	新上榜	化工	2011-12-20	002643.SZ

山东榜单

3.7.2 2023年山东上市公司品牌价值榜分析

【区域集中度】 在2023年山东上市公司品牌价值榜中：排在前10位的公司品牌价值合计4 758.23亿元，占山东榜单总计品牌价值的52.4%；排在前20位的公司品牌价值合计 5 696.7 亿元，占山东榜单总计品牌价值的 62.8%；排在前 50 位的公司品牌价值合计 7 241.48 亿元，占山东榜单总计品牌价值的 79.8%。

【所在行业】 在 2023 年山东上市公司品牌价值榜中，164 家公司来自 28 个行业。其中，家电、汽车、饮料和化工四个行业共计包括 40 家公司，品牌价值合计 4 648.46 亿元，占山东榜单总计品牌价值的 51.2%，处于主导地位。其他行业的情况如图 3-13 和图 3-14 所示。

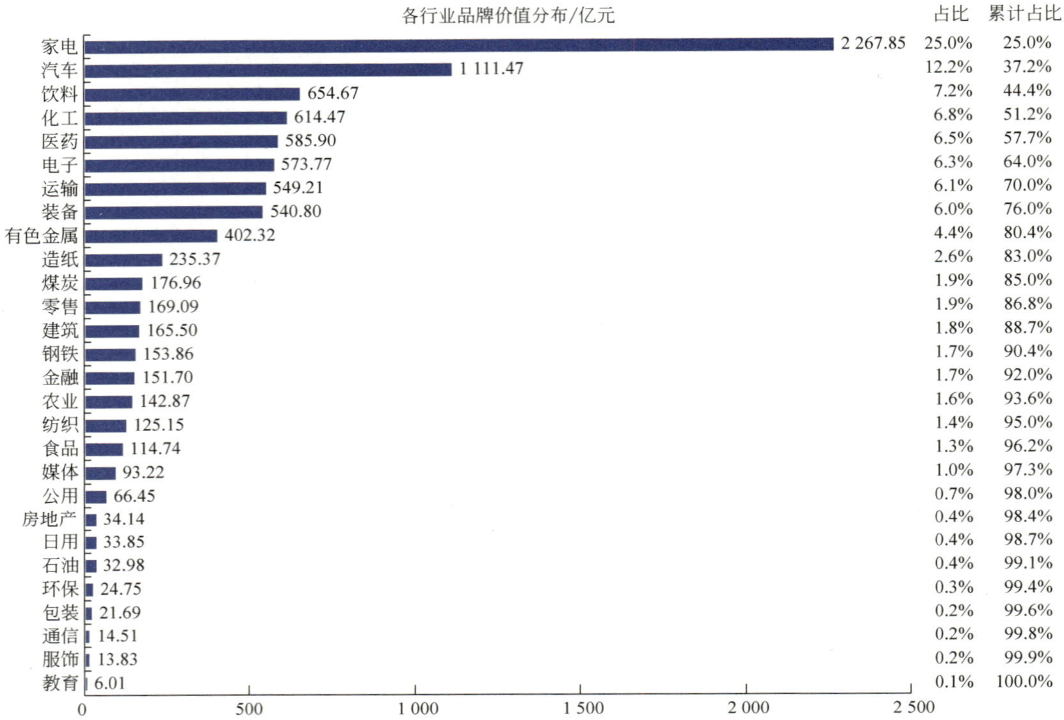

图 3-13　2023 年山东上市公司品牌价值榜各行业品牌价值分布

【上市板块】 在 2023 年山东上市公司品牌价值榜中：在沪市主板上市的公司有 62 家，品牌价值合计 5 093.46 亿元，占山东榜单总计品牌价值的 56.1%，排在第一位；在深市主板上市的公司有 65 家，品牌价值合计 2 558.86 亿元，占山东榜单总计品牌价值的 28.2%，排在第二位；在香港上市的中资公司有 15 家，品牌价值合计 990.53 亿元，占山东榜单总计品牌价值的 10.9%，排在第三位。此外，在深市创业板上市的公司有 14 家，品牌价值合计 312.57 亿元；在沪市科创板上市的公司有 7 家，品牌价值合计 108.73 亿元；在北证新三板上市的公司有 1 家，品牌价值 12.95 亿元。

【上市时间】 在 2023 年山东上市公司品牌价值榜中：1997 年及以前上市的公司有 16 家，品牌价值合计 3 094.59 亿元，占山东榜单总计品牌价值的 34.1%，排在第一位；1998—2002 年上市的公司有 25 家，品牌价值合计 1 690.7 亿元，占山东榜单总计品牌价

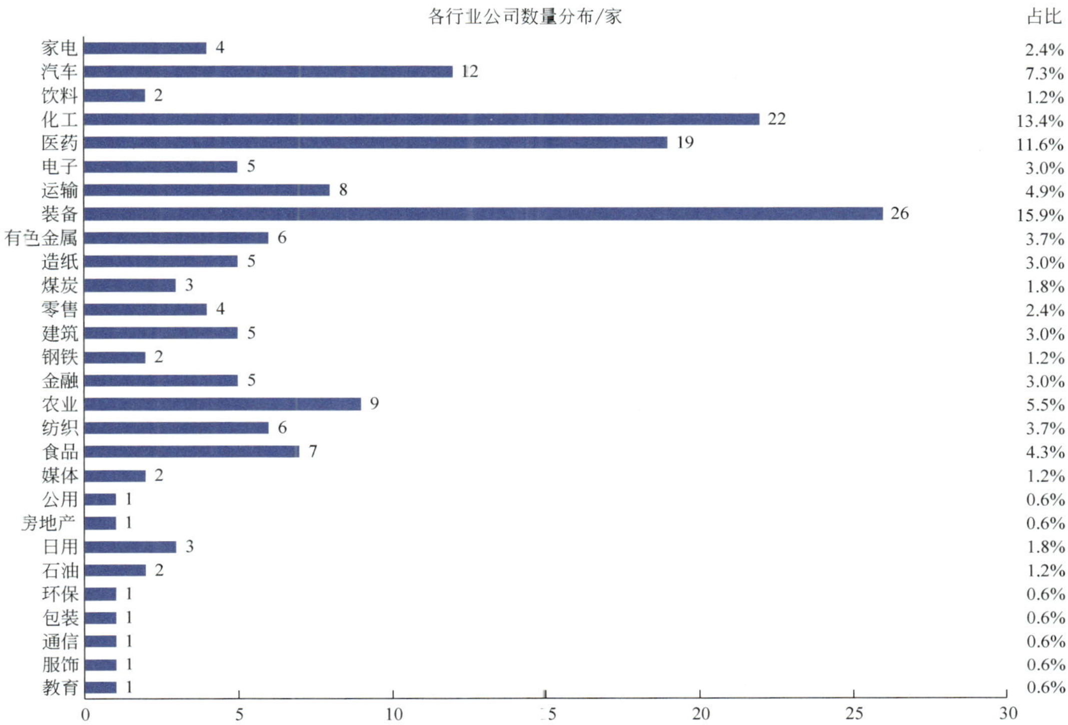

图 3-14　2023 年山东上市公司品牌价值榜各行业公司数量分布

值的 18.5%，排在第二位；2003—2007 年上市的公司有 23 家，品牌价值合计 1 602.51 亿元，占山东榜单总计品牌价值的 17.7%，排在第三位。此外，2008—2012 年上市的公司有 36 家，品牌价值合计 1 175.74 亿元；2018—2022 年上市的公司有 38 家，品牌价值合计 789.88 亿元；2013—2017 年上市的公司有 25 家，品牌价值合计 723.68 亿元。

3.8　福建品牌价值榜

在 2023 年中国上市公司品牌价值总榜的 3 000 家企业中：福建的企业共计 99 家，比 2022 年减少了 2 家；品牌价值总计 7 700.04 亿元，比 2022 年增长了 23%。

3.8.1　2023 年福建上市公司品牌价值榜单

序号	证券简称	品牌价值/亿元	增长率/%	地区	上市日期	证券代码
1	兴业银行	919.43	13.2	金融	2007-02-05	601166.SH
2	建发股份	825.92	62.8	贸易	1998-06-16	600153.SH
3	宁德时代	771.72	168.8	装备	2018-06-11	300750.SZ
4	安踏体育	608.13	4.0	服饰	2007-07-10	2020.HK
5	厦门象屿	486.60	26.8	贸易	1997-06-04	600057.SH

续表

序号	证券简称	品牌价值/亿元	增长率/%	地区	上市日期	证券代码
6	厦门国贸	408.87	19.5	贸易	1996-10-03	600755.SH
7	紫金矿业	359.96	16.6	有色金属	2008-04-25	601899.SH
8	永辉超市	264.61	−26.4	零售	2010-12-15	601933.SH
9	达利食品	230.63	新上榜	食品	2015-11-20	3799.HK
10	恒安国际	214.80	−7.4	日用	1998-12-08	1044.HK
11	吉比特	118.99	7.0	休闲	2017-01-04	603444.SH
12	特步国际	110.09	20.9	服饰	2008-06-03	1368.HK
13	福耀玻璃	95.38	−4.8	汽车	1993-06-10	600660.SH
14	厦门信达	91.56	43.8	贸易	1997-02-26	000701.SZ
15	三钢闽光	91.55	−1.7	钢铁	2007-01-26	002110.SZ
16	安井食品	78.48	0.7	食品	2017-02-22	603345.SH
17	ST 龙净	72.00	25.5	装备	2000-12-29	600388.SH
18	圣农发展	68.93	20.4	农业	2009-10-21	002299.SZ
19	金龙汽车	65.45	0.8	汽车	1993-11-08	600686.SH
20	361 度	64.37	−3.6	服饰	2009-06-30	1361.HK
21	福日电子	63.11	−3.7	通信	1999-05-14	600203.SH
22	鹭燕医药	63.05	38.9	医药	2016-02-18	002788.SZ
23	星网锐捷	62.78	11.7	通信	2010-06-23	002396.SZ
24	阳光城	62.35	−40.6	房地产	1996-12-18	000671.SZ
25	片仔癀	61.98	−3.1	医药	2003-06-16	600436.SH
26	亿联网络	56.57	46.0	通信	2017-03-17	300628.SZ
27	锐捷网络	52.80	新上榜	通信	2022-11-21	301165.SZ
28	立达信	51.88	40.8	家电	2021-07-20	605365.SH
29	兴业证券	49.53	−10.7	金融	2010-10-13	601377.SH
30	百宏实业	47.84	101.0	纺织	2011-05-18	2299.HK
31	厦门钨业	46.46	20.2	有色金属	2002-11-07	600549.SH
32	新大陆	43.88	19.6	电子	2000-08-07	000997.SZ
33	厦门港务	43.30	47.4	运输	1999-04-29	000905.SZ
34	恺英网络	42.68	38.9	休闲	2010-12-07	002517.SZ
35	盈趣科技	42.21	−20.7	日用	2018-01-15	002925.SZ
36	傲农生物	41.33	43.6	农业	2017-09-26	603363.SH
37	中国利郎	40.00	17.6	服饰	2009-09-25	1234.HK
38	盛屯矿业	35.98	−29.4	贸易	1996-05-31	600711.SH
39	游族网络	33.32	−17.0	休闲	2007-09-25	002174.SZ
40	七匹狼	30.43	17.1	服饰	2004-08-06	002029.SZ
41	金达威	29.00	−13.0	保健	2011-10-28	002626.SZ
42	合兴包装	28.41	24.6	包装	2008-05-08	002228.SZ
43	太阳电缆	28.36	50.5	装备	2009-10-21	002300.SZ
44	九牧王	25.64	−14.3	服饰	2011-05-30	601566.SH
45	奥佳华	25.12	−1.7	医药	2011-09-09	002614.SZ
46	华厦眼科	25.03	新上榜	保健	2022-11-07	301267.SZ
47	冠城大通	24.27	−14.9	房地产	1997-05-08	600067.SH
48	天马科技	23.20	90.5	农业	2017-01-17	603668.SH
49	新华都	21.70	2.2	零售	2008-07-31	002264.SZ
50	合力泰	21.45	−19.2	电子	2008-02-20	002217.SZ
51	厦门银行	18.58	3.1	金融	2020-10-27	601187.SH

续表

序号	证券简称	品牌价值/亿元	增长率/%	地区	上市日期	证券代码
52	火炬电子	18.28	−6.2	电子	2015-01-26	603678.SH
53	福龙马	17.06	−15.1	环保	2015-01-26	603686.SH
54	法拉电子	16.93	23.6	电子	2002-12-10	600563.SH
55	东百集团	16.79	−14.2	零售	1993-11-22	600693.SH
56	锐信控股	16.58	38.0	电子	2006-12-21	1399.HK
57	厦钨新能	16.45	84.9	化工	2021-08-05	688778.SH
58	科华数据	16.37	−2.1	装备	2010-01-13	002335.SZ
59	福建高速	15.77	18.3	运输	2001-02-09	600033.SH
60	ST 冠福	15.09	25.0	贸易	2006-12-29	002102.SZ
61	漳州发展	13.70	52.5	汽车	1997-06-26	000753.SZ
62	吉宏股份	13.65	−21.1	互联网	2016-07-12	002803.SZ
63	金牌厨柜	13.09	5.7	家居	2017-05-12	603180.SH
64	学大教育	12.31	新上榜	教育	1993-11-01	000526.SZ
65	福能股份	12.21	−10.0	公用	2004-05-31	600483.SH
66	松霖科技	12.20	23.5	家居	2019-08-26	603992.SH
67	瑞芯微	11.77	−5.9	电子	2020-02-07	603893.SH
68	舒华体育	11.71	−21.3	日用	2020-12-15	605299.SH
69	大博医疗	11.54	−9.7	医药	2017-09-22	002901.SZ
70	家乡互动	10.91	−3.1	互联网	2019-07-04	3798.HK
71	中国武夷	10.84	29.3	建筑	1997-07-15	000797.SZ
72	紫天科技	10.48	−10.1	媒体	2011-12-29	300280.SZ
73	航天发展	9.96	−24.8	装备	1993-11-30	000547.SZ
74	美亚柏科	9.85	2.9	互联网	2011-03-16	300188.SZ
75	三木集团	9.78	51.1	贸易	1996-11-21	000632.SZ
76	海欣食品	9.65	10.4	食品	2012-10-11	002702.SZ
77	惠泉啤酒	9.15	9.3	饮料	2003-02-26	600573.SH
78	三棵树	8.91	−18.5	化工	2016-06-03	603737.SH
79	圣元环保	8.88	15.8	环保	2020-08-24	300867.SZ
80	昇兴股份	8.82	63.8	包装	2015-04-22	002752.SZ
81	龙洲股份	8.78	6.9	运输	2012-06-12	002682.SZ
82	博思软件	8.65	新上榜	互联网	2016-07-26	300525.SZ
83	鼎丰集团汽车	8.65	−28.9	金融	2013-12-09	6878.HK
84	趣店	8.63	−23.3	金融	2017-10-18	QD.N
85	ST 泰禾	8.53	−15.7	房地产	1997-07-04	000732.SZ
86	南方路机	8.51	新上榜	装备	2022-11-08	603280.SH
87	雪人股份	8.12	40.1	装备	2011-12-05	002639.SZ
88	唯科科技	8.12	新上榜	装备	2022-01-11	301196.SZ
89	南威软件	8.10	2.8	互联网	2014-12-30	603636.SH
90	中闽百汇	7.94	3.7	零售	2011-01-20	5SR.SG
91	嘉亨家化	7.18	新上榜	日用	2021-03-24	300955.SZ
92	绿新亲水胶体	7.13	新上榜	农业	2019-10-17	1084.HK
93	青山纸业	6.82	5.8	造纸	1997-07-03	600103.SH
94	太龙股份	6.39	新上榜	电子	2017-05-03	300650.SZ
95	弘信电子	6.35	12.6	电子	2017-05-23	300657.SZ

续表

序号	证券简称	品牌价值/亿元	增长率/%	地区	上市日期	证券代码
96	建发物业	6.25	14.6	房地产	2020-12-31	2156.HK
97	特宝生物	6.02	新上榜	医药	2020-01-17	688278.SH
98	中富通	5.81	新上榜	通信	2016-11-01	300560.SZ
99	福建水泥	5.68	−5.6	建筑	1994-01-03	600802.SH

3.8.2 2023年福建上市公司品牌价值榜分析

【区域集中度】 在2023年福建上市公司品牌价值榜中：排在前10位的公司品牌价值合计5 090.67亿元，占福建榜单总计品牌价值的66.1%；排在前20位的公司品牌价值合计5 947.46亿元，占福建榜单总计品牌价值的77.2%；排在前30位的公司品牌价值合计6 519.34亿元，占福建榜单总计品牌价值的84.7%。

【所在行业】 在2023年福建上市公司品牌价值榜中，99家公司来自31个行业。其中，贸易、金融、装备和服饰四个行业共计包括26家公司，品牌价值合计4 680.43亿元，占福建榜单总计品牌价值的60.8%，处于主导地位。其他行业的情况如图3-15和图3-16所示。

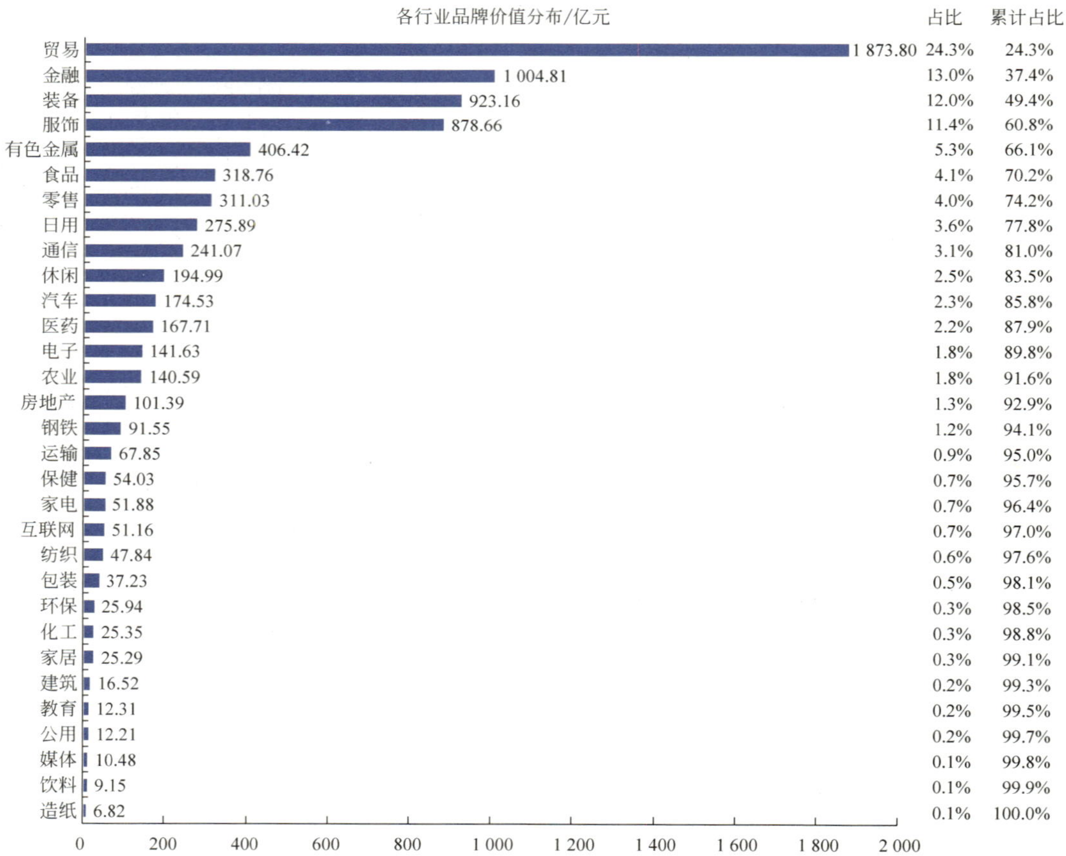

图3-15 2023年福建上市公司品牌价值榜各行业品牌价值分布

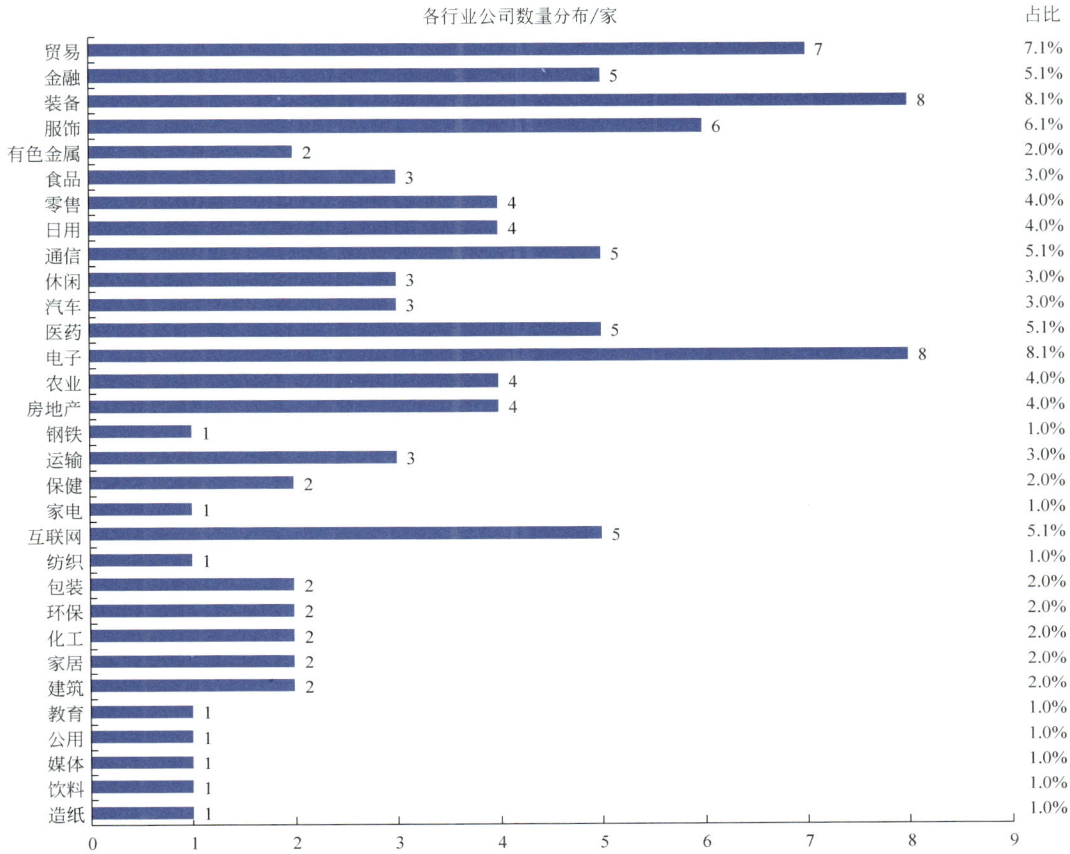

图 3-16 2023 年福建上市公司品牌价值榜各行业公司数量分布

【上市板块】 在 2023 年福建上市公司品牌价值榜中：在沪市主板上市的公司有 38 家，品牌价值合计 4 330.62 亿元，占福建榜单总计品牌价值的 56.2%，排在第一位；在香港上市的中资公司有 12 家，品牌价值合计 1 365.37 亿元，占福建榜单总计品牌价值的 17.7%，排在第二位；在深市主板上市的公司有 32 家，品牌价值合计 987.18 亿元，占福建榜单总计品牌价值的 12.8%，排在第三位。此外，在深市创业板上市的公司有 13 家，品牌价值合计 977.84 亿元；在沪市科创板上市的公司有 2 家，品牌价值合计 22.46 亿元；在国外上市的中概股公司有 2 家，品牌价值合计 16.57 亿元。

【上市时间】 在 2023 年福建上市公司品牌价值榜中：2003—2007 年上市的公司有 10 家，品牌价值合计 1 797.87 亿元，占福建榜单总计品牌价值的 23.3%，排在第一位；1997 年及以前上市的公司有 17 家，品牌价值合计 1 364.86 亿元，占福建榜单总计品牌价值的 17.7%，排在第二位；2008—2012 年上市的公司有 24 家，品牌价值合计 1 361.64 亿元，占福建榜单总计品牌价值的 17.7%，排在第三位。此外，1998—2002 年上市的公司有 9 家，品牌价值合计 1 342.17 亿元；2018—2022 年上市的公司有 18 家，品牌价值合计

1 077.33 亿元；2013—2017 年上市的公司有 21 家，品牌价值合计 756.17 亿元。

3.9 四川品牌价值榜

在 2023 年中国上市公司品牌价值总榜的 3 000 家企业中：四川的企业共计 78 家，比 2022 年增加了 6 家；品牌价值总计 6 946.11 亿元，比 2022 年增长了 14.9%。

3.9.1 2023 年四川上市公司品牌价值榜单

序号	证券简称	品牌价值/亿元	增长率/%	地区	上市日期	证券代码
1	五粮液	2 357.27	−0.4	饮料	1998-04-27	000858.SZ
2	泸州老窖	858.41	19.1	饮料	1994-05-09	000568.SZ
3	通威股份	663.94	94.1	装备	2004-03-02	600438.SH
4	四川长虹	583.76	5.9	家电	1994-03-11	600839.SH
5	新希望	287.39	−6.9	农业	1998-03-11	000876.SZ
6	东方电气	268.17	23.4	装备	1995-10-10	600875.SH
7	舍得酒业	165.28	43.9	饮料	1996-05-24	600702.SH
8	四川路桥	145.16	36.8	建筑	2003-03-25	600039.SH
9	水井坊	131.37	−10.9	饮料	1996-12-06	600779.SH
10	新乳业	109.05	20.4	饮料	2019-01-25	002946.SZ
11	创维数字	92.43	64.7	家电	1998-06-02	000810.SZ
12	成都银行	90.89	33.8	金融	2018-01-31	601838.SH
13	科伦药业	74.49	34.0	医药	2010-06-03	002422.SZ
14	新华文轩	68.61	20.0	媒体	2016-08-08	601811.SH
15	云图控股	66.13	34.0	化工	2011-01-18	002539.SZ
16	天齐锂业	64.82	601.2	有色金属	2010-08-31	002466.SZ
17	利尔化学	46.74	63.5	化工	2008-07-08	002258.SZ
18	红旗连锁	42.48	0.5	零售	2012-09-05	002697.SZ
19	茂业商业	41.85	−22.6	零售	1994-02-24	600828.SH
20	国机重装	39.53	22.6	装备	2020-06-08	601399.SH
21	希望教育	37.83	56.8	教育	2018-08-03	1765.HK
22	钒钛股份	29.48	67.0	有色金属	1996-11-15	000629.SZ
23	四川成渝	27.41	19.9	运输	2009-07-27	601107.SH
24	泸天化	26.77	64.8	化工	1999-06-03	000912.SZ
25	四川九洲	26.72	36.1	日用	1998-05-06	000801.SZ
26	天原股份	22.85	−1.8	贸易	2010-04-09	002386.SZ
27	新易盛	20.33	39.5	通信	2016-03-03	300502.SZ
28	四川美丰	20.16	47.0	化工	1997-06-17	000731.SZ
29	国金证券	19.54	2.4	金融	1997-08-07	600109.SH
30	盛和资源	18.63	19.2	有色金属	2003-05-29	600392.SH
31	天味食品	18.61	7.4	食品	2019-04-16	603317.SH
32	电科网安	18.10	26.3	电子	2008-08-11	002268.SZ
33	和邦生物	17.91	70.7	化工	2012-07-31	603077.SH

续表

序号	证券简称	品牌价值/亿元	增长率/%	地区	上市日期	证券代码
34	千禾味业	17.27	—5.6	食品	2016-03-07	603027.SH
35	迈克生物	16.78	—15.2	医药	2015-05-28	300463.SZ
36	蓝光发展	15.58	—41.6	房地产	2001-02-12	600466.SH
37	广汇物流	15.54	—31.0	房地产	1992-01-13	600603.SH
38	华西证券	14.65	—9.5	金融	2018-02-05	002926.SZ
39	药易购	13.99	—8.3	零售	2021-01-27	300937.SZ
40	极米科技	13.85	4.5	电子	2021-03-03	688696.SH
41	富森美	13.52	—3.2	房地产	2016-11-09	002818.SZ
42	雅化集团	13.01	113.5	化工	2010-11-09	002497.SZ
43	天邑股份	12.89	34.5	通信	2018-03-30	300504.SZ
44	彩虹集团	12.01	25.0	家电	2020-12-11	003023.SZ
45	川发龙蟒	11.92	85.9	化工	2009-12-03	002312.SZ
46	康弘药业	11.81	30.9	医药	2015-06-26	002773.SZ
47	盛新锂能	11.61	新上榜	有色金属	2008-05-23	002240.SZ
48	吉峰科技	11.51	30.2	零售	2009-10-30	300022.SZ
49	高新发展	11.11	新上榜	建筑	1996-11-18	000628.SZ
50	成都高速	10.59	5.7	运输	2019-01-15	1785.HK
51	普瑞眼科	10.44	新上榜	保健	2022-07-05	301239.SZ
52	泸州银行	10.29	16.6	金融	2018-12-17	1983.HK
53	中无人机	10.15	新上榜	装备	2022-06-29	688297.SH
54	川投能源	9.63	2.3	公用	1993-09-24	600674.SH
55	昊华科技	9.41	36.0	化工	2001-01-11	600378.SH
56	人瑞人才	9.21	15.1	商业服务	2019-12-13	6919.HK
57	康华生物	9.13	66.2	医药	2020-06-16	300841.SZ
58	巨星农牧	8.81	21.1	农业	2017-12-18	603477.SH
59	峨眉山A	8.54	—14.7	休闲	1997-10-21	000888.SZ
60	兴蓉环境	8.43	28.2	公用	1996-05-29	000598.SZ
61	中国金属利用	8.37	—41.6	有色金属	2014-02-21	1636.HK
62	川润股份	8.15	33.5	装备	2008-09-19	002272.SZ
63	浩物股份	7.82	33.3	汽车	1997-06-27	000757.SZ
64	利君股份	7.68	—12.1	装备	2012-01-06	002651.SZ
65	汇宇制药-W	7.45	—55.5	医药	2021-10-26	688553.SH
66	长虹能源	7.33	新上榜	装备	2021-02-09	836239.BJ
67	国光股份	7.12	28.4	化工	2015-03-20	002749.SZ
68	苑东生物	6.97	新上榜	医药	2020-09-02	688513.SH
69	安宁股份	6.77	8.0	有色金属	2020-04-17	002978.SZ
70	四川双马	6.26	新上榜	建筑	1999-08-24	000935.SZ
71	科新机电	6.23	新上榜	装备	2010-07-08	300092.SZ
72	久远银海	6.21	新上榜	互联网	2015-12-31	002777.SZ
73	富临精工	6.19	5.3	汽车	2015-03-19	300432.SZ
74	福蓉科技	6.12	新上榜	电子	2019-05-23	603327.SH
75	航发科技	6.04	4.9	装备	2001-12-12	600391.SH

续表

序号	证券简称	品牌价值/亿元	增长率/%	地区	上市日期	证券代码
76	中建环能	5.99	新上榜	环保	2015-02-16	300425.SZ
77	运机集团	5.83	新上榜	装备	2021-11-01	001288.SZ
78	天立国际控股	5.76	新上榜	教育	2018-07-12	1773.HK

3.9.2 2023 年四川上市公司品牌价值榜分析

【区域集中度】 在 2023 年四川上市公司品牌价值榜中：排在前 10 位的公司品牌价值合计 5 569.8 亿元，占四川榜单总计品牌价值的 80.2%；排在前 20 位的公司品牌价值合计 6 197.8 亿元，占四川榜单总计品牌价值的 89.2%；排在前 30 位的公司品牌价值合计 6 447.52 亿元，占四川榜单总计品牌价值的 92.8%。

【所在行业】 在 2023 年四川上市公司品牌价值榜中，78 家公司来自 26 个行业。其中，饮料行业共计包括 5 家公司，品牌价值合计 3 621.37 亿元，占四川榜单总计品牌价值的 52.1%，处于主导地位。其他行业的情况如图 3-17 和图 3-18 所示。

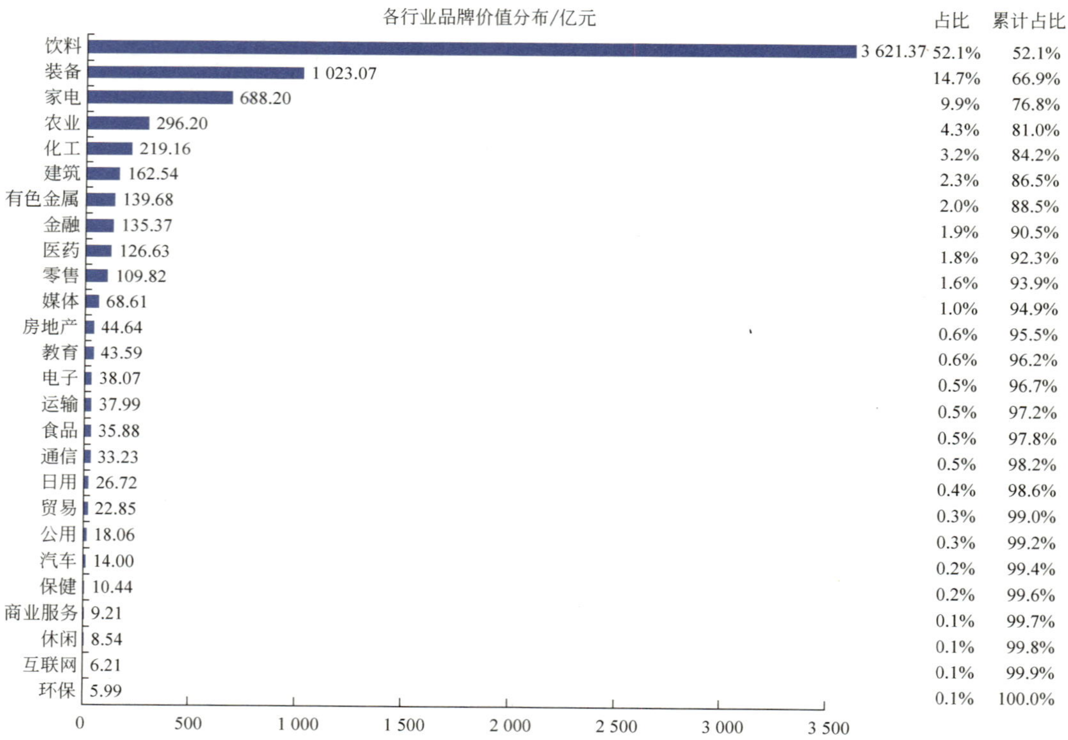

图 3-17 2023 年四川上市公司品牌价值榜各行业品牌价值分布

【上市板块】 在 2023 年四川上市公司品牌价值榜中：在深市主板上市的公司有 34 家，品牌价值合计 4 315.77 亿元，占四川榜单总计品牌价值的 62.1%，排在第一位；在沪

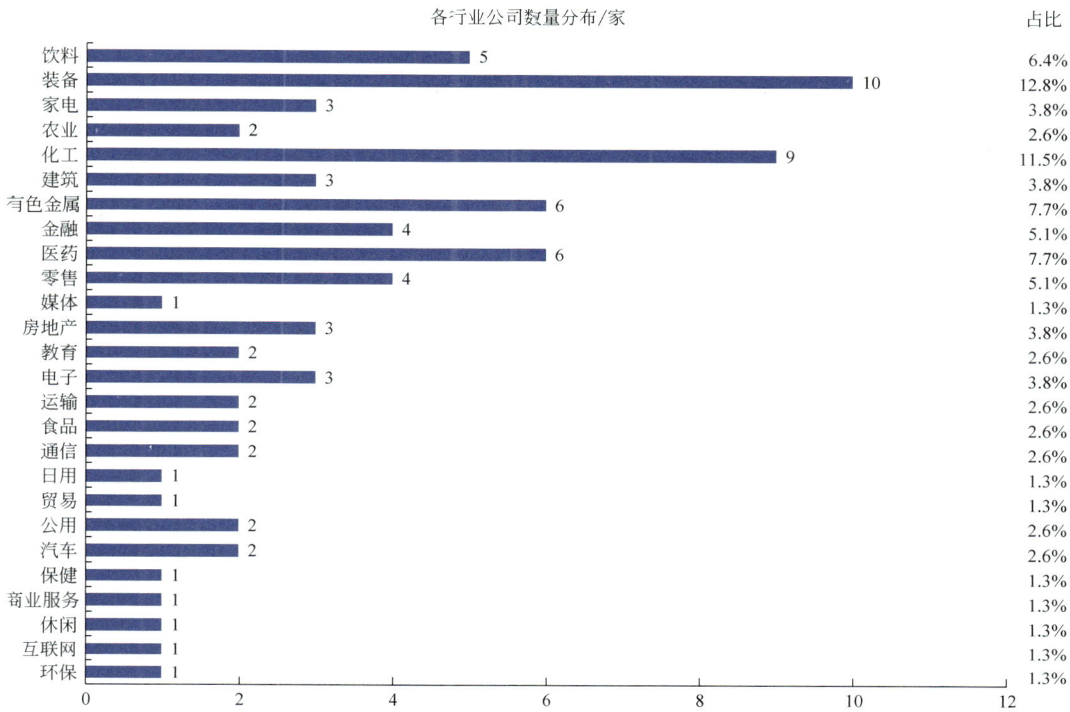

图 3-18　2023 年四川上市公司品牌价值榜各行业公司数量分布

市主板上市的公司有 23 家，品牌价值合计 2 389.07 亿元，占四川榜单总计品牌价值的 34.4%，排在第二位；在深市创业板上市的公司有 10 家，品牌价值合计 113.48 亿元，占四川榜单总计品牌价值的 1.6%，排在第三位。此外，在香港上市的中资公司有 6 家，品牌价值合计 82.05 亿元；在沪市科创板上市的公司有 4 家，品牌价值合计 38.42 亿元；在北证新三板上市的公司有 1 家，品牌价值 7.33 亿元。

【上市时间】 在 2023 年四川上市公司品牌价值榜中：1998—2002 年上市的公司有 9 家，品牌价值合计 2 827.88 亿元，占四川榜单总计品牌价值的 40.7%，排在第一位；1997 年及以前上市的公司有 15 家，品牌价值合计 2 179.09 亿元，占四川榜单总计品牌价值的 31.4%，排在第二位；2003—2007 年上市的公司有 3 家，品牌价值合计 827.73 亿元，占四川榜单总计品牌价值的 11.9%，排在第三位。此外，2018—2022 年上市的公司有 23 家，品牌价值合计 469.34 亿元；2008—2012 年上市的公司有 16 家，品牌价值合计 451.07 亿元；2013—2017 年上市的公司有 12 家，品牌价值合计 190.99 亿元。

3.10　贵州品牌价值榜

在 2023 年中国上市公司品牌价值总榜的 3 000 家企业中：贵州的企业共计 19 家，比 2022 年减少了 1 家；品牌价值总计 5 659.28 亿元，比 2022 年减少了 2.3%。

3.10.1 2023 年贵州上市公司品牌价值榜单

序号	证券简称	品牌价值/亿元	增长率/%	地区	上市日期	证券代码
1	贵州茅台	5 297.72	−2.7	饮料	2001-08-27	600519.SH
2	贵阳银行	59.36	4.6	金融	2016-08-16	601997.SH
3	贵州银行	44.78	−0.3	金融	2019-12-30	6199.HK
4	振华科技	27.19	41.7	电子	1997-07-03	000733.SZ
5	中航重机	26.64	34.2	装备	1996-11-06	600765.SH
6	振华新材	20.72	226.5	装备	2021-09-14	688707.SH
7	贵州轮胎	20.15	5.4	汽车	1996-03-08	000589.SZ
8	高鸿股份	19.90	−9.5	互联网	1998-06-09	000851.SZ
9	航天电器	19.50	30.3	电子	2004-07-26	002025.SZ
10	信邦制药	19.28	−4.7	医药	2010-04-16	002390.SZ
11	中伟股份	18.83	60.0	化工	2020-12-23	300919.SZ
12	贵广网络	15.83	36.2	媒体	2016-12-26	600996.SH
13	贵州百灵	13.56	23.8	医药	2010-06-03	002424.SZ
14	勘设股份	12.26	−3.7	商业服务	2017-08-09	603458.SH
15	华夏航空	11.63	−43.2	运输	2018-03-02	002928.SZ
16	益佰制药	10.54	−12.6	医药	2004-03-23	600594.SH
17	盘江股份	7.88	21.6	煤炭	2001-05-31	600395.SH
18	保利联合	7.09	新上榜	化工	2004-09-08	002037.SZ
19	贵航股份	6.43	−6.9	汽车	2001-12-27	600523.SH

3.10.2 2023 年贵州上市公司品牌价值榜分析

【区域集中度】 在 2023 年贵州上市公司品牌价值榜中：排在第 1 位的公司品牌价值 5 297.72 亿元，占贵州榜单总计品牌价值的 93.6%；排在前 3 位的公司品牌价值合计 5 401.86 亿元，占贵州榜单总计品牌价值的 95.5%；排在前 5 位的公司品牌价值合计 5 455.69 亿元，占贵州榜单总计品牌价值的 96.4%。

【所在行业】 在 2023 年贵州上市公司品牌价值榜中，19 家公司来自 12 个行业。其中，饮料行业有 1 家公司，品牌价值 5 297.72 亿元，占贵州榜单总计品牌价值的 93.6%，处于主导地位。其他行业的情况如图 3-19 和图 3-20 所示。

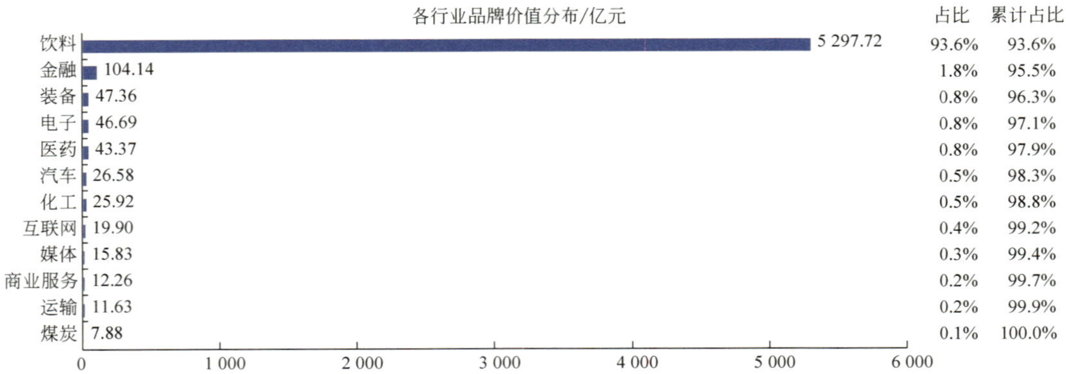

图 3-19 2023 年贵州上市公司品牌价值榜各行业品牌价值分布

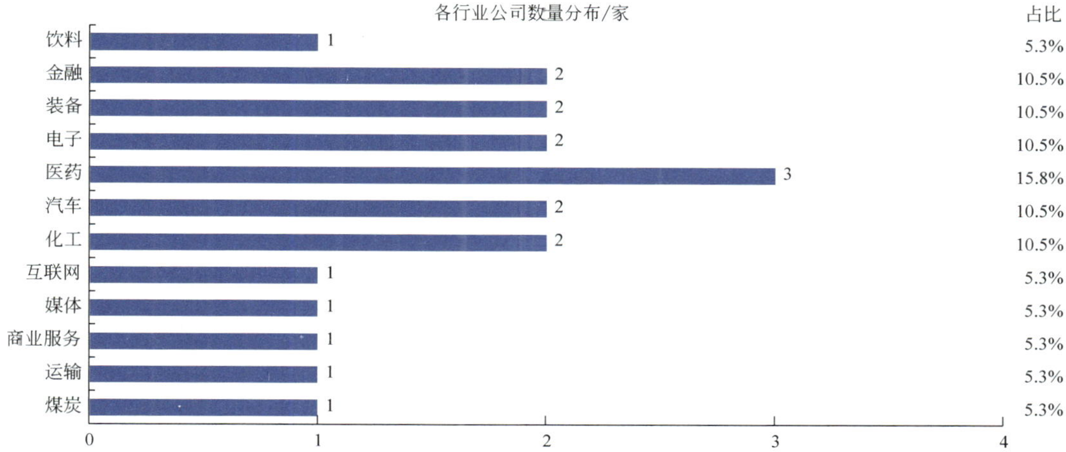

图 3-20 2023 年贵州上市公司品牌价值榜各行业公司数量分布

【上市板块】 在 2023 年贵州上市公司品牌价值榜中：在沪市主板上市的公司有 8 家，品牌价值合计 5 436.66 亿元，占贵州榜单总计品牌价值的 96.1%，排在第一位；在深市主板上市的公司有 8 家，品牌价值合计 138.29 亿元，占贵州榜单总计品牌价值的 2.4%，排在第二位。此外，在香港上市的中资公司有 1 家，品牌价值 44.78 亿元；在沪市科创板和深市创业板上市的公司各有 1 家，品牌价值分别为 20.72 亿元和 18.83 亿元。

【上市时间】 在 2023 年贵州上市公司品牌价值榜中：1998—2002 年上市的公司有 4 家，品牌价值合计 5 331.93 亿元，占贵州榜单总计品牌价值的 94.2%，排在第一位；2018—2022 年上市的公司有 4 家，品牌价值合计 95.97 亿元，占贵州榜单总计品牌价值的 1.7%，排在第二位；2013—2017 年上市的公司有 3 家，品牌价值合计 87.45 亿元，占贵州榜单总计品牌价值的 1.5%，排在第三位。此外，1997 年及以前上市的公司有 3 家，品牌价值合计 73.97 亿元；2003—2007 年上市的公司有 3 家，品牌价值合计 37.13 亿元；2008—2012 年上市的公司有 2 家，品牌价值合计 32.84 亿元。

3.11 安徽品牌价值榜

在 2023 年中国上市公司品牌价值总榜的 3 000 家企业中：安徽的企业共计 98 家，比 2022 年增加了 9 家；品牌价值总计 4 156.3 亿元，比 2022 年增长了 8.9%。

3.11.1 2023 年安徽上市公司品牌价值榜单

序号	证券简称	品牌价值/亿元	增长率/%	地区	上市日期	证券代码
1	海螺水泥	377.19	−14.2	建筑	2002-02-07	600585.SH
2	古井贡酒	356.43	20.1	饮料	1996-09-27	000596.SZ
3	三七互娱	262.96	11.2	休闲	2011-03-02	002555.SZ

续表

序号	证券简称	品牌价值/亿元	增长率/%	地区	上市日期	证券代码
4	江淮汽车	200.25	−12.4	汽车	2001-08-24	600418.SH
5	口子窖	173.33	5.0	饮料	2015-06-29	603589.SH
6	迎驾贡酒	164.84	19.2	饮料	2015-05-28	603198.SH
7	信义光能	151.54	−11.8	装备	2013-12-12	0968.HK
8	马钢股份	151.42	−8.8	钢铁	1994-01-06	600808.SH
9	铜陵有色	138.76	9.5	有色金属	1996-11-20	000630.SZ
10	徽商银行	126.27	28.3	金融	2013-11-12	3698.HK
11	长虹美菱	112.18	17.0	家电	1993-10-18	000521.SZ
12	安徽建工	98.81	57.1	建筑	2003-04-15	600502.SH
13	阳光电源	91.97	18.4	装备	2011-11-02	300274.SZ
14	安徽合力	84.91	6.3	装备	1996-10-09	600761.SH
15	科大讯飞	74.76	23.0	互联网	2008-05-12	002230.SZ
16	山鹰国际	70.67	3.4	造纸	2001-12-18	600567.SH
17	皖新传媒	59.97	13.8	媒体	2010-01-18	601801.SH
18	洽洽食品	59.54	16.9	食品	2011-03-02	002557.SZ
19	三只松鼠	45.91	−1.6	食品	2019-07-12	300783.SZ
20	广信股份	43.92	62.5	化工	2015-05-13	603599.SH
21	同庆楼	43.87	17.8	餐饮	2020-07-16	605108.SH
22	淮北矿业	43.55	42.3	煤炭	2004-04-28	600985.SH
23	精达股份	42.42	−13.3	装备	2002-09-11	600577.SH
24	中鼎股份	42.02	13.8	汽车	1998-12-03	000887.SZ
25	时代出版	41.24	25.3	媒体	2002-09-05	600551.SH
26	合肥百货	39.88	3.6	零售	1996-08-12	000417.SZ
27	楚江新材	39.37	33.9	有色金属	2007-09-21	002171.SZ
28	中公教育	33.82	173.2	教育	2011-08-10	002607.SZ
29	华孚时尚	32.80	19.9	纺织	2005-04-27	002042.SZ
30	海螺创业	32.63	−14.4	环保	2013-12-19	0586.HK
31	鸿路钢构	30.93	29.5	建筑	2011-01-18	002541.SZ
32	国轩高科	30.15	49.9	装备	2006-10-18	002074.SZ
33	华米科技	27.60	−14.2	电子	2018-02-08	ZEPP.N
34	惠而浦	26.71	−17.4	家电	2004-07-27	600983.SH
35	淮河能源	26.60	58.4	贸易	2003-03-28	600575.SH
36	中国东方教育	26.41	32.6	教育	2019-06-12	0667.HK
37	全柴动力	24.85	20.3	装备	1998-12-03	600218.SH
38	皖通高速	23.99	27.6	运输	2003-01-07	600012.SH
39	中国新华教育	21.86	33.6	教育	2018-03-26	2779.HK
40	志邦家居	21.67	4.9	家居	2017-06-30	603801.SH
41	辉隆股份	21.56	16.0	贸易	2011-03-02	002556.SZ
42	六国化工	20.49	17.7	化工	2004-03-05	600470.SH
43	司尔特	20.03	12.9	化工	2011-01-18	002538.SZ
44	中粮科技	19.50	24.0	化工	1999-07-12	000930.SZ
45	黄山旅游	18.69	−15.4	休闲	1997-05-06	600054.SH
46	长信科技	18.61	−7.3	电子	2010-05-26	300088.SZ
47	伯特利	17.88	38.4	汽车	2018-04-27	603596.SH
48	现代牧业	17.83	−22.9	农业	2010-11-26	1117.HK
49	美亚光电	17.80	−4.4	装备	2012-07-31	002690.SZ

续表

序号	证券简称	品牌价值/亿元	增长率/%	地区	上市日期	证券代码
50	国元证券	17.50	34.3	金融	1997-06-16	000728.SZ
51	精工钢构	17.18	20.7	建筑	2002-06-05	600496.SH
52	开润股份	15.96	23.2	服饰	2016-12-21	300577.SZ
53	玉禾田	15.57	29.8	环保	2020-01-23	300815.SZ
54	节能国祯	14.49	12.9	环保	2014-08-01	300388.SZ
55	凯盛科技	14.22	1.9	电子	2002-11-08	600552.SH
56	安孚科技	14.09	37.4	零售	2016-08-22	603031.SH
57	丰原药业	13.76	23.5	医药	2000-09-20	000153.SZ
58	皖能电力	12.97	27.3	公用	1993-12-20	000543.SZ
59	巨一科技	12.62	14.9	装备	2021-11-10	688162.SH
60	香农芯创	12.56	124.8	贸易	2015-06-10	300475.SZ
61	合肥城建	12.52	—3.4	房地产	2008-01-28	002208.SZ
62	设计总院	12.41	32.1	商业服务	2017-08-01	603357.SH
63	汉马科技	12.31	—64.5	装备	2003-04-01	600375.SH
64	华安证券	12.16	0.7	金融	2016-12-06	600909.SH
65	欧普康视	10.91	—2.7	医药	2017-01-17	300595.SZ
66	中电兴发	10.65	3.9	互联网	2009-09-29	002298.SZ
67	新集能源	10.44	0.7	煤炭	2007-12-19	601918.SH
68	安科生物	10.43	12.9	医药	2009-10-30	300009.SZ
69	皖维高新	10.38	16.1	化工	1997-05-28	600063.SH
70	丰乐种业	10.29	27.6	农业	1997-04-22	000713.SZ
71	铜冠铜箔	10.14	新上榜	电子	2022-01-27	301217.SZ
72	立方制药	9.93	17.4	医药	2020-12-15	003020.SZ
73	金种子酒	9.54	—18.1	饮料	1998-08-12	600199.SH
74	荃银高科	9.50	40.6	农业	2010-05-26	300087.SZ
75	华茂股份	9.40	25.5	纺织	1998-10-07	000850.SZ
76	金禾实业	9.22	22.0	化工	2011-07-07	002597.SZ
77	江南化工	8.65	新上榜	化工	2008-05-06	002226.SZ
78	永新股份	8.46	23.7	包装	2004-07-08	002014.SZ
79	安凯客车	8.21	—37.4	汽车	1997-07-25	000868.SZ
80	东华科技	7.95	—0.3	建筑	2007-07-12	002140.SZ
81	众源新材	7.86	42.3	有色金属	2017-09-07	603527.SH
82	洁雅股份	7.72	—20.0	日用	2021-12-03	301108.SZ
83	合锻智能	7.62	新上榜	装备	2014-11-07	603011.SH
84	华恒生物	7.61	新上榜	医药	2021-04-22	688639.SH
85	四创电子	7.45	—10.9	装备	2004-05-10	600990.SH
86	九华旅游	7.35	—6.9	休闲	2015-03-26	603199.SH
87	常青股份	7.12	16.1	汽车	2017-03-24	603768.SH
88	华塑股份	6.83	4.9	化工	2021-11-26	600935.SH
89	大富科技	6.80	4.9	通信	2010-10-26	300134.SZ
90	恒源煤电	6.78	19.9	煤炭	2004-08-17	600971.SH
91	翰博高新	6.62	新上榜	电子	2022-08-18	301321.SZ
92	应流股份	6.21	—0.1	装备	2014-01-22	603308.SH
93	科大国创	6.16	新上榜	互联网	2016-07-08	300520.SZ
94	瑞纳智能	6.01	新上榜	装备	2021-11-02	301129.SZ
95	海螺新材	5.93	新上榜	建筑	1996-10-23	000619.SZ

续表

序号	证券简称	品牌价值/亿元	增长率/%	地区	上市日期	证券代码
96	中环环保	5.93	新上榜	环保	2017-08-21	300692.SZ
97	富春染织	5.77	新上榜	纺织	2021-05-28	605189.SH
98	德力股份	5.73	新上榜	日用	2011-04-12	002571.SZ

3.11.2　2023 年安徽上市公司品牌价值榜分析

【区域集中度】 在 2023 年安徽上市公司品牌价值榜中：排在前 10 位的公司品牌价值合计 2 102.99 亿元，占安徽榜单总计品牌价值的 50.6%；排在前 20 位的公司品牌价值合计 2 845.63 亿元，占安徽榜单总计品牌价值的 68.5%；排在前 30 位的公司品牌价值合计 3 237.23 亿元，占安徽榜单总计品牌价值的 77.9%。

【所在行业】 在 2023 年安徽上市公司品牌价值榜中，98 家公司来自 33 个行业。其中，饮料、建筑、装备、休闲和汽车五个行业共计包括 31 家公司，品牌价值合计 2 302.47 亿元，占安徽榜单总计品牌价值的 55.4%，处于主导地位。其他行业的情况如图 3-21 和图 3-22 所示。

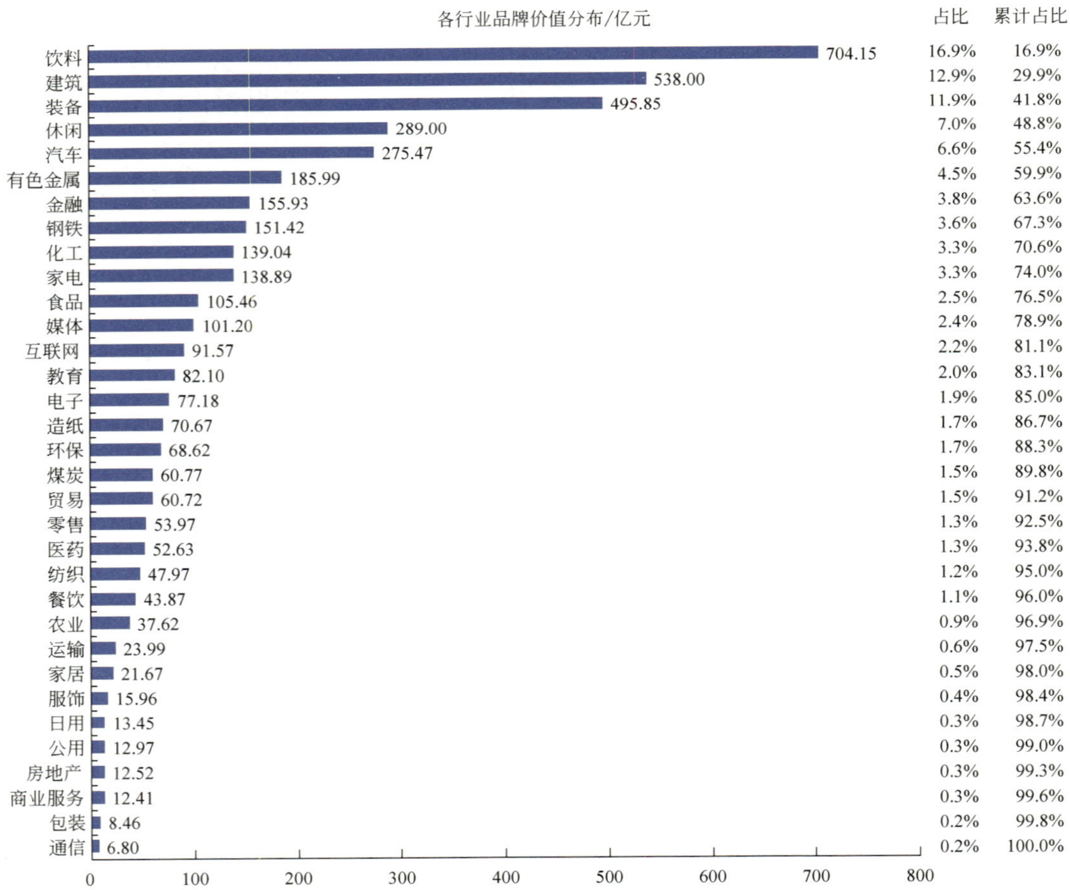

图 3-21　2023 年安徽上市公司品牌价值榜各行业品牌价值分布

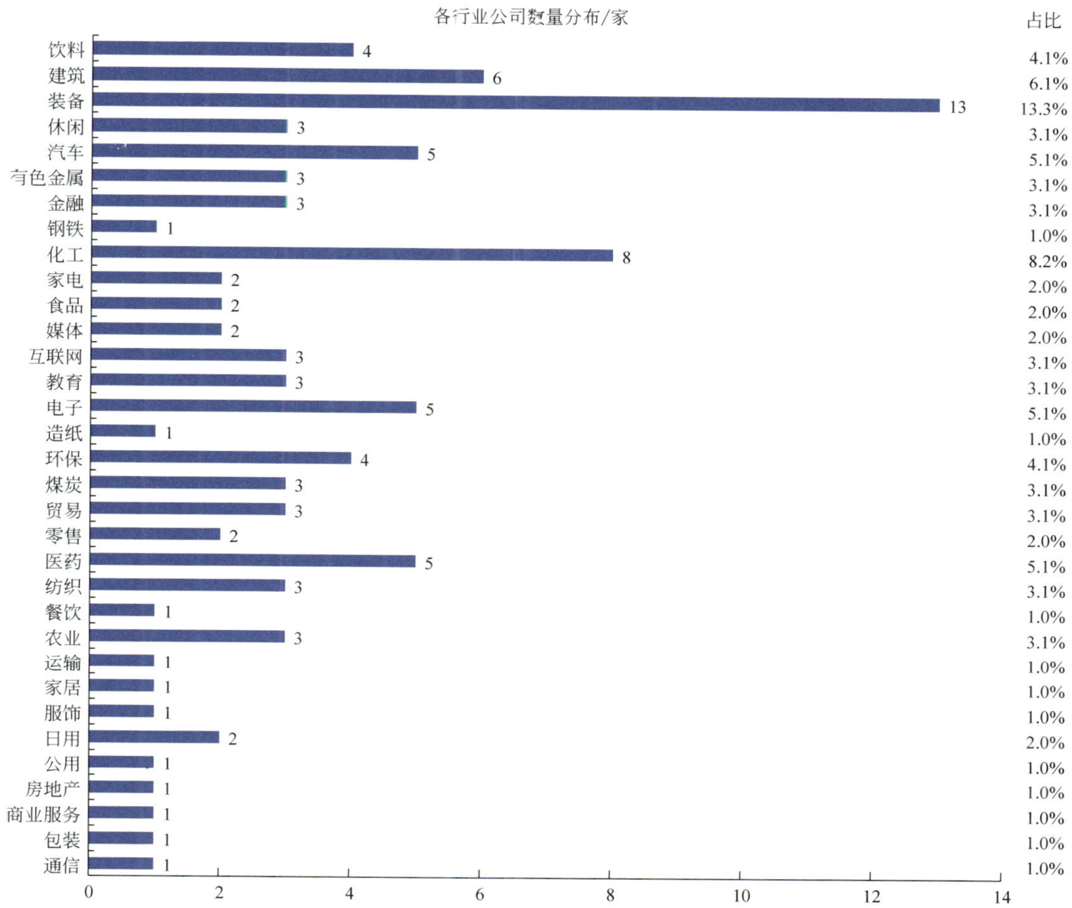

图 3-22 2023 年安徽上市公司品牌价值榜各行业公司数量分布

【上市板块】 在 2023 年安徽上市公司品牌价值榜中：在沪市主板上市的公司有 40 家，品牌价值合计 1 952.98 亿元，占安徽榜单总计品牌价值的 47%，排在第一位；在深市主板上市的公司有 32 家，品牌价值合计 1 483.68 亿元，占安徽榜单总计品牌价值的 35.7%，排在第二位；在香港上市的中资公司有 6 家，品牌价值合计 376.54 亿元，占安徽榜单总计品牌价值的 9.1%，排在第三位。此外，在深市创业板上市的公司有 17 家，品牌价值合计 295.28 亿元；在国外上市的中概股公司有 1 家，品牌价值 27.6 亿元；在沪市科创板上市的公司有 2 家，品牌价值合计 20.23 亿元。

【上市时间】 在 2023 年安徽上市公司品牌价值榜中：1997 年及以前上市的公司有 13 家，品牌价值合计 967.56 亿元，占安徽榜单总计品牌价值的 23.3%，排在第一位；1998—2002 年上市的公司有 13 家，品牌价值合计 882.23 亿元，占安徽榜单总计品牌价值的 21.2%，排在第二位；2013—2017 年上市的公司有 21 家，品牌价值合计 855.03 亿元，占安徽榜单总计品牌价值的 20.6%，排在第三位。此外，2008—2012 年上市的公司有

20 家，品牌价值合计 783.28 亿元；2003—2007 年上市的公司有 15 家，品牌价值合计 395.85 亿元；2018—2022 年上市的公司有 16 家，品牌价值合计 272.35 亿元。

3.12 天津品牌价值榜

在 2023 年中国上市公司品牌价值总榜的 3 000 家企业中：天津的企业共计 42 家，比 2022 年增加了 5 家；品牌价值总计 3 711.37 亿元，比 2022 年增长了 19.5%。

3.12.1 2023 年天津上市公司品牌价值榜单

序号	证券简称	品牌价值/亿元	增长率/%	地区	上市日期	证券代码
1	中远海控	1 576.47	57.9	运输	2007-06-26	601919.SH
2	三六零	281.04	−31.9	互联网	2012-01-16	601360.SH
3	TCL 中环	218.44	72.4	电子	2007-04-20	002129.SZ
4	九安医疗	194.79	新上榜	医药	2010-06-10	002432.SZ
5	海航科技	168.59	−55.0	贸易	1996-09-09	600751.SH
6	爱玛科技	159.41	58.0	日用	2021-06-15	603529.SH
7	国机汽车	150.50	12.4	汽车	2001-03-05	600335.SH
8	渤海银行	78.67	−3.2	金融	2020-07-16	9668.HK
9	友发集团	71.07	15.7	钢铁	2020-12-04	601686.SH
10	中储股份	70.94	24.2	贸易	1997-01-21	600787.SH
11	中科曙光	65.39	2.4	电子	2014-11-06	603019.SH
12	中海油服	55.94	18.7	石油	2007-09-28	601808.SH
13	招商公路	55.70	29.1	运输	2017-12-25	001965.SZ
14	中国铁物	55.69	−50.2	商业服务	1999-07-27	000927.SZ
15	广宇发展	49.24	−54.3	房地产	1993-12-10	000537.SZ
16	天士力	47.25	−6.0	医药	2002-08-23	600535.SH
17	凯莱英	41.95	73.6	医药	2016-11-18	002821.SZ
18	天津银行	36.76	−21.8	金融	2016-03-30	1578.HK
19	天津港	34.49	6.0	运输	1996-06-14	600717.SH
20	达仁堂	33.86	5.9	医药	2001-06-06	600329.SH
21	红日药业	32.60	64.7	医药	2009-10-30	300026.SZ
22	海油工程	28.36	53.5	石油	2002-02-05	600583.SH
23	海光信息	23.33	新上榜	电子	2022-08-12	688041.SH
24	卓朗科技	14.88	新上榜	互联网	2000-01-27	600225.SH
25	滨海泰达物流	14.37	35.5	运输	2008-04-30	8348.HK
26	泰达股份	13.22	−30.1	贸易	1996-11-28	000652.SZ
27	津药药业	12.61	11.2	医药	2001-06-18	600488.SH
28	依依股份	12.09	35.5	日用	2021-05-18	001206.SZ
29	瑞普生物	11.46	17.3	医药	2010-09-17	300119.SZ
30	中体产业	11.17	18.5	休闲	1998-03-27	600158.SH
31	七一二	10.28	14.5	装备	2018-02-26	603712.SH

续表

序号	证券简称	品牌价值/亿元	增长率/%	地区	上市日期	证券代码
32	中材节能	10.06	−13.6	环保	2014-07-31	603126.SH
33	唯捷创芯-U	9.25	新上榜	电子	2022-04-12	688153.SH
34	天保基建	8.48	新上榜	房地产	2000-04-06	000965.SZ
35	渤海化学	7.49	新上榜	电子	1993-12-06	600800.SH
36	兆讯传媒	7.44	新上榜	媒体	2022-03-28	301102.SZ
37	经纬辉开	7.04	16.0	电子	2010-09-17	300120.SZ
38	富通信息	6.97	27.2	通信	1997-09-29	000836.SZ
39	华海清科	6.57	新上榜	电子	2022-06-08	688120.SH
40	新经典	5.96	−26.0	媒体	2017-04-25	603096.SH
41	力生制药	5.83	新上榜	医药	2010-04-23	002393.SZ
42	百利电气	5.68	3.3	装备	2001-06-15	600468.SH

3.12.2 2023年天津上市公司品牌价值榜分析

【区域集中度】 在2023年天津上市公司品牌价值榜中：排在前3位的公司品牌价值合计2 075.96亿元，占天津榜单总计品牌价值的55.9%；排在前5位的公司品牌价值合计2 439.33亿元，占天津榜单总计品牌价值的65.7%；排在前10位的公司品牌价值合计2 969.93亿元，占天津榜单总计品牌价值的80%。

【所在行业】 在2023年天津上市公司品牌价值榜中，42家公司来自17个行业。其中，运输和医药两个行业共计包括12家公司，品牌价值合计2 061.4亿元，占天津榜单总计品牌价值的55.5%，处于主导地位。其他行业的情况如图3-23和图3-24所示。

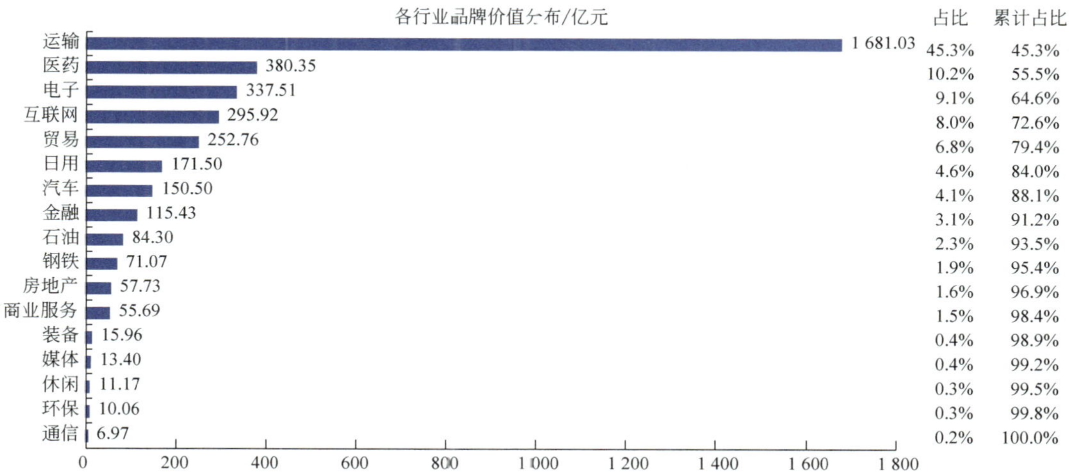

图3-23 2023年天津上市公司品牌价值榜各行业品牌价值分布

【上市板块】 在2023年天津上市公司品牌价值榜中：在沪市主板上市的公司有21家，品牌价值合计2 821.46亿元，占天津榜单总计品牌价值的76%，排在第一位；在深市

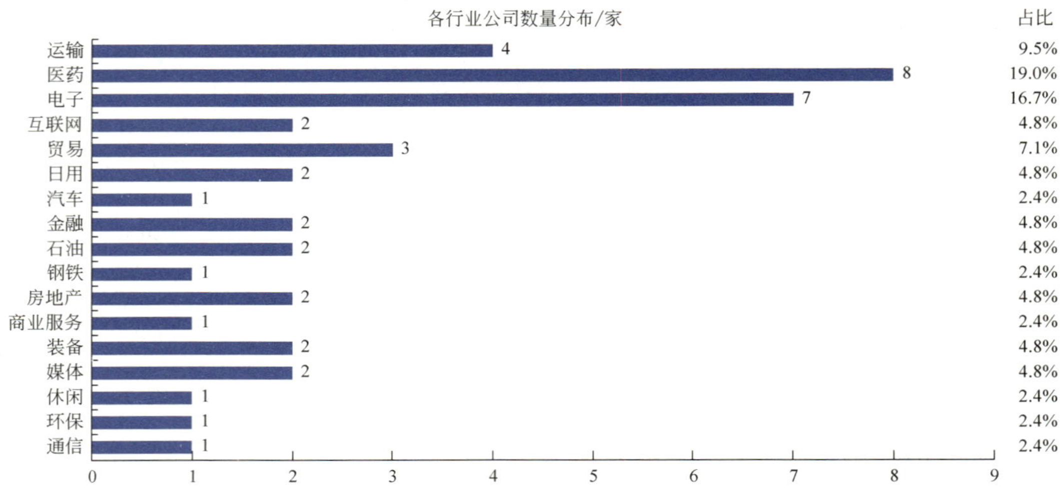

图 3-24　2023 年天津上市公司品牌价值榜各行业公司数量分布

主板上市的公司有 11 家，品牌价值合计 662.41 亿元，占天津榜单总计品牌价值的 17.8%，排在第二位。此外，在香港上市的中资公司有 3 家，品牌价值合计 129.8 亿元；在深市创业板上市的公司有 4 家，品牌价值合计 58.55 亿元；在沪市科创板上市的公司有 3 家，品牌价值 39.15 亿元。

【上市时间】 在 2023 年天津上市公司品牌价值榜中：2003—2007 年上市的公司有 3 家，品牌价值合计 1 850.86 亿元，占天津榜单总计品牌价值的 49.9%，排在第一位；2008—2012 年上市的公司有 7 家，品牌价值合计 547.14 亿元，占天津榜单总计品牌价值的 14.7%，排在第二位；2018—2022 年上市的公司有 9 家，品牌价值合计 378.11 亿元，占天津榜单总计品牌价值的 10.2%，排在第三位。此外，1998—2002 年上市的公司有 10 家，品牌价值合计 368.49 亿元；1997 年及以前上市的公司有 7 家，品牌价值合计 350.95 亿元；2013—2017 年上市的公司有 6 家，品牌价值合计 215.82 亿元。

3.13　湖北品牌价值榜

在 2023 年中国上市公司品牌价值总榜的 3 000 家企业中：湖北的企业共计 70 家，比 2022 年减少了 4 家；品牌价值总计 3 189.26 亿元，比 2022 年减少了 3.4%。

3.13.1　2023 年湖北上市公司品牌价值榜单

序号	证券简称	品牌价值/亿元	增长率/%	地区	上市日期	证券代码
1	东风集团股份	435.84	－20.9	汽车	2005-12-07	0489.HK
2	九州通	365.48	－0.7	医药	2010-11-02	600998.SH

续表

序号	证券简称	品牌价值/亿元	增长率/%	地区	上市日期	证券代码
3	闻泰科技	197.97	−3.3	通信	1996-08-28	600745.SH
4	中信特钢	138.63	5.4	钢铁	1997-03-26	000708.SZ
5	安道麦A	116.51	43.7	化工	1993-12-03	000553.SZ
6	居然之家	107.46	39.4	零售	1997-07-11	000785.SZ
7	安琪酵母	99.66	0.7	食品	2000-08-18	600298.SH
8	烽火通信	91.47	−13.1	通信	2001-08-23	600498.SH
9	人福医药	83.94	−9.4	医药	1997-06-06	600079.SH
10	卓尔智联	76.38	70.3	贸易	2011-07-13	2098.HK
11	华新水泥	69.83	−9.3	建筑	1994-01-03	600801.SH
12	东风汽车	65.80	−17.9	汽车	1999-07-27	600006.SH
13	长飞光纤	64.89	25.7	通信	2018-07-20	601869.SH
14	新洋丰	59.88	14.9	化工	1999-04-08	000902.SZ
15	中百集团	59.29	9.1	零售	1997-05-19	000759.SZ
16	天茂集团	58.71	11.8	金融	1996-11-12	000627.SZ
17	三安光电	56.20	−24.4	电子	1996-05-28	600703.SH
18	斗鱼	53.18	−31.0	休闲	2019-07-17	DOYU.O
19	武商集团	52.91	−22.4	零售	1992-11-20	000501.SZ
20	济川药业	51.70	42.8	医药	2001-08-22	600566.SH
21	长江传媒	45.18	13.0	媒体	1996-10-03	600757.SH
22	湖北宜化	44.28	8.8	化工	1996-08-15	000422.SZ
23	良品铺子	43.47	−1.2	食品	2020-02-24	603719.SH
24	兴发集团	37.63	52.8	化工	1999-06-16	600141.SH
25	宏发股份	37.29	7.4	装备	1996-02-05	600885.SH
26	华工科技	37.17	28.8	电子	2000-06-08	000988.SZ
27	骆驼股份	33.02	−0.1	汽车	2011-06-02	601311.SH
28	航天电子	32.71	5.2	装备	1995-11-15	600879.SH
29	光迅科技	32.47	11.6	通信	2009-08-21	002281.SZ
30	福星股份	29.92	0.7	房地产	1999-06-18	000926.SZ
31	东贝集团	27.78	0.6	装备	2020-12-25	601956.SH
32	均瑶健康	23.24	−5.9	饮料	2020-08-18	605388.SH
33	帝尔激光	22.77	46.6	装备	2019-05-17	300776.SZ
34	周黑鸭	22.59	−33.3	食品	2016-11-11	1458.HK
35	京山轻机	22.02	50.7	装备	1998-06-26	000821.SZ
36	湖北能源	21.47	12.4	公用	1998-05-19	000883.SZ
37	长江证券	21.34	0.0	金融	1997-07-31	000783.SZ
38	明德生物	20.87	68.8	医药	2018-07-10	002932.SZ
39	高德红外	17.86	−5.0	电子	2010-07-16	002414.SZ
40	楚天高速	17.61	21.1	运输	2004-03-10	600035.SH
41	中电光谷	17.41	15.9	房地产	2014-03-28	0798.HK
42	马应龙	16.87	13.6	医药	2004-05-17	600993.SH
43	金鹰重工	16.52	31.3	装备	2021-08-18	301048.SZ
44	东湖高新	16.51	19.6	建筑	1998-02-12	600133.SH

续表

序号	证券简称	品牌价值/亿元	增长率/%	地区	上市日期	证券代码
45	东阳光药	14.24	23.4	医药	2015-12-29	1558.HK
46	健民集团	13.91	0.1	医药	2004-04-19	600976.SH
47	奥美医疗	13.61	−5.0	医药	2019-03-11	002950.SZ
48	锐科激光	13.53	−8.4	电子	2018-06-25	300747.SZ
49	中贝通信	12.51	42.3	电信	2018-11-15	603220.SH
50	精测电子	10.16	3.4	电子	2016-11-22	300567.SZ
51	石化机械	9.68	46.4	石油	1998-11-26	000852.SZ
52	武汉凡谷	9.18	29.9	通信	2007-12-07	002194.SZ
53	万润新能	8.84	新上榜	化工	2022-09-29	688275.SH
54	力源信息	8.50	27.1	贸易	2011-02-22	300184.SZ
55	启迪环境	8.36	−46.4	环保	1998-02-25	000826.SZ
56	科前生物	8.26	8.9	医药	2020-09-22	688526.SH
57	塞力医疗	7.98	7.1	医药	2016-10-31	603716.SH
58	盈方微	7.67	新上榜	电子	1996-12-17	000670.SZ
59	盛天网络	7.41	新上榜	媒体	2015-12-31	300494.SZ
60	三峡旅游	7.32	12.4	运输	2011-11-03	002627.SZ
61	湖北广电	7.28	−21.2	媒体	1996-12-10	000665.SZ
62	永安药业	6.89	29.7	医药	2010-03-05	002365.SZ
63	华灿光电	6.57	−26.7	电子	2012-06-01	300323.SZ
64	南国置业	6.39	−21.6	房地产	2009-11-06	002305.SZ
65	华中数控	6.35	17.9	装备	2011-01-13	300161.SZ
66	光电股份	6.27	新上榜	装备	2003-11-06	600184.SH
67	长源电力	6.26	−11.0	公用	2000-03-16	000966.SZ
68	华昌达	6.26	5.2	装备	2011-12-16	300278.SZ
69	天风证券	6.14	−23.1	金融	2018-10-19	601162.SH
70	天喻信息	5.99	新上榜	电子	2011-04-21	300205.SZ

3.13.2 2023年湖北上市公司品牌价值榜分析

【区域集中度】 在2023年湖北上市公司品牌价值榜中：排在前10位的公司品牌价值合计1 713.33亿元，占湖北榜单总计品牌价值的53.7%；排在前20位的公司品牌价值合计2 305.71亿元，占湖北榜单总计品牌价值的72.3%；排在前30位的公司品牌价值合计2 678.86亿元，占湖北榜单总计品牌价值的84%。

【所在行业】 在2023年湖北上市公司品牌价值榜中，70家公司来自21个行业。其中，医药、汽车、通信和化工四个行业共计包括24家公司，品牌价值合计1 801.51亿元，占湖北榜单总计品牌价值的56.5%，处于主导地位。其他行业的情况如图3-25和图3-26所示。

【上市板块】 在2023年湖北上市公司品牌价值榜中：在沪市主板上市的公司有26家，品牌价值合计1 525.09亿元，占湖北榜单总计品牌价值的47.8%，排在第一位；在深

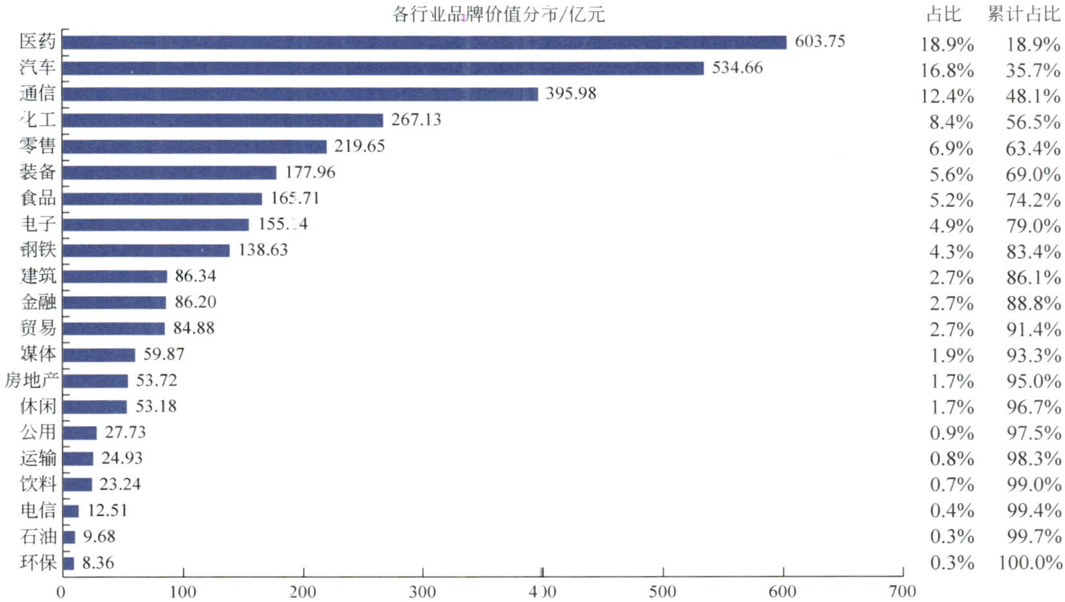

图 3-25 2023 年湖北上市公司品牌价值榜各行业品牌价值分布

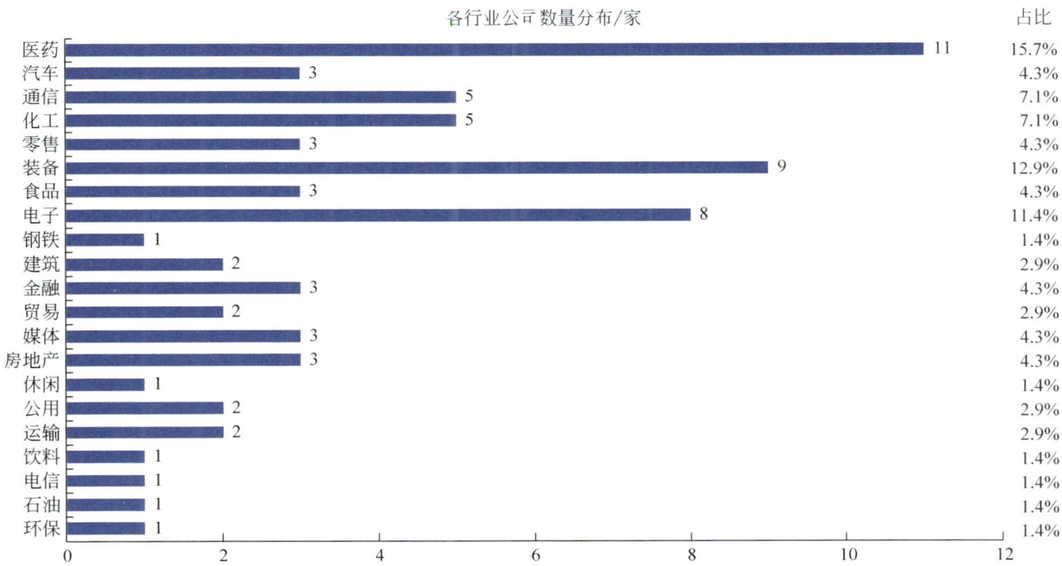

图 3-26 2023 年湖北上市公司品牌价值榜各行业公司数量分布

市主板上市的公司有 26 家，品牌价值合计 923.41 亿元；占湖北榜单总计品牌价值的 29%，排在第二位；在香港上市的中资公司有 5 家，品牌价值合计 566.46 亿元，占湖北榜单总计品牌价值的 17.8%，排在第三位。此外，在深市创业板上市的公司有 10 家，品牌价值合计 104.04 亿元；在国外上市的中概股公司有 1 家，品牌价值 53.18 亿元；在沪市科创板上市的公司有 2 家，品牌价值合计 17.09 亿元。

【上市时间】 在 2023 年湖北上市公司品牌价值榜中：1997 年及以前上市的公司有 17 家，品牌价值合计 1 137.2 亿元，占湖北榜单总计品牌价值的 35.7%，排在第一位；2008—2012 年上市的公司有 13 家，品牌价值合计 579.47 亿元，占湖北榜单总计品牌价值的 18.2%，排在第二位；1998—2002 年上市的公司有 14 家，品牌价值合计 557.53 亿元，占湖北榜单总计品牌价值的 17.5%，排在第三位。此外，2003—2007 年上市的公司有 6 家，品牌价值合计 499.68 亿元；2018—2022 年上市的公司有 14 家，品牌价值合计 335.6 亿元；2013—2017 年上市的公司有 6 家，品牌价值合计 79.78 亿元。

3.14 河北品牌价值榜

在 2023 年中国上市公司品牌价值总榜的 3 000 家企业中：河北的企业共计 51 家，与 2022 年相同；品牌价值总计 2 880.08 亿元，比 2022 年增长了 3.7%。

3.14.1 2023 年河北上市公司品牌价值榜单

序号	证券简称	品牌价值/亿元	增长率/%	地区	上市日期	证券代码
1	长城汽车	739.13	−12.7	汽车	2011-09-28	601633.SH
2	晶澳科技	328.97	61.9	装备	2010-08-10	002459.SZ
3	养元饮品	203.86	−2.8	饮料	2018-02-12	603156.SH
4	河钢股份	185.92	19.3	钢铁	1997-04-16	000709.SZ
5	荣盛发展	95.64	−40.5	房地产	2007-08-08	002146.SZ
6	新奥能源	92.64	10.6	公用	2002-06-03	2688.HK
7	老白干酒	86.86	24.4	饮料	2002-10-29	600559.SH
8	新奥股份	85.94	39.8	公用	1994-01-03	600803.SH
9	新兴铸管	77.89	36.8	钢铁	1997-06-06	000778.SZ
10	冀东水泥	72.03	16.7	建筑	1996-06-14	000401.SZ
11	中国动力	71.92	19.7	装备	2004-07-14	600482.SH
12	立中集团	69.50	94.4	汽车	2015-03-19	300428.SZ
13	庞大集团	65.03	−31.6	汽车	2011-04-28	601258.SH
14	承德露露	64.81	18.8	饮料	1997-11-13	000848.SZ
15	以岭药业	61.07	67.3	医药	2011-07-28	002603.SZ
16	紫光国微	48.96	76.2	电子	2005-06-06	002049.SZ
17	凌云股份	37.14	−0.5	汽车	2003-08-15	600480.SH
18	唐山港	32.03	5.9	运输	2010-07-05	601000.SH
19	华北制药	29.69	−14.5	医药	1994-01-14	600812.SH
20	冀中能源	24.98	43.0	煤炭	1999-09-09	000937.SZ
21	常山北明	24.62	−1.4	互联网	2000-07-24	000158.SZ
22	青鸟消防	23.00	46.6	电子	2019-08-09	002960.SZ
23	三友化工	22.78	−11.7	化工	2003-06-18	600409.SH
24	秦港股份	21.51	18.9	运输	2017-08-16	601326.SH
25	中红医疗	21.45	−45.8	医药	2021-04-27	300981.SZ

续表

序号	证券简称	品牌价值/亿元	增长率/%	地区	上市日期	证券代码
26	晨光生物	21.21	44.0	农业	2010-11-05	300138.SZ
27	新天绿能	20.17	5.5	公用	2020-06-29	600956.SH
28	神威药业	19.23	28.3	医药	2004-12-02	2877.HK
29	河北建设	17.69	−65.4	建筑	2017-12-15	1727.HK
30	华夏幸福	17.40	−19.6	房地产	2003-12-30	600340.SH
31	开滦股份	14.96	5.8	煤炭	2004-06-02	600997.SH
32	冀东装备	14.32	72.4	装备	1998-08-13	000856.SZ
33	东光化工	13.51	38.7	化工	2017-07-11	1702.HK
34	海泰新能	13.04	新上榜	装备	2022-08-08	835985.BJ
35	惠达卫浴	11.94	−18.6	家居	2017-04-05	603385.SH
36	常山药业	10.92	19.7	医药	2011-08-19	300255.SZ
37	河钢资源	10.56	−20.4	有色金属	1999-07-14	000923.SZ
38	电投产融	10.39	22.5	公用	1999-12-23	000958.SZ
39	华通线缆	9.91	4.9	装备	2021-05-11	605196.SH
40	东旭光电	9.85	−33.5	电子	1996-09-25	000413.SZ
41	尚太科技	9.57	新上榜	有色金属	2022-12-28	001301.SZ
42	建投能源	9.33	6.8	公用	1996-06-06	000600.SZ
43	新诺威	9.31	47.8	医药	2019-03-22	300765.SZ
44	达力普控股	7.01	1.0	石油	2019-11-08	1921.HK
45	荣万家	6.26	−3.1	房地产	2021-01-15	2146.HK
46	财达证券	6.22	−24.0	金融	2021-05-07	600906.SH
47	乐凯胶片	6.14	−1.5	化工	1998-01-22	600135.SH
48	保变电气	6.13	−19.1	装备	2001-02-28	600550.SH
49	21世纪教育	5.94	1.9	教育	2018-05-29	1598.HK
50	科林电气	5.89	新上榜	装备	2017-04-14	603050.SH
51	福成股份	5.79	新上榜	农业	2004-07-13	600965.SH

3.14.2 2023年河北上市公司品牌价值榜分析

【区域集中度】 在2023年河北上市公司品牌价值榜中：排在前5位的公司品牌价值合计1 553.51亿元，占河北榜单总计品牌价值的53.9%；排在前10位的公司品牌价值合计1 968.88亿元，占河北榜单总计品牌价值的68.4%；排在前20位的公司品牌价值合计2 474亿元，占河北榜单总计品牌价值的85.9%。

【所在行业】 在2023年河北上市公司品牌价值榜中，51家公司来自19个行业。其中，汽车、装备和饮料三个行业共计包括14家公司，品牌价值合计1 716.5亿元，占河北榜单总计品牌价值的59.6%，处于主导地位。其他行业的情况如图3-27和图3-28所示。

【上市板块】 在2023年河北上市公司品牌价值榜中：在沪市主板上市的公司有21家，品牌价值合计1 500.45亿元，占河北榜单总计品牌价值的52.1%，排在第一位；在深市主板上市的公司有17家，品牌价值合计1 071.92亿元，占河北榜单总计品牌价值的

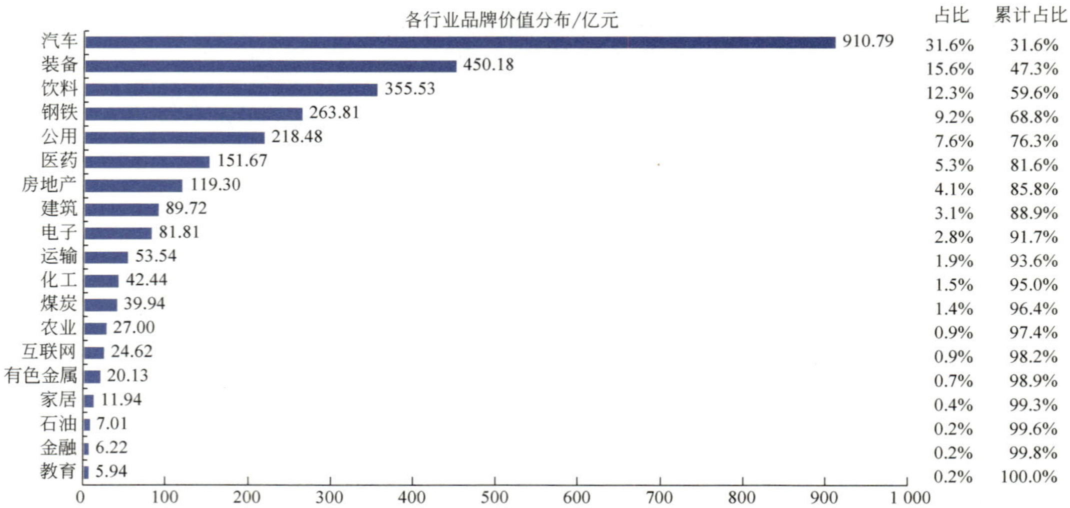

图 3-27　2023 年河北上市公司品牌价值榜各行业品牌价值分布

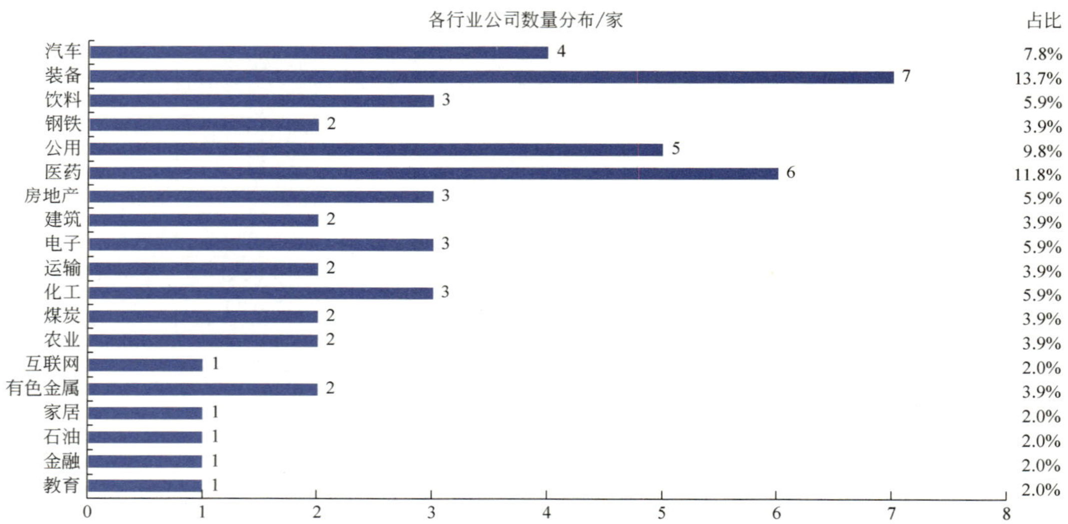

图 3-28　2023 年河北上市公司品牌价值榜各行业公司数量分布

37.2%，排在第二位。此外，在香港上市的中资公司有 7 家，品牌价值合计 162.28 亿元；在深市创业板上市的公司有 5 家，品牌价值合计 132.39 亿元；在北证新三板上市的公司有 1 家，品牌价值 13.04 亿元。

【上市时间】 在 2023 年河北上市公司品牌价值榜中：2008—2012 年上市的公司有 7 家，品牌价值合计 1 258.35 亿元，占河北榜单总计品牌价值的 43.7%，排在第一位；1997 年及以前上市的公司有 8 家，品牌价值合计 535.47 亿元，占河北榜单总计品牌价值的 18.6%，排在第二位；2018—2022 年上市的公司有 12 家，品牌价值合计 335.75 亿元，占河北榜单总计品牌价值的 11.7%，排在第三位。此外，2003—2007 年上市的公司有 9 家，品牌价值合计 333.83 亿元；1998—2002 年上市的公司有 9 家，品牌价值合计 276.63 亿元；2013—2017 年上市的公司有 6 家，品牌价值 140.04 亿元。

3.15 河南品牌价值榜

在 2023 年中国上市公司品牌价值总榜的 3 000 家企业中：河南的企业共计 65 家，与 2022 年相同；品牌价值总计 2 748.36 亿元，比 2022 年增长了 7.6%。

3.15.1 2023 年河南上市公司品牌价值榜单

序号	证券简称	品牌价值/亿元	增长率/%	地区	上市日期	证券代码
1	双汇发展	449.38	−4.9	食品	1998-12-10	000895.SZ
2	牧原股份	435.32	6.4	农业	2014-01-28	002714.SZ
3	洛阳钼业	232.34	16.4	有色金属	2012-10-09	603993.SH
4	郑煤机	169.88	12.4	装备	2010-08-03	601717.SH
5	宇通客车	101.44	−26.8	汽车	1997-05-08	600066.SH
6	中国心连心化肥	89.70	31.8	化工	2009-12-08	1866.HK
7	中原传媒	64.40	25.7	媒体	1997-03-31	000719.SZ
8	神火股份	59.94	63.2	有色金属	1999-08-31	000933.SZ
9	中航光电	55.09	30.9	电子	2007-11-01	002179.SZ
10	三全食品	54.36	10.2	食品	2008-02-20	002216.SZ
11	安阳钢铁	52.88	−5.4	钢铁	2001-08-20	600569.SH
12	郑州银行	52.66	20.1	金融	2018-09-19	002936.SZ
13	宇华教育	52.21	57.0	教育	2017-02-28	6169.HK
14	中原银行	50.05	−19.5	金融	2017-07-19	1216.HK
15	中国春来	46.50	54.7	教育	2018-09-13	1969.HK
16	明泰铝业	41.10	27.9	有色金属	2011-09-19	601677.SH
17	一拖股份	39.72	6.5	装备	2012-08-08	601038.SH
18	中信重工	37.47	21.5	装备	2012-07-06	601608.SH
19	许继电气	34.25	11.3	装备	1997-04-18	000400.SZ
20	华兰生物	29.01	−17.8	医药	2004-06-25	002007.SZ
21	易成新能	28.44	130.6	装备	2010-06-25	300080.SZ
22	豫光金铅	28.39	12.9	有色金属	2002-07-30	600531.SH
23	中国天瑞水泥	27.87	−5.2	建筑	2011-12-23	1252.HK
24	平煤股份	27.13	38.5	煤炭	2006-11-23	601666.SH
25	龙佰集团	26.80	−11.5	化工	2011-07-15	002601.SZ
26	好想你	26.14	−13.9	食品	2011-05-20	002582.SZ
27	城发环境	24.00	86.5	环保	1999-03-19	000885.SZ
28	平高电气	23.23	0.1	装备	2001-02-21	600312.SH
29	安图生物	20.97	5.5	医药	2016-09-01	603658.SH
30	华兰疫苗	17.54	新上榜	医药	2022-02-18	301207.SZ

续表

序号	证券简称	品牌价值/亿元	增长率/%	地区	上市日期	证券代码
31	中原高速	17.40	3.9	运输	2003-08-08	600020.SH
32	建业地产	17.03	−20.8	房地产	2008-06-06	0832.HK
33	隆华科技	16.20	25.5	装备	2011-09-16	300263.SZ
34	中孚实业	15.19	30.8	有色金属	2002-06-26	600595.SH
35	羚锐制药	14.73	20.7	医药	2000-10-18	600285.SH
36	神马股份	14.44	28.4	化工	1994-01-06	600810.SH
37	建业新生活	13.76	12.0	房地产	2020-05-15	9983.HK
38	中粮资本	11.89	8.8	金融	2010-06-03	002423.SZ
39	瑞贝卡	11.36	−7.6	日用	2003-07-10	600439.SH
40	风神股份	11.31	−1.4	汽车	2003-10-21	600469.SH
41	新强联	10.77	10.3	装备	2020-07-13	300850.SZ
42	新野纺织	10.75	−10.0	纺织	2006-11-30	002087.SZ
43	千味央厨	10.69	11.9	食品	2021-09-06	001215.SZ
44	设研院	10.52	53.0	商业服务	2017-12-12	300732.SZ
45	汉威科技	10.27	31.1	电子	2009-10-30	300007.SZ
46	恒达集团控股	10.03	−18.8	房地产	2018-11-12	3616.HK
47	中光学	9.83	31.9	电子	2007-12-03	002189.SZ
48	多氟多	9.66	67.6	化工	2010-05-18	002407.SZ
49	宇通重工	9.63	−25.7	装备	1994-01-28	600817.SH
50	莲花健康	9.29	−16.2	食品	1998-08-25	600186.SH
51	中原建业	9.26	−24.8	房地产	2021-05-31	9982.HK
52	天伦燃气	9.22	16.7	公用	2010-11-10	1600.HK
53	洛阳玻璃	7.95	17.0	建筑	1995-10-31	600876.SH
54	飞龙股份	7.75	−3.2	汽车	2011-01-11	002536.SZ
55	新天科技	7.21	2.0	电子	2011-08-31	300259.SZ
56	濮耐股份	6.94	23.3	建筑	2008-04-25	002225.SZ
57	仲景食品	6.76	7.0	食品	2020-11-23	300908.SZ
58	金马能源	6.75	0.7	煤炭	2017-10-10	6885.HK
59	焦作万方	6.75	1.6	有色金属	1996-09-26	000612.SZ
60	通达股份	6.59	新上榜	装备	2011-03-03	002560.SZ
61	中原内配	6.46	5.3	汽车	2010-07-16	002448.SZ
62	普莱柯	6.09	新上榜	医药	2015-05-18	603566.SH
63	新乡化纤	5.98	0.4	化工	1999-10-21	000949.SZ
64	灵宝黄金	5.97	新上榜	有色金属	2006-01-12	3330.HK
65	北玻股份	5.73	新上榜	装备	2011-08-30	002613.SZ

3.15.2　2023年河南上市公司品牌价值榜分析

【区域集中度】 在2023年河南上市公司品牌价值榜中：排在前5位的公司品牌价值合计1 388.35亿元，占河南榜单总计品牌价值的50.5%；排在前10位的公司品牌价值合计1 711.83亿元，占河南榜单总计品牌价值的62.3%；排在前20位的公司品牌价值合计 2 147.68 亿元，占河南榜单总计品牌价值的 78.1%。

【所在行业】 在 2023 年河南上市公司品牌价值榜中，65 家公司来自 21 个行业。其中，食品、农业和有色金属三个行业共计包括 14 家公司，品牌价值合计 1 381.6 亿元，占河南榜单总计品牌价值的 50.3%，处于主导地位。其他行业的情况如图 3-29 和图 3-30 所示。

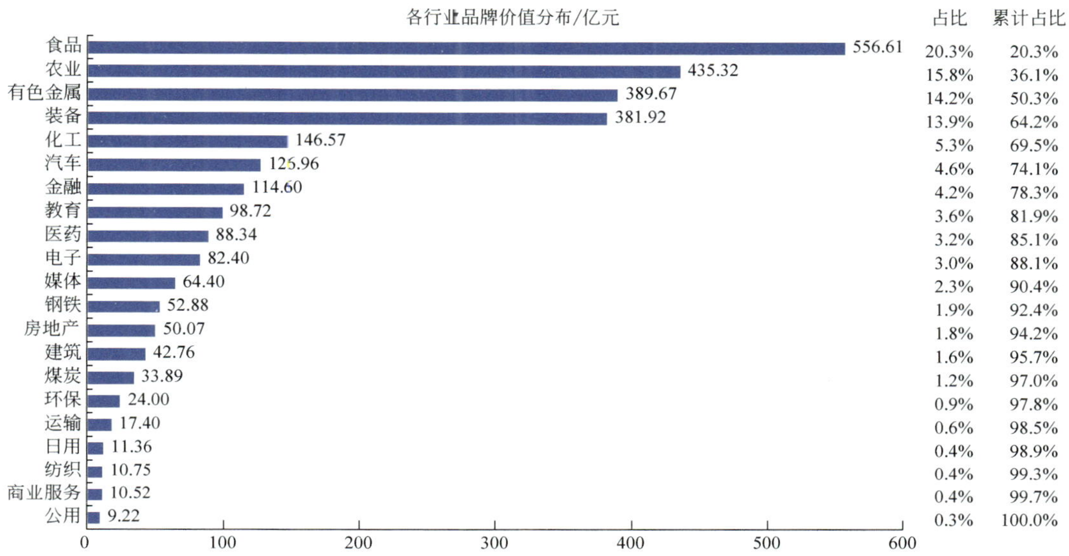

图 3-29 2023 年河南上市公司品牌价值榜各行业品牌价值分布

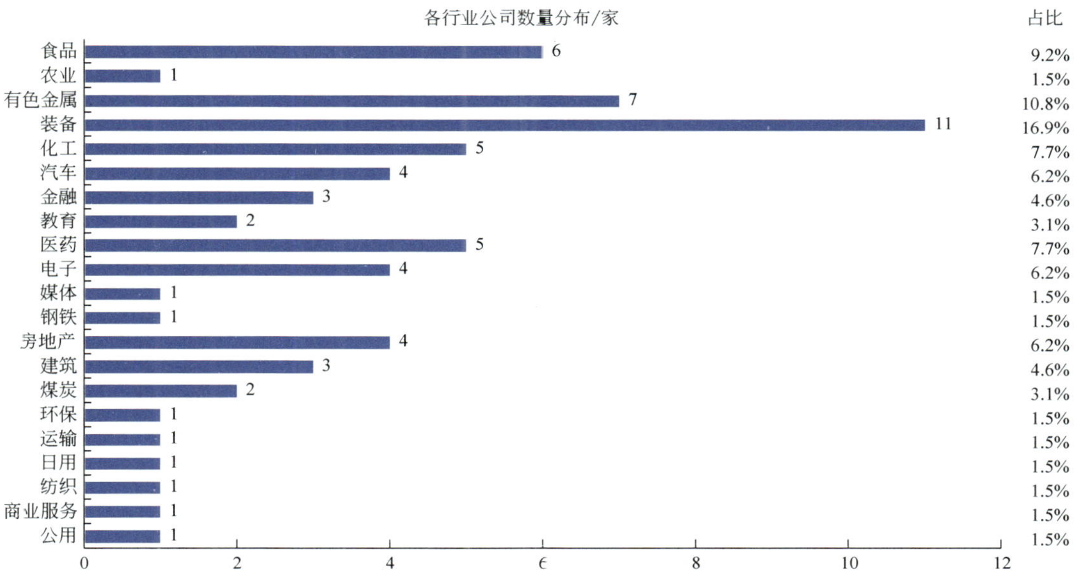

图 3-30 2023 年河南上市公司品牌价值榜各行业公司数量分布

【上市板块】 在 2023 年河南上市公司品牌价值榜中：在深市主板上市的公司有 24

家，品牌价值合计1 410.36亿元，占河南榜单总计品牌价值的51.3%，排在第一位；在沪市主板上市的公司有21家，品牌价值合计891.93亿元，占河南榜单总计品牌价值的32.5%，排在第二位。此外，在香港上市的中资公司有12家，品牌价值合计338.35亿元；在深市创业板上市的公司有8家，品牌价值合计107.72亿元。

【上市时间】 在2023年河南上市公司品牌价值榜中：2008—2012年上市的公司有23家，品牌价值合计888.75亿元，占河南榜单总计品牌价值的32.3%，排在第一位；1998—2002年上市的公司有10家，品牌价值合计683亿元，占河南榜单总计品牌价值的24.9%，排在第二位；2013—2017年上市的公司有7家，品牌价值合计581.91亿元，占河南榜单总计品牌价值的21.2%，排在第三位。此外，1997年及以前上市的公司有7家，品牌价值合计238.85亿元；2018—2022年上市的公司有9家，品牌价值合计177.98亿元；2003—2007年上市的公司有9家，品牌价值合计177.86亿元。

3.16 重庆品牌价值榜

在2023年中国上市公司品牌价值总榜的3 000家企业中：重庆的企业共计44家，比2022年增加了2家；品牌价值总计2 622.96亿元，比2022年增长了14.8%。

3.16.1 2023年重庆上市公司品牌价值榜单

序号	证券简称	品牌价值/亿元	增长率/%	地区	上市日期	证券代码
1	长安汽车	499.17	4.1	汽车	1997-06-10	000625.SZ
2	智飞生物	242.74	58.6	医药	2010-09-28	300122.SZ
3	重庆啤酒	240.27	23.0	饮料	1997-10-30	600132.SH
4	重药控股	193.80	47.5	医药	1999-09-16	000950.SZ
5	金科股份	173.81	5.6	房地产	1996-11-28	000656.SZ
6	重庆百货	128.03	−4.8	零售	1996-07-02	600729.SH
7	渝农商行	104.96	6.3	金融	2019-10-29	601077.SH
8	中交地产	77.16	85.2	房地产	1997-04-25	000736.SZ
9	隆鑫通用	73.79	7.0	汽车	2012-08-10	603766.SH
10	重庆建工	66.89	34.8	建筑	2017-02-21	600939.SH
11	洪九果品	61.28	新上榜	农业	2022-09-05	6689.HK
12	迪马股份	59.90	−4.4	房地产	2002-07-23	600565.SH
13	华邦健康	58.00	19.5	化工	2004-06-25	002004.SZ
14	赛力斯	57.96	−45.3	汽车	2016-06-15	601127.SH
15	重庆银行	52.70	15.9	金融	2021-02-05	601963.SH
16	巨人网络	51.63	0.1	休闲	2011-03-02	002558.SZ
17	重庆钢铁	47.91	−8.9	钢铁	2007-02-28	601005.SH
18	太极集团	41.66	5.1	医药	1997-11-18	600129.SH
19	涪陵榨菜	37.11	10.7	食品	2010-11-23	002507.SZ
20	力帆科技	32.01	16.3	汽车	2010-11-25	601777.SH

续表

序号	证券简称	品牌价值/亿元	增长率/%	地区	上市日期	证券代码
21	庆铃汽车股份	31.64	−9.6	汽车	1994-08-17	1122.HK
22	博腾股份	29.59	173.7	医药	2014-01-29	300363.SZ
23	三峰环境	26.07	13.1	环保	2020-06-05	601827.SH
24	宗申动力	22.29	16.6	汽车	1997-03-06	001696.SZ
25	重庆机电	20.75	−16.9	装备	2008-06-13	2722.HK
26	川仪股份	18.73	27.5	装备	2014-08-05	603100.SH
27	金科服务	16.87	18.3	房地产	2020-11-17	9666.HK
28	中国汽研	15.05	−1.7	汽车	2012-06-11	601965.SH
29	远达环保	12.67	−8.0	环保	2000-11-01	600292.SH
30	百亚股份	11.06	−9.7	日用	2020-09-21	003006.SZ
31	顺博合金	10.94	33.0	有色金属	2020-08-28	002996.SZ
32	财信发展	10.84	−31.7	房地产	1997-06-26	000838.SZ
33	有友食品	10.62	−17.5	食品	2019-05-08	603697.SH
34	重庆港	10.41	−12.2	运输	2000-07-31	600279.SH
35	长安民生物流	10.23	12.1	运输	2006-02-23	1292.HK
36	重庆水务	9.50	5.6	公用	2010-03-29	601158.SH
37	北大医药	8.65	35.6	医药	1997-06-16	000788.SZ
38	太阳能	7.47	−2.8	公用	1996-02-08	000591.SZ
39	西南证券	7.13	−28.0	金融	2001-01-09	600369.SH
40	新大正	6.67	7.7	房地产	2019-12-03	002968.SZ
41	望变电气	6.64	新上榜	装备	2022-04-28	603191.SH
42	三峡水利	6.50	新上榜	公用	1997-08-04	600116.SH
43	重庆燃气	6.07	5.0	公用	2014-09-30	600917.SH
44	神驰机电	5.80	新上榜	汽车	2019-12-31	603109.SH

3.16.2 2023年重庆上市公司品牌价值榜分析

【区域集中度】 在2023年重庆上市公司品牌价值榜中：排在前3位的公司品牌价值合计982.17亿元，占重庆榜单总计品牌价值的37.4%；排在前5位的公司品牌价值合计1 349.78亿元，占重庆榜单总计品牌价值的51.5%；排在前10位的公司品牌价值合计1 800.6亿元，占重庆榜单总计品牌价值的68.6%。

【所在行业】 在2023年重庆上市公司品牌价值榜中：44家公司来自18个行业。其中，汽车、医药和房地产三个行业共计包括19家公司，品牌价值合计1 599.38亿元，占重庆榜单总计品牌价值的61%，处于主导地位。其他行业的情况如图3-31和图3-32所示。

【上市板块】 在2023年重庆上市公司品牌价值榜中：在深市主板上市的公司有14家，品牌价值合计1 168.6亿元，占重庆榜单总计品牌价值的44.6%，排在第一位；在沪市主板上市的公司有23家，品牌价值合计1 041.26亿元，占重庆榜单总计品牌价值的39.7%，排在第二位。此外，在深市创业板上市的公司有2家，品牌价值合计272.33亿元；在香港上市的中资公司有5家，品牌价值合计140.77亿元。

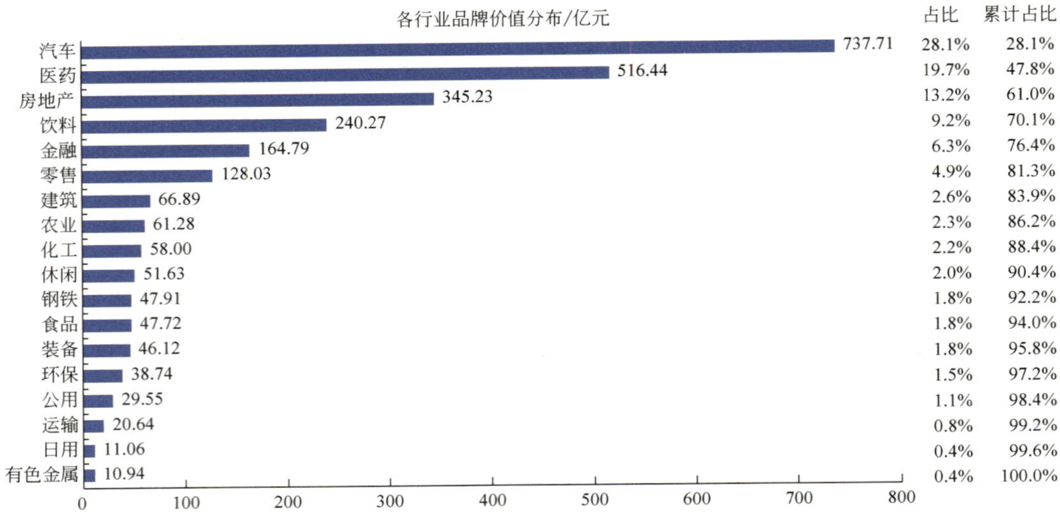

图 3-31 2023 年重庆上市公司品牌价值榜各行业品牌价值分布

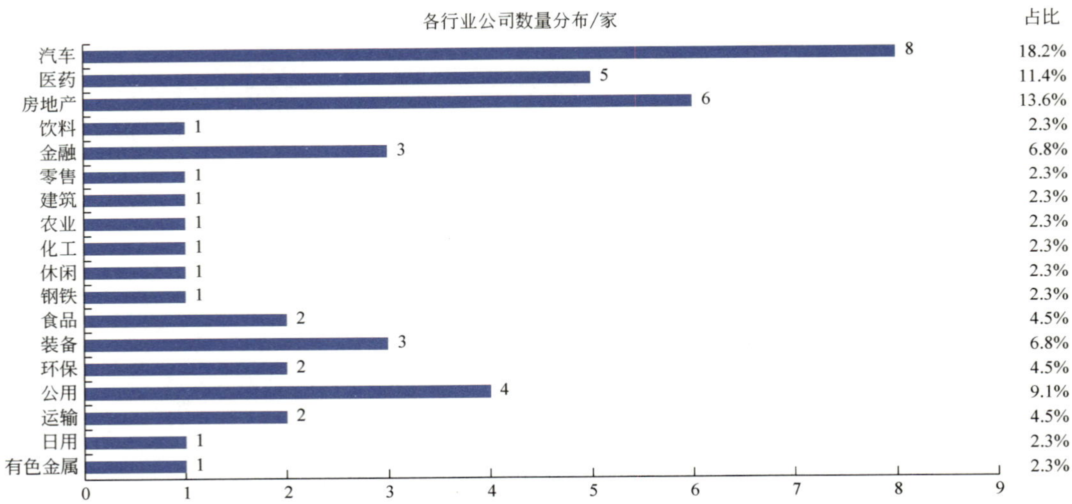

图 3-32 2023 年重庆上市公司品牌价值榜各行业公司数量分布

【上市时间】 在 2023 年重庆上市公司品牌价值榜中：1997 年及以前上市的公司有 12 家，品牌价值合计 1 247.48 亿元，占重庆榜单总计品牌价值的 47.6%，排在第一位；2008—2012 年上市的公司有 8 家，品牌价值合计 482.58 亿元，占重庆榜单总计品牌价值的 18.4%，排在第二位；2018—2022 年上市的公司有 11 家，品牌价值合计 313.6 亿元，占重庆榜单总计品牌价值的 12%，排在第三位。此外，1998—2002 年上市的公司有 5 家，品牌价值合计 283.92 亿元；2013—2017 年上市的公司有 5 家，品牌价值合计 179.24 亿元；2003—2007 年上市的公司有 3 家，品牌价值合计 116.14 亿元。

3.17 湖南品牌价值榜

在2023年中国上市公司品牌价值总榜的3 000家企业中：湖南的企业共计67家，与2022年相同；品牌价值总计2 559.19亿元，比2022年增长了3.2%。

3.17.1 2023年湖南上市公司品牌价值榜单

序号	证券简称	品牌价值/亿元	增长率/%	地区	上市日期	证券代码
1	中联重科	364.26	−13.9	装备	2000-10-12	000157.SZ
2	华菱钢铁	235.80	0.2	钢铁	1999-08-03	000932.SZ
3	酒鬼酒	117.12	35.0	饮料	1997-07-18	000799.SZ
4	益丰药房	100.32	15.6	零售	2015-02-17	603939.SH
5	老百姓	86.22	5.3	零售	2015-04-23	603883.SH
6	蓝思科技	83.33	−28.0	电子	2015-03-18	300433.SZ
7	爱尔眼科	78.77	−0.5	医药	2009-10-30	300015.SZ
8	中南传媒	78.26	17.0	媒体	2010-10-28	601098.SH
9	芒果超媒	77.31	14.6	媒体	2015-01-21	300413.SZ
10	铁建重工	76.19	39.2	装备	2021-06-22	688425.SH
11	长沙银行	75.89	12.4	金融	2018-09-26	601577.SH
12	唐人神	61.84	36.2	农业	2011-03-25	002567.SZ
13	时代电气	59.15	4.1	装备	2021-09-07	688187.SH
14	步步高	57.51	−13.6	零售	2008-06-19	002251.SZ
15	绝味食品	56.47	−17.5	食品	2017-03-17	603517.SH
16	山河智能	52.61	−9.0	装备	2006-12-22	002097.SZ
17	雪天盐业	46.86	189.2	食品	2018-03-26	600929.SH
18	圣湘生物	42.96	42.2	医药	2020-08-28	688289.SH
19	安克创新	38.53	22.7	电子	2020-08-24	300866.SZ
20	现代投资	33.78	19.0	运输	1999-01-28	000900.SZ
21	水羊股份	32.53	22.1	日用	2018-02-08	300740.SZ
22	旗滨集团	31.01	−10.0	建筑	2011-08-12	601636.SH
23	楚天科技	30.80	51.3	装备	2014-01-21	300358.SZ
24	金杯电工	29.12	30.5	装备	2010-12-31	002533.SZ
25	道道全	28.62	4.7	食品	2017-03-10	002852.SZ
26	电广传媒	25.94	9.9	媒体	1999-03-25	000917.SZ
27	克明食品	25.28	7.7	食品	2012-03-16	002661.SZ
28	湖南黄金	24.25	33.1	有色金属	2007-08-16	002155.SZ
29	中圣集团	23.86	−23.5	装备	2005-03-16	5GD.SG
30	方正证券	21.73	10.5	金融	2011-08-10	601901.SH
31	中兵红箭	21.30	29.0	装备	1993-10-08	000519.SZ
32	盐津铺子	20.49	15.2	食品	2017-02-08	002847.SZ
33	千金药业	18.31	18.0	医药	2004-03-12	600479.SH
34	岳阳林纸	18.09	−21.7	造纸	2004-05-25	600963.SH

湖南榜单

续表

序号	证券简称	品牌价值/亿元	增长率/%	地区	上市日期	证券代码
35	友阿股份	18.08	−18.6	零售	2009-07-17	002277.SZ
36	通程控股	18.01	20.5	零售	1996-08-16	000419.SZ
37	五矿资本	17.36	−34.6	金融	2001-01-15	600390.SH
38	株冶集团	15.75	−1.8	有色金属	2004-08-30	600961.SH
39	鹏都农牧	15.64	10.8	贸易	2010-11-18	002505.SZ
40	威胜信息	14.89	23.2	通信	2020-01-21	688100.SH
41	九芝堂	14.85	1.6	医药	2000-06-28	000989.SZ
42	佳沃食品	13.58	−52.2	农业	2011-09-27	300268.SZ
43	隆平高科	13.51	−10.2	农业	2000-12-11	000998.SZ
44	金健米业	13.16	8.2	农业	1998-05-06	600127.SH
45	宏达电子	12.95	32.7	电子	2017-11-21	300726.SZ
46	加加食品	12.80	−10.7	食品	2012-01-06	002650.SZ
47	长远锂科	12.60	114.8	有色金属	2021-08-11	688779.SH
48	奥士康	12.32	20.1	电子	2017-12-01	002913.SZ
49	拓维信息	12.11	−21.2	教育	2008-07-23	002261.SZ
50	湘电股份	12.03	−53.5	装备	2002-07-18	600416.SH
51	可孚医疗	11.56	7.2	医药	2021-10-25	301087.SZ
52	时代新材	11.50	7.2	化工	2002-12-19	600458.SH
53	梦洁股份	11.11	−19.3	纺织	2010-04-29	002397.SZ
54	军信股份	11.00	新上榜	环保	2022-04-13	301109.SZ
55	艾华集团	10.96	6.4	电子	2015-05-15	603989.SH
56	三诺生物	10.44	13.6	医药	2012-03-19	300298.SZ
57	天桥起重	9.99	56.8	装备	2010-12-10	002523.SZ
58	科力远	9.41	18.7	汽车	2003-09-18	600478.SH
59	国科微	9.15	52.9	电子	2017-07-12	300672.SZ
60	劲仔食品	8.84	19.7	食品	2020-09-14	003000.SZ
61	九典制药	8.67	54.9	医药	2017-10-10	300705.SZ
62	湘佳股份	8.47	59.8	农业	2020-04-24	002982.SZ
63	德众汽车	8.06	新上榜	汽车	2020-11-27	838030.BJ
64	方盛制药	7.11	新上榜	医药	2014-12-05	603998.SH
65	新五丰	7.01	7.5	农业	2004-06-09	600975.SH
66	华纳药厂	6.04	新上榜	医药	2021-07-13	688799.SH
67	华菱线缆	5.74	5.9	装备	2021-06-24	001208.SZ

3.17.2 2023 年湖南上市公司品牌价值榜分析

【区域集中度】 在 2023 年湖南上市公司品牌价值榜中：排在前 5 位的公司品牌价值合计 903.71 亿元，占湖南榜单总计品牌价值的 35.3%；排在前 10 位的公司品牌价值合计 1 297.56 亿元，占湖南榜单总计品牌价值的 50.7%；排在前 20 位的公司品牌价值合计 1 823.17 亿元，占湖南榜单总计品牌价值的 71.2%。

【所在行业】 在 2023 年湖南上市公司品牌价值榜中，67 家公司来自 22 个行业。其中，装备、零售、钢铁和食品四个行业共计包括24家公司，品牌价值合计1 400.32亿元，占湖南榜单总计品牌价值的54.7%，处于主导地位。其他行业的情况如图3-33和图3-34所示。

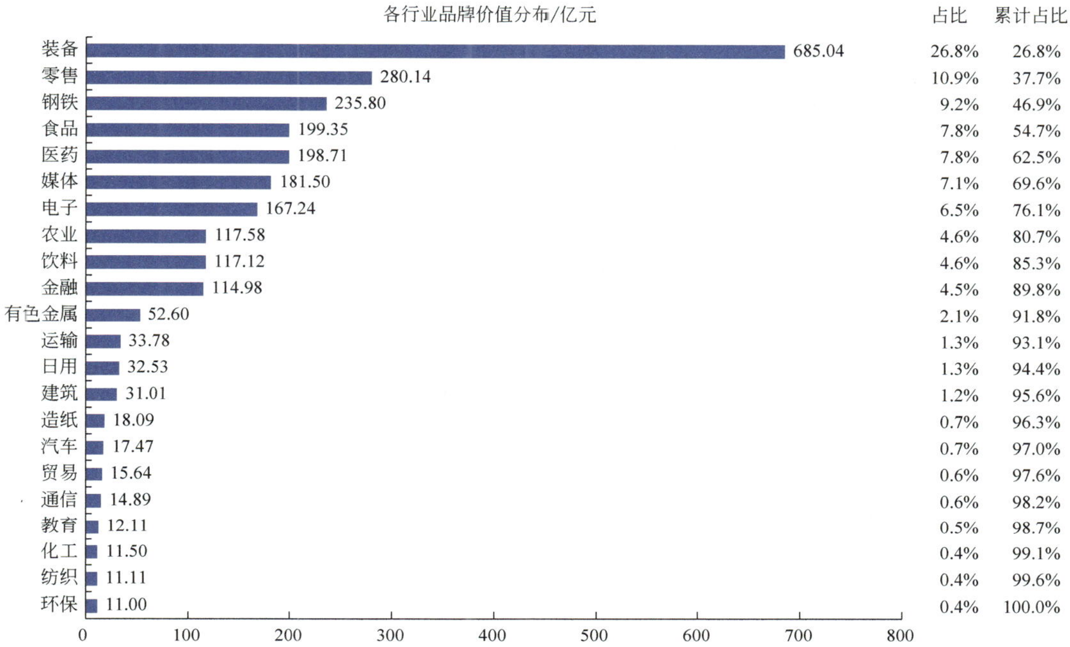

图3-33 2023年湖南上市公司品牌价值榜各行业品牌价值分布

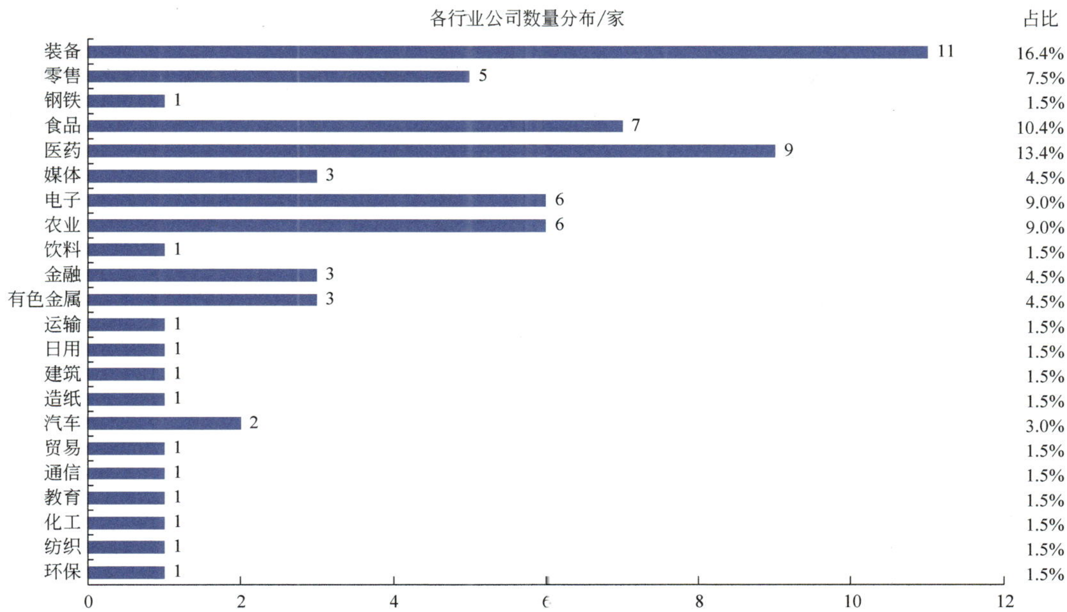

图3-34 2023年湖南上市公司品牌价值榜各行业公司数量分布

【上市板块】 在2023年湖南上市公司品牌价值榜中：在深市主板上市的公司有27家，品牌价值合计1 259.38亿元，占湖南榜单总计品牌价值的49.2%，排在第一位；在沪市主板上市的公司有19家，品牌价值合计637.44亿元，占湖南榜单总计品牌价值的24.9%，排在第二位；在深市创业板上市的公司有13家，品牌价值合计418.62亿元，占湖南榜单总计品牌价值的16.4%，排在第三位。此外，在沪市科创板上市的公司有6家，品牌价值合计211.83亿元；在国外上市的中概股公司和在北证新三板上市的公司各有1家，品牌价值分别为23.86亿元和8.06亿元。

【上市时间】 在2023年湖南上市公司品牌价值榜中：1998—2002年上市的公司有10家，品牌价值合计742.18亿元，占湖南榜单总计品牌价值的29%，排在第一位；2013—2017年上市的公司有14家，品牌价值合计544.7亿元，占湖南榜单总计品牌价值的21.3%，排在第二位；2008—2012年上市的公司有16家，品牌价值合计487.28亿元，占湖南榜单总计品牌价值的19%，排在第三位。此外，2018—2022年上市的公司有16家，品牌价值合计459.32亿元；2003—2007年上市的公司有8家，品牌价值合计169.29亿元；1997年及以前上市的公司有3家，品牌价值合计156.42亿元。

3.18 内蒙古品牌价值榜

在2023年中国上市公司品牌价值总榜的3 000家企业中：内蒙古的企业共计20家，与2022年相同；品牌价值总计2 396.22亿元，比2022年增长了7.1%。

3.18.1 2023年内蒙古上市公司品牌价值榜单

序号	证券简称	品牌价值/亿元	增长率/%	地区	上市日期	证券代码
1	伊利股份	1 839.63	6.6	饮料	1996-03-12	600887.SH
2	包钢股份	105.40	−22.0	钢铁	2001-03-09	600010.SH
3	鄂尔多斯	79.31	18.2	钢铁	2001-04-26	600295.SH
4	北方稀土	58.66	16.4	有色金属	1997-09-24	600111.SH
5	伊泰煤炭	58.63	62.6	煤炭	2012-07-12	3948.HK
6	电投能源	38.17	41.1	有色金属	2007-04-18	002128.SZ
7	内蒙一机	30.22	12.4	装备	2004-05-18	600967.SH
8	君正集团	26.66	2.8	化工	2011-02-22	601216.SH
9	远兴能源	21.49	31.5	化工	1997-01-31	000683.SZ
10	中盐化工	20.36	22.6	化工	2000-12-22	600328.SH
11	中国圣牧	19.19	18.9	农业	2014-07-15	1432.HK
12	银泰黄金	17.07	38.5	有色金属	2000-06-08	000975.SZ
13	内蒙华电	16.16	13.6	公用	1994-05-20	600863.SH
14	亿利洁能	14.26	2.0	化工	2000-07-25	600277.SH
15	北方股份	10.97	49.9	装备	2000-06-30	600262.SH
16	大中矿业	9.20	−4.1	有色金属	2021-05-10	001203.SZ

续表

序号	证券简称	品牌价值/亿元	增长率/%	地区	上市日期	证券代码
17	内蒙新华	8.86	−12.3	媒体	2021-12-24	603230.SH
18	赤峰黄金	8.24	28.5	有色金属	2004-04-14	600988.SH
19	金河生物	7.07	6.9	农业	2012-07-13	002688.SZ
20	生物股份	6.66	−48.6	医药	1999-01-15	600201.SH

3.18.2 2023年内蒙古上市公司品牌价值榜分析

【区域集中度】 在2023年内蒙古上市公司品牌价值榜中：排在第1位的公司品牌价值1 839.63亿元，占内蒙古榜单总计品牌价值的76.8%；排在前3位的公司品牌价值合计2 024.34亿元，占内蒙古榜单总计品牌价值的84.5%；排在前5位的公司品牌价值合计2 141.63亿元，占内蒙古榜单总计品牌价值的89.4%。

【所在行业】 在2023年内蒙古上市公司品牌价值榜中，20家公司来自10个行业。其中，饮料行业有1家公司，品牌价值1 839.63亿元，占内蒙古榜单总计品牌价值的76.8%，处于主导地位。其他行业的情况如图3-35和图3-36所示。

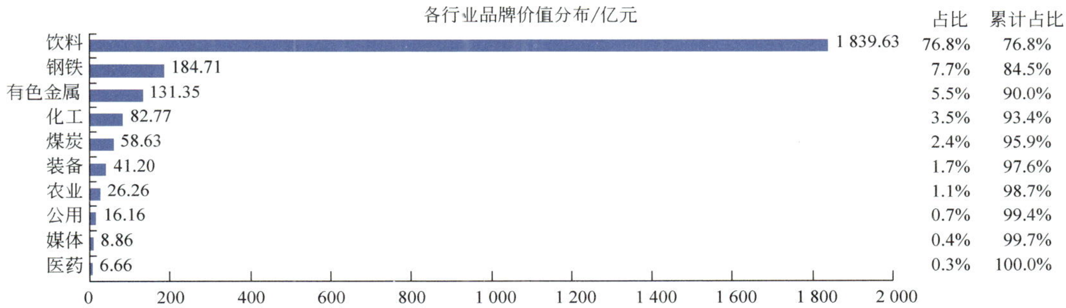

图3-35 2023年内蒙古上市公司品牌价值榜各行业品牌价值分布

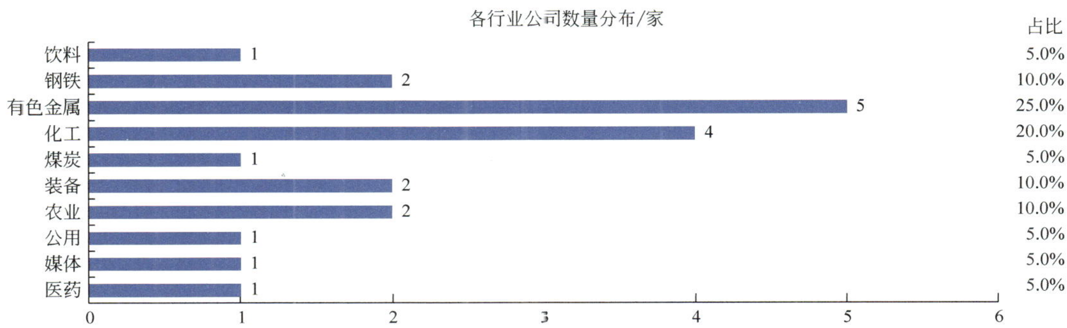

图3-36 2023年内蒙古上市公司品牌价值榜各行业公司数量分布

【上市板块】 在2023年内蒙古上市公司品牌价值榜中：在沪市主板上市的公司有

13 家，品牌价值合计 2 225.39 亿元，占内蒙古榜单总计品牌价值的 92.9%，排在第一位；在深市主板上市的公司有 5 家，品牌价值合计 93.01 亿元；在香港上市的中资公司有 2 家，品牌价值合计 77.82 亿元。

【上市时间】 在 2023 年内蒙古上市公司品牌价值榜中：1997 年及以前上市的公司有 4 家，品牌价值合计 1 935.95 亿元，占内蒙古榜单总计品牌价值的 80.8%，排在第一位；1998—2002 年上市的公司有 7 家，品牌价值合计 254.02 亿元，占内蒙古榜单总计品牌价值的 10.6%，排在第二位；2013—2017 年上市的公司有 3 家，品牌价值合计 84.89 亿元，占内蒙古榜单总计品牌价值的 3.5%，排在第三位。此外，2003—2007 年上市的公司有 3 家，品牌价值合计 76.64 亿元；2008—2012 年上市的公司有 1 家，品牌价值 26.66 亿元；2018—2022 年上市的公司有 2 家，品牌价值合计 18.07 亿元。

3.19 辽宁品牌价值榜

在 2023 年中国上市公司品牌价值总榜的 3 000 家企业中：辽宁的企业共计 45 家，比 2022 年减少了 3 家；品牌价值总计 2 281.89 亿元，比 2022 年增长了 8.7%。

3.19.1 2023 年辽宁上市公司品牌价值榜单

序号	证券简称	品牌价值/亿元	增长率/%	地区	上市日期	证券代码
1	广汇汽车	434.93	−3.8	汽车	2000-11-16	600297.SH
2	圆通速递	300.64	50.5	运输	2000-06-08	600233.SH
3	恒力石化	216.17	9.9	化工	2001-08-20	600346.SH
4	鞍钢股份	183.58	−6.7	钢铁	1997-12-25	000898.SZ
5	国电电力	138.79	49.0	公用	1997-03-18	600795.SH
6	三一国际	88.07	33.6	装备	2009-11-25	0631.HK
7	禾丰股份	82.87	2.7	农业	2014-08-08	603609.SH
8	本钢板材	80.61	−7.9	钢铁	1998-01-15	000761.SZ
9	大商股份	66.79	−12.6	零售	1993-11-22	600694.SH
10	大连重工	53.70	66.5	装备	2008-01-16	002204.SZ
11	桃李面包	49.82	−10.3	食品	2015-12-22	603866.SH
12	盛京银行	44.04	0.2	金融	2014-12-29	2066.HK
13	大金重工	38.83	34.0	装备	2010-10-15	002487.SZ
14	东软教育	34.80	18.0	教育	2020-09-29	9616.HK
15	凌钢股份	32.58	−4.4	钢铁	2000-05-11	600231.SH
16	东软集团	30.52	36.1	互联网	1996-06-18	600718.SH
17	华锦股份	30.07	27.4	石油	1997-01-30	000059.SZ
18	东北制药	29.35	38.5	医药	1996-05-23	000597.SZ
19	萃华珠宝	27.67	93.7	服饰	2014-11-04	002731.SZ
20	辽港股份	26.90	52.9	运输	2010-12-06	601880.SH
21	辽宁成大	24.20	−16.1	贸易	1996-08-19	600739.SH

续表

序号	证券简称	品牌价值/亿元	增长率/%	地区	上市日期	证券代码
22	锌业股份	22.61	130.8	有色金属	1997-06-26	000751.SZ
23	申华控股	22.49	30.4	汽车	1990-12-19	600653.SH
24	连城数控	18.80	新上榜	装备	2020-07-27	835368.BJ
25	铁龙物流	17.46	8.6	贸易	1998-05-11	600125.SH
26	出版传媒	14.28	−5.6	媒体	2007-12-21	601999.SH
27	金杯汽车	13.55	−9.0	汽车	1992-07-24	600609.SH
28	水发燃气	12.68	新上榜	装备	2015-04-24	603318.SH
29	成大生物	12.42	−30.3	医药	2021-10-28	688739.SH
30	抚顺特钢	11.70	3.1	钢铁	2000-12-29	600399.SH
31	金辰股份	11.23	10.0	装备	2017-10-18	603396.SH
32	锦州港	9.97	−25.6	运输	1999-06-09	600190.SH
33	冰山冷热	9.62	11.1	装备	1993-12-08	000530.SZ
34	机器人	9.44	7.6	装备	2009-10-30	300024.SZ
35	中兴商业	9.39	15.5	零售	1997-05-08	000715.SZ
36	豪森股份	8.23	42.8	装备	2020-11-09	688529.SH
37	梦网科技	8.02	−3.0	互联网	2007-03-28	002123.SZ
38	ST曙光	7.82	−33.4	汽车	2000-12-26	600303.SH
39	中国罕王	7.29	23.8	钢铁	2011-09-30	3788.HK
40	中广核技	7.03	19.0	化工	1998-09-02	000881.SZ
41	德尔股份	7.02	1.2	汽车	2015-06-12	300473.SZ
42	何氏眼科	6.72	新上榜	保健	2022-03-22	301103.SZ
43	锦州银行	6.54	−41.7	金融	2015-12-07	0416.HK
44	奥克股份	6.32	−18.4	化工	2010-05-20	300082.SZ
45	沈阳化工	6.30	−28.4	化工	1997-02-20	000698.SZ

3.19.2 2023年辽宁上市公司品牌价值榜分析

【区域集中度】 在2023年辽宁上市公司品牌价值榜中：排在前5位的公司品牌价值合计1 274.12亿元，占辽宁榜单总计品牌价值的55.8%；排在前10位的公司品牌价值合计1 646.16亿元，占辽宁榜单总计品牌价值的72.1%；排在前20位的公司品牌价值合计1 990.75亿元，占辽宁榜单总计品牌价值的87.2%。

【所在行业】 在2023年辽宁上市公司品牌价值榜中，45家公司来自19个行业。其中，汽车、运输、钢铁和装备四个行业共计包括22家公司，品牌价值合计1 389.7亿元，占辽宁榜单总计品牌价值的60.9%，处于主导地位。其他行业的情况如图3-37和图3-38所示。

【上市板块】 在2023年辽宁上市公司品牌价值榜中：在沪市主板上市的公司有20家，品牌价值合计1 525.41亿元，占辽宁榜单总计品牌价值的66.8%，排在第一位；在深市主板上市的公司有13家，品牌价值合计506.79亿元，占辽宁榜单总计品牌价值的22.2%，排在第二位；在香港上市的中资公司有5家，品牌价值合计180.75亿元，占辽宁

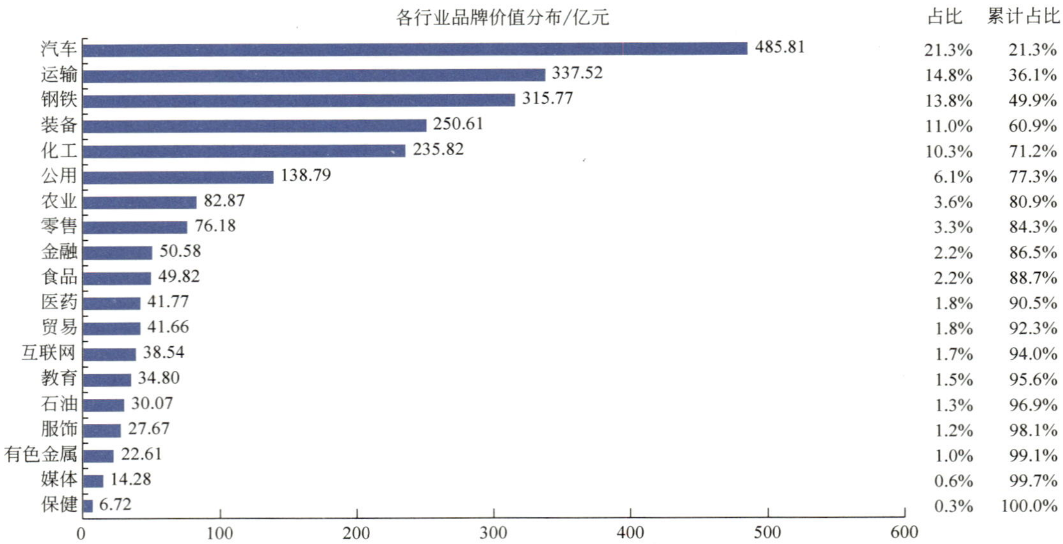

图 3-37 2023 年辽宁上市公司品牌价值榜各行业品牌价值分布

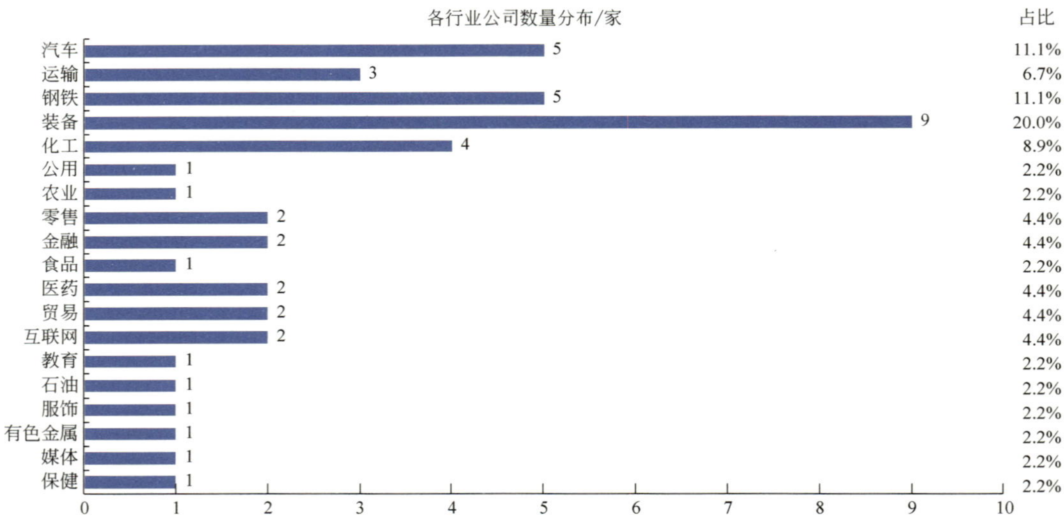

图 3-38 2023 年辽宁上市公司品牌价值榜各行业公司数量分布

榜单总计品牌价值的 7.9%，排在第三位。此外，在深市创业板上市的公司有 4 家，品牌价值合计 29.49 亿元；在沪市科创板上市的公司有 2 家，品牌价值合计 20.64 亿元；在北证新三板上市的公司有 1 家，品牌价值 18.8 亿元。

【上市时间】 在 2023 年辽宁上市公司品牌价值榜中：1998—2002 年上市的公司有 10 家，品牌价值合计 1 118.92 亿元，占辽宁榜单总计品牌价值的 49%，排在第一位；1997 年及以前上市的公司有 13 家，品牌价值合计 587.27 亿元，占辽宁榜单总计品牌价值的 25.7%，排在第二位；2013—2017 年上市的公司有 8 家，品牌价值合计 241.89 亿元，占辽宁榜单总计品牌价值的10.6%，排在第三位。此外，2008—2012年上市的公司有7家，品牌价值合计230.55亿元；2018—2022年上市的公司有5家，品牌价值合计80.96亿元；2003—2007年上市的公司有2家，品牌价值合计22.29亿元。

3.20 新疆品牌价值榜

在2023年中国上市公司品牌价值总榜的3 000家企业中：新疆的企业共计32家，比2022年增加了4家；品牌价值总计1 920.57亿元，比2022年增长了32.5%。

3.20.1 2023年新疆上市公司品牌价值榜单

序号	证券简称	品牌价值/亿元	增长率/%	地区	上市日期	证券代码
1	金风科技	303.00	5.5	装备	2007-12-26	002202.SZ
2	特变电工	261.76	46.8	装备	1997-06-18	600089.SH
3	新特能源	213.47	75.9	装备	2015-12-30	1799.HK
4	天山股份	121.42	97.0	建筑	1999-01-07	000877.SZ
5	中油资本	111.00	50.2	金融	1996-10-22	000617.SZ
6	大全能源	104.13	60.0	电子	2021-07-22	688303.SH
7	中油工程	103.06	27.9	石油	2000-12-25	600339.SH
8	申万宏源	98.50	21.7	金融	2015-01-26	000166.SZ
9	中泰化学	84.32	−12.8	贸易	2006-12-08	002092.SZ
10	博纳影业	50.62	新上榜	休闲	2022-08-18	001330.SZ
11	伊力特	49.01	−15.1	饮料	1999-09-16	600197.SH
12	广汇能源	46.54	105.6	石油	2000-05-26	600256.SH
13	天康生物	43.72	10.2	农业	2006-12-26	002100.SZ
14	渤海租赁	37.58	13.9	金融	1996-07-16	000415.SZ
15	八一钢铁	35.56	−19.8	钢铁	2002-08-16	600581.SH
16	天润乳业	34.56	11.1	饮料	2001-06-28	600419.SH
17	西部建设	32.47	27.4	建筑	2009-11-03	002302.SZ
18	卓郎智能	26.40	10.1	装备	2003-12-03	600545.SH
19	中粮糖业	24.54	−0.3	贸易	1996-07-31	600737.SH
20	冠农股份	16.27	6.6	农业	2003-06-09	600251.SH
21	汇嘉时代	14.55	−0.6	零售	2016-05-06	603101.SH
22	川宁生物	14.08	新上榜	医药	2022-12-27	301301.SZ
23	北新路桥	13.26	30.9	建筑	2009-11-11	002307.SZ
24	友好集团	11.98	−6.0	零售	1996-12-03	600778.SH
25	元道通信	11.41	新上榜	通信	2022-07-08	301139.SZ
26	新疆众和	11.20	18.9	有色金属	1996-02-15	600888.SH
27	新疆交建	10.28	54.2	建筑	2018-11-28	002941.SZ
28	新疆天业	10.02	11.8	化工	1997-06-17	600075.SH
29	天顺股份	7.27	新上榜	运输	2016-05-30	002800.SZ
30	青松建化	6.79	20.9	建筑	2003-07-24	600425.SH
31	西部牧业	6.12	新上榜	食品	2010-08-20	300106.SZ
32	德展健康	5.67	−6.8	医药	1998-05-19	000813.SZ

新疆榜单

3.20.2 2023年新疆上市公司品牌价值榜分析

【区域集中度】 在2023年新疆上市公司品牌价值榜中：排在前3位的公司品牌价值合计778.23亿元，占新疆榜单总计品牌价值的40.5%；排在前5位的公司品牌价值合计1 010.65亿元，占新疆榜单总计品牌价值的52.6%；排在前10位的公司品牌价值合计1 451.29亿元，占新疆榜单总计品牌价值的75.6%。

【所在行业】 在2023年新疆上市公司品牌价值榜中，32家公司来自17个行业。其中，装备和金融两个行业共计包括7家公司，品牌价值合计1 051.71亿元，占新疆榜单总计品牌价值的54.8%，处于主导地位。其他行业的情况如图3-39和图3-40所示。

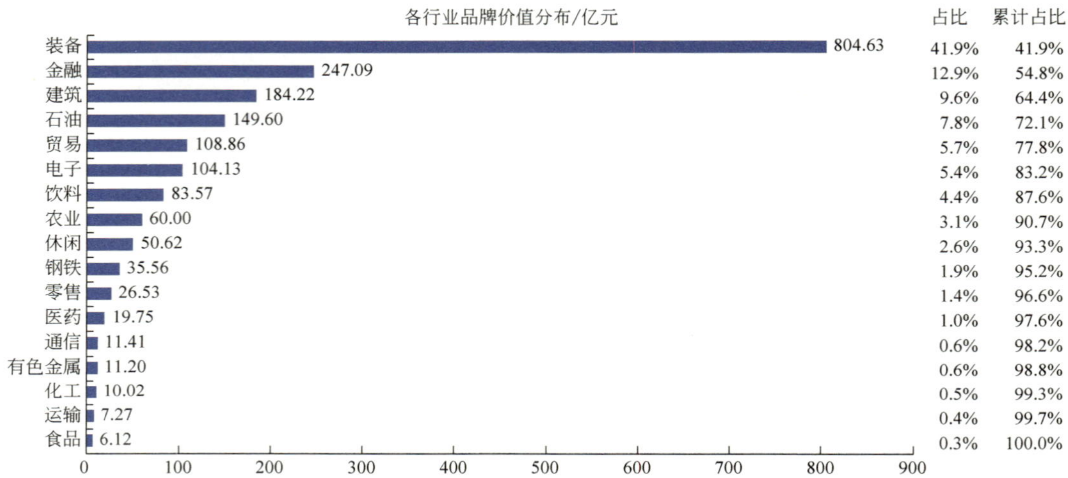

图3-39 2023年新疆上市公司品牌价值榜各行业品牌价值分布

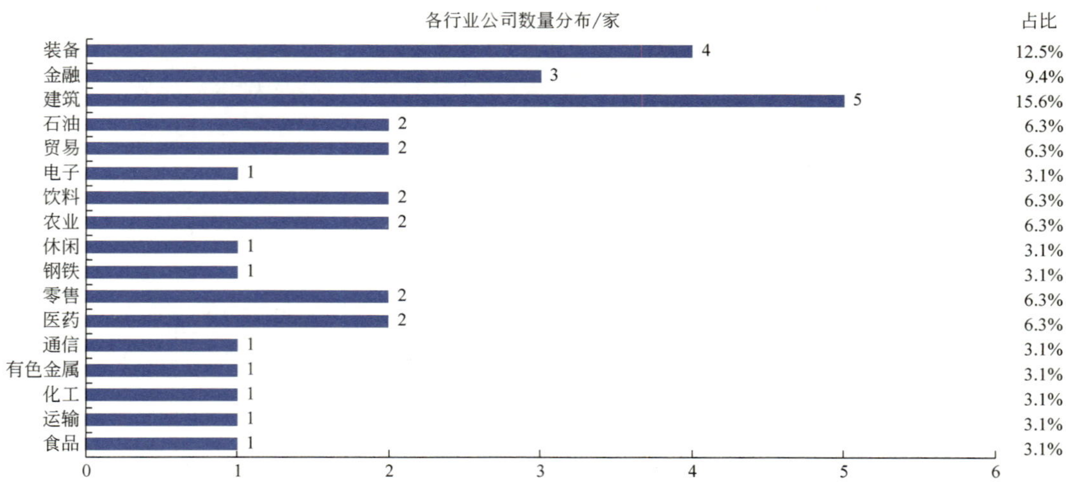

图3-40 2023年新疆上市公司品牌价值榜各行业公司数量分布

【上市板块】 在2023年新疆上市公司品牌价值榜中：在深市主板上市的公司有13家，品牌价值合计919.12亿元，占新疆榜单总计品牌价值的47.9%，排在第一位；在沪市主板上市的公司有14家，品牌价值合计652.23亿元，占新疆榜单总计品牌价值的34%，排在第二位。此外，在香港上市的中资公司和在沪市科创板上市的公司各有1家，品牌价值分别为213.47亿元和104.13亿元；在深市创业板上市的公司有3家，品牌价值合计31.61亿元。

【上市时间】 在2023年新疆上市公司品牌价值榜中：2003—2007年上市的公司有6家，品牌价值合计480.5亿元，占新疆榜单总计品牌价值的25%，排在第一位；1997年及以前上市的公司有7家，品牌价值合计468.08亿元，占新疆榜单总计品牌价值的24.4%，排在第二位；1998—2002年上市的公司有7家，品牌价值合计395.81亿元，占新疆榜单总计品牌价值的20.6%，排在第三位。此外，2013—2017年上市的公司有4家，品牌价值合计333.79亿元；2018—2022年上市的公司有5家，品牌价值合计190.52亿元；2008—2012年上市的公司有3家，品牌价值合计51.86亿元。

3.21 江西品牌价值榜

在2023年中国上市公司品牌价值总榜的3 000家企业中：江西的企业共计44家，比2022年增加了7家；品牌价值总计1 809.49亿元，比2022年增长了14.1%。

3.21.1 2023年江西上市公司品牌价值榜单

序号	证券简称	品牌价值/亿元	增长率/%	地区	上市日期	证券代码
1	江西铜业	476.95	9.3	有色金属	2002-01-11	600362.SH
2	江铃汽车	155.42	6.3	汽车	1993-12-01	000550.SZ
3	晶科能源	138.67	新上榜	电子	2022-01-26	688223.SH
4	新钢股份	133.81	−2.2	钢铁	1996-12-25	600782.SH
5	晶科能源	102.58	5.5	装备	2010-05-14	JKS.N
6	中文传媒	75.63	0.8	媒体	2002-03-04	600373.SH
7	长虹华意	70.55	49.5	装备	1996-06-19	000404.SZ
8	天音控股	66.85	0.3	贸易	1997-12-02	000829.SZ
9	赣锋锂业	61.11	191.3	有色金属	2010-08-10	002460.SZ
10	方大特钢	44.68	0.7	钢铁	2003-09-30	600507.SH
11	九江银行	40.80	−10.7	金融	2018-07-10	6190.HK
12	江西银行	36.41	−10.3	金融	2018-06-26	1916.HK
13	万年青	30.10	8.0	建筑	1997-09-23	000789.SZ
14	仁和药业	26.59	17.4	医药	1996-12-10	000650.SZ
15	联创电子	22.91	17.3	电子	2004-09-03	002036.SZ
16	赣粤高速	20.41	30.0	运输	2000-05-18	600269.SH
17	江中药业	19.43	33.2	医药	1996-09-23	600750.SH

续表

序号	证券简称	品牌价值/亿元	增长率/%	地区	上市日期	证券代码
18	天新药业	19.27	新上榜	医药	2022-07-12	603235.SH
19	正邦科技	17.60	−84.2	农业	2007-08-17	002157.SZ
20	美克家居	17.23	−12.7	家居	2000-11-27	600337.SH
21	煌上煌	15.54	−20.4	食品	2012-09-05	002695.SZ
22	汇森家居	15.34	−37.3	家居	2020-12-29	2127.HK
23	泰豪科技	14.04	−8.0	装备	2002-07-03	600590.SH
24	九丰能源	13.34	74.2	公用	2021-05-25	605090.SH
25	博雅生物	13.18	14.0	医药	2012-03-08	300294.SZ
26	甘源食品	13.07	37.2	食品	2020-07-31	002991.SZ
27	洪都航空	12.22	7.5	装备	2000-12-15	600316.SH
28	国光连锁	11.99	−3.1	零售	2020-07-28	605188.SH
29	联创光电	11.37	−13.0	电子	2001-03-29	600363.SH
30	诚志股份	9.83	11.7	化工	2000-07-06	000990.SZ
31	华伍股份	9.07	15.3	装备	2010-07-28	300095.SZ
32	辰林教育	8.85	−21.8	教育	2019-12-13	1593.HK
33	腾远钴业	8.65	新上榜	有色金属	2022-03-17	301219.SZ
34	黑猫股份	8.25	26.5	化工	2006-09-15	002068.SZ
35	欧克科技	8.18	新上榜	装备	2022-12-12	001223.SZ
36	洪城环境	8.12	30.2	公用	2004-06-01	600461.SH
37	金力永磁	7.77	新上榜	有色金属	2018-09-21	300748.SZ
38	江特电机	7.36	2.7	装备	2007-10-12	002176.SZ
39	富祥药业	6.79	0.5	医药	2015-12-22	300497.SZ
40	阳光乳业	6.64	新上榜	食品	2022-05-20	001318.SZ
41	三鑫医疗	5.85	新上榜	医药	2015-05-15	300453.SZ
42	海能实业	5.72	新上榜	电子	2019-08-15	300787.SZ
43	汉港控股	5.68	新上榜	房地产	2011-07-22	1663.HK
44	中国稀土	5.64	新上榜	有色金属	1998-09-11	000831.SZ

3.21.2 2023年江西上市公司品牌价值榜分析

【区域集中度】 在2023年江西上市公司品牌价值榜中：排在前3位的公司品牌价值合计771.04亿元，占江西榜单总计品牌价值的42.6%；排在前5位的公司品牌价值合计1 007.43亿元，占江西榜单总计品牌价值的55.7%；排在前10位的公司品牌价值合计1 326.26亿元，占江西榜单总计品牌价值的73.3%。

【所在行业】 在2023年江西上市公司品牌价值榜中，44家公司来自19个行业。其中，有色金属、装备和电子三个行业共计包括16家公司，品牌价值合计962.78亿元，占江西榜单总计品牌价值的53.2%，处于主导地位。其他行业的情况如图3-41和图3-42所示。

【上市板块】 在2023年江西上市公司品牌价值榜中：在沪市主板上市的公司有14

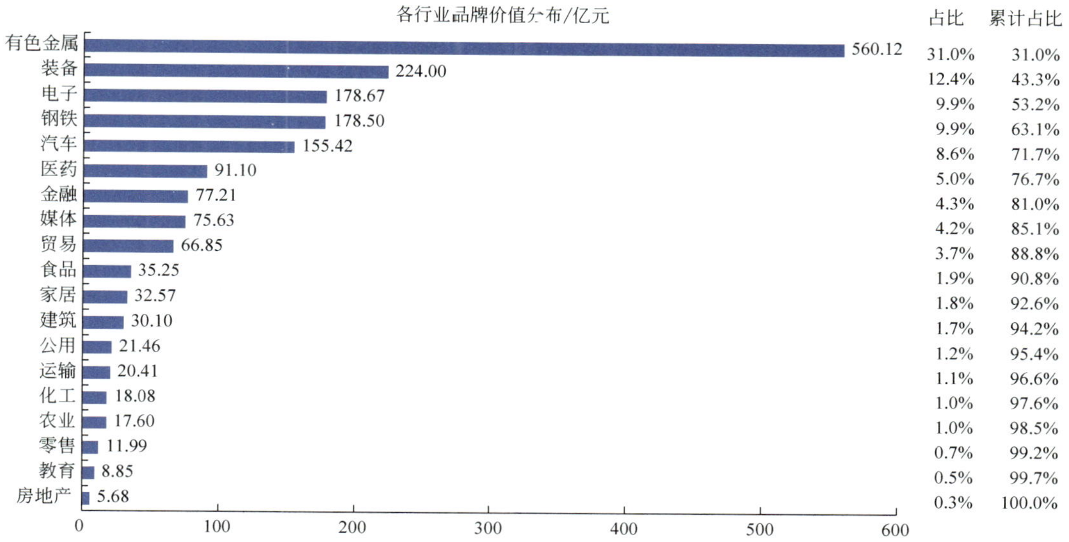

图 3-41 2023 年江西上市公司品牌价值榜各行业品牌价值分布

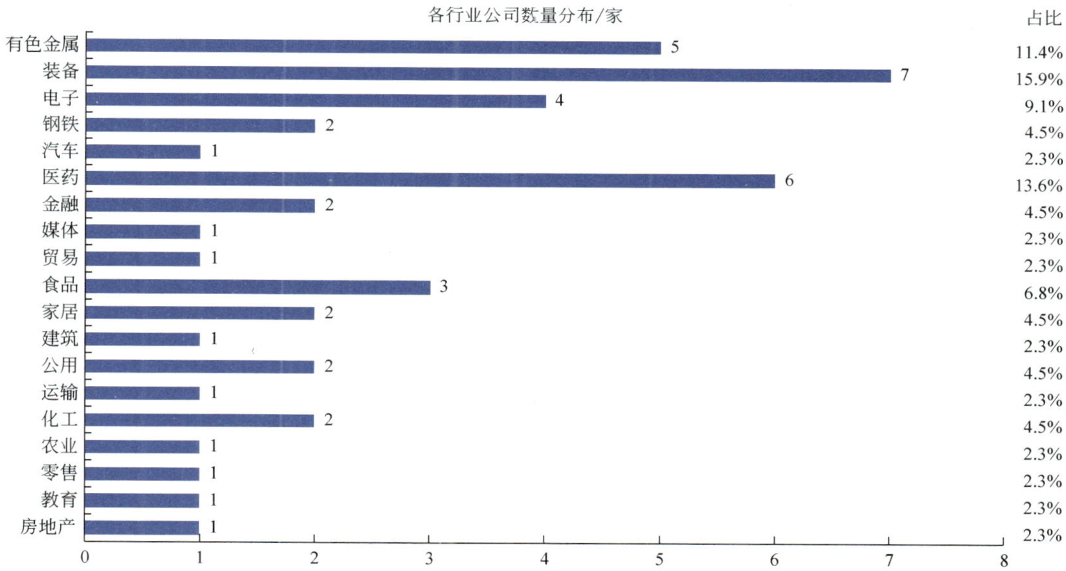

图 3-42 2023 年江西上市公司品牌价值榜各行业公司数量分布

家，品牌价值合计 878.5 亿元，占江西榜单总计品牌价值的 48.5%，排在第一位；在深市主板上市的公司有 16 家，品牌价值合计 525.64 亿元，占江西榜单总计品牌价值的 29%，排在第二位；在沪市科创板上市的公司有 1 家，品牌价值 138.67 亿元，占江西榜单总计品牌价值的 7.7%，排在第三位。此外，在香港上市的中资公司有 5 家，品牌价值合计 107.09 亿元；在国外上市的中概股公司有 1 家，品牌价值 102.58 亿元；在深市创业板上市的公司有 7 家，品牌价值合计 57.02 亿元。

【上市时间】 在 2023 年江西上市公司品牌价值榜中：1998—2002 年上市的公司有 9 家，品牌价值合计 643.31 亿元，占江西榜单总计品牌价值的 35.6%，排在第一位；1997 年及以前上市的公司有 7 家，品牌价值合计 502.75 亿元，占江西榜单总计品牌价值的 27.8%，排在第二位；2018—2022 年上市的公司有 14 家，品牌价值合计 334.69 亿元，占江西榜单总计品牌价值的 18.5%，排在第三位。此外，2008—2012 年上市的公司有 6 家，品牌价值合计 207.16 亿元；2003—2007 年上市的公司有 6 家，品牌价值合计 108.93 亿元；2013—2017 年上市的公司有 2 家，品牌价值合计 12.64 亿元。

3.22 山西品牌价值榜

在 2023 年中国上市公司品牌价值总榜的 3 000 家企业中：山西的企业共计 30 家，比 2022 年增加了 1 家；品牌价值总计 1 755.37 亿元，比 2022 年增长了 13.7%。

3.22.1 2023 年山西上市公司品牌价值榜单

序号	证券简称	品牌价值/亿元	增长率/%	地区	上市日期	证券代码
1	山西汾酒	686.65	16.5	饮料	1994-01-06	600809.SH
2	大秦铁路	406.61	15.0	运输	2006-08-01	601006.SH
3	太钢不锈	130.52	−13.0	钢铁	1998-10-21	000825.SZ
4	山西焦煤	41.53	42.3	煤炭	2000-07-26	000983.SZ
5	潞安环能	41.23	39.1	煤炭	2006-09-22	601699.SH
6	山煤国际	40.17	91.4	煤炭	2003-07-31	600546.SH
7	太原重工	36.54	−2.9	装备	1998-09-04	600169.SH
8	兰花科创	35.43	47.1	煤炭	1998-12-17	600123.SH
9	振东制药	34.81	128.6	医药	2011-01-07	300158.SZ
10	阳煤化工	34.08	−24.9	化工	1993-11-19	600691.SH
11	跨境通	33.55	−32.3	零售	2011-12-08	002640.SZ
12	华阳股份	32.89	12.8	煤炭	2003-08-21	600348.SH
13	晋控煤业	22.82	68.8	煤炭	2006-06-23	601001.SH
14	晋商银行	21.49	14.6	金融	2019-07-18	2558.HK
15	永泰能源	20.71	1.7	公用	1998-05-13	600157.SH
16	美锦能源	14.28	29.6	煤炭	1997-05-15	000723.SZ
17	安泰集团	12.16	−5.6	煤炭	2003-02-12	600408.SH
18	中国通才教育	11.50	4.4	教育	2021-07-16	2175.HK
19	亚宝药业	10.97	−2.0	医药	2002-09-26	600351.SH
20	山西证券	10.11	1.6	金融	2010-11-15	002500.SZ
21	晋控电力	9.89	30.5	公用	1997-06-09	000767.SZ
22	华翔股份	9.33	24.9	装备	2020-09-17	603112.SH
23	北方铜业	8.56	新上榜	有色金属	1997-04-28	000737.SZ
24	国新能源	8.23	35.9	公用	1992-10-13	600617.SH
25	通宝能源	7.62	新上榜	公用	1996-12-05	600780.SH
26	派林生物	7.18	15.3	医药	1996-06-28	000403.SZ
27	山西焦化	7.17	3.9	煤炭	1996-08-08	600740.SH
28	晋西车轴	6.89	新上榜	装备	2004-05-26	600495.SH

续表

序号	证券简称	品牌价值/亿元	增长率/%	地区	上市日期	证券代码
29	东杰智能	6.37	−14.5	装备	2015-06-30	300486.SZ
30	辰兴发展	6.10	−17.8	房地产	2015-07-03	2286.HK

3.22.2 2023年山西上市公司品牌价值榜分析

【区域集中度】 在2023年山西上市公司品牌价值榜中：排在前3位的公司品牌价值合计1 223.79亿元，占山西榜单总计品牌价值的69.7%；排在前5位的公司品牌价值合计1 306.55亿元，占山西榜单总计品牌价值的74.4%；排在前10位的公司品牌价值合计1 487.57亿元，占山西榜单总计品牌价值的84.7%。

【所在行业】 在2023年山西上市公司品牌价值榜中，30家公司来自13个行业。其中，饮料和运输两个行业共计包括2家公司，品牌价值合计1 093.27亿元，占山西榜单总计品牌价值的62.3%，处于主导地位。其他行业的情况如图3-43和图3-44所示。

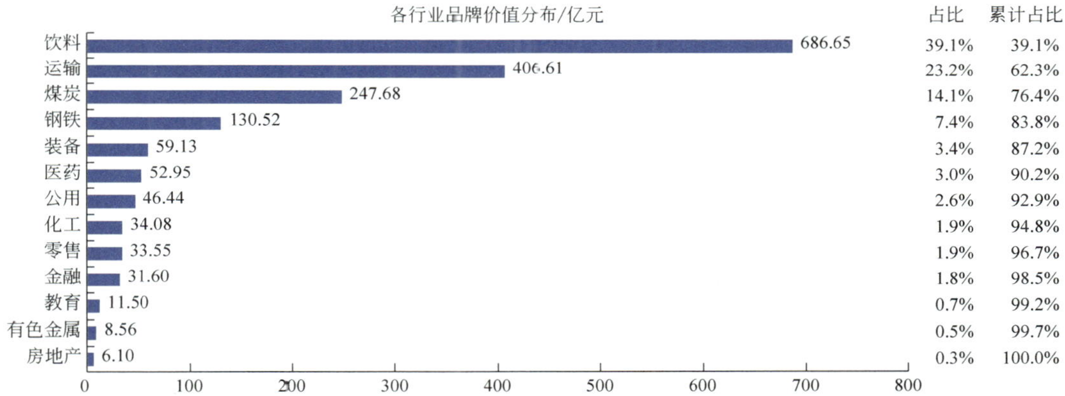

图3-43 2023年山西上市公司品牌价值榜各行业品牌价值分布

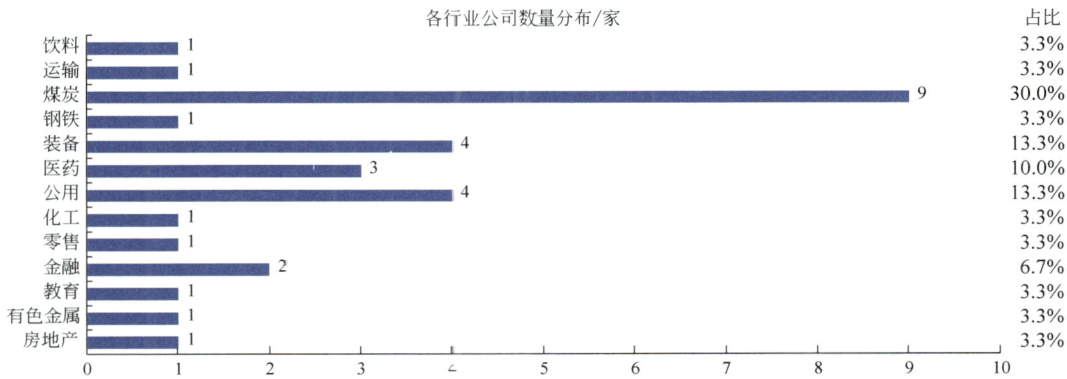

图3-44 2023年山西上市公司品牌价值榜各行业公司数量分布

【上市板块】 在 2023 年山西上市公司品牌价值榜中：在沪市主板上市的公司有 17 家，品牌价值合计 1 419.49 亿元，占山西榜单总计品牌价值的 80.9%，排在第一位；在深市主板上市的公司有 8 家，品牌价值合计 255.62 亿元，占山西榜单总计品牌价值的 14.6%，排在第二位。此外，在深市创业板上市的公司有 2 家，品牌价值合计 41.17 亿元；在香港上市的中资公司有 3 家，品牌价值合计 39.08 亿元。

【上市时间】 在 2023 年山西上市公司品牌价值榜中：1997 年及以前上市的公司有 9 家，品牌价值合计 783.65 亿元，占山西榜单总计品牌价值的 44.6%，排在第一位；2003—2007 年上市的公司有 7 家，品牌价值合计 562.76 亿元，占山西榜单总计品牌价值的 32.1%，排在第二位；1998—2002 年上市的公司有 6 家，品牌价值合计 275.7 亿元，占山西榜单总计品牌价值的 15.7%，排在第三位。此外，2008—2012 年上市的公司有 3 家，品牌价值合计 78.47 亿元；2018—2022 年上市的公司有 3 家，品牌价值合计 42.32 亿元；2013—2017 年上市的公司有 2 家，品牌价值合计 12.47 亿元。

3.23 陕西品牌价值榜

在 2023 年中国上市公司品牌价值总榜的 3 000 家企业中：陕西的企业共计 36 家，比 2022 年减少了 1 家；品牌价值总计 1 730.54 亿元，比 2022 年增长了 17.2%。

3.23.1 2023 年陕西上市公司品牌价值榜单

序号	证券简称	品牌价值/亿元	增长率/%	地区	上市日期	证券代码
1	隆基绿能	723.72	21.2	装备	2012-04-11	601012.SH
2	陕西煤业	168.53	36.4	煤炭	2014-01-28	601225.SH
3	陕西建工	133.61	80.0	建筑	2000-06-22	600248.SH
4	中航西飞	75.06	4.7	装备	1997-06-26	000768.SZ
5	陕鼓动力	73.17	12.2	装备	2010-04-28	601369.SH
6	航发动力	72.65	−1.1	装备	1996-04-08	600893.SH
7	中国航油	64.34	10.8	石油	2001-12-06	G92.SG
8	中国西电	35.32	−6.2	装备	2010-01-28	601179.SH
9	彩虹股份	28.16	−27.7	电子	1996-05-20	600707.SH
10	同力股份	26.79	新上榜	装备	2021-02-22	834599.BJ
11	西安银行	25.44	9.4	金融	2019-03-01	600928.SH
12	三人行	25.24	77.2	媒体	2020-05-28	605168.SH
13	秦川机床	21.45	−7.8	装备	1998-09-28	000837.SZ
14	天地源	20.37	6.3	房地产	1993-07-09	600665.SH
15	西部水泥	19.78	0.7	建筑	2010-08-23	2233.HK
16	易点天下	18.94	新上榜	媒体	2022-08-19	301171.SZ
17	北元集团	15.21	1.5	化工	2020-10-20	601568.SH
18	西部证券	14.45	30.5	金融	2012-05-03	002673.SZ

续表

序号	证券简称	品牌价值/亿元	增长率/%	地区	上市日期	证券代码
19	中再资环	13.29	[illegible].1	环保	1999-12-16	600217.SH
20	德银天下	13.21	新上榜	运输	2022-07-15	2418.HK
21	曲江文旅	13.16	34.6	休闲	1996-05-16	600706.SH
22	金钼股份	13.07	22.6	有色金属	2008-04-17	601958.SH
23	环球印务	12.72	45.9	媒体	2016-06-08	002799.SZ
24	广电网络	11.09	−0.8	媒体	1994-02-24	600831.SH
25	国际医学	9.58	−5[illegible].4	保健	1993-08-09	000516.SZ
26	陕西黑猫	9.46	−3.9	煤炭	2014-11-05	601015.SH
27	宝钛股份	8.84	9.5	有色金属	2002-04-12	600456.SH
28	烽火电子	8.57	22.4	通信	1994-05-09	000561.SZ
29	美畅股份	8.10	42.6	有色金属	2020-08-24	300861.SZ
30	西部超导	8.04	新上榜	有色金属	2019-07-22	688122.SH
31	陕国投A	7.29	27.8	金融	1994-01-10	000563.SZ
32	陕天然气	7.09	26.3	石油	2008-08-13	002267.SZ
33	彩虹新能源	6.35	−30.8	装备	2004-12-20	0438.HK
34	三角防务	6.31	新上榜	装备	2019-05-21	300775.SZ
35	三达膜	6.07	新上榜	环保	2019-11-15	688101.SH
36	中航电测	6.06	10.7	电子	2010-08-27	300114.SZ

3.23.2 2023年陕西上市公司品牌价值榜分析

【区域集中度】 在2023年陕西上市公司品牌价值榜中：排在前3位的公司品牌价值合计1 025.86亿元，占陕西榜单总计品牌价值的59.3%；排在前5位的公司品牌价值合计1 174.1亿元，占陕西榜单总计品牌价值的67.8%；排在前10位的公司品牌价值合计1 401.36亿元，占陕西榜单总计品牌价值的81%。

【所在行业】 在2023年陕西上市公司品牌价值榜中，36家公司来自15个行业。其中，装备行业有9家公司，品牌价值合计1 040.84亿元，占陕西榜单总计品牌价值的60.1%，处于主导地位。其他行业的情况如图3-45和图3-46所示。

【上市板块】 在2023年陕西上市公司品牌价值榜中：在沪市主板上市的公司有17家，品牌价值合计1 390.33亿元，占陕西榜单总计品牌价值的80.3%，排在第一位；在深市主板上市的公司有8家，品牌价值合计156.22亿元，占陕西榜单总计品牌价值的9%，排在第二位；在国外上市的中概股公司有1家，品牌价值64.34亿元，占陕西榜单总计品牌价值的3.7%，排在第三位。此外，在深市创业板上市的公司有4家，品牌价值合计39.41亿元；在香港上市的中资公司有3家，品牌价值合计39.34亿元；在北证新三板上市的公司有1家，品牌价值26.79亿元；在沪市科创板上市的公司有2家，品牌价值合计14.11亿元。

【上市时间】 在2023年陕西上市公司品牌价值榜中：2008—2012年上市的公司有

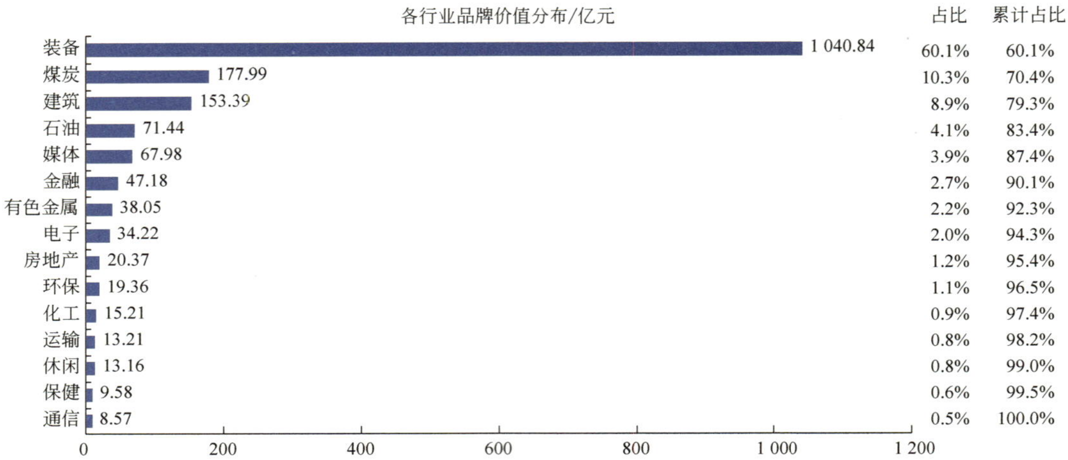

图 3-45　2023 年陕西上市公司品牌价值榜各行业品牌价值分布

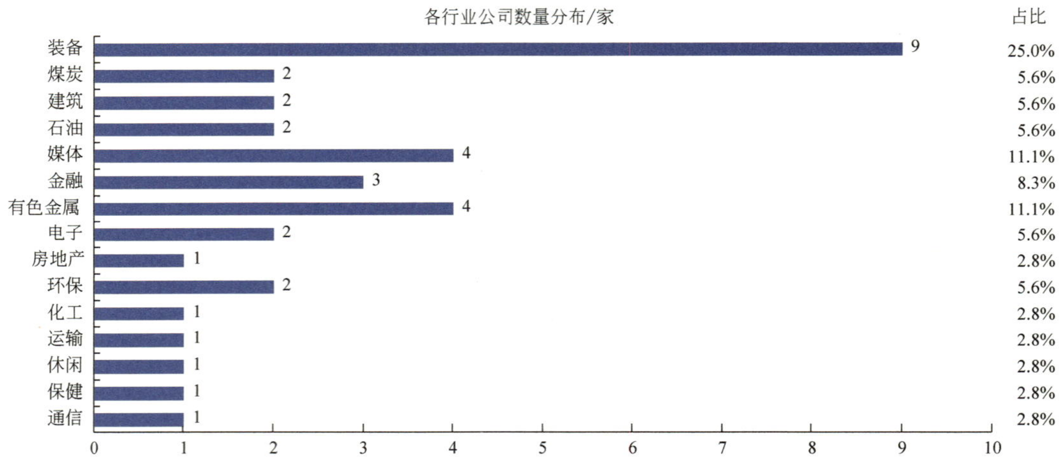

图 3-46　2023 年陕西上市公司品牌价值榜各行业公司数量分布

8 家，品牌价值合计 892.67 亿元，占陕西榜单总计品牌价值的 51.6%，排在第一位；1997 年及以前上市的公司有 9 家，品牌价值合计 245.94 亿元，占陕西榜单总计品牌价值的 14.2%，排在第二位；1998—2002 年上市的公司有 5 家，品牌价值合计 241.53 亿元，占陕西榜单总计品牌价值的 14%，排在第三位。此外，2013—2017 年上市的公司有 3 家，品牌价值合计 190.71 亿元；2018—2022 年上市的公司有 10 家，品牌价值合计 153.35 亿元；2003—2007 年上市的公司有 1 家，品牌价值 6.35 亿元。

3.24　云南品牌价值榜

在 2023 年中国上市公司品牌价值总榜的 3 000 家企业中：云南的企业共计 25 家，比

2022 年减少了 3 家；品牌价值总计 1 048.46 亿元，比 2022 年增长了 11.5%。

3.24.1　2023 年云南上市公司品牌价值榜单

序号	证券简称	品牌价值/亿元	增长率/%	地区	上市日期	证券代码
1	云南白药	154.92	−2.3	医药	1993-12-15	000538.SZ
2	云南铜业	121.11	43.3	有色金属	1998-06-02	000878.SZ
3	一心堂	87.96	15.5	零售	2014-07-02	002727.SZ
4	云天化	81.96	10.8	贸易	1997-07-09	600096.SH
5	锡业股份	69.78	14.4	有色金属	2000-02-21	000960.SZ
6	云铝股份	53.20	11.9	有色金属	1998-04-08	000807.SZ
7	华致酒行	51.65	41.2	零售	2019-01-29	300755.SZ
8	贝泰妮	46.29	26.2	日用	2021-03-25	300957.SZ
9	贵研铂业	40.16	5.7	有色金属	2003-05-16	600459.SH
10	华能水电	35.66	12.8	公用	2017-12-15	600025.SH
11	昆药集团	35.50	29.3	医药	2000-12-06	600422.SH
12	健之佳	35.31	38.2	零售	2020-12-01	605266.SH
13	沃森生物	28.23	39.8	医药	2010-11-12	300142.SZ
14	我爱我家	28.18	3.6	房地产	1994-02-02	000560.SZ
15	驰宏锌锗	27.50	7.9	有色金属	2004-04-20	600497.SH
16	云内动力	26.85	−26.4	装备	1999-04-15	000903.SZ
17	南天信息	23.90	91.4	互联网	1999-10-14	000948.SZ
18	恩捷股份	21.25	92.7	化工	2016-09-14	002812.SZ
19	云南旅游	18.50	−26.1	休闲	2006-08-10	002059.SZ
20	神农集团	14.27	15.1	农业	2021-05-28	605296.SH
21	铁建装备	11.36	52.5	装备	2015-12-16	1786.HK
22	昆船智能	10.35	新上榜	装备	2022-11-30	301311.SZ
23	红塔证券	9.28	−43.7	金融	2019-07-05	601236.SH
24	丽江股份	9.27	−6.0	休闲	2004-08-25	002033.SZ
25	云南水务	6.02	−22.9	公用	2015-05-27	6839.HK

3.24.2　2023 年云南上市公司品牌价值榜分析

【区域集中度】 在 2023 年云南上市公司品牌价值榜中：排在前 3 位的公司品牌价值合计 363.99 亿元，占云南榜单总计品牌价值的 34.7%；排在前 5 位的公司品牌价值合计 515.72 亿元，占云南榜单总计品牌价值的 49.2%；排在前 10 位的公司品牌价值合计 742.68 亿元，占云南榜单总计品牌价值的 70.8%。

【所在行业】 在 2023 年云南上市公司品牌价值榜中，25 家公司来自 13 个行业。其中，有色金属和医药两个行业共计包括 8 家公司，品牌价值合计 530.4 亿元，占云南榜单总计品牌价值的 50.6%，处于主导地位。其他行业的情况如图 3-47 和图 3-48 所示。

【上市板块】 在 2023 年云南上市公司品牌价值榜中：在深市主板上市的公司有 11 家，品牌价值合计 614.93 亿元，占云南榜单总计品牌价值的 58.7%，排在第一位；在沪市

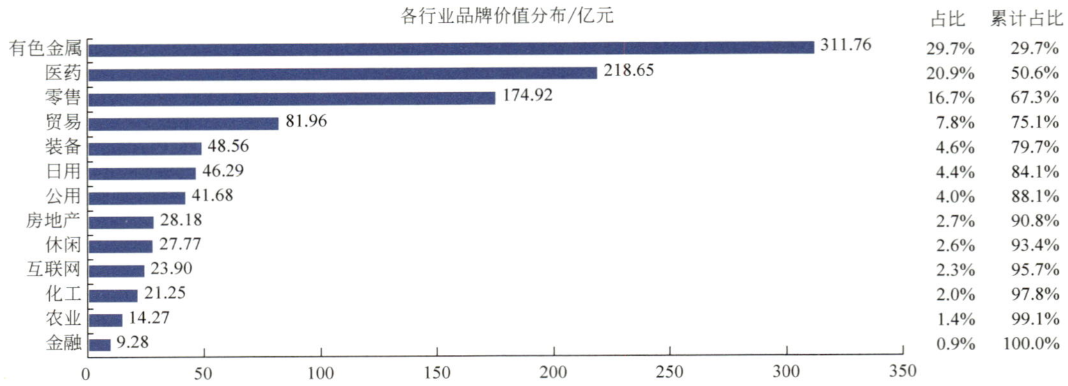

图 3-47　2023 年云南上市公司品牌价值榜各行业品牌价值分布

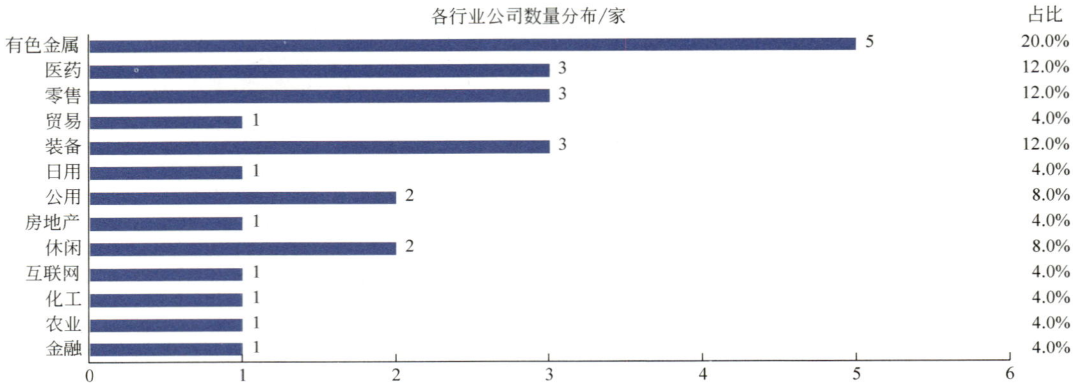

图 3-48　2023 年云南上市公司品牌价值榜各行业公司数量分布

主板上市的公司有 8 家，品牌价值合计 279.64 亿元，占云南榜单总计品牌价值的 26.7%，排在第二位。此外，在深市创业板上市的公司有 4 家，品牌价值合计 136.51 亿元；在香港上市的中资公司有 2 家，品牌价值合计 17.38 亿元。

【上市时间】　在 2023 年云南上市公司品牌价值榜中：1998—2002 年上市的公司有 6 家，品牌价值合计 330.36 亿元，占云南榜单总计品牌价值的 31.5%，排在第一位；1997 年及以前上市的公司有 3 家，品牌价值合计 265.05 亿元，占云南榜单总计品牌价值的 25.3%，排在第二位；2018—2022 年上市的公司有 6 家，品牌价值合计 167.14 亿元，占云南榜单总计品牌价值的 15.9%，排在第三位。此外，2013—2017 年上市的公司有 5 家，品牌价值合计 162.25 亿元；2003—2007 年上市的公司有 4 家，品牌价值合计 95.43 亿元；2008—2012 年上市的公司有 1 家，品牌价值 28.23 亿元。

3.25　广西品牌价值榜

在 2023 年中国上市公司品牌价值总榜的 3 000 家企业中：广西的企业共计 23 家，比

2022 年减少了 2 家；品牌价值总计 752.82 亿元，比 2022 年增长了 2.5%。

3.25.1 2023 年广西上市公司品牌价值榜单

序号	证券简称	品牌价值/亿元	增长率/%	地区	上市日期	证券代码
1	柳工	159.78	19.9	装备	1993-11-18	000528.SZ
2	恒逸石化	103.44	7.6	化工	1997-03-28	000703.SZ
3	柳钢股份	97.58	-5.4	钢铁	2007-02-27	601003.SH
4	玉柴国际	91.73	-14.7	装备	1994-12-16	CYD.N
5	柳药集团	56.82	8.2	医药	2014-12-04	603368.SH
6	润建股份	38.39	61.4	通信	2018-03-01	002929.SZ
7	黑芝麻	28.14	21.9	食品	1997-04-18	000716.SZ
8	桂东电力	19.29	5.4	贸易	2001-02-28	600310.SH
9	北部湾港	18.98	20.5	运输	1995-11-02	000582.SZ
10	南方锰业	14.73	58.6	有色金属	2010-11-18	1091.HK
11	中恒集团	14.58	-23.9	医药	2000-11-30	600252.SH
12	桂冠电力	14.32	1.7	公用	2000-03-23	600236.SH
13	天下秀	13.79	-11.5	互联网	2001-08-07	600556.SH
14	桂林三金	11.16	21.3	医药	2009-07-10	002275.SZ
15	国海证券	9.93	19.8	金融	1997-07-09	000750.SZ
16	西麦食品	8.98	-0.3	食品	2019-06-19	002956.SZ
17	皇氏集团	8.64	-32.7	食品	2010-01-06	002329.SZ
18	五洲交通	8.40	15.5	运输	2000-12-21	600368.SH
19	百洋股份	8.21	20.5	农业	2012-09-05	002696.SZ
20	南宁糖业	7.00	-25.9	农业	1999-05-27	000911.SZ
21	神冠控股	6.85	-9.3	保健	2009-10-13	0829.HK
22	新智认知	6.32	-25.6	互联网	2015-03-26	603869.SH
23	广西广电	5.77	-27.6	媒体	2016-08-15	600936.SH

3.25.2 2023 年广西上市公司品牌价值榜分析

【区域集中度】 在 2023 年广西上市公司品牌价值榜中：排在前 3 位的公司品牌价值合计 360.8 亿元，占广西榜单总计品牌价值的 47.9%；排在前 5 位的公司品牌价值合计 509.35 亿元，占广西榜单总计品牌价值的 67.7%；排在前 10 位的公司品牌价值合计 628.88 亿元，占广西榜单总计品牌价值的 83.5%。

【所在行业】 在 2023 年广西上市公司品牌价值榜中，23 家公司来自 15 个行业。其中，装备、化工和钢铁三个行业共计包括 4 家公司，品牌价值合计 452.53 亿元，占广西榜单总计品牌价值的 60.1%，处于主导地位。其他行业的情况如图 3-49 和图 3-50 所示。

【上市板块】 在 2023 年广西上市公司品牌价值榜中：在深市主板上市的公司有 11

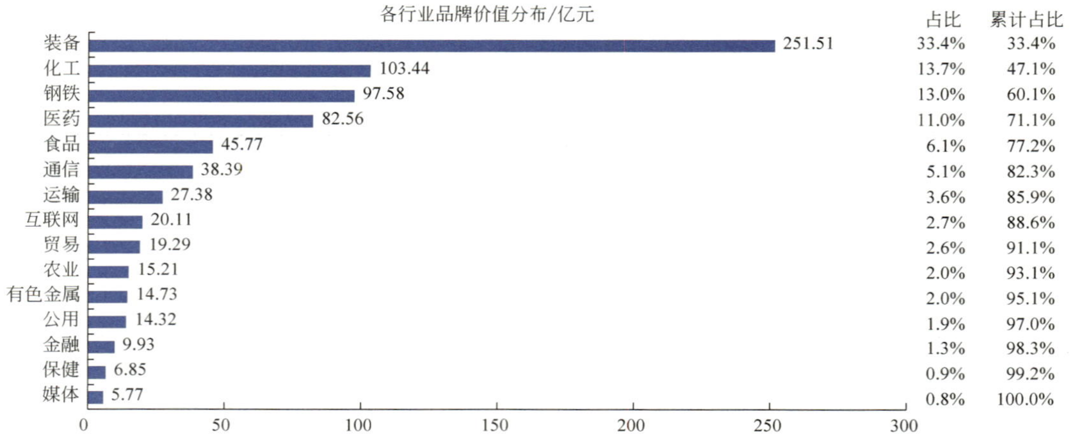

图 3-49　2023 年广西上市公司品牌价值榜各行业品牌价值分布

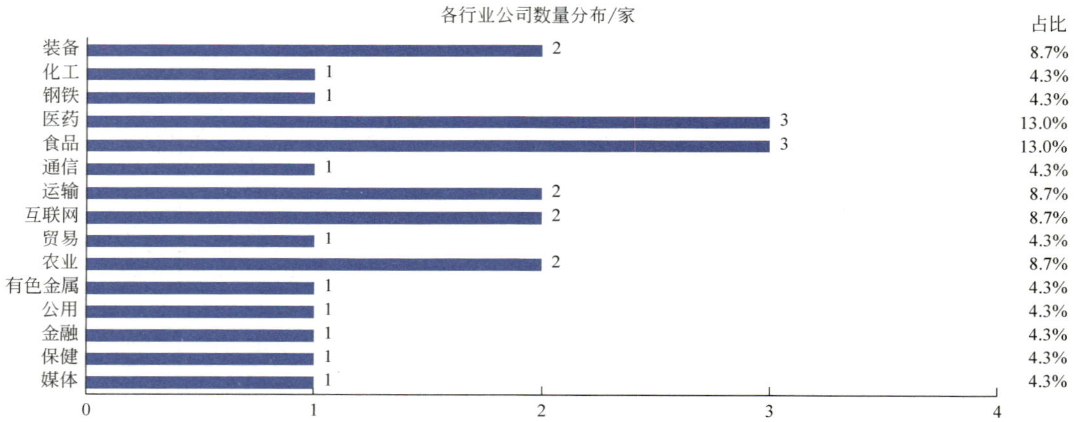

图 3-50　2023 年广西上市公司品牌价值榜各行业公司数量分布

家，品牌价值合计 402.64 亿元，占广西榜单总计品牌价值的 53.5%，排在第一位；在沪市主板上市的公司有 9 家，品牌价值合计 236.87 亿元，占广西榜单总计品牌价值的 31.5%，排在第二位。此外，在国外上市的中概股公司有 1 家，品牌价值 91.73 亿元；在香港上市的中资公司有 2 家，品牌价值合计 21.57 亿元。

【上市时间】 在 2023 年广西上市公司品牌价值榜中：1997 年及以前上市的公司有 6 家，品牌价值合计 412.亿元，占广西榜单总计品牌价值的 54.7%，排在第一位；2003—2007 年上市的公司有 1 家，品牌价值 97.58 亿元，占广西榜单总计品牌价值的 13%，排在第二位；1998—2002 年上市的公司有 6 家，品牌价值合计 77.38 亿元，占广西榜单总计品牌价值的 10.3%，排在第三位。此外，2013—2017 年上市的公司有 3 家，品牌价值合计 68.91 亿元；2008—2012 年上市的公司有 5 家，品牌价值合计 49.58 亿元；2018—2022 年上市的公司有 2 家，品牌价值合计 47.36 亿元。

3.26 吉林品牌价值榜

在2023年中国上市公司品牌价值总榜的3 000家企业中：吉林的企业共计19家，比2022年减少了3家；品牌价值总计622.1亿元，比2022年减少了15.5%。

3.26.1 2023年吉林上市公司品牌价值榜单

序号	证券简称	品牌价值/亿元	增长率/%	地区	上市日期	证券代码
1	一汽解放	218.27	−20.5	汽车	1997-06-18	000800.SZ
2	长春高新	67.57	−1.3	医药	1996-12-18	000661.SZ
3	欧亚集团	51.62	−11.3	零售	1993-12-06	600697.SH
4	一汽富维	50.61	2.5	汽车	1996-08-26	600742.SH
5	富奥股份	32.85	10.1	汽车	1993-09-29	000030.SZ
6	金圆股份	24.59	6.7	环保	1993-12-15	000546.SZ
7	吉林敖东	22.61	0.2	医药	1996-10-28	000623.SZ
8	通化东宝	22.15	4.9	医药	1994-08-24	600867.SH
9	中钢国际	21.87	7.8	建筑	1999-03-12	000928.SZ
10	九台农商银行	20.15	12.8	金融	2017-01-12	6122.HK
11	东北证券	17.18	6.3	金融	1997-02-27	000686.SZ
12	苏宁环球	15.14	−48.8	房地产	1997-04-08	000718.SZ
13	吉电股份	11.52	29.5	公用	2002-09-26	000875.SZ
14	吉视传媒	10.13	4.4	媒体	2012-02-23	601929.SH
15	亚泰集团	10.00	−58.5	贸易	1995-11-15	600881.SH
16	百克生物	7.17	29.7	医药	2021-06-25	688276.SH
17	华微电子	6.80	−0.1	电子	2001-03-16	600360.SH
18	迪瑞医疗	6.10	新上榜	医药	2014-09-10	300396.SZ
19	启明信息	5.77	−7.0	互联网	2008-05-09	002232.SZ

3.26.2 2023年吉林上市公司品牌价值榜分析

【区域集中度】 在2023年吉林上市公司品牌价值榜中：排在第1位的公司品牌价值218.27亿元，占吉林榜单总计品牌价值的35.1%；排在前3位的公司品牌价值合计337.46亿元，占吉林榜单总计品牌价值的54.2%；排在前5位的公司品牌价值合计420.91亿元，占吉林榜单总计品牌价值的67.7%。

【所在行业】 在2023年吉林上市公司品牌价值榜中，19家公司来自12个行业。其中，汽车和医药两个行业共计包括8家公司，品牌价值合计427.33亿元，占吉林榜单总计品牌价值的68.7%，处于主导地位。其他行业的情况如图3-51和图3-52所示。

【上市板块】 在2023年吉林上市公司品牌价值榜中：在深市主板上市的公司有10家，品牌价值合计437.37亿元，占吉林榜单总计品牌价值70.3%，排在第一位；在沪市主

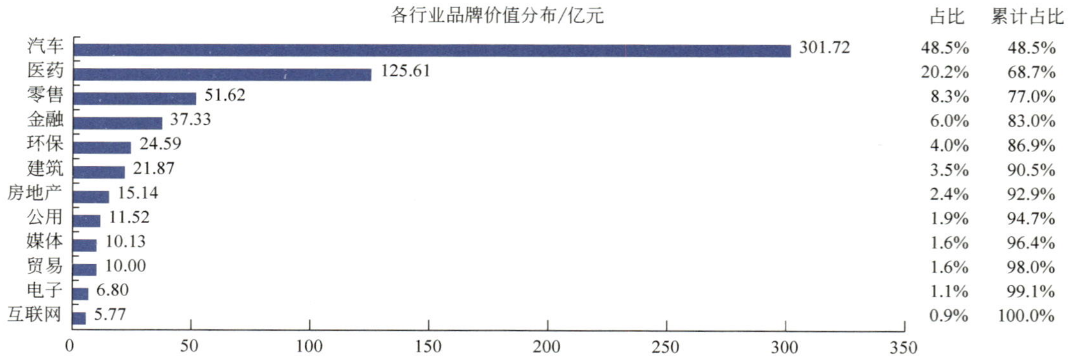

图 3-51 2023 年吉林上市公司品牌价值榜各行业品牌价值分布

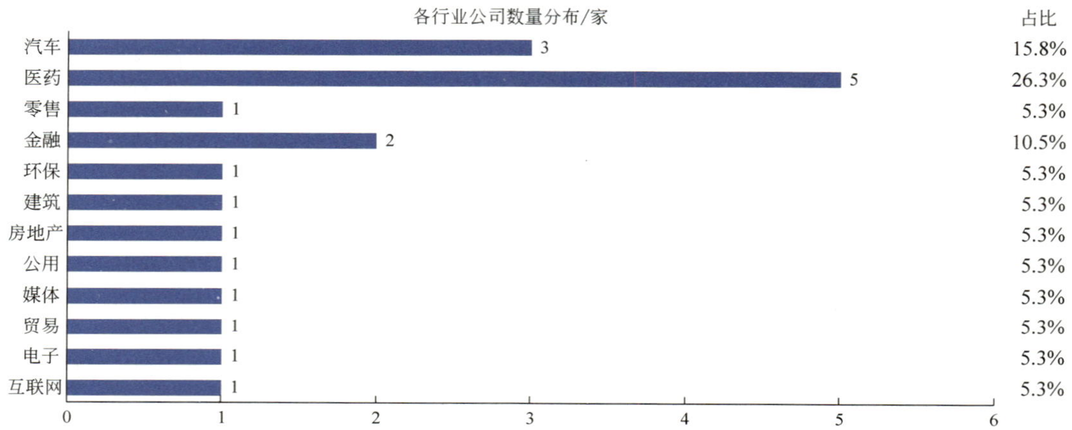

图 3-52 2023 年吉林上市公司品牌价值榜各行业公司数量分布

板上市的公司有 6 家，品牌价值合计 151.31 亿元，占吉林榜单总计品牌价值的 24.3%，排在第二位。此外，在香港上市的中资公司、在沪市科创板上市的公司和在深市创业板上市的公司各有 1 家，品牌价值分别为 20.15 亿元、7.17 亿元和 6.1 亿元。

【上市时间】 在 2023 年吉林上市公司品牌价值榜中：1997 年及以前上市的公司有 11 家，品牌价值合计 532.59 亿元，占吉林榜单总计品牌价值的 85.6%，排在第一位；1998—2002 年上市的公司有 3 家，品牌价值合计 40.19 亿元，占吉林榜单总计品牌价值的 6.5%，排在第二位。此外，2013—2017 年上市的公司有 2 家，品牌价值合计 26.25 亿元；2008—2012 年上市的公司有 2 家，品牌价值合计 15.9 亿元；2018—2022 年上市的公司有 1 家，品牌价值 7.17 亿元。

3.27 黑龙江品牌价值榜

在 2023 年中国上市公司品牌价值总榜的 3 000 家企业中：黑龙江的企业共计 23 家，

比 2022 年减少了 1 家；品牌价值总计 585.76 亿元，比 2022 年增长了 0.8%。

3.27.1 2023 年黑龙江上市公司品牌价值榜单

序号	证券简称	品牌价值/亿元	增长率/%	地区	上市日期	证券代码
1	中国一重	100.18	19.7	装备	2010-02-09	601106.SH
2	哈尔滨电气	76.45	−30.0	装备	1994-12-16	1133.HK
3	中航产融	55.25	10.2	金融	1996-05-16	600705.SH
4	中直股份	38.69	−3.1	装备	2000-12-18	600038.SH
5	哈药股份	33.16	14.8	医药	1993-06-29	600664.SH
6	人民同泰	27.52	5.1	医药	1994-02-24	600829.SH
7	葵花药业	27.04	43.6	医药	2014-12-30	002737.SZ
8	北大荒	24.75	5.9	农业	2002-03-29	600598.SH
9	哈尔滨银行	23.94	−24.4	金融	2014-03-31	6138.HK
10	博实股份	21.26	32.6	装备	2012-09-11	002698.SZ
11	安通控股	20.78	35.8	运输	1998-11-04	600179.SH
12	珍宝岛	17.74	−4.3	医药	2015-04-24	603567.SH
13	龙建股份	17.51	23.6	建筑	1994-04-04	600853.SH
14	航天科技	15.78	11.1	电子	1999-04-01	000901.SZ
15	龙版传媒	12.68	17.7	媒体	2021-08-24	605577.SH
16	原生态牧业	11.22	32.6	农业	2013-11-26	1431.HK
17	东方集团	10.92	−27.9	贸易	1994-01-06	600811.SH
18	东安动力	10.78	39.9	汽车	1998-10-14	600178.SH
19	佳电股份	10.49	29.8	装备	1999-06-18	000922.SZ
20	森鹰窗业	9.11	新上榜	日用	2022-09-26	301227.SZ
21	誉衡药业	7.54	−16.7	医药	2010-06-23	002437.SZ
22	哈空调	6.49	新上榜	装备	1999-06-03	600202.SH
23	哈三联	6.46	−37.5	医药	2017-09-22	002900.SZ

3.27.2 2023 年黑龙江上市公司品牌价值榜分析

【区域集中度】 在 2023 年黑龙江上市公司品牌价值榜中：排在前 3 位的公司品牌价值合计 231.88 亿元，占黑龙江榜单总计品牌价值的 39.6%；排在前 5 位的公司品牌价值合计 303.73 亿元，占黑龙江榜单总计品牌价值的 51.9%；排在前 10 位的公司品牌价值合计 428.25 亿元，占黑龙江榜单总计品牌价值的 73.1%。

【所在行业】 在 2023 年黑龙江上市公司品牌价值榜中，23 家公司来自 11 个行业。其中，装备和医药两个行业共计包括 12 家公司，品牌价值合计 373.03 亿元，占黑龙江榜单总计品牌价值的 63.7%，处于主导地位。其他行业的情况如图 3-53 和图 3-54 所示。

【上市板块】 在 2023 年黑龙江上市公司品牌价值榜中：在沪市主板上市的公司有 13 家，品牌价值合计 376.46 亿元，占黑龙江榜单总计品牌价值的 64.3%，排在第一位；在香港上市的中资公司有 3 家，品牌价值合计 111.61 亿元，占黑龙江榜单总计品牌价值

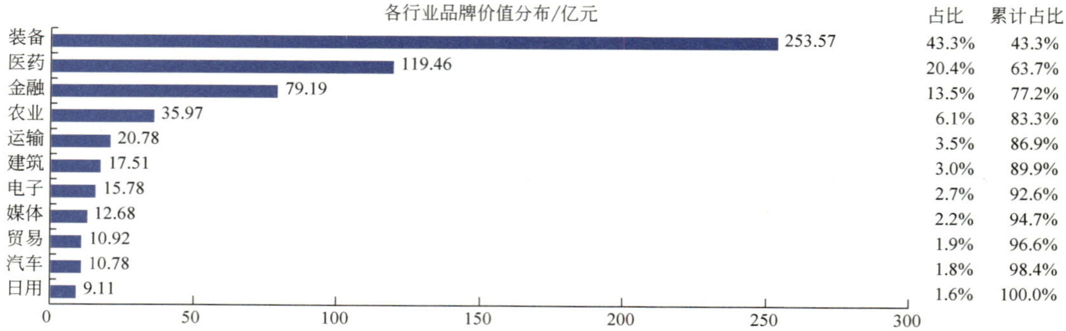

图 3-53 2023 年黑龙江上市公司品牌价值榜各行业品牌价值分布

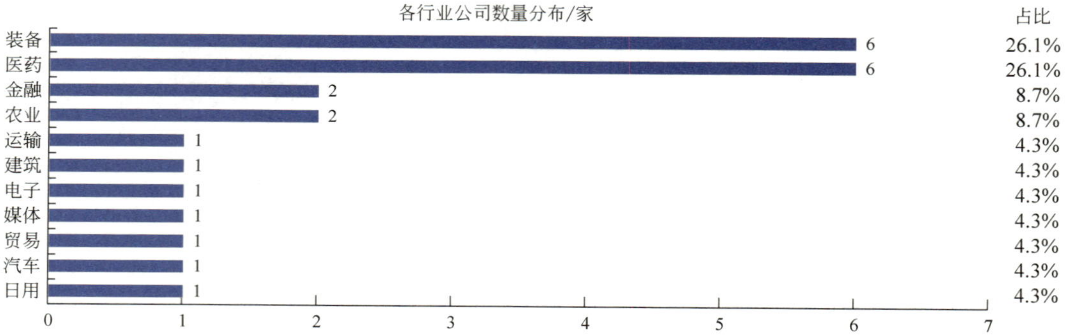

图 3-54 2023 年黑龙江上市公司品牌价值榜各行业公司数量分布

的 19.1%，排在第二位。此外，在深市主板上市的公司有 6 家，品牌价值合计 88.58 亿元；在深市创业板上市的公司有 1 家，品牌价值 9.11 亿元。

【上市时间】 在 2023 年黑龙江上市公司品牌价值榜中：1997 年及以前上市的公司有 6 家，品牌价值合计 220.81 亿元，占黑龙江榜单总计品牌价值的 37.7%，排在第一位；2008—2012 年上市的公司有 3 家，品牌价值合计 128.98 亿元，占黑龙江榜单总计品牌价值的 22%，排在第二位；1998—2002 年上市的公司有 7 家，品牌价值合计 127.78 亿元，占黑龙江榜单总计品牌价值的 21.8%，排在第三位。此外，2013—2017 年上市的公司有 5 家，品牌价值合计 86.4 亿元；2018—2022 年上市的公司有 2 家，品牌价值合计 21.79 亿元。

3.28 甘肃品牌价值榜

在 2023 年中国上市公司品牌价值总榜的 3 000 家企业中：甘肃的企业共计 18 家，与 2022 年相同；品牌价值总计 406.14 亿元，比 2022 年增长了 3.8%。

3.28.1 2023年甘肃上市公司品牌价值榜单

序号	证券简称	品牌价值/亿元	增长率/%	地区	上市日期	证券代码
1	白银有色	77.92	37.0	有色金属	2017-02-15	601212.SH
2	酒钢宏兴	56.86	−15.0	钢铁	2000-12-20	600307.SH
3	金徽酒	42.79	−9.3	饮料	2016-03-10	603919.SH
4	华天科技	41.67	5.2	电子	2007-11-20	002185.SZ
5	甘肃银行	23.79	20.2	金融	2018-01-18	2139.HK
6	上峰水泥	21.36	−7.9	建筑	1996-12-18	000672.SZ
7	丽尚国潮	18.39	14.7	零售	1996-08-02	600738.SH
8	兰州银行	18.25	新上榜	金融	2022-01-17	001227.SZ
9	甘咨询	17.03	57.9	商业服务	1997-05-28	000779.SZ
10	方大炭素	15.62	−33.8	有色金属	2002-08-30	600516.SH
11	祁连山	14.93	−6.4	建筑	1996-07-16	600720.SH
12	兰石重装	12.18	−1.8	装备	2014-10-09	603169.SH
13	亚盛集团	9.35	12.3	农业	1997-08-18	600108.SH
14	国芳集团	8.59	−16.3	零售	2017-09-29	601086.SH
15	庄园牧场	7.40	新上榜	食品	2017-10-31	002910.SZ
16	众兴菌业	7.06	23.2	农业	2015-06-26	002772.SZ
17	中核钛白	6.99	−5.4	化工	2007-08-03	002145.SZ
18	读者传媒	5.97	8.9	媒体	2015-12-10	603999.SH

3.28.2 2023年甘肃上市公司品牌价值榜分析

【区域集中度】 在2023年甘肃上市公司品牌价值榜中：排在第1位的公司品牌价值77.92亿元，占甘肃榜单总计品牌价值的19.2%；排在前3位的公司品牌价值合计177.56亿元，占甘肃榜单总计品牌价值的43.7%；排在前5位的公司品牌价值合计243.02亿元，占甘肃榜单总计品牌价值的59.8%。

【所在行业】 在2023年甘肃上市公司品牌价值榜中，18家公司来自13个行业。其中，有色金属、钢铁、饮料和金融四个行业共计包括6家公司，品牌价值合计235.23亿元，占甘肃榜单总计品牌价值的57.9%，处于主导地位。其他行业的情况如图3-55和图3-56所示。

【上市板块】 在2023年甘肃上市公司品牌价值榜中：在沪市主板上市的公司有10家，品牌价值合计262.59亿元，占甘肃榜单总计品牌价值的64.7%，排在第一位；在深市主板上市的公司有7家，品牌价值119.77亿元，占甘肃榜单总计品牌价值的29.5%，排在第二位。此外，在香港上市的中资公司有1家，品牌价值23.79亿元。

【上市时间】 在2023年甘肃上市公司品牌价值榜中：2013—2017年上市的公司有7家，品牌价值合计161.9亿元，占甘肃榜单总计品牌价值的39.9%，排在第一位；1997年及以前上市的公司有5家，品牌价值合计81.06亿元，占甘肃榜单总计品牌价值的

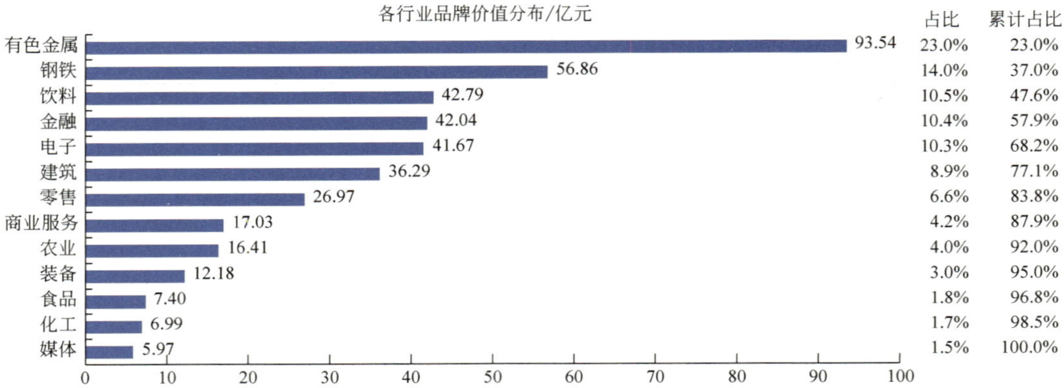

图 3-55　2023 年甘肃上市公司品牌价值榜各行业品牌价值分布

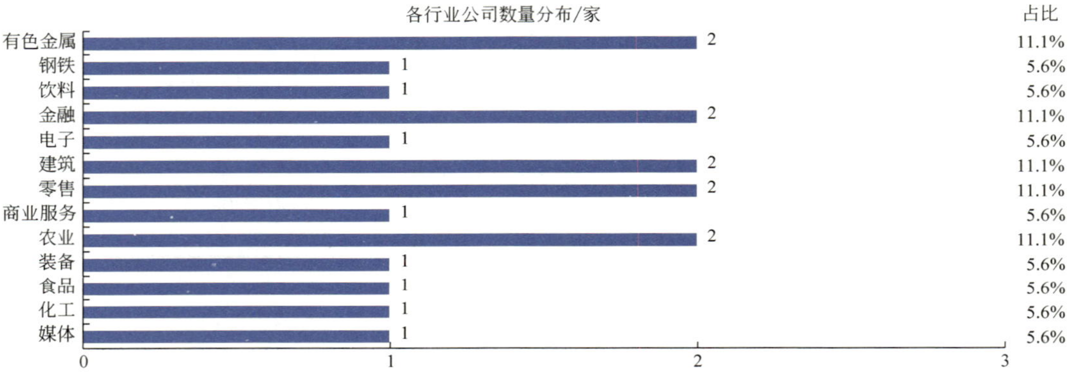

图 3-56　2023 年甘肃上市公司品牌价值榜各行业公司数量分布

20%，排在第二位；1998—2002 年上市的公司有 2 家，品牌价值 72.49 亿元，占甘肃榜单总计品牌价值的 17.8%，排在第三位。此外，2003—2007 年上市的公司有 2 家，品牌价值合计 48.66 亿元；2018—2022 年上市的公司有 2 家，品牌价值合计 42.04 亿元。

3.29　西藏品牌价值榜

在 2023 年中国上市公司品牌价值总榜的 3 000 家企业中：西藏的企业共计 9 家，与 2022 年相同；品牌价值总计 276.11 亿元，比 2022 年增长了 28.7%。

3.29.1　2023 年西藏上市公司品牌价值榜单

序号	证券简称	品牌价值/亿元	增长率/%	地区	上市日期	证券代码
1	梅花生物	176.46	66.0	农业	1995-02-17	600873.SH
2	华宝股份	34.86	−10.1	食品	2018-03-01	300741.SZ

续表

序号	证券简称	品牌价值/亿元	增长率/%	地区	上市日期	证券代码
3	海思科	15.97	−3.3	医药	2012-01-17	002653.SZ
4	奇正藏药	12.12	26.7	医药	2009-08-28	002287.SZ
5	西藏药业	8.63	−9.6	医药	1999-07-21	600211.SH
6	西藏天路	8.36	−27.8	建筑	2001-01-16	600326.SH
7	西藏城投	8.34	5.4	房地产	1996-11-08	600773.SH
8	西藏珠峰	5.70	−25.7	有色金属	2000-12-27	600338.SH
9	天阳科技	5.66	新上榜	互联网	2020-08-24	300872.SZ

3.29.2 2023年西藏上市公司品牌价值榜分析

【区域集中度】 在2023年西藏上市公司品牌价值榜中：排在第1位的公司品牌价值176.46亿元，占西藏榜单总计品牌价值63.9%；排在前2位的公司品牌价值合计211.32亿元，占西藏榜单总计品牌价值的76.5%；排在前3位的公司品牌价值合计227.3亿元，占西藏榜单总计品牌价值的82.3%。

【所在行业】 在2023年西藏上市公司品牌价值榜中，9家公司来自7个行业。其中，来自农业的1家公司，品牌价值176.46亿元，占西藏榜单总计品牌价值的63.9%，处于主导地位。其他行业的情况如图3-57和图3-58所示。

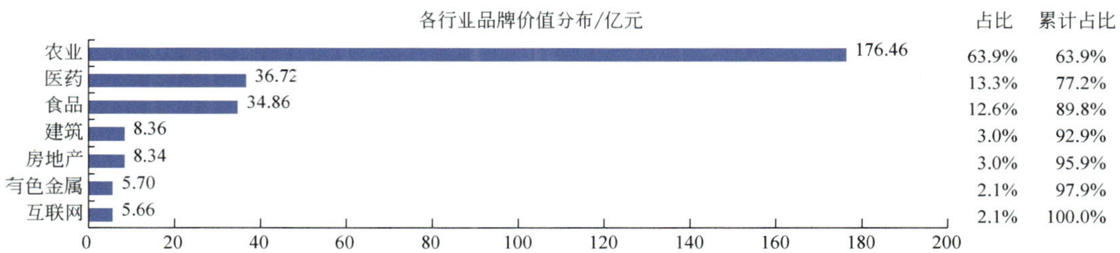

图3-57 2023年西藏上市公司品牌价值榜各行业品牌价值分布

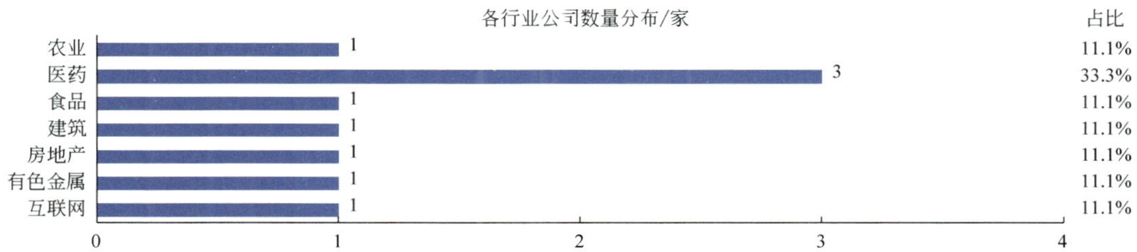

图3-58 2023年西藏上市公司品牌价值榜各行业公司数量分布

【上市板块】 在2023年西藏上市公司品牌价值榜中：在沪市主板上市的公司有5家，品牌价值合计207.49亿元，占西藏榜单总计品牌价值的75.1%，排在第一位；在深市创业板上市的公司有 2 家，品牌价值合计 40.53 亿元；在深市主板上市的公司有 2 家，品牌价值合计 28.09 亿元。

【上市时间】 在 2023 年西藏上市公司品牌价值榜中：1997 年及以前上市的公司有 2 家，品牌价值合计 184.8 亿元，占西藏榜单总计品牌价值的 66.9%，排在第一位；2018—2022 年上市的公司有 2 家，品牌价值合计 40.53 亿元，占西藏榜单总计品牌价值的 14.7%，排在第二位。此外，2008—2012 年上市的公司有 2 家，品牌价值合计 28.09 亿元；1998—2002 年上市的公司有 3 家，品牌价值合计 22.69 亿元。

3.30 海南品牌价值榜

在 2023 年中国上市公司品牌价值总榜的 3 000 家企业中：海南的企业共计 11 家，比 2022 年减少了 5 家；品牌价值总计 275.3 亿元，比 2022 年减少了 37.7%。

3.30.1 2023 年海南上市公司品牌价值榜单

序号	证券简称	品牌价值/亿元	增长率/%	地区	上市日期	证券代码
1	京粮控股	72.61	33.5	食品	1992-12-21	000505.SZ
2	中海石油化学	71.75	26.2	化工	2006-09-29	3983.HK
3	海南橡胶	40.36	−0.4	农业	2011-01-07	601118.SH
4	广晟有色	16.78	52.0	有色金属	2000-05-25	600259.SH
5	中钨高新	15.90	5.4	有色金属	1996-12-05	000657.SZ
6	钧达股份	14.54	新上榜	汽车	2017-04-25	002865.SZ
7	金盘科技	12.42	56.4	装备	2021-03-09	688676.SH
8	普利制药	9.93	19.4	医药	2017-03-28	300630.SZ
9	ST 凯撒	8.13	−69.7	休闲	1997-07-03	000796.SZ
10	海峡股份	6.59	新上榜	运输	2009-12-16	002320.SZ
11	美兰空港	6.29	−30.0	运输	2002-11-18	0357.HK

3.30.2 2023 年海南上市公司品牌价值榜分析

【区域集中度】 在 2023 年海南上市公司品牌价值榜中：排在第 1 位的公司品牌价值合计 72.61 亿元，占海南榜单总计品牌价值的 26.4%；排在前 3 位的公司品牌价值合计 184.72 亿元，占海南榜单总计品牌价值的 67.1%；排在前 5 位的公司品牌价值合计 217.4 亿元，占海南榜单总计品牌价值的 79%。

【所在行业】 在 2023 年海南上市公司品牌价值榜中，11 家公司来自 9 个行业。其中，食品和化工两个行业共计包括 2 家公司，品牌价值合计 144.36 亿元，占海南榜单总计品牌价值的 52.4%，处于主导地位。其他行业的情况如图 3-59 和图 3-60 所示。

【上市板块】 在 2023 年海南上市公司品牌价值榜中：在深市主板上市的公司有 5

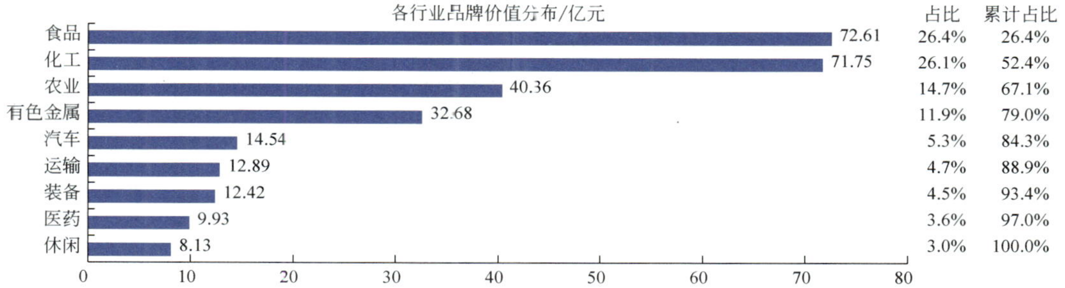

图 3-59 2023 年海南上市公司品牌价值榜各行业品牌价值分布

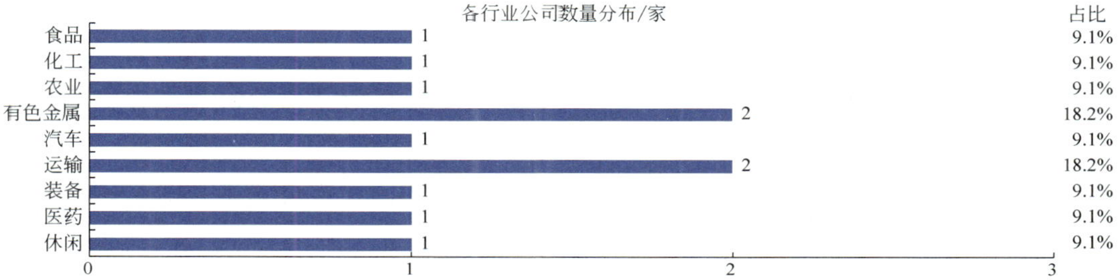

图 3-60 2023 年海南上市公司品牌价值榜各行业公司数量分布

家，品牌价值合计 117.78 亿元，占海南榜单总计品牌价值的 42.8%，排在第一位；在香港上市的中资公司有 2 家，品牌价值合计 78.05 亿元，占海南榜单总计品牌价值的 28.3%，排在第二位；在沪市主板上市的公司有 2 家，品牌价值合计 57.14 亿元，占海南榜单总计品牌价值的 20.8%，排在第三位。此外，在沪市科创板和深市创业板上市的公司各有 1 家，品牌价值分别为 12.42 亿元和 9.93 亿元。

【上市时间】 在 2023 年海南上市公司品牌价值榜中：1997 年及以前上市的公司有 3 家，品牌价值合计 96.64 亿元，占海南榜单总计品牌价值的 35.1%，排在第一位；2003—2007 年上市的公司有 1 家，品牌价值 71.75 亿元，占海南榜单总计品牌价值的 26.1%，排在第二位；2008—2012 年上市的公司有 2 家，品牌价值合计 46.95 亿元，占海南榜单总计品牌价值的 17.1%，排在第三位。此外，2013—2017 年上市的公司有 2 家，品牌价值合计 24.47 亿元；1998—2002 年上市的公司有 2 家，品牌价值合计 23.07 亿元；2018—2022 年上市的公司有 1 家，品牌价值 12.42 亿元。

3.31 青海品牌价值榜

在 2023 年中国上市公司品牌价值总榜的 3 000 家企业中：青海的企业共计 5 家，比 2022 年减少了 1 家；品牌价值总计 163.87 亿元，比 2022 年减少了 15.1%。

3.31.1 2023年青海上市公司品牌价值榜单

序号	证券简称	品牌价值/亿元	增长率/%	地区	上市日期	证券代码
1	西部矿业	49.25	3.6	有色金属	2007-07-12	601168.SH
2	远东股份	47.13	11.7	装备	1995-02-06	600869.SH
3	藏格矿业	47.01	90.5	化工	1996-06-28	000408.SZ
4	天佑德酒	14.18	15.7	饮料	2011-12-22	002646.SZ
5	正平股份	6.29	新上榜	建筑	2016-09-05	603843.SH

3.31.2 2023年青海上市公司品牌价值榜分析

【区域集中度】 在2023年青海上市公司品牌价值榜中：排在第1位的公司品牌价值49.25亿元，占青海榜单总计品牌价值的30.1%；排在前2位的公司品牌价值合计96.38亿元，占青海榜单总计品牌价值的58.5%。

【所在行业】 在2023年青海上市公司品牌价值榜中，5家公司来自5个行业。其中，有色金属和装备两个行业共计包括2家公司，品牌价值合计96.38亿元，占青海榜单总计品牌价值的58.8%，处于主导地位。其他行业的情况如图3-61和图3-62所示。

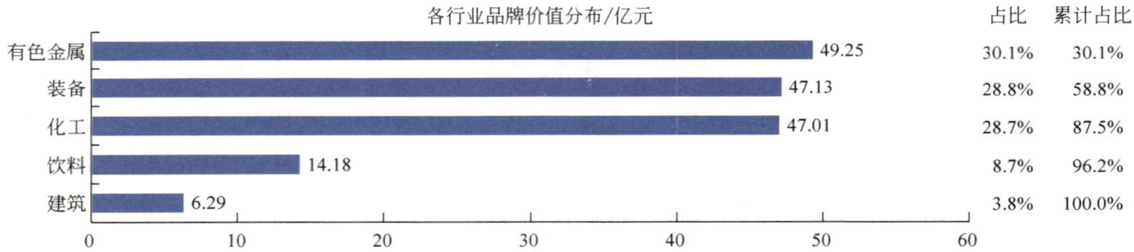

图3-61 2023年青海上市公司品牌价值榜各行业品牌价值分布

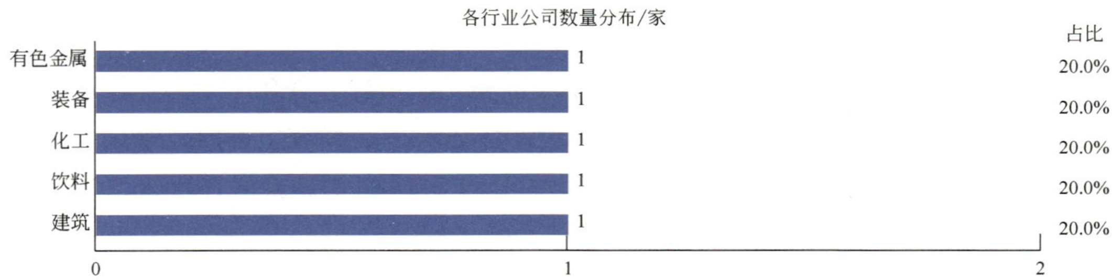

图3-62 2023年青海上市公司品牌价值榜各行业公司数量分布

【上市板块】 在2023年青海上市公司品牌价值榜中：在沪市主板上市的公司有3家，品牌价值合计102.67亿元，占青海榜单总计品牌价值的62.7%；在深市主板上市的公司有2家，品牌价值合计61.2亿元。

【上市时间】 在2023年青海上市公司品牌价值榜中：1997年及以前上市的公司有2家，品牌价值合计94.14亿元，占青海榜单总计品牌价值的57.4%，排在第一位；2003—2007年上市的公司有1家，品牌价值49.25亿元，占青海榜单总计品牌价值的30.1%，排在第二位。此外，2008—2012年上市的公司有1家，品牌价值14.18亿元；2013—2017年上市的公司有1家，品牌价值5.29亿元。

3.32 宁夏品牌价值榜

在2023年中国上市公司品牌价值总榜的3 000家企业中：宁夏的企业共计4家，比2022年增加了1家；品牌价值总计92.15亿元，比2022年增长了22.2%。

3.32.1 2023年宁夏上市公司品牌价值榜单

序号	证券简称	品牌价值/亿元	增长率/%	地区	上市日期	证券代码
1	宝丰能源	41.40	13.4	化工	2019-05-16	600989.SH
2	新华百货	30.98	10.4	零售	1997-01-08	600785.SH
3	宁夏建材	12.52	15.5	建筑	2003-08-29	600449.SH
4	西部创业	7.26	新上榜	运输	1994-06-17	000557.SZ

3.32.2 2023年宁夏上市公司品牌价值榜分析

【区域集中度】 在2023年宁夏上市公司品牌价值榜中：排在第1位的公司品牌价值41.4亿元，占宁夏榜单总计品牌价值的44.9%。

【所在行业】 在2023年宁夏上市公司品牌价值榜中，共4家公司来自4个行业。其中，来自化工行业的1家公司，品牌价值41.4亿元，占宁夏榜单总计品牌价值的44.9%，处于主导地位。其他行业的情况如图3-63和图3-64所示。

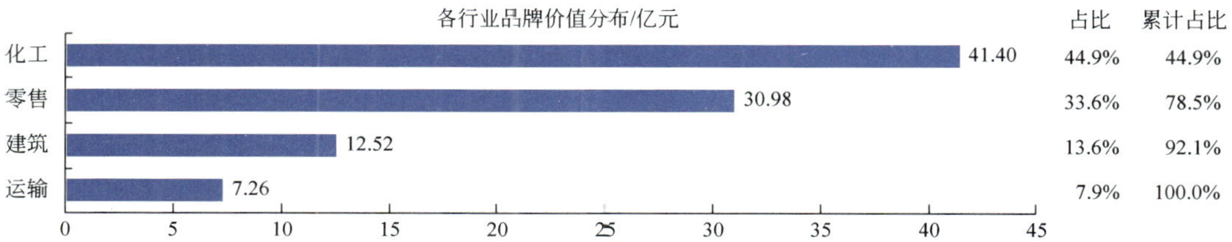

图3-63 2023年宁夏上市公司品牌价值榜各行业品牌价值分布

【上市板块】 在2023年宁夏上市公司品牌价值榜中：在沪市主板上市的公司有3家，品牌价值合计84.89亿元，占宁夏榜单总计品牌价值的92.1%；在深市主板上市的公司有1家，品牌价值7.26亿元。

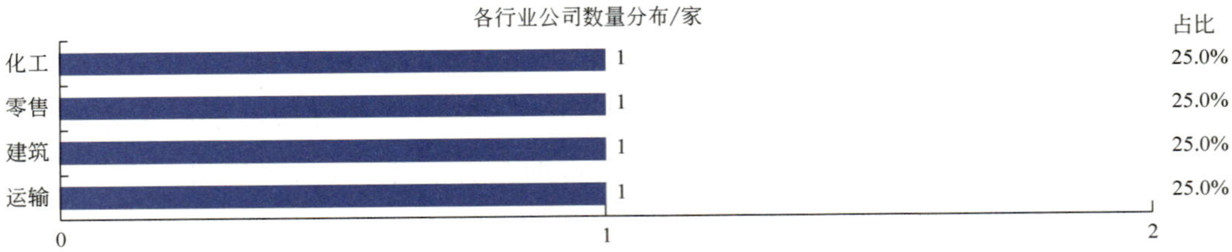

图 3-64　2023 年宁夏上市公司品牌价值榜各行业公司数量分布

【上市时间】　在 2023 年宁夏上市公司品牌价值榜中：2018—2022 年上市的公司有 1 家，品牌价值 41.4 亿元，占宁夏榜单总计品牌价值的 44.9%，排在第一位；1997 年及以前上市的公司有 2 家，品牌价值合计 38.23 亿元；2003—2007 年上市的公司有 1 家，品牌价值 12.52 亿元。

第4篇

评估方法与应用

4.1 清华 CBRC 品牌价值评估方法论

4.1.1 基本概念

中国上市公司品牌价值评估基于以下三个基本概念：

第一个概念是**品牌**。本书中的品牌是指上市公司所拥有及合法使用的所有品牌的集合。这里的品牌既包括产品品牌和服务品牌，也包括公司品牌；既包括母品牌，也包括子品牌；既包括公司通过自己开发或购买等方式所拥有的自主品牌，也包括通过租赁或特许等方式获得的可以合法使用的品牌。

第二个概念是**品牌价值**。本书中的品牌价值是指上市公司所拥有及合法使用的品牌集合现在和未来能够给公司带来的全部收益。这里的现在是指 2023 年，未来是指从 2024 年开始公司所存续的全部年份。这里的全部收益不仅是指上市公司所创造的净利润的一部分，还包括公司员工的工资和福利、研发费用、固定资产折旧，以及应缴纳的税金等，是公司所创造全部增加值的一部分。

第三个概念是**品牌资产**。品牌之所以有价值，是因为它代表了相应的品牌资产。品牌资产是指用户和公众对品牌的全部认知和情感。品牌资产是企业无形资产的重要组成部分，它储存在用户和公众的头脑中，像公司其他有形资产和无形资产一样能够给公司带来收益。所以，品牌价值实际上是指储存在用户和公众头脑中的品牌资产现在和未来能够给公司带来的全部收益。

需要指出的是，品牌资产对公司收益的作用体现在公司经营的各个方面。第一，在产品或服务市场上，品牌资产能够给公司带来更多的营业收入和利润。因为用户或消费者对品牌的认可会促使他们以更高的价格采购公司更多的产品或服务，他们会持续地购买、系列地购买，并通过口碑等传播方式带动其他用户或消费者购买。第二，在资本市场上，品牌资产给公司带来了更高的市盈率、股价或市值。因为广大股民和投资机构对品牌的认可会促使他们以更高的价格购买公司更多的股票，从而推动公司股票价格持续上涨。第三，在人力资源管理上，品牌资产能够更有效地吸引、保留和激励优秀人才为公司努力地工作，从而创造更高的财务业绩。第四，在对外关系上，品牌资产能够为公司带来更顺畅和高效的合作，从而转化成公司的财务业绩，因为银行、供应商、经销商，以及相关政府部门等对公司品牌的认可会促使其更积极地以更优惠的条件与公司开展合作。

以上三个基本概念从品牌价值评估的范围、内容和机理上对中国上市公司品牌价值评估方法做出了诠释。

4.1.2 清华 CBRC 数据库

为了与其他品牌价值评估方法相区别，本书将清华大学经济管理学院中国企业研究中心(China Business Research Center of SEM，Tsinghua University)的品牌价值评估方法简称清华 CBRC 方法，如清华 CBRC 数据库、清华 CBRC 行业分类标准、清华 CBRC 品牌价值评估模型等。

为了确定中国上市公司品牌价值评估的边界，本书界定的中国上市公司是指在 A 股上市的所有公司、在香港上市的所有中资公司，以及在国外股票交易市场公开上市的所有中概股公司。需要特别指出的是，这里不包括在 B 股上市的公司，不包括未上市或已退市的公司，也不包括香港、澳门和台湾的上市公司。

具体来说，2023 年中国上市公司品牌价值评估所构建的清华 CBRC 数据库包括的公司为：2023 年 1 月 1 日之前在上海证券交易所、深圳证券交易所和北京证券交易所 A 股上市的所有公司，在香港联合交易所(HKEX)上市的所有中资公司，在纽约证券交易所(NYSE)、全美证券交易所(AMEX)、纳斯达克证券市场(NASDAQ)、伦敦证券交易所(LSE)，以及新加坡交易所(SGX)等国外证券交易所公开上市交易的所有中概股公司。

2023 年清华 CBRC 数据库中的两类数据主要采集于 WIND 数据库。第一类数据是上市公司历年年报中的财务数据及相关资讯，主要包括营业收入和营业利润数据，公司主营业务占比及变动数据，公司增发与分拆的信息，以及公司停牌与复牌的信息，等等。这类数据用于评估品牌在产品或服务市场上的表现。第二类数据是上市公司历年在资本市场上实时交易的数据，主要包括公司每一交易日的股票价格数据、上市地每一交易日股市大盘指数数据等。这类数据用于评估品牌在资本市场上的表现。

除此之外，2023 年中国上市公司品牌价值评估数据库还有一类信息和数据来自清华大学经济管理学院中国企业研究中心的专家系统(属于行业分类标准)，以及在各个行业中品牌对公司财务收益平均贡献比率的数据。这类信息和数据用于评估品牌重要性在不同行业之间的差异。

4.1.3 清华 CBRC 行业分类标准

在不同行业中，品牌对公司收益的贡献是不同的。因此，对行业进行合理的分类是决定能否对品牌价值进行科学评估的重要因素。目前在国内广泛应用的行业分类标准有三个：WIND 行业分类标准；申万行业分类标准；证监会行业分类标准。这三个行业分类标准都是基于投资或管理目的开发编制的，方便了人们的投资管理活动。然而，这些行业分类标准对于品牌价值评估有较大的局限性，因为品牌价值评估实际上是在评估品牌资产，而品牌资产对企业的重要性来自品牌对用户及公众的重要性，这对行业分类的要求与投资和管理有很大区别。因此，清华大学经济管理学院中国企业研究中心利用专家系统开发编制了专门用于品牌价值评估的清华 CBRC 行业分类标准，以便区别品牌在不同行业中的重要性。清华 CBRC 行业分类标准分为三个级别：一级行业有 12 个类别；二级行业有 37 个类别；三级行业有 105 个类别。表 4-1 列出了 CBRC 的一级行业和二级行业分类标准。

表 4-1 清华 CBRC 行业分类标准

一级分类	二级分类	典型企业	一级分类	二级分类	典型企业
01 农业	0101 农业	温氏股份	07 可选消费	0701 汽车	上汽集团
				0702 家居	欧派家居
02 能源	0201 石油	中国石油		0703 家电	美的集团
	0202 煤炭	中国神华		0704 日用	恒安国际
03 材料	0301 化工	鲁西化工		0705 服饰	老凤祥
	0302 钢铁	宝钢股份		0706 纺织	天虹纺织
	0303 有色金属	江西铜业		0707 酒店	锦江资本
	0304 造纸	晨鸣纸业		0708 餐饮	海底捞
	0305 包装	合兴包装		0709 休闲	陌陌
04 工业	0402 装备	中国中车		0710 教育	中教控股
	0403 通信	中兴通讯		0711 媒体	分众传媒
	0404 电子	联想集团	08 日常消费	0801 食品	双汇发展
	0405 运输	中国国航		0802 饮料	五粮液
	0406 环保	三聚环保	09 医疗保健	0901 保健	美年健康
05 建筑业	0501 房地产	碧桂园		0902 医药	国药控股
	0502 建筑	中国建筑	10 信息服务	1001 互联网	腾讯控股
06 商业	0601 贸易	中信股份		1002 电信	中国移动
	0602 零售	京东集团	11 金融	1101 金融	工商银行
	0603 商业服务	中国光大国际	12 公用	1201 公用	华能国际

4.1.4 清华 CBRC 品牌价值评估模型

本书所采用的清华 CBRC 上市公司品牌价值评估模型如下：

$$V = BE \cdot BR \cdot BP$$

其中：V—品牌价值(Brand Value)；

BE—当期均衡财务收益(Business Earning)；

BR—行业品牌贡献比率(Brand Ratio)；

BP—品牌收益强度(Brand Potential)。

清华 CBRC 品牌价值评估模型是基于品牌资产收益理论设计的。由模型可以看出，中国上市公司品牌价值评估包含三个基本模块，它们分别体现了品牌价值的一个重要组成部分，不可或缺。

第一个模块是当期均衡财务收益(BE)。由于品牌资产是公司重要的无形资产，它与公司其他的无形资产和有形资产一起给公司带来收益。因此，要评估品牌资产所能创造的收益，必须评估公司当期在产品或服务市场上所能创造的财务收益。此外，由于公司的品牌资产只有通过长期的、持续的努力才能得到有效的增强，所以必须从长期视角评估公司的当期均衡财务收益。清华 CBRC 品牌价值评估模型采用公司近五年的营业收入和营业利润数据来综合预测公司的当期均衡财务收益。这一模块同时考虑了公司的成长性、盈利性和稳定性。

第二个模块是行业品牌贡献比率(BR)。为了将品牌资产对公司财务收益的贡献从公司所创造的全部财务收益中区分出来,需要辨别公司主营业务所在的行业,以及在各个行业中,品牌对财务收益的平均贡献比率。这些数据来自清华大学经济管理学院中国企业研究中心的专家系统。若公司有几项主营业务,则需要依据主营业务的营业收入比重进行加权,计算出公司所在行业的综合品牌贡献比率。这一模块集中考虑了品牌对客户或消费者采购决策的影响程度,以便消除由于行业的差别导致的对品牌资产的误判。把第一个模块当期均衡财务收益(BE)与第二个模块行业品牌贡献比率(BR)相乘,即可得到品牌当期能够给公司创造的财务收益预测值。

第三个模块是品牌收益强度(BP)。在同一行业中,不同公司品牌的强弱是不同的,它们在未来若干年中能够为公司带来的财务收益也是不同的。这种差别从根本上说来自公司的治理结构、发展战略、管理、所在行业的发展趋势等多种因素的差别,这些差别反馈到品牌资产上,又最终归结为人们对品牌态度和行为的差别。基于这种逻辑,考虑到在资本市场上人们用真金白银的实际行动来表达自己对品牌的态度,由此驱动的公司股票价格变动就可以相对准确和充分地反映人们对品牌的预期。因此,清华 CBRC 品牌价值评估模型通过统计上市公司连续三年每一交易日股价的变动数据和上市地点大盘指数的变动数据,来评估同一行业中不同品牌的强弱及未来前景,并在此基础上计算代表品牌竞争优势和收益多寡的系数——品牌收益强度。将这一模块与前两个模块相乘,即可得到公司具体的品牌价值评估结果。

4.1.5 清华 CBRC 品牌价值评估的质量保证

清华 CBRC 中国上市公司品牌价值评估方法是以清华大学多年来在品牌领域的学术研究积累为基础,集理论、数据、智库三位一体开发出来的,但评估结果能否获得广泛的认可和应用,关键还要看是否有完善的质量保证体系。清华 CBRC 中国上市公司品牌价值评估重点在以下四个方面提供质量保证。

(1) 以多维度科学理论作为支撑。本评估方法的计算原理是基于财务要素的品牌资产收益评估法,即品牌价值是品牌能够为企业带来的当前和未来的全部财务收益。同时,本评估方法也吸取了国际上品牌价值研究的最新成果,从多个维度为榜单建设提供理论支撑,由此来保证评估过程和结果的**科学性**。

(2) 以上市公司的真实数据作为评估基础。评估所采用的基础财务数据主要来自 WIND 数据库,公司在产品或服务市场上的财务表现主要采用经过审计的上市公司年报数据,公司在资本市场上的财务表现主要采用公司实时的前复权股票价格数据和相关大盘指数数据,由此来保证评估结果的**客观性**。

（3）通过中立的第三方研究机构实施评估。本书中的上市公司品牌价值评估是由清华大学经济管理学院中国企业研究中心独立完成的。在评估过程中不接受任何相关企业的询问、联系和资助，也不对外提供任何有偿服务，由此来保证评估过程和结果的公正性。

（4）借助行业和专业智库提供保障。在历年中国上市公司品牌价值评估过程中，有来自30多个行业的300余位业界专家和来自40余所高校的知名学者组成的专业品牌智库提供支持，由此来保证评估结果的专业性。

4.2 每经品牌100指数

2022年5月10日，即第六个"中国品牌日"，中证每经上市公司品牌价值100指数[简称"每经品牌100"；英文简称：NBD Brand 100；指数代码：931852（人民币）/931852HKD00（港元）/931852USD00（美元）]正式上线。每经品牌100指数是中证指数与财经媒体合作推出的首只跨境指数，指数样本均是在A股、港股和美股上市的具有高品牌价值的中国公司，由此来反映中国上市公司中财务状况良好、品牌价值较高的企业在证券市场上的整体表现。每经品牌100指数以2018年5月10日为基日，以1 000点为基点。

4.2.1 每经品牌100指数的样本

每经品牌100指数来源于清华大学与每日经济新闻合作评估并发布的中国上市公司品牌价值榜，指数样本由当年入围中国上市公司品牌价值榜TOP100的全部上市公司构成（见表4-2，有特殊问题的公司将被剔除）。而且，指数样本将依据每年新评估的中国上市公司品牌价值榜TOP100进行调整，调整实施时间为每年6月的第二个星期五的下一交易日。表4-2列出了2023年每经品牌100指数的全部样本企业。

表4-2 2023年每经品牌100指数成分股

证券简称与证券代码	证券简称与证券代码	证券简称与证券代码
腾讯控股/0700.HK	阿里巴巴-SW/9988.HK	中国移动/600941.SH
贵州茅台/600519.SH	京东集团-SW/9618.HK	上汽集团/600104.SH
工商银行/601398.SH	建设银行/601939.SH	中国平安/601318.SH
百度集团-SW9888.HK	网易-S/9999.HK	农业银行/601288.SH
中国电信/601728.SH	联想集团/0992.HK	美的集团/000333.SZ
中国银行/601988.SH	中国建筑/601668.SH	五粮液/000858.SZ
小米集团-W/1810.HK	中国石油/601857.SH	中国石化/600028.SH
国药控股/1099.HK	海尔智家/600690.SH	伊利股份/600887.SH
格力电器/000651.SZ	中国联通/600050.SH	中远海控/601919.SH
万科A/000002.SZ	比亚迪/002594.SZ	蒙牛乳业/2319.HK
招商银行/600036.SH	中国人寿/601628.SH	中国中铁/601390.SH

续表

证券简称与证券代码	证券简称与证券代码	证券简称与证券代码
碧桂园/2007.HK	中国中车/601766.SH	北京汽车/1958.HK
金龙鱼/300999.SZ	中国铁建/601186.SH	顺丰控股/002352.SZ
美团-W/3690.HK	保利发展/600048.SH	交通银行/601328.SH
中国海外发展/0688.HK	中国人保/601319.SH	拼多多/PDD.O
邮储银行/601658.SH	华润置地/1109.HK	洋河股份/002304.SZ
兴业银行/601166.SH	中国财险/2328.HK	龙湖集团/0960.HK
中集集团/000039.SZ	中国交建/601800.SH	泸州老窖/000568.SZ
建发股份/600153.SH	中国太保/601601.SH	农夫山泉/9633.HK
华润医药/3320.HK	宁德时代/300750.SZ	TCL 科技/000100.SZ
上海医药/601607.SH	华侨城 A/000069.SZ	长城汽车/601633.SH
隆基绿能/601012.SH	中信银行/601998.SH	绿地控股/600606.SH
山西汾酒/600809.SH	通威股份/600438.SH	浦发银行/600000.SH
三一重工/600031.SH	东方海外国际/0316.HK	吉利汽车/0175.HK
中国电建/601669.SH	安踏体育/2020.HK	华润啤酒/0291.HK
中国中冶 601618.SH	中国通信服务/0552.HK	中国中免/601888.SH
四川长虹/600839.SH	上海电气/601727.SH	青岛啤酒/600600.SH
中国外运/601598.SH	中国建材/3323.HK	招商蛇口/001979.SZ
宝钢股份/600019.SH	平安银行/000001.SZ	光大银行/601818.SH
徐工机械/000425.SZ	长安汽车/000625.SZ	潍柴动力/000338.SZ
中兴通讯/000063.SZ	厦门象屿/600057.SH	物产中大/600704.SH
中国海油/600938.SH	江西铜业/600362.SH	民生银行/600016.SH
海信家电/000921.SZ	广汽集团/601238.SH	海康威视/002415.SZ

4.2.2 每经品牌 100 指数的计算

每经品牌 100 指数采用自由流通市值加权计算方法，具体计算公式为

$$\text{报告期指数}=1\,000\times\text{报告期样本的调整市值}\div\text{除数}$$

其中，调整市值$=\sum$(证券价格×调整股本数×权重因子×汇率)。汇率和调整股本数的计算方法与除数修正方法参见另行发布的计算与维护细则。权重因子介于 0 和 1 之间，单个样本权重不超过 15%，前五大样本合计权重不超过 60%。权重因子随样本定期调整而调整，调整时间与指数样本定期调整实施时间相同。在下一个定期调整日前，权重因子一般固定不变。此外，特殊情况下将对指数进行临时调整。当样本退市时，将其从指数样本中剔除。样本公司发生收购、合并、分拆等情形的处理，也参照计算与维护细则。

4.2.3 每经品牌 100 指数的应用

每经品牌 100 指数的推出，是中国经济进入高质量发展新阶段的产物。国家关注经济从高速度发展模式向高质量发展模式转型，品牌在新的经济发展模式中将具有更加重要的作用。促进中国企业改进产品和服务质量，加强中国企业技术与管理创新能力，提升

中国企业的品牌影响力，是中国经济转型时期的主要趋势。在这种大背景下，推出每经品牌100指数，正是为了顺应和推动中国经济转型的这种趋势。

每经品牌100指数的发布，为资本市场提供了全新的有特殊意义的投资标的。近年来，国内指数化投资的发展速度很快，已经成为机构资产配置、居民财富管理的重要投资方式。同时，品牌建设为越来越多的杰出的中国企业所关注，这些企业在持续加大品牌投资力度，这为企业持续创造更高的经济效益和更强的竞争优势奠定了基础。每经品牌100指数的发布，能够从整体上展现品牌价值较高、财务状况较好、符合高质量发展方向的杰出中国上市公司在证券市场上的表现，不仅为个人和机构提供了指数化投资工具，而且契合了对中国上市公司的价值投资理念。

此外，每经品牌100指数的发布，也为媒体加大品牌传播以及学术界开展品牌研究提供了实时信息和全新的视角。每经品牌100指数发布后，在每日经济新闻官网和App、中证指数有限公司官网，以及各大专业信息平台公开展示。每日相关股市开盘后，指数都会根据资本市场的交易情况实时变动，这不仅以全新的视角为广大媒体提供了更具时效的品牌传播信息，而且以全新的视角为学者们提供了更加贴近市场的详尽的品牌研究数据。

每经品牌100指数是上市公司品牌价值领域多年研究的一次集中体现，也是每日经济新闻作为中国主流财经媒体的一种多元角色塑造。纵观全球市场各大股指，由知名财经媒体编制并以传媒机构命名的不在少数，如道琼斯工业平均指数、英国富时100指数、日经指数、新加坡海峡时报指数等，这些由媒体编制的市场指数在全球具有广泛的影响力。每经品牌100指数说明，随着中国经济的崛起、中国品牌影响力的提升，中国财经媒体有责任、有能力、有义务推出自己有影响力的股票指数。未来，每日经济新闻计划推出以“每经品牌100”命名的基金，进一步为投资者提供市场化产品，创造商业价值。

4.3 2023年全球上市公司品牌价值百强榜

继2022年之后，2023年我们仍然根据WIND数据库提供的数据，应用清华CBRC品牌价值评估方法，对全球上市公司的品牌价值进行了评估，并将品牌价值居前的100家公司汇总，编制了2023年全球上市公司品牌价值百强榜(见表4-3)。

表4-3 2023年全球上市公司品牌价值百强榜

排名	公司简称	品牌价值/亿美元	增长率/%	排名变化	国家(地区)	行业	证券代码
1	谷歌	5 696	18.0	0	美国	互联网	GOOG.O
2	微软	5 073	24.5	1	美国	互联网	MSFT.O
3	苹果	4 689	4.4	−1	美国	通信	AAPL.O
4	沃尔玛	3 164	1.1	1	美国	零售	WMT.N
5	亚马逊	2 687	2.3	2	美国	零售	AMZN.O
6	腾讯	2 543	−21.8	−2	中国大陆	互联网	0700.HK

续表

排名	公司简称	品牌价值/亿美元	增长率/%	排名变化	国家(地区)	行业	证券代码
7	脸书	2 483	1.5	2	美国	互联网	META.O
8	三星电子	2 351	−21.5	−2	韩国	通信	005930.KS
9	阿里巴巴	1 933	-21.3	-1	中国大陆	零售	9988.HK
10	西维斯健康	1 686	52.3	8	美国	医药	CVS.N
11	百事可乐	1 595	28.5	2	美国	饮料	PEP.O
12	丰田汽车	1 553	−5.9	−2	日本	汽车	TM.N
13	大众汽车	1 385	−9.8	−2	德国	汽车	VOW.DF
14	百威英博	1 352	15.6	2	比利时	饮料	BUD.N
15	家得宝	1 285	8.0	0	美国	零售	HD.N
16	开市客	1 180	24.0	4	美国	零售	COST.O
17	AT&T	1 147	0.8	0	美国	电信	T.N
18	梅赛德斯奔驰	1 098	−11.9	−6	德国	汽车	MBG.DF
19	迪士尼	1 085	−9.0	−5	美国	休闲	DIS.N
20	威瑞森	1 075	1.2	−1	美国	电信	VZ.N
21	可口可乐	1 053	20.4	3	美国	饮料	KO.N
22	福特汽车	990	4.8	−1	美国	汽车	F.N
23	麦当劳	959	14.7	6	美国	餐饮	MCD.N
24	中国移动	951	13.2	4	中国大陆	电信	600941.SH
25	斯泰兰蒂斯	946	10.4	0	荷兰	汽车	STLA.N
26	康卡斯特	907	13.6	6	美国	电信	CMCSA.O
27	宝洁	885	5.2	0	美国	日用	PG.N
28	迪奥	847	−4.3	−6	法国	服饰	CDI.PA
29	路易威登	844	14.5	9	法国	服饰	MC.PA
30	雀巢	833	6.5	3	瑞士	食品	0QR4.L
31	宝马汽车	792	−2.8	−1	德国	汽车	BMW.DF
32	NTT	787	−10.7	−9	日本	电信	9432.T
33	信诺保险集团	782	新上榜	新上榜	美国	金融	CI.N
34	克罗格	771	7.7	5	美国	零售	KR.N
35	贵州茅台	761	-10.9	-9	中国大陆	饮料	600519.SH
36	德国电信	750	−1.5	0	德国	电信	DTE.DF
37	WBA	743	27.4	15	美国	零售	WBA.O
38	劳氏	743	7.3	4	美国	零售	LOW.N
39	京东	731	3.8	2	中国大陆	零售	9618.HK
40	通用汽车	729	−6.2	−6	美国	汽车	GM.N
41	索尼	718	−10.8	−10	日本	家电	SONY.N
42	星巴克	708	15.9	4	美国	餐饮	SBUX.O
43	伯克希尔	696	14.0	4	美国	金融	BRK_B.N
44	联合包裹	693	8.2	0	美国	运输	UPS.N
45	鸿海	692	9.0	−8	中国台湾	电子	2317.TW
46	思科	687	23.9	8	美国	通信	CSCO.O
47	联合健康	687	16.9	4	美国	金融	UNH.N
48	塔吉特	676	−5.0	−8	美国	零售	TGT.N
49	西门子	665	−14.0	−14	德国	细分	SIE.DF

续表

排名	公司简称	品牌价值/亿美元	增长率/%	排名变化	国家(地区)	行业	证券代码
50	金巴斯	642	29.1	15	英国	餐饮	CPG. L
51	本田汽车	632	−7.9	−8	日本	汽车	HMC. N
52	帝亚吉欧	603	11.3	6	英国	饮料	DEO. N
53	强生制药	586	8.2	4	美国	医药	JNJ. N
54	特易购公司	586	22.8	15	英国	零售	TSCO. L
55	戴尔科技	582	4.0	−2	美国	电子	DELL. N
56	艾利温斯健康	582	新上榜	新上榜	美国	保健	ELV. N
57	上汽集团	559	−10.8	−12	中国大陆	汽车	600104. SH
58	联合利华	556	−6.5	−10	英国	日用	UL. N
59	工商银行	555	0.1	-4	中国大陆	金融	601398. SH
60	现代汽车	536	−8.8	−10	韩国	汽车	005380. KS
61	通用电气	533	4.7	1	美国	装备	GE. N
62	安联	527	−4.2	−6	德国	金融	ALV. DF
63	辉瑞制药	516	40.8	34	美国	医药	PFE. N
64	摩根大通	506	3.9	3	美国	金融	JPM. N
65	法国电信公司	500	新上榜	新上榜	法国	电信	ORAN. N
66	联邦快递	498	−7.1	−6	美国	运输	FDX. N
67	LG 电子	490	−16.6	−18	韩国	家电	LGLD. L
68	美国 T-MOBILE	485	18.2	14	美国	电信	TMUS. O
69	建设银行	481	0.1	-1	中国大陆	金融	601939. SH
70	德国邮政	476	−11.9	−11	德国	运输	DPW. DF
71	FEMSA	468	20.4	16	墨西哥	饮料	FMX. N
72	喜力控股	463	−5.4	−6	荷兰	饮料	0NBD. L
73	家乐福	458	3.2	2	法国	零售	CA. PA
74	台积电	456	−4.3	−4	中国台湾	电子	2330. TW
75	卡特彼勒	454	0.9	−2	美国	装备	CAT. N
76	惠普	450	8.9	4	美国	电子	HPQ. N
77	松下	444	−11.8	−13	日本	家电	6752. T
78	IBM	439	−1.2	−4	美国	电子	IBM. N
79	英特尔	437	0.0	−3	美国	电子	INTC. O
80	永旺	435	3.8	-1	日本	零售	8267. T
81	中国平安	434	-14.7	-18	中国大陆	金融	601318. SH
82	艾伯森	427	11.7	9	美国	零售	ACI. N
83	泰森食品公司	426	新上榜	新上榜	美国	食品	TSN. N
84	耐克	424	−6.1	−12	美国	服饰	NKE. N
85	艾伯维公司	422	新上榜	新上榜	美国	医药	ABBV. N
86	百度	421	12.1	7	中国大陆	互联网	9888. HK
87	英美烟草	412	2.3	−2	英国	食品	BTI. N
88	罗氏控股	401	−14.1	−17	瑞士	医药	ROG. SIX
89	网易	401	2.0	-3	中国大陆	互联网	9999. HK
90	美洲移动	399	14.9	9	墨西哥	电信	AMX. N
91	菲利普·莫里斯	398	9.6	7	美国	食品	PM. N
92	农业银行	398	3.8	-2	中国大陆	金融	601288. SH
93	中国电信	394	新上榜	新上榜	中国大陆	电信	601728. SH

续表

排名	公司简称	品牌价值/亿美元	增长率/%	排名变化	国家(地区)	行业	证券代码
94	特斯拉	393	新上榜	新上榜	美国	汽车	TSLA. O
95	联想	390	0.1	-7	中国大陆	电子	0992. HK
96	美的	386	-10.4	-19	中国大陆	家电	000333. SZ
97	KDDI	383	−6.5	−14	日本	电信	9433. T
98	欧莱雅	382	−10.6	−20	法国	日用	OR. PA
99	中国银行	369	新上榜	新上榜	中国大陆	金融	601988. SH
100	特许通信	368	−1.9	−5	美国	电信	CHTR. O

4.3.1 全球百强榜总体情况

2023年全球上市公司品牌价值百强榜共有12个国家或地区的公司上榜，这些国家或地区是美国、中国大陆、德国、日本、法国、英国、韩国、荷兰、瑞士、中国台湾、墨西哥和比利时，与2022年完全相同。2023年全球上市公司品牌价值百强榜的总计品牌价值为92 043亿美元，按现价统计，比2022年增加了3 141亿美元，增长了3.5%。排在百强榜第一位的依然是美国的互联网公司谷歌，品牌价值达到5 696亿美元，比2022年增加了869亿美元，增长了18%。排在百强榜第100位的公司品牌价值368亿美元，比2022年增加了25亿美元，增长了7.3%。从上榜公司的变化情况来看，与2022年相比，有8家公司新进入2023年的百强榜；有55家公司的品牌价值上升，1家持平，36家公司的品牌价值下降；有37家公司的品牌价值排名上升，7家公司的排名不变，48家公司的排名下降。

在2023年全球上市公司品牌价值百强榜中，中国大陆有16家公司上榜，比2022年减少了1家。中国大陆上榜公司包括腾讯、阿里巴巴、茅台、中国移动、京东、上汽集团、工商银行、建设银行、中国平安、百度、网易、农业银行、中国电信、联想、美的和中国银行，品牌价值合计11 705亿美元，比2022年减少了1 697亿美元，下降了12.7%，占全球百强榜总计品牌价值的比率为12.7%，占比下降了2.4个百分点。与2022年相比，2023年退出全球品牌价值百强榜的中国大陆公司有3家；新进入的公司有2家，它们是中国电信和中国银行；有8家公司的品牌价值上升，6家公司的品牌价值下降；有3家公司的品牌价值排名上升，有11家公司的品牌价值排名下降。

从上榜公司数量来看，在2023年全球上市公司品牌价值百强榜中，美国以48家公司上榜位列上榜公司数量第一位。中国大陆以16家公司上榜位列第二位，上榜公司数量相当于美国的33.3%。并列第三位的是德国和日本，各有7家公司上榜。并列第四位的是法国和英国，各有5家公司上榜。其他6个国家或地区的上榜公司数量相对较少(见表4-4)。从品牌价值角度来看，美国上榜公司的品牌价值合计54 479亿美元，占品牌价值百强榜总计品牌价值的59.2%，排在第一位。中国大陆上榜公司的品牌价值合计11 705亿美元，排在第二位，上榜公司品牌价值相当于美国的21.5%。德国上榜公司的品牌价值合计5 691亿美元，排在第三位，上榜公司品牌价值相当于中国大陆的48.6%。日本上榜公司的品牌价值合计 4 952 亿美元，相当于中国大陆的 42.3%。法国上榜公司的品牌价值合计 3 030 亿美元，相当于中国大陆的 25.9%。英国上榜公司的品牌价值合计 2 799 亿美元，相当于中国大陆的 23.9%。其他国家或地区的品牌价值合计数据，以及各个国家或地区的占比数据和变动数据如表 4-4 所示。

表 4-4　2023 年全球上市公司品牌价值百强榜上榜国家或地区总体数据统计

序号	国家（地区）	上榜公司数量/家	合计品牌价值/亿美元	品牌价值占比/%	上榜公司数量变化/家	合计品牌价值变化/亿美元	占比变化/%
1	美国	48	54 479	59.2	5	7 499	6.4
2	中国大陆	16	11 705	12.7	−1	−1 697	−2.4
3	德国	7	5 691	6.2	0	−527	−0.8
4	日本	7	4 952	5.4	−2	−1 120	−1.4
5	法国	5	3 030	3.3	−1	−251	−0.4
6	英国	5	2 799	3.0	0	285	0.2
7	韩国	3	3 378	3.7	0	−791	−1.0
8	荷兰	2	1 409	1.5	−1	−466	−0.6
9	瑞士	2	1 234	1.3	0	−15	−0.1
10	中国台湾	2	1 147	1.2	0	−89	−0.2
11	墨西哥	2	867	0.9	0	131	0.1
12	比利时	1	1 352	1.5	0	183	0.2

4.3.2　全球百强榜行业分布

2023 年，在全球上市公司品牌价值百强榜中共有 18 个行业的公司上榜，其中零售行业共有 14 家公司上榜，排在第一位。上榜公司数量较多的其他行业依次为电信行业 12 家、汽车行业 11 家、金融行业 10 家，其余行业的上榜公司数量都不超过 10 家（见表 4-5）。从各行业上榜公司的合计品牌价值来看，互联网行业排在第一位，品牌价值合计 16 617 亿美元。合计品牌价值较高的其他行业依次为零售行业 15 817 亿美元、汽车行业 9 613 亿美元、电信行业 8 144 亿美元，其余行业的合计品牌价值都不超过 8 000 亿美元（见表 4-5）。

由表 4-5 可知，12 个国家或地区入围 2023 年全球上市公司品牌价值榜的行业数量有很大差别。除家电行业外，美国入围了其他所有 17 个行业。中国大陆入围了零售、电信、汽车、金融、饮料、电子、互联网和家电 8 个行业。德国入围了电信、汽车、金融、家电和运输 5 个行业。英国入围了零售、饮料、食品、餐饮和日用 5 个行业。日本入围了零售、电信、汽车和家电 4 个行业。其他国家或地区入围的行业都比较少。

深入各个行业内部分析，中国大陆在几个领域的品牌建设总体上处于强势地位：第一，与其他所有国家或地区相比，中国大陆的线上零售企业表现出色。进入百强榜的 14 家零售上市公司中，只有 3 家网上零售公司，其中就有 2 家是中国大陆的公司，即阿里巴巴和京东。第二，在金融行业中，中国大陆的银行表现强势。金融行业入榜 10 家公司，其中有 5 家中国大陆公司，而这其中就有 4 家银行，即工商银行、建设银行、农业银行和中国银行。第三，中国大陆的互联网行业也表现上乘。在全球品牌价值百强榜中，共有 6 家互联网服务公司(主营非零售)上榜。其中，中国大陆就有 3 家公司上榜，它们是腾讯、百度和网易。

表 4-5　2023 年全球上市公司品牌价值百强榜行业统计

序号	行业	上榜公司数量	合计品牌价值/亿美元	各国或地区公司数量
1	零售	14	15 817	美国 9 家，中国大陆 2 家，英国、法国和日本各 1 家
2	电信	12	8 144	美国 5 家，中国大陆和日本各 2 家，德国、法国和墨西哥各 1 家
3	汽车	11	9 613	美国 3 家，德国 3 家，日本 2 家，中国大陆、荷兰和韩国各 1 家
4	金融	10	5 434	中国大陆 5 家，美国 4 家，德国 1 家
5	饮料	7	6 295	美国 2 家，中国大陆、英国、荷兰、比利时和墨西哥各 1 家
6	电子	7	3 446	美国 4 家，中国台湾地区 2 家，中国大陆 1 家
7	互联网	6	16 617	中国大陆 3 家，美国 3 家
8	医药	5	3 611	美国 4 家，瑞士 1 家
9	家电	5	2 703	日本 2 家，中国大陆、德国和韩国各 1 家
10	食品	4	2 070	美国 2 家，英国和瑞士各 1 家
11	通信	3	7 727	美国 2 家，韩国 1 家
12	餐饮	3	2 309	美国 2 家，英国 1 家
13	服饰	3	2 114	法国 2 家，美国 1 家
14	日用	3	1 822	美国、英国和法国各 1 家
15	运输	3	1 667	美国 2 家，德国 1 家
16	装备	2	987	美国 2 家
17	休闲	1	1 035	美国 1 家
18	保健	1	532	美国 1 家

从表 4-5 中的信息也能看出，我国在品牌建设上还有不少弱势领域：第一，在饮料行业，除白酒外，其他类饮料的品牌价值还有待提升。饮料行业共有 7 家公司进入全球品牌价值百强榜，中国只有茅台 1 家白酒企业进入榜单。在啤酒或其他软饮料领域，中国还没有一家公司进入榜单。第二，我国是制造大国，在装备行业有许多优秀的企业，但到目前为止，还没有一家公司进入全球品牌价值百强榜。第三，在很多与消费者密切相关的行业中，我国企业的品牌建设还需努力追赶。例如，在医药、餐饮、食品、日用、服饰和休闲等行业，我国还没有一家公司进入全球上市公司品牌价值百强榜。

总之，通过对全球上市公司的品牌价值进行评估，可以为我国的经济发展和经济转型提供量化的分析工具，也可以为各行业制定品牌战略和策略提供数据支持，还可以为上市公司的品牌建设提供标的。